D1617247

. Sutton

LA TRILOGÍA DE
WALL STREET

Antony C. Sutton
(1925-2002)

Economista y ensayista estadounidense de origen británico, becario de Stanford en la Fundación Hoover de 1968 a 1973. Enseñó economía en la UCLA. Estudió en Londres, Göttingen y UCLA y se doctoró en ciencias en la Universidad de Southampton (Inglaterra).

LA TRILOGÍA DE WALL STREET

Wall Street y la revolución bolchevique
Wall Street y Franklin D. Roosevelt
Wall Street y el ascenso de Hitler

Wall Street and the Bolshevik Revolution (1974)
Wall Street and FDR (1976
Wall Street and the Rise of Hitler (1976))

Traducido del americano por Omnia Veritas Limited

Publicado por Omnia Veritas Limited

www.omnia-veritas.com

© Omnia Veritas Limited – 2021

ANTONY C. SUTTON

(Eclesiastés 4:12) *"Si alguno prevalece sobre él, dos le harán frente, y una cuerda de tres no se romperá rápidamente."*

Profesor Sutton (1925-2002).

Aunque fue un autor prolífico, el profesor Sutton será siempre recordado por su gran trilogía: Wall St. *y la revolución bolchevique, Wall St. y el ascenso de Hitler, Wall St. y FDR.*

El profesor Sutton dejó la lluviosa y nublada Inglaterra por la soleada California en 1957. Era una voz que clamaba en el desierto académico cuando la mayoría de las universidades estadounidenses habían vendido su alma por el dinero de la Fundación Rockefeller.

Por supuesto, llegó a este país creyendo que era la tierra de las libertades y el hogar de los valientes.

ANTONY C. SUTTON nació en Londres en 1925 y estudió en las universidades de Londres, Gottingen y California. Ciudadano estadounidense desde 1962, fue investigador de la Institución Hoover para la Guerra, la Revolución y la Paz en Stanford, California, de 1968 a 1973, donde elaboró el monumental estudio en tres volúmenes, *Western Technology and Soviet Economic Development.*

En 1974, el profesor Sutton publicó *National Suicide: Military Aid to the Soviet Union,* un exitoso estudio sobre la ayuda tecnológica y financiera de Occidente, principalmente de Estados Unidos, a la URSS. *Wall Street and Hitler's Rise* es su cuarto libro en el que expone el papel de las empresas estadounidenses en la financiación del socialismo internacional. Los otros dos libros de esta serie son Wall *Street* y *la revolución bolchevique y Wall Street y FDR.*

El profesor Sutton ha colaborado con artículos en *Human Events, The Review of the News, Triumph, Ordnance, National Review* y muchas otras revistas.

WALL STREET Y LA REVOLUCIÓN BOLCHEVIQUE

A esos desconocidos libertarios rusos, también conocidos como los verdes, que en 1919 lucharon contra rojos y blancos en su intento de conseguir una Rusia libre y voluntaria.

PREFACIO

Desde principios de la década de 1920, muchos panfletos y artículos, e incluso algunos libros, han tratado de establecer un vínculo entre los "banqueros internacionales" y los "revolucionarios bolcheviques". Estos intentos rara vez se han apoyado en pruebas sólidas y nunca se han argumentado en el marco de una metodología científica. De hecho, algunas de las "pruebas" utilizadas en estos esfuerzos han sido fraudulentas, otras han sido irrelevantes, muchas no pueden ser verificadas. El examen del tema por parte de los autores académicos se ha evitado cuidadosamente, probablemente porque la hipótesis choca con la clara dicotomía entre capitalistas y comunistas (todo el mundo sabe, por supuesto, que son enemigos acérrimos). Además, dado que gran parte de lo que se ha escrito roza el absurdo, se podría arruinar fácilmente una sólida reputación académica y ridiculizar estos trabajos. Esto suele ser motivo suficiente para evitar el tema.

Afortunadamente, el archivo decimal del Departamento de Estado, en particular la sección 861.00, contiene una amplia documentación que apoya nuestra hipótesis. Cuando las pruebas contenidas en estos documentos oficiales se fusionan con las pruebas no oficiales procedentes de biografías, documentos personales e incluso fuentes históricas más convencionales, surge una historia realmente fascinante.

Vemos que había una conexión entre *algunos de los* banqueros internacionales de Nueva York y *muchos* revolucionarios, incluidos los bolcheviques. Estos banqueros -que se identifican aquí- tenían un interés financiero en el éxito de la revolución bolchevique y la alentaron.

Los detalles de quién, por qué -y cuántos- conforman la historia que se cuenta en este libro.

Marzo de 1974
Antony C. SUTTON

ANTONY SUTTON

CAPÍTULO I

LOS ACTORES DE LA ESCENA REVOLUCIONARIA

Sr. Presidente: Simpatizo con la forma de gobierno soviético que mejor se adapte al pueblo ruso .

Carta al presidente Woodrow Wilson (17 de octubre de 1918) de William Lawrence Saunders, presidente de Ingersoll-Rand Corp. y director de American International Corp; y vicepresidente del Banco de la Reserva Federal de Nueva York.

L a imagen ilustrativa del principio de este libro fue dibujada por el caricaturista Robert Minor en 1911 para el *St. Louis Post-Dispatch. Minor era* un artista y escritor de talento que, además de ser un revolucionario bolchevique, fue detenido en Rusia en 1915 por presunta subversión, y posteriormente recibió el apoyo de destacados financieros de Wall Street. La caricatura de Minor muestra a un barbudo Karl Marx de pie en Wall Street con *el socialismo* bajo el brazo y aceptando las felicitaciones de las luminarias financieras J.P. Morgan, George W. Perkins, socio de Morgan, John D. Rockefeller, John D. Ryan del National City Bank y Teddy Roosevelt -bien identificado por sus famosos dientes- en el fondo. Wall Street está decorado con banderas rojas. Los vítores de la multitud y los sombreros lanzados al aire sugieren que Karl Marx debía ser un tipo bastante popular en el distrito financiero de Nueva York.

¿Estaba soñando Robert Minor? Por el contrario, veremos que Minor estaba en el camino correcto al describir una alianza entusiasta entre Wall Street y el socialismo marxista. Los personajes del dibujo de Minor -Karl Marx (que simboliza a los futuros revolucionarios Lenin y Trotsky), J. P. Morgan, John D. Rockefeller- y el propio Robert Minor, también desempeñan un papel importante en este libro.

Las contradicciones sugeridas por la caricatura de Minor han sido barridas bajo la alfombra de la historia porque no se corresponden con el concepto generalmente aceptado de izquierda y derecha política. Los bolcheviques están en el extremo izquierdo del espectro político y los financieros de Wall Street en el extremo derecho; por lo tanto, razonamos implícitamente, los dos grupos no tienen nada en común y cualquier alianza entre ambos es absurda. Los factores contrarios a esta ordenación conceptual se suelen descartar como observaciones extrañas o errores desafortunados. La historia moderna tiene esa dualidad intrínseca, y es cierto que si se han descartado y barrido bajo la alfombra demasiados hechos embarazosos, se trata de una historia inexacta.

Por otro lado, se puede observar que tanto la extrema derecha como la extrema izquierda del espectro político convencional son absolutamente colectivistas. Tanto el nacionalsocialismo (por ejemplo, el fascista) como el socialismo internacional (por ejemplo, el comunista) recomiendan sistemas político-económicos totalitarios basados en un poder político brutal y sin restricciones y en la coerción individual. Ambos sistemas exigen un control monopolístico de la sociedad. Si bien el control monopólico de las industrias fue en su día el objetivo de J. P. Morgan y J. D. Rockefeller, a finales del siglo XIX los estrategas de Wall Street se dieron cuenta de que la forma más eficaz de conseguir un monopolio incontestable era "hacer política" y hacer que la sociedad trabajara para los monopolistas, en nombre del bien público y del interés general. Esta estrategia fue detallada en 1906 por Frederick C. Howe en su obra *Confessions of a Monopolist.*[1] Howe, por cierto, es también una figura de la historia de la revolución bolchevique.

Por tanto, otra forma de presentar las ideas políticas y los sistemas político-económicos sería medir el grado de libertad individual frente al grado de control político centralizado. En ese orden, el Estado del bienestar y el socialismo se encuentran en el mismo extremo del espectro. Así, vemos que los intentos de control monopolístico de la sociedad pueden ser etiquetados de forma diferente, pero tienen características comunes.

Por lo tanto, la idea de que todos los capitalistas son los enemigos acérrimos e inquebrantables de todos los marxistas y socialistas es un gran obstáculo para cualquier comprensión cabal de la historia reciente. Esta idea errónea nació con Karl Marx y fue sin duda útil para sus objetivos. De hecho, esta idea es absurda. Ha habido una alianza continua, aunque oculta, entre los capitalistas políticos internacionales y los socialistas revolucionarios internacionales, en beneficio mutuo. Esta alianza ha pasado desapercibida en gran medida porque los historiadores -salvo notables excepciones- tienen un sesgo marxista inconsciente y, por tanto, están encerrados en la imposibilidad de dicha alianza. El lector de mente abierta debe tener en cuenta dos pistas: los capitalistas monopolistas son los enemigos acérrimos de la libre empresa; y, dadas las debilidades de la planificación central socialista, el Estado socialista totalitario es un mercado cautivo perfecto para los capitalistas monopolistas, si se puede hacer una alianza con los peleteros del poder socialista. Supongamos -y esto es sólo una hipótesis por el momento- que los capitalistas monopolistas estadounidenses son capaces de apoderarse de la Rusia socialista a través de una economía planificada, reduciéndola así a la condición de colonia productivista en sus manos. ¿No sería

---

[1] "Estas son las reglas del gran negocio. Han suplantado las enseñanzas de nuestros padres y se reducen a una simple máxima: "Consigue un monopolio; deja que la sociedad trabaje para ti; y recuerda que el mejor de todos los negocios es la política, ya que una subvención legislativa, una franquicia, una subvención o una exención de impuestos vale más que una veta de Kimberly o de Comstock porque no requiere ningún trabajo, mental o físico, para su funcionamiento" (Chicago: Public Publishing, 1906), p. 157.

ésta la lógica prolongación internacionalista en el siglo XX de los monopolios de los ferrocarriles Morgan y del petróleo Rockefeller de finales del siglo XIX?

Aparte de Gabriel Kolko, Murray Rothbard y los revisionistas, los historiadores no han estado atentos a tal combinación de acontecimientos. La investigación histórica, con raras excepciones, se ha reducido a destacar la dicotomía entre capitalistas y socialistas. El monumental estudio de George Kennan sobre la Revolución Rusa mantiene constantemente la ficción de un antagonismo[2] entre Wall Street y los bolcheviques. El libro *Russia Leaves the War* sólo hace una referencia incidental a la firma J.P. Morgan y ninguna referencia a la Guaranty Trust Company. Sin embargo, ambas organizaciones se mencionan de forma destacada en los archivos del Departamento de Estado, a los que se hace referencia con frecuencia en este libro, y ambas forman parte del conjunto de pruebas presentadas aquí. Ni el "banquero bolchevique" Olof Aschberg ni el Nya Banken de Estocolmo se mencionan en Kennan, y sin embargo ambos desempeñaron un papel fundamental en la financiación bolchevique. Además, en circunstancias menores pero cruciales, al menos para *nuestro* argumento, Kennan resulta estar completamente equivocado. Por ejemplo, Kennan señala que el jefe del Banco de la Reserva Federal, William Boyce Thompson, salió de Rusia el 27 de noviembre de 1917. Esta fecha de salida haría físicamente imposible que Thompson estuviera en Petrogrado el 2 de diciembre de 1917 para transmitir una solicitud de financiación de un millón de dólares a Morgan en Nueva York. Thompson salió realmente de Petrogrado el 4 de diciembre de 1918, dos días después de enviar el cable a Nueva York. A continuación, Kennan afirma que el 30 de noviembre de 1917, Trotsky pronunció un discurso ante el Soviet de Petrogrado en el que observó: "Hoy he tenido aquí, en el Instituto Smolny, a dos estadounidenses estrechamente relacionados con elementos capitalistas estadounidenses. Según Kennan, es "difícil imaginar" quiénes podrían haber sido estos dos estadounidenses "excepto Robins y Gumberg". Pero en realidad, Alexander Gumberg era ruso, no estadounidense. Además, dado que Thompson seguía en Rusia el 30 de noviembre de 1917, los dos estadounidenses que visitaron a Trotsky fueron probablemente Raymond Robins, un promotor minero convertido en benefactor, y Thompson, del Banco de la Reserva Federal de Nueva York.

La bolchevización de Wall Street era conocida en círculos bien informados ya en 1919. El periodista financiero Barron grabó una conversación con el magnate del petróleo E. H. Doheny en 1919 y nombró específicamente a tres destacados financieros, William Boyce Thompson, Thomas Lamont y Charles R. Crane:

> A bordo del S.S. Aquitania, la noche del viernes 1 de febrero de 1919.
>
> Pasó la noche con los Dohenys en su suite. El Sr. Doheny dijo: Si crees en la democracia, no puedes creer en el socialismo. El socialismo es el veneno que destruye la democracia. La democracia significa oportunidades para todos. El socialismo da la esperanza de que un hombre pueda dejar su trabajo y salirse con la suya. El bolchevismo es el verdadero fruto del socialismo, y si se lee el interesante

---

[2] George F. Kennan, *Russia Leaves the War* (Nueva York: Atheneum, 1967); et *Decision to Intervene, Soviet-American Relations, 1917–1920* (Princeton, N.J.: Princeton University Press, 1958).

testimonio ante el comité del Senado a mediados de enero, que mostraba a todos estos pacifistas y pacificadores como simpatizantes alemanes, socialistas y bolcheviques, se verá que la mayoría de los profesores universitarios de Estados Unidos enseñan el socialismo y el bolchevismo y que cincuenta y dos profesores universitarios estaban en los llamados comités de paz en 1914. El presidente Eliot de Harvard enseña el bolchevismo. Los peores bolcheviques de Estados Unidos no son sólo los profesores universitarios, a los que pertenece el presidente Wilson, sino también los capitalistas y las esposas de los capitalistas, y ninguno de ellos parece saber de qué está hablando. William Boyce Thompson enseña el bolchevismo y aún puede convertir a Lamont de J.P. Morgan & Company. Vanderlip es un bolchevista, al igual que Charles R. Crane. Muchas mujeres se unen al movimiento y ni ellas ni sus maridos saben qué es o a qué conduce. Henry Ford es otro, al igual que la mayoría de los cien historiadores que Wilson se llevó al extranjero con él, en la insensata idea de que la historia puede enseñar a los jóvenes los límites adecuados de las razas, los pueblos y las naciones geográficamente.[3]

En definitiva, se trata de una historia de la revolución bolchevique y sus consecuencias, pero que se aleja del enfoque conceptual habitual de la camisa de fuerza de los capitalistas contra los comunistas. Nuestra historia postula una asociación entre el capitalismo monopolista internacional y el socialismo revolucionario internacional para su beneficio mutuo. El coste humano final de esta alianza ha recaído sobre los hombros de cada ruso y cada estadounidense. El espíritu de empresa ha sido desacreditado y el mundo ha sido impulsado hacia una planificación socialista debilitante debido a estas maniobras monopolísticas en el mundo de la política y la revolución.

También es una historia que refleja la traición de la Revolución Rusa. Los zares y su sistema político corrupto fueron expulsados para ser sustituidos por los nuevos intermediarios de otro sistema político corrupto. Allí donde Estados Unidos podría haber ejercido su influencia dominante para lograr una Rusia libre, cedió a las ambiciones de unos pocos financieros de Wall Street que, en su propio beneficio, podían aceptar una Rusia zarista centralizada o una Rusia marxista centralizada, pero no una Rusia libre descentralizada. Y las razones de estas afirmaciones saldrán a la luz a medida que desarrollemos la historia subyacente y, hasta ahora, inédita de la Revolución Rusa y sus consecuencias.[4]

---

[3] Arthur Pound y Samuel Taylor Moore, *They Told Barron* (Nueva York: Harper & Brothers, 1930), pp. 13–14.

[4] Existe una historia paralela, y también desconocida, del movimiento majanovista que combatió tanto a los "blancos" como a los "rojos" durante la Guerra Civil de 1919-20 (véase Voline, *The Unknown Revolution* [Nueva York: Libertarian Book Club, 1953]). También existía el movimiento "verde", que combatía tanto a los "blancos" como a los "rojos". El autor nunca ha visto una sola mención aislada de los Verdes en la historia de la revolución bolchevique. Sin embargo, el Ejército Verde contaba con al menos 700.000 efectivos.

CAPÍTULO II

TROTSKY ABANDONA NUEVA YORK PARA LLEVAR A CABO LA REVOLUCIÓN

Tendrás una revolución, una terrible revolución. El curso que tome dependerá en gran medida de lo que el Sr. Rockefeller le diga al Sr. Hague. El Sr. Rockefeller es un símbolo de la clase dirigente estadounidense y el Sr. Hague es un símbolo de sus herramientas políticas.
León Trotsky, en *The New York Times*, 13 de diciembre de 1938.
(Hague era un político de Nueva Jersey)

En 1916, el año anterior a la Revolución Rusa, el internacionalista León Trotsky fue expulsado de Francia, oficialmente por su participación en la conferencia de Zimmerwald, pero también probablemente por los artículos incendiarios que escribió para el *Nashe Slovo*, un periódico en ruso impreso en París. En septiembre de 1916, Trotsky fue escoltado cortésmente por la policía francesa a través de la frontera española. Pocos días después, la policía madrileña detuvo al internacionalista y lo metió en una "celda de primera clase", que costaba una peseta al día. Trotsky fue trasladado a Cádiz, luego a Barcelona y finalmente fue colocado a bordo del buque de vapor de la Compañía Transatlántica Española, el *Monserrat*. Trotsky y su familia cruzaron el océano Atlántico y desembarcaron en Nueva York el 13 de enero de 1917.

Otros trotskistas también cruzaron el Atlántico hacia el oeste. De hecho, un grupo trotskista ganó suficiente influencia inmediata en México como para redactar la Constitución de Querétaro para el gobierno revolucionario de Carranza en 1917, dando a México la dudosa distinción de ser el primer gobierno del mundo en adoptar una constitución de estilo soviético.

¿Cómo sobrevivió Trotsky, que sólo sabía alemán y ruso, en la América capitalista? Según su autobiografía, *Mi vida*, "mi única profesión en Nueva York era la de socialista revolucionario". En otras palabras, Trotsky escribió artículos ocasionales para *Novy Mir*, la revista socialista rusa en Nueva York. Sin embargo, sabemos que el apartamento de la familia Trotsky en Nueva York estaba equipado con una nevera y un teléfono, y según Trotsky, la familia viajaba ocasionalmente en una limusina con chófer. Este estilo de vida dejó perplejos a los dos jóvenes Trotsky. Cuando entraron en un salón de té, los niños preguntaron ansiosos a su madre: "¿Por qué no entra el conductor?[5] El elegante nivel de vida también contradecía los ingresos declarados por Trotsky. Los únicos fondos que Trotsky admite haber recibido en 1916 y 1917 fueron 310 dólares, y, dice Trotsky, "dividí los 310 dólares entre cinco emigrantes que regresaban a Rusia". Sin embargo, Trotsky había pagado una celda de primera clase en España, la familia Trotsky había viajado por Europa hasta Estados Unidos, habían adquirido un excelente apartamento en Nueva York -pagando el alquiler con tres meses de antelación- y disponían de una limusina con chófer. Todo gracias a los ingresos de un revolucionario empobrecido por unos pocos artículos en el periódico de pequeña tirada en lengua rusa *Nashe Slovo de* París y *Novy Mir* de Nueva York!

Joseph Nedava estima que los ingresos de Trotsky en 1917 eran de 12 dólares a la semana, "complementados por algunos honorarios de conferencias".[6] Trotsky pasó tres meses en Nueva York en 1917, de enero a marzo, ganando 144 dólares de *Novy Mir* y, digamos, otros 100 dólares en honorarios de conferencias, para un total de 244 dólares. De esos 244 dólares, Trotsky pudo dar 310 dólares a sus amigos, pagar el apartamento en Nueva York, mantener a su familia y recuperar los 10.000 dólares que le habían confiscado en abril de 1917 las autoridades canadienses en Halifax. Trotsky afirma que quienes dijeron que tenía otras fuentes de ingresos son "calumniadores" que difunden "tontas calumnias" y "mentiras", pero a menos que Trotsky haya jugado a las carreras en el hipódromo de Jamaica en Nueva York, eso es simplemente imposible. Es obvio que Trotsky tenía una fuente de ingresos no revelada.

¿Cuál era esa fuente? En *The Road to Safety*, el autor Arthur Willert dice que Trotsky se ganaba la vida trabajando como electricista para los estudios cinematográficos Fox. Otros escritores han citado otras ocupaciones, pero no hay pruebas de que Trotsky hiciera algo a cambio de una remuneración que no fuera escribir y hablar.

La mayoría de las investigaciones se han centrado en el hecho verificable de que cuando Trotsky salió de Nueva York en 1917 hacia Petrogrado, para organizar la fase bolchevique de la revolución, se fue con 10.000 dólares. En 1919, el Comité Overman del Senado estadounidense investigó la propaganda bolchevique financiada con dinero alemán en Estados Unidos y, de paso, llegó al origen de los 10.000 dólares de Trotsky. El examen de la Comisión Overman al Coronel Hurban, agregado de Washington en la legación checa, arrojó los siguientes resultados:

> **COL. HURBAN**: Trotsky puede haber tomado dinero de Alemania, pero Trotsky lo negará. Lenin no lo negará. Miliukov demostró que recibió 10.000 dólares de unos alemanes mientras estaba en América. Miliukov tenía la prueba, pero la negó. Trotsky lo hizo, aunque Miliukov tenía la prueba.
> Se acusó a Trotsky de obtener 10.000 dólares aquí.

---

[5] León Trotsky, *Mi vida* (Nueva York: Scribner's, 1930), capítulo 22.

[6] Joseph Nedava, *Trotsky and the Jews* (Philadelphie: Jewish Publication Society of America, 1972), p. 163.

COL. HURBAN: No recuerdo cuánto era, pero sé que era un asunto entre él y Miliukov.

SENADOR: Yilukov lo demostró, ¿no?

COL. Sí, señor.

¿Sabe de dónde los sacó?

COL. HURBAN: Recuerdo que eran 10.000 dólares; pero está bien. Hablaré de su propaganda. El gobierno alemán conocía a Rusia mejor que nadie, y sabía que con la ayuda de esta gente podría destruir al ejército ruso.

(A las 17:45, la subcomisión levanta la sesión hasta mañana, miércoles 19 de febrero, a las 10:30).[7]

Es bastante notable que la comisión se suspendiera abruptamente antes de que la *fuente de los* fondos de Trotsky fuera puesta en el registro del Senado. Cuando el interrogatorio se reanudó al día siguiente, Trotsky y sus 10.000 dólares ya no interesaban a la comisión de Overman. Más adelante desarrollaremos las pruebas relativas a la financiación de las actividades revolucionarias alemanas en Estados Unidos por parte de instituciones financieras de Nueva York; entonces se sacará a la luz el origen de los 10.000 dólares de Trotsky.

También se menciona una cantidad de 10.000 dólares de origen alemán en el telegrama oficial británico dirigido a las autoridades navales canadienses en Halifax, en el que se solicita que Trotsky y sus tropas en ruta hacia la revolución sean desembarcados del S.S. *Kristianiafjord* (véase más adelante). También sabemos por un informe de la Dirección de Inteligencia Británica[8] que Gregory Weinstein, que en 1919 se convertiría en un miembro destacado de la Oficina Soviética en Nueva York, recaudó fondos para Trotsky en Nueva York. Estos fondos procedían de Alemania y se canalizaban a través del *Volkszeitung*, un diario en lengua alemana de la ciudad de Nueva York y subvencionado por el gobierno alemán.

Aunque los fondos de Trotsky se declaran oficialmente alemanes, Trotsky participó activamente en la política estadounidense justo antes de abandonar Nueva York para ir a Rusia y a la revolución. El 5 de marzo de 1917, los periódicos estadounidenses publicaron titulares sobre la creciente posibilidad de guerra con Alemania; esa misma noche, Trotsky propuso una resolución en la reunión del Partido Socialista del Condado de Nueva York "comprometiendo a los socialistas a fomentar las huelgas y a resistir el reclutamiento en caso de guerra con Alemania".[9] León Trotsky fue descrito por el *New York Times como un* "revolucionario ruso en el exilio". Louis C. Fraina, que copatrocinó la resolución de Trotsky, escribió posteriormente -bajo un seudónimo- un libro acrítico sobre el

---

[7] Estados Unidos, Senado, *Brewing and Liquor Interests and German and Bolshevik Propaganda* (Subcommittee on the Judiciary), 65th Cong. 1919.

[8] Informe especial nº 5, *The Russian Soviet Bureau in the United States*, 14 de julio de 1919, Scotland House, London S.W.I. copia en el Archivo Decimal del Departamento de Estado de los Estados Unidos, 316-23-1145.

[9] *New York Times*, 5 de marzo de 1917.

imperio financiero de Morgan titulado *House of Morgan*[10]. La propuesta de Trotskyy-Fraina fue rechazada por la facción de Morris Hillquit, y el Partido Socialista votó entonces en contra de la resolución.[11]

Más de una semana después, el 16 de marzo, en el momento de la deposición del zar, León Trotsky fue entrevistado en las oficinas de *Novy Mir*. La entrevista contenía una declaración profética sobre la revolución rusa:

> "... el comité que ha ocupado el lugar del ministerio caído en Rusia no representa los intereses ni los objetivos de los revolucionarios, probablemente será de corta duración y se retirará en favor de hombres que estarían más seguros de hacer avanzar la democratización de Rusia".[12]

Los "hombres que con mayor seguridad harían avanzar la democratización de Rusia", es decir, los mencheviques y los bolcheviques, se encontraban entonces en el exilio en el extranjero y debían regresar primero a Rusia. El "comité" temporal se denominó, por tanto, "gobierno provisional", un título, cabe señalar, que se utilizó desde el inicio de la revolución en marzo y que no ha sido aplicado a posteriori por los historiadores.

WOODROW WILSON CONSIGUE UN PASAPORTE PARA TROTSKY

El presidente Woodrow Wilson fue el buen genio que proporcionó a Trotsky un pasaporte para volver a Rusia a "hacer avanzar" la revolución. Este pasaporte estadounidense iba acompañado de un permiso de entrada en Rusia y de un visado de tránsito británico. Jennings C. Wise, en *Woodrow Wilson: Discípulo de la Revolución*, hace el siguiente comentario pertinente: "Los historiadores no deben olvidar nunca que Woodrow Wilson, a pesar de los esfuerzos de la policía británica, permitió que León Trotsky entrara en Rusia con un pasaporte estadounidense.

El presidente Wilson facilitó el paso de Trotsky a Rusia en el mismo momento en que los cautelosos burócratas del Departamento de Estado, preocupados por la entrada de tales revolucionarios en Rusia, intentaban unilateralmente endurecer los procedimientos de viaje. La delegación de Estocolmo envió un cable al Departamento de Estado el 13 de junio de 1917, justo *después de* que Trotsky

---

[10] Lewis Corey, *House of Morgan: A Social Biography of the Masters of Money* (Nueva York: G. W. Watt, 1930).

[11] Morris Hillquit. (antes Hillkowitz) había sido el abogado defensor de Johann Most tras el asesinato del presidente McKinley, y en 1917 era líder del Partido Socialista de Nueva York. En la década de 1920, Hillquit dejó su huella en la banca neoyorquina al convertirse en director y abogado del International Union Bank. Bajo el mandato del presidente Franklin D. Roosevelt, Hillquit ayudó a desarrollar los códigos RNA para la industria de la confección.

[12] *New York Times*, 16 de marzo de 1917.

cruzara la frontera ruso-finlandesa: "La delegación informó confidencialmente a las oficinas de pasaportes rusas, inglesas y francesas en la frontera rusa de Tornio, que estaban muy preocupadas por el paso de personas sospechosas que llevaban pasaportes estadounidenses".[13]

A este cable, el Departamento de Estado respondió el mismo día: "El Departamento ejerce un cuidado especial en la emisión de pasaportes para Rusia"; el Departamento de Estado también autorizó los gastos para que la misión diplomática estableciera una oficina de control de pasaportes en Estocolmo y contratara a un "ciudadano estadounidense absolutamente fiable" para un trabajo de verificación.[14] Pero el pájaro había volado. El menchevique Trotsky y los bolcheviques de Lenin ya estaban en Rusia y se preparaban para "avanzar" en la revolución. La trampa para pasaportes instalada sólo capturaba presas de segunda categoría. Por ejemplo, el 26 de junio de 1917, Herman Bernstein, un destacado periodista neoyorquino que viajaba a Petrogrado para representar al *New York Herald,* fue detenido en la frontera y se le negó la entrada a Rusia. Un poco más tarde, a mediados de agosto de 1917, la embajada rusa en Washington pidió al Departamento de Estado (y éste aceptó) "impedir la entrada en Rusia de criminales y anarquistas... algunos de los cuales ya han visitado Rusia".[15]

Por lo tanto, en virtud del trato preferencial concedido a Trotsky, cuando el S.S. *Kristianiafjord* partió de Nueva York el 26 de marzo de 1917, Trotsky estaba a bordo y con pasaporte estadounidense, y en compañía de otros revolucionarios trotskistas, financieros de Wall Street, comunistas estadounidenses y otras personas interesantes, pocas de las cuales se habían embarcado en negocios legítimos. Esta mezcla de pasajeros fue descrita por Lincoln Steffens, el comunista estadounidense:

> La lista de pasajeros era larga y misteriosa. Trotsky estaba en el camarote con un grupo de revolucionarios; en mi camarote había un revolucionario japonés. Había muchos holandeses regresando a casa desde Java, los únicos inocentes a bordo. Los otros eran mensajeros de guerra, dos de Wall Street a Alemania.[16]

Lincoln Steffens estaba a bordo en su viaje a Rusia por invitación expresa de Charles Richard Crane, un donante y ex presidente del Comité de Finanzas del Partido Demócrata. Crane, vicepresidente de la Crane Company, había organizado la Westinghouse Company en Rusia, fue miembro de la Root Mission to Russia y realizó nada menos que 23 visitas a Rusia entre 1890 y 1930. Richard Crane, su hijo, era el asistente confidencial de Robert Lansing, entonces Secretario de Estado. Según el ex embajador en Alemania William Dodd, Crane "contribuyó

---

[13] Archivo Decimal del Departamento de Estado de los Estados Unidos, 316-85-1002.

[14] Ibid.

[15] Ibid, 861.111/315.

[16] Lincoln Steffens, *Autobiography* (Nueva York: Harcourt, Brace, 1931), p. 764. Steffens era el "intermediario" de Crane y Woodrow Wilson.

mucho a la revolución de Kerensky que dio paso al comunismo.[17] Los comentarios de Steffens en su diario sobre las conversaciones a bordo del S.S. *Kristianiafjord* son, por tanto, muy relevantes: "... todo el mundo está de acuerdo en que la revolución está sólo en su primera fase, que debe desarrollarse. Crane y los radicales rusos a bordo del barco creen que estaremos en Petrogrado para finalizar la revolución.[18]

Crane regresó a Estados Unidos cuando se produjo la revolución bolchevique (es decir, "la revolución finalizada") y, aunque era un ciudadano privado, recibió informes de primera mano sobre el progreso de la revolución bolchevique a medida que se recibían cables en el Departamento de Estado. Por ejemplo, un memorando, fechado el 11 de diciembre de 1917, se titula "Copia del informe sobre el levantamiento maximalista para el Sr. Crane". Es de Maddin Summers, el Cónsul General de Estados Unidos en Moscú, y la carta de presentación de Summers dice en parte lo siguiente:

> Tengo el honor de adjuntar una copia de este informe [arriba] con la petición de que se envíe para la información confidencial del Sr. Charles R. Crane. Se supone que el Departamento no tendrá inconveniente en que el Sr. Crane vea el informe.[19]

En resumen, el cuadro improbable y confuso que surge es que Charles Crane, amigo y financiero de Woodrow Wilson y destacado político, desempeñó un papel conocido en la "primera" revolución y viajó a Rusia a mediados de 1917 con el comunista estadounidense Lincoln Steffens, que estaba en contacto tanto con Woodrow Wilson como con Trotsky. Este último llevaba a su vez un pasaporte emitido por orden de Wilson y 10.000 dólares de supuestas fuentes alemanas. A su regreso a Estados Unidos, una vez "finalizada la revolución", Crane tuvo acceso a los documentos oficiales relativos a la consolidación del régimen bolchevique: se trata de una pauta de acontecimientos entrelazados -aunque confusos- que justifica una investigación más profunda y que sugiere, aunque sin aportar pruebas por el momento, alguna conexión entre el financiero Crane y el revolucionario Trotsky.

DOCUMENTOS DEL GOBIERNO CANADIENSE SOBRE LA LIBERACIÓN DE TROTSKY[20]

Los documentos relativos a la breve estancia de Trotsky bajo custodia canadiense están ahora desclasificados y disponibles en los archivos del gobierno

---

[17] William Edward *Dodd, Ambassador Dodd's Diary, 1933–1938* (Nueva York: Harcourt, Brace, 1941), pp. 42–43.

[18] Lincoln Steffens, *The Letters of Lincoln Steffens* (Nueva York: Harcourt, Brace, 1941), p. 396.

[19] Archivo decimal del Departamento de Estado de los Estados Unidos, 861.00/1026.

[20] Esta sección se basa en los registros del gobierno canadiense.

canadiense. Según estos registros, Trotsky fue arrestado por personal naval canadiense y británico del S.S. *Kristaniafjord en* Halifax, Nueva Escocia, el 3 de abril de 1917, registrado como prisionero de guerra alemán e internado en el centro de detención de prisioneros de guerra alemanes en Amherst, Nueva Escocia. La Sra. Trotsky, los dos niños Trotsky y otros cinco hombres descritos como "socialistas rusos" también fueron detenidos e internados. Sus nombres figuran en los registros canadienses como: Nickita Muchin, Leiba Fisheleff, Konstantin Romanchanco, Gregor Teheodnovski, Gerchon Melintchansky y Leon Bronstein Trotsky (todas las grafías proceden de documentos originales canadienses).

El formulario LB-1 del ejército canadiense, número de serie 1098 (incluidas las huellas dactilares), se rellenó para Trotsky, con la siguiente descripción: "37 años, exiliado político, periodista de profesión, nacido en Gromskty, Chuson, Rusia, ciudadano ruso". El formulario estaba firmado por León Trotsky y su nombre completo era León Bromstein *(sic)* Trotsky.

El grupo de Trotsky fue desembarcado del S.S. *Kristaniafjord* por instrucciones oficiales recibidas por telegrama del 29 de marzo de 1917, desde Londres, presumiblemente del Almirantazgo con el Oficial de Control Naval, Halifax. El cable informaba de que Trotsky y su partido se encontraban en el *"Christaniafjord" (sic)* y que iban a ser "arrestados y detenidos en espera de instrucciones". La razón que se le dio al oficial de control naval en Halifax fue que "son los socialistas rusos los que se van para iniciar una revolución contra el actual gobierno ruso, para lo cual Trotsky tendría 10.000 dólares proporcionados por los socialistas y los alemanes".

El [1 de] abril de 1917, el oficial de control naval, el capitán O. El Sr. Makins, envió una nota confidencial al Oficial General al mando en Halifax en la que decía que había "examinado a todos los pasajeros rusos" a bordo del S.S. *Kristaniafjord y que* había encontrado a seis hombres en la sección de segunda clase: "Todos son socialistas declarados, y aunque declaran que desean ayudar al nuevo gobierno ruso, es muy posible que estén confabulados con los socialistas alemanes en América, y muy probablemente constituyan un gran problema para el gobierno ruso en la actualidad." El capitán Makins añadió que desembarcaría al grupo, junto con la esposa y los dos hijos de Trotsky, para su detención en Halifax. Una copia de este informe fue enviada desde Halifax al Jefe del Estado Mayor en Ottawa el 2 de abril de 1917.

El siguiente documento en los archivos canadienses está fechado el 7 de abril, del Jefe del Estado Mayor, Ottawa, al Director de Operaciones de Internamiento, y acusa recibo de una carta anterior (no archivada) sobre el internamiento de socialistas rusos en Amherst, Nueva Escocia: "A este respecto, debo informarle de la recepción ayer de un largo telegrama del Cónsul General de Rusia en MONTREAL, protestando por la detención de estos hombres, ya que estaban en posesión de pasaportes expedidos por el Cónsul General de Rusia en NUEVA YORK, Estados Unidos.

La respuesta al telegrama de Montreal fue que los hombres estaban encarcelados "por ser sospechosos de ser alemanes" y que sólo serían liberados después de demostrar su nacionalidad y lealtad a los Aliados. En los archivos canadienses no aparece ningún telegrama del Cónsul General de Rusia en Nueva

York, y se sabe que esta oficina era reacia a expedir pasaportes rusos a los exiliados políticos rusos. Sin embargo, existe un telegrama en los archivos de un fiscal neoyorquino, N. Aleinikoff, dirigido a R. M. Coulter, entonces subdirector general de correos de Canadá. El cargo de Ministro de Correos no tenía ninguna relación con el internamiento de prisioneros de guerra ni con las actividades militares. Por lo tanto, este telegrama tenía el carácter de una intervención personal y no oficial. Dice lo siguiente:

> DR. R. M. COULTER, Ministerio de Correos. OTTAWA Los exiliados políticos rusos que regresan a Rusia han sido detenidos en el campamento de Amherst, en Halifax. Por favor, investigue las causas de la detención y proporcione los nombres de todos los detenidos. Por favor, confíen en su defensor de la libertad para que interceda por ellos. Por favor, cablee el PCV. NICHOLAS ALEINIKOFF

El 11 de abril, Coulter envió un cable a Aleinikoff: "Telegrama recibido. Te escribo esta tarde. Debería recibirlo mañana por la noche. R. M. Coulter". Este telegrama fue enviado por el Canadian Pacific Railway Telegraph pero fue facturado al Departamento de Correos. Normalmente, un telegrama de asuntos privados se carga al destinatario porque no era un asunto oficial. La respuesta de Coulter a Aleinikoff es interesante porque, tras confirmar que el grupo de Trotsky fue efectivamente detenido en Amherst, afirma que son sospechosos de hacer propaganda contra el actual gobierno ruso y que "se supone que son agentes de Alemania". Coulter añade: "...no son lo que dicen"; el grupo Trotsky "...no está en manos de Canadá, sino de las autoridades imperiales". Tras asegurar a Aleinikoff que los detenidos recibirían un buen trato, Coulter añade que cualquier información "a su favor" sería transmitida a las autoridades militares. La impresión general de la carta es que, aunque Coulter simpatiza y es plenamente consciente de los vínculos pro-alemanes de Trotsky, no quiere involucrarse. El 11 de abril, Arthur Wolf envía un telegrama a Coulter desde el 134 de East Broadway, Nueva York. Aunque fue enviado desde Nueva York, este telegrama, tras ser acusado de recibo, también fue remitido al Departamento de Correos.

Sin embargo, la reacción de Coulter dice más que la simpatía indiferente que refleja su carta a Aleinikoff. Esta correspondencia en nombre de Trotsky debe considerarse a la luz del hecho de que las cartas provenían de dos residentes estadounidenses de la ciudad de Nueva York y se referían a un asunto militar canadiense o imperial de importancia internacional. Además, Coulter, como Subdirector General de Correos, era un funcionario canadiense de cierta importancia. Piense por un momento en lo que le ocurriría a alguien que interviniera de la misma manera en los asuntos estadounidenses. En el caso de Trotsky, tenemos a dos residentes estadounidenses que se comunican con un director general de correos canadiense para intervenir en favor de un revolucionario ruso encarcelado.

La acción posterior de Coulter también sugiere algo más que una intervención ocasional. Después de leer los telegramas de Aleinikoff y Wolf, Coulter escribió al General de División Willoughby Gwatkin del Departamento de Milicia y Defensa en Ottawa - un hombre de gran influencia en el ejército canadiense - y adjuntó copias de los telegramas de Aleinikoff y Wolf:

Estos hombres eran hostiles a Rusia por la forma en que se trataba a los judíos, y ahora están fuertemente a favor de la administración actual, por lo que sé. Ambos son hombres responsables. Ambos son hombres de buena reputación, y le envío sus telegramas por lo que valen, y para que los represente ante las autoridades inglesas si lo considera oportuno.

Está claro que Coulter sabe -o sugiere que sabe- mucho sobre Aleinikoff y Wolf. Su carta era en realidad una recomendación a Londres. Gwatkin era muy conocido en Londres, y de hecho había sido puesto a disposición de Canadá por la Oficina de Guerra[21] en Londres.[22]

Aleinikoff envió entonces una carta a Coulter dándole las gracias:

> por su interés en el destino de los exiliados políticos rusos... Usted me conoce, querida Dra. Coulter, y sabe de mi devoción por la causa de la libertad rusa... Afortunadamente, conozco al Sr. Trotsky, al Sr. Melnichahnsky y al Sr. Chudnowsky... íntimamente.

Cabe señalar de paso que, aunque Aleinikoff conocía a Trotsky "íntimamente", probablemente también sabía que Trotsky había declarado su intención de volver a Rusia para derrocar al gobierno provisional y llevar a cabo la "revolución finalizada". Al recibir la carta de Aleinikoff, Coulter la remitió inmediatamente (el 16 de abril) al general de división Gwatkin, añadiendo que había conocido a Aleinikoff "en relación con la acción del Departamento sobre los documentos estadounidenses en lengua rusa" y que Aleinikoff trabajaba "en la misma línea que el señor Wolf... que era un prisionero fugado de Siberia".

Anteriormente, el 14 de abril, Gwatkin había enviado un memorando a su homólogo naval en el Comité Militar Interdepartamental canadiense reiterando que los internos eran socialistas rusos con "10.000 dólares proporcionados por los socialistas y los alemanes". El párrafo final decía: "Por otro lado, hay quienes afirman que se ha cometido un acto de grave injusticia". Luego, el 16 de abril, el vicealmirante C. E. Kingsmill, director del Servicio Naval, tomó al pie de la letra la declaración de Gwatkin. En una carta al capitán Makins, el oficial de control naval en Halifax, decía: "Las autoridades de la milicia solicitan que se tome rápidamente una decisión sobre su liberación (es decir, la de los seis rusos)". Se envió una copia de estas instrucciones a Gwatkin, quien a su vez informó al Subdirector General de Correos, el General Coulter. Tres días después, Gwatkin presionó. En un memorando del 20 de abril dirigido al Secretario de Marina, escribió: "¿Puede decirme si la Junta de Control Naval ha tomado una decisión o no? "

---

[21] Oficina de Guerra. Nota.

[22] Los memorandos de Gwatkin en los archivos del gobierno canadiense no están firmados, sino rubricados con una marca o símbolo indescifrable. La marca ha sido identificada como de Gwatkin porque se ha reconocido una carta de Gwatkin (la carta del 21 de abril) que lleva esta marca críptica.

El mismo día (20 de abril), el capitán Makins escribió al almirante Kingsmill explicando las razones de la expulsión de Trotsky; se negó a ser presionado para tomar una decisión, declarando: "Enviaré un cable al Almirantazgo para informarles de que las autoridades de la milicia piden una rápida decisión sobre su liberación. Sin embargo, al día siguiente, 21 de abril, Gwatkin escribió a Coulter: "Nuestros amigos los socialistas rusos deben ser liberados; y se están haciendo arreglos para su pasaje a Europa." La orden para que Makins liberara a Trotsky vino del Almirantazgo en Londres. Coulter reconoció la información, "que será de gran interés para nuestros corresponsales de Nueva York".

Si podemos, por un lado, concluir que Coulter y Gwatkin estaban intensamente interesados en la liberación de Trotsky, no sabemos, por otro lado, por qué. Hay poco en las carreras de Coulter o Gwatkin que pueda explicar el deseo de liberar al menchevique León Trotsky.

El Dr. Robert Miller Coulter era un médico de padres escoceses e irlandeses, liberal, masón y Odd Fellow[23]. En 1897 fue nombrado Director General Adjunto de Correos de Canadá. Su único mérito es haber sido delegado en la Convención de la Unión Postal Universal en 1906 y delegado en Nueva Zelanda y Australia en 1908 para el proyecto "All Red". All Red no tenía nada que ver con los revolucionarios rojos; era simplemente un proyecto de vapores rápidos totalmente rojos, es decir, totalmente británicos, entre Gran Bretaña, Canadá y Australia.

El General de División Willoughby Gwatkin procede de una larga tradición militar británica (Cambridge y luego Staff College). Especialista en movilización, sirvió en Canadá de 1905 a 1918. Sólo por los documentos de los archivos canadienses, se puede concluir que su intervención en favor de Trotsky es un misterio.

LA INTELIGENCIA MILITAR CANADIENSE EXAMINA A TROTSKY

Podemos ver la liberación de Trotsky desde otro ángulo: la inteligencia canadiense. El teniente coronel John Bayne MacLean, destacado editor y empresario canadiense, fundador y presidente de la MacLean Publishing Company de Toronto, ha editado numerosas revistas comerciales canadienses, entre ellas el *Financial Post. MacLean* fue también un antiguo colaborador de los servicios de inteligencia militar canadienses.[24]

En 1918, el coronel MacLean escribió un artículo para su propia revista *MacLean's* titulado "¿Por qué dejamos ir a Trotsky? Cómo Canadá perdió una

---

[23] Sociedad de caridad, ayuda mutua y solidaridad, al modo masónico del Rotary Club.

[24] H.J. Morgan, *Canadian Men and Women of the Times*, 1912, 2 vol. (Toronto: W. Briggs, 1898–1912).

oportunidad de acortar la guerra".[25] El artículo contenía información detallada e inusual sobre León Trotsky, aunque la última mitad del artículo se pierde en la especulación al referirse a temas apenas relacionados. Tenemos dos pistas sobre la autenticidad de la información. En primer lugar, el coronel MacLean era un hombre íntegro que gozaba de excelentes relaciones en los servicios de inteligencia del gobierno canadiense. En segundo lugar, los documentos gubernamentales publicados desde entonces por Canadá, Gran Bretaña y Estados Unidos confirman en gran medida la afirmación de MacLean. Algunas de las declaraciones de MacLean están por confirmar, pero la información disponible a principios de los años 70 no es necesariamente inconsistente con el artículo del Coronel MacLean.

El argumento inicial de MacLean era que "ciertos políticos o funcionarios públicos canadienses fueron los principales responsables de la prolongación de la guerra [Primera Guerra Mundial], de la gran pérdida de vidas, de las lesiones y del sufrimiento del invierno de 1917 y de las grandes campañas de 1918".

Además, dijo MacLean, estas personas estaban (en 1919) haciendo todo lo posible para evitar que el Parlamento y el pueblo canadiense fueran informados de los hechos en cuestión. Los informes oficiales, incluidos los de Sir Douglas Haig, demuestran que, de no haber sido por la ruptura con Rusia en 1917, la guerra habría terminado un año antes, y que "el principal responsable de la deserción de Rusia fue Trotsky... que actuó siguiendo instrucciones alemanas".

¿Quién era Trotsky? Según MacLean, Trotsky no era ruso, sino alemán. Por muy extraña que parezca esta afirmación, coincide con otras informaciones de los servicios de inteligencia: que Trotsky hablaba mejor el alemán que el ruso, y que era el ejecutivo ruso del "Bund" alemán. Según MacLean, Trotsky había sido "ostensiblemente" expulsado de Berlín en agosto de 1914[26]; finalmente llegó a Estados Unidos, donde organizó a los revolucionarios rusos, así como a los revolucionarios del oeste de Canadá, que "eran en su mayoría alemanes y austriacos que viajaban como rusos". MacLean continúa:

> Los británicos descubrieron originalmente a través de asociados rusos que Kerensky,[27] Lenin y algunos líderes menores estaban prácticamente en la nómina de los alemanes ya en 1915, y en 1916 descubrieron vínculos con Trotsky, que entonces vivía en Nueva York. Desde entonces, fue vigilado de cerca por... el equipo de desactivación de bombas. A principios de 1916, un funcionario alemán se embarcó hacia Nueva York. Iba acompañado de agentes de la inteligencia británica. Fue detenido en Halifax, pero siguiendo sus instrucciones le enviaron numerosas disculpas por el retraso. Después de muchas maniobras, llegó a una pequeña y sucia oficina de un periódico en los barrios bajos y encontró allí a Trotsky y le dio importantes instrucciones. Desde junio de 1916 hasta su rendición a los

---

[25] Junio de 1919, p. 66a-666. La Biblioteca Pública de Toronto tiene un ejemplar; el número de *MacLean's en el* que apareció el artículo del coronel MacLean no es fácil de encontrar y a continuación se ofrece un resumen.

[26] Véase también Trotsky, *Mi vida*, p. 236.

[27] Véase el anexo 3.

británicos, la brigada antiterrorista de Nueva York nunca perdió el contacto con Trotsky. Descubrieron que su verdadero nombre era Braunstein y que era alemán, no ruso.[28]

Esta actividad alemana en países neutrales se confirma en un informe del Departamento de Estado (316-9-764-9) que describe la organización de los refugiados rusos con fines revolucionarios.

Continuando, MacLean afirma que Trotsky y cuatro asociados navegaron a bordo del "S.S. *Christiania" (sic), y que* el 3 de abril se presentaron ante el "Capitán Making" *(sic)* y fueron desembarcados del barco en Halifax bajo la dirección del Teniente Jones. (De hecho, un grupo de nueve personas, entre ellas seis hombres, fueron desembarcadas del S.S. *Kristianiafjord. El* nombre del oficial de control naval en Halifax era Capitán O. M. Makins, R.N. El nombre del oficial que interceptó al grupo de Trotsky no aparece en los documentos del gobierno canadiense; Trotsky dijo que era "Machen"). De nuevo, según MacLean, el dinero de Trotsky procedía "de fuentes alemanas en Nueva York". También:

> La explicación general que se da es que la liberación se produjo a petición de Kerensky, pero meses antes, oficiales británicos y un canadiense que servía en Rusia, y que podía hablar el idioma ruso, habían informado a Londres y Washington de que Kerensky estaba al servicio de Alemania.[29]

Trotsky fue liberado "a petición de la embajada británica en Washington... ...que actuaba a petición del Departamento de Estado americano, que actuaba en nombre de otra persona". Los funcionarios canadienses "recibieron instrucciones de informar a la prensa de que Trotsky era un ciudadano estadounidense que viajaba con pasaporte estadounidense; que su liberación había sido solicitada específicamente por el Departamento de Estado en Washington". Además, MacLean escribió en Ottawa, "Trotsky tenía una fuerte influencia clandestina. Su poder era tan grande que se dieron órdenes de prestarle toda la atención necesaria."

La tesis del informe de MacLean es, obviamente, que Trotsky tenía relaciones íntimas con el personal alemán y que probablemente trabajaba para ellos. Si tales relaciones se establecieron en relación con Lenin -hasta el punto de que Lenin fue subvencionado y su regreso a Rusia fue facilitado por los alemanes- parece seguro que Trotsky recibió una ayuda similar. Los fondos de 10.000 dólares de Trotsky en Nueva York procedían de fuentes alemanas, y en un documento recientemente desclasificado en los archivos del Departamento de Estado de EE.UU. se lee lo siguiente

---

[28] Según su propio testimonio, Trotsky no llegó a Estados Unidos hasta enero de 1917. El verdadero nombre de Trotsky era Bronstein; él inventó el nombre "Trotsky". "Bronstein" es alemán y "Trotsky" es polaco y no ruso. Su nombre de pila suele ser "León"; sin embargo, el primer libro de Trotsky, publicado en Ginebra, lleva la inicial "N" y no "L".

[29] Véase el Apéndice 3; este documento se obtuvo en 1971 del Ministerio de Asuntos Exteriores británico, pero al parecer era conocido por MacLean.

9 de marzo de 1918 a: Cónsul americano, Vladivostok de Polk, Secretario de Estado en funciones, Washington D.C.

Para su información confidencial y pronta atención: He aquí la sustancia del mensaje del 12 de enero de Von Schanz del Banco Imperial Alemán a Trotsky, citando el consentimiento del Banco Imperial a la consignación por el Estado Mayor del crédito de cinco millones de rublos para el envío del Subcomisario de Marina Kudrisheff al Extremo Oriente.

Este mensaje sugiere alguna conexión entre Trotsky y los alemanes en enero de 1918, cuando Trotsky propuso una alianza con Occidente. El Departamento de Estado no indica el origen del telegrama, sólo que procede del personal de la Escuela Superior de Guerra. El Departamento de Estado sí consideró que el mensaje era auténtico y actuó basándose en su supuesta autenticidad. Es coherente con el tema general del artículo del coronel MacLean.

LAS INTENCIONES Y LOS OBJETIVOS DE TROTSKY

Por lo tanto, podemos deducir la siguiente secuencia de eventos: Trotsky viajó de Nueva York a Petrogrado con un pasaporte facilitado por la intervención de Woodrow Wilson, y con la intención declarada de "hacer avanzar" la revolución. El gobierno británico fue la fuente inmediata de la liberación de Trotsky en abril de 1917, pero es posible que se haya ejercido "presión". Lincoln Steffens, un comunista estadounidense, sirvió de enlace entre Wilson y Charles R. Crane y entre Crane y Trotsky. Además, aunque Crane no tenía ningún cargo oficial, su hijo Richard era el asistente confidencial del Secretario de Estado Robert Lansing, y Crane padre recibía informes rápidos y detallados sobre el progreso de la revolución bolchevique. Además, el embajador William Dodd (embajador estadounidense en Alemania durante la época de Hitler) declaró que Crane había desempeñado un papel activo en la fase de Kerensky de la revolución; las cartas de Steffens confirman que Crane veía la fase de Kerensky sólo como una etapa de una revolución en curso.

Lo interesante, sin embargo, no es tanto la comunicación entre personas disímiles como Crane, Steffens, Trotsky y Woodrow Wilson, sino la existencia de al menos un acuerdo sobre el procedimiento a seguir, es decir, que el gobierno provisional se consideraba "provisional" y que después vendría la "revolución finalizada".

Por otra parte, la interpretación de las intenciones de Trotsky debe ser cautelosa: era un fanático del doble juego. Los documentos oficiales muestran claramente acciones contradictorias. Por ejemplo, la División de Asuntos del Lejano Oriente del Departamento de Estado de Estados Unidos recibió dos informes de Trotsky el 23 de marzo de 1918; uno es contradictorio con el otro. Un informe, fechado el 20 de marzo, procedente de Moscú, fue publicado en el periódico ruso *Russkoe Slovo*. El informe citaba una entrevista con Trotsky en la que afirmaba que cualquier alianza con Estados Unidos era imposible:

La Rusia de los soviéticos no puede aliarse... con la América capitalista, porque eso sería una traición. Es posible que los norteamericanos busquen ese acercamiento con nosotros, impulsados por su antagonismo hacia Japón, pero en cualquier caso no se puede hablar de una alianza por nuestra parte, de ningún tipo, con una nación burguesa.[30]

El otro informe, también de Moscú, es un mensaje fechado el 17 de marzo de 1918, tres días antes, del embajador Francis: "Trotsky pide cinco oficiales americanos como inspectores del ejército organizado para la defensa también pide hombres y equipo para las operaciones ferroviarias."[31]

Esta petición a Estados Unidos es, por supuesto, incompatible con el rechazo de cualquier "alianza".

Antes de dejar a Trotsky, hay que mencionar los juicios de exhibición estalinistas de los años 30 y, en particular, las acusaciones y el juicio de 1938 contra el "bloque antisoviético derechista y trotskista". Estas parodias forzadas del proceso judicial, rechazadas casi unánimemente en Occidente, pueden arrojar algo de luz sobre las intenciones de Trotsky.

El quid de la acusación estalinista era que los trotskistas eran agentes a sueldo del capitalismo internacional. K. G. Rakovsky, uno de los acusados de 1938, dijo, o le llevaron a decir, que "éramos la vanguardia de la agresión extranjera, del fascismo internacional, no sólo en la URSS, sino también en España, China y en todo el mundo". Las requisitorias del "tribunal" contienen la siguiente declaración: "No hay ningún hombre en el mundo que haya traído tanto dolor e infelicidad a la gente como Trotsky. Es el más vil agente del fascismo..."[32]

Aunque puede que sólo se trate de insultos verbales que se intercambiaban habitualmente entre comunistas internacionales en los años 30 y 40, también hay que señalar que los hilos de la autoinculpación son coherentes con las pruebas presentadas en este capítulo. Además, como veremos más adelante, Trotsky consiguió ganarse el apoyo de los capitalistas internacionales, que, por cierto, también eran partidarios de Mussolini y Hitler.[33]

Mientras consideremos a todos los revolucionarios internacionales y a todos los capitalistas internacionales como enemigos implacables los unos de los otros, pasamos por alto un punto crucial: sí ha habido cierta cooperación operativa entre los capitalistas internacionales, incluidos los fascistas. Y no hay ninguna razón a priori para rechazar a Trotsky como miembro de esta alianza.

Esta reevaluación tentativa y limitada saldrá a la luz cuando examinemos la historia de Michael Gruzenberg, el principal agente bolchevique en Escandinavia que, bajo el seudónimo de Alexander Gumberg, fue también asesor confidencial

---

[30] Archivo Decimal del Departamento de Estado de los Estados Unidos, 861.00/1351.

[31] Archivo Decimal del Departamento de Estado de los Estados Unidos, 861.00/1341.

[32] *Informe del proceso judicial en el caso del "Bloque derechista y trotskista" antisoviético*, oído ante el Colegio Militar del Tribunal Supremo de la URSS (Moscú: Comisariado del Pueblo de la URSS para la Justicia, 1938), p. 293.

[33] Ver..: Thomas Lamont, de los Morgan, fue uno de los primeros partidarios de Mussolini.

del Chase National Bank de Nueva York y, más tarde, de Floyd Odium de Atlas Corporation. Esta doble función era conocida y aceptada por los soviéticos y sus empleadores estadounidenses. La historia de Gruzenberg es la de una revolución internacional aliada con el capitalismo internacional.

Las observaciones del coronel MacLean de que Trotsky ejercía una "fuerte influencia clandestina" y de que su "poder era tan grande que se dieron órdenes de que se tuviera en cuenta" no son en absoluto incompatibles con la intervención de Coulter-Gwatkin a favor de Trotsky; o, para el caso, con estos hechos posteriores, las acusaciones estalinistas en los juicios de exhibición trotskistas de los años 30. Tampoco son incompatibles con el caso Gruzenberg. Por otra parte, el único vínculo directo conocido entre Trotsky y la banca internacional es el de su primo Abram Givatovzo, que fue banquero privado en Kiev antes de la Revolución Rusa y en Estocolmo después de la revolución. Aunque Givatovzo profesaba el antibolchevismo, en realidad actuó en nombre de los soviéticos en 1918 en las transacciones monetarias.

¿Es posible que se teja una red internacional a partir de estos acontecimientos? En primer lugar está Trotsky, un revolucionario internacionalista ruso vinculado a Alemania, que recibe la ayuda de dos supuestos partidarios del gobierno del príncipe Lvov en Rusia (Aleinikoff y Wolf, rusos residentes en Nueva York). Estas dos personas desencadenan la acción de un subdirector general de correos liberal canadiense, que a su vez interviene ante un importante general del ejército británico del Estado Mayor canadiense. Todos estos enlaces son verificables.

En resumen, las lealtades no siempre son lo que se supone que son, o lo que parecen ser. Sin embargo, podemos suponer que Trotsky, Aleinikoff, Wolf, Coulter y Gwatkin, al actuar con un propósito común limitado, también tenían un objetivo común más elevado que la lealtad nacional o la etiqueta política. No hay pruebas absolutas de que esto sea así. Es, por el momento, sólo una suposición lógica basada en hechos. Una lealtad superior a la forjada por la necesidad común inmediata habría ido, por tanto, más allá de la amistad entre estos hombres, aunque pone a prueba la imaginación cuando pensamos en una combinación de solidaridad transnacional como ésta. También puede haber sido fomentado por otras razones. El panorama sigue siendo incompleto.

CAPÍTULO III

LENIN Y LA AYUDA ALEMANA A LA REVOLUCIÓN BOLCHEVIQUE

Sólo cuando los bolcheviques recibieron un flujo constante de fondos de nosotros a través de varios canales y bajo varias etiquetas, pudieron construir su órgano principal, Pravda, realizar una vigorosa propaganda y ampliar significativamente la inicialmente estrecha base de su partido.

Von Kühlmann, Ministro de Asuntos Exteriores,
frente al Kaiser, el 3 de diciembre de 1917...

En abril de 1917, Lenin y un grupo de 32 revolucionarios rusos, la mayoría de ellos bolcheviques, tomaron el tren desde Suiza a través de Alemania, Suecia y Petrogrado (Rusia). Iban a unirse a León Trotsky para "completar la revolución". Su tránsito por Alemania fue aprobado, facilitado y financiado por el Estado Mayor alemán. El tránsito de Lenin a Rusia formaba parte de un plan aprobado por el mando supremo alemán, aparentemente no conocido inmediatamente por el Káiser, para ayudar a la desintegración del ejército ruso y así eliminar a Rusia de la Primera Guerra Mundial. La posibilidad de que los bolcheviques se vuelvan contra Alemania y Europa no fue considerada por el personal alemán. El general Hoffman escribió: "No sabíamos ni preveíamos el peligro que suponía para la humanidad el viaje de los bolcheviques a Rusia.[34]

Al más alto nivel, el funcionario político alemán que aprobó el viaje de Lenin a Rusia fue el canciller Theobald von Bethmann-Hollweg, descendiente de la familia de banqueros Bethmann de Frankfurt, que alcanzó gran prosperidad en el siglo XIX. Bethmann-Hollweg fue nombrado canciller en 1909 y, en noviembre de 1913, fue objeto de la primera moción de censura aprobada por el Reichstag alemán contra un canciller. Fue Bethmann-Hollweg quien, en 1914, dijo al mundo que la garantía alemana a Bélgica era sólo un "trozo de papel". Sin embargo, en otras cuestiones de la guerra -como el uso de la guerra submarina sin restricciones- Bethmann-Hollweg se mostró ambivalente; en enero de 1917 declaró al Kaiser: "No puedo dar a Su Majestad ni mi consentimiento para la guerra submarina sin restricciones ni mi negativa. "En 1917 Bethmann-Hollweg había perdido el apoyo del Reichstag y dimitió, pero no antes de aprobar el tránsito de los revolucionarios bolcheviques a Rusia. Las instrucciones de tránsito de Bethmann-Hollweg pasaron

---

[34] Max Hoffman, *War Diaries and Other Papers* (Londres: M. Secker, 1929), 2:177.

por el Secretario de Estado Arthur Zimmermann -que estaba inmediatamente bajo las órdenes de Bethmann-Hollweg y que se encargaba de los detalles operativos diarios con los ministros alemanes en Berna y Copenhague- al ministro alemán en Berna a principios de abril de 1917. El propio káiser sólo conoció el movimiento revolucionario tras el paso de Lenin por Rusia.

Si el propio Lenin no conocía la fuente exacta de la financiación, sabía sin duda que el gobierno alemán aportaba algunos fondos. Sin embargo, había vínculos intermedios entre el Ministerio de Asuntos Exteriores alemán y Lenin, como muestra lo siguiente:

EL TRASLADO DE LENIN A RUSIA EN ABRIL DE 1917...

Decisión final	BETHMANN-HOLLWEG (Canciller)
Intermedio I	ARTHUR ZIMMERMANN (Secretario de Estado)
Intermedio II	BROCKDORFF-RANTZAU (Ministro alemán en Copenhague)
Intermedio III	ALEXANDER ISRAEL HELPHAND (alias PARVUS)
Intermedio IV	JACOB FURSTENBERG (alias GANETSKY)
	LENIN, Suiza

Desde Berlín, Zimmermann y Bethmann-Hollweg se pusieron en contacto con el ministro alemán en Copenhague, Brockdorff-Rantzau. A su vez, Brockdorff-Rantzau estaba en contacto con Alexander Israel Helphand (más conocido por su seudónimo, Parvus), que estaba en Copenhague.[35] Parvus era el enlace con Jacob Furstenberg, un polaco descendiente de una familia rica pero más conocido por su seudónimo, Ganetsky. Y Jacob Furstenberg era el vínculo inmediato con Lenin.

Aunque el canciller Bethmann-Hollweg fue la autoridad final para el traslado de Lenin, y aunque Lenin probablemente era consciente de los orígenes alemanes de la ayuda, no se puede describir a Lenin como un agente alemán. El Ministerio de Asuntos Exteriores alemán consideró que las probables acciones de Lenin en Rusia estaban en consonancia con sus propios objetivos de disolver la estructura de poder existente en Rusia. Sin embargo, ambos bandos tenían también objetivos ocultos: Alemania quería un acceso prioritario a los mercados de la posguerra en Rusia, y Lenin pretendía establecer una dictadura marxista.

La idea de utilizar a los revolucionarios rusos de esta manera se remonta a 1915. El 14 de agosto de ese año, Brockdorff-Rantzau escribió al Subsecretario de Estado alemán sobre una conversación con Helphand (Parvus), y recomendó encarecidamente el uso de Helphand, "un hombre extraordinariamente importante cuyos poderes inusuales creo que debemos utilizar en toda la guerra....[36] "El informe contenía una advertencia: "Puede ser arriesgado querer utilizar los poderes

---

[35] Z. A. B. Zeman y W. B. Scharlau, *The Merchant of Revolution. The Life of Alexander Israel Helphand* (Parvus), 1867–1924 (Nueva York: Oxford University Press, 1965).

[36] Z. A. B. Zeman, *Alemania y la revolución en Rusia, 1915-1918.* Documents from the archives of the German Foreign Office (Londres: Oxford University Press, 1958).

que hay detrás de Helphand, pero ciertamente sería una admisión de nuestra propia debilidad si rechazáramos sus servicios por miedo a no ser capaces de dirigirlos."[37]

Las ideas de Brockdorff-Rantzau sobre la dirección o el control de los revolucionarios son paralelas, como veremos, a las de los financieros de Wall Street. Fueron J.P. Morgan y la American International Corporation quienes intentaron controlar a los revolucionarios nacionales y extranjeros en Estados Unidos para sus propios fines.

Un documento posterior establece[38] las condiciones exigidas por Lenin, siendo la más interesante el punto número siete, que permite "la entrada de tropas rusas en la India"; esto sugiere que Lenin pretendía continuar el programa expansionista zarista. Zeman también menciona el papel de Max Warburg en la creación de una editorial rusa y anuncia un acuerdo fechado el 12 de agosto de 1916, en el que el industrial alemán Stinnes se compromete a contribuir con dos millones de rublos a la financiación de una editorial en Rusia.[39]

Así, el 16 de abril de 1917, un tren con treinta y dos personas, entre ellas Lenin, su esposa Nadezhda Krupskaya, Grigori Zinoviev, Sokolnikov y Karl Radek, salió de la estación central de Berna hacia Estocolmo. Cuando el grupo llegó a la frontera rusa, sólo a Fritz Plattan y a Radek se les negó la entrada en Rusia. Al resto se les permitió entrar. Varios meses después les siguieron casi 200 mencheviques, entre ellos Mártov y Axelrod.

Cabe señalar que Trotsky, en Nueva York en ese momento, también tenía fondos que podían rastrearse hasta fuentes alemanas. Además, Von Kuhlmann alude a la incapacidad de Lenin para ampliar la base de su partido bolchevique hasta que los alemanes le proporcionaron fondos. Trotsky era un menchevique que no se convirtió en bolchevique hasta 1917. Esto sugiere que los fondos alemanes pueden estar relacionados con el cambio de etiqueta del partido de Trotsky.

LOS DOCUMENTOS DE SISSON

A principios de 1918, Edgar Sisson, representante de Petrogrado en el Comité de Información Pública de Estados Unidos, compró un lote de documentos rusos en los que se afirmaba que Trotsky, Lenin y otros revolucionarios bolcheviques no sólo estaban a sueldo del gobierno alemán, sino que eran agentes del mismo.

Estos documentos, posteriormente llamados "documentos Sisson", fueron enviados a los Estados Unidos con gran prisa y en secreto. En Washington, D.C., se presentaron a la Junta Nacional del Servicio Histórico para su autentificación. Dos eminentes historiadores, J. Franklin Jameson y Samuel N. Harper, dieron testimonio de su autenticidad. Estos historiadores dividieron los documentos de Sisson en tres grupos. Con respecto al Grupo I, concluyeron:

[37] Ibid.

[38] Ibid, p. 6, doc. 6, que informa de una conversación con el intermediario estonio Keskula.

[39] Ibid, p. 92, n. 3.

Los hemos sometido con el máximo cuidado a todas las pruebas aplicables a las que están acostumbrados los estudiantes de historia, y... sobre la base de estas investigaciones, no dudamos en declarar que no vemos ninguna razón para dudar de la autenticidad de estos cincuenta y tres documentos.[40]

Los historiadores tenían menos confianza en el material del Grupo II. Este grupo no fue descartado como falsificaciones, pero se sugirió que eran copias de documentos originales. Aunque los historiadores no hicieron "ninguna declaración de confianza" sobre el Grupo III, no estaban dispuestos a rechazar los documentos como verdaderas falsificaciones.

Los documentos de Sisson fueron publicados por la Comisión de Información Pública, cuyo presidente era George Creel, antiguo colaborador de la revista mensual pro-bolchevique *The Masses*. La prensa estadounidense en general aceptó los documentos como auténticos. La notable excepción fue el *New York Evening Post*, entonces propiedad de Thomas W. Lamont, socio de la firma Morgan. Aunque sólo se han publicado algunos extractos, el *Post* cuestiona la autenticidad de todos los documentos.[41]

Ahora sabemos que casi todos los documentos de Sisson eran falsos: sólo una o dos de las pequeñas circulares alemanas eran auténticas. Incluso un examen superficial del membrete alemán sugiere que los falsificadores eran unos falsificadores excepcionalmente descuidados que sabían que el público estadounidense era especialmente crédulo. El texto alemán estaba salpicado de términos que rozan el ridículo: por ejemplo, *Bureau en lugar de la* palabra alemana *Büro; Central* en lugar de la *alemana Zentral;* etc.

El hecho de que estos documentos sean falsificaciones es la conclusión de un exhaustivo estudio de George Kennan[42] y de los estudios realizados en los años 20 por el gobierno británico. Algunos de los documentos se basaban en información auténtica y, como observa Kennan, quienes los falsificaron tuvieron sin duda acceso a información de una calidad inusual. Por ejemplo, los documentos 1, 54, 61 y 67 mencionan que el Nya Banken de Estocolmo actuó como intermediario de los fondos bolcheviques procedentes de Alemania. Este papel ha sido confirmado por fuentes más fiables. Los documentos 54, 63 y 64 mencionan a Furstenberg como banquero intermediario entre los alemanes y los bolcheviques; el nombre de Furstenberg aparece en otros documentos auténticos. El documento 54 de Sisson menciona a Olof Aschberg, y Olof Aschberg, según sus propias declaraciones, era el "banquero bolchevique". En 1917, Aschberg fue director del Nya Banken. Otros documentos de la serie Sisson enumeran nombres e instituciones, como el Banco Industrial Alemán de Nafta, la Disconto Gesellschaft y Max Warburg, el banquero

---

[40] Estados Unidos, Comité de Información Pública, *The German-Bolshevik Conspiracy*, War Information Series, n° 20, octubre de 1918.

[41] *New York Evening Post*, 16–18 de septiembre, 21; 4 de octubre de 1918. También es interesante, aunque no concluyente, que los bolcheviques también cuestionaran la autenticidad de los documentos.

[42] George F. Kennan, "The Sisson Documents", *Journal of Modern History* 27-28 (1955-56): 130-154.

de Hamburgo, pero es más difícil encontrar pruebas concretas. En general, los documentos de Sisson, aunque son falsificaciones, se basan en parte en información generalmente auténtica.

Un aspecto confuso a la luz de la historia de este libro es que los documentos fueron entregados a Edgar Sisson por Alexander Gumberg (alias Berg, nombre real Michael Gruzenberg), el agente bolchevique en Escandinavia y más tarde asistente confidencial del Chase National Bank y Floyd Odium de la Atlas Corporation. Los bolcheviques, en cambio, repudiaron enérgicamente los documentos de Sisson. También lo hizo John Reed, el representante estadounidense a la cabeza de la Tercera Internacional, cuyo sueldo procedía de la revista *Metropolitan*, que pertenecía a J.P. Morgan.[43] También lo hizo Thomas Lamont, el socio de Morgan que era dueño del *New York Evening Post*. Hay varias explicaciones posibles. Es probable que las conexiones entre los intereses de Morgan en Nueva York y los agentes como John Reed y Alexander Gumberg fueran muy flojas. Podría haber *sido* una maniobra de Gumberg para desacreditar a Sisson y Creel haciendo circular documentos falsos; o quizás Gumberg estaba trabajando por su propio interés.

Los documentos de Sisson "prueban" la implicación exclusiva de Alemania con los bolcheviques. También se utilizaron para "demostrar" una teoría de la conspiración judeo-bolchevique calcada de la de los Protocolos de Sión. En 1918, el gobierno de EE.UU. trató de unir a la opinión norteamericana detrás de una guerra impopular con Alemania, y los Documentos Sisson "probaron" dramáticamente la complicidad exclusiva de Alemania con los bolcheviques. Los documentos también sirvieron de cortina de humo contra el conocimiento público de los acontecimientos que se describirán en este libro.

LUCHA DE BRAZOS EN WASHINGTON[44]

Una revisión de los documentos del Archivo Decimal del Departamento de Estado sugiere que el Departamento de Estado y el embajador Francis en Petrogrado estaban bastante bien informados sobre las intenciones y el progreso del movimiento bolchevique. En el verano de 1917, por ejemplo, el Departamento de Estado quiso impedir la salida de Estados Unidos de "personas molestas" (es decir, revolucionarios rusos en tránsito), pero no pudo hacerlo porque utilizaban nuevos pasaportes rusos y estadounidenses. Los preparativos de la propia revolución bolchevique eran bien conocidos al menos seis semanas antes de que tuviera lugar. Un informe de los registros del Departamento de Estado indica, con respecto a las fuerzas de Kerensky, que era "dudoso que el gobierno... pudiera suprimir la epidemia". A lo largo de septiembre y octubre se informó de la desintegración del gobierno de Kerensky, así como de los preparativos

---

[43] John Reed, *The Sisson Documents* (Nueva York: Liberator Publishing, s.d.).

[44] Esta parte se basa en la sección 861.00 del Archivo Decimal del Departamento de Estado de los Estados Unidos, también disponible como listas 10 y 11 en el microfilm 316 de los Archivos Nacionales.

bolcheviques para un golpe de estado. El gobierno británico advirtió a los residentes británicos en Rusia que se marcharan al menos seis semanas antes de la fase bolchevique de la revolución.

El primer informe completo sobre los acontecimientos de principios de noviembre llegó a Washington el 9 de diciembre de 1917. Este informe describía la naturaleza discreta de la revolución en sí, mencionaba que el General William V. Judson había hecho una visita no autorizada a Trotsky, e informó de la presencia de alemanes en Smolny, el cuartel general soviético.

El 28 de noviembre de 1917, el presidente Woodrow Wilson ordenó no interferir con la revolución bolchevique. Esta instrucción aparentemente respondía a una petición del embajador Francis de una conferencia aliada, a la que Gran Bretaña ya había accedido. El Departamento de Estado argumentó que dicha conferencia era poco práctica. Hubo discusiones en París entre los aliados y el coronel Edward M. House, que las comunicó a Woodrow Wilson como "largas y frecuentes discusiones sobre Rusia". Respecto a dicha conferencia, House declaró que Inglaterra estaba "pasivamente dispuesta", Francia "indiferentemente en contra" e Italia "activamente dispuesta". Poco después, Woodrow Wilson aprobó un cable redactado por el Secretario de Estado Robert Lansing, que proporcionaba ayuda financiera al movimiento Kaledin (12 de diciembre de 1917). También circularon rumores en Washington de que "los monárquicos están trabajando con los bolcheviques y los bolcheviques son apoyados por diversos acontecimientos y circunstancias"; que el gobierno de Smolny está absolutamente bajo el control del Estado Mayor alemán; y que circulan rumores en otros lugares de que "muchos o la mayoría de ellos [es decir, los bolcheviques] vienen de América".

En diciembre, el general Judson visitó de nuevo a Trotsky; esta visita se consideró un paso hacia el reconocimiento por parte de Estados Unidos, aunque un informe fechado el 5 de febrero de 1918 del embajador Francis en Washington recomendaba no reconocerlo. Un memorando de Basil Miles en Washington sostenía que "debemos tratar con todas las autoridades de Rusia, incluidos los bolcheviques". Y el 15 de febrero de 1918, el Departamento de Estado envió un cable al embajador Francis en Petrogrado, afirmando que el "Departamento desea que usted mantenga contactos progresivamente más estrechos e informales con las autoridades bolcheviques utilizando canales que eviten el reconocimiento oficial".

Al día siguiente, el Secretario de Estado Lansing transmitió al Embajador de Francia en Washington, J. J. Jusserand, la siguiente información: "No es aconsejable tomar ninguna medida que pueda, en este momento, molestar a cualquiera de los diversos elementos del pueblo que ahora controla el poder en Rusia... "[45]

El 20 de febrero, el embajador Francis envió un cable a Washington para señalar el inminente fin del gobierno bolchevique. Dos semanas después, el 7 de marzo de 1918, Arthur Bullard informó al coronel House de que el dinero alemán estaba subvencionando a los bolcheviques, y que la subvención era mayor de lo que se pensaba. Arthur Bullard (del Comité de Información Pública de los Estados

---

[45] Archivo Decimal del Departamento de Estado de los Estados Unidos, 861.00/1117a. El mismo mensaje fue transmitido al embajador italiano.

Unidos) argumentó que "deberíamos estar preparados para ayudar a cualquier gobierno nacional honesto". Pero cualquier hombre, dinero o material enviado a los actuales gobernantes de Rusia será utilizado contra los rusos al menos tanto como contra los alemanes".[46]

A continuación, otro mensaje de Bullard al Coronel House: "Le aconsejo encarecidamente que no preste ayuda material al actual gobierno ruso. Parece que elementos siniestros están tomando el control de los soviéticos".

Pero algunas fuerzas opuestas parecían estar actuando. Ya el 28 de noviembre de 1917, el coronel House envió un telegrama al presidente Woodrow Wilson desde París diciéndole que era "extremadamente importante" que se "suprimieran" los comentarios de los periódicos estadounidenses que abogaban por "tratar a Rusia como un enemigo". Al mes siguiente, William Franklin Sands, secretario ejecutivo de la American International Corporation, controlada por Morgan, y amigo de Basil Miles, mencionado anteriormente, presentó un memorando en el que describía a Lenin y Trotsky como un llamamiento a las masas e instaba a Estados Unidos a reconocer a Rusia. Incluso el socialista estadounidense Walling se quejó ante el Departamento de Estado de la actitud prosoviética de George Creel (del Comité de Información Pública de Estados Unidos), Herbert Swope y William Boyce Thompson (del Banco de la Reserva Federal de Nueva York).

El 17 de diciembre de 1917, un periódico moscovita publicó un artículo sobre el atentado contra el coronel de la Cruz Roja Raymond Robins y Thompson, alegando un vínculo entre la Revolución Rusa y los banqueros estadounidenses:

> ¿Por qué les interesan tanto las ideas de la Ilustración? ¿Por qué se dio el dinero a los revolucionarios socialistas y no a los demócratas constitucionales? Cabe suponer que estos últimos están más cerca y son más queridos por los banqueros.

El artículo continúa diciendo que esto se debe al hecho de que el capital estadounidense ve a Rusia como un mercado de futuro y, por lo tanto, quiere hacerse un hueco allí. El dinero fue entregado a los revolucionarios porque:

> Los obreros y campesinos atrasados confían en los revolucionarios sociales. En el momento en que se aprobó el dinero, los socialrevolucionarios estaban en el poder y se suponía que seguirían controlando Rusia durante algún tiempo.

Otro informe, fechado el 12 de diciembre de 1917 y relacionado con Raymond Robins, detalla la "negociación con un grupo de banqueros americanos de la misión de la Cruz Roja Americana"; la "negociación" implicaba un pago de 2 millones de dólares. El 22 de enero de 1918, Robert L Owen, presidente del Comité Bancario y Monetario del Senado estadounidense y vinculado a los intereses de Wall Street, envió una carta a Woodrow Wilson en la que recomendaba el reconocimiento de facto de Rusia, la autorización de un envío de mercancías de urgente necesidad, el nombramiento de representantes en Rusia para contrarrestar la influencia alemana y la instalación de un contingente militar.

---

[46] Vea los artículos de Arthur Bullard en la Universidad de Princeton.

Este enfoque ha sido apoyado sistemáticamente por Raymond Robins en Rusia. Por ejemplo, el 15 de febrero de 1918, un cable de Robins desde Petrogrado a Davison de la Cruz Roja en Washington (para ser transmitido a William Boyce Thompson) argumentaba que la autoridad bolchevique debía ser apoyada el mayor tiempo posible, y que la nueva Rusia revolucionaria se dirigiría a los Estados Unidos porque había "roto con el imperialismo alemán". Según Robins, los bolcheviques querían la ayuda y la cooperación de Estados Unidos y la reorganización de los ferrocarriles, porque "mediante una generosa ayuda y asesoramiento técnico para la reorganización del comercio y la industria, Estados Unidos podría excluir totalmente el comercio alemán durante el resto de la guerra".

En resumen, la amarga lucha en Washington refleja una lucha entre los diplomáticos de la vieja escuela (como el embajador Francis) y los funcionarios de menor nivel del departamento, por un lado, y los financieros como Robins, Thompson y Sands con aliados como Lansing y Miles en el Departamento de Estado y el senador Owen en el Congreso, por otro.

CAPÍTULO IV

WALL STREET Y LA REVOLUCIÓN MUNDIAL

En lo que ustedes, izquierdistas, y nosotros, que tenemos puntos de vista opuestos, no estamos de acuerdo es tanto en el fin como en los medios, no tanto en lo que debe lograrse sino en cómo debe y puede lograrse .
Otto H. Kahn, director de American International Corp. y socio de Kuhn, Loeb & Co. dirigiéndose a la League for Industrial Democracy, Nueva York, 30 de diciembre de 1924.

Durante la Primera Guerra Mundial, la estructura financiera y comercial de Estados Unidos estaba dominada por dos conglomerados: la Standard Oil, o Compañía Rockefeller, y el Complejo Industrial Morgan, empresas financieras y de transporte. El juego de alianzas entre Rockefeller y Morgan dominaba no sólo Wall Street sino, a través de los puestos de dirección entrelazados, prácticamente todo el tejido económico de Estados Unidos.[47] Los intereses de Rockefeller monopolizaban el petróleo y las industrias relacionadas, controlaban el fideicomiso del cobre, el fideicomiso de la fundición y el gigantesco fideicomiso del tabaco, y tenían influencia sobre las propiedades de Morgan, como la U.S. Steel Corporation, así como sobre cientos de pequeños fideicomisos industriales, operaciones de servicios públicos, ferrocarriles e instituciones bancarias. El National City Bank era el mayor de los bancos que gestionaban los intereses de la Standard Oil-Rockefeller, pero el control financiero se extendía a la United States Trust Company y al Hanover National Bank, así como a las grandes compañías de seguros de vida: Equitable Life y Mutual of New York.

Las principales empresas de Morgan pertenecían a la industria siderúrgica, naviera y eléctrica; entre ellas, General Electric, el trust del caucho y los ferrocarriles. Al igual que Rockefeller, Morgan controlaba empresas financieras: el National Bank of Commerce y el Chase National Bank, New York Life Insurance y Guaranty Trust Company. Los nombres J.P. Morgan y Guaranty Trust Company se utilizan a menudo en este libro. A principios del siglo XX, la Guaranty Trust Company estaba dominada por los intereses de Harriman. Cuando el mayor de los Harriman (Edward Henry) murió en 1909, Morgan y sus socios

---

[47] John Moody, *The Truth about the Trusts* (Nueva York: Moody Publishing, 1904).

compraron Guaranty Trust, así como Mutual Life y New York Life. En 1919, Morgan también tomó el control de Equitable Life, y la Guaranty Trust Company absorbió otras seis empresas más pequeñas. Así, al final de la Primera Guerra Mundial, Guaranty Trust y Bankers Trust eran, respectivamente, el primer y el segundo conglomerado de Estados Unidos, ambos dominados por los intereses de Morgan.[48]

Los financieros estadounidenses asociados a estos grupos participaron en las revoluciones incluso antes de 1917. La intervención del bufete de abogados Sullivan & Cromwell de Wall Street en la controversia del Canal de Panamá se registró durante las audiencias del Congreso en 1913. El episodio es resumido por el diputado Rainey:

> Sostengo que los representantes de este gobierno [Estados Unidos] hicieron posible la revolución en el Istmo de Panamá. Sin la intervención de este gobierno, no se podría haber logrado una revolución, y sostengo que este gobierno violó el tratado de 1846. Podré probar que la Declaración de Independencia que fue promulgada en Panamá el 3 de noviembre de 1903 fue concebida aquí en Nueva York y llevada allí - preparada en la oficina de Wilson (sic) Nelson Cromwell[49].

El congresista Rainey continuó diciendo que sólo 10 o 12 de los más grandes revolucionarios de Panamá, además de "los oficiales de la Panama Railroad & Steamship Co. que estaban bajo el control de William Nelson Cromwell de Nueva York y los funcionarios del Departamento de Estado en Washington" estaban al tanto de la inminente revolución.[50] El propósito de la revolución era privar a Colombia, de la que entonces formaba parte Panamá, de 40 millones de dólares en ingresos y obtener el control del Canal de Panamá.

El ejemplo mejor documentado de la intervención de Wall Street en la revolución es la actuación de una empresa neoyorquina en la revolución china de 1912, encabezada por Sun Yat-sen. Aunque los beneficios finales de esta institución siguen sin estar claros, la intención y el papel del grupo de financiación de Nueva York están completamente documentados hasta las cantidades de dinero, la información sobre las sociedades secretas chinas afiliadas y las listas de envío de las armas que se iban a comprar. El consorcio de banqueros neoyorquinos en apoyo de la revolución liderado por Sun Yat-sen incluía a Charles B. Hill, abogado del bufete Hunt, Hill & Betts. En 1912, la empresa estaba situada en el 165 de Broadway, Nueva York, pero en 1917 se trasladó al 120 de Broadway (véase el capítulo 8 para conocer la importancia de esta dirección). Charles B. Hill fue director de varias filiales de Westinghouse, como Bryant Electric, Perkins Electric

---

[48] La empresa J. P. Morgan se fundó en Londres con el nombre de George Peabody and Co. en 1838. No se incorporó hasta el 21 de marzo de 1940. La empresa dejó de existir en abril de 1954, cuando se fusionó con Guaranty Trust Company, entonces su mayor filial de banca comercial, y ahora se conoce como Morgan Guarantee Trust Company of New York.

[49] Estados Unidos, Cámara de Representantes, Comisión de Asuntos Exteriores, *The History of Panama*, Hearings on the Rainey Resolution, 1913. p. 53.

[50] Ibid, p. 60.

Switch y Westinghouse Lamp, todas ellas afiliadas a Westinghouse Electric, cuya oficina en Nueva York también estaba situada en el 120 de Broadway. Charles R. Crane, organizador de las filiales rusas de Westinghouse, desempeñó un papel destacado en la primera y segunda fases de la Revolución Bolchevique.

El trabajo sindical de Hill en 1910 en China está registrado en los documentos de Laurence Boothe en la Institución Hoover.[51] Estos documentos contienen más de 110 artículos relacionados, incluyendo cartas de Sun Yat-sen a sus financiadores estadounidenses. A cambio de su apoyo financiero, Sun Yat-sen prometió al consorcio Hill concesiones ferroviarias, bancarias y comerciales en la nueva China revolucionaria.

Otro caso de revolución apoyada por las instituciones financieras de Nueva York se refiere a México en 1915-16. Von Rintelen, agente de espionaje alemán en Estados Unidos,[52] fue acusado en su juicio, celebrado en mayo de 1917 en Nueva York, de intentar "interferir" con Estados Unidos en los asuntos de México y Japón para desviar las municiones destinadas entonces a los aliados en Europa.[53] El pago de las municiones, que fueron enviadas desde Estados Unidos al revolucionario mexicano Pancho Villa, se realizó a través de la Guaranty Trust Company. El asesor de Von Rintelen, Sommerfeld, pagó 380.000 dólares a través de la Guaranty Trust y la Mississippi Valley Trust Company a la Western Cartridge Company de Alton, Illinois, por la munición enviada a El Paso, que luego fue transportada a Villa. Eso fue a mediados de 1915. El 10 de enero de 1916, Villa asesinó a diecisiete mineros estadounidenses en Santa Isabel y el 9 de marzo de 1916, Villa llevó a cabo una incursión en Columbus, Nuevo México, y mató a otros dieciocho estadounidenses.

La participación de Wall Street en estas incursiones en la frontera mexicana fue objeto de una carta (6 de octubre de 1916) de Lincoln Steffens, un comunista estadounidense, al coronel House, un "asesor" de Woodrow Wilson:

> Mi querido Coronel House:
> Justo antes de salir de Nueva York el lunes pasado, me dijeron de manera convincente que "Wall Street" había terminado los preparativos para otra incursión de bandidos mexicanos en Estados Unidos: una incursión tan atroz y tan bien planeada que influiría en el curso de las elecciones.[54]

Una vez en el poder en México, el gobierno de Carranza compró más armas a Estados Unidos. La American Gun Company contrató el envío de 5.000 Mausers y la Junta de Comercio de Guerra emitió una licencia de envío para 15.000 rifles

---

[51] Stanford, Calif. Véase también *Los Angeles Times,* 13 de octubre de 1966.

[52] Posteriormente fue codirector, junto con Hjalmar Schacht (banquero de Hitler) y Emil Wittenberg, del Nationalbank für Deutschland.

[53] Estados Unidos, Senado, Comité de Relaciones Exteriores, *Investigación sobre asuntos mexicanos,* 1920.

[54] Lincoln Steffens, *The Letters of Lincoln Steffens* (Nueva York: Harcourt, Brace, 1941), p. 386.

y 15.000.000 de rondas de munición. El embajador estadounidense en México, Fletcher, "se negó categóricamente a recomendar o sancionar el envío de cualquier munición, rifles, etc. a Carranza".[55] Sin embargo, la intervención del Secretario de Estado Robert Lansing redujo el retraso a uno temporal, y "en poco tiempo... [la American Gun Company] podrá hacer el envío y la entrega".[56]

Las incursiones de las fuerzas de Villa y Carranza en los Estados Unidos fueron reportadas por el *New York Times* y denominadas "Revolución de Texas" (una especie de repetición de la revolución bolchevique) y fueron emprendidas conjuntamente por los alemanes y los bolcheviques. El testimonio de John A. Walls, fiscal del distrito de Brownsville, Texas, ante el Comité de Otoño de 1919 proporcionó pruebas documentales de la conexión entre los intereses bolcheviques en Estados Unidos, la actividad alemana y las fuerzas de Carranza en México. Como[57] resultado, el gobierno de Carranza, el primero del mundo en tener una constitución al estilo soviético (redactada por trotskistas), fue un gobierno respaldado por Wall Street. La revolución de Carranza probablemente no habría tenido éxito sin las municiones americanas, y Carranza no habría permanecido en el poder tanto tiempo sin la ayuda americana.[58]

Una intervención similar en la revolución bolchevique de 1917 en Rusia giró en torno al banquero e intermediario sueco Olof Aschberg. Lógicamente, la historia comienza con los préstamos zaristas prerrevolucionarios de las grandes casas bancarias de Wall Street.

LOS BANQUEROS AMERICANOS Y LOS PRÉSTAMOS ZARISTAS

En agosto de 1914, Europa entró en guerra. Según el derecho internacional, los países neutrales (y Estados Unidos lo fue hasta abril de 1917) no podían hacer préstamos a los países beligerantes. Se trata de una cuestión de derecho y de moral.

Cuando Morgan House concedió préstamos de guerra a Gran Bretaña y Francia en 1915, J.P. Morgan argumentó que no eran préstamos de guerra en absoluto, sino simplemente un medio para facilitar el comercio internacional. En efecto, el presidente Wilson había hecho tal distinción en detalle en octubre de 1914, cuando explicó que la venta de bonos en Estados Unidos para los gobiernos extranjeros era en realidad un préstamo de ahorro a los gobiernos beligerantes y no financiaba la guerra. Por otro lado, la aceptación de letras del tesoro u otros instrumentos de

---

[55] Estados Unidos, Senado, Comisión de Relaciones Exteriores, *Investigación de Asuntos Mexicanos*, 1920, pts. 2, 18, p. 681.

[56] Ibid.

[57] *New York Times*, 23 de enero de 1919.

[58] Estados Unidos, Senado, Comité de Relaciones Exteriores, op. cit., pp. 795-96.

deuda como pago de artículos era simplemente un medio para facilitar el comercio, no para financiar un esfuerzo bélico.[59]

Los documentos de los archivos del Departamento de Estado muestran que el National City Bank, controlado por los intereses de Stillman y Rockefeller, y el Guaranty Trust, controlado por los intereses de Morgan, obtuvieron conjuntamente importantes préstamos para la Rusia beligerante antes de que Estados Unidos entrara en la guerra, y que estos préstamos se levantaron cuando el Departamento de Estado señaló a estas empresas que eran contrarios al derecho internacional. Además, las negociaciones para los préstamos se llevaron a cabo a través de los canales oficiales de comunicación del Gobierno de EE.UU. al amparo de la "Clave Verde"[60] decidida por el Departamento de Estado. A continuación se presentan extractos de los cables del Departamento de Estado que se utilizarán para apoyar el caso.

El 94 de mayo de 1916, el embajador Francis en Petrogrado envió el siguiente cable al Departamento de Estado en Washington para que fuera remitido a Frank Arthur Vanderlip, entonces presidente del National City Bank en Nueva York. El cable se envió en clave verde y fue encriptado y desencriptado por funcionarios del Departamento de Estado estadounidense en Petrogrado y Washington a costa de los contribuyentes (expediente 861.51/110).

> 563, mayo 94, 1 p.m.
> Para Vanderlip National City Bank New York. Cinco. Nuestros dictámenes anteriores han reforzado el crédito. Aprobamos el plan de cable como una inversión segura y una especulación muy atractiva en rublos. Debido a la garantía del tipo de cambio, hemos colocado la tarifa un poco por encima del mercado actual. Debido a la opinión desfavorable generada por un largo retraso en su propia responsabilidad se ofreció a suscribir veinticinco millones de dólares. Creemos que gran parte de esto debe ser retenido por el banco y las instituciones aliadas. En cuanto a la cláusula de cumplimiento, las fianzas aduaneras se están convirtiendo en un privilegio práctico sobre más de ciento cincuenta millones de dólares al año, lo que constituye una seguridad absoluta y garantiza el mercado incluso en caso de incumplimiento. Consideramos que la opción de tres [¿años?] en los bonos es muy valiosa y por eso hay que aumentar el importe del crédito en rublos por grupo o por distribución a los amigos cercanos. American International debería hacerse cargo del bloque y nosotros informaríamos al gobierno. Debería formarse inmediatamente un grupo de reflexión para tomar y emitir bonos... debería obtener una garantía de plena cooperación. Te sugiero que veas a Jack personalmente, que hagas todo lo que esté en tu mano para que funcionen, si no, coopera con la garantía de un nuevo grupo. Las oportunidades aquí en los próximos diez años son muy grandes, gracias a la financiación del gobierno y de la industria, y si este acuerdo se lleva a cabo, definitivamente habrá que ponerlo en marcha. En su respuesta, tenga en cuenta la situación del cable.

---

[59] Estados Unidos, Senado, Hearings before the Special Committee to Investigate the Munitions Industry, 73–74th Cong. 1934-37, pt. 25, pp. 76-66.

[60] El Código Verde, promulgado por el Departamento de Estado a partir de 1910.

MacRoberts Rich a Francis, embajador estadounidense[61]

Hay varios puntos a tener en cuenta sobre el cable anterior para entender la historia que sigue. En primer lugar, nótese la referencia a American International Corporation, una empresa de Morgan, una referencia que aparece una y otra vez en esta historia. En segundo lugar, "garantía" se refiere a la Guaranty Trust Company. En tercer lugar, "MacRoberts" es Samuel MacRoberts, vicepresidente y director ejecutivo del National City Bank.

El 24 de mayo de 1916, el embajador Francis telegrafió un mensaje de Rolph Marsh, del Guaranty Trust de Petrogrado, al Guaranty Trust de Nueva York, utilizando de nuevo el cifrado verde especial y utilizando de nuevo las instalaciones del Departamento de Estado. El cable dice lo siguiente:

> 565, 24 de mayo, 18 horas.
> para la Guaranty Trust Company Nueva York: Tres.
> Tanto Olof como tú pensáis que la nueva propuesta se ocupa de Olof y que ayudará en lugar de perjudicar vuestro prestigio. Esta cooperación es necesaria si se quieren lograr grandes cosas aquí. Es absolutamente necesario acordar con la ciudad para considerar y actuar conjuntamente en todas las propuestas importantes. Las ventajas decididas para ambos impiden que uno juegue contra el otro. Los representantes de la ciudad quieren esa cooperación aquí (por escrito). La propuesta que se está considerando elimina nuestra opción de crédito en el nombre, pero ambos consideramos el crédito en rublos con la opción de obligación en las propuestas. El segundo párrafo ofrece una magnífica oportunidad de beneficio, le recomendamos encarecidamente que la acepte. Por favor, envíeme un cable dándome plena autoridad para actuar en relación con la ciudad. Considera que nuestra entretenida propuesta es una situación satisfactoria para nosotros y nos permite hacer grandes cosas. Una vez más, le recomiendo encarecidamente que acepte un crédito de 25 millones de rublos. Ninguna pérdida posible y ventajas especulativas decisivas. Recomendar una vez más que el vicepresidente esté sobre el terreno. El efecto será decididamente bueno. El abogado residente no tiene el mismo prestigio y peso. Pasa por la embajada con una respuesta igualmente codificada. Ver el cable de las posibilidades.
>
> Rolph Marsh. Francis, embajador estadounidense
> Nota: — Mensaje de entrada de código verde. SALA DE TELÉGRAFOS[62]

"Olof" en el cable era Olof Aschberg, un banquero sueco y jefe de Nya Banken en Estocolmo. Aschberg había ido a Nueva York en 1915 para hablar con la firma Morgan sobre estos préstamos rusos. En 1916, estuvo en Petrogrado con Rolph Marsh, del Guaranty Trust, y Samuel MacRoberts y Rich, del National City Bank (al que se refiere el cable como "City"), para concertar préstamos para el consorcio Morgan-Rockefeller. Al año siguiente, Aschberg, como veremos más adelante,

---

[61] Archivo Decimal del Departamento de Estado de los Estados Unidos, 861.51/110 (316-116-682).

[62] Archivo Decimal del Departamento de Estado de los Estados Unidos, 861.51/112.

pasó a ser conocido como el "banquero bolchevique", y sus propias memorias reprodujeron la evidencia de su derecho a ese título.

Los archivos del Departamento de Estado también contienen una serie de cables entre el embajador Francis, el secretario de Estado en funciones Frank Polk y el secretario de Estado Robert Lansing sobre la legalidad y la conveniencia de transmitir cables del National City Bank y del Guaranty Trust con cargo al Estado. El 25 de mayo de 1916, el embajador Francis envió los siguientes cables a Washington y se refirió a los dos cables anteriores:

> 569, 25 de mayo, 1 p.m.
> Mis telegramas 563 y 565 del 24 de mayo están siendo enviados a los representantes locales de las instituciones a las que van dirigidos con la esperanza de facilitar un préstamo que aumentaría en gran medida el comercio internacional y beneficiaría enormemente [las relaciones diplomáticas...] Las perspectivas de éxito son prometedoras. Los funcionarios de Petrogrado consideran que las condiciones presentadas son muy satisfactorias, pero temen que estas representaciones ante sus instituciones puedan impedir la concesión de préstamos al consumo si el gobierno de aquí tuviera conocimiento de estas propuestas.
> Francis, embajador americano.[63]

La razón fundamental que aduce Francisco para facilitar los cables es "la esperanza de facilitar un préstamo que aumente enormemente el comercio internacional". La transmisión de mensajes comerciales utilizando las instalaciones del Departamento de Estado había sido prohibida y el [1 de] junio de 1916, Polk envió un cable a Francis:

> 842
> A la vista de la normativa del Departamento contenida en su Circular de Instrucción Telegráfica de 15 de marzo[64] de 1915 (cese de mensajes comerciales), explique por qué deben comunicarse los mensajes de sus 563, 565 y 575.
> A continuación, siga atentamente las instrucciones del Ministerio.
> Actúa. Polk
> 861.51/112/110

Luego, el 8 de junio de 1916, el Secretario de Estado Lansing amplió la prohibición y declaró claramente que los préstamos propuestos eran ilegales:

> 860 Su 563, 565, 24 de mayo, g: 569 25.1 pm Antes de entregar los mensajes a Vanderlip y Guaranty Trust Company, debo preguntar si se refieren a préstamos del Gobierno ruso de cualquier tipo. De ser así, lamento que el Ministerio no pueda tomar partido en su transmisión, ya que tal acción lo sometería a críticas justificadas por la participación de este gobierno en una operación de préstamo por parte de un beligerante con el fin de continuar sus operaciones hostiles. Esta participación es contraria a la norma aceptada del derecho internacional de que los gobiernos

---

[63] Archivo Decimal del Departamento de Estado de los Estados Unidos, 861.51/111.

[64] Escrito a mano entre paréntesis.

neutrales no deben ayudar a obtener préstamos de guerra por parte de los beligerantes.

La última línea del cable de Lansing, tal y como estaba escrita, no fue transmitida a Petrogrado. La línea decía lo siguiente: "¿No se pueden hacer arreglos para enviar estos mensajes a través de los canales rusos? "

¿Cómo podemos evaluar estos cables y las partes implicadas?

Está claro que los intereses de Morgan-Rockefeller no se vieron obstaculizados por el respeto al derecho internacional. En estos cables hay una clara intención de conceder préstamos a los beligerantes. Estas empresas no dudaron en utilizar las instalaciones del Departamento de Estado para llevar a cabo las negociaciones. Además, a pesar de las protestas, el Departamento de Estado permitió que los mensajes llegaran. Por último, y lo más interesante para los acontecimientos posteriores, Olof Aschberg, el banquero sueco, fue un participante e intermediario clave en las negociaciones en nombre de Guaranty Trust. Así que veamos más de cerca a Olof Aschberg.

OLOF ASCHBERG ESTUVO EN NUEVA YORK EN 1916

Olof Aschberg, el "banquero bolchevique" (o "Bankier der Weltrevolution", como le llamaba la prensa alemana), era el propietario del Nya Banken, fundado en 1912 en Estocolmo. Entre sus codirectores se encontraban destacados miembros de las cooperativas suecas y socialistas suecos, como G. W. Dahl, K.G. Rosling y C. Gerhard Magnusson.[65] En 1918, el Nya Banken fue incluido en la lista negra de los aliados por sus operaciones financieras en beneficio de Alemania. En respuesta a esta lista negra, Nya Banken cambió su nombre a Svensk Ekonomiebolaget. El banco siguió bajo el control de Aschberg, que era el principal propietario. El agente del banco en Londres era el British Bank of North Commerce, cuyo presidente era Earl Grey, antiguo socio de Cecil Rhodes. Entre los demás socios de Aschberg se encontraban Krassin, quien, hasta la revolución bolchevique (cuando cambió de color para convertirse en un prominente bolchevique), era el director ruso de Siemens-Schukert en Petrogrado; Carl Furstenberg, ministro de finanzas del primer gobierno bolchevique; y Max May, vicepresidente a cargo de las operaciones extranjeras del Guaranty Trust de Nueva York. Olof Aschberg tenía en tan alta estima a Max May que se incluye una foto de éste en el libro de Aschberg.[66]

En el verano de 1916, Olof Aschberg estuvo en Nueva York para representar al Nya Banken ante Pierre Bark, el ministro zarista de Finanzas. Según el *New York Times* (4 de agosto de 1916), la principal actividad de Aschberg en Nueva

---

[65] Olof Aschberg, *En Vandrande Jude Frän Glasbruksgatan* (Estocolmo: Albert Bonniers Förlag, s.f.), pp. 98-99, que se incluye en *Memoarer* (Estocolmo: Albert Bonniers Förlag, 1946). Véase también *Gästboken* (Estocolmo: Tidens Förlag, 1955) para más información sobre Aschberg.

[66] Aschberg, p. 123.

York fue negociar un préstamo de 50 millones de dólares para Rusia con un grupo bancario estadounidense dirigido por el National City Bank de Stillman. Este acuerdo se cerró el 5 de junio de 1916, dando como resultado un préstamo ruso de 50 millones de dólares en Nueva York a un tipo de interés anual del 71/2%, y un crédito correspondiente de 150 millones de rublos para el grupo NCB en Rusia. A continuación, el sindicato neoyorquino dio la vuelta y emitió certificados del 61/2% en su propio nombre en el mercado estadounidense por 50 millones de dólares. Así, el grupo NCB obtuvo un beneficio por el préstamo de 50 millones de dólares a Rusia, lo introdujo en el mercado estadounidense para obtener otro beneficio y obtuvo un crédito de 150 millones de rublos en Rusia.

Durante su visita a Nueva York en nombre del gobierno zarista ruso, Aschberg hizo algunos comentarios proféticos sobre el futuro de Estados Unidos en Rusia:

> La apertura al capital y a la iniciativa americana, con el despertar que ha traído la guerra, se producirá en todo el país cuando la lucha haya terminado. Ahora hay muchos americanos en Petrogrado, representantes de empresas comerciales, que se mantienen al tanto de la situación, y tan pronto como se produzca el cambio, debería producirse un enorme florecimiento del comercio americano con Rusia.[67]

OLOF ASCHBERG Y LA REVOLUCIÓN BOLCHEVIQUE

Mientras esta operación de préstamo zarista se ponía en marcha en Nueva York, Nya Banken y Olof Aschberg canalizaban fondos del gobierno alemán a los revolucionarios rusos, que acabarían derrocando al "Comité Kerensky" y estableciendo el régimen bolchevique.

Las pruebas de la íntima conexión de Olof Aschberg con la financiación de la revolución bolchevique provienen de varias fuentes, algunas de mayor valor que otras. Nya Banken y Olof Aschberg se citan claramente en los documentos de Sisson (véase el capítulo 3); sin embargo, George Kennan analizó sistemáticamente estos documentos y demostró que eran falsos, aunque probablemente se basan en parte en documentos auténticos. Otras pruebas provienen del Coronel B. V. Nikitin, responsable del contraespionaje en el gobierno de Kerensky, y consta de veintinueve telegramas transmitidos de Estocolmo a Petrogrado, y viceversa, relativos a la financiación de los bolcheviques. Tres de estos telegramas se refieren a bancos: los telegramas 10 y 11 se refieren al Nya Banken, y el telegrama 14 al Banco Ruso-Asiático de Petrogrado. El telegrama 10 dice lo siguiente:

> Gisa Furstenberg Saltsjobaden. Los fondos muy pequeños no pueden ayudar a lo que realmente urgente dar 500, porque el último pago posible enorme pérdida - capital inicial irrecuperable - instruir Nya Banken cable 100 mil más Sumenson.

---

[67] *New York Times*, 4 de agosto de 1916.

El telegrama 11 dice lo siguiente:

> Kozlovsky Sergievskaya 81. Las primeras cartas recibidas - Nya Banken telegrafía por cable que Soloman utilizando la agencia de telégrafo local se refiere a Bronck Savelievich Avilov.

Fürstenberg fue el intermediario entre Parvus (Alejandro I. Helphand) y el gobierno alemán. En cuanto a estas transferencias, Michael Futrell concluye:

> Se descubrió que en los últimos meses ella [Evegeniya Sumenson] había recibido casi un millón de rublos de Furstenberg a través del Nya Banken de Estocolmo, y que este dinero procedía de fuentes alemanas.[68]

El telegrama 14 de la serie Nikitine dice lo siguiente: "Furstenberg Saltsjöbaden". Número 90 período cien mil en Russo-Asian Sumenson". El representante americano para la región ruso-asiática era la MacGregor Grant Company, en el 120 de Broadway, Nueva York, y el banco estaba financiado por Guaranty Trust en Estados Unidos y Nya Banken en Suecia.

Otra mención al Nya Banken se encuentra en el documento "Acusaciones contra los bolcheviques", publicado en la época de Kerensky. En este documento destaca un documento firmado por Gregory Alexinsky, antiguo miembro de la Segunda Duma Estatal, que hace referencia a las transferencias de dinero a los bolcheviques. El documento dice en parte lo siguiente:

> Según la información que acabamos de recibir, estas personas de confianza en Estocolmo eran: el bolchevique Jacob Furstenberg, más conocido como "Hanecki" (Ganetskii), y Parvus (Dr. Helphand); en Petrogrado: el abogado bolchevique, Sr. U. Kozlovsky, pariente de Hanecki-Sumenson, que se dedicaba a especular con Hanecki, y otros. Kozlovsky es el principal receptor del dinero alemán, que es transferido desde Berlín por la "Disconto-Gesellschaft" al "Via Bank" de Estocolmo, y desde allí al Banco Siberiano de Petrogrado, donde su cuenta tiene actualmente un saldo de más de 2.000.000 de rublos. La censura militar ha descubierto un intercambio ininterrumpido de telegramas de carácter político y financiero entre agentes alemanes y dirigentes bolcheviques [Estocolmo-Petrogrado].[69]

Además, el Departamento de Estado conserva un mensaje de la Embajada de Estados Unidos en Christiania (Oslo, 1925), Noruega, fechado el 21 de febrero de 1918, con el siguiente código verde: "Me informan de que los fondos bolcheviques

---

[68] Michael Futrell, *Northern Underground* (Londres: Faber and Faber, 1963), p. 162.

[69] Voir Robert Paul Browder et Alexander F. Kerensky, *The Russian Provisional government, 1917* (Stanford, Calif.: Stanford University Perss, 1961), 3:1365. "Via Bank" es evidentemente Nya Banken.

están depositados en Nya Banken, Estocolmo, Legación Estocolmo aconsejada. Schmedeman".[70]

Por último, Michael Furtell, que entrevistó a Olof Aschberg justo antes de su muerte, concluye que los fondos bolcheviques fueron efectivamente transferidos desde Alemania a través de Nya Banken y Jacob Furstenberg en forma de pago por las mercancías enviadas. Según Futrell, Aschberg le confirmó que Furstenberg tenía un acuerdo comercial con Nya Banken y que también había enviado fondos a Petrogrado. Estas declaraciones están autentificadas en las memorias de Aschberg (véase la página 70). En resumen, Aschberg, a través de su Nya Banken, era sin duda un canal para los fondos utilizados en la revolución bolchevique, y el Guaranty Trust estaba indirectamente vinculado a través de su asociación con Aschberg y su participación en la MacGregor Grant Co. de Nueva York, agente del Banco Ruso-Asiático, otro vehículo de transferencia.

NYA BANKEN Y GUARANTY TRUST SE UNEN A RUSKOMBANK

Varios años después, en otoño de 1922, los soviéticos crearon su primer banco internacional. Se basó en un conglomerado que incluía a los antiguos banqueros privados rusos y algunas nuevas inversiones de banqueros alemanes, suecos, estadounidenses y británicos. Conocido como Ruskombank (Banco Comercial Extranjero), estaba dirigido por Olof Aschberg; su consejo de administración estaba compuesto por banqueros privados zaristas, representantes de bancos alemanes, suecos y estadounidenses y, por supuesto, representantes de la Unión Soviética. La delegación estadounidense de Estocolmo informó a Washington sobre esta cuestión y señaló, en referencia a Aschberg, que "su reputación es mala". Se menciona en el documento 54 de los documentos Sisson y en el despacho nº 138 del 4 de enero de 1921 de una delegación a Copenhague".[71]

El consorcio de bancos extranjeros que participó en Ruskombank representaba principalmente capital británico. Entre ellos se encontraba Russo-Asiatic Consolidated Limited, que era uno de los mayores acreedores privados de Rusia, y a la que los soviéticos concedieron 3 millones de libras para compensar los daños

---

[70] Archivo decimal del Departamento de Estado de los Estados Unidos, 861.00/1130.

[71] Archivo Decimal del Departamento de Estado de los Estados Unidos, 861.516/129, 28 de agosto de 1922. En un informe del Departamento de Estado de Estocolmo, fechado el 9 de octubre de 1922 (861.516/137), se dice lo siguiente sobre Aschberg: "Me reuní con el Sr. Aschberg hace unas semanas y en la conversación que mantuve con él me dijo en esencia todo lo que figura en este informe. También me pidió que le preguntara si podía ir a Estados Unidos y me dio como referencias algunos de los bancos más importantes. Sin embargo, a este respecto, deseo llamar la atención del departamento sobre el documento 54 de los papeles de Sisson, así como sobre muchos otros despachos que esta legación escribió sobre este hombre durante la guerra, cuya reputación y posición no son buenas. No cabe duda de que colaboró estrechamente con los soviéticos, y a lo largo de la guerra lo hizo con los alemanes" (Archivo Decimal del Departamento de Estado de EE.UU., 861.516/137, Estocolmo, 9 de octubre de 1922. El informe está firmado por Ira N. Morris).

causados a sus propiedades en la Unión Soviética por la nacionalización. El propio Gobierno británico ya había adquirido intereses sustanciales en los bancos privados rusos; según un informe del Departamento de Estado, "el Gobierno británico está fuertemente invertido en el consorcio en cuestión".[72]

El consorcio obtuvo amplias concesiones en Rusia y el banco tenía un capital social de diez millones de rublos oro. Un informe del periódico danés *National Titende* afirmaba que "se crearon oportunidades de cooperación con el gobierno soviético donde habría sido imposible mediante negociaciones políticas".[73] En otras palabras, como dice el periódico, los políticos no han logrado la cooperación con los soviéticos, pero "se puede dar por sentado que la explotación capitalista de Rusia empieza a tomar formas más definidas".[74]

A principios de octubre de 1922, Olof Aschberg se reúne en Berlín con Emil Wittenberg, director del Nationalbank fur Deutschland, y con Scheinmann, director del banco estatal ruso. Tras discutir la participación alemana en el Ruskombank, los tres banqueros viajaron a Estocolmo, donde se reunieron con Max May, vicepresidente de la Guaranty Trust Company. Max May fue nombrado entonces director de la división extranjera del Ruskombank, además de Schlesinger, antiguo director del banco mercantil de Moscú, Kalashkin, antiguo director del Junker Bank, y Ternoffsky, antiguo director del banco de Siberia. El último banco había sido comprado parcialmente por el gobierno británico en 1918. El profesor sueco Gustav Cassell aceptó ser asesor del Ruskombank. Cassell fue citado en un periódico sueco (*Svenskadagbladet del* 17 de octubre de 1922) de la siguiente manera:

> El hecho de que ahora se haya creado un banco en Rusia que se ocupa de asuntos puramente financieros es un gran paso adelante, y me parece que este banco se ha creado para facilitar una nueva vida económica en Rusia. Lo que Rusia necesita es un banco que gestione su comercio interior y exterior. Para que haya negocios entre Rusia y otros países, debe haber un banco que los gestione. Este paso adelante debe ser apoyado en todos los sentidos por otros países, y cuando me pidieron mi opinión, dije que estaba dispuesto a darla. No estoy a favor de una política negativa y creo que hay que aprovechar todas las oportunidades para contribuir a una reconstrucción positiva. La gran pregunta es cómo hacer que el comercio ruso vuelva a la normalidad. Se trata de una cuestión compleja que requerirá una investigación exhaustiva. Para resolver este problema, estoy naturalmente más que dispuesto a participar en el trabajo. Abandonar a Rusia a sus propios recursos y a su propio destino es una locura.[75]

El antiguo edificio del Banco Siberiano en Petrogrado sirvió como sede del Ruskombank, cuyos objetivos eran conseguir préstamos a corto plazo en países extranjeros, introducir ese capital extranjero en la Unión Soviética y, en general,

---

[72] Ibid. 861.516/130, 13 de septiembre de 1922.

[73] Ibid.

[74] Ibid.

[75] Ibid, 861.516/140, Estocolmo, 23 de octubre de 1922.

facilitar el comercio exterior ruso. Abrió sus puertas el [1] de diciembre de 1922 en Moscú y empleó a unas 300 personas.

En Suecia, Ruskombank estaba representado por Svenska Ekonomibolaget de Estocolmo, Nya Banken de Olof Aschberg con un nuevo nombre, y en Alemania por Garantie und Creditbank fur Den Osten de Berlín. En Estados Unidos, el banco estaba representado por Guaranty Trust Company of New York. En la inauguración del banco, Olof Aschberg comentó:

> El nuevo banco se encargará de la compra de maquinaria y materias primas en Inglaterra y Estados Unidos y ofrecerá garantías para la ejecución de los contratos. Todavía no se ha planteado la cuestión de la compra en Suecia, pero se espera que lo haga en el futuro.[76]

Al unirse a Ruskombank, Max May de Guaranty Trust hizo una declaración similar:

> Los Estados Unidos, al ser un país rico con industrias bien desarrolladas, no necesitan importar nada del extranjero, pero... están muy interesados en exportar sus productos a otros países y consideran que Rusia es el mercado más apropiado para ello, teniendo en cuenta las amplias necesidades de Rusia en todos los ámbitos de su vida económica.[77]

May dijo que el Banco Comercial Ruso era "muy importante" y que "financiaría en gran medida todas las líneas de las industrias rusas".

Desde el principio, las operaciones de Ruskombank se vieron restringidas por el monopolio soviético de comercio exterior. El banco tuvo dificultades para obtener anticipos sobre los bienes rusos depositados en el extranjero. Como se hacían en nombre de las delegaciones comerciales soviéticas, una gran parte de los fondos del Ruskombank estaban bloqueados en depósitos en el Banco Estatal de Rusia. Finalmente, a principios de 1924, el Banco Comercial Ruso se fusionó con el Comisariado de Comercio Exterior soviético y Olof Aschberg fue despedido del banco porque, según las acusaciones de Moscú, había hecho un mal uso de los fondos del banco. Su primera relación con el banco se debió a su amistad con Maxim Litvinov. A través de esta asociación, según un informe del Departamento de Estado, Olof Aschberg tenía acceso a grandes sumas de dinero para realizar los pagos de los bienes encargados por los soviéticos en Europa:

> Al parecer, estas cantidades se colocaron en el Ekonomibolaget, una empresa bancaria privada propiedad del Sr. Aschberg. Ahora se alega que una gran parte de estos fondos fue utilizada por el Sr. Aschberg para realizar inversiones en su cuenta personal y que ahora intenta mantener su posición en el banco mediante la posesión de este dinero. Según mi informante, el Sr. Aschberg no fue el único que se benefició de sus negocios con los fondos soviéticos, sino que compartió las

---

[76] Ibid, 861.516/147, 8 de diciembre de 1922.

[77] Ibid, 861.516/144, 18 de noviembre de 1922.

ganancias con los responsables de su nombramiento en el Banco Comercial Ruso, incluido Litvinoff.[78]

Ruskombank se convirtió entonces en Vneshtorg, el nombre por el que se le conoce actualmente.

Ahora debemos volver sobre nuestros pasos y examinar las actividades del socio de Aschberg con sede en Nueva York, la Guaranty Trust Company, durante la Primera Guerra Mundial, con el fin de sentar las bases para un examen de su papel en la era revolucionaria en Rusia.

GUARANTY TRUST Y EL ESPIONAJE ALEMÁN EN ESTADOS UNIDOS, 1914-1917[79]

Durante la Primera Guerra Mundial, Alemania recaudó considerables fondos en Nueva York para el espionaje y las operaciones encubiertas en América del Norte y del Sur. Es importante registrar el flujo de estos fondos porque procedían de las mismas empresas -Guaranty Trust y American International Corporation- que participaron en la revolución bolchevique y sus consecuencias. Por no mencionar el hecho (destacado en el capítulo tres) de que el gobierno alemán también financió las actividades revolucionarias de Lenin.

Los servicios de inteligencia militar de Estados Unidos facilitaron en 1919 al Comité Overman del Senado un resumen de los préstamos concedidos por los bancos estadounidenses a los intereses alemanes durante la Primera Guerra Mundial. El resumen se basó en el testimonio de Karl Heynen, que llegó a Estados Unidos en abril de 1915 para ayudar al Dr. Albert en los asuntos comerciales y financieros del gobierno alemán. El trabajo oficial de Heynen consistía en transportar mercancías de Estados Unidos a Alemania a través de Suecia, Suiza y Holanda. De hecho, estuvo involucrado en estas operaciones encubiertas hasta el cuello.

Según Heynen, los principales préstamos alemanes contraídos en Estados Unidos entre 1915 y 1918 fueron los siguientes: El primer préstamo, de 400.000 dólares, fue concedido hacia septiembre de 1914 por los banqueros de inversión Kuhn, Loeb & Co. Se depositó una garantía de 25 millones de marcos en Max M. Warburg, en Hamburgo, la filial alemana de Kuhn, Loeb & Co. El capitán George B. Lester, del Servicio de Inteligencia Militar de los Estados Unidos, declaró ante el Senado que la respuesta de Heynen a la pregunta "¿Por qué acudieron a Kuhn, Loeb & Co.?" fue que "considerábamos a Kuhn, Loeb & Co. como los banqueros naturales del Gobierno alemán y del Reichsbank".

---

[78] Ibid, 861.316/197, Estocolmo, 7 de marzo de 1924.

[79] Esta sección se basa en las audiencias de la Comisión Overman, Estados Unidos, Senado, *Brewery and Liquor Interests and German and Bolshevik Propaganda,* Hearings before the Subcommittee on the Judiciary, 65th Cong. 1919, 2:2154-74.

El segundo préstamo de 1,3 millones de dólares no procede directamente de Estados Unidos, sino que fue negociado por John Simon, agente de la Disconto-Gesellschaft sueca, para obtener fondos para los envíos a Alemania.

El tercer préstamo fue concedido por el Chase National Bank (del Grupo Morgan) por un importe de 3 millones de dólares. El cuarto préstamo fue concedido por el Mechanics and Metals National Bank por un millón de dólares. Estos préstamos financiaron las actividades de espionaje alemanas en Estados Unidos y México. Parte de los fondos fueron a parar a Sommerfeld, que fue asesor de Von Rintelen (otro agente de espionaje alemán) y que más tarde se asoció con Hjalmar Schacht y Emil Wittenberg. Sommerfeld debía comprar municiones para usar en México. Tenía una cuenta en la Guaranty Trust Company y de esta cuenta se hicieron pagos a la Western Cartridge Co. de Alton, Illinois, por municiones que fueron enviadas a El Paso para ser usadas en México por los bandidos de Pancho Villa. Se gastaron aproximadamente 400.000 dólares en municiones, propaganda mexicana y otras actividades similares.

El conde Von Bernstorff, entonces embajador de Alemania, relató su amistad con Adolf von Pavenstedt, socio principal de la firma Amsinck & Co, que estaba controlada y, en noviembre de 1917, era propiedad de American International Corporation. American International ocupa un lugar destacado en los siguientes capítulos; en su consejo de administración figuran los nombres clave de Wall Street: Rockefeller, Kahn, Stillman, du Pont, Winthrop, etc. Según Von Bernstorff, Von Pavenstedt "conocía íntimamente a todos los miembros de la embajada". El propio Von Bernstorff[80] consideraba a Von Pavenstedt como uno de los alemanes imperiales más respetados, "si no el más respetado, en Nueva York". De hecho,[81] Von Pavenstedt fue "durante muchos años un líder del sistema de espionaje alemán en este país".[82] En otras palabras, no hay duda de que Armsinck & Co, controlada por American International Corporation, estaba íntimamente asociada a la financiación del espionaje bélico alemán en los Estados Unidos. En apoyo de la última afirmación de Von Bernstorff, hay una fotografía de un cheque a favor de Amsinck & Co. fechado el 8 de diciembre de 1917 -sólo cuatro semanas después del comienzo de la revolución bolchevique en Rusia-firmado por Von Papen (otro operador de espionaje alemán), y con una pegatina que dice "gastos de viaje de Von W [es decir, Von Wedell]". French Strothers,[83] que publicó la fotografía, dijo que el cheque es una prueba de que Von Papen "se convirtió en cómplice después de los hechos de un crimen contra la ley estadounidense"; también presenta una acusación similar contra Amsinck & Co.

Paul Bolo-Pasha, otro agente de espionaje alemán, y un destacado financiero francés anteriormente al servicio del gobierno egipcio, llegó a Nueva York en

---

[80] Conde Von Bernstorff, *My Three Years in America* (Nueva York: Scribner's, 1920), p. 261.

[81] Ibid.

[82] Ibid.

[83] French Strothers, *Fighting Germany's Spies* (Garden City, N.Y.: Doubleday, Page, 1918), p. 152.

marzo de 1916 con una carta de presentación para Von Pavenstedt. A través de este último, Bolo-Pasha conoció a Hugo Schmidt, director del Deutsche Bank en Berlín y su representante en Estados Unidos. Uno de los planes de Bolo-Pasha era comprar periódicos extranjeros para orientar sus editoriales a favor de Alemania. Los fondos para este programa fueron dispuestos en Berlín en forma de crédito por la Guaranty Trust Company, que posteriormente puso el crédito a disposición de Amsinck & Co. Adolf von Pavenstedt, de Amsinck, puso a su vez los fondos a disposición de Bolo-Pasha.

En otras palabras, tanto la Guaranty Trust Company como la Amsinck & Co, filial de la American International Corporation, estaban directamente implicadas en la realización de actividades de espionaje alemán y de otro tipo en los Estados Unidos. Estas empresas pueden establecer vínculos con cada uno de los principales operadores alemanes en Estados Unidos: Dr. Albert, Karl Heynen, Von Rintelen, Von Papan, el conde Jacques Minotto (véase más adelante) y Paul Bolo-Pasha.

En 1919, el Comité Overman del Senado también estableció que el Guaranty Trust tuvo un papel activo en la financiación de los esfuerzos de Alemania en la Primera Guerra Mundial de manera "no neutral". El testimonio del oficial de inteligencia estadounidense Becker lo deja claro:

> En esta misión, Hugo Schmidt [del Deutsche Bank] recibió una gran ayuda de algunas instituciones bancarias estadounidenses. Éramos neutrales en ese momento, pero actuaron en detrimento de los intereses británicos, y tengo muchos datos sobre la actividad de la Guaranty Trust Co. a este respecto, y me gustaría saber si la comisión quiere que vuelva a hablar de ello.
> Es una sucursal del City Bank, ¿no?
> MR. BECKER: No.
> **SENADOR OVERMAN**: Si era contrario a los intereses británicos, no era neutral, y creo que será mejor que nos informe de ello.
> ¿Fue una transacción bancaria ordinaria?
> **MR. BECKER**: Eso sería una cuestión de opinión. La idea era camuflar el intercambio para que pareciera un intercambio neutral, cuando en realidad era una operación alemana en Londres. Gracias a las operaciones en las que la Guaranty Trust Co. estuvo principalmente involucrada entre el 1 de agosto de 1914 y la entrada de Estados Unidos en la guerra, Deutsche Banke, en sus sucursales de América del Sur, logró negociar en Londres divisas por valor de 4.670.000 libras esterlinas en tiempos de guerra.
> **SENADOR OVERMAN**: Creo que es suficiente.[84]

Lo realmente importante no es tanto que Alemania recibiera ayuda financiera, que era ilegal, sino que los directores del Guaranty Trust ayudaron financieramente a los aliados al mismo tiempo. En otras palabras, Guaranty Trust estaba financiando ambos lados del conflicto. Esto plantea la cuestión de la moralidad.

---

[84] Estados Unidos, Senado, Comité Overman, 2:2009.

GARANTY TRUST, MINOTTO Y CAILLAUX[85]

El conde Jacques Minotto es un hilo conductor muy improbable, pero verificable y persistente, que vincula la revolución bolchevique en Rusia con los bancos alemanes, el espionaje alemán de la Primera Guerra Mundial en Estados Unidos, la Guaranty Trust Company de Nueva York, la abortada revolución bolchevique francesa y los juicios de espionaje relacionados con Caillaux-Malvy en Francia.

Jacques Minotto nació el 17 de febrero de 1891 en Berlín, de padre austriaco descendiente de la nobleza italiana y madre alemana. El joven Minotto se educó en Berlín y se incorporó al Deutsche Bank en Berlín en 1912. Casi inmediatamente, Minotto fue enviado a Estados Unidos como asistente de Hugo Schmidt, subdirector del Deutsche Bank y su representante en Nueva York. Tras un año en Nueva York, Minotto fue enviado por el Deutsche Bank a Londres, donde circuló por los círculos políticos y diplomáticos más importantes. Al estallar la Primera Guerra Mundial, Minotto regresó a Estados Unidos e inmediatamente se reunió con el embajador alemán, el conde Von Bernstorff, tras lo cual se incorporó a la Guaranty Trust Company de Nueva York. En Guaranty Trust, Minotto estaba bajo las órdenes directas de Max May, director de su departamento de asuntos exteriores y socio del banquero sueco Olof Aschberg. Minotto no era un pequeño funcionario del banco. Los interrogatorios en los juicios de Caillaux en París en 1919 establecieron que Minotto trabajaba directamente a las órdenes de Max May. El 25 de octubre de 1914, Guaranty Trust envió a Jacques Minotto a Sudamérica para que informara sobre la situación política, financiera y comercial. Al igual que en Londres, Washington y Nueva York, Minotto se estableció aquí en los más altos círculos diplomáticos y políticos. Uno de los objetivos de la misión de Minotto a América Latina era establecer el mecanismo por el cual el Guaranty Trust podría actuar como intermediario para la mencionada captación de fondos alemanes en el mercado monetario de Londres, que posteriormente se le negó a Alemania a causa de la Primera Guerra Mundial. Minotto regresó a Estados Unidos, reanudó su asociación con Earl Von Bernstorff y Earl Luxberg, y luego, en 1916, buscó un puesto en la Inteligencia Naval de Estados Unidos.

Entonces fue detenido por actividades pro-alemanas. Cuando fue detenido, Minotto trabajaba en la planta de Chicago de su suegro Louis Swift, de Swift & Co, empacadores de carne. Swift pagó la fianza de 50.000 dólares requerida para garantizar la liberación de Minotto, que estaba representado por Henry Veeder, el

---

[85] Esta sección se basa en las siguientes fuentes (así como en las citadas en otros lugares): Jean Bardanne, *Le Colonel Nicolai: espion de génie* (París: Éditions Siboney, s.d.); Cours de Justice, Affaire *Caillaux, Loustalot et Comby: Procédure générale d'interrogatoires* (París, 1919), pp. 349-50, 937-46; Paul Vergnet, *L'Affaire Caillaux* (París 1918), especialmente el capítulo titulado "Marx de Mannheim"; Henri Guernut, Emile Kahn y Camille M. Lemercier, *Études documentaires sur L'Affaire Caillaux* (París, s.f.), pp. 1012-15; y George Adam, *Treason and Tragedy: An Account of French War Trials* (Londres: Jonathan Cape, 1929).

abogado de Swift & Co. El propio Louis Swift fue detenido posteriormente por actividades pro-alemanas. Una interesante y nada despreciable coincidencia es que el "Mayor" Harold H. Swift, hermano de Louis Swift, fue miembro de la misión de la Cruz Roja de William Boyce Thompson en Petrogrado en 1917, uno de los grupos de abogados y empresarios de Wall Street cuyos vínculos íntimos con la revolución rusa se describirían más adelante. Helen Swift Neilson, hermana de Louis y Harold Swift, estuvo posteriormente vinculada al Centro Abraham Lincoln "Unidad", un grupo procomunista. Esto estableció un pequeño vínculo entre los bancos alemanes, los bancos americanos, el espionaje alemán y, como veremos más adelante, la revolución bolchevique.[86]

Joseph Caillaux fue un famoso (tristemente famoso según algunos) político francés. También estuvo asociado con el conde Minotto en las operaciones de este último en América Latina en nombre del Guaranty Trust, y más tarde estuvo involucrado en los notorios casos de espionaje francés de 1919, que tenían vínculos con los bolcheviques. En 1911, Caillaux se convirtió en Ministro de Finanzas y, más tarde, en Primer Ministro de Francia. John Louis Malvy se convirtió en Subsecretario de Estado en el gobierno de Caillaux. Unos años más tarde, Madame Caillaux asesinó a Gaston Calmette, redactor jefe de Le *Figaro*, un conocido periódico parisino. La fiscalía acusó a Madame Caillaux de asesinar a Calmette para evitar la publicación de ciertos documentos comprometedores. Este caso provocó la salida de Caillaux y su esposa de Francia. La pareja viajó a América Latina y conoció al conde Minotto, agente de la Guaranty Trust Company que estaba en América Latina para establecer intermediarios para las finanzas alemanas. El Conde Minotto está vinculado socialmente al matrimonio Caillaux en Río de Janeiro y Sao Paulo (Brasil), Montevideo (Uruguay) y Buenos Aires (Argentina). En otras palabras, el Conde Minotto fue un compañero constante del matrimonio Caillaux durante su estancia en América Latina.[87] De vuelta a Francia, Caillaux y su esposa se alojaron en Biarritz como invitados de Paul Bolo-Pasha, que, como hemos visto, también era un operador de espionaje alemán en Estados Unidos y Francia. Más tarde,[88] en julio de 1915, el conde Minotto llegó a Francia procedente de Italia y conoció al matrimonio Caillaux; ese mismo año, el matrimonio Caillaux volvió a visitar a Bolo-Pasha en Biarritz. En otras palabras, en 1915 y 1916, Caillaux estableció una relación social continua con el Conde Minotto y Bolo-Pasha, ambos agentes de espionaje alemanes en Estados Unidos.

El trabajo de Bolo-Pasha en Francia ayudará a Alemania a ganar influencia en los periódicos parisinos Le *Temps* y Le *Figaro*. Bolo-Pasha viaja entonces a Nueva York, donde llega el 24 de febrero de 1916. Allí negocia un préstamo de dos millones de dólares y se asocia con Von Pavenstedt, el eminente agente alemán de

---

[86] Esta relación se analiza en detalle en el informe en tres volúmenes de la Comisión Overman de 1919. Véase la bibliografía.

[87] Voir Rudolph Binion, *Defeated Leaders* (Nueva York: Columbia University Press, 1960).

[88] George Adam, *Traición y Tragedia: An Account of French War Trials* (Londres: Jonathan Cape, 1929).

Amsinck & Co. Severance[89]Johnson, en El enemigo *interior,* relaciona a Caillaux y Malvy con la abortada revolución bolchevique francesa de 1918, y afirma que si la revolución hubiera triunfado, "Malvy habría sido el Trotsky de Francia si Caillaux hubiera sido su Lenin".[90] Caillaux y Malvy formaron un partido socialista radical en Francia utilizando fondos alemanes y fueron llevados ante la justicia por estos esfuerzos subversivos. Los interrogatorios del tribunal en los juicios por espionaje francés de 1919 introdujeron testimonios sobre los banqueros de Nueva York y sus relaciones con estos operadores de espionaje alemanes. También exponen los vínculos entre el Conde Minotto y Caillaux, así como la relación de la Guaranty Trust Company con el Deutsche Bank y la cooperación entre Hugo Schmidt del Deutsche Bank y Max May de la Guaranty Trust Company. El interrogatorio francés (página 940) contiene el siguiente extracto de la declaración del Conde Minotto en Nueva York (página 10, y traducido del francés):

> PREGUNTA: ¿Bajo las órdenes de quién estaba en Guaranty Trust?
> RESPUESTA: Bajo las órdenes del Sr. Max May.
> PREGUNTA: ¿Era vicepresidente?
> RESPUESTA: Ha sido vicepresidente y director del Departamento de Asuntos Exteriores.

Más tarde, en 1922, Max May se convirtió en director del Ruskombank soviético y representó los intereses de Guaranty Trust en este banco. El interrogatorio francés estableció que el Conde Minotto, un agente de espionaje alemán, estaba empleado por la Guaranty Trust Company; que Max May era su superior; y que Max May también estaba estrechamente asociado con el banquero bolchevique Olof Aschberg. En resumen: Max May, del Guaranty Trust, estuvo vinculado a la recaudación ilegal de fondos y al espionaje alemán en Estados Unidos durante la Primera Guerra Mundial; estuvo indirectamente vinculado a la revolución bolchevique y directamente a la creación del Ruskombank, el primer banco internacional de la Unión Soviética.

Es demasiado pronto para intentar explicar esta actividad internacional aparentemente incoherente, ilegal y a veces inmoral. En general, hay dos explicaciones plausibles: la primera, una búsqueda implacable del beneficio; la segunda -que se hace eco de las palabras de Otto Kahn de Kuhn, Loeb & Co. y de la American International Corporation en el epígrafe de este capítulo- la consecución de objetivos socialistas, objetivos que "deberían y pueden alcanzarse" por medios no socialistas.

---

[89] Ibid.

[90] *The Enemy Within* (Londres: George Allen & Unwin, 1920).

CAPÍTULO V

LA MISIÓN DE LA CRUZ ROJA AMERICANA EN RUSIA - 1917

El pobre Sr. Billings pensó que estaba en una misión científica para rescatar a Rusia... En realidad, no era más que una tapadera: este pretexto de una misión de la Cruz Roja no era más que un señuelo.
Cornelius Kelleher, asistente de William Boyce Thompson
(en la obra de George F. Kennan *Russia Leaves the War*,)

E l proyecto de Wall Street en Rusia en 1917 utilizó la misión de la Cruz Roja como vehículo operativo. Tanto el Guaranty Trust como el National City Bank tenían representantes en Rusia en el momento de la revolución. Frederick M. Corsica, de la sucursal de Petrogrado del Banco Nacional de la Ciudad, estaba adscrita a la misión de la Cruz Roja Americana, de la que hablaremos más adelante. Guaranty Trust estuvo representado por Henry Crosby Emery. Emery fue detenido temporalmente por los alemanes en 1918 y posteriormente representó a Guaranty Trust en China.

Hasta aproximadamente 1915, la persona más influyente en la sede nacional de la Cruz Roja Americana en Washington, D.C., era la señorita Mabel Boardman. Promotora activa y enérgica, la señorita Boardman había sido la impulsora de la empresa de la Cruz Roja, aunque su dotación fue aportada por ricas y eminentes personalidades como J. P. Morgan, Mrs. E. H. Harriman, Cleveland H. Dodge y la Sra. Russell Sage. La campaña de recaudación de fondos de 1910, por ejemplo, de 2 millones de dólares, sólo tuvo éxito porque fue apoyada por estos ricos residentes de Nueva York. De hecho, la mayor parte del dinero procedía de la ciudad de Nueva York. El propio J.P. Morgan aportó 100.000 dólares y otros siete contribuyentes neoyorquinos recaudaron 300.000 dólares. Sólo una persona de fuera de la ciudad de Nueva York contribuyó con más de 10.000 dólares: William J. Boardman, el padre de la señorita Boardman. Henry P. Davison fue presidente del Comité de Recaudación de Fondos de Nueva York en 1910 y más tarde fue presidente del Consejo de Guerra de la Cruz Roja Americana. En otras palabras, durante la Primera Guerra Mundial, la Cruz Roja dependía en gran medida de Wall Street, y en particular de la firma Morgan.

La Cruz Roja no pudo hacer frente a las exigencias de la Primera Guerra Mundial y, de hecho, fue absorbida por estos banqueros neoyorquinos. Según John Foster Dulles, estos hombres de negocios "veían a la Cruz Roja Americana como un brazo virtual del gobierno, y preveían hacer una contribución incalculable a la victoria de la guerra".[91] Con ello, se burlaron del lema de la Cruz Roja: "Neutralidad y humanidad".

A cambio de la recaudación de fondos, Wall Street solicitó la creación del Consejo de Guerra de la Cruz Roja y, por recomendación de Cleveland H. Dodge, uno de los patrocinadores de Woodrow Wilson, Henry P. Davison, socio de la J.P. Morgan Company, se convirtió en presidente. La lista de directores de la Cruz Roja comenzó entonces a tomar la apariencia del *"Quién es quién" de los* líderes empresariales de Nueva York: John D. Ryan, presidente de la Anaconda Copper Company (véase el frontispicio); George W. Hill, presidente de la American Tobacco Company; Grayson M.P. Murphy, vicepresidente de la Guaranty Trust Company; e Ivy Lee, experta en relaciones públicas para los Rockefeller. Harry Hopkins, que se haría famoso con el presidente Roosevelt, se convirtió en asistente del director general de la Cruz Roja en Washington, D.C.

La cuestión de una misión de la Cruz Roja en Rusia se planteó en la tercera reunión de este Consejo de Guerra reconstituido, celebrada en el edificio de la Cruz Roja en Washington, D.C., el viernes 29 de mayo de 1917, a las 11 de la mañana. Se pidió al presidente Davison que explorara la idea con Alexander Legge, de la International Harvester Company. Posteriormente, International Harvester, que tenía importantes intereses en Rusia, aportó 200.000 dólares para ayudar a financiar la misión rusa. En una reunión posterior, se informó de que William Boyce Thompson, director del Banco de la Reserva Federal de Nueva York, había "ofrecido pagar la totalidad de la comisión", oferta que fue aceptada en un telegrama: "Su deseo de pagar la comisión a Rusia es muy apreciado y, desde nuestro punto de vista, muy importante".[92]

Los miembros de la misión no recibieron ninguna remuneración. Todos los gastos fueron pagados por William Boyce Thompson y los 200.000 dólares de International Harvester fueron aparentemente utilizados en Rusia para subvenciones políticas. Sabemos por los registros de la Embajada Americana en Petrogrado que la Cruz Roja Americana dio 4.000 rublos al Príncipe Lvoff, Presidente del Consejo de Ministros, para "ayuda a los revolucionarios" y 10.000 rublos en dos pagos a Kerensky para "ayuda a los refugiados políticos".

MISIÓN DE LA CRUZ ROJA AMERICANA EN RUSIA, 1917

En agosto de 1917, la misión de la Cruz Roja Americana en Rusia sólo tenía una relación remota con su casa matriz americana, y realmente iba a ser la misión de la Cruz Roja más inusual de la historia. Todos los gastos, incluidos los uniformes -los miembros eran todos coroneles, mayores, capitanes o tenientes- se pagaron del bolsillo de William Boyce Thompson. Un observador contemporáneo ha apodado al grupo de oficiales "el ejército haitiano":

---

[91] John Foster Dulles, *American Red Cross* (Nueva York: Harper, 1950).

[92] Actas del Consejo de Guerra de la Cruz Roja Americana (Washington, D.C., mayo de 1917)

La delegación de la Cruz Roja Americana, unos 40 coroneles, mayores, capitanes y tenientes, llegó ayer. Está dirigida por el Coronel (Doctor) Billings de Chicago, e incluye al Coronel William B. Thompson y a muchos médicos y civiles, todos con títulos militares; apodamos a la unidad "Ejército Haytiano" porque no había soldados. Por lo que sé, no vinieron a cumplir ninguna misión claramente definida, de hecho, el gobernador Francisco me dijo hace tiempo que había insistido en que no se les permitiera venir, porque ya había demasiadas misiones de los distintos aliados en Rusia. Aparentemente, esta Comisión imaginó que había una necesidad urgente de médicos y enfermeras en Rusia; de hecho, actualmente hay un exceso de talento médico y de enfermería, tanto nativo como extranjero, en el país y muchos hospitales muy vacíos en las grandes ciudades.[93]

En realidad, la misión estaba formada por sólo veinticuatro personas (no cuarenta), con el rango militar de teniente coronel a teniente, y se complementaba con tres ordenanzas, dos fotógrafos de cine y dos intérpretes, sin rango. Sólo cinco (de veinticuatro) eran médicos; además, había dos investigadores médicos. La misión llegó en tren a Petrogrado vía Siberia en agosto de 1917. Los cinco médicos y camilleros permanecieron allí durante un mes y regresaron a Estados Unidos el 11 de septiembre. El Dr. Frank Billings, jefe nominal de la misión y profesor de medicina en la Universidad de Chicago, estaba supuestamente disgustado por las actividades abiertamente políticas de la mayoría de la misión. Los otros médicos eran William S. Thayer, profesor de medicina en la Universidad Johns Hopkins; D.J. McCarthy, miembro del Instituto Phipps para el Estudio y la Prevención de la Tuberculosis en Filadelfia; Henry C. Sherman, profesor de química alimentaria en la Universidad de Columbia; C. E. A. Winslow, profesor de bacteriología e higiene de la Facultad de Medicina de Yale; Wilbur E. Post, profesor de medicina del Rush Medical College; el Dr. Malcolm Grow, del Cuerpo de Reserva Médica del Ejército de los Estados Unidos; y Orrin Wightman, profesor clínico de medicina del New York Polyclinic Hospital. George C. Whipple estaba registrado como profesor de ingeniería sanitaria en la Universidad de Harvard, pero en realidad era socio de la empresa neoyorquina Hazen, Whipple & Fuller, consultores de ingeniería. Esto es significativo porque Malcolm Pirnie -cuya lista está más abajo- estaba registrado como ingeniero sanitario auxiliar y empleado como ingeniero por Hazen, Whipple & Fuller.

La mayoría de la misión, como se describe en el cuadro siguiente, estaba compuesta por abogados, financieros y sus asistentes del sector financiero de Nueva York. La misión fue financiada por William B. Thompson, descrito en la circular oficial de la Cruz Roja como "Comisario y Director Comercial; Director del Banco Federal Americano de Nueva York". Thompson trajo consigo a Cornelius Kelleher, descrito como agregado a la misión pero que en realidad era el secretario de Thompson y con la misma dirección: 14 Wall Street, Nueva York. La publicidad de la misión fue proporcionada por Henry S. Brown, desde la misma dirección. Thomas Day Thacher era abogado de Simpson, Thacher & Bartlett, un bufete fundado por su padre, Thomas Thacher, en 1884, y estuvo muy involucrado en la reorganización y las fusiones de los ferrocarriles. Thomas, como subalterno,

---

[93] Diario de Gibbs, 9 de agosto de 1917. Sociedad Histórica del Estado de Wisconsin.

trabajó primero para el negocio familiar, luego se convirtió en ayudante del fiscal de los Estados Unidos bajo el mando de Henry L. Stimson, y volvió al negocio familiar en 1909. El joven Thacher era muy amigo de Felix Frankfurter y más tarde se convirtió en asistente de Raymond Robins, también en la misión de la Cruz Roja. En 1925 fue nombrado juez de distrito con el presidente Coolidge, se convirtió en procurador general con Herbert Hoover y fue director del Instituto William Boyce Thompson.

La misión de la Cruz Roja Americana en Rusia en 19 19

Miembros de la comunidad financiera de Wall Street y sus afiliaciones	Médicos	Los cuidadores, intérpretes, etc., deben recibir formación sobre el uso del equipo.
Andrews (Tabaco Liggett & Myers)	Billings (médico)	Brooks (cuidador)
Barr (Chase National Bank)	Crecer (médico)	Clark (cuidador)
Brown (c/o William B. Thompson)	McCarthy (investigación médica; médico)	Rocchia (ordenada)
Cochran (McCann Co.)	Cargo (médico)	
Kelleher (c/o William B. Thompson)	Sherman (química alimentaria)	Travis (películas)
Nicholson (Swirl & Co.)	Thayer (médico)	Wyckoff (películas)
Pirnie (Hazen, Whipple & Fuller)		
Redfield (Stetson, Jennings & Russell)	Wightman (Medicina)	Hardy (justicia)
Robins (promotor minero)	Winslow (higiene)	Cuerno (transporte)
Swift (Swift & Co.)		
Thacher (Simpson, Thacher & Bartlett)		
Thompson (Banco de la Reserva Federal de Nueva York)		
Wardwell (Stetson, Jennings & Russell)		
Whipple (Hazen, Whipple & Fuller)		
Córcega (National City Bank)		
Magnuson (recomendado por la C.I.A. del Coronel Thompson)		

Alan Wardwell, también Comisario Adjunto y Secretario del Presidente, era abogado del bufete Stetson, Jennings & Russell del 15 de Broad Street, Nueva York, y H. B. Redfield era el secretario legal de Wardwell. El comandante Wardwell era hijo de William Thomas Wardwell, antiguo tesorero de la Standard Oil de Nueva Jersey y de la Standard Oil de Nueva York. Elder Wardwell fue uno de los firmantes del famoso contrato de fideicomiso de la Standard Oil, miembro del comité encargado de organizar las actividades de la Cruz Roja durante la guerra hispano-estadounidense y director del Greenwich Savings Bank. Su hijo Alan fue director no sólo de Greenwich Savings, sino también del Bank of New York and

Trust Co. y de la Georgian Manganese Company (con W. Averell Harriman, director de Guaranty Trust). En 1917, Alan Wardwell se afilió a Stetson, Jennings & Russell y más tarde se unió a Davis, Polk, Wardwell, Gardner & Read (Frank L. Polk fue Secretario de Estado en funciones durante el periodo de la revolución bolchevique). El Comité Overman del Senado señaló que Wardwell simpatizaba con el régimen soviético, aunque Poole, el funcionario del Departamento de Estado en el lugar, señaló que "el comandante Wardwell tiene la experiencia más completa de todos los estadounidenses con el terror" (316-23-1449). En la década de 1920, Wardwell se involucró con la Cámara de Comercio Ruso-Americana en la promoción de los objetivos comerciales soviéticos.

El tesorero de la misión era James W. Andrews, auditor de la compañía de tabaco Liggett & Myers de St. Barr, otro miembro, estaba registrado como Comisario Adjunto; era vicepresidente de la Chase Securities Company (120 Broadway) y del Chase National Bank. William Cochran, del 61 de Broadway, Nueva York, fue el responsable de la publicidad. Raymond Robins, promotor minero, fue incluido como comisario adjunto y descrito como "un economista social". Por último, la misión incluía a dos miembros de Swift & Company of Union Stockyards, Chicago. Anteriormente se mencionó que los Swift estaban relacionados con el espionaje alemán en Estados Unidos durante la Primera Guerra Mundial. Harold H. Swift, comisario adjunto, era el asistente del vicepresidente de Swift & Company; William G. Nicholson también trabajaba para Swift & Company, Union Stockyards.

Tras su llegada a Petrogrado, se incorporaron a la misión dos personas de manera informal: Frederick M. Corsica, representante del National City Bank en Petrogrado; y Herbert A. Magnuson, que fue "altamente recomendado por John W. Finch, el agente confidencial en China del Coronel William B. Thompson".[94]

Los documentos de Pirnie, depositados en la Institución Hoover, contienen información de primera mano sobre la misión. Malcolm Pirnie era un ingeniero empleado por la empresa Hazen, Whipple & Fuller, Consulting Engineers, de la calle 42 de Nueva York. Pirnie era un miembro de la misión, que figuraba en un manifiesto como ingeniero sanitario auxiliar. George C. Whipple, socio del bufete, también formaba parte del grupo. Los documentos de Pirnie incluyen un telegrama original de William B. Thompson, en el que invita al ingeniero sanitario asistente de Pirnie a reunirse con él y con Henry P. Davison, presidente del Consejo de Guerra de la Cruz Roja y socio de la firma J.P. Morgan, antes de partir hacia Rusia. El telegrama dice lo siguiente:

WESTERN UNION TELEGRAM Nueva York, 21 de junio de 1917
A Malcolm Pirnie
Me gustaría mucho que cenara conmigo en el Metropolitan Club, en la calle 16 y la Quinta Avenida de Nueva York, a las ocho de la noche, para conocer al Sr. H. P. Davison.

[94] Informe de Billings a Henry P. Davison, 22 de octubre de 1917, Archivos de la Cruz Roja Americana.

W. B. Thompson, 14 Wall Street

Los archivos no explican por qué Davison, socio de Morgan, y Thompson, director del Banco de la Reserva Federal -dos de los financieros más prominentes de Nueva York- querían cenar con un ingeniero sanitario adjunto que estaba a punto de irse a Rusia. Los registros tampoco explican por qué Davison no pudo reunirse posteriormente con el Dr. Billings y la propia comisión, ni por qué fue necesario informar a Pirnie de su imposibilidad de hacerlo. Pero es de suponer que la cobertura oficial de la misión -las actividades de la Cruz Roja- tenía mucho menos interés que las actividades de Thompson-Pirnie, fueran las que fueran. Sabemos que Davison escribió al Dr. Billings el 25 de junio de 1917:

> Estimado Dr. Billings:
> Es una decepción para mí y para mis asociados en el Consejo de Guerra que no haya podido reunir a los miembros de su Comisión en un solo cuerpo...

También se envió una copia de esta carta al ingeniero sanitario adjunto Pirnie junto con una carta personal del banquero Morgan Henry P. Davison, que decía

> Mi querido Sr. Pirnie:
> Estoy seguro de que comprenderá plenamente el motivo de la carta dirigida al Dr. Billings, cuya copia se adjunta, y la aceptará con el espíritu con el que se envía...

El propósito de la carta de Davison al Dr. Billings era disculparse con la comisión y con Billings por no poder reunirse con ellos. Por lo tanto, está justificado suponer que Davison y Pirnie hicieron arreglos más detallados sobre las actividades de la misión en Rusia y que estos arreglos eran conocidos por Thompson. A continuación se describe la naturaleza probable de estas actividades.[95]

La misión de la Cruz Roja Americana (o quizás deberíamos llamarla la misión de Wall Street en Rusia) también empleó a tres intérpretes ruso-inglés: El capitán Ilovaisky, un bolchevique ruso; Boris Reinstein, un ruso-estadounidense, más tarde secretario de Lenin y jefe de la Oficina de Propaganda Revolucionaria Internacional de Karl Radek, que también empleó a John Reed y Albert Rhys Williams; y Alexander Gumberg (alias Berg, de nombre real Michael Gruzenberg), que era el hermano de Zorin, un ministro bolchevique. Gumberg era también el principal agente bolchevique en Escandinavia. A continuación, se convirtió en asistente confidencial de Floyd Odlum, de la Atlas Corporation en Estados Unidos, así como en asesor de Reeve Schley, vicepresidente del Chase Bank.

---

[95] Los documentos de Pirnic también permiten determinar con exactitud cuándo abandonaron Rusia los miembros de la misión. En el caso de William B. Thompson, esta fecha es crucial para el argumento de este libro: Thompson salió de Petrogrado hacia Londres el 4 de diciembre de 1917. George F. Kennan afirma que Thompson abandonó Petrogrado el 27 de noviembre de 1917 (*Russia Leaves the War*, p. 1140).

Hay que señalarlo de paso: ¿En qué medida fueron útiles las traducciones de estos intérpretes? El 13 de septiembre de 1918, H. A. Doolittle, vicecónsul estadounidense en Estocolmo, informó al Secretario de Estado sobre una conversación con el capitán Ilovaisky (que era un "amigo personal cercano" del coronel Robins de la Misión de la Cruz Roja) en relación con una reunión entre el Soviet de Murman y los Aliados. La cuestión de invitar a los aliados a desembarcar en Murman se estaba discutiendo en el Soviet, con el Mayor Thacher de la misión de la Cruz Roja actuando en nombre de los aliados. Ilovaisky interpretó las opiniones de Thacher en nombre del Soviet. "Ilovaisky habló largamente en ruso, supuestamente traduciendo para Thacher, pero en realidad para Trotsky... "que" los EE.UU. nunca permitiría tal desembarco e instó a un rápido reconocimiento de los soviéticos y sus políticas".[96] Al parecer, Thacher sospechó que estaba mal traducido y expresó su indignación. Sin embargo, "Ilovaisky telegrafió inmediatamente el contenido al cuartel general bolchevique y, a través de su oficina de prensa, hizo aparecer en todos los periódicos que emanaba de las observaciones del comandante Thacher y que representaba la opinión general de todos los representantes americanos verdaderamente acreditados".[97]

Ilovaisky informó a Maddin Summers, cónsul general de Estados Unidos en Moscú, de varios casos en los que él (Ilovaisky) y Raymond Robins, de la misión de la Cruz Roja, habían manipulado la prensa bolchevique, incluso "con respecto a la retirada del embajador, el Sr. Francis". Admitió que no habían sido escrupulosos, "pero que habían actuado de acuerdo con sus ideas de derecho, independientemente de que pudieran entrar en conflicto con la política de los representantes americanos acreditados".[98]

Esta fue la misión de la Cruz Roja Americana en Rusia en 1917.

MISIÓN DE LA CRUZ ROJA AMERICANA EN RUMANÍA

En 1917, la Cruz Roja estadounidense también envió una misión de asistencia médica a Rumanía, que luchaba contra las potencias centrales como aliada de Rusia. Una comparación de la misión de la Cruz Roja estadounidense en Rusia con la enviada a Rumanía sugiere que la misión de la Cruz Roja con sede en Petrogrado tenía muy pocos vínculos oficiales con la Cruz Roja y aún menos con la asistencia médica. Mientras que la misión de la Cruz Roja en Rumanía defendió valientemente los dos principios de "humanidad" y "neutralidad" tan queridos por la Cruz Roja, la misión en Petrogrado ignoró descaradamente ambos principios.

La misión de la Cruz Roja Americana en Rumanía dejó los Estados Unidos en julio de 1917 y se instaló en Jassy. La misión estaba formada por 30 personas bajo la dirección del presidente Henry W. Anderson, un abogado de Virginia. Dieciséis de los 30 eran médicos o cirujanos. En comparación, de los 29 miembros de la

---

[96] Archivo Decimal del Departamento de Estado de los Estados Unidos, 861.00/3644.

[97] Ibid.

[98] Ibid.

misión de la Cruz Roja en Rusia, sólo tres eran médicos, aunque otros cuatro miembros procedían de universidades y estaban especializados en campos relacionados con la medicina. Como máximo, siete personas podían clasificarse como médicos con la misión en Rusia, frente a dieciséis con la misión en Rumanía. Había aproximadamente el mismo número de enfermeras y camilleros en ambas misiones. Sin embargo, la comparación significativa es que la misión rumana sólo contaba con dos abogados, un tesorero y un ingeniero. La misión rusa contaba con quince abogados y empresarios. Ninguno de los abogados o médicos de la misión rumana procedía de la zona de Nueva York, pero todos menos uno (un "observador" del Departamento de Justicia en Washington, D.C.) de los abogados y empresarios de la misión rusa procedían de esa zona. Esto significa que más de la mitad del total de la misión rusa procedía del distrito financiero de Nueva York. En otras palabras, la composición relativa de estas misiones confirma que la misión en Rumanía tenía un propósito legítimo - ejercer la medicina - mientras que la misión rusa tenía un objetivo no médico y estrictamente político. Por su personal, podría clasificarse como una misión comercial o financiera, pero por sus acciones, era un grupo de acción política subversiva.

Personal de las misiones de la Cruz Roja Americana en Rusia y Rumanía, 1917

MISIÓN DE LA CRUZ ROJA AMERICANA en

Personal	Rusia	Rumanía
Medicina (médicos y cirujanos)	7	16
Los camilleros, las enfermeras	7	10
Abogados y empresarios	15	4
TOTAL	29	30

FUENTES: American Red Cross, Washington, D.C. U.S. Department of State, Embassy of Petrograd, Red Cross file, 1917.

La misión de la Cruz Roja en Rumanía permaneció en su puesto de Jassy durante el resto de 1917 y hasta 1918. El personal médico de la misión de la Cruz Roja estadounidense en Rusia -los siete médicos- dimitió disgustado en agosto de 1917, protestó por las actividades políticas del coronel Thompson y regresó a Estados Unidos. Como resultado, en septiembre de 1917, cuando la misión rumana hizo un llamamiento a Petrogrado para que los médicos y enfermeras estadounidenses ayudaran en las condiciones de casi crisis en Jassy, no había médicos ni enfermeras estadounidenses en Rusia disponibles para viajar a Rumanía.

Mientras la mayor parte de la misión en Rusia ocupaba su tiempo en maniobras políticas internas, la misión en Rumanía se embarcó en labores de ayuda nada más llegar. El 17 de septiembre de 1917, un cable confidencial de Henry W. Anderson, presidente de la misión en Rumanía, al embajador estadounidense Francis en Petrogrado, solicitaba ayuda inmediata y urgente en forma de 5 millones de dólares para hacer frente a un desastre inminente en Rumanía. Siguieron una serie de cartas, cables y comunicaciones de Anderson a Francis, pidiendo ayuda, pero sin éxito.

El 28 de septiembre de 1917, Vopicka, el ministro estadounidense en Rumanía, envía un largo telegrama a Francis para que lo transmita a Washington, repitiendo el análisis de Anderson sobre la crisis rumana y el peligro de epidemias -y algo peor- a medida que se acerca el invierno:

> La enorme cantidad de dinero y las medidas heroicas requeridas evitan una catástrofe a gran escala . No tiene sentido tratar de manejar la situación sin alguien con autoridad y acceso al gobierno... Con una organización adecuada para gestionar el transporte, la recepción y la distribución de suministros...

Las manos de Vopicka y Anderson estaban atadas, ya que todos los suministros rumanos y las transacciones financieras eran manejados por la misión de la Cruz Roja en Petrogrado - y Thompson y su equipo de quince abogados y empresarios de Wall Street aparentemente tenían asuntos más importantes que los negocios de la Cruz Roja rumana. No hay nada en los archivos de la Embajada de Petrogrado en el Departamento de Estado de los Estados Unidos que indique que Thompson, Robins o Thacher se preocuparan en algún momento de 1917 o 1918 por la situación urgente de Rumanía. Las comunicaciones de Rumanía se dirigían al embajador Francis o a uno de sus empleados en la embajada, y a veces a través del consulado en Moscú.

En octubre de 1917, la situación en Rumanía alcanzó el punto de crisis. El 5 de octubre, Vopicka envió un cable a Davison en Nueva York (vía Petrogrado):

> El problema más acuciante aquí... Se teme un efecto desastroso... ¿Podría organizar una expedición especial... Debemos darnos prisa, o será demasiado tarde...

Luego, el 5 de noviembre, Anderson envió un cable a la embajada de Petrogrado diciendo que los retrasos en el envío de ayuda ya habían "costado varios miles de vidas". El 13 de noviembre, Anderson envió un telegrama al embajador Francis sobre la falta de interés de Thompson por las condiciones de vida en Rumanía:

> La empresa Thompson, a la que se le preguntó, proporcionó detalles de todos los envíos recibidos, pero no obtuvo los mismos . También les pedí que me mantuvieran informado de las condiciones de transporte, pero recibí muy poca información.

Anderson pidió entonces al embajador Francis que intercediera en su nombre para que los fondos destinados a la Cruz Roja rumana se procesaran en una cuenta separada en Londres, directamente bajo las órdenes de Anderson y fuera del control de la misión de Thompson.

EL PAPEL DE THOMPSON EN LA RUSIA DE KERENSKY

¿Qué hacía entonces la misión de la Cruz Roja? Thompson se ganó ciertamente la reputación de llevar una vida opulenta en Petrogrado, pero aparentemente sólo emprendió dos proyectos importantes en la Rusia de Kerensky: el apoyo a un programa de propaganda estadounidense y el apoyo al Préstamo por la Libertad de Rusia. Poco después de llegar a Rusia, Thompson se reunió con la Sra. Breshko-Breshkovskaya y con David Soskice, secretario de Kerensky, y acordó pagar 2 millones de dólares a un comité de educación popular para que pudiera "tener su propia prensa y ... contratar una plantilla de conferenciantes, con ilustraciones cinematográficas" (861.00/ 1032); esto se utilizaría para la propaganda para incitar a Rusia a continuar la guerra contra Alemania. Según Soskice, se entregó a Breshko-Breshkovskaya "un paquete de 50.000 rublos" con la siguiente declaración: "Depende de usted gastarlo según su buen criterio". Otros 2.100.000 rublos fueron depositados en una cuenta bancaria corriente. Una carta de J.P. Morgan al Departamento de Estado (861.51/190) confirma que Morgan envió 425.000 rublos a Thompson en su solicitud del Préstamo de la Libertad de Rusia; J.P. también transmite el interés de Morgan respecto a "la conveniencia de hacer una suscripción individual a través del Sr. Thompson" al Préstamo de la Libertad de Rusia. Estas sumas fueron transmitidas a través de la sucursal de Petrogrado del National City Bank.

THOMPSON DA UN MILLÓN DE DÓLARES A LOS BOLCHEVIQUES

Pero de mayor importancia histórica es la ayuda prestada a los bolcheviques primero por Thompson y luego, después del 4 de diciembre de 1917, por Raymond Robins.

La contribución de Thompson a la causa bolchevique fue recogida por la prensa estadounidense contemporánea. El *Washington Post del* 2 de febrero de 1918 contenía los siguientes párrafos:

DA UN MILLÓN A LOS BOLCHEVIQUES
W. B. Thompson, donante de la Cruz Roja, cree que el partido está mal representado. Nueva York, 2 de febrero de 1918. William B. Thompson, que estuvo en Petrogrado de julio a noviembre, hizo una contribución personal de 1.000.000 de dólares a los bolcheviques para difundir su doctrina en Alemania y Austria.
El Sr. Thompson tuvo la oportunidad de estudiar las condiciones de vida en Rusia como jefe de la misión de la Cruz Roja Americana, cuyos gastos también fueron cubiertos en gran parte por sus contribuciones personales. Cree que los bolcheviques son el mayor poder contra el progermanismo en Rusia y que su propaganda ha socavado los regímenes militaristas de los Imperios Generales.
El Sr. Thompson denigra la crítica estadounidense a los bolcheviques. Considera que han sido mal representados y ha hecho una contribución financiera a la causa en la creencia de que este dinero será bien empleado para el futuro de Rusia así como para la causa aliada.

La biografía de Hermann Hagedorn, *The Magnat: William Boyce Thompson and His Times (1869–1930)* reproduce una fotografía de un cablegrama de J.P. Morgan en Nueva York a W. B. Thompson, "Care American Red Cross, Hotel Europe, Petrograd". El telegrama está fechado, mostrando que fue recibido en Petrogrado "8-Dek 1917" (8 de diciembre de 1917), y dice lo siguiente:

> Nueva York Y757/5 24W5 Nil - Su segundo cable recibido. Pagamos 1 millón de dólares al National City Bank como se nos indicó: Morgan.

La sucursal de Petrogrado del National City Bank había sido eximida del decreto de nacionalización bolchevique, el único banco ruso extranjero o nacional que había sido eximido. Hagedorn afirma que el millón de dólares ingresado en la cuenta de Thompson en la NBC se utilizó con "fines políticos".

EL PROMOTOR MINERO SOCIALISTA RAYMOND ROBINS[99]

William B. Thompson abandonó Rusia a principios de diciembre de 1917 para volver a casa. Pasó por Londres, donde, en compañía de Thomas Lamont, de la firma J.P. Morgan, visitó al Primer Ministro Lloyd George, episodio que retomamos en el próximo capítulo. Su adjunto, Raymond Robins, recibió la responsabilidad de la misión de la Cruz Roja en Rusia. La impresión general que dio el coronel Robins en los meses siguientes no escapó a la prensa. En palabras del periódico ruso *Russkoe Slovo*, Robins "representa, por un lado, a la mano de obra estadounidense y, por otro, al capital estadounidense, que intenta, a través de los soviéticos, ganar sus mercados rusos".[100]

Raymond Robins comenzó su vida como gerente de una empresa de fosfatos en Florida. Desde esta posición, desarrolló un yacimiento de caolín y luego realizó prospecciones en Texas y los territorios indígenas a finales del siglo XIX. Al trasladarse al norte, a Alaska, Robins hizo fortuna durante la fiebre del oro de Klondike. Luego, sin razón aparente, se volvió hacia el socialismo y el movimiento reformista. En 1912, fue un miembro activo del Partido Progresista de Roosevelt. Se incorporó a la misión de la Cruz Roja estadounidense en Rusia en 1917 como "economista social".

Hay muchas pruebas, incluidas las propias declaraciones de Robins, de que sus llamamientos reformistas al bien social eran poco más que una tapadera para la adquisición de mayor poder y riqueza, recordando las sugerencias de Frederick Howe en *Confesiones de un monopolista*. Por ejemplo, en febrero de 1918, Arthur Bullard estaba en Petrogrado con el Comité Americano de Información Pública y se había comprometido a redactar un extenso memorando para el Coronel Edward House. Este memorándum fue entregado a Robins por Bullard para que lo

---

[99] Robins es la ortografía correcta. El nombre se escribe siempre "Robbins" en los archivos del Departamento de Estado.

[100] Archivo Decimal del Departamento de Estado de los Estados Unidos, 316-11-1265, 19 de marzo de 1918.

comentara y criticara antes de enviarlo a House en Washington, D.C. Los comentarios de Robins, muy poco socialistas e imperialistas, fueron que el manuscrito era "excepcionalmente discriminatorio, con visión de futuro y bien hecho", pero que tenía una o dos reservas -en particular, que el reconocimiento de los bolcheviques estaba pendiente desde hacía mucho tiempo, que debería haberse hecho inmediatamente, y que si los EE.S. reconoció a los bolcheviques de esta manera: "Creo que ahora podríamos controlar los recursos excedentes de Rusia y que tendríamos oficiales de control en cada punto de la frontera".[101]

Este deseo de "controlar los recursos excedentes de Rusia" también era evidente para los rusos. ¿Le suena a un reformista social de la Cruz Roja estadounidense o a un promotor minero de Wall Street dedicado al ejercicio práctico del imperialismo financiero?

En cualquier caso, Robins no ocultó su apoyo a los bolcheviques.[102] Apenas transcurridas tres semanas de la fase bolchevique de la Revolución, Robins envía un cable a Henry Davison a la sede de la Cruz Roja: "Por favor, insista al presidente en que continuemos nuestras relaciones con el gobierno bolchevique." Curiosamente, este telegrama fue en respuesta a otro telegrama que instruía a Robins de que "el presidente desea que los funcionarios estadounidenses no se comuniquen directamente con el gobierno bolchevique".[103] Varios informes del Departamento de Estado se han quejado del carácter partidista de las actividades de Robins. Por ejemplo, el 27 de marzo de 1919, Harris, el cónsul estadounidense en Vladivostok, comentó una larga conversación que había mantenido con Robins y protestó por las graves inexactitudes del informe de este último. Harris escribió: "Robins me dijo que ningún prisionero de guerra alemán o austriaco se había unido al ejército bolchevique hasta mayo de 1918. Robbins sabía que esta declaración era absolutamente falsa". A continuación, Harris proporcionó detalles de las pruebas de las que disponía Robins.[104]

Harris concluyó: "Robbins tergiversó deliberadamente los hechos sobre Rusia en su momento y lo ha hecho desde entonces".

---

[101] Sra. Bullard, Departamento de Estado de EE.UU., archivo decimal, 316-11-1265.

[102] La *New World Review* (otoño de 1967, p. 40) comenta sobre Robins, señalando que "simpatizaba con los objetivos de la Revolución, aunque fuera capitalista".

[103] Embajada de Petrogrado, archivo de la Cruz Roja.

[104] Archivo Decimal del Departamento de Estado de los Estados Unidos, 861.00/4168.

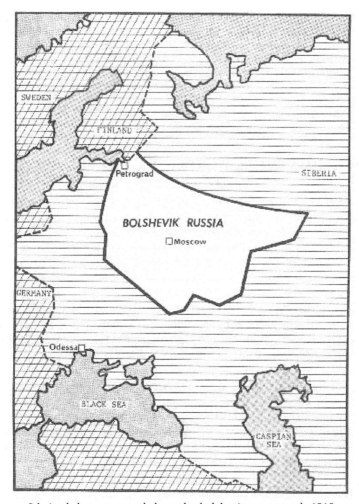

Límite de la zona controlada por los bolcheviques, enero de 1918.

A su regreso a Estados Unidos en 1918, Robins continuó sus esfuerzos en favor de los bolcheviques. Cuando el Comité Lusk se incautó de los archivos de la Oficina Soviética, se descubrió que Robins había mantenido una "considerable correspondencia" con Ludwig Martens y otros miembros de la oficina. Uno de los documentos más interesantes incautados fue una carta de Santeri Nuorteva (alias Alexander Nyberg), el primer representante soviético en Estados Unidos, al "camarada Cahan", editor del *New York Daily Forward*. La carta pedía a los fieles del partido que allanaran el camino a Raymond Robins:

(Diario) ANTES del 6 de julio de 1918
Estimado camarada Cahan:
Es de suma importancia que la prensa socialista lance inmediatamente una campaña para que el coronel Raymond Robins, que acaba de regresar de Rusia como jefe de

la misión de la Cruz Roja, sea escuchado en un informe público al pueblo estadounidense. El peligro de una intervención armada ha aumentado considerablemente. Los reaccionarios utilizan la aventura checoslovaca para provocar una invasión. Robins tiene todos los datos sobre esto y sobre la situación en Rusia en general. Él toma nuestro punto de vista.

Adjunto una copia del editorial de Call que presenta un argumento general, así como algunos datos sobre checos y eslovacos.

Fraternalmente,

PS&AU Santeri Nuorteva

LA CRUZ ROJA INTERNACIONAL Y LA REVOLUCIÓN

Sin que sus administradores lo sepan, la Cruz Roja ha sido utilizada de vez en cuando como vehículo o tapadera de actividades revolucionarias. El uso de las marcas de la Cruz Roja para fines no autorizados no es infrecuente. Cuando el zar Nicolás fue trasladado de Petrogrado a Tobolsk supuestamente por su propia seguridad (aunque esta dirección era un peligro más que un elemento de seguridad), el tren llevaba la insignia de la Cruz Roja japonesa. Los archivos del Departamento de Estado contienen ejemplos de actividades revolucionarias bajo la apariencia de actividades de la Cruz Roja. Por ejemplo, un funcionario ruso de la Cruz Roja (Chelgajnov) fue detenido en Holanda en 1919 por actos revolucionarios (316-21-107). Durante la revolución bolchevique húngara de 1918, dirigida por Bela Kun, los miembros de la Cruz Roja rusa (o los revolucionarios que actuaban como miembros de la Cruz Roja rusa) fueron detenidos en Viena y Budapest. En 1919, el embajador de Estados Unidos en Londres envió un telegrama a Washington con noticias sorprendentes; a través del gobierno británico, se había enterado de que "varios estadounidenses que habían llegado a este país con uniformes de la Cruz Roja y que decían ser bolcheviques... pasaban por Francia de camino a Suiza para difundir la propaganda bolchevique". El embajador señaló que unas 400 personas de la Cruz Roja estadounidense habían llegado a Londres en noviembre y diciembre de 1918; una cuarta parte de ellas regresó a Estados Unidos y "el resto insistió en ir a Francia". Un informe posterior, del 15 de enero de 1918, indicaba que un editor de un periódico obrero londinense había sido contactado tres veces por tres funcionarios diferentes de la Cruz Roja estadounidense, ofreciéndole aceptar comisiones para los bolcheviques en Alemania. El editor había sugerido que la embajada americana vigilara al personal de la Cruz Roja americana. El Departamento de Estado de EE.UU. se tomó en serio estos informes y Polk envió cables para obtener nombres, diciendo: "Si esto es cierto, lo considero de la mayor importancia" (861.00/3602 y /3627).

En resumen: la imagen que tenemos de la misión de la Cruz Roja estadounidense en Rusia en 1917 dista mucho de ser la de un humanitarismo neutral. En realidad, se trataba de una misión de los financieros de Wall Street para influir y allanar el camino para que Kerensky o los revolucionarios bolcheviques controlaran el mercado y los recursos rusos. No hay otra explicación posible para las acciones de la misión. Sin embargo, ni Thompson ni Robins eran bolcheviques. Ni siquiera un socialista convencido. El autor se inclina por la interpretación de que los llamamientos socialistas de cada uno de ellos se encubrían con fines más prosaicos. Cada uno de ellos pretendía comerciar, es decir, cada uno buscaba utilizar el proceso político en Rusia para obtener un beneficio económico personal. Que el pueblo ruso quisiera a los bolcheviques era irrelevante. El hecho de que el régimen bolchevique actuara contra los Estados Unidos -como siempre hizo después- no era un problema. El único objetivo primordial era ganar influencia política y económica con el nuevo régimen, independientemente de su ideología. Si William Boyce Thompson hubiera actuado solo, su posición como director del Banco de la Reserva Federal habría sido intrascendente. Sin embargo, el hecho de que su misión estuviera dominada por representantes de instituciones de Wall Street plantea una seria cuestión: de hecho, si la misión fue una operación planificada y premeditada por un grupo de Wall Street. El lector juzgará por sí mismo, a medida que se desarrolle el resto de la historia.

CAPÍTULO VI

CONSOLIDACIÓN Y EXPORTACIÓN REVOLUCIONARIO

El gran libro de Marx, Das Kapital, es a la vez un monumento al razonamiento y una declaración de hechos.
Lord Milner, miembro del Gabinete de Guerra británico, 1917,
y director del London Joint Stock Bank.

W illiam Boyce Thompson es un nombre desconocido en la historia del siglo XX, pero Thompson desempeñó un papel crucial en la revolución bolchevique.[105] De hecho, si Thompson no hubiera estado en Rusia en 1917, la historia posterior podría haber tomado un curso muy diferente. Si no hubiera sido por la ayuda financiera y, sobre todo, diplomática y propagandística que Thompson, Robins y sus socios neoyorquinos prestaron a Trotsky y Lenin, los bolcheviques podrían haber perecido y Rusia se habría convertido en una sociedad socialista pero constitucional.

¿Quién era William Boyce Thompson? Thompson era un promotor de acciones mineras, uno de los mejores en un negocio de alto riesgo. Antes de la Primera Guerra Mundial, fue corredor de bolsa de los intereses de Guggenheim en el sector del cobre. Cuando los Guggenheim necesitaron un capital rápido para una batalla bursátil con John D. Rockefeller, fue Thompson quien promocionó Yukon Consolidated Goldfields ante un público desprevenido para recaudar 3,5 millones de dólares. Thompson fue director del Grupo Kennecott, otra operación de Guggenheim valorada en 200 millones de dólares. Por otro lado, fue Guggenheim Exploration quien se hizo con las opciones de Thompson sobre la rica Nevada Consolidated Copper Company. Alrededor de tres cuartas partes de la empresa Guggenheim Exploration original estaban controladas por la familia Guggenheim, la familia Whitney (propietaria de la revista *Metropolitan*, que empleaba al bolchevique John Reed) y John Ryan. En 1916, los intereses de Guggenheim se reorganizaron como Guggenheim Brothers e incorporaron a William C. Potter, que había trabajado anteriormente para la American Smelting and Refining Company de Guggenheim, pero que en 1916 era el primer vicepresidente de Guaranty Trust.

---

[105] Para una biografía, véase Hermann Hagedorn, *The Magnate: William Boyce Thompson and His Time (1869–1930)* (Nueva York: Reynal & Hitchcock, 1935).

Sus extraordinarias habilidades en la obtención de capital para arriesgadas promociones mineras le valieron un patrimonio personal y puestos de dirección en Inspiration Consolidated Copper Company, Nevada Consolidated Copper Company y Utah Copper Company, todas ellas importantes productoras de cobre nacionales. El cobre es, por supuesto, un material importante en la fabricación de municiones. Thompson también fue director del Chicago Rock Island & Pacific Railroad, del Magma Arizona Railroad y de la Metropolitan Life Insurance Company. Y, de especial interés para este libro, Thompson era "uno de los mayores accionistas del Chase National Bank". Fue Albert H. Wiggin, presidente del Chase Bank, quien presionó a Thompson para que ocupara un puesto en el sistema de la Reserva Federal; y en 1914 Thompson se convirtió en el primer director a tiempo completo del Banco de la Reserva Federal de Nueva York, el mayor banco del sistema de la Reserva Federal.

En 1917, William Boyce Thompson era, por tanto, un operador financiero con importantes recursos, una capacidad demostrada, una aptitud para promover y ejecutar proyectos capitalistas y un fácil acceso a los centros de poder político y financiero. Se trata del mismo hombre que primero apoyó a Alexander Kerensky y luego se convirtió en un defensor acérrimo de los bolcheviques, legando un símbolo superviviente de este apoyo: un panfleto de alabanza en ruso, Pravda o Rossii i Bol'shevikakh'.[106] (ver más abajo)

[106] Polkovnik' Villiam' Boic' Thompson', "Pravda o Rossii i Bol'shevikakh" (Nueva York: Russian-American Publication Society, 1918). Coronel William Boyce Thompson "La verdad sobre rusos y bolcheviques"

Antes de abandonar Rusia a principios de diciembre de 1917, Thompson entregó la misión de la Cruz Roja Americana a su adjunto Raymond Robins. Robins organizó entonces a los revolucionarios rusos para poner en práctica el plan de Thompson de difundir la propaganda bolchevique en Europa (véase el Apéndice 3). Un documento del gobierno francés lo confirma: "Parece que el coronel Robins... puede haber enviado una misión subversiva de bolcheviques rusos a Alemania para lanzar una revolución allí".[107] Esta misión condujo a la abortada revuelta de los espartaquistas alemanes en 1918. El plan general también incluía objetivos para lanzar desde el aire literatura bolchevique o pasarla de contrabando a través de las líneas alemanas.

A finales de 1917, Thompson se preparaba para abandonar Petrogrado y vender la revolución bolchevique a los gobiernos europeos y estadounidenses. Con esta idea, Thompson envía un cable a Thomas W. Lamont, socio de la firma Morgan, que se encuentra en París con el coronel E. M. House. Lamont dejó constancia de la recepción de este telegrama en su biografía:

> Cuando la Misión de la Casa estaba concluyendo sus discusiones en París en diciembre de 1917, recibí un cable de arresto de mi viejo amigo de la escuela y de los negocios, William Boyce Thompson, que estaba entonces en Petrogrado a cargo de la Misión de la Cruz Roja Americana allí.[108]

Lamont viaja a Londres y se reúne con Thompson, que salió de Petrogrado el 5 de diciembre, pasa por Bergen, Noruega, y llega a Londres el 10 de diciembre. La hazaña más importante de Thompson y Lamont en Londres fue convencer al Gabinete de Guerra británico -entonces decididamente antibolchevique- de que el régimen bolchevique había llegado para quedarse, y que la política británica debía dejar de ser antibolchevique, aceptar las nuevas realidades y apoyar a Lenin y Trotsky. Thompson y Lamont abandonan Londres el 18 de diciembre y llegan a Nueva York el 25 de diciembre de 1917. Intentan el mismo proceso de conversión en Estados Unidos.

UNA CONSULTA CON LLOYD GEORGE

Los documentos secretos del Gabinete de Guerra británico están ahora disponibles y validan el argumento de Thompson de que el gobierno británico se dirige hacia una política pro-bolchevique. El Primer Ministro de Gran Bretaña era David Lloyd George. Las maquinaciones privadas y políticas de Lloyd George rivalizaban con las de un político de Tammany Hall; sin embargo, durante su vida

---

[107] John Bradley, *Allied Intervention in Russia* (Londres: Weidenfeld and Nicolson, 1968).

[108] Thomas W. Lamont, *Across World Frontiers* (Nueva York: Harcourt, Brace, 1959), p. 85. Véanse también las págs. 94-97 para conocer los masivos golpes de pecho que siguieron al fracaso del presidente Wilson en actuar rápidamente para amigarse con el régimen soviético. Corliss Lamont, su hijo, se convirtió en un [izquierdista nacional de primera línea en Estados Unidos]....

y durante décadas posteriores, los biógrafos no pudieron, o no quisieron, aprehenderlas. En 1970, *La máscara de Merlín,* de Donald McCormick, desveló este secreto. McCormick muestra que en 1917, David Lloyd George se había visto "demasiado enredado en tramas armamentísticas internacionales como para ser un agente libre" y que estaba en deuda con Sir Basil Zaharoff, un traficante de armas internacional, cuya considerable fortuna se había hecho vendiendo armas a ambos bandos en varias guerras.[109] Zaharoff ejercía un enorme poder entre bastidores y, según McCormick, era consultado sobre las políticas de guerra por los líderes aliados. En más de una ocasión, los informes indican que McCormick, Woodrow Wilson, Lloyd George y Georges Clemenceau se reunieron en la casa de Zaharoff en París. McCormick señala que "los estadistas y los líderes aliados estaban obligados a consultarle antes de planificar cualquier ataque importante. Los servicios de inteligencia británicos, según McCormick, "descubrieron documentos que incriminaban a servidores de la Corona como agentes secretos de Sir Basil Zaharoff *a la vista de Lloyd George".*[110] "En 1917, Zaharoff estaba vinculado a los bolcheviques; buscaba desviar municiones de los antibolcheviques y ya había intervenido a favor del régimen bolchevique en Londres y París.

Así pues, a finales de 1917 -cuando Lamont y Thompson llegaron a Londres- el primer ministro Lloyd George estaba en deuda con los poderosos intereses armamentísticos internacionales aliados con los bolcheviques y que proporcionaban ayuda para extender el poder bolchevique en Rusia. El primer ministro británico que se reunió con William Thompson en 1917 no era entonces un agente libre; Lord Milner era el poder entre bastidores y, como sugiere el epígrafe de este capítulo, se inclinaba favorablemente hacia el socialismo y Karl Marx.

Los documentos "secretos" del Gabinete de Guerra dan cuenta del "relato del Primer Ministro de una conversación con el Sr. Thompson, un estadounidense que regresó de Rusia",[111] y el informe que el Primer Ministro hizo al Gabinete de Guerra después de su reunión con Thompson.[112] El documento del gabinete dice lo siguiente:

> El Primer Ministro informó de una conversación que había mantenido con un Sr. Thompson -viajero americano y hombre de considerables recursos- que acababa de regresar de Rusia, y que le había dado una impresión de los asuntos rusos algo diferente de lo que se creía. Lo esencial de sus observaciones fue que la Revolución había llegado para quedarse; que los Aliados no habían sido suficientemente

---

[109] Donald McCormick, *The Mask of Merlin* (Londres: MacDonald, 1963; Nueva York: Holt, Rinehart and Winston, 1964), p. 208. La vida personal de Lloyd George lo dejaría ciertamente vulnerable al chantaje.

[110] Ibid. La cursiva es de McCormick.

[111] Documentos del Gabinete de Guerra británico, no. 302, sec. 2 (Public Records Office, Londres).

[112] El memorando escrito que Thompson presentó a Lloyd George y que sirvió de base para la declaración del Gabinete de Guerra está disponible en fuentes de los archivos estadounidenses y se imprime íntegramente en el Anexo 3.

comprensivos con la Revolución; y que el Sr. Trotsky y el Sr. Lenin no estaban a sueldo de Alemania, siendo este último un profesor bastante distinguido. El Sr. Thompson añadió que consideraba que los Aliados debían llevar a cabo una propaganda activa en Rusia mediante alguna forma de Consejo Aliado de hombres especialmente seleccionados, y que en general, dada la naturaleza del gobierno ruso de facto, los distintos gobiernos aliados no estaban adecuadamente representados en Petrogrado. Según Thompson, era necesario que los aliados se dieran cuenta de que el ejército y el pueblo rusos habían salido de la guerra, y que los aliados tendrían que elegir entre una Rusia neutral amistosa u hostil.

Se debatió si los aliados no debían cambiar su política hacia el gobierno ruso de facto, ya que los bolcheviques son, según Thompson, antialemanes. En este sentido, Lord Robert Cecil llamó la atención sobre los términos del armisticio entre los ejércitos alemán y ruso, que incluía el comercio entre los dos países y la creación de una comisión de compras en Odesa, todo ello obviamente dictado por los alemanes. Lord Robert Cecil cree que los alemanes se esforzarán por continuar el armisticio hasta que el ejército ruso haya sido completamente neutralizado.

Sir Edward Carson leyó una comunicación, firmada por el Sr. Trotzki, que le envió un súbdito británico, director de la sucursal rusa de la Vauxhall Motor Company, que acababa de regresar de Rusia [Documento G.T. - 3040]. Este informe indicaba que la política del Sr. Trotzki era, en todo caso, ostensiblemente una política de hostilidad a la organización de la sociedad civilizada y no pro-alemana. Por otro lado, se sugirió que tal actitud no era en absoluto incompatible con el hecho de que Trotzki fuera un agente alemán, cuyo objetivo era arruinar a Rusia para que Alemania pudiera hacer lo que quisiera en ese país.

Tras escuchar el informe de Lloyd George y los argumentos que lo apoyaban, el gabinete de guerra decidió seguir a Thompson y a los bolcheviques. Milner tenía a un antiguo cónsul británico en Rusia -Bruce Lockhart- preparado y esperando en las alas. Lockhart fue informado y enviado a Rusia con instrucciones de trabajar informalmente con los soviéticos.

La minuciosidad del trabajo de Thompson en Londres y la presión que pudo ejercer sobre la situación quedan sugeridas por los informes posteriores que llegaron a manos del Gabinete de Guerra procedentes de fuentes auténticas. Estos informes dan una visión completamente diferente de Trotsky y los bolcheviques que la presentada por Thompson, pero fueron ignorados por el gabinete. En abril de 1918, el general Jan Smuts informó al Gabinete de Guerra sobre su encuentro con el general Nieffel, jefe de la misión militar francesa que acababa de regresar de Rusia:

> Trotsky (sic)... es un canalla consumado que puede no ser pro-alemán, pero que es completamente pro-Trotsky y pro-revolucionario y no se puede confiar en él de ninguna manera. Su influencia puede verse en la forma en que ha llegado a dominar a Lockhart, Robins y el representante francés. Él [Nieffel] aconseja mucha cautela en su trato con Trotsky, a quien admite que es el único hombre verdaderamente competente en Rusia.[113]

---

[113] El memorando completo se encuentra en el archivo decimal del Departamento de Estado de los Estados Unidos, 316-13-698.

Unos meses más tarde, Thomas D. Thacher, un abogado de Wall Street y otro miembro de la misión de la Cruz Roja Americana en Rusia, estaba en Londres. El 13 de abril de 1918, Thacher escribió al embajador estadounidense en Londres que había recibido una solicitud de H. P. Davison, un socio de Morgan, "para hablar con Lord Northcliffe" sobre la situación en Rusia y luego viajar a París "para nuevas conferencias". Lord Northcliffe está enfermo y Thacher se marcha con otro de los socios de Morgan, Dwight W. Morrow, dejando un memorándum que será presentado a Northcliffe a su regreso a Londres. Este memorándum[114] no sólo contenía sugerencias explícitas sobre la política rusa que apoyaban la posición de Thompson, sino que incluso afirmaba que "debería prestarse la mayor ayuda posible al gobierno soviético en sus esfuerzos por organizar un ejército revolucionario voluntario". Las cuatro propuestas principales del informe Thacher son las siguientes:

En primer lugar... los aliados deben desalentar la intervención japonesa en Siberia. En segundo lugar, hay que prestar toda la ayuda posible al gobierno soviético en sus esfuerzos por organizar un ejército revolucionario voluntario.
En tercer lugar, los gobiernos aliados deberían dar apoyo moral al pueblo ruso en sus esfuerzos por desarrollar su propio sistema político sin la dominación de ninguna potencia extranjera .
En cuarto lugar, hasta que estalle un conflicto abierto entre el gobierno alemán y el gobierno soviético de Rusia, las agencias alemanas podrán entrar en Rusia de forma pacífica con fines comerciales. Hasta que no se produzca una ruptura abierta, probablemente será imposible evitar por completo este comercio. Por lo tanto, hay que tomar medidas para obstaculizar, en la medida de lo posible, el transporte de cereales y materias primas de Rusia a Alemania.[115]

LAS INTENCIONES Y LOS OBJETIVOS DE THOMPSON

¿Por qué un destacado financiero de Wall Street, y director del Banco de la Reserva Federal, querría organizar y ayudar a los revolucionarios bolcheviques? ¿Por qué no uno, sino varios de los asociados de Morgan trabajando juntos querrían fomentar la formación de un "ejército revolucionario voluntario" soviético, un ejército supuestamente dedicado al derrocamiento de Wall Street, incluyendo a Thompson, Thomas Lamont, Dwight Morrow, la firma Morgan y todos sus asociados?

Thompson fue al menos franco sobre sus objetivos en Rusia: quería mantener a Rusia en guerra con Alemania (aunque argumentó ante el Gabinete de Guerra

---

[114] Documentos del Gabinete de Guerra, 24/49/7197 (G.T. 4322) Secreto, 24 de abril de 1918.

[115] Carta reproducida íntegramente en el Anexo 3. Cabe señalar que hemos identificado a Thomas Lamont, Dwight Morrow y H. P. Davison como estrechamente implicado en el desarrollo de la política hacia los bolcheviques. Todos eran socios de la empresa J.P. Morgan. Thacher formaba parte del bufete de abogados Simpson, Thacher & Bartlett y era muy amigo de Felix Frankfurter.

británico que Rusia estaba fuera de la guerra de todos modos) y mantener a Rusia como un mercado para las empresas estadounidenses de la posguerra. El memorando de Thompson a Lloyd George de diciembre de 1917 describe estos objetivos. El memorándum[116] comienza así: "La situación rusa está perdida y Rusia está totalmente abierta a la explotación alemana sin oposición... " y concluye: "Creo que un trabajo inteligente y valiente impedirá todavía que Alemania ocupe sola el campo y explote así a Rusia a costa de los aliados". Por lo tanto, era la explotación comercial e industrial de Rusia por parte de Alemania lo que Thompson temía (lo que también se refleja en el memorando Thacher) y lo que llevó a Thompson y a sus amigos de Nueva York a establecer una alianza con los bolcheviques. De hecho, esta interpretación se refleja en una declaración casi humorística hecha por Raymond Robins, asistente de Thompson, a Bruce Lockhart, el agente británico:

> Oirán que soy el representante de Wall Street; que soy el sirviente de William B. Thompson para conseguir cobre del Altai; que ya he conseguido 500.000 acres de las mejores tierras madereras de Rusia; que ya he tomado el ferrocarril transiberiano; que me han dado el monopolio del platino de Rusia; que esto explica mi trabajo para la Unión Soviética. Vas a escuchar este discurso. Ahora, no creo que sea verdad, Comisario, pero supongamos que es verdad. Supongamos que estoy aquí para capturar a Rusia en nombre de Wall Street y los empresarios estadounidenses. Supongamos que usted es un lobo británico y yo un lobo americano, y que cuando esta guerra termine, nos devoraremos mutuamente para el mercado ruso; hagámoslo francamente, a la manera de un hombre, pero supongamos al mismo tiempo que somos lobos bastante inteligentes, y sepamos que si no cazamos juntos a esta hora, el lobo alemán nos devorará a ambos, y entonces pongamos manos a la obra.[117]

Teniendo esto en cuenta, veamos las motivaciones personales de Thompson. Thompson era un financiero, un promotor, y aunque no tenía ningún interés previo en Rusia, había financiado personalmente la misión de la Cruz Roja en Rusia y utilizado la misión como vehículo para ciertas maniobras políticas. Del panorama general, podemos deducir que las motivaciones de Thompson eran principalmente financieras y comerciales. En concreto, Thompson estaba interesado en el mercado ruso y en cómo ese mercado podía ser influenciado, desviado y capturado para su explotación después de la guerra por uno o varios sindicatos de Wall Street. Ciertamente, Thompson veía a Alemania como un enemigo, pero menos como un enemigo político que como uno económico o comercial. La industria y los bancos alemanes eran los verdaderos enemigos. Para frustrar los planes de Alemania, Thompson estaba dispuesto a apostar por cualquier poder político que le permitiera alcanzar su objetivo. En otras palabras, Thompson era un imperialista estadounidense que luchaba contra el imperialismo alemán, y esta lucha fue reconocida y explotada hábilmente por Lenin y Trotsky.

---

[116] Véase el anexo 3.

[117] Estados Unidos, Senado, *Bolshevik Propaganda*, Hearings Before a Subcommittee of the Judiciary Committee, 65th Cong. 1919, p. 802.

La evidencia apoya este enfoque apolítico. A principios de agosto de 1917, William Boyce Thompson almorzó en la embajada estadounidense en Petrogrado con Kerensky, Terestchenko y el embajador estadounidense Francis. Durante el almuerzo, Thompson mostró a sus invitados rusos un cable que acababa de enviar a la oficina de Nueva York de J.P. Morgan solicitando la transferencia de 425.000 rublos para cubrir una suscripción personal al nuevo "Préstamo de la Libertad Rusa". Thompson también pidió a Morgan que "informe a mis amigos de que recomiendo estos bonos como la mejor inversión de guerra que conozco". Estaré encantado de gestionar su compra aquí sin compensación"; a continuación se ofreció a tomar personalmente el veinte por ciento de un sindicato de Nueva York que comprara cinco millones de rublos del préstamo ruso. Como era de esperar, Kerensky y Tereschenko dijeron estar "muy satisfechos" con el apoyo de Wall Street. Y el embajador Francis, a través de un cable, informó rápidamente al Departamento de Estado de que la comisión de la Cruz Roja estaba "trabajando sin problemas conmigo" y tendría "un excelente efecto".[118] Otros autores han relatado cómo Thompson intentó convencer a los campesinos rusos de que apoyaran a Kerensky invirtiendo un millón de dólares de su propio dinero y cantidades similares de fondos del gobierno estadounidense en actividades de propaganda. Posteriormente, el Comité de Educación Cívica de la Rusia Libre, encabezado por la "abuela" revolucionaria Breshkovskaya, con David Soskice (secretario privado de Kerensky) como ejecutivo, creó periódicos, oficinas de noticias, imprentas y oficinas de oradores para promover el llamamiento: "Lucha contra el káiser y salva la revolución". Obsérvese que la campaña de Kerensky financiada por Thompson tenía el mismo llamamiento: "Mantener a Rusia en la guerra", al igual que su apoyo financiero a los bolcheviques. El vínculo común entre el apoyo de Thompson a Kerensky y su apoyo a Trotsky y Lenin era "mantener la guerra contra Alemania" y mantener a Alemania fuera de Rusia.

En resumen, detrás y por debajo de los aspectos militares, diplomáticos y políticos de la Primera Guerra Mundial, se libraba otra batalla, a saber, una maniobra por la hegemonía económica mundial de posguerra por parte de operadores internacionales con considerable fuerza e influencia. Thompson no era bolchevique; ni siquiera era pro-bolchevique. Tampoco era pro-Kerensky. Ni siquiera era pro-estadounidense. *Su principal motivación era conquistar el mercado ruso de posguerra.* Era un objetivo comercial, no ideológico. La ideología podía influir en los operadores revolucionarios como Kerensky, Trotsky, Lenin y otros, pero no en los financieros.

El memorando de Lloyd George demuestra la imparcialidad de Thompson tanto con Kerensky como con los bolcheviques: "Tras el derrocamiento del último gobierno de Kerensky, ayudamos materialmente a la difusión de la literatura bolchevique, distribuyéndola mediante agentes y aviones al ejército alemán".[119] Este texto fue escrito a mediados de diciembre de 1917, apenas cinco semanas después del comienzo de la revolución bolchevique, y menos de cuatro meses

---

[118] Archivo Decimal del Departamento de Estado de los Estados Unidos, 861.51/184.

[119] Véase el anexo 3.

después de que Thompson expresara su apoyo a Kerensky en un almuerzo en la embajada estadounidense.

THOMPSON VUELVE A ESTADOS UNIDOS

Thompson regresó entonces a su país y realizó una gira por Estados Unidos con una petición pública de reconocimiento soviético. En un discurso pronunciado ante el Rocky Mountain Club de Nueva York en enero de 1918, Thompson pidió ayuda al incipiente gobierno bolchevique y, dirigiéndose a un público mayoritariamente occidental, evocó el espíritu de los pioneros estadounidenses..:

> Estos hombres no habrían dudado durante mucho tiempo en reconocer al gobierno obrero de Rusia y en prestarle toda la ayuda y la simpatía que pudieran, pues en 1819 y en los años siguientes tuvimos gobiernos bolcheviques, ¡y rudamente buenos entonces![120]

Es difícil comparar la experiencia pionera en nuestra frontera occidental con el despiadado exterminio de la oposición política que se estaba llevando a cabo entonces en Rusia. Para Thompson, esta conquista se consideraba sin duda similar al acopio minero que había realizado en el pasado. En cuanto a la gente del público de Thompson, no sabemos lo que pensaron; sin embargo, nadie planteó un desafío. El orador era un respetado director del Banco de la Reserva Federal de Nueva York, un millonario autodidacta (y eso cuenta mucho en Estados Unidos). Y después de todo, ¿no acababa de volver de Rusia? Pero no todo fue de color de rosa. El biógrafo de Thompson, Hermann Hagedorn, escribió que Wall Street estaba "aturdido", que sus amigos estaban "conmocionados" y que "decía que había perdido la cabeza, que se había convertido en un bolchevique".[121]

Mientras Wall Street se preguntaba si realmente se había "convertido en un bolchevique", Thompson encontró la simpatía de sus colegas en el consejo del Banco de la Reserva Federal de Nueva York. Codirector W. L. Saunders, presidente de la Ingersoll-Rand Corporation y director del FRB, escribió al presidente Wilson el 17 de octubre de 1918, afirmando que "simpatizaba con la forma de gobierno soviética"; al mismo tiempo, declinaba cualquier motivo ulterior como "prepararse ahora para obtener el control del comercio mundial después de la guerra".[122]

Entre los colegas de Thompson, el más interesante es George Foster Peabody, vicepresidente del Banco de la Reserva Federal de Nueva York y amigo íntimo del socialista Henry George. Peabody había hecho su fortuna manipulando ferrocarriles, al igual que Thompson había hecho su fortuna manipulando acciones

---

[120] Insertado por el senador Calder en el *Congressional Record*, 31 de enero de 1918, p. 1409.

[121] Hagedorn, op. tit., p. 263.

[122] Archivo Decimal del Departamento de Estado de los Estados Unidos, 861.00/3005.

de cobre. Peabody se declaró entonces a favor de la nacionalización de los ferrocarriles por parte del gobierno y abrazó abiertamente la socialización.[123] ¿Cómo concilió Peabody el éxito de su empresa privada con la promoción de la propiedad pública? Según su biógrafo Louis Ware, "su razonamiento le hizo ver que era importante que este medio de transporte funcionara como un servicio público y no con fines de lucro privado. Este razonamiento altisonante no es cierto. Sería más exacto decir que, dada la influencia política dominante de Peabody y sus colegas financieros en Washington, podían evitar más fácilmente los rigores de la competencia mediante el control gubernamental de los ferrocarriles. A través de su influencia política, podían manipular el poder policial del Estado para obtener lo que no podían ganar, o lo que era demasiado caro, de la empresa privada. En otras palabras, el poder policial del Estado era un medio para mantener un monopolio privado. Esto era exactamente lo que Frederick C. Howe había propuesto. La idea de una Rusia socialista de planificación centralizada debió de atraer a Peabody. Piénsalo: ¡un gigantesco monopolio estatal! Y Thompson, su amigo y compañero de dirección, tenía ventaja sobre los que dirigían la operación.[124]

LOS EMBAJADORES NO OFICIALES: ROBINS, LOCKHART Y SADOUL

Los bolcheviques, por su parte, evaluaron correctamente en Petrogrado la falta de simpatía de los representantes de las tres grandes potencias occidentales: Estados Unidos, Gran Bretaña y Francia. Los Estados Unidos estuvieron representados por el embajador Francis, sin que éste ocultara su antipatía por la revolución. Gran Bretaña estaba representada por Sir James Buchanan, que tenía estrechos vínculos con la monarquía zarista y era sospechoso de ayudar a la fase de Kerensky de la revolución. Francia estaba representada por el embajador Maurice Paléologue, que era abiertamente antibolchevique. A principios de 1918, otras tres personalidades hicieron su aparición; se convirtieron en representantes de facto de estos países occidentales y desbancaron a los representantes oficialmente reconocidos.

Raymond Robins se hizo cargo de la misión de la Cruz Roja de W. B. Thompson a principios de diciembre de 1917, pero se preocupó más por los asuntos económicos y políticos que por obtener ayuda y asistencia para la Rusia asolada por la pobreza. El 26 de diciembre de 1917, Robins envía un cable a Henry Davison, socio de Morgan y director general temporal de la Cruz Roja Americana: "Por favor, inste al Presidente a continuar nuestras relaciones con el gobierno

---

[123] Louis Ware, *George Foster Peabody* (Athens: University of Georgia Press, 1951).

[124] Si este argumento parece demasiado exagerado, el lector debería consultar Gabriel Kolko, *Railroads and Regulation 1877-1916* (Nueva York: W. W. Norton, 1965), que describe cómo la presión para el control gubernamental y la formación de la Comisión de Comercio Interestatal procedió de *los propietarios de los ferrocarriles,* no de los agricultores y usuarios de los servicios ferroviarios.

bolchevique".[125] El 23 de enero de 1918, Robins envió un telegrama a Thompson, entonces en Nueva York:

> El gobierno soviético es hoy más fuerte que nunca. Su autoridad y poder se han visto considerablemente reforzados por la disolución de la Asamblea Constituyente... Nunca se insistirá lo suficiente en la importancia del reconocimiento temprano de la autoridad bolchevique... Sisson está de acuerdo con este texto y le pide que muestre este cable a Creel. Thacher y Wardwell están de acuerdo.[126]

Más tarde, en 1918, a su regreso a Estados Unidos, Robins presentó un informe al Secretario de Estado Robert Lansing que contenía este párrafo introductorio:

> "La cooperación económica de EE.UU. con Rusia; Rusia agradecerá la ayuda de EE.UU. en la reconstrucción económica".[127]

Los persistentes esfuerzos de Robins por la causa bolchevique le dieron cierto prestigio en el bando bolchevique, y quizás incluso cierta influencia política. La embajada estadounidense en Londres declaró en noviembre de 1918 que "Salkind debe su nombramiento como embajador bolchevique en Suiza a un estadounidense... que no es otro que el Sr. Raymond Robins".[128] Alrededor de esta época, empezaron a surgir informes en Washington de que el propio Robins era un bolchevique; por ejemplo, el siguiente de Copenhague, fechado el 3 de diciembre de 1918:

> Confidencial. Según una declaración de Radek a George de Patpourrie, antiguo cónsul general de Austria y Hungría en Moscú, el coronel Robbins [sic], antiguo director de la misión de la Cruz Roja americana en Rusia, se encuentra actualmente en Moscú para negociar con el gobierno soviético y sirve de intermediario entre los bolcheviques y sus amigos en Estados Unidos. Algunos círculos parecen pensar que el propio coronel Robbins es un bolchevique, mientras que otros sostienen que no lo es, pero que sus actividades en Rusia son contrarias a los intereses de los gobiernos asociados.[129]

Los documentos que se encuentran en los archivos de la Oficina Soviética en Nueva York, y que fueron incautados por el Comité Lusk en 1919, confirman que Robins y su esposa estaban estrechamente relacionados con las actividades

---

[125] C. K. Cumming et Waller W. Pettit, *Russian-American Relations, Documents and Papers* (Nueva York: Harcourt, Brace & Howe, 1920), doe. 44.

[126] Ibid, doc. 54.

[127] Ibid, doc. 92.

[128] Archivo Decimal del Departamento de Estado de los Estados Unidos, 861.00/3449. Pero véase Kennan, *Russia Leaves the War*, pp. 401-5.

[129] Ibid, 861.00 3333.

bolcheviques en Estados Unidos y con la formación de la Oficina Soviética en Nueva York.[130]

El gobierno británico estableció relaciones no oficiales con el régimen bolchevique enviando a Rusia a un joven agente que hablaba ruso, Bruce Lockhart. Lockhart era, de hecho, el homólogo de Robins; pero a diferencia de éste, Lockhart tenía contacto directo con su Ministerio de Asuntos Exteriores. Lockhart no fue elegido por el Ministro de Asuntos Exteriores ni por el Ministerio; ambos se mostraron consternados por el nombramiento. Según Richard Ullman, Lockhart fue "seleccionado para su misión por el propio Milner y Lloyd George . "Maxim Litvinov, actuando como representante soviético no oficial en Gran Bretaña, escribió una carta de presentación a Trotsky para Lockhart, en la que describía al agente británico como "un hombre completamente honesto que comprende nuestra posición y simpatiza con nosotros"."[131]

Ya hemos señalado las presiones sobre Lloyd George para que adoptara una postura pro-bolchevique, particularmente las de William B. Thompson, y las ejercidas indirectamente por Sir Basil Zaharoff y Lord Milner. Milner era, como sugiere el epígrafe de este capítulo, extremadamente pro-socialista. Edward Crankshaw describió sucintamente la dualidad de Milner.

> Algunos de los pasajes [en Milner] sobre la industria y la sociedad... son pasajes que cualquier socialista estaría orgulloso de haber escrito. Pero no fueron escritas por un socialista. Fueron escritas por "el hombre que luchó en la Guerra de los Boers". Algunos de los pasajes sobre el imperialismo y la carga del hombre blanco podrían haber sido escritos por un conservador de línea dura. Fueron escritas por el alumno de Karl Marx.[132]

Según Lockhart, el director socialista del Milner Bank era un hombre que inspiraba "el mayor afecto y adoración a los héroes". Lockhart[133] cuenta cómo Milner patrocinó personalmente su nombramiento en Rusia, lo impulsó a nivel de gabinete, y después de su nombramiento habló "casi a diario" con Lockhart. Al tiempo que preparaba el camino para el reconocimiento de los bolcheviques, Milner también fomentaba el apoyo financiero a sus oponentes en el sur de Rusia y en otros lugares, como hizo Morgan en Nueva York. Esta doble política es coherente con la tesis de que el *modus operandi de* los internacionalistas politizados -como Milner y Thompson- era colocar el dinero del Estado en cualquier caballo revolucionario o contrarrevolucionario que pareciera ser un posible ganador. Los internacionalistas, por supuesto, exigieron cualquier

---

[130] Véase el capítulo 7.

[131] Richard H. Ullman, *Intervention and the War* (Princeton, N.J.: Princeton University Press, 1961), t). 61.

[132] Edward Crankshaw, *La idea abandonada: un estudio de... Viscount Milner* (Londres: Longmans Green, 1952), p. 269.

[133] Robert Hamilton Bruce Lockhart, *Agente británico* (Nueva York: Putnam's, 1933), p. 119.

beneficio futuro. Tal vez la pista esté en la observación de Bruce Lockhart de que Milner era un hombre que "creía en un Estado altamente organizado".[134]

El gobierno francés ha nombrado a un simpatizante bolchevique aún más abierto, Jacques Sadoul, un viejo amigo de Trotsky.[135]

En resumen, los gobiernos aliados neutralizaron a sus propios representantes diplomáticos en Petrogrado y los sustituyeron por agentes no oficiales más o menos afines a los bolcheviques.

Los informes de estos embajadores no oficiales estaban en directa contradicción con las peticiones de ayuda dirigidas a Occidente desde dentro de Rusia. Máximo Gorki protestó contra la traición de los ideales revolucionarios por parte del grupo Lenin-Trotsky, que había impuesto la mano de hierro de un estado policial en Rusia:

> Los rusos somos un pueblo que aún no ha trabajado libremente, que no ha tenido la oportunidad de desarrollar todo su potencial y sus talentos. Y cuando pienso que la revolución nos da la oportunidad de trabajar libremente, de tener una alegría multifacética de la creación, mi corazón se llena de esperanza y alegría, incluso en estos días malditos que están manchados de sangre y alcohol.
>
> Aquí comienza la línea de mi separación decidida e irreconciliable contra las acciones insensatas de los Comisarios del Pueblo. Considero que el maximalismo en las ideas es muy útil para el alma rusa sin límites; su tarea es desarrollar en esta alma necesidades grandes y audaces, despertar el espíritu de lucha y la actividad si es necesario, promover la iniciativa en esta alma indolente y darle forma y vida en general.
>
> Pero el maximalismo práctico de los anarcocomunistas y los visionarios de Smolny es ruinoso para Rusia y, sobre todo, para la clase obrera rusa. Los Comisarios del Pueblo tratan a Rusia como material de experimentación. El pueblo ruso es para ellos lo que el caballo es para los científicos bacteriólogos que inoculan el tifus al caballo para que la linfa antitífica se desarrolle en su sangre. Hoy, los comisarios intentan ese experimento fallido con el pueblo ruso sin pensar que el caballo atormentado y medio hambriento puede morir.
>
> Los reformistas de Smolny no se preocupan por Rusia. Están sacrificando a sangre fría a Rusia en nombre de su sueño de revolución mundial y europea. Y mientras pueda, haré que el proletariado ruso entienda esto: "Os llevamos a la destrucción". Su pueblo está siendo utilizado como conejillo de indias en un experimento inhumano".

En contraste con los informes de los embajadores no oficiales simpatizantes, los informes de los representantes diplomáticos de la antigua línea también son contrarios. El siguiente cable de la legación estadounidense en Berna, Suiza, es típico de los muchos mensajes que llegaron a Washington a principios de 1918,

---

[134] Ibid, p. 204.

[135] Véase Jacques Sadoul, *Notes sur la révolution bolchévique* (París: Éditions de la sirène, 1919).

especialmente después de la expresión de apoyo de Woodrow Wilson a los gobiernos bolcheviques:

> Para Polk. El mensaje del Presidente al Cónsul de Moscú no ha sido entendido aquí y la gente se pregunta por qué el Presidente expresa su apoyo a los bolcheviques, en vista del robo, el asesinato y la anarquía de estas bandas.[136]

El continuo apoyo de la administración Wilson a los bolcheviques llevó a la dimisión de De Witt C. Poole, el competente encargado de negocios americano en Arkhangelsk, Rusia:

> Es mi deber explicar con franqueza al Ministerio la perplejidad en la que me sumió la declaración de política rusa adoptada por la conferencia de paz el 22 de enero a propuesta del Presidente. Este anuncio reconoce de buen grado la revolución y confirma una vez más la completa falta de simpatía por cualquier forma de contrarrevolución que siempre ha sido una nota clave en la política estadounidense en Rusia, pero no contiene una sola palabra de condena para el otro enemigo de la revolución: el gobierno bolchevique.[137]

Así, incluso en los primeros días de 1918, la traición de la revolución libertaria había sido señalada por observadores tan avezados como Maxim Gorky y De Witt C. Poole. La dimisión de Poole conmocionó al Departamento de Estado, que se mostró "muy reacio a aceptar su deseo de dimitir" y declaró que "será necesario sustituirle de forma natural y normal para evitar efectos graves y posiblemente desastrosos en la moral de las tropas estadounidenses en el distrito de Arkhangelsk que podrían provocar la pérdida de vidas estadounidenses".[138]

Así, no sólo los gobiernos aliados neutralizaron a sus propios representantes gubernamentales, sino que Estados Unidos ignoró los llamamientos de dentro y fuera de Rusia para que dejaran de apoyar a los bolcheviques. Gran parte del influyente apoyo soviético procedía de la zona financiera de Nueva York (el apoyo efectivo de los revolucionarios estadounidenses era escaso). En concreto, procedía de la American International Corporation, una empresa controlada por Morgan.

EXPORTAR LA REVOLUCIÓN: JACOB H. RUBIN

Ahora estamos en condiciones de comparar dos casos -que no son los únicos- en los que los ciudadanos estadounidenses Jacob Rubin y Robert Minor ayudaron a exportar la revolución a Europa y otras partes de Rusia.

---

[136] Archivo Decimal del Departamento de Estado de los Estados Unidos, 861.00/1305, 15 de marzo de 1918.

[137] Ibid, 861.00/3804.

[138] Ibid.

Jacob H. Rubin era un banquero que, según sus propias palabras, "ayudó a formar el gobierno soviético en Odessa".[139] Rubin era presidente, tesorero y secretario de Rubin Brothers, en el número 19 de la calle 34 Oeste de Nueva York. En 1917 se asoció al Union Bank de Milwaukee y a la Provident Loan Society de Nueva York. Entre los fideicomisarios de la Provident Loan Society se encontraban las personas mencionadas en otras ocasiones como relacionadas con la revolución bolchevique: P. A. Rockefeller, Mortimer L. Schiff y James Speyer.

Por algún proceso -sólo vagamente registrado en su libro *I Live to Tell*-[140] Rubin estuvo en Odessa en febrero de 1920 y fue objeto de un mensaje del almirante McCully al Departamento de Estado (fechado el 13 de febrero de 1920, 861.00/6349). El mensaje afirmaba que Jacob H. Rubin, del Union Bank, de Milwaukee, estaba en Odesa y deseaba permanecer con los bolcheviques: "Rubin no desea irse, ha ofrecido sus servicios a los bolcheviques y parece simpatizar con ellos". Rubin volvió a Estados Unidos y testificó ante la Comisión de Asuntos Exteriores de la Cámara de Representantes en 1921:

> Había estado con la gente de la Cruz Roja Americana en Odessa. Yo estaba allí cuando el Ejército Rojo se apoderó de Odessa. En aquel momento yo estaba a favor del gobierno soviético porque era socialista y había sido miembro de ese partido durante 20 años. Tengo que admitir que hasta cierto punto participé en la formación del gobierno soviético en Odessa.[141]

Aunque se añade que había sido detenido como espía por el gobierno de Denikin en el sur de Rusia, no se sabe mucho más sobre Rubin. Lo que sabemos de Robert Minor es que fue atrapado en el acto y liberado mediante un mecanismo que recuerda a la liberación de Trotsky de un campo de prisioneros de guerra en Halifax.

EXPORTAR LA REVOLUCIÓN: ROBERT MINOR

El trabajo de propaganda bolchevique en Alemania,[142] financiado y organizado por William Boyce Thompson y Raymond Robins, fue ejecutado sobre el terreno por ciudadanos estadounidenses bajo la supervisión del Comisariado del Pueblo para Asuntos Exteriores de Trotsky:

---

[139] Estados Unidos, Cámara de Representantes, Comisión de Asuntos Exteriores, *Conditions in Russia*, 66th Cong. 3rd Sess. 1921.

[140] Jacob H. Rubin, *I Live to Tell: The Russian Adventures of an American Socialist* (Indianápolis: Bobbs-Merrill, 1934).

[141] Estados Unidos, Cámara, Comisión de Asuntos Exteriores, op. cit.

[142] Voir George G. Bruntz, *Allied Propaganda and the Collapse of the German Empire in 1918* (Stanford, Calif.: Stanford University Press, 1938), p. 144-55; voir aussi p. 82.

Una de las primeras innovaciones de Trotsky en el Ministerio de Asuntos Exteriores fue la creación de una Oficina de Prensa bajo el mando de Karl Radek y una Oficina de Propaganda Revolucionaria Internacional bajo el mando de Boris Reinstein, cuyos ayudantes eran John Reed y Albert Rhys Williams, todo ello dirigido contra el ejército alemán.

Un periódico alemán, *Die Fackel* (*La Antorcha*), se imprimía a razón de medio millón de ejemplares al día y se enviaba por tren especial a los comités centrales del ejército en Minsk, Kiev y otras ciudades, que a su vez los distribuían a otros puntos del frente.[143]

Robert Minor era un agente de la oficina de propaganda de Reinstein. Los antepasados de Minor desempeñaron un importante papel en la historia de Estados Unidos. El general Sam Houston, primer presidente de la República de Texas, era pariente de la madre de Minor, Routez Houston. Otros familiares fueron Mildred Washington, tía de George Washington, y el general John Minor, director de la campaña de Thomas Jefferson. El padre de Minor era un abogado de Virginia que había emigrado a Texas... Tras un año difícil con pocos clientes, se convirtió en juez en San Antonio...

Robert Minor era un caricaturista de talento y un socialista. Dejó Texas y se trasladó al este… Algunas de sus contribuciones se publicaron en *Masses*, una revista pro-bolchevique... En 1918, Minor era dibujante del *Philadelphia Public Ledger*. Minor dejó Nueva York en marzo de 1918 para cubrir la revolución bolchevique. Durante su estancia en Rusia, Minor se unió a la Oficina de Propaganda Revolucionaria Internacional de Reinstein (ver diagrama), trabajando junto a Philip Price, corresponsal del *Daily Herald* y el *Manchester Guardian,* y Jacques Sadoul, embajador no oficial de Francia y amigo de Trotsky.

Se han conservado excelentes datos sobre las actividades de Price, Minor y Sadoul en forma de un informe especial secreto de Scotland Yard (Londres), n° 4, titulado "El caso de Philip Price y Robert Minor", así como en informes de los archivos del Departamento de Estado en Washington.[144] Según este informe de Scotland Yard, Philip Price estuvo en Moscú a mediados de 1917, antes de la revolución bolchevique, y admitió "estar metido hasta el cuello en el movimiento revolucionario". Entre la revolución y aproximadamente el otoño de 1918, Price trabajó con Robert Minor en el Ministerio de Asuntos Exteriores.

LA ORGANIZACIÓN DEL TRABAJO DE PROPAGANDA EN EL EXTRANJERO EN 1918

COMISARIO DEL PUEBLO

---

[143] John W. Wheeler-Bennett, *The Forgotten Peace* (Nueva York: William Morrow, 1939).

[144] Existe una copia de este informe de Scotland Yard en el archivo decimal del Departamento de Estado de los Estados Unidos, 316-23-1184 9.

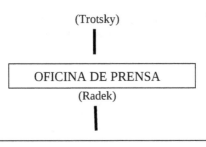

(Trotsky)

OFICINA DE PRENSA

(Radek)

OFICINA DE PROPAGANDA REVOLUCIONARIA INTERNACIONAL

(Reinstein)

Funcionarios de campo
John Reed Louis Bryant Albert Rhys Williams
Robert Minor Philip Price Jacques Sadoul

En noviembre de 1918, Minor y Price salieron de Rusia hacia Alemania.[145] Su propaganda se utilizó por primera vez en el frente ruso en Murman; los aviones bolcheviques lanzaron folletos entre las tropas británicas, francesas y estadounidenses, según el programa de William Thompson.[146] La decisión de enviar a Sadoul, Price y Minor a Alemania fue tomada por el Comité Ejecutivo Central del Partido Comunista. En Alemania, sus actividades fueron puestas en conocimiento de los servicios de inteligencia británicos, franceses y estadounidenses. El 15 de febrero de 1919, el teniente J. Habas del ejército estadounidense fue enviado a Düsseldorf, entonces bajo el control de un grupo revolucionario espartaquista; se hizo pasar por un desertor del ejército estadounidense y ofreció sus servicios a los espartaquistas. Habas se reunió con Philip Price y Robert Minor y les propuso imprimir panfletos para distribuirlos entre las tropas estadounidenses. El informe de Scotland Yard afirma que Price y Minor ya habían escrito varios panfletos para las tropas británicas y estadounidenses, que Price había traducido al inglés algunas obras de Wilhelm Liebknecht y que ambos estaban trabajando en otros folletos de propaganda. Habas informó que Minor y Price dijeron que habían trabajado juntos en Siberia para imprimir un periódico bolchevique en inglés para distribuirlo por aire a las tropas estadounidenses y británicas.[147]

El 8 de junio de 1919, Robert Minor fue detenido en París por la policía francesa y entregado a las autoridades militares estadounidenses en Coblenza. Simultáneamente, los espartaquistas alemanes fueron detenidos por las

---

[145] Joseph North, *Robert Minor: Artista y Cruzado* (Nueva York: International Publishers, 1956).

[146] Muestras de los folletos de propaganda de Minor siguen archivadas en el Departamento de Estado de los Estados Unidos. Véanse las páginas 197-200 sobre Thompson.

[147] Véase el anexo 3.

autoridades militares británicas en la zona de Colonia. Posteriormente, los espartaquistas fueron condenados por conspiración para provocar el motín y la sedición en las fuerzas aliadas. Price fue detenido pero, al igual que Minor, fue puesto en libertad rápidamente. Esta liberación anticipada se registró en el Departamento de Estado:

> Robert Minor ha sido puesto en libertad, por razones que no están del todo claras, ya que parece que había suficientes pruebas contra él para conseguir una condena. Esta liberación tendrá un efecto desafortunado, ya que se cree que Minor estaba íntimamente ligado a la IWW en América.[148]

El mecanismo por el que Robert Minor obtuvo su liberación consta en los archivos del Departamento de Estado. El primer documento relevante, fechado el 12 de junio de 1919, procede de la Embajada de Estados Unidos en París y está dirigido al Secretario de Estado en Washington, D.C., y lleva la indicación de URGENTE Y CONFIDENCIAL.[149] El Ministerio de Asuntos Exteriores francés informó a la Embajada de que el 8 de junio, Robert Minor, "un corresponsal estadounidense", fue detenido en París y entregado al cuartel general del Tercer Ejército de Estados Unidos en Coblenza. Los documentos encontrados en Minor parecen "confirmar los informes facilitados sobre sus actividades". Por lo tanto, parece que se ha establecido que Minor había establecido relaciones en París con los partidarios declarados del bolchevismo". La embajada considera a Minor un "hombre especialmente peligroso". Se están haciendo averiguaciones con las autoridades militares estadounidenses; la embajada considera que este asunto es competencia exclusiva de los militares, por lo que no prevé ninguna acción, aunque se agradecen las instrucciones.

El 14 de junio, el juez R. B. Minor en San Antonio, Texas, telegrafió a Frank L. Polk en el Departamento de Estado:

> La prensa informa que mi hijo Robert Minor está retenido en París por razones desconocidas. Le ruego que haga todo lo que esté en su mano para liberarlo. Me remito a los senadores de Texas. R.P. Minor, Juez de Distrito, San Antonio, Texas.[150]

Polk telegrafió al juez Minor que ni el Departamento de Estado ni el Departamento de Guerra tenían ninguna información sobre la detención de Robert Minor, y que el caso estaba ahora ante las autoridades militares de Coblenza. A finales de junio, el Departamento de Estado recibió un mensaje "urgente y estrictamente confidencial" de París en el que se informaba de una declaración de la Oficina de Inteligencia Militar (Coblenza) sobre la detención de Robert Minor: "Minor fue detenido en París por las autoridades francesas a petición de la

---

[148] Archivo Decimal del Departamento de Estado de los Estados Unidos, 316-23-1184.

[149] Ibid, 861.00/4680 (316-22-0774).

[150] Ibid, 861.00/4685 (/783).

inteligencia militar británica y entregado inmediatamente al cuartel general de Estados Unidos en Coblenza".[151] Se le acusó de haber escrito y distribuido literatura revolucionaria bolchevique, que había sido impresa en Düsseldorf, a las tropas británicas y estadounidenses en las zonas que ocupaban. Las autoridades militares tenían la intención de examinar los cargos contra Minor y, si eran fundados, juzgarlo en un consejo de guerra. Si los cargos eran infundados, tenían la intención de entregar a Minor a las autoridades británicas, "que inicialmente habían solicitado que los franceses se lo entregaran".[152] El juez Minor, en Texas, se puso en contacto de forma independiente con Morris Sheppard, un senador estadounidense de Texas, y Sheppard se puso en contacto con el coronel House en París. El 17 de junio de 1919, el coronel House envió al senador Sheppard lo siguiente:

> El embajador americano y yo estamos siguiendo el caso de Robert Minor. Me han informado de que está detenido por las autoridades militares estadounidenses en Colonia por cargos graves, cuya naturaleza exacta es difícil de descubrir. No obstante, tomaremos todas las medidas posibles para que se le preste la debida atención.[153]

Tanto el senador Sheppard como el congresista Carlos Bee (Distrito 14, Texas) han manifestado su interés al Departamento de Estado. El 27 de junio de 1919, el congresista Bee solicitó facilidades para que el juez Minor enviara a su hijo 350 dólares y un mensaje. El 3 de julio, el senador Sheppard escribió a Frank Polk, afirmando que estaba "muy interesado" en el caso de Robert Minor, y preguntando si el Estado podía averiguar su situación, y si Minor estaba realmente bajo la jurisdicción de las autoridades militares. Luego, el 8 de julio, la embajada de París envió un telegrama a Washington: "Confidencial. Minor fue liberado por las autoridades estadounidenses... y regresó a Estados Unidos en el primer barco disponible". Esta repentina liberación intrigó al Departamento de Estado, y el 3 de agosto, el Secretario de Estado Lansing envió un cable a París: "Secreto. En referencia a lo anterior, estoy muy ansioso por obtener las razones de la liberación de Minor por parte de las autoridades militares".

En un principio, las autoridades militares estadounidenses querían que los británicos juzgaran a Robert Minor porque "temían que la política interviniera en Estados Unidos para evitar una condena si el prisionero era juzgado por un consejo de guerra estadounidense". Sin embargo, el gobierno británico argumentó que Minor era un ciudadano estadounidense, que las pruebas demostraban que había preparado propaganda contra las tropas estadounidenses en primer lugar, y que por lo tanto -como sugirió el Jefe del Estado Mayor británico- Minor debía ser juzgado

---

[151] Archivo Decimal del Departamento de Estado de los Estados Unidos, 861.00/4688 (/788).

[152] Ibid.

[153] Ibid, 316-33-0824.

en un tribunal estadounidense. El Jefe del Estado Mayor británico consideró que era "de la mayor importancia obtener una condena si es posible".[154]

Los documentos de la oficina del Jefe de Estado Mayor del Tercer Ejército se refieren a los detalles internos de la liberación de Minor.[155] Un telegrama fechado el 23 de junio de 1919 del General de División Harbord, Jefe de Estado Mayor del Tercer Ejército (más tarde Presidente del Consejo de Administración de International General Electric, cuyo centro ejecutivo, casualmente, también estaba situado en el 120 de Broadway), al General al mando del Tercer Ejército, afirmaba que el Comandante en Jefe John J. Pershing "ordena que suspenda la acción en el caso contra Minor a la espera de nuevas órdenes". También hay un memorándum firmado por el general de brigada W. A. Bethel en la oficina del juez defensor, fechado el 28 de junio de 1919, marcado como "secreto y confidencial" y titulado "Robert Minor, en espera de juicio por comisión militar en el cuartel general del Tercer Ejército". El memorándum repasa el proceso judicial contra Minor. Entre los puntos planteados por Bethel se encuentra que los británicos eran obviamente reacios a tratar el caso de Minor porque "temen la opinión de los estadounidenses en caso de que un estadounidense sea juzgado por un crimen de guerra en Europa", a pesar de que el delito de fatiga del que se acusa a Minor es tan grave "como un hombre puede cometer". Esta es una afirmación significativa; Minor, Price y Sadoul estaban aplicando un programa diseñado por el director del Banco de la Reserva Federal, Thompson, un hecho confirmado por el propio memorando de Thompson (véase el Apéndice 3). Entonces, ¿no estaban Thompson (y Robins), en cierta medida, sujetos a los mismos cargos?

Tras interrogar a Siegfried, el testigo contra Minor, y revisar las pruebas, Bethel comentó:

> Creo sinceramente que Minor es culpable, pero si yo estuviera en el tribunal, no diría que es culpable sobre la base de las pruebas que tengo ahora: el testimonio de un hombre que actúa como detective y como informante no es suficiente.

Bethel continúa afirmando que en una semana o diez días se sabrá si existe una corroboración sustancial del testimonio de Siegfried. Si está disponible, "creo que hay que juzgar a Minor", pero "si no se puede corroborar, creo que sería mejor desestimar el caso".

Esta declaración de Bethel fue transmitida de forma diferente por el general Harbord en un telegrama del 5 de julio al general Malin Craig (Jefe de Estado Mayor del Tercer Ejército, Coblenza):

---

[154] Archivo Decimal del Departamento de Estado de los Estados Unidos, 861.00/4874.

[155] Oficina del Jefe del Estado Mayor del Ejército de los Estados Unidos, Archivos Nacionales, Washington, D.C.

> En cuanto al caso contra Minor, a menos que se hayan localizado testigos distintos de Siegfried en ese momento, C de C[156] ordena que se abandone el caso y que se ponga en libertad a Minor. Por favor, tome nota e indique los pasos a seguir.

La respuesta de Craig al general Harbord (5 de julio) afirma que Minor fue liberado en París y añade: "Esto está de acuerdo con sus propios deseos y es adecuado para nuestros propósitos". Craig también añadió que se había escuchado a otros testigos.

Este intercambio de telegramas sugiere cierta prisa en retirar los cargos contra Robert Minor, y la prisa sugiere presión. No ha habido ningún intento significativo de desarrollar pruebas. La intervención del coronel House y del general Pershing al más alto nivel en París y el telegrama del coronel House al senador Morris Sheppard dan peso a los informes de los periódicos estadounidenses que responsabilizan tanto a House como al presidente Wilson de la precipitada liberación de Minor sin juicio.[157]

Minor regresó a Estados Unidos y, al igual que Thompson y Robins antes que él, realizó una gira por Estados Unidos para promover las maravillas de la Rusia bolchevique.

En resumen, descubrimos que el director del Banco de la Reserva Federal, William Thompson, participó activamente en la promoción de los intereses bolcheviques de varias maneras: produciendo un panfleto en ruso, financiando operaciones bolcheviques, dando discursos, organizando (con Robins) una misión revolucionaria bolchevique a Alemania (y posiblemente a Francia), y con el socio de Morgan, Lamont, influyendo en Lloyd George y en el Gabinete de Guerra británico para provocar un cambio en la política británica. Además, Raymond Robins fue citado por el gobierno francés por organizar a los bolcheviques rusos para la revolución alemana. Sabemos que Robins trabajó sin disimulo para los intereses soviéticos en Rusia y Estados Unidos. Por último, señalamos que Robert Minor, uno de los propagandistas revolucionarios utilizados en el programa de Thompson, fue liberado en circunstancias que sugieren la intervención de los más altos niveles del gobierno de Estados Unidos.

Evidentemente, esto es sólo una fracción de un panorama mucho más amplio. No se trata de acontecimientos accidentales o aleatorios. Se trata de un patrón consistente y continuo a lo largo de varios años. Sugieren una fuerte influencia en la cúpula de varios gobiernos.

---

[156] Comandante en Jefe, Nueva York.

[157] Estados Unidos, Senado, *Registro del Congreso*, octubre de 1919, pp. 6430, 6664-66, 7353-54; y *New York Times*, 11 de octubre de 1919. Véase también *Sacramento Bee*, 17 de julio de 1919.

CAPÍTULO VII

LOS BOLCHEVIQUES ESTÁN REGRESANDO EN NUEVA YORK

Martens es muy prominente. No parece haber dudas sobre sus vínculos con Guarantee [sic], aunque es sorprendente que una empresa tan grande e influyente tenga relación con una firma bolchevique.

Informe de Scotland Yard Intelligence, Londres, 1919.[158]

Después de los primeros éxitos de la revolución, los soviéticos no perdieron tiempo en intentar, a través de antiguos residentes estadounidenses, establecer relaciones diplomáticas con Estados Unidos y hacer propaganda en ese país. En junio de 1918, el cónsul estadounidense en Harbin envió un cable a Washington:

> Albert R. Williams, portador del pasaporte 52913; el 15 de mayo de 1917, de camino a los Estados Unidos para establecer allí una oficina de información en nombre del gobierno soviético, del que tenía autorización por escrito. ¿Necesito un visado?[159]

Washington rechazó el visado y, por lo tanto, Williams fracasó en su intento de establecer una oficina de información allí. A Williams le siguió Alexander Nyberg (alias Santeri Nuorteva), un antiguo inmigrante finlandés en Estados Unidos en enero de 1912, que se convirtió en el primer representante soviético operativo en Estados Unidos. Nyberg fue un activo propagandista. De hecho, en 1919 era, según J. Edgar Hoover (en una carta al Comité de Asuntos Exteriores de Estados Unidos), "el precursor de LCAK Martens y, junto con Gregory Weinstein, el individuo más activo en la propaganda oficial bolchevique en Estados Unidos".[160]

---

[158] Copia al archivo decimal del Departamento de Estado de los Estados Unidos, 316-22-656.

[159] Ibid, 861.00/1970.

[160] Estados Unidos, Cámara, Comité de Asuntos Exteriores, *Conditions in Russia*, 66th Cong. 3rd Sess. 1921, p. 78.

Nyberg no tuvo mucho éxito como representante diplomático ni, en última instancia, como propagandista. Los archivos del Departamento de Estado registran una entrevista a Nyberg por parte de la Oficina de Consejeros, fechada *el 29* de enero de 1919. Nyberg estaba acompañado por H. Kellogg, descrito como "un ciudadano estadounidense, graduado en Harvard", y, lo que es aún más sorprendente, por un tal Sr. McFarland, abogado de la organización Hearst. Los registros del Departamento de Estado muestran que Nyberg hizo "numerosas tergiversaciones sobre la actitud hacia el gobierno bolchevique" y afirmó que Peters, el jefe de la policía terrorista de Petrogrado, era sólo un "poeta con un gran corazón". Nyberg pidió al ministerio que enviara un telegrama a Lenin, "en la teoría de que podría ser útil para llevar a buen término la conferencia propuesta por los aliados en París".[161] El mensaje propuesto, un llamamiento inconexo a Lenin para la aceptación internacional en la conferencia de París, no fue enviado.[162]

REDADA POLICIAL EN LA OFICINA SOVIÉTICA DE NUEVA YORK

Alexander Nyberg (Nuorteva) fue entonces despedido y sustituido por la Oficina Soviética, que se estableció a principios de 1919 en el World Tower Building, 110 West 40 Street, Nueva York. La oficina estaba dirigida por un ciudadano alemán, Ludwig C. A. K. Martens, considerado generalmente como el primer embajador de la Unión Soviética en los Estados Unidos y que, hasta ese momento, era vicepresidente de Weinberg & Posner, una empresa de ingeniería situada en el 120 de Broadway, en la ciudad de Nueva York. No se ha explicado la razón por la que "el embajador" y sus oficinas se encontraban en la ciudad de Nueva York y no en Washington D.C.; esto sugiere que su objetivo principal era el comercio y no la diplomacia. En cualquier caso, la oficina no tardó en hacer un llamamiento al comercio entre Rusia y Estados Unidos. La industria se había hundido y Rusia necesitaba urgentemente maquinaria, material ferroviario, ropa, productos químicos, medicamentos... de hecho, todo lo que utiliza una civilización moderna. A cambio, los soviéticos ofrecieron oro y materias primas. La oficina soviética procedió entonces a redactar contratos con empresas estadounidenses, ignorando los hechos del embargo y el no reconocimiento. Al mismo tiempo, proporcionó apoyo financiero al naciente Partido Comunista Americano.[163]

El 7 de mayo de 1919, el Departamento de Estado dio por terminada la intervención de las empresas en nombre del Buró (mencionada en otro lugar) y repudió a Ludwig Martens, al Buró Soviético y al Gobierno Bolchevique de Rusia. Esta refutación oficial no disuadió a los codiciosos cazadores de pedidos de la

---

[161] Archivo Decimal del Departamento de Estado de los Estados Unidos, 316-19-1120.

[162] Ibid.

[163] Voir Benjamin Gitlow, U.S., House, *Un-American Propaganda Activities* (Washington, 1939), vol. 7–8, p. 4539.

industria estadounidense. Cuando las oficinas de la Oficina Soviética fueron allanadas el 12 de junio de 1919 por representantes del Comité Lusk del Estado de Nueva York, se descubrieron archivos de cartas dirigidas a empresarios estadounidenses y enviadas por ellos, que representaban a casi mil empresas. El "Informe Especial N° 5 (Secreto)" de la Rama de Inteligencia del Ministerio del Interior británico, publicado por Scotland Yard en Londres el 14 de julio de 1919 y redactado por Basil H. Thompson, se basó en estos documentos incautados y fue mencionado en el informe:

> ... Desde el principio, Martens y sus asociados hicieron todo lo posible para atraer el interés de los capitalistas estadounidenses, y hay muchas razones para creer que la Oficina recibió apoyo financiero de ciertas empresas exportadoras rusas, así como de Guarantee [sic], aunque esta última negó la acusación de que estaba financiando la organización de Martens.[164]

Thompson señala que el alquiler mensual de las oficinas de la Oficina Soviética es de 300 dólares al mes y que los salarios de los empleados son de unos 4.000 dólares. Los fondos de Martens para pagar estas facturas procedían en parte de correos soviéticos -como John Reed y Michael Gruzenberg- que traían diamantes de Rusia para venderlos en Estados Unidos, y en parte de empresas comerciales estadounidenses, como la Guaranty Trust Company de Nueva York. Los informes británicos resumían los casos incautados por los investigadores de Lusk en la oficina, y vale la pena citar este resumen en su totalidad:

(1) Una intriga se está gestando cuando el presidente viaja por primera vez a Francia para que la administración utilice a Nuorteva como intermediario con el gobierno soviético ruso, con vistas a su reconocimiento por parte de Estados Unidos. Se hicieron esfuerzos para involucrar al Coronel House en esto, y hay una larga e interesante carta a Frederick C. Howe en la que Nuorteva parecía confiar para obtener apoyo y simpatía. Otros documentos vinculan a Howe con Martens y Nuorteva.

(2) Hay un archivo de correspondencia con Eugene Debs.

(3) Una carta de Amos Pinchot a William Kent, de la Comisión Arancelaria de Estados Unidos, en un sobre dirigido al senador Lenroot, presenta a Evans Clark "ahora en la Oficina de la República Soviética de Rusia". "Quiere hablar contigo sobre el reconocimiento de Kolchak y el levantamiento del bloqueo, etc.

(4) Un informe a Felix Frankfurter, fechado el 27 de mayo de 1919, habla de la virulenta campaña de desprestigio del gobierno ruso.

(5) Hay mucha correspondencia entre el coronel y la señora Raymond Robbins [sic] y Nuorteva, tanto en 1918 como en 1919. En julio de 1918, la Sra. Robbins pidió a Nuorteva artículos para "Life and Labour", el órgano de la National Women's Trade League. En febrero y marzo de 1919, Nuorteva

---

[164] Copia al archivo decimal del Departamento de Estado de los Estados Unidos, 316-22-656. Confirmación de la participación de Guaranty Trust en los informes de inteligencia posteriores.

intentó, a través de Robbins, ser invitado a declarar ante la Comisión Overman. También quería que Robbins denunciara los documentos de Sisson.

(6) En una carta de la Jansen Cloth Products Company, de Nueva York, a Nuorteva, fechada el 30 de marzo de 1918, E. Werner Knudsen afirma que tiene entendido que Nuorteva pretende hacer arreglos para la exportación de productos alimenticios a través de Finlandia y que él ofrece sus servicios. Tenemos un archivo sobre Knudsen, que transmitió información desde y hacia Alemania a través de México sobre los envíos británicos.[165]

Ludwig Martens, continuaba el informe de inteligencia, estaba en contacto con todos los líderes de la "izquierda" en Estados Unidos, incluidos John Reed, Ludwig Lore y Harry J. Boland, el rebelde irlandés. Una vigorosa campaña contra Alexander Kolchak en Siberia había sido organizada por Martens. El informe concluye:

> La organización de Martens es un arma poderosa para apoyar la causa bolchevique en los Estados Unidos y... está en estrecho contacto con los promotores del malestar político en todo el continente americano.

La lista del personal de Scotland Yard empleado por la Oficina Soviética en Nueva York coincide bastante con una lista similar en los archivos del Comité Lusk en Albany, Nueva York, que ahora están abiertos a la inspección pública.[166] Hay una diferencia esencial entre las dos listas: el análisis británico incluía el nombre de "Julius Hammer" mientras que Hammer se omitió en el informe del Comité Lusk.[167] El informe británico caracteriza a Julius Hammer de la siguiente manera:

> En Julius Hammer, Martens tiene un verdadero bolchevique y un fuerte partidario de la izquierda, que vino de Rusia no hace mucho. Fue uno de los organizadores del movimiento izquierdista en Nueva York, y habla en reuniones en la misma plataforma con líderes izquierdistas como Reed, Hourwich, Lore y Larkin.

También hay otras pruebas del trabajo de Hammer en favor de los soviéticos. Una carta del National City Bank de Nueva York al Departamento del Tesoro de los Estados Unidos afirma que los documentos recibidos por el Martens Bank

---

[165] Sobre Frederick C. Howe, véanse las pp. 16, 177, para una declaración temprana sobre cómo los financieros utilizan la empresa y sus problemas para sus propios fines; sobre Felix Frankfurter, posteriormente juez del Tribunal Supremo, véase el Apéndice 3 para una carta temprana de Frankfurter a Nuorteva; sobre Raymond Robins, véase la p. 100.

[166] La lista del personal del Comité Lusk en la Oficina Soviética está impresa en el Apéndice 3. Esta lista incluye a Kenneth Durant, ayudante del coronel House, Dudley Field Malone, nombrado por el presidente Wilson como recaudador de la aduana del puerto de Nueva York, y Morris Hillquit, el intermediario financiero entre el banquero neoyorquino Eugene Boissevain, por un lado, y John Reed y el agente soviético Michael Gruzenberg, por otro.

[167] Julius Hammer es el padre de Armand Hammer, actual presidente de Occidental Petroleum Corp. de Los Ángeles.

fueron "certificados por un tal Dr. Julius Hammer para el Director en funciones del Departamento Financiero" de la Oficina Soviética.[168]

La familia Hammer ha mantenido estrechos vínculos con Rusia y el régimen soviético desde 1917 hasta la actualidad. Armand Hammer puede ahora adquirir los contratos soviéticos más lucrativos. Jacob, el abuelo de Armand Hammer, y Julius nacieron en Rusia. Armand, Harry y Victor, el hijo de Julius, han nacido en Estados Unidos y son ciudadanos estadounidenses. Víctor era un conocido artista; su hijo -también llamado Armand- y su nieta son ciudadanos soviéticos y residentes en la Unión Soviética. Armand Hammer es presidente de Occidental Petroleum Corporation y tiene un hijo, Julian, que es director de publicidad y publicaciones de Occidental Petroleum.

Julius Hammer fue un destacado miembro y financiero del ala izquierda del Partido Socialista. En su congreso de 1919, Hammer, junto con Bertram D. Wolfe y Benjamin Gitlow, formó parte del comité directivo que dio origen al Partido Comunista de Estados Unidos.

En 1920, Julius Hammer fue condenado a entre tres años y medio y quince años en Sing Sing por aborto criminal. Lenin sugirió -con justificación- que Julius fue "encarcelado bajo la acusación de practicar abortos ilegales, pero en realidad por el comunismo".[169] Otros miembros del Partido Comunista estadounidense fueron condenados a prisión por sedición o deportados a la Unión Soviética. Los representantes soviéticos en Estados Unidos hicieron esfuerzos denodados pero infructuosos para obtener la liberación de Julius y sus compañeros de partido.

Otro miembro destacado de la Oficina Soviética era el subsecretario Kenneth Durant, antiguo ayudante del coronel House. En 1920, Durant fue identificado como un mensajero soviético. El Apéndice 3 reproduce una carta dirigida a Kenneth Durant que fue incautada por el Departamento de Justicia de Estados Unidos en 1920, en la que se describe la estrecha relación de Durant con la jerarquía soviética. Se incluyó en el acta de las audiencias de una Comisión de la Cámara de Representantes en 1920, con el siguiente comentario:

> MR. NEWTON: Es una carta interesante para que este comité sepa cuál era la naturaleza de esa carta, y tengo una copia de la carta que quiero que se inserte en el registro en relación con el testimonio del testigo.
> MR. MASON: Esa carta nunca fue mostrada al testigo. Dijo que nunca vio la carta, que pidió verla y que el departamento se negó a mostrársela. No pondremos a ningún testigo en el estrado y le pediremos que declare sobre una carta sin verla.
> MR. NEWTON: El testigo dijo que tenía esa carta, y declaró que la encontraron en su abrigo en el maletero, creo. Esa carta estaba dirigida al Sr. Kenneth Durant, y contenía otro sobre que también estaba sellado. Fue abierto por funcionarios del gobierno y se hizo una copia fotostática. La carta, puedo decir, está firmada por un hombre con el nombre de *"Bill"*. *Se* refiere específicamente al dinero soviético

---

[168] Véase el anexo 3.

[169] V. I. Lenin, *Polnoe Sobranie Sochinenii*, 5ª edición. (Moscú, 1958), 53:267.

depositado en Christiania, Noruega, parte del cual se entregó aquí a funcionarios del gobierno soviético en ese país.[170]

Kenneth Durant, que actuó como mensajero soviético en la transferencia de fondos, fue tesorero de la Oficina Soviética y agregado de prensa y editor de *Soviet Russia,* el órgano oficial de la Oficina Soviética. Durant procedía de una familia acomodada de Filadelfia. Pasó la mayor parte de su vida al servicio de los soviéticos, primero a cargo de la labor publicitaria en la Oficina Soviética y luego, de 1923 a 1944, como jefe de la oficina soviética de Tass en Estados Unidos. J. Edgar Hoover describió a Durant como "en todo momento... particularmente activo en los intereses de Martens y del gobierno soviético".[171]

Felix Frankfurter -más tarde juez del Tribunal Supremo- también estuvo muy presente en los archivos de la Oficina Soviética. En el Apéndice 3 se reproduce una carta de Frankfurter al agente soviético Nuorteva que sugiere que Frankfurter tenía cierta influencia en la oficina.

En resumen, la Oficina Soviética no podría haberse creado sin la ayuda influyente de Estados Unidos. Parte de esta ayuda procedía de nombramientos específicos e influyentes dentro del personal de la Oficina Soviética y otra parte de empresas comerciales ajenas a la Oficina, empresas que eran reacias a dar a conocer públicamente su apoyo.

EMPRESAS ALIADAS DE LA OFICINA SOVIÉTICA

El [1 de] febrero de 1920, la portada del *New York Times* llevaba un recuadro en el que se indicaba que Martens iba a ser detenido y deportado a Rusia. Al mismo tiempo, Martens era buscado como testigo para comparecer ante un subcomité del Comité de Relaciones Exteriores del Senado que investigaba las actividades soviéticas en Estados Unidos. Tras pasar desapercibido durante unos días, Martens compareció ante la comisión, alegó el privilegio diplomático y se negó a devolver los documentos "oficiales" que tenía en su poder. Luego, tras una oleada de publicidad, Martens "cedió", entregó sus papeles y admitió haber llevado a cabo actividades revolucionarias en Estados Unidos con el objetivo final de derrocar el sistema capitalista.

Martens se jactó ante los medios de comunicación y el Congreso de que las grandes empresas, incluidas las empacadoras de Chicago, estaban ayudando a los soviéticos:

> De acuerdo con Martens, en lugar de limitarse a hacer propaganda entre los radicales y el proletariado, dedicó la mayor parte de sus esfuerzos a conquistar junto a Rusia los intereses de la gran empresa e industria de ese país, los empacadores, la United States Steel Corporation, la Standard Oil Company y otras grandes empresas

---

[170] Estados Unidos, Cámara de Representantes, Comité de Asuntos Exteriores, *Condiciones en Rusia,* 66° Congreso, 3ª Sesión, 1921, p. 75. "Bill" era William Bobroff, agente soviético.

[171] Ibid, p. 78.

dedicadas al comercio internacional. Martens dijo que la mayoría de las principales casas comerciales del país le estaban ayudando en su esfuerzo por conseguir el reconocimiento del gobierno soviético.[172]

Esta afirmación fue desarrollada por A. A. Heller, Agregado Comercial en la Oficina Soviética:

> "Entre las personas que nos ayudan a conseguir el reconocimiento del Departamento de Estado están los grandes envasadores de Chicago, Armour, Swift, Nelson Morris y Cudahy.... Otras empresas son... American Steel Export Company, Lehigh Machine Company, Adrian Knitting Company, International Harvester Company, Aluminum Goods Manufacturing Company, Aluminum Company of America, American Car and Foundry Export Company, M.C.D. Borden & Sons".[173]

El *New York Times* confirmó estas afirmaciones e informó de los comentarios de las empresas citadas. "No he oído hablar de este hombre [Martens] en mi vida", dijo G. F. Swift, Jr., jefe del departamento de exportación de Swift & Co.[174] El *Times* añadió que O. H. Swift, el único otro miembro de la firma con el que se pudo contactar, "también negó tener conocimiento de Martens o de su oficina en Nueva York." La declaración de Swift fue, en el mejor de los casos, evasiva. Cuando los investigadores del Comité Lusk se incautaron de los archivos de la oficina soviética, encontraron una correspondencia entre la oficina y casi todas las empresas nombradas por Martens y Heller. La "lista de empresas que se ofrecieron a hacer negocios con la Oficina Soviética Rusa", compilada a partir de estos archivos, incluía una entrada (página 16), "Swift and Company, Union Stock Yards, Chicago, Ill. En otras palabras, Swift había estado en comunicación con Martens a pesar de su negación al *New York Times.*

El *New York Times* se puso en contacto con United States Steel e informó de que "el juez Elbert H. Gary dijo anoche que la declaración del representante soviético aquí era infundada y que había tenido tratos con la United States Steel Corporation". Eso es técnicamente correcto. La United States Steel Corporation no figura en los registros soviéticos, pero la lista contiene (página 16) una filial, "United States Steel Products Co., 30 Church Street, New York City".

La lista del Comité Lusk contiene la siguiente información sobre las demás empresas mencionadas por Martens y Heller: Standard Oil - no está en la lista. Armour & Co. empacadora de carne — aparece como "Armour Leather" y "Armour & Co. Union Stock Yards, Chicago". Morris Go., empacador de carne, aparece en la página 13. Cudahy – aparece en la página 6. American Steel Export Co. – que figuraba en la página 2 como ubicada en el edificio Woolworth; había ofrecido comerciar con la URSS. Lehigh Machine Co. - no está en la lista. Adrian Knitting Co. - que figuran en la página 1. International Harvester Co. – como se

---

[172] *New York Times,* 17 de noviembre de 1919.

[173] Ibid.

[174] Ibid.

cita en la página 11. Fabricación de productos de aluminio - como se cita en la página 1. Aluminum Company of America – no aparece en la lista. American Car and Foundry Export – la empresa más cercana es "American Car Co. - Filadelfia". M.C.D. Borden 8c Sons - ubicado en 90 Worth Street, página 4.

Posteriormente, el sábado 21 de junio de 1919, Santeri Nuorteva (Alexander Nyberg) confirmó el papel de International Harvester en una entrevista de prensa:

P: [Por un periodista del *New York* Times]: ¿Cuál es su negocio?

R: Director de compras en la Rusia soviética.

P: ¿Qué ha hecho para conseguirlo?

R: Me he puesto en contacto con los fabricantes estadounidenses.

P: Nómbrelos.

R: La International Harvester Corporation es una de ellas.

P: ¿A quién has visto?

R: Sr. Koenig.

P: ¿Fue a verlo?

R: Sí.

P: Da más nombres.

R: Fui a ver a mucha gente, unas 500 personas, y no puedo recordar todos los nombres. Tenemos archivos en la oficina que los revelan.[175]

En resumen, las afirmaciones de Heller y Martens sobre sus numerosos contactos con determinadas empresas estadounidenses estaban respaldadas por los registros de la Oficina Soviética. Por otro lado, por sus propias razones, estas empresas parecían reticentes a confirmar sus actividades.

LOS BANQUEROS EUROPEOS AYUDAN A LOS BOLCHEVIQUES

Además de Guaranty Trust y del banquero privado Boissevain en Nueva York, algunos banqueros europeos proporcionaron ayuda directa para mantener y desarrollar el dominio bolchevique en Rusia. Un informe del Departamento de Estado de 1918 de nuestra embajada en Estocolmo detalla estas transferencias financieras. El departamento elogió a su autor, diciendo que sus "informes sobre las condiciones en Rusia, la propagación del bolchevismo en Europa y los asuntos financieros... han resultado muy útiles para el departamento". El departamento está muy satisfecho con su capacidad para gestionar los asuntos de la legación".[176] Según el informe, uno de esos "banqueros bolcheviques" que actuaban en nombre del naciente régimen soviético era Dmitri Rubenstein, del antiguo Banco de Petrogrado ruso-francés. Rubenstein, socio del tristemente célebre Grigori Rasputin, había sido encarcelado en Petrogrado antes de la revolución en relación

---

[175] *New York Times*, 21 de junio de 1919.

[176] Archivo Decimal del Departamento de Estado de los Estados Unidos, 861.51/411, 23 de noviembre de 1918.

con la venta de la segunda compañía de seguros de vida de Rusia. El director y gerente estadounidense de la segunda compañía de seguros de vida rusa era John MacGregor Grant, que tenía su sede en el 120 de Broadway, en la ciudad de Nueva York. Grant era también el representante en Nueva York del Banco Ruso-Asiático de Putiloff. En agosto de 1918, Grant fue incluido (por razones desconocidas) en la "lista de sospechosos" de la Oficina de Inteligencia Militar.[177] Esto puede explicarse por el hecho de que Olof Aschberg, a principios de 1918, declaró que había abierto un crédito en el extranjero a Petrogrado "con la John MacGregor Grant Co, una empresa exportadora, que él [Aschberg] financió en Suecia y que es financiada en América por la Guarantee [sic] Trust Co".[178] Tras la revolución, Dmitri Rubenstein se trasladó a Estocolmo y se convirtió en agente financiero de los bolcheviques. El Departamento de Estado señaló que, aunque Rubenstein "no era bolchevique, no tenía escrúpulos en su búsqueda de beneficios", y se sospecha que podría realizar la visita propuesta a América en interés y en nombre de los bolcheviques.[179]

Otro "banquero bolchevique" de Estocolmo era Abram Givatovzo, cuñado de Trotsky y Lev Kamenev. El informe del Departamento de Estado decía que, aunque Givatovzo afirmaba ser "muy antibolchevique", en realidad había recibido "grandes sumas" de dinero de los bolcheviques por correo para financiar operaciones revolucionarias. Givatovzo formaba parte de un sindicato que incluía a Denisoff, del antiguo Banco Siberiano, Kamenka, del Banco Asoff Don, y Davidoff, del Banco de Comercio Exterior. Este sindicato vendió los activos del antiguo banco siberiano al gobierno británico.

Otro banquero privado zarista, Gregory Lessine, manejaba los asuntos bolcheviques a través de Dardel y Hagborg. Otros "banqueros bolcheviques" nombrados en el informe son Stirrer y Jakob Berline, que anteriormente controlaba, a través de su esposa, el banco Nelkens de Petrogrado. Isidor Kon fue utilizado por estos banqueros como agente.

El más interesante de estos banqueros europeos que operaban en nombre de los bolcheviques era Gregory Benenson, antiguo presidente en Petrogrado del Banco Ruso e Inglés, un banco que contaba con Lord Balfour (Secretario de Asuntos Exteriores en Inglaterra) y Sir I en su consejo de administración. M. H. Amory, así como S. H. Cripps y H. Guedalla. Benenson viajó a Petrogrado después de la revolución y luego a Estocolmo. Vino, dijo un funcionario del Departamento de Estado, "trayendo consigo, que yo sepa, diez millones de rublos, ya que me los ofreció a un alto precio para el uso de nuestra embajada de Arkhangelsk". Benenson tenía un acuerdo con los bolcheviques para cambiar sesenta millones de rublos por un millón y medio de libras.

---

[177] Ibid, 316-125-1212.

[178] Estados Unidos, Departamento de Estado, External Relations of United States: 1918, Russia, 1:373.

[179] Archivo Decimal del Departamento de Estado de los Estados Unidos, 861.00/4878, 21 de julio de 1919.

En enero de 1919, los banqueros privados de Copenhague asociados a las instituciones bolcheviques se alarmaron ante los rumores de que la policía política danesa había denunciado a la delegación soviética y a las personas en contacto con los bolcheviques para que fueran expulsadas de Dinamarca. Estos banqueros y la delegación intentaron apresuradamente retirar sus fondos de los bancos daneses, en particular, siete millones de rublos del Revisionsbanken.[180] Además, se ocultaron documentos confidenciales en las oficinas de la compañía de seguros Martin Larsen.

Por lo tanto, podemos identificar una especie de ayuda de los banqueros capitalistas a la Unión Soviética. Algunos de ellos eran banqueros estadounidenses, otros eran banqueros zaristas exiliados y residentes en Europa, y otros eran banqueros europeos. Su objetivo común era el beneficio, no la ideología política.

Los aspectos cuestionables del trabajo de estos "banqueros bolcheviques", como se les llamó, forman parte de los acontecimientos contemporáneos en Rusia. En 1919, las tropas francesas, británicas y estadounidenses luchaban contra las tropas soviéticas en la región de Arkhangelsk. Durante un enfrentamiento en abril de 1919, por ejemplo, las pérdidas estadounidenses ascendieron a un oficial, cinco hombres muertos y nueve desaparecidos.[181] De hecho, en un momento dado de 1919, el general H. Bliss, comandante estadounidense en la región de Arkhangelsk, confirmó la declaración británica de que "las tropas aliadas en los distritos de Murmansk y Arkhangelsk corrían peligro de ser exterminadas si no se reforzaban rápidamente".[182] Los refuerzos estaban entonces en camino bajo el mando del General de Brigada W. P. Richardson.

En resumen, mientras Guaranty Trust y las principales empresas estadounidenses ayudaban a formar la Oficina Soviética en Nueva York, las tropas estadounidenses estaban en conflicto con las tropas soviéticas en el norte de Rusia. Además, estos conflictos se informaban diariamente en el *New York Times, que* presumiblemente leían estos banqueros y empresarios. Además, como veremos en el capítulo diez, los círculos financieros que apoyaban a la Oficina Soviética en Nueva York también formaron la "United Americans", una organización virulentamente anticomunista que predijo una revolución sangrienta, hambruna masiva y pánico en las calles de Nueva York.

---

[180] Ibid, 316-21-115/21.

[181] *New York Times*, 5 de abril de 1919.

[182] Ibid.

CAPÍTULO VIII

120 BROADWAY, NUEVA YORK

William B. Thompson, que estuvo en Petrogrado de julio a noviembre del año pasado, hizo una contribución personal de 1.000.000 de dólares a los bolcheviques para difundir su doctrina en Alemania y Austria .

Washington Post, 2 de febrero de 1918

A medida que iba reuniendo material de investigación para este libro, se fue estableciendo un lugar y una dirección en el barrio de Wall Street: 120 Broadway, Nueva York. Este libro podría haberse escrito mencionando únicamente a las personas, empresas y organizaciones ubicadas en el 120 de Broadway en 1917. Aunque este método de investigación habría sido forzado y poco natural, sólo habría excluido una parte relativamente pequeña de la historia.

El edificio original del 120 de Broadway fue destruido por un incendio antes de la Primera Guerra Mundial. Posteriormente, el solar se vendió a la Equitable Office Building Corporation, organizada por el General T. Coleman du Pont, presidente de la Nemours Bridge Powder Company.[183] En 1915 se terminó un nuevo edificio y la Equitable Life Insurance Company volvió a su antigua sede. Por cierto, cabe destacar un giro interesante en la historia de Equitable. En 1916, el cajero de la oficina de Equitable Life en Berlín era William Schacht, el padre de Hjalmar Horace Greeley Schacht, que más tarde se convertiría en el banquero y genio financiero de Hitler. William Schacht era ciudadano estadounidense, trabajó para Equitable en Alemania durante treinta años y poseía una casa en Berlín conocida como la "Villa Equitable". Antes de unirse a Hitler, el joven Hjalmar Schacht era miembro del Consejo de Obreros y Soldados (soviético) de Zehlendoff; lo dejó en 1918 para entrar en el consejo del Nationalbank fur Deutschland. Su codirector en DONAT era Emil Wittenberg, quien, junto con Max May de la Guaranty Trust Company de Nueva York, fue director del primer banco internacional soviético, el Ruskombank.

---

[183] Curiosamente, los documentos de constitución del Equitable Office Building fueron redactados por Dwight W. Morrow, posteriormente socio de Morgan, pero entonces miembro del bufete de abogados Simpson, Thacher & Bartlett. Thacher llevó a dos miembros a la misión de la Cruz Roja estadounidense en Rusia en 1917 (véase el capítulo 5).

En cualquier caso, el edificio del 120 de Broadway era en 1917 conocido como Equitable Life Building. Se trata de un gran edificio, aunque no es el mayor edificio de oficinas de la ciudad de Nueva York, que ocupa una zona contigua en la esquina de Broadway y Pine, y tiene treinta y cuatro plantas. El Bankers Club estaba situado en el piso 34. La lista de inquilinos de 1917 refleja la participación estadounidense en la revolución bolchevique y sus consecuencias. Por ejemplo, la sede del segundo Distrito de la Reserva Federal, el de Nueva York, que es con mucho el mayor de los Distritos de la Reserva Federal, estaba situada en el 120 de Broadway. En el 120 de Broadway también se encontraban las oficinas de varios directores individuales del Banco de la Reserva Federal de Nueva York y, sobre todo, de la American International Corporation. En cambio, Ludwig Martens, nombrado por los soviéticos como primer "embajador" bolchevique en Estados Unidos y jefe de la Oficina Soviética, era en 1917 vicepresidente de Weinberg & Posner, y también tenía oficinas en el 120 de Broadway.[184]

¿Es esta concentración un accidente? ¿Tiene algún significado la contigüidad geográfica? Antes de intentar proponer una respuesta, debemos cambiar nuestro marco de referencia y abandonar el espectro izquierda-derecha del análisis político.

Con una falta de percepción casi unánime, el mundo académico ha descrito y analizado las relaciones políticas internacionales en el contexto de un conflicto constante entre el capitalismo y el comunismo, y la rígida adhesión a esta fórmula marxista ha distorsionado la historia moderna. De vez en cuando, se hacen comentarios extraños de que la polaridad es efectivamente errónea, pero se envían rápidamente al limbo. Por ejemplo, Carroll Quigley, profesor de relaciones internacionales en la Universidad de Georgetown, hizo el siguiente comentario sobre la Casa de Morgan:

> Hace más de cincuenta años, la empresa Morgan decidió infiltrarse en los movimientos políticos de izquierda en Estados Unidos. Esto fue relativamente fácil de hacer porque estos grupos estaban desprovistos de fondos y estaban deseosos de hacer oír su voz para llegar a la gente. Wall Street proporcionó ambas cosas. El objetivo no era destruir, sino dominar o tomar el control[185]

El comentario del profesor Quigley, aparentemente basado en documentos confidenciales, tiene todos los ingredientes de una bomba histórica si puede ser corroborado. Sugerimos que la firma Morgan se ha infiltrado no sólo en la izquierda nacional, como señaló Quigley, sino también en la izquierda extranjera, es decir, en el movimiento bolchevique y en la Tercera Internacional. Además, a través de amigos en el Departamento de Estado de Estados Unidos, Morgan y los

---

[184] La John MacGregor Grant Company, agente del Banco Ruso-Asiático (implicado en la financiación de los bolcheviques), estaba situada en el 120 de Broadway, y era financiada por la Guaranty Trust Company.

[185] Carroll Quigley, *Tragedy and Hope* (Nueva York: Macmillan, 1966), p. 938. Quigley escribió en 1965, lo que sitúa el inicio de la infiltración en torno a 1915, una fecha que coincide con las pruebas presentadas aquí.

intereses financieros aliados, en particular la familia Rockefeller, han ejercido una poderosa influencia en las relaciones entre Estados Unidos y Rusia desde la Primera Guerra Mundial hasta la actualidad. Las pruebas presentadas en este capítulo sugieren que dos de los vehículos operativos para infiltrarse o influir en los movimientos revolucionarios extranjeros estaban ubicados en el 120 de Broadway: el primero, el Banco de la Reserva Federal de Nueva York, con fuertes vínculos con las personas nombradas por Morgan; el segundo, la American International Corporation controlada por Morgan. Además, existía un importante vínculo entre el Banco de la Reserva Federal de Nueva York y la American International Corporation: C. A. Stone, presidente de American International, era también director del Banco de la Reserva Federal.

La hipótesis tentativa es, por tanto, que esta inusual concentración en una sola dirección reflejó acciones deliberadas por parte de empresas e individuos específicos y que estas acciones y eventos no pueden ser analizados dentro del espectro habitual del antagonismo político izquierda-derecha.

AMERICAN INTERNATIONAL CORPORATION

La American International Corporation (AIC) se constituyó en Nueva York el 22 de noviembre de 1915 por los intereses de J.P. Morgan, con una importante participación del National City Bank de Stillman y los intereses de Rockefeller. La oficina general de la AIC estaba situada en el 120 de Broadway. Los estatutos de la empresa la autorizaban a ejercer cualquier tipo de actividad, excepto la bancaria y los servicios públicos, en cualquier país del mundo. El propósito declarado de la empresa era desarrollar negocios nacionales y extranjeros, ampliar las actividades de Estados Unidos en el extranjero y promover los intereses de banqueros, empresas e ingenieros estadounidenses y extranjeros.

Frank A. Vanderlip describió en sus memorias la creación de American International y el entusiasmo en Wall Street por su potencial comercial.[186] La idea original surgió de una discusión entre Stone & Webster -los empresarios ferroviarios internacionales que "estaban convencidos de que no había mucho más que construir en Estados Unidos"- y Jim Perkins y Frank A. Vanderlip, del National City Bank (NCB).[187] La autorización de capital inicial era de 50 millones de dólares y el consejo de administración representaba a los principales actores del mundo financiero neoyorquino. Vanderlip informa de que escribió lo siguiente al presidente del BCN, Stillman, que estaba entusiasmado con el enorme potencial de la American International Corporation:

> James A. Farrell y Albert Wiggin fueron invitados [a formar parte del Consejo de Administración] pero tuvieron que consultar con sus comités antes de aceptar. También estoy pensando en pedir a Henry Walters y a Myron T. que se unan a la

---

[186] Frank A. Vanderlip, *From Farm Boy to Financier* (Nueva York: A. Appleton-Century, 1935).

[187] Ibid, p. 267.

Junta. Herrick. El Sr. Herrick está fuertemente cuestionado por el Sr. Rockefeller, pero el Sr. Stone lo quiere, y estoy seguro de que sería particularmente deseable en Francia. Todo fue muy bien y la recepción estuvo marcada por un entusiasmo que me sorprendió, aunque estaba firmemente convencido de que íbamos por el buen camino.

Hoy he visto a James J. Hill, por ejemplo. Al principio dijo que no podía considerar la posibilidad de ampliar sus responsabilidades, pero cuando terminé de contarle lo que pensábamos hacer, me dijo que estaría encantado de formar parte del consejo de administración, que tomaría una gran cantidad de acciones y que quería una gran participación en el City Bank y me pidió que le comprara las acciones en el mercado.

Hoy he hablado con Ogden Armour sobre esto por primera vez. Se sentó en perfecto silencio mientras le contaba la historia y, sin hacer una sola pregunta, dijo que se uniría al consejo y que quería 500.000 dólares en acciones.

El Sr. Coffin [de General Electric] es otro hombre retraído, pero "se entusiasmó tanto con el tema que estuvo dispuesto a formar parte del consejo de administración y ofrecer la más activa colaboración".

Se sintió muy bien tener a Sabin. El Guaranty Trust es el competidor más activo que tenemos en esta área y es muy útil traerlos al redil de esta manera. Estaban especialmente entusiasmados con Kuhn, Loeb. Quieren llevarse hasta 2.500.000 dólares. Hubo mucha competencia en cuanto a quién debía entrar en el consejo, pero como yo había hablado con Kahn y le había invitado primero, se decidió que él debía seguir adelante. Puede que sea el más entusiasta de todos. Quieren medio millón de acciones para el castillo de Sir Ernest[188]. Le pasaron el plan y obtuvieron su aprobación.

El martes expliqué todo el asunto al consejo de administración [del City Bank] y sólo recibí comentarios favorables.[189]

Todos codiciaban las acciones de la AIC. Joe Grace (de W. R. Grace & Co.) quería 600.000 dólares además de su participación en el National City Bank. Ambrose Monell quería 500.000 dólares. George Baker quería 250.000 dólares. Y "William Rockefeller intentó, sin éxito, que le diera 5.000.000 de dólares del municipio".[190]

En 1916, las inversiones de la AIC en el extranjero ascendieron a más de 23 millones de dólares y en 1917 a más de 27 millones. La empresa estableció representaciones en Londres, París, Buenos Aires y Pekín, así como en Petrogrado (Rusia). Menos de dos años después de su creación, la AIC operaba a gran escala en Australia, Argentina, Uruguay, Paraguay, Colombia, Brasil, Chile, China, Japón, India, Ceilán, Italia, Suiza, Francia, España, Cuba, México y otros países centroamericanos.

American International era propietaria de varias filiales, tenía importantes intereses en otras empresas y explotaba otros negocios en Estados Unidos y en el

---

[188] Sir Ernest Cassel, un destacado financiero británico.

[189] Ibid, pp. 268-69. Cabe señalar que varios nombres mencionados por Vanderlip aparecen en otras partes de este libro: Rockefeller, Armour, Guaranty Trust y (Otto) Kahn, todos tuvieron alguna relación con la revolución bolchevique y sus consecuencias.

[190] Ibid, p. 269.

extranjero. La Allied Machinery Company of America se fundó en febrero de 1916 y todo el capital social fue adquirido por American International Corporation. El vicepresidente de American International Corporation era Frederick Holbrook, ingeniero y antiguo director de Holbrook Cabot & Rollins Corporation. En enero de 1917 se creó la Compañía Rusa Grace, con W como copropietario. R. Grace & Co. y la San Galli Trading Company de Petrogrado. La American International Corporation tenía una importante inversión en la Grace Russian Company y, a través de Holbrook, un puesto ejecutivo intercalado.

La AIC también invirtió en la United Fruit Company, que participó en las revoluciones centroamericanas de los años veinte. La American International Shipbuilding Corporation, propiedad al cien por cien de la AIC, firmó importantes contratos de buques de guerra con la Emergency Fleet Corporation: uno de ellos fue de cincuenta buques, seguido de otro de cuarenta, y luego otro de sesenta cargueros. American International Shipbuilding fue el principal beneficiario de los contratos adjudicados por la Emergency Fleet Corporation del Gobierno de Estados Unidos. Otra empresa operada por AIC era G. Amsinck & Co. de Nueva York; el control de la empresa fue adquirido en noviembre de 1917. Amsinck fue la fuente de financiación del espionaje alemán en Estados Unidos (véase la página 66). En noviembre de 1917, la American International Corporation creó la Symington Forge Corporation, una importante empresa pública de forja, de la que era propietaria al cien por cien. Como resultado, la American International Corporation tenía importantes intereses en los contratos de guerra en Estados Unidos y en el extranjero. En una palabra, tenía un gran interés en la continuación de la Primera Guerra Mundial.

Los directores de American International y algunas de sus asociaciones eran (en 1917):

J. OGDEN ARMOUR Abattoirs de Armour & Company, Chicago; Director del National City Bank de Nueva York; y mencionado por A. A. Heller en relación con la Oficina Soviética.

GEORGE JOHNSON BALDWIN De Stone & Webster, 120 Broadway. Durante la Primera Guerra Mundial, Baldwin fue presidente del consejo de administración de American International Shipbuilding, vicepresidente senior de American International Corporation, director de G. Amsinck (Von Pavenstedt de Amsinck era un tesorero alemán especializado en el espionaje en Estados Unidos, véase la página 65) y director de la Fundación Carnegie, que financió el plan de Marburg para que el socialismo internacional fuera controlado entre bastidores por las finanzas mundiales (véase más adelante).

C. A. COFFIN Presidente de General Electric (Consejo de Administración: 120 Broadway), Presidente del Comité de Cooperación de la Cruz Roja Americana.

W. E. COREY (14 Wall Street) Director de la American Bank Note Company, del Mechanics and Metals Bank, de la Midvale Steel and Ordnance y de la International Nickel Company; luego director del National City Bank.

ROBERT DOLLAR Magnate de la marina mercante de San Francisco que intentó, en nombre de los soviéticos, importar rublos de oro zaristas a Estados Unidos en 1920, violando la normativa estadounidense.

STONE S. DU PONT De la familia du **Pont.**

PHILIP A. S. FRANKLIN Director del National City Bank.

J.P. GRACE Director del National City Bank.

R. F. HERRICK Director de New York Life Insurance; ex presidente de la American Bankers Association; director de la Carnegie Foundation.

OTTO H. KAHN Socio de Kuhn, Loeb. El padre de Kahn llegó a Estados Unidos en 1948, "después de haber participado en la fallida revolución alemana de ese año". Según J. H. Thomas (socialista británico, financiado por los soviéticos), "la cara de Otto Kahn está vuelta hacia la luz".

H. W. PRITCHETT Director de la Fundación Carnegie.

PERCY A. ROCKEFELLER Hijo de John D. Rockefeller; casado con Isabel, hija de J. A. Stillman del National City Bank.

JOHN D. RYAN Director de las Compañías Mineras de Cobre, del National City Bank y del Mechanics and Metals Bank. (Véase el frontispicio de este libro).

W. L. SAUNDERS Director del Banco de la Reserva Federal de Nueva York, 120 Broadway, y Presidente de Ingersoll-Rand. Según la *Cyclopaedia Nacional* (26:81): "A lo largo de la guerra, fue uno de los asesores de mayor confianza del presidente". Véase la página 15 para conocer su opinión sobre los soviéticos.

J. A. STILLMAN Presidente del National City Bank, tras la muerte de su padre (J. Stillman, Presidente del NCB) en marzo de 1918.

C. A. STONE Director (1920-22) del Banco de la Reserva Federal de Nueva York, 120 Broadway; Presidente de Stone & Webster, 120 Broadway; Presidente (1916-23) de American International Corporation, 120 Broadway.

T. N. VAIL Presidente del National City Bank de Troy, Nueva York

F. A. VANDERLIP Presidente del National City Bank.

E. S. WEBSTER De Stone & Webster, 120 Broadway.

A. H. WIGGIN Director del Banco de la Reserva Federal de Nueva York a principios de los años 30.

BECKMAN WINTHROPE Director del National City Bank.

WILLIAM WOODWARD Director del Banco de la Reserva Federal de Nueva York, 120 Broadway, y del Hanover National Bank.

El solapamiento de los veintidós directores de la American International Corporation con otras instituciones es significativo. El National City Bank tenía no menos de diez directores en el consejo de administración de AIC; Stillman, del NCB, era en ese momento un intermediario entre los intereses de Rockefeller y Morgan, y los intereses de Morgan y Rockefeller estaban directamente representados en AIC. Kuhn, Loeb y los du Ponts tenían un director cada uno. Stone & Webster tenía tres directores. Nada menos que cuatro directores de la AIC (Saunders, Stone, Wiggin, Woodward) eran directores del Banco de la Reserva Federal de Nueva York o se convertirían más tarde en miembros. En un capítulo

WALL STREET Y LA REVOLUCIÓN BOLCHEVIQUE

anterior señalamos que William Boyce Thompson, que aportó fondos y un considerable prestigio a la revolución bolchevique, fue también director del Banco de la Reserva Federal de Nueva York -el FRB de Nueva York sólo tenía nueve directores-.

LA INFLUENCIA DE LA AIC EN LA REVOLUCIÓN

Una vez identificados los directores de la AIC, debemos identificar su influencia revolucionaria.

Mientras la revolución bolchevique se afianza en el centro de Rusia, el Secretario de Estado Robert Lansing busca el consejo de la American International Corporation sobre la política hacia el régimen soviético. El 16 de enero de 1918 - apenas dos meses después de la toma del poder en Petrogrado y Moscú, y antes de que una fracción de Rusia quedara bajo el control de los bolcheviques- William Franklin Sands, secretario ejecutivo de la American International Corporation, presentó al secretario Lansing el memorando solicitado sobre la situación política rusa. La carta de presentación de Sands, dirigida a 120 Broadway, comienza:

> Al Honorable Secretario de Estado del 16 de enero de 1918
> Washington D.C.
> Señor,
> Tengo el honor de transmitirle adjunto el memorándum que me ha pedido que le presente sobre mi visión de la situación política en Rusia.
> Lo he dividido en tres partes: una explicación de las causas históricas de la Revolución, contada lo más brevemente posible; una sugerencia en cuanto a la política; y una relación de las diversas ramas de la actividad estadounidense que actualmente están trabajando en Rusia.[191]

Aunque los bolcheviques sólo tenían un control precario en Rusia -y casi lo perdieron en la primavera de 1918-, Sands escribe que ya (en enero de 1918) los Estados Unidos llegaron demasiado tarde a reconocer a "Trotzky". Y añadió: "Hay que recuperar ahora todo el terreno perdido, incluso a costa de un ligero triunfo personal de Trotzky".[192]

Negocios ubicados en o cerca de 120 Broadway:

American International Corp 120 Broadway
National City Bank 55 Wall Street
Bankers Trust Co Bldg 14 Wall Street
Bolsa de Nueva York 13 Wall Street/12 Broad
El edificio Morgan en la esquina de Wall & Broad...
Banco de la Reserva Federal de NY 120 Broadway
Edificio Equitable 120 Broadway

---

[191] Archivo Decimal del Departamento de Estado, 861.00/961.

[192] Memorándum de Sands a Lansing, p. 9.

Bankers Club 120 Broadway
Simpson, Thather & Bartlett 62 Cedar St. John's, Newfoundland
William Boyce Thompson 14 Wall Street
Edificio Hazen, Whipple & Fuller, calle 42
Chase National Bank 57 Broadway
McCann Co 61 Broadway
Stetson, Jennings & Russell 15 Broad Street
Guggenheim Exploration 120 Broadway
Weinberg & Posner 120 Broadway
Oficina soviética 110 West 40th Street
John MacGregor Grant Co 120 Broadway
Stone & Webster 120 Broadway
General Electric Co 120 Broadway
NY 120 Broadway Morris Plan
Sinclair Gulf Corp 120 Broadway
Guaranty Securities 120 Broadway
Guaranty Trust 140 Broadway

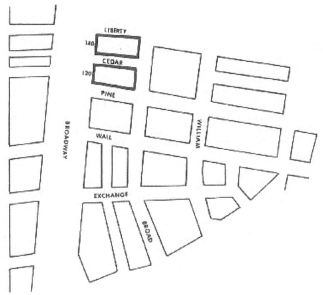

Mapa de la zona de Wall Street con la ubicación de las oficinas

A continuación, Sands se explaya sobre la forma en que Estados Unidos podría recuperar el tiempo perdido, establece un paralelismo entre la revolución bolchevique y "nuestra propia revolución", y concluye: "Tengo todas las razones para creer que los planes de la administración para Rusia recibirán todo el apoyo posible del Congreso, y el cálido respaldo de la opinión pública estadounidense.

En resumen, Sands, como secretario ejecutivo de una empresa cuyos directores eran los más prestigiosos de Wall Street, apoyó enérgicamente a los bolcheviques y a la revolución bolchevique. Y como director del Banco de la Reserva Federal de Nueva York, Sands acababa de pagar a los bolcheviques un millón de dólares: ese apoyo de los intereses bancarios a los bolcheviques era coherente.

Además, William Sands, de American International, era un hombre con unas conexiones y una influencia realmente inusuales dentro del Departamento de Estado.

La carrera de Sands ha alternado entre el Departamento de Estado y Wall Street. A finales del siglo XIX y principios del XX, ocupó varios puestos diplomáticos en Estados Unidos. En 1910, dejó el departamento para unirse a la compañía bancaria de James Speyer para negociar un préstamo ecuatoriano, y durante los dos años siguientes representó a la Central Aguirre Sugar Company en Puerto Rico. En 1916, fue a Rusia en un "trabajo de la Cruz Roja" -en realidad una "misión especial" de dos hombres con Basil Miles- y regresó para unirse a la American International Corporation en Nueva York.[193]

A principios de 1918, Sands se convirtió en el destinatario conocido y previsto de ciertos "tratados secretos" rusos. Según los registros del Departamento de Estado, parece que Sands también era mensajero y que había tenido acceso a documentos oficiales, es decir, antes de los funcionarios del gobierno estadounidense. El 14 de enero de 1918, sólo dos días antes de que Sands escribiera su memorándum sobre la política bolchevique, el Secretario de Estado Lansing hizo que se enviara el siguiente cable en clave verde a la legación estadounidense en Estocolmo: "Importantes documentos oficiales que Sands iba a traer aquí se quedaron en la legación. ¿Los has pasado? Lansing". La respuesta de Morris del 16 de enero desde Estocolmo es: "Su 460 del 14 de enero, a las 17:00 horas. Estos documentos fueron enviados al departamento en la maleta número 34 el 28 de diciembre". Adjunto a estos documentos hay otro memorándum, firmado "BM"... (Basil Miles, un socio de Sands): "Sr. Phillips. No le dieron a Sands la primera entrega de los tratados secretos que trajo de Petrogrado a Estocolmo".[194]

Dejando a un lado la cuestión de por qué un ciudadano privado sería portador de tratados secretos rusos y la cuestión del contenido de estos tratados secretos (probablemente una primera versión de los llamados documentos Sisson), se puede deducir al menos que el Secretario Ejecutivo de la AIC viajó de Petrogrado

[193] William Franklin Sands escribió varios libros, entre ellos *Undiplomatic Memoirs* (Nueva York: McGraw-Hill, 1930), una biografía que abarca hasta 1904. Más tarde escribió *Our Jungle Diplomacy* (Chapel Hill: University of North Carolina Press, 1941), un tratado poco llamativo sobre el imperialismo en América Latina. Esta última obra sólo es notable por un punto menor en la página 102: la voluntad de imputar una aventura imperialista particularmente desagradable a Adolf Stahl, un banquero neoyorquino, al tiempo que subraya innecesariamente que Stahl era "de origen judío alemán". En agosto de 1918, publicó un artículo en *Asia* titulado "Salvar a Rusia", en el que explicaba su apoyo al régimen bolchevique.

[194] Todo lo anterior se encuentra en el Archivo Decimal del Departamento de Estado de los Estados Unidos, 861.00/969.

a Estocolmo a finales de 1917 y que, efectivamente, debía ser un ciudadano privilegiado e influyente para haber tenido acceso a los tratados secretos.[195]

Unos meses más tarde, el 1 de julio de 1918, Sands escribió al Secretario del Tesoro McAdoo sugiriendo la creación de una comisión de "ayuda económica a Rusia". Insistió en que, dado que sería difícil que una comisión gubernamental "proporcionara la maquinaria" para dicha asistencia, "parece necesario, por tanto, hacer un llamamiento a los intereses financieros, comerciales e industriales de los Estados Unidos para que proporcionen dicha maquinaria bajo el control del Comisario Jefe o de cualquier otro funcionario elegido por el Presidente para este fin".[196] En otras palabras, Sands tenía la clara intención de que cualquier explotación comercial de la Rusia bolchevique incluyera 120 Broadway.

EL BANCO DE LA RESERVA FEDERAL DE NUEVA YORK

La Escritura de Constitución del Banco de la Reserva Federal de Nueva York se presentó el 18 de mayo de 1914. En él se establecían tres directores de clase A que representaban a los bancos miembros del distrito, tres directores de clase B que representaban al comercio, la agricultura y la industria, y tres directores de clase C que representaban a la Junta de la Reserva Federal. Los primeros administradores fueron elegidos en 1914 y procedieron a poner en marcha un agresivo programa. En su primer año de organización, el Banco de la Reserva Federal de Nueva York celebró nada menos que 50 reuniones.

Desde nuestro punto de vista, lo interesante es la asociación entre, por un lado, los directores del Banco de la Reserva Federal (en el distrito de Nueva York) y la American International Corporation y, por otro, la emergente Rusia soviética.

En 1917, los tres directores de clase A eran Franklin D. Locke, William Woodward y Robert H. Treman. William Woodward fue director de American International Corporation (120 Broadway) y del Hanover National Bank, controlado por Rockefeller. Ni Locke ni Treman forman parte de nuestra historia. Los tres directores de la clase B en 1917 eran William Boyce Thompson, Henry R. Towne y Leslie R. Palmer. Ya hemos señalado la importante contribución en efectivo de William B. Thompson a la causa bolchevique. Henry R. Towne fue presidente del consejo de administración del Morris Plan de Nueva York, situado en el 120 de Broadway; su puesto fue ocupado posteriormente por Charles A. Stone of American International Corporation (120 Broadway) y Stone & Webster (120 Broadway). Leslie R. Palmer no forma parte de nuestra historia. Los tres directores de la clase C eran Pierre Jay, W. L. Saunders y George Foster Peabody. No se sabe nada de Pierre Jay, excepto que su oficina estaba en el 120 de Broadway y que sólo parecía importante como propietario de Brearley School, Ltd. William Lawrence Saunders fue también director de la American International

---

[195] El autor no puede abstenerse de comparar el tratamiento de los investigadores académicos. En 1973, por ejemplo, al autor se le negó de nuevo el acceso a ciertos archivos del Departamento de Estado que se remontan a 1919.

[196] Archivo Decimal del Departamento de Estado de los Estados Unidos, 861.51/333.

Corporation; admitió abiertamente, como hemos visto, simpatías pro-bolcheviques, revelándolas en una carta al presidente Woodrow Wilson. George Foster Peabody fue un socialista activo.

En resumen, de los nueve directores del Banco de la Reserva Federal de Nueva York, cuatro se encontraban físicamente en el 120 de Broadway y dos estaban entonces vinculados a la American International Corporation. Y al menos cuatro miembros de la Junta Directiva de la AIC fueron en algún momento directores del FRB de Nueva York. Podríamos decir que todo esto es importante, pero no lo consideramos necesariamente primordial.

LA ALIANZA INDUSTRIAL RUSO-ESTADOUNIDENSE

La propuesta de William Franklin Sands de crear una comisión económica para Rusia no fue aprobada. En su lugar, se ha creado un vehículo privado para explotar los mercados rusos y el apoyo prestado anteriormente a los bolcheviques. Un grupo de industriales de 120 Broadway formó la Russian-American Industrial Union Inc. para desarrollar y fomentar estas oportunidades. El apoyo financiero para la nueva empresa provino de los hermanos Guggenheim, 120 Broadway, anteriormente asociados con William Boyce Thompson (fundición y refinería de Estados Unidos controlada por Guggenheim, y las compañías de cobre Kennecott y Utah); Harry F. Sinclair, presidente de Sinclair Gulf Corp., también 120 Broadway; y James G. White de J. G. White Engineering Corp., 43 Exchange Place – la dirección de la Unión Industrial de Estados Unidos y Rusia.

En el otoño de 1919, la Embajada de Estados Unidos en Londres envió un cable a Washington sobre el Sr. Lubovitch y el Sr. Rossi "en representación de la Unión Industrial Ruso-Americana Incorporada ¿Cuál es la reputación y la actitud del Departamento hacia el sindicato y los individuos?[197]

A ese cable respondió el funcionario del Departamento de Estado Basil Miles, antiguo colaborador de Sands:

> ... Los hombres mencionados y su empresa gozan de buena reputación y cuentan con el apoyo financiero de los intereses de White, Sinclair y Guggenheim para facilitar las relaciones comerciales con Rusia.[198]

Por lo tanto, se puede concluir que los intereses de Wall Street tenían ideas muy concretas sobre cómo explotar el nuevo mercado ruso. La ayuda y los consejos ofrecidos en nombre de los bolcheviques por las partes interesadas en Washington y en otros lugares no iban a ser desatendidos.

---

[197] Archivo Decimal del Departamento de Estado de los Estados Unidos, 861.516 84, 2 de septiembre de 1919.

[198] Ibid.

JOHN REED: EL REVOLUCIONARIO DEL ESTABLISHMENT

A la influencia de American International en el Departamento de Estado se suma una íntima relación -que la propia AIC ha calificado de "control"- con un conocido bolchevique: John Reed. Reed fue un autor prolífico y muy leído de la época de la Primera Guerra Mundial, que colaboró con la revista bolchevique Orientation *Masses* y la revista *Metropolitan*, controlada por Morgan[199]. *El libro de Reed sobre la revolución bolchevique, Diez días que estremecieron al mundo,* incluye una introducción de Nikolai Lenin, y se ha convertido en la obra más conocida y leída de Reed. Hoy, el libro se lee como un comentario superficial sobre la actualidad, está intercalado con proclamas y decretos bolcheviques, y está imbuido de ese fervor místico que los bolcheviques saben que atraerá a los simpatizantes extranjeros. Tras la revolución, Reed se convirtió en miembro estadounidense del comité ejecutivo de la Tercera Internacional. Murió de tifus en Rusia en 1920.

La cuestión crucial aquí no es sobre el conocido tenor probolchevique Reed y sus actividades, sino sobre cómo Reed tenía la plena confianza de Lenin ("He aquí un libro que me gustaría ver publicado en millones de ejemplares y traducido a todos los idiomas", comentó Lenin en *Diez Días*), que era miembro de la Tercera Internacional, y que poseía un pase del Comité Militar Revolucionario (nº 955, expedido el 16 de noviembre de 1917) que le permitía entrar en el Instituto Smolny (sede de la revolución) en cualquier momento como representante de la "prensa socialista americana", era también -a pesar de ello- una marioneta bajo el "control" de los intereses financieros de Morgan a través de la American International Corporation. Hay pruebas documentales de esta aparente contradicción (véase más adelante y el anexo 3).

Completemos los antecedentes. Los artículos para el *Metropolitan* y el *Masses* permitieron a John Reed llegar a un amplio público por sus reportajes sobre las revoluciones bolchevique mexicana y rusa. El biógrafo de Reed, Granville Hicks, sugirió en *John Reed* que "era... el portavoz de los bolcheviques en Estados Unidos". Por otra parte, el apoyo financiero de Reed de 1913 a 1918 procedió en gran medida del Metropolitan -propiedad de Harry Payne Whitney, director del Guaranty Trust, institución citada en todos los capítulos de este libro- y también del banquero privado y comerciante neoyorquino Eugene Boissevain, que canalizó fondos para Reed tanto directamente como a través del periódico probolchevique *Masses*. En otras palabras, el apoyo financiero de John Reed procedía de dos elementos supuestamente enfrentados en el espectro político. Estos fondos se destinaban a la escritura y pueden clasificarse de la siguiente manera: pagos del *Metropolitan a* partir de 1913 por artículos; pagos de las *Misas a partir* de 1913, cuyos ingresos procedían, al menos en parte, de Eugenio Boissevain. Cabe mencionar una tercera categoría: Reed recibió algunos pagos menores y aparentemente no relacionados del comisario de la Cruz Roja Raymond Robins en

---

[199] Otros colaboradores de *Masses* mencionados en este libro son el periodista Robert Minor, presidente del Comité de Títeres de la Información Pública de Estados Unidos, George Creel, el poeta e historiador Carl Sandburg y el artista Boardman Robinson.

Petrogrado. Es probable que también recibiera sumas menores por artículos escritos para otras revistas y por derechos de autor de libros; pero no se ha encontrado ninguna prueba sobre el importe de estos pagos.

JOHN REED Y LA REVISTA *METROPOLITAN*

El *Metropolitano* apoyó las causas del establecimiento contemporáneo, incluida la preparación para la guerra. La revista era propiedad de Harry Payne Whitney (1872-1930), que fundó la Liga Naval y fue socio de la firma J.P. Morgan. A finales de la década de 1890, Whitney se convirtió en director de American Smelting and Refining y de Guggenheim Exploration. Tras la muerte de su padre en 1908, pasó a ser director de muchas otras empresas, entre ellas la Guaranty Trust Company. Reed comenzó a escribir para el *Metropolitan* en julio de 1913 y colaboró en media docena de artículos sobre las revoluciones mexicanas: "Con Villa en México", "Las causas de la revolución mexicana", "Si entramos en México", "Con Villa en marcha", etc. Reed simpatizaba con el revolucionario Pancho Villa. Recuerdas la conexión entre el Guaranty Trust y los suministros de munición a Villa.

En cualquier caso, *Metropolitan* era la principal fuente de ingresos de Reed. Según el biógrafo Granville Hicks, "el dinero significaba sobre todo trabajo para el *Metropolitan* y, de paso, artículos e historias para otras revistas que daban dinero". Pero el hecho de ser empleado del *Metropolitan* no impidió a Reed escribir artículos críticos con los intereses de Morgan y Rockefeller. Uno de esos artículos, "Taking the Republic by the Throat" (*Masses*, julio de 1916), trazaba la relación entre las industrias de municiones, el lobby de preparación para la seguridad nacional y las direcciones interdependientes de los intereses de Morgan y Rockefeller, "y mostraba que dominaban tanto las empresas de preparación como la recién formada American International Corporation, organizada para la explotación de los países en desarrollo".[200]

En 1915, John Reed fue detenido en Rusia por las autoridades zaristas, y el *Metropolitan* intervino ante el Departamento de Estado en favor de Reed. El 21 de junio de 1915, H. J. Whigham escribió al Secretario de Estado Robert Lansing para informarle de que John Reed y Boardman Robinson (también detenido y colaborador de las *misas)* estaban en Rusia "con un encargo de la revista *Metropolitan* para escribir artículos y hacer ilustraciones en el campo oriental de la guerra". Whigham subrayó que ninguno de ellos tenía "el deseo o la autoridad para interferir en las operaciones de ninguna potencia beligerante". La carta de Whigham continúa:

> Si el Sr. Reed llevó cartas de recomendación desde Bucarest a personas de Galicia con mentalidad antirrusa, estoy seguro de que lo hizo inocentemente con la simple intención de conocer al mayor número de personas posible....

---

[200] Granville Hicks, *John Reed, 1887-1920* (Nueva York: Macmillan, 1936), p. 215.

Whigham señaló al secretario Lansing que John Reed era bien conocido en la Casa Blanca y que había prestado "cierta ayuda" a la administración en asuntos mexicanos, y concluyó: "Tenemos la más alta consideración por las grandes cualidades de Reed como escritor y pensador y estamos muy preocupados por su seguridad."[201] La carta de Whigham no procedía, hay que señalarlo, de un periódico del establishment a favor de un escritor bolchevique; procedía de un periódico del establishment a favor de un escritor bolchevique para *Masses* y hojas revolucionarias similares, un escritor que también era autor de agudos ataques ("La ética involuntaria del gran capital: una fábula para pesimistas", por ejemplo) a los mismos intereses de Morgan que eran propietarios de *Metropolitan*.

La prueba de la financiación por parte del banquero privado Boissevain es indiscutible. El 23 de febrero de 1918, la legación estadounidense en Christiania, Noruega, envió un cable a Washington en nombre de John Reed para que fuera entregado al líder del Partido Socialista, Morris Hillquit. El cable decía en parte: "Dile a Boissevain que puede contar con él, pero con cuidado". Una nota confidencial de Basil Miles en los archivos del Departamento de Estado, fechada el 3 de abril de 1918, dice: "Si Reed vuelve a casa, más vale que tenga dinero. Entiendo que las alternativas son la deportación por parte de Noruega o la deportación en especie. En ese caso, parece preferible lo segundo". A esta nota de protección le sigue un telegrama fechado el 1 de abril de 1918, y de nuevo de la legación americana a Christiania: "John Reed solicita urgentemente a Eugene Boissevain, 29 Williams Street, Nueva York, que envíe un giro de 300 dólares a la legación.[202] Este telegrama fue transmitido a Eugène Boissevain por el Departamento de Estado el 3 de abril de 1918.

Al parecer, Reed recibió sus fondos y llegó sano y salvo a los Estados Unidos. El siguiente documento de los archivos del Departamento de Estado es una carta de John Reed a William Franklin Sands, fechada el 4 de junio de 1918, escrita desde Croton On Hudson, Nueva York. En esta carta, Reed afirma que redactó un memorando para el Departamento de Estado, y pide a Sands que utilice su influencia para obtener la devolución de los documentos traídos de Rusia. Reed concluye: "Perdone que le moleste, pero no sé a quién acudir y no puedo permitirme otro viaje a Washington. Posteriormente, Frank Polk, Secretario de Estado en funciones, recibió una carta de Sands sobre la devolución de los papeles de John Reed. La carta de Sands, fechada el 5 de junio de 1918, desde 120 Broadway, se reproduce aquí en su totalidad; contiene declaraciones muy explícitas sobre el control de Reed:

120 BROADWAY NUEVA YORK
5 de junio de 1918
Mi querido Sr. Polk:

---

[201] Archivo decimal del Departamento de Estado de los Estados Unidos, 860d.1121 R 25/4.

[202] Ibid, 360d.1121/R25/18. Según Granville Hicks en *John Reed*, "Masses no podía pagar sus gastos [de Reed]. Finalmente, los amigos de la revista, entre ellos Eugene Boissevain, recaudaron el dinero" (p. 249).

Me tomo la libertad de enviarle una llamada de John ("Jack") Reed para que le ayude, si es posible, a obtener la devolución de los papeles que trajo de Rusia al país.

Tuve una conversación con el Sr. Reed a su llegada, en la que expuso ciertos intentos del Gobierno soviético de iniciar un desarrollo constructivo, y expresó el deseo de poner a disposición de nuestro Gobierno cualquier observación que hubiera hecho o información que hubiera obtenido a través de su relación con León Trotzky. Le sugerí que podría redactar un memorando sobre este tema para usted, y le prometí que llamaría por teléfono a Washington para pedirle que le concediera una entrevista con este fin. Traía consigo un montón de documentos que le habían quitado para examinarlos, y a este respecto también deseaba hablar con una persona con autoridad, para ofrecer voluntariamente al Gobierno la información que pudieran contener y pedir la devolución de los que necesitara para su trabajo en periódicos y revistas.

No creo que el Sr. Reed sea un "bolchevique" o un "anarquista peligroso", como he oído. Es un periodista sensacionalista, sin duda, pero eso es todo. No busca poner en aprietos a nuestro gobierno, y por eso rechazó la "protección" que le ofreció Trotzky, según tengo entendido, cuando regresó a Nueva York para enfrentarse a la acusación que pesaba sobre él en el pleito de las "masas". Sin embargo, es apreciado por los bolcheviques de Petrogrado y, por lo tanto, todo lo que nuestra policía pueda hacer que se parezca a una "persecución" se sentirá en Petrogrado, lo que considero indeseable por innecesario. Se *puede manipular y controlar mucho mejor por otros medios que por la policía.*

No he visto el memorándum que entregó al Sr. Bullitt; *quería que me lo dejara ver primero y tal vez lo modificara,* pero no ha tenido la oportunidad de hacerlo.

Espero que no me considere un intruso en este asunto ni un interventor en asuntos que no me conciernen. Creo que es prudente no ofender a los dirigentes bolcheviques hasta que sea necesario -si es que llega a serlo- y no es prudente considerar a todo el mundo como una figura sospechosa o incluso peligrosa que tuvo relaciones amistosas con los bolcheviques en Rusia. *Creo que es mejor intentar utilizar a esas personas para nuestros propios fines en el desarrollo de nuestra política hacia Rusia, si es posible.* La conferencia que la policía impidió a Reed dar en Filadelfia (perdió los nervios, entró en conflicto con la policía y fue detenido) es la única conferencia sobre Rusia que habría pagado por escuchar, si no hubiera visto ya sus notas sobre el tema. Se trataba de un tema que bien podría ser un punto de contacto con el gobierno soviético, ¡a partir del cual podríamos iniciar un trabajo constructivo!

¿No *podemos utilizarla, en lugar de* amargarla y convertirla en un enemigo? No está bien equilibrada, pero es, si no me equivoco, *capaz de ser guiada discretamente y podría ser muy útil.*

Atentamente, William Franklin Sands...
El honorable Frank Lyon Polk
Asesor del Departamento de Estado Washington, D.C.
WFS:AO adjunto[203]

---

[203] Archivo decimal del Departamento de Estado de EE.UU., 360. D. II21.R/20/221/2, /R25 (John Reed). La carta fue transferida por el Sr. Polk a los archivos del Departamento de Estado el 2 de mayo de 1935. Se han añadido todas las cursivas.

La importancia de este documento demuestra la realidad de la intervención directa de un funcionario (secretario ejecutivo) de la American International Corporation en nombre de un conocido bolchevique. Considere algunas de las declaraciones de Sands sobre Reed: "Se le puede manipular y controlar mucho mejor por otros medios que por la policía"; y, "¿No podemos utilizarlo, en lugar de amargarlo y convertirlo en un enemigo? ... es, a menos que esté muy equivocado, susceptible de recibir un consejo discreto y podría ser muy útil". Está claro que American International Corporation consideraba a John Reed como un agente o un potencial agente que podía ser, y probablemente ya había sido, puesto bajo su control. El hecho de que Sands pudiera solicitar la emisión de un memorando a Reed (para Bullitt) sugiere que ya se había establecido cierto grado de control.

A continuación, observe la actitud potencialmente hostil de Sands hacia los bolcheviques - y su intención apenas velada de provocarlos: "Creo que es prudente no ofender a los dirigentes bolcheviques a menos y *hasta que sea necesario hacerlo* - en caso de que sea necesario ..." (la cursiva es nuestra).

Se trata de una extraordinaria carta en nombre de un agente soviético de un ciudadano privado estadounidense cuyo consejo el Departamento de Estado había solicitado y seguía solicitando.

Un memorando posterior, fechado el 19 de marzo de 1920, en los archivos estatales, registra la detención de John Reed por las autoridades finlandesas en Abo, y la posesión de Reed de pasaportes ingleses, americanos y alemanes. Reed, que viajaba bajo el seudónimo de Casgormlich, llevaba diamantes, una gran suma de dinero, literatura de propaganda soviética y películas. El 21 de abril de 1920, la legación estadounidense en Helsingfors envió un cable al Departamento de Estado:

> Estoy enviando con la próxima maleta las copias certificadas de las cartas de Emma Goldman, Trotsky, Lenin y Sirola encontradas en posesión de Reed. El Ministerio de Asuntos Exteriores ha prometido dar cuenta de todo el proceso judicial.

Una vez más, Sands intervino: "Conocía personalmente al Sr. Reed."[204] Y, al igual que en 1915, la revista *Metropolitan también* acudió al rescate de Reed. El 15 de abril de 1920, H. J. Whigham escribió a Bainbridge Colby en el Departamento de Estado: "He oído que John Reed puede ser ejecutado en Finlandia. Espero que el Departamento de Estado pueda tomar medidas inmediatas para garantizar que se le someta a un juicio adecuado. Pide una acción rápida y urgente".[205] Esto se sumó a un telegrama del 13 de abril de 1920, de Harry Hopkins, que estaba destinado a la celebridad bajo el Presidente Roosevelt:

> Entendemos que el Departamento de Estado tiene información sobre Jack Reed detenido por Finlandia, será ejecutado. Uno de sus amigos, junto con los suyos y su esposa, le instan a que actúe rápidamente para impedir la ejecución y conseguir la

---

[204] Ibid, 360d.1121 R 25/72.

[205] Ibid.

liberación de Jack Reed. Confiamos en poder contar con su intervención inmediata y eficaz.[206]

John Reed fue liberado posteriormente por las autoridades finlandesas.

Este relato paradójico de la intervención de un agente soviético puede tener varias explicaciones. Una hipótesis que encaja con otras pruebas sobre Wall Street y la revolución bolchevique es que John Reed era de hecho un agente de los intereses de Morgan -quizás sólo medio consciente de su doble papel- que sus escritos anticapitalistas mantenían el precioso mito de que todos los capitalistas están en guerra perpetua con todos los revolucionarios socialistas. Carroll Quigley, como ya hemos señalado, informó de que los intereses de Morgan apoyaban financieramente a las organizaciones revolucionarias nacionales y a los escritos anticapitalistas.[207] Y hemos presentado en este capítulo pruebas documentales convincentes de que los intereses de Morgan también ejercieron el control sobre un agente soviético, intercediendo en su favor y, lo que es más importante, interviniendo en general en nombre de los intereses soviéticos ante el gobierno de Estados Unidos. Estas actividades se centraban en una única dirección: 120 Broadway, Nueva York.

---

[206] Estaba dirigida a Bainbridge Colby, ibid, 360d.1121 R 25/30. Otra carta, fechada el 14 de abril de 1920 y dirigida al Secretario de Estado desde el número 100 de Broadway, Nueva York, era de W. Bourke Cochrane; también pedía la liberación de John Reed.

[207] Quigley, op. cit.

CAPÍTULO IX

LOS FIDEICOMISOS DE GARANTÍA CREADOS EN RUSIA

El gobierno soviético quiere que la Guarantee Trust Company se convierta en el agente fiscal en Estados Unidos de todas las operaciones soviéticas y está considerando la compra del Eestibank por parte de los estadounidenses para vincular completamente las fortunas soviéticas a los intereses financieros estadounidenses.

William H. Coombs, bajo el mando de la Embajada de Estados Unidos en Londres, [1 de] junio de 1920 (Archivo Decimal del Departamento de Estado de Estados Unidos, 861.51/752). ("Eestibank" era un banco estonio)

E n 1918, los soviéticos se enfrentaron a un desconcertante conjunto de problemas internos y externos. Ocuparon sólo una fracción de Rusia. Para controlar el resto, necesitaban armas extranjeras, alimentos importados, apoyo financiero extranjero, reconocimiento diplomático y, sobre todo, comercio exterior. Para obtener el reconocimiento diplomático y el comercio exterior, los soviéticos necesitaban primero una representación en el extranjero, y la representación, a su vez, requería financiación en oro o moneda extranjera. Como ya hemos visto, el primer paso fue establecer la Oficina Soviética en Nueva York bajo la dirección de Ludwig Martens. Al mismo tiempo, se hicieron esfuerzos para transferir fondos a Estados Unidos y Europa para la compra de bienes necesarios. Entonces se ejerció influencia en Estados Unidos para obtener el reconocimiento o las licencias de exportación necesarias para enviar mercancías a Rusia.

Los banqueros y abogados de Nueva York han prestado una ayuda importante -y a veces crucial- en cada una de estas tareas. Cuando el profesor George V. Lomonossoff, el experto técnico ruso de la Oficina Soviética, necesitaba transferir fondos del agente soviético principal en Escandinavia, un prominente abogado de Wall Street acudió en su ayuda, utilizando los canales oficiales del Departamento de Estado y al secretario de Estado en funciones como intermediario. Cuando hubo que transferir el oro a Estados Unidos, fueron American International Corporation, Kuhn, Loeb & Co. y Guaranty Trust quienes solicitaron las facilidades y utilizaron su influencia en Washington para facilitar el proceso. Y cuando se trata de reconocimiento, encontramos a las empresas estadounidenses rogando al Congreso y a la opinión pública que aprueben el régimen soviético.

Para que el lector no deduzca -demasiado apresuradamente- de estas afirmaciones que Wall Street estaba efectivamente teñido de rojo, o que las banderas rojas ondeaban en la calle (véase el dibujo al principio del libro), también presentamos en un capítulo posterior pruebas de que la firma J.P. Morgan financió al almirante Kolchak en Siberia. Alexander Kolchak luchaba contra los bolcheviques para instalar su propio tipo de gobierno autoritario. La empresa también contribuyó a la organización anticomunista United Americans.

WALL STREET ACUDE EN AYUDA DEL PROFESOR LOMONOSSOFF

El caso del profesor Lomonossoff es una historia detallada del apoyo de Wall Street al primer régimen soviético. A finales de 1918, Jorge V. Lomonossoff, miembro de la oficina soviética en Nueva York y más tarde primer comisario soviético de ferrocarriles, se encontró varado en Estados Unidos sin fondos. En ese momento, se negó la entrada de fondos bolcheviques a Estados Unidos porque no había un reconocimiento oficial del régimen. Lomonossoff fue objeto de una carta del 24 de octubre de 1918 del Departamento de Justicia de Estados Unidos al Departamento de Estado.[208] Esta carta hacía referencia a los atributos bolcheviques de Lomonossoff y a su retórica pro-bolchevique. El investigador concluyó: "El profesor Lomonossoff no es un bolchevique, aunque sus discursos constituyen un apoyo inequívoco a la causa bolchevique. Sin embargo, Lomonossoff consiguió mover los hilos al más alto nivel de la administración para que se transfirieran 25.000 dólares desde la Unión Soviética a través de un agente espía soviético en Escandinavia (que más tarde se convirtió en asistente confidencial del prefecto Schley, vicepresidente del Chase Bank). Todo ello con la ayuda de un miembro de un destacado bufete de abogados de Wall Street.[209]

Las pruebas se presentan con detalle porque los propios detalles ponen de manifiesto la estrecha relación entre ciertos intereses que hasta ahora se consideraban enemigos acérrimos. La primera indicación del problema de Lomonossoff es una carta fechada el 7 de enero de 1919 de Thomas L. Chadbourne de Chadbourne, Babbitt & Wall del 14 de Wall Street (la misma dirección que la de William Boyce Thompson) a Frank Polk, Secretario de Estado en funciones. Nótese el saludo amistoso y la referencia ocasional a Michael Gruzenberg, alias Alexander Gumberg, agente soviético en jefe en Escandinavia y posteriormente asistente de Lomonossoff:

> Estimado Frank: Tuviste la amabilidad de decirme que si te informaba de la situación de los 25.000 dólares de fondos personales de los señores Lomonossoff, pondrías en marcha los mecanismos necesarios para conseguirlos aquí para ellos.

---

[208] Archivo Decimal del Departamento de Estado de los Estados Unidos, 861.00/3094.

[209] Esta sección está extraída de la *propaganda de Estados Unidos,* Senado, Rusia, audiencias ante un subcomité del Comité de Relaciones Exteriores, 66º Cong. 2d sess. 1920.

Me puse en contacto con el Sr. Lomonossoff sobre esto, y me dice que el Sr. Michael Gruzenberg, que fue a Rusia para el Sr. Lomonossoff antes de las dificultades entre el embajador Bakhmeteff y el Sr. Lomonossoff, le pasó la información sobre este dinero a través de tres rusos que habían llegado recientemente de Suecia, y el Sr. Lomonossoff cree que el dinero se encuentra en la embajada rusa en Estocolmo, Milmskilnad Gaten 37. Si la investigación del Departamento de Estado revelara que no es ahí donde se deposita el dinero, entonces la Embajada rusa en Estocolmo podría dar la dirección exacta del Sr. Gruzenberg, quien podría proporcionarle la información adecuada sobre el dinero. El Sr. Lomonossoff no recibe ninguna carta del Sr. Gruzenberg, aunque está informado de que se han escrito: ninguna de sus cartas al Sr. Gruzenberg ha sido entregada, también está informado de ello. Por esta razón, es imposible ser más preciso de lo que he sido, pero espero que se pueda hacer algo para aliviar su vergüenza y la de su esposa por falta de fondos, y todo lo que necesita es un poco de ayuda para conseguir el dinero que les pertenece para ayudarles en este lado del agua.

Le agradezco de antemano todo lo que pueda hacer y le pido que se quede, como siempre,

Atentamente, Thomas L. Chadbourne.

En 1919, en el momento en que se escribió esta carta, Chadbourne era un hombre que cobraba un dólar al año en Washington, D.C., asesor y director de la Junta de Comercio de Guerra de Estados Unidos, y director de la U.S. Russian Bureau Inc, una empresa oficial de fachada del gobierno de Estados Unidos. Antes, en 1915, Chadbourne había organizado Midvale Steel and Ordnance para beneficiarse de los negocios de la guerra. En 1916 se convirtió en presidente del Comité Financiero Demócrata y más tarde en director de Wright Aeronautical y Mack Trucks.

La razón por la que Lomonossoff no recibía cartas de Gruzenberg era que, con toda probabilidad, estaban siendo interceptadas por uno de los muchos gobiernos con un gran interés en sus actividades.

El 11 de enero de 1919, Frank Polk envió un cable a la legación estadounidense en Estocolmo:

> El departamento está recibiendo información de que 25.000 dólares, fondos personales de... Por favor, pregunte en la legación rusa, de manera informal y personal, si estos fondos están siendo retenidos de esta manera. Si no es así, compruebe la dirección del Sr. Michael Gruzenberg, que puede tener información sobre este asunto. El Departamento no está oficialmente implicado, sino que se limita a realizar investigaciones en nombre de un antiguo funcionario ruso en ese país.
>
> Polk, en funciones

En esta carta, Polk parece ignorar las conexiones bolcheviques de Lomonossoff, llamándolo "antiguo funcionario ruso en este país". En cualquier caso, Polk recibió en tres días una respuesta de Morris a la legación americana en Estocolmo:

14 de enero, 3:3492 p.m. Su número 1443, 12 de enero, 3:00 p.m.
Suma de 25.000 dólares del ex presidente de la Comisión de Medios de
Comunicación de Rusia en los Estados Unidos no conocida por la legación rusa;
tampoco se dispone de la dirección del Sr. Michael Gruzenberg.

Morris

Al parecer, Frank Polk escribió entonces a Chadbourne (la carta no está
incluida en la fuente) e indicó que el Estado no podía encontrar ni a Lomonossoff
ni a Michael Gruzenberg. Chadbourne respondió el 21 de enero de 1919:

> Estimado Frank: Muchas gracias por su carta del 17 de enero. Tengo entendido que
> hay dos legaciones rusas en Suecia, una soviética y otra Kerensky, y supongo que
> su consulta se dirigía a la legación soviética, ya que esa es la dirección que le di en
> mi carta, que es Milmskilnad Gaten 37, Estocolmo.
> La dirección de Michael Gruzenberg es la siguiente Holmenkollen Sanitarium,
> Christiania, Noruega, y creo que la legación soviética podría saber todo sobre los
> fondos a través del Sr. Gruzenberg si se ponen en contacto con él.
> Le agradezco que se haya tomado la molestia y le aseguro mi profundo
> reconocimiento,
>
> Atentamente, Thomas L. Chadbourne

Cabe señalar que un abogado de Wall Street tenía la dirección del Sr.
Gruzenberg, el principal agente bolchevique en Escandinavia, en un momento en
que el Secretario de Estado en funciones y la Legación de Estados Unidos en
Estocolmo no tenían constancia de esa dirección, ni la Legación podía localizarla.
Chadbourne también asumió que los soviéticos eran el gobierno oficial de Rusia,
aunque ese gobierno no es reconocido por los Estados Unidos, y la posición oficial
de Chadbourne en la Junta de Comercio de Guerra requeriría que lo supiera.

Frank Polk envió un cable a la legación americana en Christiania, Noruega,
con la dirección de Michael Gruzenberg. No se sabe si Polk sabía que estaba
transmitiendo la dirección de un agente espía, pero su mensaje era el siguiente

> En la legación americana, Christiania. El 25 de enero de 1919. Se informa que
> Michael Gruzenberg está en el Sanatorio de Holmenkollen. ¿Es posible localizarlo
> y saber si tiene alguna información sobre la disposición de un fondo de 25.000
> dólares que pertenecía al antiguo presidente de la misión de medios de
> comunicación rusos en Estados Unidos, el profesor Lomonossoff?
>
> Polk, en funciones

El representante americano (Schmedeman) en Christiania conocía bien a
Gruzenberg. De hecho, el nombre había aparecido en los informes de
Schmedeman en Washington sobre las actividades pro-soviéticas de Gruzenberg
en Noruega. Schmedeman respondió:

> 29 de enero, 8:1543 p.m. Es importante. Su telegrama del 25 de enero, número 650.
> Antes de partir hacia Rusia hoy, Michael Gruzenberg informó a nuestro agregado
> naval que cuando estuvo en Rusia hace unos meses, había recibido, a petición de
> Lomonossoff, 25.000 dólares del Instituto Experimental Ferroviario Ruso, del que

el profesor Lomonossoff era presidente. Gruzenberg afirma que hoy ha enviado un telegrama al abogado de Lomonossoff en Nueva York, Morris Hillquitt [sic], diciéndole que él, Gruzenberg, está en posesión del dinero, y que antes de transmitirlo, está esperando nuevas instrucciones de los Estados Unidos, pidiendo en el telegrama que Hillquitt reembolse a Lomonossoff sus gastos de manutención y los de su familia a la espera de recibir el dinero.[210]
Como el ministro Morris viajaba a Estocolmo en el mismo tren que el Sr. Gruzenberg, éste dijo que le daría al Sr. Morris más consejos sobre este asunto.

Schmedeman

El Secretario de los Estados Unidos fue con el Sr. Gruzenberg a Estocolmo, donde recibió el siguiente cable de Polk:

> Se informa por legación a Christiania que Michael Gruzenberg, tiene para el profesor G. Lomonossoff, el... ...la suma de 25.000 dólares, recibida del Instituto Experimental de los Ferrocarriles Rusos... Si puede hacerlo sin involucrarse con las autoridades bolcheviques, el departamento estará encantado de facilitar la transferencia de este dinero al profesor Lomonossoff en este país. Gracias por responder.

Polk, en funciones

El cable tuvo éxito, ya que el 5 de febrero de 1919, Frank Polk escribió a Chadbourne sobre un "peligroso agitador bolchevique", Gruzenberg:

> Mi querido Tom: Tengo un telegrama de Christiania diciendo que Michael Gruzenberg tiene los 25.000 dólares del profesor Lomonossoff, que los ha recibido del Instituto Experimental de Ferrocarriles Rusos, y que ha enviado un cable a Morris Hillquitt [sic] en Nueva York para que proporcione al profesor Lomonossoff dinero para sus gastos de manutención hasta que el fondo pueda serle entregado. Como Gruzenberg acaba de ser expulsado de Noruega por ser un peligroso agitador bolchevique, es posible que haya tenido dificultades para telegrafiar desde ese país. Tengo entendido que ahora se ha ido a Christiania, y aunque esto está un poco fuera de la política del departamento, me complacería, si lo desea, ver si puedo pedirle al Sr. Gruzenberg que entregue el dinero al profesor Lomonossoff en Estocolmo, y telegrafiaré a nuestro ministro de allí para ver si se puede hacer.

Atentamente, Frank L. Polk...

El telegrama de Christiania mencionado en la carta de Polk dice lo siguiente:

> 3 de febrero, 6:00 p.m., 3580. Es importante. El 12 de enero, número 1443, 10.000 dólares fueron depositados en Estocolmo a mi orden para ser enviados al profesor Lomonossoff por Michael Gruzenberg, uno de los antiguos representantes de los bolcheviques en Noruega. Antes de aceptar este dinero, le informé de que me pondría en contacto con usted y le preguntaría si quería que este dinero pasara a Lomonossoff. Así que pido instrucciones sobre mi curso de acción.

---

[210] Morris Hillquit fue el intermediario entre el banquero neoyorquino Eugene Boissevain y John Reed en Petrogrado.

Morris

Posteriormente, Morris en Estocolmo solicitó instrucciones para disponer de una letra de cambio de 10.000 dólares depositada en un banco de Estocolmo. Su frase "[esta] era mi única conexión con el caso" sugiere que Morris era consciente de que los soviéticos podían, y probablemente lo harían, exigir esta transferencia de dinero oficialmente acelerada, ya que esta acción implicaba la aprobación por parte de Estados Unidos de dichas transferencias de dinero. Hasta entonces, los soviéticos se habían visto obligados a introducir dinero de contrabando en Estados Unidos.

> 4 p.m., 12 de febrero, 3610, Rutina.
> Con respecto a mi número 3580 del 3 de febrero, 6 p.m., y su número 1501 del 8 de febrero, 7 p.m.. No sé si quiere que le transfiera los 10.000 dólares mencionados por el profesor Lomonossoff. El hecho de que Gruzenberg me informara de que había depositado ese dinero a la orden de Lomonossoff en un banco de Estocolmo y que informara al banco de que esa letra de cambio podía ser enviada a América a través de mí, siempre que yo lo ordenara, fue mi única conexión con el caso. Por favor, dame tus instrucciones.

Morris

A esto le siguió una serie de cartas sobre la transferencia de los 10.000 dólares de la A.B. Nordisk Resebureau a Thomas L. Chadbourne en el 520 de Park Avenue, Nueva York, a través del Departamento de Estado. La primera carta contiene instrucciones de Polk sobre los términos de la transferencia; la segunda, de Morris a Polk, contiene 10.000 dólares; la tercera, de Morris a A/B Nordisk Resebureau, solicita un giro; la cuarta es una respuesta del banco con un cheque; y la quinta es el acuse de recibo.

> Su 12 de febrero, 4:00 p.m., No. 3610.
> El dinero puede enviarse directamente a Thomas L. Chadbourne, 520 Park Avenue, Nueva York,

Polk, en funciones

> * * * * *
> Dispatch, nº 1600, 6 de marzo de 1919:
> El Honorable Secretario de Estado, Washington, D.C.
> Señor: Con referencia a mi telegrama, nº 3610 del 12 de febrero, y a la respuesta del Ministerio, nº 1524 del 19 de febrero, sobre la suma de 10.000 dólares para el profesor Lomonossoff, tengo el honor de adjuntar una copia de una carta que dirigí a A el 25 de febrero. B. Nordisk Resebureau, los banqueros en los que se depositó este dinero; una copia de la respuesta de A. B. Nordisk Resebureau, con fecha 26 de febrero; y una copia de mi carta a A. B. Nordisk Resebureau. B. Nordisk Resebureau, con fecha 27 de febrero.
> De esta correspondencia se desprende que el banco quería que este dinero pasara al profesor Lomonossoff. Sin embargo, les expliqué, como se verá en mi carta del 27 de febrero, que había recibido autorización para transmitirla directamente al Sr. Thomas L. Chadbourne, 520 Park Avenue, Nueva York. También adjunto un sobre dirigido al Sr. Chadbourne, que incluye una carta dirigida a él y un cheque de 10.000 dólares del National City Bank de Nueva York.

Tengo el honor de ser, señor, su obediente servidor,

Ira N. Morris

* * * * *

A. B. Nordisk Reserbureau,
No. 4 Vestra Tradgardsgatan, Estocolmo.
Señores: Al recibir su carta del 30 de enero, en la que indicaba que había recibido 10.000 dólares para pagar al profesor G. V. Lomonossoff, a petición mía, telegrafié inmediatamente a mi Gobierno para preguntarle si deseaba que ese dinero se transmitiera al profesor Lomonossoff. Hoy he recibido la respuesta de que estoy autorizado a transmitir el dinero directamente al Sr. Thomas L. Chadbourne, a la orden del profesor Lomonossoff. Estaré encantado de transmitirlo de acuerdo con las instrucciones de mi gobierno.
Así es, señores,

Atentamente, Ira N. Morris...

* * * * *

Sr. I.N. Morris,
Ministro de EE.UU., Estocolmo
Trato hecho, señor: Le pedimos que acuse recibo de su favor de ayer relativo al pago de 10.000 dólares — al profesor G. V. Lomonossoff, y por la presente nos complace incluir un cheque por dicha cantidad a nombre del profesor G. V. Lomonossoff, que entendemos tiene la amabilidad de transmitir a este caballero. Estaremos encantados de tener su recibo por esta cantidad, pero le pedimos que se quede,
Con todo respeto,

A. B. Oficina de Recursos de Nordisk

E. Molin
* * * * *

A. B. Nordisk Resebureau, Estocolmo
Señores: Les ruego acusen recibo de su carta del 26 de febrero, acompañada de un cheque de 10.000 dólares a nombre del profesor G.V. Lomonossoff. Como le indiqué en mi carta del 25 de febrero, me han autorizado a enviar este cheque al Sr. Thomas L. Chadbourne, 520 Park Avenue, Nueva York, y se lo haré llegar en los próximos días, a menos que me indique lo contrario.

Atentamente, Ira N. Morris...

A esto le siguió un memorando interno del Departamento de Estado y el acuse de recibo de Chadbourne:

El Sr. Phillips al Sr. Chadbourne, 3 de abril de 1919.
Sr. Presidente: En referencia a la correspondencia anterior sobre un reembolso de 10.000 dólares de A. B. Norsdisk Resebureau al profesor G. V. Lomonossoff, que usted ha pedido que se transmita a través de la Legación de los Estados Unidos en Estocolmo, el Departamento le informa de que ha recibido un despacho del Ministro de los Estados Unidos en Estocolmo con fecha 6 de marzo de 1919, relativo a la carta adjunta dirigida a usted, junto con un cheque por la cantidad en cuestión, a nombre del profesor Lomonossoff.
Soy, señor, su obediente servidor...

William Phillips, Secretario de Estado en funciones.
Adjunto: Carta sellada dirigida al Sr. Thomas L. Chadbourne, con 1.600 copias de Suecia.
* * * * *

Respuesta del Sr. Chadbourne, 5 de abril de 1919.
Señor, le ruego acuse recibo de su carta del 3 de abril, a la que se adjunta una carta dirigida a mí que contiene un cheque de 10.000 dólares a nombre del profesor Lomonossoff, que debo entregar hoy.
Por favor, quédate, con mucho respeto,

Atentamente, Thomas L. Chadbourne...

Posteriormente, la Legación de Estocolmo preguntó por la dirección de Lomonossoff en los Estados Unidos y el Departamento de Estado le informó de que "por lo que sabe el departamento, el profesor George V. Lomonossoff puede ser contactado al cuidado del Sr. Thomas L. Chadbourne, 520 Park Avenue, New York City".

Es obvio que el Departamento de Estado, por razones de amistad personal entre Polk y Chadbourne o de influencia política, consideró que debía unirse a ellos y servir de recaudador de fondos para un agente bolchevique, recién expulsado de Noruega. Pero, ¿por qué un bufete de abogados del prestigioso establishment se interesaría tanto por la salud y el bienestar de un emisario bolchevique? Tal vez un informe actual del Departamento de Estado proporcione la respuesta:

Martens, el representante bolchevique, y el profesor Lomonossoff cuentan con que Bullitt y su partido harán un informe favorable a la misión y al presidente sobre las condiciones en la Rusia soviética y que, sobre la base de este informe, el gobierno de los Estados Unidos será favorable a la idea de tratar con el gobierno soviético como propone Martens. El 29 de marzo de 1919.[211]

SE CUMPLEN TODAS LAS CONDICIONES PARA LA EXPLOTACIÓN COMERCIAL DE RUSIA

Es la explotación comercial de Rusia lo que excita a Wall Street, y éste no perdió tiempo en preparar su programa. El 1 de mayo de 1918 -una fecha propicia para los revolucionarios rojos- se formó la Liga Americana de Ayuda y Cooperación con Rusia, y su programa fue aprobado en una conferencia celebrada en el Edificio de Oficinas del Senado en Washington, D.C. La dirección y el comité ejecutivo de la Liga representaban a unas cuantas facciones superficialmente disímiles. Su presidente fue el Dr. Frank J. Goodnow, presidente de la Universidad Johns Hopkins. Los vicepresidentes eran el siempre activo William Boyce Thompson, Oscar S. Straus, James Duncan y Frederick C. Howe, que escribió *Confesiones de un monopolista,* el libro que detalla las instrucciones por las que los monopolios pueden controlar la sociedad. El tesorero era George P. Whalen, vicepresidente de la Vacuum Oil Company. El Congreso estuvo representado por el senador William Edgar Borah y el senador John Sharp Williams, del Comité de Relaciones Exteriores del Senado; el senador William N. Calder y el senador Robert L. Owen, presidente del Comité Bancario y Monetario. Los miembros de la Cámara fueron Henry R. Cooper y Henry D. Flood, presidente

---

[211] Archivo Decimal del Departamento de Estado de los Estados Unidos, 861.00/4214a.

de la Comisión de Asuntos Exteriores de la Cámara. Las empresas estadounidenses estaban representadas por Henry Ford, Charles A. Coffin, presidente del consejo de administración de la General Electric Company, y el Sr. A. Oudin, entonces director extranjero de General Electric. George P. Whalen representaba a la Vacuum Oil Company, y Daniel Willard era presidente del Baltimore & Ohio Railroad. El elemento más abiertamente revolucionario estaba representado por la Sra. Raymond Robins, cuyo nombre resultó ser prominente en los archivos de la Oficina Soviética y en las audiencias de la Comisión Lusk; Henry L. Slobodin, descrito como un "eminente socialista patriótico"; y Lincoln Steffens, un reconocido comunista nacional.

En otras palabras, se trataba de un comité ejecutivo híbrido; representaba a elementos revolucionarios nacionales, al Congreso estadounidense y a intereses financieros muy implicados en los asuntos rusos.

El comité ejecutivo aprobó un programa centrado en la creación de una división oficial rusa dentro del gobierno estadounidense "dirigida por hombres fuertes". Esta división se encargaría de conseguir la ayuda de universidades, organizaciones científicas y otras instituciones para estudiar la "Cuestión Rusa", coordinar y unir organizaciones dentro de los Estados Unidos "para la preservación de Rusia", establecer un "Comité Especial de Inteligencia para la Investigación de la Cuestión Rusa" y, en general, estudiar e investigar lo que se consideraba la propia "Cuestión Rusa". El Comité Ejecutivo aprobó entonces una resolución de apoyo al mensaje del presidente Woodrow Wilson al Congreso soviético de Moscú y la Liga confirmó su propio apoyo a la nueva Rusia soviética.

Unas semanas más tarde, el 20 de mayo de 1918, Frank J. Goodnow y Herbert A. Carpenter, en representación de la liga, se dirigieron al subsecretario de Estado William Phillips y le insistieron en la necesidad de crear una "división oficial del gobierno ruso para coordinar todos los asuntos rusos". Me preguntaron [escribió Phillips] si debían plantear este asunto al presidente.[212]

Phillips informó directamente al Secretario de Estado y al día siguiente escribió a Charles R. Crane en Nueva York para pedirle consejo sobre la Liga Americana de Ayuda y Cooperación con Rusia. Phillips le preguntó a Crane: "Me gustaría mucho su opinión sobre cómo debemos tratar la liga... No queremos causar problemas negándonos a cooperar con ellos. Por otro lado, es un comité de homosexuales, y no lo entiendo del todo".[213]

A principios de junio, el Departamento de Estado recibió una carta de William Franklin Sands, de la American International Corporation, dirigida al Secretario de Estado Robert Lansing. Sands propuso que Estados Unidos nombrara un administrador en Rusia en lugar de una comisión, y consideró que "la sugerencia de una fuerza militar aliada en Rusia en este momento me parece muy peligrosa".[214] Sands insistió en la posibilidad de comerciar con Rusia y en que esta posibilidad podría ser planteada "por un administrador bien elegido y de plena

---

[212] Ibid, 861.00/1938.

[213] Ibid.

[214] Ibid, 861.00/2003.

confianza del gobierno" y dijo que el "Sr. Hoover" podría desempeñar ese papel.[215] La carta fue remitida a Phillips por Basil Miles, un antiguo socio de Sands, con la frase "creo que al Secretario le sería útil leerla".

A principios de junio, la Junta de Comercio de Guerra, que depende del Departamento de Estado, aprobó una resolución, y un comité de la junta que incluía a Thomas L. Chadbourne (un contacto con el profesor Lomonossoff), Clarence M. Woolley y John Foster Dulles presentó un memorando al Departamento de Estado en el que se instaba a considerar formas de "desarrollar relaciones comerciales más estrechas y amistosas entre Estados Unidos y Rusia". El Consejo recomendó una misión a Rusia y reabrió la cuestión de si la misión debía ser resultado de una invitación del gobierno soviético.

A continuación, el 10 de junio, el Sr. A. Udin, Director de Asuntos Exteriores de la General Electric Company, expresó su opinión sobre Rusia y se pronunció claramente a favor de un "plan de ayuda económica constructiva" por parte de Rusia.[216] En agosto de 1918, Cyrus M. McCormick, de International Harvester, escribió a Basil Miles en el Departamento de Estado y elogió el programa del presidente para Rusia, que McCormick veía como "una oportunidad de oro".[217]

Como resultado, encontramos a mediados de 1918 un esfuerzo concertado por parte de algunas empresas estadounidenses -claramente dispuestas a abrir el comercio- para aprovechar su propia posición privilegiada frente a los soviéticos.

ALEMANIA Y ESTADOS UNIDOS SE ESFUERZAN POR HACER NEGOCIOS EN RUSS IE

En 1918, esta ayuda al régimen bolchevique embrionario se justificaba por el deseo de derrotar a Alemania y evitar la explotación de Rusia por parte de este país. Este fue el argumento utilizado por W. B. Thompson y Raymond Robins para enviar revolucionarios bolcheviques y equipos de propaganda a Alemania en 1918. Este argumento también fue utilizado por Thompson en 1917 en una conferencia con el Primer Ministro Lloyd George para conseguir el apoyo británico al incipiente régimen bolchevique. En junio de 1918, el embajador Francis y su equipo regresaron de Rusia e instaron al presidente Wilson a "reconocer y ayudar al gobierno soviético en Rusia".[218] Estos informes del personal de la embajada en el Departamento de Estado se dieron a conocer a la prensa y se imprimieron ampliamente. La afirmación principal era que un retraso en el reconocimiento de la Unión Soviética ayudaría a Alemania "y contribuiría al plan alemán de promover la reacción y la contrarrevolución".[219] Se citaron

[215] Ibid.

[216] Ibid, 861.00/2002.

[217] Ibid.

[218] Ibid, M 316-18-1306.

[219] Ibid.

estadísticas exageradas en apoyo de la proposición - por ejemplo, que el gobierno soviético representaba el noventa por ciento del pueblo ruso "y que el diez por ciento restante es la antigua clase propietaria y dominante . Naturalmente, están insatisfechos".[220] Se cita a un antiguo funcionario estadounidense: "Si no hacemos nada -es decir, si dejamos que las cosas vayan a la deriva- estamos contribuyendo a debilitar al gobierno soviético ruso. Y eso juega a favor de Alemania.",[221] por lo que se recomendó que "una comisión armada de créditos y un buen asesoramiento comercial podrían ser de gran ayuda".

Mientras tanto, la situación económica se había vuelto crítica en Rusia y el Partido Comunista y sus planificadores comprendieron que era inevitable abrazar el capitalismo. Lenin cristalizó esta conciencia en el X Congreso del Partido Comunista Ruso:

> Sin la ayuda del capital, nos será imposible mantener el poder proletario en un país increíblemente arruinado donde el campesinado, también arruinado, constituye la inmensa mayoría -y, por supuesto, por esta ayuda, el capital nos exterminará al cien por cien. Eso es lo que tenemos que entender. Así que, o este tipo de relación económica o nada...[222]

Entonces se cita a León Trotsky diciendo: "Lo que necesitamos aquí es un organizador como Bernard M. Baruch".[223]

La conciencia soviética de su inminente colapso económico sugiere que las empresas estadounidenses y alemanas se sintieron atraídas por la posibilidad de explotar el mercado ruso de bienes necesarios; los alemanes, de hecho, comenzaron muy pronto en 1918. Los primeros acuerdos celebrados por la oficina soviética en Nueva York indican el apoyo financiero y moral estadounidense a los bolcheviques dio sus frutos en forma de contratos.

El mayor pedido en 1919-20 se hizo a Morris & Co., los mataderos de Chicago, por cincuenta millones de libras de productos alimenticios, valorados en unos 10 millones de dólares. La familia Morris estaba relacionada con la familia Swift. Helen Swift, posteriormente relacionada con la "Unidad" del Centro Abraham Lincoln, estaba casada con Edward Morris y era también hermano de Harold H. Swift, un "mayor" de la Misión de la Cruz Roja de Thompson en Rusia en 1917.

CONTRATOS CELEBRADOS EN 1919 POR LA OFICINA SOVIÉTICA CON EMPRESAS AMERICANAS			
Fecha del contrato	Empresa	Mercancías vendidas	Valor
7 de julio de 1919	Milwaukee Shaper Co.	Máquinas	$45,071

---

[220] Ibid.

[221] Ibid.

[222] V. 1 Lenin, Informe al X Congreso del Partido Comunista Ruso (bolchevique), 15 de marzo de 1921.

[223] William Reswick, *I Dreamt Revolution* (Chicago: Henry Regnery, 1952), p. 78.

30 de julio de 1919	Kempsmith Mfg. Co.*	Máquinas	$97,470
10 de mayo de 1919	F. Mayer Boot & Shoe*	Botas	$1,201,250
Agosto de 1919	Steel Sole Shoe & Co.	Botas	$58,750
23 de julio de 1919	Eline Berlow, N.Y.	Botas	$3,000,000
24 de julio de 1919	Fischmann & Co.	Ropa	$3,000,000
29 de septiembre de 1919	Weinberg y Posner	Máquinas	$3,000,000
27 de octubre de 1919	LeHigh Machine Co.	Prensas de impresión	$4,500,000
22 de enero de 1920	Morris & Co. Chicago	50 millones de libras de productos alimenticios	$10,000,000
* Más tarde, a través de Bobroff Foreign Trade and Engineering Co. de Milwaukee.			
FUENTE: Estados Unidos, Senado, *Russian Propaganda*, Hearings before a Subcommittee of the Foreign Relations Committee, 66th Cong. 2nd Sess. 1920, p. 71.			

Ludwig Martens fue anteriormente vicepresidente de Weinberg & Posner, situada en el 120 de Broadway, en la ciudad de Nueva York, y esta empresa recibió un pedido de 3 millones de dólares.

EL ORO SOVIÉTICO Y LOS BANCOS ESTADOUNIDENSES

El oro era el único medio práctico con el que la Unión Soviética podía pagar sus compras en el extranjero, y los banqueros internacionales estaban bastante dispuestos a facilitar los envíos de oro soviético. Las exportaciones de oro ruso, sobre todo de monedas de oro imperiales, comenzaron a principios de la década de 1920 a Noruega y Suecia. Fueron transbordados a través de Holanda y Alemania a otros destinos del mundo, incluidos los Estados Unidos.

En agosto de 1920, el Den Norske Handelsbank de Noruega recibió un cargamento de monedas de oro rusas como garantía de pago de 3.000 toneladas de carbón por parte de Niels Juul and Company en Estados Unidos en nombre del gobierno soviético. Estas monedas se transfirieron al Norges Bank para su custodia. Las monedas fueron examinadas y pesadas, y se comprobó que habían sido acuñadas antes del estallido de la guerra en 1914, por lo que eran auténticas monedas imperiales rusas.[224]

Poco después de este primer episodio, la Robert Dollar Company de San Francisco recibió en su cuenta de Estocolmo lingotes de oro valorados en treinta y nueve millones de coronas suecas; el oro "llevaba el sello del antiguo gobierno del Zar de Rusia". El agente de la Dollar Company en Estocolmo solicitó facilidades a American Express para enviar el oro a Estados Unidos. American Express se negó a gestionar el envío. Hay que señalar que Robert Dollar era director de la American International Company; por lo tanto, la AIC estuvo relacionada con el primer intento de enviar oro directamente a América.[225]

---

[224] Archivo Decimal del Departamento de Estado de los Estados Unidos, 861.51/815.

[225] Ibid, 861.51/836.

Simultáneamente, se informó de que tres barcos habían salido de Reval, en el Mar Báltico, con oro soviético con destino a los Estados Unidos. El S.S. *Gauthod* cargó 216 cajas de oro bajo la supervisión del profesor Lomonossoff, que ahora regresa a los Estados Unidos. El S.S. *Carl Line cargó 216* cajas de oro bajo la supervisión de tres agentes rusos. El S.S. *Ruheleva* estaba cargado con 108 cajas de oro. Cada caja contenía tres caniches de oro por valor de sesenta mil rublos de oro cada uno. A esto le siguió un embarque en el S.S. *Wheeling Mold.*

Kuhn, Loeb & Company, aparentemente actuando en nombre de la Guaranty Trust Company, preguntó entonces al Departamento de Estado sobre la actitud oficial hacia la recepción del oro soviético. En un informe, el departamento expresó su preocupación por el hecho de que, si se rechazaba el oro, "probablemente volvería al Departamento de Guerra, lo que supondría una responsabilidad directa del gobierno y un aumento de la vergüenza".[226]El informe, redactado por Merle Smith en conferencia con Kelley y Gilbert, sostenía que, a menos que el poseedor tuviera conocimiento específico del asunto, sería imposible rechazar la aceptación. Se planeó pedir a los Estados Unidos que fundieran el oro en la oficina de ensayos, y entonces se decidió telegrafiar a Kuhn, Loeb & Company que no se impondrían restricciones a la importación de oro soviético en los Estados Unidos.

El oro llegó a la Oficina de Ensayos de Nueva York y no fue depositado por Kuhn, Loeb & Company, sino por la Guaranty Trust Company de Nueva York. El Guaranty Trust se puso entonces en contacto con la Junta de la Reserva Federal, que a su vez se puso en contacto con el Tesoro de los Estados Unidos para la aceptación y el pago. El Superintendente de la Oficina de Ensayos de Nueva York informó al Tesoro que los aproximadamente 7 millones de dólares de oro no tenían marcas de identificación y que "las barras depositadas ya habían sido fundidas en barras de moneda estadounidense". El Tesoro sugirió que la Junta de la Reserva Federal determinara si Guaranty Trust Company había actuado "en su propio nombre o en el de un tercero al presentar el oro", y en particular "si de la importación o el depósito del oro se derivó o no una transferencia de crédito o una transacción de divisas".[227]

El 10 de noviembre de 1920, A. Breton, un vicepresidente del Guaranty Trust, escribió al subsecretario Gilbert del Departamento del Tesoro quejándose de que Guaranty no había recibido el habitual adelanto inmediato de la Oficina de Análisis contra los "depósitos de metal amarillo que les habían dejado para su reducción". La carta afirmaba que Guaranty Trust había recibido garantías satisfactorias de que las barras eran producto de la fundición de monedas francesas y belgas, aunque había comprado el metal en Holanda. La carta pide al Tesoro que acelere el pago del oro. En respuesta, el Tesoro argumentó que "no compra el oro presentado a la Casa de la Moneda de los Estados Unidos o a las oficinas de ensayo que se sabe o se sospecha que es de origen soviético", y en vista de las ventas conocidas de oro soviético en Holanda, el oro presentado por la Guaranty Trust Company se consideró un "caso dudoso, con sugerencias de origen soviético".

---

[226] Ibid, 861.51,/837, 4 de octubre de 1920.

[227] Ibid, 861.51/837, 24 de octubre de 1920.

Sugirió que la Guaranty Trust Company podía retirar el oro de la oficina de análisis en cualquier momento, o que podía "presentar al Tesoro, al Banco de la Reserva Federal de Nueva York o al Departamento de Estado las pruebas adicionales necesarias para eximir al oro de cualquier sospecha de origen soviético".[228]

No hay constancia de la liquidación final de este caso, pero cabe suponer que Guaranty Trust Company recibió el pago por el envío. Está claro que este depósito de oro era para aplicar el acuerdo fiscal celebrado a mediados de los años 20 entre el Guaranty Trust y el gobierno soviético, en virtud del cual la empresa se convirtió en agente soviético en Estados Unidos (véase el epígrafe de este capítulo).

Más tarde se determinó que el oro soviético también fue enviado a la Casa de la Moneda sueca. La Casa de la Moneda sueca "funde el oro ruso, lo prueba y pone el sello de la Casa de la Moneda sueca a petición de los bancos suecos o de otros sujetos suecos que poseen el oro".[229] Y al mismo tiempo, Olof Aschberg, jefe de Svenska Ekonomie A/B (el intermediario soviético y filial de Guaranty Trust), ofreció "cantidades ilimitadas de oro ruso" a través de los bancos suecos.[230]

En resumen, podemos vincular a American International Corporation, al influyente profesor Lomonossoff, a Guaranty Trust y a Olof Aschberg (a quien ya hemos identificado) con los primeros intentos de importar oro soviético a Estados Unidos.

MAX MAY, DE GUARANTY TRUST, SE CONVIERTE EN DIRECTOR DE RUSKOMBANK

El interés de Guaranty Trust por la Rusia soviética se renovó en 1920 en forma de una carta de Henry C. Emery, subdirector del Departamento de Asuntos Exteriores de Guaranty Trust, a De Witt C. Poole en el Departamento de Estado. La carta está fechada el 21 de enero de 1920, unas semanas antes de que Allen Walker, director del Departamento de Asuntos Exteriores, participara activamente en la formación de la virulenta organización antisoviética United Americans (véase la página 165). Emery hizo muchas preguntas sobre la base legal del gobierno soviético y el sector bancario en Rusia y si el gobierno soviético era el gobierno de facto en Rusia.[231] "Levantamiento antes de 1922 planeado por los rojos", afirmaban los estadounidenses en 1920, pero Guaranty Trust había entablado negociaciones con los rojos y actuaba como agente soviético en Estados Unidos a mediados de 1920.

En enero de 1922, el Secretario de Comercio Herbert Hoover, intervino con el Departamento de Estado en un programa de Guaranty Trust para establecer una relación de intercambio con el "Nuevo Banco Estatal de Moscú". Este esquema,

[228] Ibid, 861.51/853, 11 de noviembre de 1920.

[229] Ibid, 316-119, 1132.

[230] Ibid, 316-119-785. Este informe contiene más datos sobre las transferencias de oro ruso por parte de otros países e intermediarios. Ver también 316-119-846.

[231] Ibid, 861.516/86.

escribió Herbert Hoover, "no sería objetable si se estipulara que todo el dinero que llegara a su poder se utilizara para la compra de bienes civiles en los Estados Unidos"; y después de afirmar que esta relación parecía estar de acuerdo con la política general, Hoover añadió: "Podría ser ventajoso organizar estas transacciones de tal manera que supiéramos cuál es el movimiento en lugar de las actuales operaciones desintegradas". Por supuesto, estas "operaciones desintegradas" son coherentes con las operaciones de un mercado abierto, pero este enfoque fue rechazado por Herbert Hoover, que prefirió canalizar el intercambio a través de fuentes específicas y controlables en Nueva York. El Secretario de Estado Charles E. Hughes expresó su aversión al sistema Hoover-Guaranty Trust, que en su opinión podía considerarse un reconocimiento de facto de los soviéticos cuando los créditos extranjeros adquiridos podían utilizarse en detrimento de los Estados Unidos. El Estado envió una respuesta no vinculante a Guaranty Trust. Sin embargo, Guaranty siguió adelante (con el apoyo de Herbert Hoover), participó en la formación del primer banco internacional soviético y Max May, de Guaranty Trust, se convirtió en jefe del departamento de asuntos exteriores del nuevo Ruskombank.

CAPÍTULO X

J.P. MORGAN ECHA UNA MANO AL ENEMIGO

No me sentaría a almorzar con un Morgan, excepto quizás para aprender algo sobre sus motivaciones y actitudes.
William E. Dodd, *Diario del Embajador Dodd, 1933-1938*

Nuestra historia ha girado hasta ahora en torno a una gran casa financiera: la Guaranty Trust Company, el mayor fideicomiso financiero de Estados Unidos y controlado por la firma J.P. Morgan. Guaranty Trust utilizó a Olof Aschberg, el banquero bolchevique, como intermediario en Rusia antes y después de la revolución. Guaranty fue prestamista de Ludwig Martens y su oficina soviética, los primeros representantes soviéticos en Estados Unidos. Y a mediados de los años 20, Guaranty era el agente fiscal soviético en Estados Unidos; los primeros envíos de oro soviético a Estados Unidos también fueron a parar a Guaranty Trust.

Esta actividad pro-bolchevique tiene un giro sorprendente: Guaranty Trust es uno de los fundadores de United Americans, una virulenta organización antisoviética que amenazó ruidosamente con la invasión roja en 1922, afirmó que 20 millones de dólares en fondos soviéticos estaban en camino para financiar la Revolución Roja y previó el pánico en las calles y la hambruna masiva en Nueva York. Esta duplicidad, por supuesto, plantea serias dudas sobre las intenciones del Guaranty Trust y sus directores. Tratar con los soviéticos, o incluso apoyarlos, puede explicarse por la codicia apolítica o simplemente por la preocupación por el beneficio. Por otro lado, la difusión de propaganda destinada a crear miedo y pánico, al tiempo que se fomentan las condiciones que engendran miedo y pánico, es un problema mucho más grave. Sugiere una depravación moral total. Veamos primero a los anticomunistas estadounidenses.

ESTADOUNIDENSES UNIDOS PARA LUCHAR CONTRA EL COMUNISMO[232]

En 1920 se fundó la organización United Americans. Se limitó a los ciudadanos de Estados Unidos y se planificó para cinco millones de miembros, "cuyo único propósito sería combatir las enseñanzas de los socialistas, los comunistas, el I.W.W., las organizaciones rusas y los sindicatos campesinos radicales".

En otras palabras, los estadounidenses unidos debían luchar contra todas las instituciones y grupos considerados anticapitalistas.

Los directivos de la organización preliminar creada para construir los Estados Unidos eran Allen Walker, de la Guaranty Trust Company; Daniel Willard, presidente del Baltimore & Ohio Railroad; H. H. Westinghouse, de la Westinghouse Air Brake Company; y Otto H. Kahn, de Kuhn, Loeb & Company y American International Corporation. Estas luminarias de Wall Street recibieron el apoyo de varios presidentes de universidades, entre ellos Newton W. Gilbert (ex gobernador de Filipinas). Claramente, los Estados Unidos eran, a primera vista, exactamente el tipo de organización que los capitalistas del establishment debían financiar y a la que debían unirse. Su formación no debería ser una gran sorpresa.

Por otra parte, como ya hemos visto, estos financieros también estuvieron muy implicados en el apoyo al nuevo régimen soviético en Rusia, aunque este apoyo tuvo lugar entre bastidores, sólo registrado en los archivos del gobierno, y no se hizo público durante 50 años. En Estados Unidos, Walker, Willard, Westinghouse y Kahn estaban jugando un doble juego. Otto H. Kahn, uno de los fundadores de la organización anticomunista, fue informado por el socialista británico J. H. Thomas de que tenía su "cara a la luz". Kahn escribió el prefacio del libro de Thomas. En 1924, Otto Kahn se dirigió a la Liga para la Democracia Industrial y profesó objetivos comunes con este grupo socialista militante (ver página 49). El ferrocarril Baltimore & Ohio (empleador de Willard) desempeñó un papel activo en el desarrollo de Rusia en la década de 1920. En 1920, el año de la fundación de United Americans, Westinghouse operaba una planta en Rusia que había sido eximida de la nacionalización. Y el papel de Guaranty Trust ya se ha descrito con detalle.

ESTADOS UNIDOS DESVELA "SORPRENDENTES REVELACIONES" SOBRE LOS ROJOS

En marzo de 1920, el *New York Times* publicó *en* primera plana un artículo detallado sobre la invasión de los rojos a los Estados Unidos dentro de dos años,

---

[232] *New York Times*, 21 de junio de 1919.

invasión que sería financiada con 20 millones de dólares de fondos soviéticos "obtenidos mediante el asesinato y el robo de la nobleza rusa".[233]

Se reveló que los estadounidenses habían investigado "actividades radicales" en los Estados Unidos como parte de su función como organización formada para "preservar la Constitución de los Estados Unidos con la forma representativa de gobierno y el derecho de posesión individual previsto en la Constitución".

Además, la investigación, se proclamó, recibió el apoyo del consejo de administración, "incluyendo a Otto H. Kahn, Allen Walker de Guaranty Trust Company, Daniel Willard" y otros. En la encuesta se afirmaba que:

> Los líderes izquierdistas están convencidos de que se producirá una revolución dentro de dos años, que el comienzo debe hacerse en Nueva York con una huelga general, que los líderes rojos han predicho un gran derramamiento de sangre y que el gobierno soviético ruso ha contribuido con 20.000.000 de dólares al movimiento radical estadounidense.

Los envíos de oro soviético al Guaranty Trust a mediados de la década de 1920 (540 cajas de tres canutillos cada una) tenían un valor de unos 15.000.000 de dólares (a 20 dólares la onza troy), y otros envíos de oro a través de Robert Dollar y Olof Aschberg hicieron que el total se acercara a los 20 millones de dólares. La información sobre el oro soviético destinado al movimiento radical fue descrita como "completamente fiable" y fue "entregada al gobierno". Se decía que los rojos planeaban someter a Nueva York por hambre en cuatro días:

> Mientras tanto, los rojos cuentan con un pánico financiero en las próximas semanas para avanzar en su causa. Tal pánico causaría angustia a los trabajadores y por lo tanto los haría más propensos a adherirse a la doctrina de la revolución.

El informe de los norteamericanos sobrestimó groseramente el número de radicales en Estados Unidos, presentando primero cifras como dos o cinco millones y luego conformándose con 3.465.000 miembros en cuatro organizaciones radicales. El informe concluye señalando la posibilidad de un derramamiento de sangre y cita a Skaczewski, presidente de la Asociación Internacional de Editores, si no del Partido Comunista, [quien] se jactó de que ... ha llegado el momento en que los comunistas destruirán completamente la forma actual de la sociedad".

En resumen, los estadounidenses publicaron un informe sin pruebas que pretendía sembrar el pánico en el ciudadano de a pie: lo importante es, por supuesto, que era el mismo grupo que se encargaba de proteger y subvencionar, cuando no ayudar, a los soviéticos para que pudieran emprender estos mismos planes.

---

[233] Ibid, 28 de marzo de 1920.

CONCLUSIONES RELATIVAS A LOS ESTADOUNIDENSES UNIDOS

¿Se trata de un caso en el que la mano derecha no sabe lo que hace la izquierda? Probablemente no. Estamos hablando de líderes empresariales, de empresas de gran éxito. Así que United Americans fue probablemente una treta para desviar la atención pública -y oficial- de los esfuerzos clandestinos por penetrar en el mercado ruso.

United Americans es el único ejemplo documentado que se conoce de este escritor de una organización que ayuda al régimen soviético y que también está en la vanguardia de la oposición a los soviéticos. La investigación futura debería centrarse al menos en los siguientes aspectos:

(a) ¿Existen otros ejemplos de dobles lealtades cometidas por grupos influyentes generalmente conocidos como instituciones?

(b) ¿Pueden extenderse estos ejemplos a otros ámbitos? Por ejemplo, ¿hay pruebas de que los conflictos laborales han sido causados por estos grupos?

(c) ¿Cuál es el objetivo final de estas tácticas de encuadre dialéctico? ¿Pueden relacionarse con el axioma marxista: la tesis contra la antítesis permite la síntesis? Es un enigma saber por qué el movimiento marxista atacaba frontalmente al capitalismo si su objetivo era un mundo comunista y si realmente aceptaba la dialéctica. Si el objetivo es un mundo comunista -es decir, si el comunismo es la síntesis deseada- y el capitalismo es la tesis, entonces algo distinto al capitalismo o al comunismo debe ser la antítesis. Entonces, ¿podría ser el capitalismo la tesis y el comunismo la antítesis, siendo el objetivo de los grupos revolucionarios y sus seguidores sintetizar estos dos sistemas en un sistema mundial aún no descrito?

MORGAN Y ROCKEFELLER ESTÁN AYUDANDO A KOLCHAK...

Paralelamente a estos esfuerzos para ayudar a la Oficina Soviética y a los Estados Unidos, la firma J.P. Morgan, que controlaba el Guaranty Trust, proporcionó ayuda financiera a uno de los principales oponentes de los bolcheviques, el almirante Alexander Kolchak en Siberia. El 23 de junio de 1919, el congresista Mason presentó la Resolución 132 de la Cámara de Representantes, en la que se instruía al Departamento de Estado para que "investigara todos y cada uno de los informes de prensa" que acusaban a los tenedores de bonos rusos de utilizar su influencia para obtener el "mantenimiento de las tropas estadounidenses en Rusia" con el fin de asegurar el pago continuo de los intereses de los bonos rusos. Según una nota informativa de Basil Miles, un asociado de William F. Sands, el congresista Mason acusó a ciertos bancos de intentar conseguir el reconocimiento del almirante Kolchak en Siberia para obtener el pago de antiguos bonos rusos.

Luego, en agosto de 1919, el Secretario de Estado Robert Lansing recibió del National City Bank de Nueva York, influenciado por Rockefeller, una carta en la que se solicitaba un comentario oficial sobre una propuesta de préstamo de 5 millones de dólares al almirante Kolchak; y de J.P. Morgan & Co. y otros banqueros, otra carta en la que se solicitaba el asesoramiento del Departamento sobre una propuesta de préstamo adicional de 10 millones de libras a Kolchak por parte de un consorcio de banqueros británicos y estadounidenses.[234]

El secretario Lansing informó a los banqueros de que Estados Unidos no había reconocido a Kolchak y que, aunque estaba dispuesto a ayudarle, "el departamento no creía que pudiera asumir la responsabilidad de fomentar tales negociaciones, pero, no obstante, no parecía haber ninguna objeción al préstamo siempre que los banqueros lo consideraran oportuno".[235]

Posteriormente, el 30 de septiembre, Lansing informó al Cónsul General de Estados Unidos en Omsk de que el "préstamo ha seguido desde entonces su curso normal".[236] Dos quintas partes del préstamo fueron contratadas por bancos británicos y tres quintas partes por bancos estadounidenses. Dos tercios del total debían gastarse en Gran Bretaña y Estados Unidos y el tercio restante donde el gobierno de Kolchak deseara. El préstamo estaba respaldado por el oro ruso (de Kolchak) que se envió a San Francisco. El programa de exportación de oro soviético descrito anteriormente sugiere que la cooperación con los soviéticos en la venta de oro se determinó a raíz del acuerdo de préstamo de oro de Kolchak.

La venta de oro soviético y el préstamo Kolchak también sugieren que la afirmación de Carroll Quigley de que los intereses de Morgan se infiltraron en la izquierda interna también se aplicó a los movimientos revolucionarios y contrarrevolucionarios en el extranjero. El verano de 1919 fue un periodo de reveses militares soviéticos en Crimea y Ucrania, y esta imagen negativa puede haber impulsado a los banqueros británicos y estadounidenses a reconciliarse con las fuerzas antibolcheviques. La razón obvia sería tener un pie en todos los lados, y así estar en una posición favorable para negociar concesiones y tratos después de que la revolución o la contrarrevolución haya triunfado y se haya estabilizado un nuevo gobierno. Como el resultado de un conflicto no puede verse desde el principio, la idea es apostar por todos los caballos en la carrera por la revolución. Así, se prestó ayuda, por un lado, a los soviéticos y, por otro, a Kolchak, mientras el Gobierno británico apoyaba a Denikin en Ucrania y el Gobierno francés acudía al rescate de los polacos.

En otoño de 1919, el periódico berlinés *Berliner Zeitung am Mittak* (8-9 de octubre) acusó a la firma Morgan de financiar al gobierno de Rusia Occidental y a las fuerzas ruso-alemanas en el Báltico que luchaban contra los bolcheviques, ambos aliados de Kolchak. El bufete de Morgan negó enérgicamente esta acusación: "Este bufete no ha mantenido en ningún momento conversaciones ni reuniones con el gobierno de Rusia Occidental ni con nadie que diga

---

[234] Archivo Decimal del Departamento de Estado de los Estados Unidos, 861.51/649.

[235] Ibid, 861.51/675

[236] Ibid, 861.51/656

representarlo".[237] Pero si la acusación de financiación era inexacta, hay pruebas de colaboración. Los documentos encontrados por los servicios de inteligencia del gobierno letón entre los papeles del coronel Bermondt, comandante del Ejército Voluntario Occidental, confirman "las supuestas relaciones existentes entre el agente de Kolchak en Londres y la red industrial alemana que estaba detrás de Bermondt".[238]

En otras palabras, sabemos que J.P. Morgan, los banqueros de Londres y Nueva York financiaron a Kolchak. También hay pruebas que relacionan a Kolchak y su ejército con otros ejércitos antibolcheviques. Y parece obvio que los círculos industriales y bancarios alemanes estaban financiando al ejército antibolchevique ruso en el Báltico. Es evidente que los fondos de los banqueros no tienen bandera nacional.

---

[237] Ibid, 861.51/767 - carta de J. P. Morgan al Departamento de Estado, 11 de noviembre de 1919. La financiación en sí era un engaño (véase el informe de AP en los archivos del Departamento de Estado que siguen a la carta de Morgan).

[238] Ibid, 861.51/6172 y /6361.

CAPÍTULO XI

LA ALIANZA BANCARIA
Y LA REVOLUCIÓN

El nombre de Rockefeller no evoca a un revolucionario, y mi modo de vida ha favorecido una actitud prudente y cautelosa que roza el conservadurismo. No soy conocido por apoyar causas perdidas...
John D. Rockefeller III, *La segunda revolución americana*
(Nueva York: Harper & Row. 1973)

PRUEBAS RESUMIDAS

L as pruebas ya publicadas por George Katkov, Stefan Possony y Michael Futrell han establecido que el regreso a Rusia de Lenin y su partido de bolcheviques exiliados, seguido unas semanas después por un partido de mencheviques, fue financiado y organizado por el gobierno alemán.[239]fondos necesarios se transfirieron en parte a través del Nya Banken de Estocolmo, propiedad de Olof Aschberg, y el doble objetivo alemán era: (a) para sacar a Rusia de la guerra, y (b) para controlar el mercado ruso de la posguerra.[240]

Ahora hemos ido más allá de esta evidencia para establecer una relación de trabajo continua entre el banquero bolchevique Olof Aschberg y la Guaranty Trust Company, controlada por Morgan, en Nueva York, antes, durante y después de la Revolución Rusa. Durante la época zarista, Aschberg fue el agente de Morgan en Rusia y el negociador de los préstamos rusos en Estados Unidos; en 1917, Aschberg fue el intermediario financiero de los revolucionarios; y después de la revolución, Aschberg se convirtió en director del Ruskombank, el primer banco internacional soviético, mientras que Max May, vicepresidente del Guaranty Trust controlado por Morgan, se convirtió en director y jefe del departamento de asuntos exteriores del Ruskom-bank. Hemos presentado pruebas documentales de una

---

[239] Michael Futrell, *Northern Underground* (Londres: Faber et Faber, 1963); Stefan Possony, *Lénine: The Compulsive Revolutionary (*Londres: George Allen & Unwin, 1966); et George Katkov, "German Foreign Office Documents on Financial Support to the Bolsheviks in 1917", *International Affairs 32 (*Royal Institute of International Affairs, 1956).

[240] Ibid. y especialmente Katkov.

relación de trabajo continua entre la Guaranty Trust Company y los bolcheviques. Los directores de Guaranty Trust en 1917 se enumeran en el Apéndice 1.

Además, hay pruebas de las transferencias de fondos de los banqueros de Wall Street a las actividades revolucionarias internacionales. Por ejemplo, hay una declaración (respaldada por un telegrama) de William Boyce Thompson -director del Banco de la Reserva Federal de Nueva York, accionista principal del Chase Bank, controlado por los Rockefeller, y socio financiero de los Guggenheim y de la familia Morgan- de que él (Thompson) contribuyó con un millón de dólares a la revolución bolchevique con fines de propaganda. Otro ejemplo es el de John Reed, el miembro estadounidense del comité ejecutivo de la Tercera Internacional, que fue financiado y apoyado por Eugene Boissevain, un banquero privado de Nueva York, y fue empleado por la revista *Metropolitan* de Harry Payne Whitney. Whitney era en ese momento director de Guaranty Trust. También hemos establecido que Ludwig Martens, el primer "embajador" soviético en los Estados Unidos, fue (según el jefe del servicio secreto británico Sir Basil Thompson) apoyado por fondos de la Guaranty Trust Company. Al rastrear la financiación de Trotsky en Estados Unidos, nos encontramos con fuentes alemanas, aún por identificar, en Nueva York. Aunque no conocemos las fuentes alemanas precisas de los fondos de Trotsky, sí sabemos que Von Pavenstedt, el principal responsable del espionaje alemán en Estados Unidos, era también socio principal de Amsinck & Co. Amsinck era propiedad de la omnipresente American International Corporation -también controlada por la firma J.P. Morgan.

Además, las empresas de Wall Street, incluida Guaranty Trust, participaron en las actividades revolucionarias de Carranza y Villa en México durante la guerra. También hemos identificado pruebas documentales de la financiación por parte de un sindicato de Wall Street de la revolución de Sun Yat-sen en China en 1912, una revolución que ahora los comunistas chinos aclaman como precursora de la revolución de Mao en China. Charles B. Hill, un abogado de Nueva York que negociaba con Sun Yat-sen en nombre de este sindicato, era director de tres filiales de Westinghouse, y descubrimos que Charles R. Crane, de Westinghouse en Rusia, estaba implicado en la revolución rusa.

Además de las finanzas, hemos identificado otras pruebas, quizás más significativas, de la participación de Wall Street en la causa bolchevique. La misión de la Cruz Roja estadounidense en Rusia era una empresa privada de William B. Thompson, que prestó públicamente apoyo partidista a los bolcheviques. Los documentos del Gabinete de Guerra británico actualmente disponibles indican que la política británica se desvió hacia el régimen de Lenin y Trotsky gracias a la intervención personal de Thompson con Lloyd George en diciembre de 1917. Hemos reproducido las declaraciones del director Thompson y del vicepresidente William Lawrence Saunders, ambos del Banco de la Reserva Federal de Nueva York, que se mostraron muy favorables a los bolcheviques. John Reed no sólo fue financiado por Wall Street, sino que tuvo un apoyo continuado para sus actividades hasta la intervención en el Departamento de Estado de William Franklin Sands, Secretario Ejecutivo de la American International Corporation. En el caso de la sedición de Robert Minor, hay fuertes indicios y algunas pruebas circunstanciales de que el coronel Edward House intervino para conseguir la liberación de Minor. La importancia del caso de Minor reside en el hecho de que el programa de William B. Thompson para la revolución bolchevique en Alemania era el mismo programa que Minor estaba aplicando cuando fue detenido en Alemania.

Algunos agentes internacionales, por ejemplo Alexander Gumberg, trabajaron para Wall Street y los bolcheviques. En 1917, Gumberg fue representante de una empresa estadounidense en Petrogrado, trabajó para la misión de la Cruz Roja estadounidense en Thompson, se convirtió en el principal agente de los bolcheviques en Escandinavia hasta su deportación de Noruega, y luego se convirtió en el asistente confidencial del prefecto Schley del Chase Bank de Nueva York y, más tarde, de Floyd Odium de la Atlas Corporation.

Gran parte de esta actividad en nombre de los bolcheviques procede de una única dirección: 120 Broadway, Nueva York. Se presentan pruebas de esta observación, pero no se da ninguna razón concluyente para la inusual concentración de actividad en una sola dirección, excepto que parece ser la contraparte extranjera de la afirmación de Carroll Quigley de que J.P. Morgan se infiltró en la izquierda nacional. Morgan también se ha infiltrado en la izquierda internacional.

El Banco de la Reserva Federal de Nueva York está situado en el 120 de Broadway. El vehículo para esta actividad pro-bolchevique era la American International Corporation, en el 120 de Broadway. Las opiniones de la AIC sobre el régimen bolchevique fueron cuestionadas por el Secretario de Estado Robert Lansing sólo unas semanas después de que comenzara la revolución, y Sands, el secretario ejecutivo de la AIC, apenas podía contener su entusiasmo por la causa bolchevique. Ludwig Martens, el primer embajador soviético, había sido vicepresidente de Weinberg & Posner, que también se encontraba en el 120-Broadway. La Guaranty Trust Company estaba al lado, en el 140 de Broadway, pero la Guaranty Securities Co. estaba en el 120 de Broadway. En 1917, Hunt, Hill & Betts estaba en el 120 de Broadway, y Charles B. estaba en el 120 de Broadway. Hill de esta empresa fue el negociador en los negocios de Sun Yat-sen. John MacGregor Grant, financiado por Olof Aschberg en Suecia y Guaranty Trust en Estados Unidos, y que figuraba en la lista negra de los servicios de inteligencia militar, se encontraba en el 120 de Broadway. Los Guggenheim y el corazón ejecutivo de General Electric (también interesado en American International) se encontraban en el 120 de Broadway. No es de extrañar que el Bankers Club también estuviera situado en el 120 de Broadway, en el último piso (el trigésimo cuarto).

Es significativo que el apoyo a los bolcheviques no cesó con la consolidación de la revolución; por tanto, este apoyo no puede explicarse totalmente por la guerra con Alemania. La unión ruso-estadounidense formada en 1918 para obtener concesiones en Rusia fue apoyada por los intereses de White, Guggenheim y Sinclair. Los directores de las empresas controladas por estos tres financieros eran Thomas W. Lamont (Guaranty Trust), William Boyce Thompson (Banco de la Reserva Federal) y Harry Payne Whitney (Guaranty Trust), empleador de John Reed. Esto sugiere claramente que el sindicato se formó para aprovechar el apoyo a la causa bolchevique durante el periodo revolucionario. Y entonces descubrimos que Guaranty Trust apoyó financieramente a la Oficina Soviética en Nueva York en 1919.

La primera señal realmente concreta de que el apoyo político y financiero anterior estaba dando sus frutos llegó en 1923, cuando los soviéticos crearon su primer banco internacional, el Ruskombank. El socio de Morgan, Olof Aschberg, se convirtió en el director nominal de este banco soviético; Max May, un vicepresidente del Guaranty Trust, se convirtió en director del Ruskom-bank, y el Ruskombank pronto nombró a la Guaranty Trust Company como su agente en Estados Unidos.

LA EXPLICACIÓN DE LA ALIANZA ANTINATURAL

¿Cuál es el motivo de esta coalición de capitalistas y bolcheviques?

Rusia era entonces -y es ahora- el mayor mercado sin explotar del mundo. Además, Rusia, entonces como ahora, representaba la mayor amenaza competitiva potencial para la supremacía industrial y financiera estadounidense. (Basta con echar un vistazo a un mapamundi para destacar la diferencia geográfica entre la inmensa masa de tierra de Rusia y la de los pequeños Estados Unidos). Wall Street tuvo escalofríos al visualizar a Rusia como un segundo supergigante industrial estadounidense.

Pero, ¿por qué permitir que Rusia se convierta en un competidor y un desafío a la supremacía estadounidense? A finales del siglo XIX, Morgan/Rockefeller y Guggenheim habían demostrado sus tendencias monopolísticas. En *Railroads and Regulation 1877–1916*, Gabriel Kolko mostró cómo los propietarios de los ferrocarriles, y no los agricultores, querían que el Estado controlara los ferrocarriles para preservar su monopolio y abolir la competencia. Así que la explicación más sencilla de nuestras pruebas es que un sindicato de financieros de Wall Street amplió el horizonte de sus ambiciones monopolísticas y facilitó las operaciones globales. *El gigantesco mercado ruso debía convertirse en un mercado cautivo y en una colonia técnica explotada por unos pocos y poderosos financieros estadounidenses y las empresas que controlaban.* Lo que la Comisión de Comercio Interestatal y la Comisión Federal de Comercio, bajo el liderazgo de la industria estadounidense, podrían lograr para esta industria en casa, un gobierno socialista planificado podría lograrlo en el extranjero - con el apoyo y los incentivos adecuados de Wall Street y Washington, D.C.

Por último, para que esta explicación no parezca demasiado radical, recuérdese que fue Trotsky quien designó a los generales zaristas para consolidar el Ejército Rojo; que fue Trotsky quien pidió a los oficiales estadounidenses que controlaran la Rusia revolucionaria e intervinieran a favor de los soviéticos; que fue Trotsky quien primero aplastó al elemento libertario en la revolución rusa, y luego a los obreros y campesinos; y que la historia escrita ignora por completo al Ejército Verde de 700.000 hombres de ex-bolcheviques, furiosos por la traición de la revolución, que combatieron tanto a los blancos *como a* los rojos. En otras palabras, sugerimos que la revolución bolchevique fue una alianza de estadísticas:

revolucionarios y financieros estatales alineados contra los verdaderos elementos revolucionarios libertarios en Rusia.[241]

La cuestión que se plantea ahora a los lectores es: ¿fueron estos banqueros también bolcheviques secretos? No, claro que no. Los financieros no tenían ideología. Sería un error de interpretación suponer que la ayuda a los bolcheviques tenía una motivación ideológica, en el sentido estricto de la palabra. Los financieros estaban motivados por el poder y, por tanto, ayudaban a cualquier instrumento político que les permitiera acceder al poder: Trotsky, Lenin, el Zar, Kolchak, Denikin, todos recibieron ayuda, más o menos. Todos ellos, es decir, excepto los que querían una sociedad individualista verdaderamente libre.

La ayuda tampoco se limitó a los bolcheviques y contrabolcheviques del Estado. John P. Diggins, en *Mussolini and fascism: The View from America*[242]señaló acerca de Thomas Lamont, del Guaranty Trust, que de todos los líderes empresariales estadounidenses, el que apoyó más enérgicamente la causa del fascismo fue Thomas W. Lamont. Jefe de la poderosa red bancaria J.P. Morgan, Lamont era una especie de asesor empresarial del gobierno de la Italia fascista.

Lamont consiguió un préstamo de 100 millones de dólares para Mussolini en 1926, en un momento especialmente crucial para el dictador italiano. También cabe recordar que el director del Guaranty Trust era el padre de Corliss Lamont, un comunista nacional. Este enfoque imparcial de los dos sistemas totalitarios, el comunismo y el fascismo, no se limitó a la familia Lamont. Por ejemplo, Otto Kahn, director de la American International Corporation y de Kuhn, Loeb & Co, estaba convencido de que "el capital estadounidense invertido en Italia encontrará seguridad, estímulo, oportunidad y recompensa".[243] Fue el mismo Otto Kahn quien, en 1924, dijo a la Liga Socialista para la Democracia Industrial que sus objetivos eran los mismos que los suyos. Sólo se diferenciaban -según Otto Kahn- en los medios para alcanzar esos objetivos.

Ivy Lee, el hombre de relaciones públicas de Rockefeller, hizo declaraciones similares, y fue el responsable de vender el régimen soviético al crédulo público estadounidense a finales de la década de 1920. También hemos observado que Basil Miles, jefe de la oficina rusa del Departamento de Estado y antiguo socio de William Franklin Sands, era decididamente servicial con los empresarios que defendían las causas bolcheviques; pero en 1923, el mismo Miles escribió un artículo profascista, "Los camisas negras de Italia y los negocios". "[244]El éxito de los fascistas es una expresión de la juventud italiana", escribió Miles, al tiempo que glorificaba el movimiento fascista y aplaudía su estima por los negocios estadounidenses.

---

[241] Voir aussi Voline (V.M. Eichenbaum), *Nineteen-Seventeen: The Russian Revolution Betrayed* (Nueva York: Libertarian Book Club, s.f.).

[242] Princeton, N.J.: Princeton University Press, 1972.

[243] Ibid, p. 149.

[244] *Nation's Business*, febrero de 1923, pp. 22–23.

EL PLAN MARBURG

El Plan Marburg, financiado por el vasto legado de Andrew Carnegie, se llevó a cabo en los primeros años del siglo XX. Sugiere una premeditación para este tipo de esquizofrenia superficial, que de hecho enmascara un programa integrado de adquisición de poder: "Y si Carnegie y su riqueza ilimitada, los financieros internacionales y los socialistas pudieran organizarse en un movimiento para forzar la formación de una liga para imponer la paz".[245]

Los gobiernos del mundo, según el plan de Marburg, debían ser socializados, mientras que el poder final quedaría en manos de los financieros internacionales "para controlar su consejo e imponer la paz [y así] proporcionar una solución adecuada para todos los males políticos de la humanidad".[246]

Esta idea se ha entrelazado con otros elementos con objetivos similares. Lord Milner, en Inglaterra, ofrece el ejemplo de los intereses bancarios transatlánticos que reconocen las virtudes y posibilidades del marxismo. Milner era un banquero, influyente en la política británica en tiempos de guerra, y pro-marxista.[247] En Nueva York se fundó el Club Socialista "X" en 1903. Entre sus miembros se encontraban no sólo el comunista Lincoln Steffens, el socialista William English Walling y el banquero comunista Morris Hillquit, sino también John Dewey, James T. Shotwell, Charles Edward Russell y Rufus Weeks (vicepresidente de la New York Life Insurance Company). La reunión anual del Club Económico en el Hotel Astor de Nueva York estuvo marcada por la presencia de oradores socialistas. En 1908, cuando A. Barton Hepburn, presidente del Chase National Bank, fue presidente del Club Económico, el orador principal fue Morris Hillquit, ya citado, que "tuvo la oportunidad de predicar el socialismo a una reunión que representaba la riqueza y los intereses financieros".[248]

De estas inverosímiles semillas nació el movimiento internacionalista moderno, que incluía no sólo a los financieros Carnegie, Paul Warburg, Otto Kahn, Bernard Baruch y Herbert Hoover, sino también a la Fundación Carnegie y a su derivación de la *Conciliación Internacional*. Los directores de Carnegie eran, como hemos visto, miembros importantes del consejo de administración de la American International Corporation. En 1910, Carnegie donó 10 millones de dólares para fundar la Fundación Carnegie para la Paz Internacional, y entre los miembros del consejo se encontraban Elihu Root (Misión Root a Rusia, 1917), Cleveland H. Dodge (donante del presidente Wilson), George W. Perkins (socio de Morgan), G. J. Balch (AIC y Amsinck), R. F. Herrick (AIC), H. W. Pritchett (AIC) y otras personalidades de Wall Street. Woodrow Wilson estuvo muy influenciado por este grupo de internacionalistas, y estaba en deuda financiera con

---

[245] Jennings C. Wise, *Woodrow Wilson: Disciple of Revolution* (Nueva York: Paisley Press, 1938), p.45.

[246] Ibid, p.46.

[247] Véase la página 89.

[248] Morris Hillquit, *Loose Leaves from a Busy Life* (Nueva York: Macmillan, 1934), p. 81.

ellos. Como escribió Jennings C. Wise escribió: "Los historiadores nunca deben olvidar que Woodrow Wilson... permitió que León Trotsky entrara en Rusia con un pasaporte estadounidense".[249]

Pero León Trotsky también se declaró internacionalista. Hemos observado con cierto interés sus conexiones como internacionalista de alto nivel, o al menos sus amigos, en Canadá. Trotsky no era ni pro-ruso, ni pro-aliado, ni pro-alemán, como muchos han intentado hacernos creer. Trotsky estaba *a favor de la* revolución mundial, *de la* dictadura mundial; era, en una palabra, un internacionalista.[250] Los bolcheviques y los banqueros tenían entonces este importante punto en común: el internacionalismo. La revolución y las finanzas internacionales no son en absoluto contradictorias si el resultado de la revolución es establecer una autoridad más centralizada. Las finanzas internacionales prefieren tratar con los gobiernos centrales. Lo último que quiere la banca es una economía libre y un poder descentralizado, porque estos elementos disminuyen su poder.

Así que es una explicación que se ajusta a las pruebas. Este puñado de banqueros y promotores no era ni bolchevique, ni comunista, ni socialista, ni demócrata, ni siquiera estadounidense. Estos hombres querían sobre todo mercados, preferentemente mercados internacionales cautivos, y un monopolio del mercado mundial cautivo como objetivo final. Querían mercados que pudieran ser explotados monopólicamente sin temor a la competencia de los rusos, los alemanes o cualquier otra persona -incluidos los empresarios estadounidenses fuera del círculo de iniciados. Este grupo cerrado era apolítico y amoral. En 1917, tenía un único objetivo: la consolidación de un mercado cautivo en Rusia, todo ello presentado bajo la apariencia de una liga para imponer la paz y protegido intelectualmente por ella.

En efecto, Wall Street ha logrado su objetivo. Las empresas norteamericanas controladas por esta unión continuaron posteriormente la construcción de la Unión Soviética, y ahora están en camino de llevar el complejo militar-industrial soviético a la era de la informática.

Hoy, el objetivo sigue siendo válido. John D. Rockefeller lo explica en su libro *The Second American Revolution, en* cuya primera página aparece una estrella de cinco puntas.[251] El libro contiene un alegato desnudo de humanismo, un alegato para que nuestra primera prioridad sea trabajar por los demás. En otras palabras, un alegato a favor del colectivismo. El humanismo es el colectivismo. Es notable que los Rockefeller, que promovieron esta idea humanista durante un siglo, no cedieran su PROPIO patrimonio a los demás . Probablemente esté implícito en su recomendación que todos trabajemos para los Rockefeller. El libro de Rockefeller promueve el colectivismo bajo el disfraz de "conservadurismo prudente" y el "bien público". De hecho, es un alegato a favor de la continuación del anterior apoyo de

---

[249] Wise, op. cit. p. 647.

[250] Leon Trotsky, *The Bolsheviki and World Peace* (Nueva York: Boni & Liveright, 1918).

[251] En mayo de 1973, el Chase Manhattan Bank (cuyo presidente es David Rockefeller) abrió una oficina en Moscú, en el número 1 de la plaza Karl Marx. La oficina de Nueva York está situada en el 1 de Chase Manhattan Plaza.

Morgan-Rockefeller a las empresas colectivistas y a la subversión masiva de los derechos individuales.

En resumen, el bien público ha sido, y sigue siendo, utilizado como medio y excusa de expansión por un círculo elitista que aboga por la paz mundial y la decencia humana. Pero mientras el lector vea la historia del mundo en términos de un inexorable conflicto marxista entre el capitalismo y el comunismo, los objetivos de esa alianza entre las finanzas internacionales y la revolución internacional seguirán siendo esquivos. Lo mismo ocurrirá con el absurdo de la promoción del bien público por parte de estos saqueadores. Si estas alianzas aún se le escapan al lector, debería reflexionar sobre el hecho evidente de que estos mismos intereses y promotores internacionales están siempre dispuestos a determinar lo que deben hacer los demás, pero es evidente que no están dispuestos a ser los primeros en renunciar a su propia riqueza y poder. Sus bocas están abiertas, sus bolsillos cerrados.

Esta técnica, utilizada por los monopolistas para defraudar a la sociedad, fue expuesta a principios del siglo XX por Frederick C. Howe en *The Confessions of a Monopolist*.[252] En primer lugar, dice Howe, la política es una parte necesaria de los negocios. Para controlar las industrias, es necesario controlar el Congreso y los reguladores y así hacer que la sociedad trabaje para ti, el monopolista. Así, según Howe, los dos principios de un monopolista de éxito son: "Primero, deja que la sociedad trabaje para ti; y segundo, haz de la política un negocio como cualquier otro".[253] Estas son, según Howe, las "reglas básicas de las grandes empresas".

¿Existen pruebas de que este objetivo magníficamente ambicioso también era conocido por el Congreso y el mundo académico? Ciertamente, la posibilidad era conocida y se hizo pública. Por ejemplo, el testimonio de Albert Rhys Williams, un comentarista informado sobre la revolución, ante el Comité Overman del Senado:

> ... es probablemente cierto que bajo el gobierno soviético, la vida industrial puede desarrollarse mucho más lentamente que bajo el sistema capitalista habitual. Pero, ¿por qué un gran país industrial como Estados Unidos querría la creación y consiguiente competencia de otro gran rival industrial? ¿No coinciden los intereses de Estados Unidos en este sentido con el lento ritmo de desarrollo que proyecta la Rusia soviética?
>
> SENADOR WOLCOTT: ¿Así que su argumento es que a Estados Unidos le conviene reprimir a Rusia?
>
> MR. WILLIAMS: Sin control...
>
> SENADOR WOLCOTT: Usted dice. ¿Por qué iba a querer Estados Unidos que Rusia se convirtiera en un competidor industrial a su lado?
>
> MR. WILLIAMS: Eso es hablar desde un punto de vista capitalista. El interés de Estados Unidos no es, creo, tener otro gran rival industrial, como Alemania, Inglaterra, Francia e Italia, compitiendo en el mercado. Creo que un gobierno distinto al soviético quizás aumentaría el ritmo o la tasa de desarrollo de Rusia, y

---

[252] Chicago: Public Publishing, s.f.

[253] Ibid.

tendríamos otro rival. Por supuesto, este es un debate desde un punto de vista capitalista.

SENADOR WOLCOTT: ¿Así que usted está presentando un argumento que cree que podría complacer al pueblo estadounidense, que si reconocemos al gobierno soviético de Rusia tal como está constituido, reconoceremos a un gobierno que no podrá competir con nosotros en la industria durante muchos años?

MR. WILLIAMS: Eso es un hecho.

SENADOR WOLCOTT: ¿Es un argumento que bajo el gobierno soviético, Rusia no ha sido capaz, al menos durante muchos años, de acercarse a los rendimientos industriales de Estados Unidos?

MR. WILLIAMS: Absolutamente.[254]

Y en esta franca declaración de Albert Rhys Williams está la clave fundamental de la interpretación revisionista de la historia rusa en el último medio siglo.

Wall Street, o más bien el complejo Morgan-Rockefeller representado en el 120 de Broadway y el 14 de Wall Street, quería algo muy parecido al argumento de Williams. Wall Street luchó en Washington por los bolcheviques. Lo ha conseguido. El régimen totalitario soviético sobrevivió. En los años 30, las empresas extranjeras, principalmente el Grupo Morgan-Rockefeller, construyeron los planes quinquenales. Siguieron construyendo Rusia, económica y militarmente.[255] Por otra parte, Wall Street probablemente no previó la Guerra de Corea y la Guerra de Vietnam, en las que 100.000 estadounidenses e innumerables aliados perdieron la vida a causa del armamento soviético construido con la misma tecnología estadounidense importada. Lo que parecía una política previsora, y sin duda rentable, para un sindicato de Wall Street, se convirtió en una pesadilla para millones de personas ajenas al círculo del poder elitista y la clase dominante.

---

[254] Estados Unidos, Senado, *Bolshevik Propaganda,* Hearings before a Subcommittee of the Judiciary Committee, 65th Cong. at 679-80. Véase también, p. 107, el papel de Williams en la Oficina de Prensa de Radek.

[255] *Voir* Antony C. Sutton, *Western Technology and Soviet Economic Development,* 3 vols. (Stanford, Californie: Hoover Institution, 1968, 1971, 1973) ; voir aussi *National Suicide: Military Aid to the Soviet Union (*Nueva York: Arlington House, 1973).

ANEXO I

DIRECTORES DE LOS PRINCIPALES BANCOS, EMPRESAS E INSTITUCIONES MENCIONADOS EN ESTE LIBRO (EN 1917-1918)

AMERICAN INTERNATIONAL CORPORATION (120 Broadway)

J. Armadura Ogden
G. J. Baldwin
C. A. Ataúd
W. E. Corey
Robert Dollar
Pierre S. du Pont
Philip A. S. Franklin
J. P. Grace
R. F. Herrick
Otto H. Kahn
H. W. Pritchett

Percy A. Rockefeller
John D. Ryan
W. L. Saunders
J.A. Stillman
C.A. Stone
T.N. Vail
F. A. Vanderlip
E. S. Webster
A. H. Wiggin
Beckman Winthrop
William Woodward

CHASE NATIONAL BANK

J. N. Colina
A. B. Hepburn
S. H. Miller
C. Sr. Schwab
H. Bendicott
Guy E. Tripp

Newcomb Carlton
D. C. Jackling
E.R. Tinker
A.H. Wiggin
John J. Mitchell

EQUITABLE TRUST COMPANY (37–43 Wall Street)

Charles B. Alexander
Albert B. Boardman
Robert.C. Clowry
Howard E. Cole
Henry E. Cooper
Paul D. Cravath Hunter
Franklin Wm. Cutcheon
Bertram Cutler
Thomas de Witt Cuyler
Frederick W. Fuller

Henry E. Huntington
Edward T. Jeffrey
Otto H. Kahn
Alvin W. Krech
James W. Lane
S. Marston
Charles G. Meyer
George Welwood Murray
Henry H. Pierce
Winslow S. Pierce

Robert Goelet
Carl R. Gray
Charles Hayden
Bertram G. Work

Lyman Rhoades
Walter C. Teagle
Henry Rogers Winthrop

CONSEJO CONSULTIVO FEDERAL (1916)

Daniel G. Wing, Boston, Distrito n° 1
J. P. Morgan, Nueva York, Distrito n° 2
Levi L. Street, Filadelfia, Distrito n° 3
W. S. Rowe, Cincinnati, Distrito n° 4
J. W. Norwood, Greenville, S.C., Distrito n° 5
C. A. Lyerly, Chattanooga, Distrito n° 6
J. B. Forgan, Chicago, Presidente, Distrito n° 7
Frank O. Watts, St. Louis, Distrito n° 8
C. T. Jaffray, Minneapolis, Distrito n° 9
E. F. Swinney, Kansas City, Distrito n° 10
T. J. Record, París, Distrito n° 11
Herbert Fleishhacker, San Francisco, Distrito n° 12

FEDERAL RESERVE BANK OF NEW YORK (120 Broadway)

William Woodward (1917)
Robert H. Treman (1918)   Clase A
Franklin D. Locke (1919)

Charles A. Piedra (1920)
Wm. B. Thompson (1918)   Clase B
L. R. Palmer (1919)

Pierre Jay (1917)
George F. Peabody (1919)   Clase C
William Lawrence Saunders (1920)

JUNTA DE LA RESERVA FEDERAL

William G. M'Adoo
Charles S. Hamlin (1916)
Paul M. Warburg (1918)
John Skelton Williams

Adolf C. Miller (1924)
Frédéric A. Delano (1920)
W. P. G. Harding (1922)

GUARANTY TRUST COMPANY (140 Broadway)

Alexander J. Hemphill (Presidente)
Charles H. Allen
A. C. Bedford Grayson
Edward J. Berwind
W. Murray Crane
T. de Witt Cuyler
James B. Duke
Caleb C. Dula
Robert W. Goelet

Edgar L. Marston
M-P Murphy
Charles A. Peabody
William C. Potter
John S. Runnells
Thomas F. Ryan
Charles H. Sabin
John W. Spoor

Daniel Guggenheim
W. Averell Harriman
Albert H. Harris
Walter D. Hines
Augustus D. Julliard
Thomas W. Lamont
William C. Lane

Albert Straus
Harry P. Whitney
Thomas E. Wilson
Comité de Londres:
Arthur J. Fraser (Presidente)
Cecil F. Parr
Robert Callander

BANCO NACIONAL DE LA CIUDAD

P. A. S. Franklin
J. P. Grace
G. H. Dodge
H. A. C. Taylor
R. S. Lovett
F. A. Vanderlip
G. H. Miniken
E. P. Swenson
Frank Trumbull
Edgar Palmer

P. A. Rockefeller
James Stillman
W. Rockefeller
J. O. Armadura
J.W. Sterling
J.A. Stillman
M.T. Pyne
E. D. Bapst
J.H. Post
W.C. Procter

NATIONALBANK FÜR DEUTSCHLAND

(Como en 1914, Hjalmar Schacht lo integró en 1918).
Emil Wittenberg
Hjalmar Schacht
Martin Schiff
Franz Rintelen

Hans Winterfeldt
Th Marba
Paul Koch

SINCLAIR CONSOLIDATED OIL CORPORATION (120 Broadway)

Harry F. Sinclair
H. P. Whitney
Wm. E. Corey
Wm. B. Thompson

James N. Wallace
Edward H. Clark
Daniel C. Jackling
Albert H. Wiggin

J. G. WHITE ENGINEERING CORPORATION

James Brown
Douglas Campbell
G. C. Clark, Jr.
Bayard Dominick, Jr.
A. G. Hodenpyl
T. W. Lamont
Marion McMillan
J. H. Pardee
G. H. Walbridge
E. N. Chilson
A. N. Connett

C. E. Bailey
J. G. White
Gano Dunn
E. G. Williams
A. S. Crane
H. A. Lardner
G. H. Kinniat
A. F. Kountz
R.B. Caminando
Henry Parsons

ANEXO II

LA TEORÍA DE LA CONSPIRACIÓN JUDÍA DE LA REVOLUCIÓN BOLCHEVIQUE

Existe una abundante literatura en inglés, francés y alemán que recoge el argumento de que la revolución bolchevique fue el resultado de una "conspiración judía"; concretamente, una conspiración de los banqueros mundiales judíos. En general, el control del mundo es visto como el objetivo final; la revolución bolchevique fue sólo una fase de un programa más amplio que se supone que refleja una lucha religiosa secular entre el cristianismo y las "fuerzas de la oscuridad".

El argumento y sus variantes pueden encontrarse en los lugares más sorprendentes y con personas muy diferentes. En febrero de 1920, Winston Churchill escribió un artículo - raramente citado hoy en día - para el *London Illustrated Sunday Herald* titulado "El sionismo contra el bolchevismo". En este artículo, Churchill concluía que era "particularmente importante... que los judíos nacionales de cada país que son leales a su tierra de adopción se presenten en cada oportunidad... y tomen una parte importante en todas las medidas para combatir la conspiración bolchevique". Churchill traza una línea divisoria entre los "judíos nacionales" y lo que él llama "judíos internacionales". Sostiene que los "judíos internacionales mayoritariamente ateos" desempeñaron ciertamente un papel "muy grande" en la creación del bolchevismo y en el advenimiento de la Revolución Rusa. Afirma (en contra de la realidad) que, con la excepción de Lenin, "la mayoría" de las figuras destacadas de la revolución eran judías, y añade (también en contra de la realidad) que en muchos casos los intereses judíos y los lugares de culto judíos fueron eximidos por los bolcheviques de su política de incautación. Churchill llama a la judería internacional una "siniestra confederación" de las poblaciones perseguidas de los países donde los judíos fueron martirizados por su raza. Winston Churchill rastrea este movimiento hasta Espartaco-Weishaupt, continuando con Trotsky, Bela Kun, Rosa Luxemburgo y Emma Goldman, y hace las siguientes acusaciones: "Esta conspiración mundial para el derrocamiento de la civilización y para la reconstitución de la sociedad sobre la base de un desarrollo detenido, una malevolencia envidiosa y una igualdad imposible, ha seguido extendiéndose".

Churchill continúa argumentando que este grupo conspirativo Espartaco-Weishaupt fue la fuerza motriz de todos los movimientos subversivos del siglo XIX. Mientras señala que el sionismo y el bolchevismo compiten por el alma del pueblo judío, Churchill (1920) se preocupa por el papel del judío en la revolución bolchevique y por la existencia de una conspiración judía mundial.

Otro conocido autor de la década de 1920, Henry Wickham Steed, describe en el segundo volumen de su libro *Through 30 Years 1892-1922* (p. 302) cómo intentó llamar la atención del coronel Edward M. House y del presidente Woodrow Wilson sobre el concepto de conspiración judía. Un día de marzo de 1919, Wickham Steed llamó al coronel House y lo encontró molesto por las recientes críticas de Steed al reconocimiento estadounidense de los bolcheviques. Steed señaló a House que Wilson quedaría desacreditado entre los numerosos pueblos y naciones de Europa e "insistió en que, sin que él lo supiera, los principales actores eran Jacob Schiff, Warburg y otros financieros internacionales, que estaban principalmente interesados en apoyar a los bolcheviques judíos para asegurarse un terreno para la explotación alemana y judía de Rusia".[256] Según Steed, el coronel House abogó por el establecimiento de relaciones económicas con la Unión Soviética.

Probablemente la colección de documentos más condenatoria sobre la conspiración judía a primera vista se encuentra en el archivo decimal del Departamento de Estado (861.00/5339). El documento central es el titulado "El bolchevismo y el judaísmo", fechado el 13 de noviembre de 1918. El texto tiene forma de informe, en el que se afirma que la revolución en Rusia fue concebida "en febrero de 1916" y "se comprobó que las siguientes personas y empresas se dedicaban a esta labor destructiva":

(1) Jacob Schiff	Judío
(2) Kuhn, Loeb & Company	Compañía judía
Dirección: Jacob Schiff	Judío
Felix Warburg	Judío
Otto H. Kahn	Judío
Mortimer L. Schiff	Judío
Jerome J. Hanauer	Judío
(3) Guggenheim	Judío
(4) Max Breitung	Judío
(5) Isaac Seligman	Judío

El informe continúa diciendo que no hay duda de que la revolución rusa fue iniciada y concebida por este grupo y que en abril de 1917

> Jacob Schiff hizo un anuncio público y es gracias a su influencia financiera que la revolución rusa se llevó a cabo con éxito. En la primavera de 1917, Jacob Schiff comenzó a financiar a Trotsky, un judío, para lograr una revolución social en Rusia.

El informe contiene otras informaciones diversas sobre la financiación de Trotsky por Max Warburg, el papel del sindicato de Renania-Westfalia y Olof Aschberg del Nya Banken (Estocolmo) con Jivotovsky. El autor anónimo (en

---

[256] Véase en el Apéndice 3 el papel real de Schiff.

realidad empleado de la Junta de Comercio de Guerra de Estados Unidos)[257] afirma que los vínculos entre estas organizaciones y su financiación de la revolución bolchevique muestran cómo "se forjó el vínculo entre los multimillonarios judíos y los proletarios judíos". El informe continúa enumerando un gran número de bolcheviques que también eran judíos y luego describe las acciones de Paul Warburg, Judas Magnes, Kuhn, Loeb & Company y Speyer & Company.

El informe termina con una espiga a la "judería internacional" y sitúa el argumento en el contexto de un conflicto judeo-cristiano apoyado por citas de los Protocolos de los Sabios de Sion. El informe va acompañado de una serie de cables entre el Departamento de Estado en Washington y la Embajada estadounidense en Londres sobre los pasos a seguir con estos documentos:[258]

> 5399 Gran Bretaña, TEL. 3253 1 p.m.; 16 de octubre de 1919 En el archivo confidencial de Wright para Winslow. Ayuda financiera al bolchevismo y a la revolución bolchevique en Rusia por parte de destacados judíos estadounidenses: Jacob Schiff, Felix Warburg, Otto Kahn, Mendell Schiff, Jerome Hanauer, Max Breitung y uno de los Guggenheim. Documento de origen francés en posesión de las autoridades policiales británicas. Solicite la confirmación de los hechos.

> * * * * *

> 17 de octubre Gran Bretaña TEL. 6084, noon r c-h 5399 Top secret. Wright para Winslow. Ayuda financiera a la revolución bolchevique en Rusia por parte de eminentes judíos estadounidenses. No hay pruebas, pero se está investigando. Pide a las autoridades británicas que suspendan la publicación al menos hasta que el Foreign Office reciba el documento.

> * * * * *

> 28 de noviembre Gran Bretaña TEL. 6223 R 5 pro. 5399
> PARA WRIGHT. Documento relativo a la ayuda financiera prestada a los bolcheviques por destacados judíos estadounidenses. Informes — identificados como la traducción al francés de una declaración originalmente escrita en inglés por un ciudadano ruso en América, etc. Parece imprudente dar cualquier tipo de publicidad.

Se acordó eliminar este material y las actas concluyen: "Creo que hay que sofocarlo".

A este lote de material se adjunta otro documento marcado como "Top Secret". La fuente de este documento es desconocida; puede ser un documento del FBI o

---

[257] El autor anónimo era un empleado ruso de la Junta de Comercio de Guerra de Estados Unidos. Uno de los tres directores de la Junta de Comercio de Guerra de Estados Unidos en ese momento era John Foster Dulles.

[258] Archivo Decimal del Departamento de Estado de los Estados Unidos, 861.00/5399.

de la inteligencia militar. Examina una traducción de los Protocolos de las Reuniones de los Ancianos de Sion, y concluye:

> A este respecto, se envió una carta al Sr. W., a la que se adjuntó un memorándum nuestro relativo a ciertas informaciones del agregado militar estadounidense según las cuales las autoridades británicas habían interceptado cartas de varios grupos de judíos internacionales en las que se esbozaba un plan de dominación mundial. Las copias de estos documentos nos serán muy útiles.

Al parecer, esta información ha sido desarrollada y un informe posterior de los servicios de inteligencia británicos hace la acusación categórica:

> RESUMEN: Ahora está claramente establecido que el bolchevismo es un movimiento internacional controlado por los judíos; se están llevando a cabo comunicaciones entre los líderes de América, Francia, Rusia e Inglaterra para una acción concertada.[259]

Sin embargo, ninguna de las afirmaciones anteriores puede apoyarse en pruebas empíricas sólidas. La información más significativa está contenida en el párrafo según el cual las autoridades británicas poseían "cartas interceptadas de varios grupos de judíos internacionales en las que se exponía un plan de dominación mundial". Si tales cartas existen realmente, entonces proporcionarían una justificación (o no) para una hipótesis actualmente no corroborada: que las revoluciones bolcheviques y otras son obra de una conspiración judía mundial.

Por otro lado, cuando las declaraciones y afirmaciones no están respaldadas por pruebas sólidas y cuando los intentos de encontrar pruebas sólidas nos devuelven en un círculo al punto de partida -especialmente cuando todos citan a todos- debemos rechazar la historia como falsa. *No hay pruebas concretas de que los judíos participaran en la revolución bolchevique por ser judíos.* Es posible que haya una mayor proporción de judíos implicados, pero dado el trato zarista a los judíos, ¿qué otra cosa podríamos esperar? Probablemente hubo muchos ingleses o descendientes de ingleses en la Revolución Americana que lucharon contra los casacas rojas. ¿Y qué si lo hubiera? ¿Hace eso que la Revolución Americana sea una conspiración inglesa? La afirmación de Winston Churchill de que los judíos desempeñaron un "papel muy importante" en la revolución bolchevique sólo se apoya en pruebas distorsionadas. La lista de los judíos que participaron en la revolución bolchevique debe sopesarse con las listas de los no judíos que participaron en la revolución. Cuando se adopta este enfoque científico, la proporción de judíos bolcheviques extranjeros involucrados cae a menos del veinte por ciento del número total de revolucionarios, y estos judíos fueron en su mayoría deportados, asesinados o enviados a Siberia en los años siguientes. De hecho, la Rusia moderna ha mantenido un antisemitismo de tipo zarista.

---

[259] Grande-Bretagne, Dirección de Inteligencia, *Revista mensual de los progresos de los movimientos revolucionarios en el extranjero*, n° 9, 16 de julio de 1913 (861.99/5067).

Es significativo que los documentos de los archivos del Departamento de Estado confirmen que el banquero de inversiones Jacob Schiff, citado a menudo como fuente de fondos para la revolución bolchevique, estaba de hecho en contra del apoyo al régimen bolchevique.[260] Esta posición, como veremos, estaba en directa contradicción con la promoción de los bolcheviques por parte de Morgan-Rockefeller.

La persistencia con la que se ha presentado el mito de la conspiración judía sugiere que bien puede ser un dispositivo deliberado para desviar la atención de los verdaderos problemas y las verdaderas causas. Las pruebas aportadas en este libro sugieren que los banqueros neoyorquinos que también eran judíos tuvieron papeles relativamente menores en el apoyo a los bolcheviques, mientras que los banqueros neoyorquinos que también eran gentiles (Morgan, Rockefeller, Thompson) tuvieron papeles importantes.

¿Qué mejor manera de desviar la atención de los *verdaderos* operadores que utilizar el coco medieval del antisemitismo?

---

[260] Véase el anexo 3.

ANEXO III

DOCUMENTOS SELECCIONADOS DE LOS ARCHIVOS GUBERNAMENTALES DE ESTADOS UNIDOS Y GRAN BRETAÑA

Nota: Algunos documentos incluyen varios trabajos que forman un grupo relacionado.

DOCUMENTO NO. 1 Cable del Embajador Francis a Petrogrado en el Departamento de Estado de los Estados Unidos y carta correspondiente del Secretario de Estado Robert Lansing al Presidente Woodrow Wilson (17 de marzo de 1917)

DOCUMENTO Nº 2 DEL MINISTERIO DE Asuntos Exteriores británico (octubre de 1917) en el que se afirma que Kerensky estaba a sueldo del gobierno alemán y ayudaba a los bolcheviques

DOCUMENTO N°3 Jacob Schiff de Kuhn, Loeb & Company y su posición sobre los regímenes de Kerensky y bolchevique (noviembre de 1918)

Memorándum de William Boyce Thompson, Director del Banco de la Reserva Federal de Nueva York, al Primer Ministro británico David Lloyd George (diciembre de 1917)

DOCUMENTO N°5 Carta de Felix Frankfurter al agente soviético Santeri Nuorteva (9 de mayo de 1918)

DOCUMENTO Nº 6 Personal de la Oficina Soviética, Nueva York, 1920; lista de los archivos del Comité de Lusk del Estado de Nueva York.

DOCUMENTO N°7 Carta del National City Bank al Tesoro de los Estados Unidos referente a Ludwig Martens y al Dr. Julius Hammer (15 de abril de 1919)

DOCUMENTO #8 Carta del agente soviético William (Bill) Bobroff a Kenneth Durant (3 de agosto de 1920)

Memo referido a un miembro de la firma J.P. Morgan y al director de propaganda británico Lord Northcliffe (13 de abril de 1918)

Memo del Departamento de Estado (29 de mayo de 1922) sobre General Electric Co.

DOCUMENTO N°1

Cable del embajador Francis en Petrogrado al Departamento de Estado en Washington, D.C., fechado el 14 de marzo de 1917, relatando la primera etapa de la Revolución Rusa (861.00/273).

> Petrogrado 14 de marzo de 1917, 15° aniversario, 2:30 a.m.
> Secretario de Estado, Washington
> 1287. No se puede enviar un cablegrama desde el día 11. Los revolucionarios tienen el control absoluto en Petrogrado y hacen denodados esfuerzos por preservar el orden, lo que consiguen salvo en contadas ocasiones. Ningún telegrama desde su 1251 del 9, recibido el 11 de marzo. El gobierno provisional se ha organizado bajo la autoridad de la Duma, que se ha negado a obedecer la orden de aplazamiento del emperador. El presidente de la Duma, Rodzianko, da órdenes con su propia firma. Se informa que el ministerio ha renunciado. Los ministros encontrados son llevados ante la Duma, junto con muchos oficiales rusos y otros altos funcionarios. La mayoría de los regimientos ordenados en Petrogrado, si no todos, se unieron a los revolucionarios tras su llegada. La colonia americana está a salvo. No hay conocimiento de lesiones a ciudadanos americanos.
>
> FRANCIS,
> Embajador de Estados Unidos

Al recibir el cable anterior, el Secretario de Estado Robert Lansing puso su contenido a disposición del Presidente Wilson (861.00/273):

> PERSONAL Y CONFIDENCIAL
> Mi querido Sr. Presidente:
> Adjunto un telegrama muy importante que acaba de llegar de Petrogrado, así como un recorte de prensa del New York WORLD de esta mañana, en el que hay una declaración del Signor Scialoia, ministro sin cartera del gabinete italiano, que es significativa en vista del informe del Sr. Francis. Mi propia impresión es que los aliados están al tanto de este caso y supongo que están a favor de los revolucionarios ya que el partido de la Corte ha sido, durante toda la guerra, secretamente pro-alemán.
>
> Leal a usted, ROBERT LANSING
> Apéndice: El Presidente, la Casa Blanca

COMENTARIO

La frase significativa de la carta de Lansing-Wilson es: "Mi propia impresión es que los aliados están al tanto de este caso y supongo que están a favor de los revolucionarios, ya que el partido de la Corte ha sido, durante toda la guerra, secretamente pro-alemán". Se recordará (capítulo dos) que el embajador Dodd afirmó que Charles R. Crane, de Westinghouse y de la Crane Co. de Nueva York y asesor del presidente Wilson, participó en esta primera revolución.

DOCUMENTO N°2

Memorándum del Ministerio de Asuntos Exteriores británico, expediente FO 371/299 (La guerra — Rusia), 23 de octubre de 1917, expediente nº FO 371/299. 3743.

DOCUMENTO
Personal (y) secreto.
Nos han llegado rumores inquietantes de varias fuentes de que Kerensky está a sueldo de Alemania y que él y su gobierno están haciendo todo lo posible para debilitar (y) desorganizar a Rusia, con el fin de llegar a una situación en la que no sería posible ir más allá de una paz separada. ¿Considera usted que hay un motivo para tales insinuaciones y que el gobierno, al abstenerse de toda acción efectiva, está permitiendo deliberadamente que los elementos bolcheviques se fortalezcan? Si se tratara de corrupción, podríamos ser competitivos si supiéramos cómo y por qué agentes podría hacerse, aunque no es un pensamiento agradable.

COMENTARIO
Se refiere a la información de que Kerensky fue financiado por Alemania.

DOCUMENTO Nº3

Consta de cuatro partes:

(a) Cable del embajador Francis, 27 de abril de 1917, a Petrogrado, Washington, D.C., solicitando la transmisión de un mensaje de prominentes banqueros judíos rusos a prominentes banqueros judíos de Nueva York solicitando su suscripción al Préstamo Libertad Kerensky (861.51/139).
(b) Respuesta de Louis Marshall (10 de mayo de 1917) en representación de los judíos estadounidenses; declina la invitación al tiempo que expresa su apoyo al American Liberty Loan (861.51/143).
(c) Carta de Jacob Schiff de Kuhn, Loeb (25 de noviembre de 1918) al Departamento de Estado (Sr. Polk) transmitiendo un mensaje del banquero judío ruso Kamenka pidiendo ayuda a los aliados *contra los* bolcheviques ("porque el gobierno bolchevique no representa al pueblo ruso").
(d) Cable de Kamenka retransmitido por Jacob Schiff.

DOCUMENTOS
(a) Secretario de Estado en Washington.
1229, veintisiete.
Por favor, entregue los siguientes documentos a Jacob Schiff, al juez Brandies [sic], *al* profesor Gottheil, a Oscar Strauss [sic], al rabino Wise, a Louis Marshall y a Morgenthau:
"Los judíos rusos siempre hemos creído que la liberación de Rusia significaba también nuestra liberación. Al estar profundamente comprometidos con nuestro país, hemos confiado implícitamente en el gobierno provisional. Sabemos que el poder económico ilimitado de Rusia, sus inmensos recursos naturales y la emancipación que hemos alcanzado nos permitirán participar en el desarrollo del país. Creemos firmemente que está próximo el final victorioso de la guerra con la ayuda de nuestros aliados y de los Estados Unidos.

El gobierno temporal está emitiendo un nuevo préstamo público y creemos que nuestro préstamo en apoyo del deber nacional es altamente vital para la guerra y la libertad. Estamos seguros de que Rusia tiene un poder inquebrantable de crédito público y que soportará fácilmente una carga financiera necesaria. Hemos formado un comité especial de judíos rusos para el préstamo contingente, compuesto por representantes de las comunidades financiera, industrial y comercial y por destacadas figuras públicas.

Les informamos aquí y pedimos a nuestros hermanos de allende los mares que apoyen la libertad de Rusia, que se ha convertido en una cuestión de humanidad y civilización mundial. Le sugerimos que forme un comité especial y nos informe de las medidas que puede tomar para apoyar el préstamo de libertad del Comité Judío. Boris Kamenka, Presidente, Barón Alexander Gunzburg, Henry Silosberg".

INGLÉS

* * * * *

(b) Sr. Secretario:
Habiendo informado a nuestros asociados del resultado de la discusión que usted tuvo a bien concedernos al Sr. Morgenthau, al Sr. Straus y a mí mismo acerca de la conveniencia de solicitar suscripciones al Préstamo de la Libertad de Rusia, tal como se pedía en el telegrama del Barón de Gunzburg y de los Sres. Kamenka y Silosberg de Petrogrado, que usted nos comunicó recientemente, hemos llegado a la conclusión de que debemos actuar estrictamente según su consejo. Hace unos días, prometimos a nuestros amigos de Petrogrado una respuesta rápida a su petición de ayuda. Por lo tanto, le agradeceríamos que nos enviara el siguiente telegrama, siempre que esté de acuerdo con las condiciones:
"*Boris Kamenka,*
Banco Don Azov, Petrogrado.
Nuestro Departamento de Estado, al que hemos consultado, considera desaconsejable cualquier intento actual de conseguir aquí suscripciones públicas para cualquier préstamo extranjero; la concentración de todos los esfuerzos para el éxito de los préstamos de guerra estadounidenses es esencial, permitiendo a nuestro gobierno proporcionar fondos a sus aliados a tipos de interés más bajos de lo que sería posible de otro modo. Por lo tanto, nuestras energías para ayudar a la causa rusa con la mayor eficacia posible deben dirigirse necesariamente a fomentar las suscripciones al Préstamo Libertad de Estados Unidos. Schiff, Marshall, Straus, Morgenthau, Wise, Gonheil".

Por supuesto, es usted libre de introducir cualquier cambio en la fraseología de este programa de cable sugerido que considere conveniente y que indicará que nuestra incapacidad para responder directamente a la solicitud que se nos ha hecho se debe a nuestra preocupación por hacer más eficientes nuestras operaciones.

Le ruego que me envíe una copia del cable tal y como fue transmitido, junto con una declaración de los costes para que el departamento pueda ser reembolsado rápidamente.

Soy, con el mayor respeto, fielmente suyo, Louis Marshall. El Secretario de Estado de Washington, D.C.

* * * * *

(c) Estimado Sr. Polk:
Permítame enviarle una copia de un telegrama recibido esta mañana que, por razones de regularidad, debería ser puesto en conocimiento del Secretario de Estado o de usted mismo, para cualquier consideración que se considere útil darle.

El Sr. Kamenka, remitente de este telegrama, es uno de los hombres más influyentes de Rusia y fue, según me han dicho, asesor financiero del gobierno del príncipe Lvoff y del gobierno de Kerensky. Es presidente del Banco Comercial Azov Don de Petrogrado, una de las instituciones financieras más importantes de Rusia, pero presumiblemente tuvo que abandonar Rusia con la llegada de Lenin y sus "camaradas".

Permítame aprovechar esta oportunidad para saludarles sinceramente a usted y a la señora Polk y expresarles el deseo de que vuelvan a estar en plena forma y de que la señora Polk y los niños estén sanos.

Fielmente suyo, Jacob H. Schiff...

Sr. Frank L. Polk Consejero, Departamento de Estado, Washington, D.C.
MM-Encl. [Fechado el 25 de noviembre de 1918]

* * * * *

(d) Inglés:

El completo triunfo de la libertad y la ley me proporciona otra oportunidad para repetir mi profunda admiración por la noble nación estadounidense. Espero ver ahora un rápido progreso de los aliados para ayudar a Rusia a restablecer el orden. También llamo su atención sobre la urgente necesidad de reemplazar las tropas enemigas en Ucrania en el mismo momento de su retirada para evitar la devastación bolchevique. La intervención amistosa de los aliados sería bien recibida en todas partes y se consideraría una acción democrática, porque el gobierno bolchevique no representa al pueblo ruso. Te escribí el 19 de septiembre. Saludos cordiales.

Kamenka

COMENTARIO

Esta es una serie importante porque refuta la historia de una conspiración bancaria judía detrás de la revolución bolchevique. Evidentemente, Jacob Schiff, de Kuhn, Loeb, no estaba interesado en apoyar el préstamo de libertad de Kerensky, y Schiff se tomó la molestia de llamar la atención del Departamento de Estado sobre las peticiones de Kamenka de una intervención aliada contra los bolcheviques. Evidentemente, Schiff y su compañero banquero Kamenka, a diferencia de J.P. Morgan y John D. Rockefeller, estaban tan disgustados con los bolcheviques como lo habían estado con los zares.

DOCUMENTO Nº 4

Descripción

Memorándum de William Boyce Thompson (Director del Banco de la Reserva Federal de Nueva York) a Lloyd George (Primer Ministro de Gran Bretaña), diciembre de 1917.

PRIMERO:

La situación rusa está perdida y Rusia está totalmente abierta a la explotación alemana sin oposición, a menos que los aliados emprendan inmediatamente un cambio radical de política.

SEGUNDO:

Debido a su diplomacia miope, los aliados no han conseguido nada beneficioso desde la Revolución, y han hecho mucho daño a sus propios intereses.

EN TERCER LUGAR:

Los representantes de los aliados en Petrogrado no comprendían el deseo del pueblo ruso de alcanzar la democracia. Nuestros representantes fueron los primeros en vincularse oficialmente al régimen del Zar. Naturalmente, se vieron influenciados por este entorno.

CUARTO:

Por otro lado, los alemanes realizaron una propaganda que sin duda les ayudó materialmente a destruir el gobierno, desmantelar el ejército y acabar con el comercio y la industria. Si esto continúa sin oposición, puede llevar a la explotación completa del gran país por parte de Alemania contra los Aliados.

QUINTO:

Baso mi opinión en un cuidadoso e íntimo estudio de la situación tanto fuera como dentro de los círculos oficiales durante mi estancia en Petrogrado entre el 7 de agosto y el 29 de noviembre de 1917.

SEXTO:

"¿Qué se puede hacer para mejorar la situación de los aliados en Rusia?

El personal diplomático, tanto británico como estadounidense, debería transformarse en personas con mentalidad democrática capaces de apoyar las aspiraciones democráticas.

Debería crearse un fuerte comité informal, con sede en Petrogrado, que funcionara como una especie de comité de fondo, cuya influencia en la política fuera reconocida y aceptada por los líderes DIPLOMÁTICOS, CONSULARES y MILITARES de los Aliados. Este comité debería estar dotado de personal de tal manera que pueda tener amplios poderes discrecionales. Es probable que emprenda el trabajo a través de diversos canales, cuya naturaleza se hará evidente a medida que avance la tarea. Su objetivo es responder a las nuevas condiciones que puedan surgir.

SÉPTIMO:

Ahora es imposible definir completamente el alcance de esta nueva comisión aliada. Tal vez pueda ayudar a comprender mejor su posible utilidad y servicio refiriéndome brevemente al trabajo que he comenzado y que ahora está en manos de Raymond Robins, que conoce bien al coronel Buchan, trabajo que sin duda tendrá que ser algo modificado y complementado en el futuro para satisfacer las nuevas necesidades. Mi trabajo fue llevado a cabo principalmente por un "Comité de Educación Cívica" ruso asistido por la señora Breshkovsky, la abuela de la Revolución. Contó con la ayuda del Dr. David Soskice, secretario privado del entonces primer ministro, el Sr. Kerensky (ahora de Londres), de Nicolas Basil Tchaikovsky, que fue en su momento presidente de la Sociedad Cooperativa de Campesinos, y de otros importantes revolucionarios sociales que fueron el elemento salvador de la democracia entre la extrema "derecha" de la clase oficial y propietaria y la extrema "izquierda" que encarnaba los elementos más radicales de los partidos socialistas. El objetivo de esta comisión, tal y como se recoge en un mensaje telegráfico de la señora Breshkovsky al presidente Wilson, puede deducirse de esta cita: "La educación generalizada es necesaria para hacer de Rusia una democracia ordenada. Pensamos llevar esta educación al soldado en el campamento, al obrero en la fábrica, al campesino en el pueblo". Los que participaron en este trabajo se dieron cuenta de que durante siglos las masas habían estado bajo el control de la autocracia, que no les había dado protección sino opresión; que una forma de gobierno democrático en Rusia sólo podría mantenerse mediante la DESTRUCCIÓN DEL EJÉRCITO ALEMÁN; mediante la VICTORIA SOBRE LA AUTOCRACIA ALEMANA. ¿Podría una Rusia libre, no preparada para grandes responsabilidades de gobierno, sin educación ni formación, esperar cohabitar durante mucho tiempo con la Alemania imperial, su vecino inmediato? Desde luego que no. La Rusia democrática pronto se convertiría en el mayor botín de guerra que el mundo haya conocido.

El Comité ha diseñado un centro educativo en cada regimiento del Ejército ruso en forma de Clubes de Soldados. Estos clubes se organizaron lo más rápidamente posible y se emplearon conferenciantes para dirigirse a los soldados. Los conferenciantes eran en realidad profesores, y hay que recordar que el 90% de los soldados en Rusia no sabían leer ni escribir. En la época de la epidemia bolchevique, muchos de estos conferenciantes estaban en el campo, causando una buena impresión y obteniendo excelentes resultados. Sólo en Moscú había 250 de ellos. El Comité preveía contar con al menos 5.000 de estos oradores. Se publicaban muchos periódicos de la clase "A B C", que imprimían material en el estilo más sencillo, y ayudábamos a un centenar más. Estos periódicos llevaban el llamamiento al patriotismo, la unidad y la coordinación en los hogares de los obreros y campesinos.

Tras el derrocamiento del último gobierno de Kerensky, ayudamos materialmente a la difusión de la literatura bolchevique, distribuyéndola mediante agentes y aviones al ejército alemán. Si la sugerencia es admisible, valdría la pena considerar si no sería aconsejable que la misma literatura bolchevique fuera enviada a Alemania y Austria a través de los frentes occidental e italiano.

OCTAVO:

La presencia de un pequeño número de tropas aliadas de Petrogrado habría contribuido sin duda a evitar el derrocamiento del gobierno de Kerensky en noviembre. Me gustaría sugerir para su consideración, si las condiciones actuales continúan, la concentración de todos los empleados del gobierno británico y francés en Petrogrado, y si surge la necesidad, podría transformarse en una fuerza bastante eficaz. Incluso podría ser aconsejable pagar una pequeña suma a una fuerza rusa. También hay un gran número de voluntarios reclutados en Rusia, muchos de los cuales son miembros de la intelligentzia del "Centro", y que han hecho un espléndido trabajo en las trincheras. Se les podría ayudar adecuadamente.

NUEVO:

Si pide un programa adicional, tengo que decir que es imposible darlo ahora. Creo que un trabajo inteligente y valiente evitará todavía que Alemania ocupe sola el campo y explote así a Rusia a costa de los aliados. Habrá muchas formas de prestar este servicio, que se harán evidentes a medida que avancen los trabajos.

COMENTARIO

A raíz de este memorando, el Gabinete de Guerra británico cambió su política a favor del bolchevismo tibio. Nótese que Thompson admite haber distribuido literatura bolchevique a través de sus agentes. La confusión sobre la fecha de salida de Thompson de Rusia (en este documento afirma el 29 de noviembre) se aclara con los documentos de Pirnie en la Hoover Institution. Hubo varios cambios en los planes de viaje y Thompson seguía en Rusia a principios de diciembre. El memorándum fue escrito probablemente en Petrogrado a finales de noviembre.

DOCUMENTO Nº 5

DESCRIPCIÓN
Carta fechada el 9 de mayo de 1918 de Felix Frankfurter (entonces Asistente Especial del Secretario de Guerra) a Santeri Nuorteva (alias Alexander Nyberg), un agente bolchevique en los Estados Unidos. Inscrito como documento nº 1544 en los archivos del Comité Lusk, Nueva York:

DOCUMENTO
DEPARTAMENTO DE GUERRA DE WASHINGTON 9 de mayo de 1918
Mi querido Sr. Nhorteva [sic]:
Muchas gracias por su carta del día 4. Sabía que entendería el carácter puramente amistoso y totalmente extraoficial de nuestra entrevista, y le agradezco la rapidez con la que ha corregido su carta a Sirola*. Tenga la seguridad de que no ha ocurrido nada que disminuya mi interés por los temas que usted presenta. Todo lo contrario. Me interesan mucho** las consideraciones que expones y el punto de vista que defiendes. Lo que está en juego*** son intereses que significan mucho para el mundo. Para responderlas adecuadamente, necesitamos todo el conocimiento y la sabiduría que podamos conseguir****.

Atentamente, Felix Frankfurter
Santeri Nuorteva, Esq.

* Yrjo Sirola fue bolchevique y comisario en Finlandia.
** Texto original, "continuamente agradecido a ti".
*** Texto original, "interés".
**** El texto original añade "estos días".

COMENTARIO
Esta carta de Frankfurter fue escrita a Nuorteva/Nyberg, un agente bolchevique en Estados Unidos, en una época en la que Frankfurter ocupaba un puesto oficial como asistente especial del Secretario de Guerra Baker en el Departamento de Guerra. Al parecer, Nyberg estaba dispuesto a modificar una carta dirigida al comisario "Sirola" según las instrucciones de Frankfurter. El Comité Lusk adquirió el borrador original de Frankfurter, incluyendo las modificaciones de éste, y no la carta recibida por Nyberg.

LA OFICINA SOVIÉTICA EN 1920

Posición	Nombre	Ciudadanía	Nacido	Antiguo empleo

Representante de la URSS	Ludwig C.A.K. MARTENS	Alemán	Rusia	V-P de Weinberg & Posner Engineering (120 Broadway)
Director de la oficina	Gregory WEINSTEIN	Ruso	Rusia	Periodista
Secretario	Santeri NUORTEVA	En finés	Rusia	Periodista
Subsecretario	Kenneth DURANT	ESTADOS UNIDOS	ESTADOS UNIDOS	(1) Comité de Información Pública de los Estados Unidos (2) Ex asistente del Coronel House
Secretario privado de NUORTEVA	Dorothy KEEN	ESTADOS UNIDOS	ESTADOS UNIDOS	Liceo
Traductor	Mary MODELL	Ruso	Rusia	Escuela en Rusia
Empleado del archivo	Alexander COLEMAN	ESTADOS UNIDOS	ESTADOS UNIDOS	Liceo
Operador	Blanco ABUSEVITZ	Ruso	Rusia	Liceo
Asistente de oficina	Néstor KUNTZEVICH	Ruso	Rusia	- —
Experto militar	Teniente Coronel Boris Tagueeff Roustam BEK	Ruso	Rusia	Reseña militar en el *Daily Express* (Londres)

Departamento Comercial

Director	A. HELLER	Ruso	ESTADOS UNIDOS	Compañía Internacional de Oxígeno
Secretario	Ella TUCH	Ruso	ESTADOS UNIDOS	Empresas americanas
Registrador	HOLANDA Rosa	ESTADOS UNIDOS	ESTADOS UNIDOS	Liga escolar de Gary
Registrador	Henrietta MEEROWICH	Ruso	Rusia	Trabajador social
Registrador	BYERS rosa	Ruso	Rusia	Escuela
Estadístico	Vladimir OLCHOVSKY	Ruso	Rusia	Ejército ruso

Departamento de Información Pública

Director	Evans CLARK	ESTADOS UNIDOS	ESTADOS UNIDOS	Universidad de Princeton
Registrador	Nora G. SMITHMAN	ESTADOS UNIDOS	ESTADOS UNIDOS	Expedición Ford Peace
Steno	Etta FOX	ESTADOS UNIDOS	ESTADOS UNIDOS	Junta de Comercio de Guerra

- —	Wilfred R. HUMPHRIES	REINO UNIDO	—	Cruz Roja Americana

Departamento técnico

Director	Arthur ADAMS	Ruso	ESTADOS UNIDOS	- —

Departamento de Educación

Director	William MALISSOFF	Ruso	ESTADOS UNIDOS	Universidad de Columbia

Departamento Médico

Director	Leo A. HUEBSCH	Ruso	ESTADOS UNIDOS	Doctor
	D. H. DUBROWSKY	Ruso	ESTADOS UNIDOS	Doctor

Departamento Jurídico

Director	Morris HILLQUIT Abogado contratado: Charles RECHT	En lituano	- —	- —
	Dudley Field MALONE George Cordon BATTLE			

Departamento de Economía y Estadística

Director	Isaac A. HOURWICH	Ruso	ESTADOS UNIDOS	Oficina del Censo de Estados Unidos
	Eva JOFFE	Ruso	ESTADOS UNIDOS	Comisión Nacional de Trabajo Infantil
Steno	Elizabeth GOLDSTEIN	Ruso	ESTADOS UNIDOS	Estudiante

Redacción de la Rusia soviética

Redactor jefe	Jacob w. HARTMANN	ESTADOS UNIDOS	ESTADOS UNIDOS	Colegio de la Ciudad de Nueva York
Steno	Ray TROTSKY	Ruso	Rusia	Estudiante
Traductor	Theodore BRESLAUER	Ruso	Rusia	- —
Registrador	Vasta IVANOFF	Ruso	Rusia	- —
Registrador	David OLDFIELD	Ruso	Rusia	- —
Traductor	J. BLANKSTEIN	Ruso	Rusia	- —

FUENTE: Estados Unidos, Cámara de Representantes, *Conditions in Russia* (Foreign Affairs Committee), 66th Cong. 3rd Sess. (Washington, D.C., 1921). Véase también la lista británica en el Archivo Decimal del Departamento de Estado de los Estados Unidos, 316-22- 656, también llamado Julius Hammer.

DOCUMENTO N°7

DESCRIPCIÓN
Carta del National City Bank de Nueva York al Tesoro de los Estados Unidos, 15 de abril de 1919, relativa a Ludwig Martens y su socio, el Dr. Julius Hammer (316-118).

DOCUMENTO
El Banco Nacional de Nueva York
Nueva York, 15 de abril de 1919
El honorable Joel Rathbone,
Subsecretario del Tesoro Washington, D.C.
Estimado Sr. Rathbone:
Adjuntamos fotografías de dos documentos que hemos recibido esta mañana por correo certificado de un M. L. Martens, que dice ser el representante en los Estados Unidos de la República Socialista Federativa Soviética de Rusia, y en presencia de un tal Dr. Julius Hammer para el Director en funciones del Departamento de Finanzas.
Verán en estos documentos que se nos pide que paguemos todos los fondos depositados con nosotros en nombre del Sr. Boris Bakhmeteff, el llamado embajador ruso en los Estados Unidos, o en nombre de cualquier persona, comité o misión que se supone que actúa en nombre del gobierno ruso bajo la subordinación del Sr. Bakhmeteff o directamente.
Estaremos encantados de recibir cualquier consejo o instrucción que pueda darnos sobre este tema.

Con el debido respeto, J.H. Carter, Vicepresidente.
JHC:M Adjunto

COMENTARIOS
La importancia de esta carta está relacionada con la larga asociación (1917-1974) de la familia Hammer con los soviéticos.

DOCUMENTO N°8

DESCRIPCIÓN

Carta fechada el 3 de agosto de 1920 del mensajero soviético "Bill" Bobroff a Kenneth Durant, antiguo ayudante del coronel House. Extracto de Bobroff por el Departamento de Justicia de los Estados Unidos.

DOCUMENTO
Oficina de Investigación del Departamento de Justicia,
15 Park Row, Nueva York, N.Y., 10 de agosto de 1920.
Director de la Oficina de Investigación
Departamento de Justicia de los Estados Unidos, Washington, D.C.
Estimado señor: Confirmando la conversación telefónica mantenida hoy con el señor Ruch, le adjunto los documentos originales de los efectos de B. L. Bobroll, del barco de vapor *Frederick VIII.*
La carta dirigida al Sr. Kenneth Durant, firmada por Bill, fechada el 3 de agosto de 1920, junto con la traducción de "Pravda" del $^{1\,de}$ julio de 1920, firmada por Trotzki, y las copias de los telegramas se encontraron dentro del sobre azul dirigido al Sr. Kenneth Durant, 228 South Nineteenth Street, Philadelphia, Pa. Este sobre azul estaba a su vez cerrado dentro del sobre blanco adjunto.
La mayor parte de los efectos del Sr. Bobroff consistía en catálogos de máquinas, especificaciones, correspondencia relativa al envío de diversos equipos, etc. a puertos rusos. El Sr. Bobroff fue interrogado detenidamente por el agente Davis y las autoridades aduaneras, y se enviará un informe detallado a Washington.

Atentamente,
G. F. Lamb, Superintendente de División

CARTA A KENNETH DURANTE

Estimado Kenneth: Gracias por su carta de bienvenida. Me he sentido muy aislado y encerrado, un sentimiento que se ha acentuado mucho con las experiencias recientes. La incapacidad de imponer una actitud diferente hacia la Oficina y de hacer llegar los fondos de alguna manera me abrumó. Enviarle 5.000 dólares por cable, como se hizo la semana pasada, es una triste broma. Espero que la propuesta de vender oro en Estados Unidos, sobre la que enviamos un cable recientemente, sea pronto factible. Ayer le enviamos un telegrama preguntándole si podía vender 5.000.000 de rublos a un mínimo de 45 céntimos, ya que la cotización actual del mercado es de 51,44 céntimos. Esto supondría unos ingresos de al menos 2.225.000 dólares. La empresa necesita actualmente 2.000.000 de dólares para pagar a Niels Juul & Co. de Christiania la primera parte del transporte de carbón desde América hasta Vardoe, Murmansk y Arkhangelsk. El primer buque se está acercando a Vardoe y el segundo salió de Nueva York alrededor del 28 de julio. En total, la empresa Niels Juul & Co. Co, o más bien el Norges' Bank, de Christiania, tienen en su cuenta y en la nuestra 11.000.000 de rublos de oro, que ellos mismos trajeron de Reval a Christiania como garantía de nuestro pedido de carbón y del tonelaje requerido, pero las ofertas de compra de este oro que han podido obtener hasta ahora son muy pobres, la mejor es de 575 dólares por kilo, mientras que la tasa ofrecida por la Casa de la Moneda de los Estados Unidos o el Departamento del Tesoro es actualmente de 644,42 dólares, y dada la magnitud de la suma en cuestión, sería una pena dejar que causara una pérdida demasiado grande. Espero que antes de llegar a ese punto haya podido completar la venta y al mismo tiempo obtener un cuarto de millón de dólares o más por la oficina. Si no podemos pagar de algún modo los 2.000.000 de dólares de Christiania, que vencían hace cuatro días, en un plazo muy breve, Niels Juul & Co. tendrá derecho a vender nuestro oro que ahora tiene en su poder al mejor precio posible en ese momento, que, como se ha dicho, es bastante bajo.

Todavía no sabemos cómo van las negociaciones con Canadá. Entendemos que Nuorteva entregó los hilos a Shoen cuando la detención de N. parecía inminente. Todavía no sabemos dónde está Nuorteva. Creemos que después de su regreso forzoso a Inglaterra desde Esbjerg, Dinamarca, Sir Basil Thomson la embarcó en un buque de vapor con destino a Reval, pero aún no hemos tenido noticias de que haya llegado allí, y sin duda nos gustaría tener noticias de Gukovsky o del propio N. Humphries vio a Nuorteva en Esbjerg, y tiene problemas con la policía danesa por ello. Se buscan todas sus conexiones; le han quitado el pasaporte: se ha presentado al examen dos veces, y parece que tendrá suerte si escapa a la deportación. Hace dos semanas, Nuorteva llegó a Esbjerg, a 300 millas de aquí, pero como no tenía visado danés, las autoridades danesas le negaron el derecho a desembarcar y fue trasladado a un vapor que debía partir a las 8 de la mañana del día siguiente. Al depositar 200 coronas, se le concedió permiso para desembarcar durante unas horas. Queriendo llegar a Copenhague por telegrama interurbano y no teniendo prácticamente dinero, empeñó de nuevo su reloj de oro por 25 coronas, poniéndose así en contacto con Humphries, que en media hora subió al tren nocturno, durmió en el suelo y llegó a Esbjerg a las 7.30 horas. Humphries encontró el Nuorteva, obtuvo el permiso del capitán para subir a bordo, estuvo 20 minutos con N., luego tuvo que desembarcar y el barco zarpó. A continuación, Humphries fue invitado a la comisaría por dos hombres de paisano, que habían observado el procedimiento. Fue interrogado de cerca, se le tomó la dirección, luego fue liberado y esa noche tomó el tren de regreso a Copenhague. Envió telegramas a Ewer, del *Daily Herald,* Shoen, y a Kliskho, en el 128 de New Bond Street, instándoles a estar seguros y a reunirse con el barco de Nuorteva, para que N. no pudiera ser llevado de nuevo, pero aún no se sabe qué ocurrió. El gobierno británico negó enérgicamente que tuviera la intención de enviarla a Finlandia. Moscú amenazó con tomar represalias si le ocurría algo. Mientras tanto, la investigación sobre H. ha comenzado. La policía le citó en su hotel, le pidió que fuera al cuartel general (pero no fue detenido), y tenemos entendido que su caso está ahora ante el Ministro de Justicia. Sea cual sea el resultado final, Humphries comenta la razonable cortesía que mostró, comparándola con la ferocidad de las incursiones de los rojos en América.

Descubrió que en la central de detectives se conocían algunas de sus cartas y telegramas.

Me interesó tu comentario favorable a la entrevista de Tobenken con Krassin (no mencionas la de Litvinoff), porque tuve que pelearme como un demonio con L. para conseguir las oportunidades de Tobenken. A través de T., que llegó con una carta de Nuorteva, al igual que Arthur Ruhl, L. rechazó bruscamente en menos de un minuto la petición que T. le hizo para entrar en Rusia, apenas se tomó el tiempo de escucharla, diciendo que era imposible permitir que dos corresponsales del mismo periódico entraran en Rusia. Dio un visado a los Ruhl, en gran parte debido a una promesa hecha el verano pasado a los Ruhl por L. Ruhl se dirigió entonces a Reval, allí para esperar el permiso que L. había enviado por cable pidiendo a Moscú. Tobenken, un hombre nervioso, casi roto por su negativa, se quedó aquí. Me di cuenta del error que había cometido el juicio rápido y empecé a cambiarlo. Para resumir la historia, lo llevé a Reval con una carta de L a Gukovsky. Mientras tanto, Moscú rechazó a Ruhl, a pesar del objetivo de L. L estaba furioso por la afrenta a su objetivo, e insistió en que se le honrara. Así se hizo, y Ruhl se preparó para salir.

WALL STREET Y LA REVOLUCIÓN BOLCHEVIQUE

De repente, Moscú comunicó al Ruhl que revocaba la autorización y a Litvinoff que había llegado a Moscú la información de que el Ruhl estaba al servicio del Departamento de Estado. En el momento de escribir estas líneas, Tobenken y Ruhl se encuentran en Reval, bloqueados.

Esta mañana hablé con L. sobre el barco que parte mañana y el correo de B. disponible, le pregunté si tenía algo que escribir a Martens, me ofrecí a taquigrafiarlo por él, pero no, dijo que no tenía nada que escribir y que tal vez podría enviar copias de nuestros recientes telegramas a Martens.

Kameneff pasó por aquí en un destructor británico de camino a Londres, y no se detuvo en absoluto, y Krassin salió directamente de Estocolmo. Usted sabe tanto de las negociaciones, de los aliados y de los polacos, y de la situación general como nosotros. Las negociaciones de L con los italianos condujeron finalmente al establecimiento de una representación mutua. Nuestro representante, Vorovsky, ya ha visitado Italia y su representante, el Sr. Gravina, está de camino a Rusia. Acabamos de enviar dos cargamentos de trigo ruso a Italia desde Odesa.

Por favor, transmita mis saludos a las personas que conozco en su entorno. Con los mejores deseos de éxito.

Atentamente, Bill

El lote de cartas que envió — 5 Cranbourne Road, Charlton cum Hardy, Manchester, aún no ha llegado.

La recomendación de L. a Moscú, ya que M. ha pedido trasladarse a Canadá, es que M. sea nombrado allí, y que N., tras pasar unas semanas en Moscú para conocerse, sea nombrado representante en América.

L. critica duramente a la oficina por dar objetivos y recomendaciones con demasiada facilidad. Obviamente, se sorprendió y se enfadó cuando B. llegó aquí con contratos obtenidos en Moscú sobre la base de las cartas que le entregó M. El mensaje posterior de M. obviamente no llegó a Moscú. No sé qué piensa hacer L. al respecto. Sugiero que M. cuantifique su recomendación a L. en este asunto. L. no tendría nada que ver con B. aquí. Podría darse una situación incómoda.

L. también destacó la recomendación de Rabinoff.

Dos sobres, Sr. Kenneth Durant, 228 South Nineteenth Street, Filadelfia, Pensilvania, Estados Unidos.

FUENTE: U.S. Department of State Decimal File, 316-119-458/64.

NOTA: IDENTIFICACIÓN DE LAS PERSONAS

William (Bill) L. BOBROFF: mensajero y agente soviético. Dirigió la empresa Bobroff Foreign Trading and Engineering Company en Milwaukee. Inventó el sistema de votación utilizado en la legislatura de Wisconsin.

Kenneth DURANT: Asistencia al Coronel House; ver texto.

SHOEN: empleado de la International Oxygen Co., propiedad de Heller, destacado financiero y comunista.

EWER: Agente soviético, reportero del *London Daily Herald*.

KLISHKO: Agente soviético en Escandinavia

NUORTEVA También conocido como Alexander Nyberg, el primer representante soviético en Estados Unidos; ver texto.

Sir Basil THOMPSON: Jefe de la Inteligencia Británica

"L": LITVINOFF.

"H": Wilfred Humphries, asociado de Martens y Litvinoff, miembro de la Cruz Roja en Rusia.

KRASSIN: Comisario bolchevique de Comercio y Trabajo, antiguo jefe de Siemens-Schukert en Rusia.

COMENTARIOS
La carta sugiere la existencia de estrechos vínculos entre Bobroff y Durant.

DOCUMENTO Nº 9

DESCRIPCIÓN
Memorándum referido a una solicitud de Davison (socio de Morgan) a Thomas Thacher (abogado de Wall Street asociado a los Morgan) y remitido a Dwight Morrow (socio de Morgan), 13 de abril de 1918.

DOCUMENTO
The Berkeley Hotel, Londres
El 13 de abril de 1918.
El honorable Walter H. Page,
Embajador americano en Inglaterra, Londres.
Estimado señor:
Hace unos días recibí una solicitud del Sr. H. P. Davison, Presidente del Consejo de Guerra de la Cruz Roja Americana, para hablar con Lord Northcliffe sobre la situación en Rusia y luego ir a París para otras conferencias. A causa de la enfermedad de Lord Northcliffe, no he podido hablar con él, pero voy a ir con el Sr. Dwight W. Morrow, que en estos momentos se aloja en el Hotel Berkeley, para hacer un memorándum sobre la situación que el Sr. Morrow presentará a Lord Northcliffe a su regreso a Londres.
Para su información y la del Servicio, adjunto una copia del memorando.

Respetuosamente suyo,
Thomas D. Thacher.

COMENTARIO
Lord Northcliffe acaba de ser nombrado Director de Propaganda. Esto es interesante a la luz del hecho de que William B. Thompson subvenciona la propaganda bolchevique y sus vínculos con los intereses de Morgan-Rockefeller.

DOCUMENTO N°10

DESCRIPCIÓN
Este documento es un memorando de D.C. Poole, de la División de Asuntos Rusos del Departamento de Estado, al Secretario de Estado sobre una conversación con el Sr. M. Oudin de General Electric.

DOCUMENTO
29 de mayo de 1922
Sr. Secretario:
El Sr. Oudin, de la General Electric Company, me ha informado esta mañana de que su empresa cree que se acerca el momento de iniciar conversaciones con Krassin sobre la reanudación de los negocios en Rusia. Le dije que el departamento cree que el camino que deben seguir las empresas estadounidenses en este asunto es una cuestión de criterio empresarial y que el departamento ciertamente no intervendrá para impedir que una empresa estadounidense reanude sus operaciones en Rusia sobre cualquier base que la empresa considere viable.

Dijo que actualmente se están llevando a cabo negociaciones entre la General Electric Company y la Allgemeine Elektrizitats Gesellschaft para reanudar el acuerdo laboral que tenían antes de la guerra. Espera que el acuerdo que se celebre incluya una disposición sobre la cooperación rusa.

Respetuosamente, DCP D.C. Poole

COMENTARIO

Se trata de un documento importante, ya que se refiere a la próxima reanudación de las relaciones con Rusia por parte de una importante empresa estadounidense. Ilustra el hecho de que la iniciativa partió de la empresa, no del Departamento de Estado, y que no se tuvo en cuenta el efecto de la transferencia de tecnología de General Electric a un autoproclamado enemigo. Este acuerdo con GE fue el primer paso de una serie de importantes transferencias de tecnología que provocaron directamente la muerte de 100.000 estadounidenses e innumerables aliados.

WALL STREET Y FRANKLIN D. ROOSEVELT

CAPÍTULO I

LOS ROOSEVELT Y LOS DELANO

La verdad es que, como usted y yo sabemos, el poder financiero de los principales centros urbanos ha controlado el gobierno desde los días de Andrew Jackson, y la administración de W.W.[261]no es una excepción. El país está experimentando una repetición de la lucha de Jackson con el Banco de los Estados Unidos, sólo que esta vez sobre una base mucho mayor.
Presidente Franklin Delano Roosevelt al Coronel Edward Mandell House, 21 de noviembre de 1933, *F.D.R.: His Personal Letters* (Nueva York: Duell, Sloan and Pearce 1950), p. 373.

Este libro[262] describe a Franklin Delano Roosevelt como un financiero de Wall Street que, durante su primer mandato como presidente de los Estados Unidos, reflejó los objetivos del poder financiero concentrado en el establishment comercial de Nueva York. Dada la larga asociación histórica - desde finales del siglo XVIII- de las familias Roosevelt y Delano con las finanzas neoyorquinas y la propia carrera de FDR, de 1921 a 1928, como banquero y especulador en el 120 de Broadway y el 55 de Liberty Street, este tema no debería sorprender al lector. Por otra parte, los biógrafos de FDR, Schlesinger, Davis, Freidel, y los comentaristas de Roosevelt, por lo demás precisos, parecen evitar ir muy lejos en los vínculos registrados y documentados entre los banqueros de Nueva York y FDR. Pretendemos exponer los hechos tal y como constan en los archivos de cartas del FDR. Estos hechos son nuevos sólo en el sentido de que no se han publicado antes; están fácilmente disponibles para la investigación en los archivos y el examen de esta información sugiere una reevaluación del papel de FDR en la historia del siglo XX.

Todavía puede ser políticamente bueno presentarse ante el electorado estadounidense como un crítico, si no un enemigo declarado, de la camarilla bancaria internacional. Sin duda, Franklin D. Roosevelt, sus partidarios y sus biógrafos presentan a FDR como un caballero blanco que blande la espada de la

---

[261] W.W. es Woodrow Wilson.

[262] En un volumen anterior, Antony C. Sutton, *Wall Street and the Bolshevik Revolution (Wall Street y la revolución bolchevique)* exploró los vínculos entre los financieros de Wall Street y la revolución bolchevique. *En su mayor parte,* dadas las muertes y los nuevos rostros, este libro se centra en el mismo segmento del establishment financiero de Nueva York.

justa venganza contra los barones del robo en los rascacielos del centro de Manhattan. Por ejemplo, la campaña presidencial de Roosevelt de 1932 atacó sistemáticamente al presidente Herbert Hoover por su supuesta asociación con los banqueros internacionales y por ceder a las exigencias de las grandes empresas. El fracaso de FDR en las profundidades de la Gran Depresión se puso de manifiesto con el apoyo público de Hoover a las empresas y al individualismo en su discurso de campaña en Columbus, Ohio, el 20 de agosto de 1932:

> Al evaluar la situación al amanecer de una fría mañana, ¿qué encontramos? Nos encontramos con que dos tercios de la industria estadounidense se concentran en unos pocos cientos de empresas y que, de hecho, están dirigidas por un máximo de cinco personas.
> Más de la mitad de los ahorros del país se invierten en acciones y bonos corporativos, lo que hace del mercado de valores estadounidense un lugar feliz.
> Hay menos de tres docenas de bancos privados y filiales de bancos comerciales que dirigen los flujos de capital de Estados Unidos.
> Es decir, nos encontramos con un poder económico concentrado en pocas manos, justo lo contrario del individualismo del que habla el Presidente.[263]

Esta afirmación hace que Franklin Delano Roosevelt parezca otro Andrew Jackson, desafiando el monopolio de los banqueros y su dominio sobre la industria estadounidense. Pero, ¿fue también FDR un instrumento de los banqueros de Wall Street, como puede deducirse de su carta al coronel Edward House, citada en la introducción de este capítulo?

Está claro que si, como escribió Roosevelt a House, "el poder financiero de las grandes ciudades ha controlado el gobierno desde los días de Andrew Jackson", entonces ni Hoover ni Roosevelt han sido intelectualmente honestos al presentar los problemas al público estadounidense. Es probable que las preguntas de fondo sean sobre quién es ese "poder financiero" y cómo mantiene su "control" sobre el gobierno de Estados Unidos.

Dejando a un lado temporalmente esta intrigante cuestión, la imagen histórica generalizada de FDR es la de un presidente que lucha en favor del hombre de la calle, en medio del desempleo y la depresión financiera provocados por los especuladores de las grandes empresas aliadas de Wall Street. Descubriremos, por el contrario, que esta imagen distorsiona la verdad hasta el punto de presentar a FDR como un enemigo de Wall Street; esto se debe simplemente a que la mayoría de los historiadores que investigan las fechorías de Wall Street se han mostrado reacios a aplicar a Franklin D. Roosevelt los mismos estándares de probidad que a otros líderes políticos. Lo que es un pecado para Herbert Hoover o incluso para el candidato presidencial demócrata de 1928, se presume como una virtud en el caso de FDR. Por ejemplo, Ferdinand Lundberg en *Los ricos y los superricos*[264].

---

[263] *The Public Papers and Addresses of Franklin D. Roosevelt,* Volume 1 (Nueva York: Random House, 1938), p. 679.

[264] Nueva York: Lyle Stuart, 1968.

WALL STREET Y FRANKLIN D. ROOSEVELT

Lundberg también se fija en los presidentes y en Wall Street y hace la siguiente afirmación:

> En 1928, Al Smith recibió el principal apoyo, tanto financiero como emocional, de su hermano católico John J. Raskob, primer ministro de Du Ponts. Si Smith hubiera ganado, habría sido mucho menos católico que un presidente Du Ponts.[265]

Los Du-Pont contribuyeron de forma significativa a la campaña presidencial democrática de Al Smith en 1928. Estas contribuciones se analizan en detalle en este volumen en el capítulo 8, "Wall Street compra el New Deal", y esta afirmación no puede ser discutida. A continuación, Lundberg examina al oponente de Smith, Herbert Hoover, y escribe:

> Hoover, el republicano, era una marioneta de J. P. Morgan; Smith, su oponente demócrata, estaba en el bolsillo de los Du Pont, de los cuales J. P. Morgan & Company era el banquero.

Lundberg omite los detalles financieros, pero los Du Pont y Rockefeller son ciertamente citados en las investigaciones del Congreso como los mayores contribuyentes a la campaña de Hoover de 1928. Pero Wall Street retiró su apoyo a Herbert Hoover en 1932 y se decantó por FDR. Lundberg no menciona esta retirada crítica y crucial. ¿Por qué Wall Street cambió a FDR? Porque, como veremos más adelante, Herbert Hoover no adoptará el Plan Swope creado por Gerard Swope, presidente de General Electric durante muchos años. En cambio, FDR aceptó el plan que se convirtió en la Ley de Recuperación Industrial Nacional de FDR. Así, mientras Hoover estaba en deuda con Wall Street, FDR lo estaba mucho más. Arthur M. Schlesinger Jr. en *The Crisis of the Old Orde: 1919-1933* está más cerca del tema que cualquier historiador del establishment, pero al igual que otros rooseveltofilos, no consigue llevar los hechos a sus últimas y lógicas conclusiones. Schlesinger señala que tras las elecciones de 1928, el Partido Demócrata tenía una deuda de 1,6 millones de dólares y que "dos de los principales acreedores, John J. Raskob y Bernard Baruch, eran millonarios demócratas filántropos, dispuestos a ayudar al partido a mantenerse a flote hasta 1932".[266] John J. Raskob fue vicepresidente de Du Pont y también de General Motors, la mayor empresa de Estados Unidos. Bernard Baruch estaba, según su propia admisión, en el corazón de la especulación de Wall Street. Schlesinger añade que, a cambio de la benevolencia de Wall Street, "naturalmente esperaban tener influencia en la organización y la política del partido".[267] Desgraciadamente, Arthur Schlesinger, que (a diferencia de la mayoría de los biógrafos de Roosevelt) tiene el dedo en el corazón del asunto, deja de lado el tema para continuar con una discusión de las superficialidades de la política: las convenciones, los políticos, el toma y daca y el

---

[265] Ibid, p. 172.

[266] Boston: Riverside Press, 1957, p. 273.

[267] Ibid.

ocasional enfrentamiento que oscurece las realidades subyacentes. Es obvio que la mano en la cartera decreta en última instancia qué políticas se aplican, cuándo y por quién.

Una actitud de protección similar para FDR puede encontrarse en la biografía de cuatro volúmenes de Frank Freidel, *Franklin D. Roosevelt*[268]. Refiriéndose al estrepitoso fracaso del Banco de los Estados Unidos justo antes de la Navidad de 1930, Freidel ignora la negligencia de FDR mientras era gobernador del Estado de Nueva York. El Banco de los Estados Unidos tenía 450.000 depositantes, de los cuales 400.000 tenían cuentas de menos de 400 dólares. En otras palabras, el Banco de los Estados Unidos era un banco de hombres pequeños. Un informe del senador Robert Moses sobre el estado de una quiebra bancaria anterior -City Trust- fue ignorado por el gobernador F. D. Roosevelt, que nombró otra comisión que produjo recomendaciones más moderadas para la reforma bancaria. Freidel hace la pregunta:

> ¿Por qué no consiguió que se aprobara una ley de reforma que hubiera evitado la debacle del Banco de Estados Unidos? Estas son preguntas puntuales que los críticos de Roosevelt hicieron entonces y después.[269]

Freidel concluye que la respuesta está en la "confianza personal de FDR en la comunidad bancaria". ¿Por qué FDR tenía esta completa confianza? Porque, escribe Freidel:

> Herbert Lehman era uno de los banqueros más fuertes y políticamente liberales de Wall Street; en materia bancaria, Roosevelt parece haber seguido el ejemplo de Lehman de cooperar al máximo con los titanes de la banca.[270]

Eso es como decir que si tu banquero es liberal y pierde tu dinero, no pasa nada, porque al fin y al cabo es liberal y partidario de FDR. Pero por otro lado, si tu banquero pierde tu dinero y no es un liberal y no es partidario de FDR, entonces es un sinvergüenza y tiene que pagar el precio de sus pecados.

La biografía en cuatro volúmenes de Freidel sólo tiene un capítulo sobre FDR como "hombre de negocios", que es el mayor espacio que le da un gran biógrafo de FDR. Incluso Freidel reduce las empresas importantes a un solo párrafo. Por ejemplo, aunque no se nombra a American Investigation Corporation, se menciona a una empresa asociada, General Air Service, pero se rechaza con un párrafo:

---

[268] Esta serie es: Frank Freidel, Franklin D. Roosevelt: *The Apprenticeship* (1952), Freidel, Franklin D. Roosevelt: The *Ordeal* (1954), Franklin D. Roosevelt: The *Triumph* (1956), Freidel, Franklin D. Roosevelt, *Launching The New Deal* (1973). Los cuatro volúmenes fueron publicados en Boston por Little, Brown.

[269] Freidel, *El triunfo*, op. cit. p. 187.

[270] Ibid, p. 188.

En 1923, con Owen D. Young, Benedict Crowell (que había sido subsecretario de guerra con Wilson) y otras personalidades, organizó el General Air Service para operar con dirigibles llenos de helio entre Nueva York y Chicago.[271]

Veremos que el Servicio Aéreo General (y especialmente la Corporación de Investigación Americana no mencionada) ha sido mucho más de lo que indica este párrafo. En particular, una revisión de "y otros notables" de Freidel sugiere que FDR tenía relaciones y trabajaba en cooperación con ciertos miembros prominentes de Wall Street.

¿Por qué Schlesinger, Freidel y otros biógrafos de FDR menos conocidos evitan la cuestión y se resisten a seguir las pistas? Sencillamente porque, si nos atenemos a los hechos, Roosevelt fue una creación de Wall Street, parte integrante de la fraternidad bancaria neoyorquina, y tenía en mente los intereses pecuniarios de la institución financiera.

Cuando se presenta la información en detalle, es absurdo pensar que Wall Street dudara un segundo en aceptar a Roosevelt como candidato presidencial de buen grado: era uno de los suyos, mientras que el empresario Herbert Hoover había trabajado en el extranjero durante 20 años antes de ser llamado por Woodrow Wilson para hacerse cargo de la administración alimentaria durante la Primera Guerra Mundial.

En concreto, Franklin D. Roosevelt fue, en algún momento de la década de 1920, vicepresidente de Fidelity & Deposit Company (120 Broadway); presidente de una asociación comercial del sector, el American Construction Council (28 West 44th Street); socio de Roosevelt & O'Connor (120 Broadway); socio de Marvin, Hooker & Roosevelt (52 Wall Street); presidente de United European Investors, Ltd. (7 Pine Street); director de International Germanic Trust, Inc. (en el edificio Standard Oil del 26 de Broadway); director de Consolidated Automatic Merchandising Corporation, una organización papelera; director de Georgia Warm Springs Foundation (120 de Broadway); director de American Investigation Corporation (37-39 de Pine Street) ; director de Sanitary Postage Service Corporation (285 Madison Avenue); presidente de General Trust Company (15 Broad Street); director de Photomaton (551 Fifth Avenue); director de Mantacal Oil Corporation (Rock Springs, Wyoming); y fideicomisario del Federal International Investment Trust.

Es una lista bastante justa de puestos directivos. Sin duda, esto le da a FDR el título de "Wall Streeter"[272] *por excelencia*. La mayoría de los que trabajan en la "calle" nunca alcanzan, y probablemente ni siquiera sueñan con alcanzar, un historial de 11 cargos directivos en empresas, dos sociedades jurídicas y la presidencia de una importante asociación profesional.

Al examinar estos puestos de liderazgo y las actividades asociadas a ellos, descubrimos que Roosevelt era banquero y especulador, las dos ocupaciones que denunció enérgicamente en las elecciones presidenciales de 1932. Además, aunque las actividades bancarias y especulativas tienen funciones legítimas en una

---

[271] Freidel, *The Ordeal*, op. cit. p. 149.

[272] Neologismo conservado por ser intraducible.

sociedad libre -de hecho, son esenciales para un sistema monetario sólido-, ambas pueden ser objeto de abuso. La correspondencia de FDR que se encuentra en los archivos depositados en la biblioteca de FDR en Hyde Park proporciona pruebas -que se leen con el corazón encogido- de que FDR se asoció con los elementos menos recomendables de la banca y la especulación de Wall Street, y no se puede llegar a otra conclusión que la de que FDR utilizó el ámbito político, no el mercado imparcial, para obtener sus beneficios.[273]

Por lo tanto, no es sorprendente que los grupos de Wall Street que apoyaron a Al Smith y Herbert Hoover, ambos con fuertes vínculos con la comunidad financiera, también apoyaran a Franklin D. Roosevelt. De hecho, en la encrucijada política de 1932, cuando había que elegir entre Herbert Hoover y FDR, Wall Street eligió a Roosevelt y abandonó a Hoover.

Teniendo en cuenta esta información, ¿cómo se explica la carrera de FDR en Wall Street? ¿Y los servicios que prestó a Wall Street al crear, en asociación con Herbert Hoover, las asociaciones profesionales de los años 20 tan ardientemente buscadas por la fraternidad bancaria? ¿O la amistad de FDR con los principales operadores de Wall Street, John Raskob y Barney Baruch? Para poner todo esto en perspectiva, debemos retroceder en la historia y examinar el pasado de las familias Roosevelt y Delano, que han estado asociadas a la industria bancaria de Nueva York desde el siglo XVIII.

LA FAMILIA DELANO Y WALL STREET

La familia Delano se enorgullece de remontar sus antepasados a los Actii, una familia romana del año 600 a.C. También está orgullosa de Franklin Delano

---

[273] Esto plantea una pregunta legítima sobre el alcance de este libro y la relevancia de las pruebas. El autor sólo está interesado en establecer la relación entre Wall Street y FDR y las conclusiones que se pueden extraer de esta relación. Por lo tanto, se omiten los episodios ocurridos en 1921 cuando FDR estaba en Wall Street, pero que no estaban directamente relacionados con sus actividades financieras. Por ejemplo, en 1921 la Comisión de Asuntos Navales del Senado emitió un informe con 27 conclusiones, casi todas ellas críticas con FDR y que planteaban graves problemas morales. La primera conclusión del informe del Senado fue "Que se han llevado a cabo actos inmorales y obscenos siguiendo instrucciones o sugerencias por parte de varios soldados de la Marina de los Estados Unidos, con uniforme o sin él, con el fin de reunir pruebas contra pervertidos sexuales, y que la autorización para utilizar a estos hombres como operadores o detectives fue dada oralmente y por escrito al teniente Hudson por el subsecretario Franklin D. Roosevelt, con el conocimiento y el consentimiento del secretario naval Josephus Daniels". Las 26 conclusiones relacionadas y el informe de la minoría se encuentran en United States Senate, Naval Affairs Committee, 67th Congress, 1st Session, Alleged Immoral Conditions at the Naval Training Station at Newport, R.I. (Washington: Government Printing Office, 1921). Sin embargo, aunque la conducta de FDR en la Marina de los Estados Unidos puede haber sido inexcusable y puede reflejar o no su fibra moral, dicha conducta no es relevante para este libro, y estos incidentes se omiten. También hay que señalar que, cuando la correspondencia de FDR es de importancia central para el argumento de este libro, se acostumbra a citar pasajes textualmente, sin parafrasear, para permitir al lector hacer sus propias interpretaciones.

Roosevelt. De hecho, los Delano afirman que la influencia de los Delano fue el factor predominante en la vida de FDR y explica sus extraordinarios logros. En cualquier caso, no cabe duda de que la parte de la familia Delano vincula a FDR con muchos otros líderes y políticos. Según la historia de la familia Delano,[274] "Franklin compartía una ascendencia común con un tercio de sus predecesores en la Casa Blanca". Los presidentes vinculados a FDR por parte de la familia Delano son John Adams, James Madison, John Quincy Adams, William Henry Harrison, Zachary Taylor, Andrew Johnson y Ulysses S., entre otros. Grant, Benjamin Harrison y William Howard Taft. Por parte de la familia Roosevelt, FDR está emparentado con Theodore Roosevelt y Martin Van Buren, que se casó con Mary Aspinwall Roosevelt. La esposa de George Washington, Martha Dandridge, era antepasada de FDR, y Daniel Delano afirma que Winston Churchill y Franklin D. Roosevelt eran "primos octavos".[275] Esto hace que Estados Unidos sea casi una nación gobernada por una familia real, una mini-monarquía.

El lector debe emitir su propio juicio sobre las afirmaciones genealógicas de Delano; este autor no tiene la capacidad de analizar las confusas y complejas relaciones familiares implicadas. En concreto, y sin lugar a dudas, los Delano estuvieron activos en Wall Street en los años 20 y 30 y mucho antes. Los Delano desempeñaron un papel destacado en el desarrollo del ferrocarril en Estados Unidos y en el extranjero. Lyman Delano (1883-1944) fue un importante ejecutivo ferroviario y el abuelo materno de Franklin D. Roosevelt. Como FDR, Lyman comenzó su carrera en el sector de los seguros en Northwestern Life Insurance, en Chicago, y después estuvo dos años en Stone & Webster.[276] Durante la mayor parte de su vida laboral, Lyman Delano formó parte del Consejo de Administración de la Atlantic Coast Line Railroad, como presidente en 1920 y como presidente de 1931 a 1940. Lyman Delano fue también director (con W. Averell Harriman) de la Aviation Corporation, Pan American Airways, P & O Steamship Lines y media docena de compañías ferroviarias.

Otro Delano de Wall Street fue Moreau Delano, socio de Brown Brothers & Co. (después de 1933 absorbió a Harriman & Co. para convertirse en Brown Brothers, Harriman) y director de Cuban Cane Products Co. y de la American Bank Note Company.

El Delano más famoso de Wall Street fue el "tío favorito" de FDR (según Elliott Roosevelt), Frederic Adrian Delano (1863-1953), que comenzó su carrera en el Chicago, Burlington and Quincy Railroad y posteriormente fue presidente del Wheeling & Lake Erie Railroad, del Wabash Railroad y, en 1913, del Chicago, Indianapolis and Louisville Railway. "Tío Fred" fue consultado en 1921 en un momento crítico del ataque de parálisis de FDR, encontró rápidamente al Dr. Samuel A. Levine para un diagnóstico urgente, y organizó el tren privado especial

---

[274] Daniel W. Delano, Jr, *Franklin Roosevelt and the Delano Influence* (Pittsburgh, Pa.: Publications Nudi, 1946), p. 53.

[275] Ibid, p. 54.

[276] Véase Sutton, *Wall Street and the Bolshevik Revolution*, op. cit.

para transportar a FDR desde Maine a Nueva York cuando comenzó el largo y difícil camino hacia la recuperación.[277]

En 1914, Woodrow Wilson nombró al tío Fred para la Junta de la Reserva Federal. Los estrechos lazos de Delano con la fraternidad bancaria internacional quedan ilustrados por una carta confidencial del banquero central Benjamin Strong a Fred Delano solicitando datos confidenciales del FRB:[278]

> (Personal)
> 11 de diciembre de 1916
> Mi querido Fred: ¿Sería posible que me transmitieras, de forma estrictamente confidencial, las cifras obtenidas por el interventor en relación con la tenencia de títulos extranjeros por parte de los bancos nacionales? Mi opinión sobre la situación actual se vería muy influenciada si pudiera obtener estas cifras, que serían tratadas con la confianza que usted sugiere.
> Si alguna vez llega el momento en que puedas escaparte una semana para descansar, ¿por qué no vas a Denver a visitarme? Hay mil cosas que me gustaría discutir contigo.
>
> Fiel a ti,
> Benjamin Strong
> El Honorable F.A. Delano
> Junta de la Reserva Federal, Washington, D.C.

Después de la Primera Guerra Mundial, Frédéric Delano se dedicó a lo que se llama eufemísticamente servicio público, mientras continuaba con sus actividades comerciales. En 1925, Delano fue presidente del Comité Internacional de la Sociedad de Naciones sobre la Producción de Opio; en 1927, fue presidente de la Comisión de Ordenación del Territorio de Nueva York, donde participó activamente en el patrocinio de la Comisión de Parques Nacionales. En 1934, FDR nombró al tío Fred Delano presidente de la Comisión de Planificación de Recursos Nacionales. El comité industrial de la Junta de Planificación de Recursos Nacionales, que Frederic Delano probablemente ayudó a seleccionar, era una pequeña y feliz camarilla de planificadores socialistas, entre los que se encontraban Laughlin Currie, Leon Henderson, Isador Lublin (destacado en la transferencia de tecnología industrial a la URSS antes de la Guerra de Corea) y Mordecai Ezekiel.

El asesor del consejo era Beardsley Ruml.

Luego, de 1931 a 1936, mientras participaba en proyectos de planificación socialista, Delano también fue presidente del consejo del Banco de la Reserva Federal en Richmond, Virginia. En resumen, Frédéric Delano era tanto un capitalista como un planificador.

---

[277] Elliott Roosevelt y James Brough, *An Untold Story: The Roosevelt of Hyde Park* (Nueva York: Putnam's, 1973), pp. 142, 147-8.

[278] United States Senate, Hearings before the Special Committee to Investigate the Munitions Industry, 74th Congress, Second Session, Part 25, *World War Financing and United States Industrial Expansion 1914–1915, J. P. Morgan & Company* (Washington: Government Printing Office, 1937), p. 10174, Exhibit No. 3896.

Delano dejó algunos escritos de los que podemos extraer algunos conceptos de sus ideas políticas. Encontramos apoyo a la tesis de que los mayores defensores de la regulación gubernamental son los empresarios que necesitan ser regulados, aunque Delano advierte que la nacionalización gubernamental de los ferrocarriles puede ir demasiado lejos:

> La propiedad pública de los ferrocarriles es una esperanza piadosa que, aunque se menciona a menudo, no es exigida por el público. Si la propiedad pública de los ferrocarriles ha surgido, es porque los propietarios de los ferrocarriles lo prefieren a la regulación gubernamental, y será un día triste para la república cuando la regulación se incremente hasta tal punto que los propietarios de los ferrocarriles ya no estén dispuestos a aceptar las responsabilidades de la gestión.[279]

Sin embargo, en otro libro, escrito unos 20 años después, Delano se muestra mucho más receptivo a la planificación gubernamental:

> Un gran problema de la planificación es la educación de las personas. Si el público se diera cuenta de que los esfuerzos dirigidos pueden aportar beneficios sociales y de que el tiempo necesario para lograr la mayoría de las cosas mediante la planificación es anterior a la necesidad de cambio, los demás problemas de la planificación podrían resolverse más fácilmente.[280]

Más adelante:

> La breve clasificación anterior del problema de la planificación sirve de base para indicar la necesidad del control social directo e indirecto.

Muy pocas personas saben realmente cuál es el mejor uso de la tierra para su propio beneficio, y mucho menos planificar su uso para el bien común. Las instituciones han hecho mucho por enseñar a los agricultores a planificar las explotaciones individuales, pero muchas explotaciones de este país están mal organizadas.[281]

En resumen, la parte de la familia Delano ha emprendido empresas capitalistas y tiene intereses en Wall Street que se remontan al siglo XIX. Sin embargo, en la década de 1930, Frederick Delano había abandonado la iniciativa capitalista por la planificación socialista.

LA FAMILIA ROOSEVELT Y WALL STREET

[279] Frederic A. Delano, ¿Se trata con justicia a nuestros ferrocarriles? Discurso ante el Comité Económico del Club de Nueva York, 29 de abril de 1913, p. 11.

[280] Frederic A. Delano, ¿Qué pasa con el año 2000? Comisión Mixta sobre las Bases de su Política Territorial, s.f., pp. 138-9.

[281] Ibid, p. 141.

Franklin Delano Roosevelt también descendía del lado Roosevelt de una de las familias de banqueros más antiguas de Estados Unidos. El bisabuelo de FDR, James Roosevelt, fundó el Banco de Nueva York en 1784 y fue su presidente de 1786 a 1791. El banco de inversión Roosevelt & Son de Nueva York fue fundado en 1797. En la década de 1930, George E. Roosevelt, primo de FDR, fue el quinto miembro de la familia en sucesión directa al frente de la empresa. Así pues, las raíces bancarias de la familia Roosevelt en Nueva York se extendieron ininterrumpidamente hasta finales del siglo XVIII. En el ámbito industrial, James Roosevelt construyó la primera refinería de azúcar estadounidense en Nueva York en la década de 1740, y Roosevelt seguía vinculado a la refinería de azúcar cubana en la década de 1930. El padre de FDR, también conocido como James Roosevelt, nació en Hyde Park, Nueva York, en 1828 en el seno de esta antigua y distinguida familia. Este James Roosevelt se graduó en la Facultad de Derecho de Harvard en 1851, se convirtió en director de la Consolidated Coal Company de Maryland y, al igual que los Delano en los años siguientes, se asoció al desarrollo del transporte, primero como director general de la Cumberland & Co. Pennsylvania Railroad, luego como presidente de Louisville, New Albany & Chicago Railroad, Susquehanna Railroad Co, Champlain Transportation Co, Lake George Steamboat Co y New York & Canada Railroad Co. James Roosevelt también fue vicepresidente y director de la Delaware & Hudson Canal Co. y presidente de la Maritime Canal Company de Nicaragua. También fue el organizador de la Southern Railway Security Company, que se estableció en 1871 y fue una de las primeras sociedades de cartera de valores que se formaron para comprar y consolidar ferrocarriles. La Southern Railway Security Company fue un proyecto de consolidación o cartelización similar en su principio monopólico a las asociaciones comerciales formadas por Franklin D. Roosevelt en los años 20 y a la National Recovery Act, otro proyecto de cartelización, del New Deal. La segunda esposa de James Roosevelt fue Sara, hija de Warren Delano, y su hijo fue Franklin Delano Roosevelt, futuro presidente de los Estados Unidos.

Franklin se educó en Groton y Harvard, y luego fue a la Facultad de Derecho de Columbia. Según su hijo Elliott,[282] FDR "nunca se graduó, pero pudo aprobar el examen de abogado del Estado de Nueva York".[283] El primer trabajo de FDR fue en el antiguo bufete de abogados del centro de la ciudad, Carter, Ledyard y Milburn, cuyo principal cliente era J. Pierpont Morgan. En tres años, FDR ascendió en el escalafón, pasando por puestos menores de investigación jurídica en las divisiones de tribunales municipales y almirantazgo del bufete. Cabe señalar, de paso, que cuando FDR fue por primera vez a Washington D.C. en 1916 para convertirse en subsecretario de la Marina, fue Thomas W. Lamont -banquero

---

[282] Elliott Roosevelt, *An Untold Story*, op. cit. p. 43.

[283] Ibid, p. 67.

internacional y socio más influyente de Morgan- quien alquiló la casa de FDR en Nueva York.[284]

Había otros Roosevelt en Wall Street. George Emlen Roosevelt (1887–1963) era primo de Franklin y Theodore Roosevelt. En 1908, George Emlen se convirtió en miembro de la empresa bancaria familiar Roosevelt & Son. En enero de 1934, tras la aprobación de la Ley Bancaria FDR de 1933, la empresa se dividió en tres unidades individuales: Roosevelt & Son, de la que George Roosevelt siguió siendo socio principal, Dick & Merle-Smith, y Roosevelt & Weigold. George Emlen Roosevelt fue un destacado financiero de ferrocarriles, involucrado en no menos de 14 reorganizaciones de ferrocarriles, además de ser director de varias empresas importantes, como la Guaranty Trust Company,[285] controlada por Morgan, el Chemical Bank y el Bank for Savings de Nueva York. Una lista completa de los cargos directivos de George Emlen en 1930 requiere seis pulgadas de letra pequeña en el *Directorio de Directores* de los Pobres.

Otro Roosevelt asociado a Morgan fue Theodore Roosevelt, 26º presidente de los Estados Unidos y nieto de Cornelius Roosevelt, uno de los fundadores del Chemical National Bank. Al igual que Clinton Roosevelt, del que hablaremos más adelante, Theodore fue miembro de la Asamblea del Estado de Nueva York de 1882 a 1884; fue nombrado miembro de la Comisión de Servicios Civiles de los Estados Unidos en 1889, Comisario de Policía de la ciudad de Nueva York en 1895 y Subsecretario de la Marina en 1897; fue elegido Vicepresidente en 1900 para convertirse en Presidente de los Estados Unidos cuando el Presidente McKinley fue asesinado en 1901. Theodore Roosevelt fue reelegido presidente en 1904 y se convirtió en el fundador del Partido Progresista, apoyado por el dinero y la influencia de J. P. Morgan, y así puso a Estados Unidos en la senda del estado del bienestar. La sección más larga de la plataforma del Partido Progresista era la sección sobre "negocios" y dice en parte:

> Por lo tanto, pedimos una fuerte regulación nacional de las empresas interestatales. La empresa es un elemento esencial del comercio moderno. La concentración de los negocios modernos, en cierta medida, es inevitable y necesaria para la eficiencia de las empresas nacionales e internacionales.

La única diferencia realmente significativa entre esta afirmación apoyada por Morgan y el análisis marxista es que Karl Marx consideraba que la concentración empresarial era inevitable y no "necesaria". Sin embargo, el Partido Progresista de Roosevelt, centrado en la regulación de las empresas, estaba financiado por Wall Street, incluida la International Harvester Corporation, controlada por Morgan, y los socios de J.P. Morgan. En palabras de Kolko:

---

[284] Véase Sutton, *Wall Street and the Bolshevik Revolution*, para muchas citas del libro de Thomas Lamont sobre los vínculos con la revolución bolchevique en 1917, cuando vivía en la casa alquilada de FDR en Nueva York.

[285] Es importante señalar, al desarrollar la historia de FDR en Wall Street, que Guaranty Trust es importante en la primera revolución bolchevique de Sutton.

Los registros financieros del partido para 1912 mencionan a C. K. McCormick, Sr. y Sra. Medill McCormick, Sra. Katherine McCormick, Sra. A. A. McCormick, Fred S. Oliver y James H. Pierce. Sin embargo, las donaciones más importantes para los progresistas vinieron de Munsey, Perkins, Willard Straight de la compañía Morgan, Douglas Robinson, W. E. Roosevelt y Thomas Plant.[286]

Existe, por supuesto, una larga tradición política de Roosevelt, centrada en el estado de Nueva York y en el gobierno federal de Washington, que es paralela a esta tradición de Wall Street. Nicholas Roosevelt (1658-1742) fue en 1700 miembro de la Asamblea del Estado de Nueva York. Isaac Roosevelt (1726-1794) fue miembro del Congreso Provincial de Nueva York. James I. Roosevelt (1795-1875) fue miembro de la Asamblea del Estado de Nueva York en 1835 y 1840 y miembro de la Cámara de Representantes de los Estados Unidos entre 1841 y 1843. Clinton Roosevelt (1804-1898), autor de un programa económico de 1841 notablemente similar al New Deal de Franklin Roosevelt (véase el capítulo 6), fue miembro de la Asamblea del Estado de Nueva York en 1835. Robert Barnwell Roosevelt (1829-1906) fue miembro de la Cámara de Representantes de Estados Unidos en 1871-73 y ministro de Estados Unidos en los Países Bajos en 1888-1890. Luego, por supuesto, como hemos señalado, estaba el presidente Theodore Roosevelt. Franklin continuó la tradición política de Theodore Roosevelt como senador del estado de Nueva York (1910-1913), subsecretario de la Marina (1913-1920), gobernador del estado de Nueva York (1928-1930) y luego presidente (1933-1945).

Mientras el FDR estaba en funcionamiento, otros Roosevelt asumían funciones menores. Theodore Roosevelt, Jr. (1887-1944) fue miembro de la Asamblea del Estado de Nueva York de 1919 a 1921, y luego continuó con el casi monopolio de la Marina de Roosevelt como secretario adjunto de la Marina de 1921 a 1924, gobernador de Puerto Rico de 1922 a 1932 y gobernador general de Filipinas de 1932 a 1933. Nicholas Roosevelt fue vicegobernador de Filipinas en 1930. Otros Roosevelt han continuado esta tradición política desde los días del New Deal.

La alianza entre Wall Street y la política está implícita en esta tradición de Roosevelt. Las políticas aplicadas por los numerosos Roosevelt tendieron a aumentar la intervención del Estado en las empresas, lo cual es deseable para algunos elementos de la comunidad empresarial. El eufemismo de "servicio público" es una tapadera para el uso del poder policial del Estado con fines personales, una tesis que debemos abordar. Si la tradición de Roosevelt hubiera sido la del *laissez-faire* intransigente, la retirada del Estado de las empresas en lugar de la intervención en las actividades económicas, nuestra valoración sería necesariamente diferente. Sin embargo, desde al menos Clinton Roosevelt en 1841 hasta Franklin D. Roosevelt, el poder político acumulado por el clan Roosevelt se utilizó para regular los negocios con el objetivo de restringir la competencia, fomentar el monopolio y así desangrar al consumidor en beneficio de una élite financiera. Además, hay que tener en cuenta la observación transmitida por

---

[286] Gabriel Kolko, *The Triumph of Conservatism* (Londres: Free Press, 1963), p. 202. Willard Straight era el propietario de *The New Republic*.

Franklin D. Roosevelt a Edward House y citada en el epígrafe de este capítulo de que "el poder financiero de los grandes centros ha controlado el gobierno desde los tiempos de Andrew Jackson". Por lo tanto, es pertinente concluir este capítulo introductorio con las observaciones de 1943 de William Allen White, un editor honesto si es que alguna vez hubo uno de los mejores críticos de esta institución financiera en el contexto de la Segunda Guerra Mundial; esto, cabe señalar, después de diez años de FDR y en el apogeo del poder político de Roosevelt:

> No podemos movernos por Washington sin toparnos con el hecho de que estamos luchando en dos guerras: una guerra exterior y una guerra interior.
>
> La guerra interna está en los distintos consejos de guerra. Todas las principales industrias de productos básicos de este país están organizadas a nivel nacional y muchas, quizás la mayoría, forman parte de grandes organizaciones nacionales, cárteles, acuerdos, que operan en ambos lados del frente de batalla.
>
> Aquí en Washington, todas las industrias están interesadas en salvarse. Quieren salir de la guerra con toda su organización intacta, legal o ilegalmente.
>
> Uno se sorprende de encontrar hombres que representan a los grandes trusts o a los convenios de productos básicos o a los sindicatos plantados en los distintos consejos de guerra. Es una tontería decir que los New Dealers dirigen este espectáculo. Está dirigida en gran parte por propietarios ausentes de la riqueza industrial fusionada, hombres que, directamente o a través de sus empleadores, controlan pequeños bloques minoritarios fuertemente organizados que manipulan las fábricas físicas de estos trusts.
>
> La mayoría de estos magnates de la gestión son estadounidenses decentes y patrióticos. Tienen mucho talento. Si te acercas a ellos, nueve de cada diez veces son amables y corteses caballeros cristianos.
>
> Pero en la décima relación, en la que afecta a su propia organización, son completamente locos, despiadados, sin respeto a Dios ni al hombre, paranoicos, de hecho, tan malos como Hitler en sus acciones.
>
> Están decididos a salir victoriosos de esta guerra para sus propios accionistas, lo cual no es sorprendente. También es comprensible que Hitler quiera salir victorioso de esta guerra para el pueblo alemán a toda costa.
>
> Pero esta actitud de los hombres que controlan las grandes industrias de materias primas, y que se proponen dirigirlas según su propio criterio y su propia moral, no da una buena imagen a los ojos del hombre común.
>
> Estas combinaciones internacionales de capital industrial son feroces animales trogloditas, dotados de un enorme poder y sin consideración social de ningún tipo. Se ciernen como un viejo reptil silúrico sobre nuestra civilización decente, más o menos cristiana, como grandes dragones en estos tiempos modernos en los que se supone que los dragones han desaparecido.[287]

---

[287] Citation de George Seldes, *One Thousand Americans* (Nueva York: Boni & Gaer, 1947), p. 149–150.

CAPÍTULO II

POLÍTICA DEL SECTOR DE LAS OBLIGACIONES[288]

Voy a aprovechar nuestra vieja amistad y pedirte si puedes ayudarme a conseguir garantías y contratos de las autoridades de Brooklyn.
Franklin D. Roosevelt al congresista J. A. Maher, 2 de marzo de 1922.

A principios de 1921, Franklin D. Roosevelt se convirtió en vicepresidente de la Fidelity & Deposit Company de Maryland y director residente de la oficina de la compañía en Nueva York, en el 120 de Broadway. Fidelity & Deposit of Maryland era una compañía de seguros bien establecida, especializada en pólizas de caución y garantía exigidas en contratos gubernamentales y corporativos, así como en una variedad de trabajos individuales que van desde secretario de sindicato hasta empleado de una empresa de corretaje. De hecho, existe la posibilidad de que los negocios de fianzas se realicen siempre que un contratista o empleado incumpla una confianza fiduciaria o no cumpla un contrato, como en los proyectos de construcción. En resumen, la fianza es un área especializada del seguro que cubre el riesgo de incumplimiento. En 1921, Fidelity & Deposit era la cuarta compañía de seguros de Estados Unidos, pero no hay que confundirla con la Fidelity and Casualty Company of New York, otra compañía de seguros, que contaba con W. Emlen Roosevelt, primo de FDR, en su consejo de administración.

¿Por qué Van-Lear Black, propietario del Baltimore Sun y presidente de Fidelity & Deposit, contrató al novato en seguros Franklin D. Roosevelt como vicepresidente de la gran oficina de Nueva York? Es casi seguro que contrató a FDR porque el negocio de las fianzas depende inusualmente de la influencia política. Leyendo los registros de las cartas de Fidelity & Deposit de 1921 a 1928, encontramos que el precio o el servicio raramente aparecen como elementos competitivos en el negocio de las fianzas. Las principales armas competitivas son "¿A quién conoces? " y "¿Cuál es su política? En otras palabras, la política es un sustituto del mercado. La política era el fuerte de FDR, y Van-Lear Black conocía su mundo de vínculos cuando adquirió a FDR. Es importante señalar la naturaleza

---

[288] Este capítulo se basa en los documentos de FDR en Hyde Park, Nueva York: en particular el grupo 14, archivo titulado "Fidelity & Deposit Co. of Maryland, correspondencia de FDR como vicepresidente, 1921-1928".

política del negocio de los bonos, ya que los biógrafos de FDR han sugerido en algunos casos que FDR, como novato en los negocios, era relativamente inútil para Van-Lear Black. Por ejemplo, Frank Freidel escribe:

> Es imposible determinar si Van-Lear Black lo contrató porque fue una jugada comercial inteligente o simplemente para cobrar una celebridad. Lo peor que podía decir Wall Street sobre Roosevelt era que la empresa desperdiciaba los veinticinco mil dólares anuales que le pagaba de sueldo.[289]

¿Qué papel desempeñaron la política y los políticos en el comercio de enlaces en el Estado de Nueva York en la década de 1920?

LOS POLÍTICOS SON LOS FIRMANTES DE LOS BONOS DEL ESTADO

La naturaleza política generalizada de la actividad de vinculación se refleja en un recorte de prensa contemporáneo, pero anónimo, encontrado en los archivos de las cartas de FDR y cuidadosamente marcado por el propio FDR. El extracto se refiere a los funcionarios del Estado de Nueva York que negocian contratos públicos mientras actúan como miembros de empresas privadas que emiten fianzas y venden bonos de garantía a contratistas del gobierno. El periódico publicó sabiamente la columna "Todos bajo el mismo techo" e informó de que Daniel P. O'Connell, miembro de la Albany O'Connell Brothers & Corning Bond Company y responsable simultáneo de los asuntos públicos de la ciudad y el condado de Albany, estaba intentando influir en la emisión de sus bonos en todo el estado, para consternación de los tenedores de bonos de la competencia:

> Mientras que Daniel P. solía estar algo ocupado atendiendo a las obligaciones de varios y diversos electores, ahora, se dice, hará todo lo posible por someter sus obligaciones a las de los demás, especialmente a las de los empresarios que hacen negocios con la ciudad y el condado.
>
> Su llegada al mundo de la escritura fue tan bienvenida como lo sería una tormenta de nieve para una novia ruborizada en una brillante y soleada mañana de junio. Se dice que las aseguradoras locales, tanto demócratas como republicanas, que durante muchos años se han dedicado a suscribir fianzas para contratistas, no aprecian la llegada de Daniel P. a su campo, aunque tal vez admiren su ambición y su despliegue de valor y esas cosas; y en los círculos políticos del estado se dice que Royal K. Fuller, Comisionado de Estado de la Oficina de Canales y Vías Navegables, teme que si Daniel P. tiene éxito en el ámbito local [será] en detrimento suyo (del Sr. Fuller), o más bien en detrimento de la compañía de fianzas con la que

---

[289] Freidel, *The Ordeal*, op. cit. p. 138. Freidel es injusto con Roosevelt. No se da ninguna prueba de las críticas de Wall Street a este nombramiento. Las críticas son improbables, dado el carácter político de la empresa, el hecho de que su conocimiento del mundo de la política era el punto fuerte de FDR y su larga tradición de connivencia con las élites de "Wall Street".

está relacionado y para cuyo beneficio se dice que utiliza la influencia de su posición.

El escritor y titular de un cargo público, O'Connell, escribió entonces cartas de solicitud a todos los contratistas de la ciudad y el condado de Albany, haciéndoles saber que estaba trabajando en el negocio de las fianzas para el edificio de la caja de ahorros de la ciudad, que es propiedad del alcalde de Albany, Hackett, y es la sede de la Organización Democrática del Condado de Albany. La carta del Sr. O'Connell a los contratistas del Estado concluye con el recurso:

> Le agradecería que diera a esta oficina la oportunidad de servirle. Una llamada telefónica o una carta dirigida a mí en esta oficina recibirá una pronta atención.

Es importante señalar este uso dominante y aparentemente aceptable de la función e influencia política para hacer el propio nido. A la luz de las pruebas que se presentan a continuación, esto sugiere que el FDR simplemente seguía las costumbres contemporáneas de su entorno. El uso de la política para obtener contratos de garantía se refleja en los archivos de cartas de FDR y es esencialmente la única forma en que obtuvo contratos de garantía mientras era vicepresidente de Fidelity & Deposit Company. Por supuesto, sus cartas solicitando negocios a los otros Roosevelt en Wall Street son perfectamente legítimas. Encontramos, por ejemplo, una carta dirigida a "Dear Cousin Emlen" (W. Emlen Roosevelt de Roosevelt & Son, 30 Pine Street) con fecha del 10 de marzo de 1922, en la que se preguntaba por la obtención de una fianza para la Buffalo, Rochester and Pittsburgh Railway Company, fianza entonces redactada por la competidora National Surety Company. Emlen respondió rápidamente el 16 de marzo que "pudo hablar con el presidente sobre el asunto". Esto debió estimular la imaginación de FDR, ya que el 16 de marzo de 1922 escribió al "Querido George" (George E. Roosevelt), también en Roosevelt & Son, para preguntar por la fianza global suscrita por la propia empresa para su propia protección.

Los sindicatos eran un objetivo particular de FDR para las empresas; como a cada secretario y tesorero del sindicato se le exigía una fianza, era un campo lucrativo. El 13 de diciembre de 1921, el Secretario General y Tesorero E. C. Davison de la Asociación Internacional de Maquinistas escribió a FDR:

> Ahora realizamos la mayor parte de nuestro negocio de fianzas con su empresa, que ha sido influenciada en gran medida por usted.

Luego, el 26 de enero de 1922, Joseph F. Valentine, presidente del Sindicato Internacional de Moldeadores de América del Norte, escribió a FDR que apreciaba mucho todos los esfuerzos de FDR en apoyo del sindicato mientras era Subsecretario de la Marina y:

> Quiero dar a la Fidelity and Deposit Company of Maryland la mayor parte posible de nuestros negocios... en cuanto venzan nuestros bonos actuales, será un placer personal que su empresa se encargue de nuestros negocios en el futuro.

Los funcionarios del sindicato en Washington y otros lugares se apresuraron a pedir a sus locales que desviaran el negocio hacia su viejo amigo FDR y lo alejaran de otras compañías de seguros. A su vez, los funcionarios de los sindicatos locales se apresuraron a informar de sus acciones de secuestro, y la información, a su vez, se transmitió rápidamente a FDR. Por ejemplo, el presidente de la Asociación Internacional de Caldereros escribió al Secretario Berres del Departamento de Oficios del Metal, A. F. of L., en Washington, D.C:

> ... Puede estar seguro de que todo lo que pueda hacer para servir al Sr. Roosevelt en su nuevo cargo será un placer, y por eso le escribo hoy al Sr. Roosevelt.

Naturalmente, el FDR ha explotado al máximo a sus viejos amigos políticos y con una atención al detalle encomiable. En un discurso de venta fechado el 2 de marzo de 1922, dirigido al congresista J. A. Maher, FDR escribió dos cartas, no una. La primera carta decía en parte:

> Howe [Louis Howe, mano derecha de FDR] me habló de su conversación telefónica con usted y le sugiero una carta más formal para que se aclare. Esta es una pequeña nota amistosa, para que no piense que me he vuelto formal de repente desde que adopté Wall Street como dirección comercial.
> Ven a verme. Sé que le hará bien escuchar el lenguaje que el Hermano Berres y otros relacionados con la Oficina de Trabajo utilizan con respecto a la actual administración en general y a los miembros del Congreso en particular. Si ocurre que no se escucha a la señora cuando llegue, repetiré algunos de los extractos más citados.

FDR adjuntó una carta más formal al congresista Maher, que obviamente hay que mostrar a los amigos de Maher, en la que se dice precisamente lo que quiere: "Fidelidad y obligaciones contractuales de los poderes de Brooklyn:"

> Voy a aprovechar nuestra vieja amistad y pedirte si puedes ayudarme a conseguir garantías de fidelidad y de contrato de las autoridades de Brooklyn. Hay muchos lazos que se requieren en el trabajo del gobierno de la ciudad, además de los lazos personales que todo funcionario de la ciudad tiene que dar, y espero que algunos de mis viejos amigos estén dispuestos a recordarme. Desgraciadamente, no puedo hablar de esto con ellos en este momento, pero como todos mis amigos son amigos tuyos, creo que si tienes tiempo y ganas, puedes ayudarme de verdad. Le aseguro que este favor no se olvidará pronto.

Más adelante veremos el éxito de este enfoque para F&D.

INFLUENCIA POLÍTICA Y CONTRATACIÓN

Los contactos e influencias políticas de FDR eran, por supuesto, bien conocidos dentro de Fidelity & Deposit, y otros miembros de la empresa le llamaron repetidamente para que utilizara su experiencia política y su crédito personal para generar negocios de bonos, incluso fuera de Nueva York. Esto puede ilustrarse con una carta fechada el 23 de agosto de 1928 del director de F & D, F. A. Price, jefe de la oficina de Chicago, relativa a los asuntos de los políticos locales de Chicago. Price escribió "Querido Franklin" con el mensaje de que, desde la muerte del líder político de Chicago George Brennan, se habían propuesto varios nombres como líderes de la maquinaria local del Partido Demócrata. Antes de su muerte, Brennan había pedido que el Sr. L. Igoe le sucediera, escribió Price a FDR:

> Es posible que haya contactado con él durante su estancia en Houston y, en caso de que lo conozca personalmente, me gustaría que me diera una carta de presentación lo más contundente posible.

El Sr. Price señaló que recientemente, mientras estaba en Baltimore, discutió con el presidente de la compañía F & D, Charles Miller, "la idea de hacer un trato con el nuevo líder demócrata de Illinois". Por ello, me gustaría recibir la carta de presentación". Dado que la política de la maquinaria de Chicago es conocida por sus bajos estándares éticos, se necesita poca imaginación para visualizar el tipo de acuerdo que Price estaba sugiriendo y que FDR utilizó su nombre e influencia para impulsar.

Esta amistad personal no fue suficiente para asegurar los contratos de fianza y se evidencia cierta dilución en una carta sobre la situación política en la ciudad de Nueva York, fechada el 23 de septiembre de 1925, dirigida a "Mi querido Sr. Roosevelt" por John Griffin, jefe de la división de contratos de la oficina de Nueva York. La carta trata de las complejas interconexiones entre las oficinas políticas de Nueva York y la industria de corretaje de bonos. La carta dice en parte lo siguiente:

> La gran victoria de Walker sobre Hylan, por supuesto, insuflará nueva vida a la situación de los bonistas. Sinnott & Canty, de quien pudimos obtener bonos al principio de la administración Hylan y que no fue muy favorecido en el último juego, probablemente estará fuera del juego y Charles F. Murphy, Jr., Hyman & McCall, Jim Hoey, o un hombre llamado McLaughlin, un hermano del Superintendente de Bancos, será el favorito. En mi opinión, nuestra conexión más fuerte será a través de Al Smith con Charlie Murphy, McCall o McLaughlin, porque Hoey tiene su propia compañía, la Columbia Casualty Company.
> Tal vez Murphy reciba de la National Surety Company, o de la compañía con la que ahora está haciendo negocios, una comisión mayor de la que podríamos estar dispuestos a darle por sus negocios directos, pero una palabra en su oído, a través de usted y, por supuesto, a través del Gobernador y tal vez de Jimmie Walker, nos pondría al menos bajo la cláusula de nación más favorecida o [para] cualquier división de estas obligaciones, como usted sabe, todas ellas deben ser divididas entre dos o más compañías.
> Conozco a todas estas personas bastante bien y favorablemente, pero una simple amistad personal no será suficiente.

Una lectura cuidadosa de esta carta interna de la compañía sugiere que los sobornos eran el medio habitual para obtener negocios de fianzas de las agencias gubernamentales de Nueva York; nótese el párrafo: "Tal vez Murphy recibe de la

National Surety Company, o de la compañía a la que ahora da negocios, una comisión mayor de la que estaríamos dispuestos a dar por sus negocios directos". La frase final, "... la mera amistad personal no será suficiente" es preocupante.

La politización del negocio de las fianzas, tan evidente en Chicago y Nueva York, también se extendió al ámbito de la contratación del gobierno federal en Washington, D.C. El 5 de mayo de 1926, el segundo vicepresidente de F & D, F. A. Bach, en Baltimore, escribió a FDR con un informe de unos 11/4 millones de dólares; estaba prevista la construcción de un edificio de un millón de dólares para la Oficina de Veteranos en la primavera:

> Querido Franklin,
> Entre los otros proyectos de la Oficina de Asuntos de los Veteranos de esta primavera hay uno que implica alrededor de un millón y cuarto de dólares en Bedford, Massachusetts, y espero secretamente que con una influencia como la que tiene la Sra. Rogers, la representante de Massachusetts, podamos tener una oportunidad de conseguir una parte de eso, aunque, por supuesto, el proyecto más grande será en North Port, Long Island.

Del mismo modo, a un contacto en una "empresa que tiene contratos con la Marina", FDR escribió:

> Una referencia ocasional en una carta de un viejo amigo mío del Departamento de Marina a la adjudicación de algunas piezas de cañones de 8 pulgadas a su empresa me recordó la relación tan agradable que mantuvimos durante mi mandato como Subsecretario de Marina, y me preguntaba si estaría dispuesto a dejar que mi empresa redactara algunas de las garantías de los contratos que se ve obligado a dar al gobierno de vez en cuando. Me encantaría que uno de nuestros representantes nos llamara.

Louis Howe, la mano derecha de FDR, también trabajaba en las oficinas de F & D, negociaba activamente con bonos y no se quedaba atrás en la prospección. La carta de Howe a Homer Ferguson, de la Newport News Shipbuilding Company, de diciembre de 1921, señala que la empresa había hecho ofertas para la construcción del Leviatán y agradece a Ferguson la fianza:

> Si por casualidad el hecho de que esta sea la empresa del Sr. Roosevelt influyó en que usted otorgara este premio, le agradaría enormemente al Sr. Roosevelt que le escribiera una breve línea a tal efecto.

Estos métodos políticos de hacer negocios están, por supuesto, muy alejados del mercado competitivo de los libros de texto universitarios. Sería ingenuo pensar que la preferencia política y la amistad personal no tienen ningún papel, o sólo un papel menor, en las relaciones comerciales. Sin embargo, al observar las actividades de bonos de FDR, es difícil imaginar otra actividad en la que la política desempeñe un papel tan amplio como en el negocio de los bonos y las garantías en la década de 1920. La moralidad del soborno y el uso de la función política para generar negocios personales es cuestionable, y la legalidad es ciertamente cuestionable. La pérdida de eficiencia económica y la consiguiente pérdida para la sociedad en su conjunto es mucho menos evidente. Si la compra y venta de estos bonos se determina por el precio y los resultados anteriores -y el conocimiento personal puede ser un factor legítimo para juzgar los resultados anteriores-, el mercado aportará los máximos beneficios económicos y de eficiencia a la empresa. En un ambiente empresarial politizado, se eliminan estos factores de competencia leal, se pierde la eficiencia económica y se reducen los beneficios. De hecho, tenemos un microcosmos de una economía socialista en la que todas las decisiones están politizadas en detrimento del conjunto de la sociedad. En resumen, las operaciones de rescate de FDR fueron, hasta cierto punto, antisociales.

Otras cartas de los Papeles de Roosevelt ofrecen una auténtica visión entre bastidores de la política de los años 20, de los tejemanejes que a menudo degeneraban en una corrupción descarada. Por ejemplo, una carta de FDR fechada el 11 de julio de 1928, dirigida al primer vicepresidente George L. Radcliffe en Baltimore, sobre la forma en que John J. Raskob se convirtió en presidente del Comité Nacional Demócrata. Raskob fue vicepresidente de Du Pont y de General Motors y, en consecuencia, era miembro del establishment de Wall Street en la misma capacidad que los demás:

> En una reunión celebrada anoche, el Gobernador [Smith] eligió finalmente a John J. Raskob como Presidente del Comité Nacional. Dijo que quería un organizador y un hombre que pusiera al Partido Demócrata al servicio de los intereses comerciales del país. Mi primer juicio es que se trata de un grave error, porque es católico; segundo, se moja aún más que Smith, buscando la derogación de la Decimoctava Enmienda; y tercero, es el jefe de la mayor organización comercial del mundo. Me temo que está expulsando definitivamente a una multitud de personas en el sur y el oeste, y en el este rural, que no simpatizan especialmente con Smith, pero que a día de hoy se han desvinculado del Partido.
>
> No conozco muy bien a Raskob, pero espero tener una conferencia con él en unos días, y mencionaré la posibilidad de V. L. B. [Van-Lear Black] entre otras cosas.

Más adelante en este libro, hablaremos de los enormes fondos entregados al Partido Demócrata por Raskob y las contrapartes para las grandes corporaciones: el New Deal y la Administración de Recuperación Nacional (NRA).

El 24 de agosto de 1927, otra carta dirigida a George Radcliffe describe cómo la industria de los bonos puede resumirse en el nombre de James Beha, entonces Superintendente de Seguros del Estado de Nueva York. Esta cita confirma el hecho de que las industrias "reguladas" no son más que dispositivos políticos diseñados para mantener a raya a la competencia no deseada y que los reguladores pueden llenarse los bolsillos y actuar en nombre de la industria supuestamente regulada:

> Vic Cullen[290] y yo acabamos de tener una discusión sobre el director Beha. Vic dice que cree que hay un movimiento, iniciado por Joyce, para que Beha entre en el Nacional en cierta medida y Cullen está haciendo lo que creo que es una sugerencia muy válida. Es que Beha podría llegar a ser el jefe de la asociación de unión. Todos

---

[290] Cullen fue director de la oficina de producción de Nueva York.

queremos y confiamos en Beha; es un hombre valiente e independiente, y no se me ocurre nadie más adecuado para el puesto. Por supuesto, costaría mucho dinero - creo que son 35.000 dólares al año-, pero esta cantidad, repartida entre todos los miembros, es sólo una gota de agua.

Si piensas en esa sugerencia, tanto Cullen como yo pensamos que tú eres el hombre, más que cualquiera de nosotros, para acercarte a la dirección de la U.S. F. & G. y a uno o dos más de manera informal y confidencial.

Por otro lado, en Nueva York se ha intentado eliminar el abuso de la fianza. Uno de esos intentos fue el del arquitecto estatal Sullivan W. Jones, que trató de eliminar el requisito de fianza impuesto por el Estado. La primera medida del gobernador Al Smith fue extender su aprobación al plan Jones. Por ello, R.H. Towner, del 160 de Broadway, se apresuró a enviar una carta a FDR en la que decía que el Plan Jones sería desastroso y que "si el gobernador Smith (ha) ido por mal camino, algunos de sus amigos deberían enderezarlo". La rápida respuesta de FDR a Towner fue: "Espero ver al Gobernador en las próximas dos semanas y entonces hablaré con él como un tío holandés sobre el Plan Jones". Ya no leemos nada en los archivos de FDR sobre la eliminación de la fianza obligatoria en el Estado de Nueva York.

El hecho de que la oficina de F & D haya sido muy firme en sus propios intereses se refleja incluso en asuntos relativamente menores: por ejemplo, ninguna asociación comercial de Nueva York ha podido obtener apoyo financiero para F & D. El 5 de agosto de 1926, una solicitud de suscripción del Better Business Bureau de Nueva York suscitó una fría respuesta de F & D. FDR remitió la carta al vicepresidente Cullen para que preparara una "respuesta adecuada", y Cullen se negó rápidamente al Better Business Bureau. Esta negativa fue apoyada por el Presidente Charles R. Miller en Baltimore: "No estoy muy entusiasmado con hacer una contribución al Better Business Bureau en este momento. E....pertenencia de F & D a su asociación. Una vez más, Cullen argumenta que "la Asociación de Comerciantes no nos aporta absolutamente ningún beneficio". No hay ninguna ley que obligue a pertenecer a las mejores asociaciones empresariales, pero estas negativas dan lugar a sospechosos llamamientos sociales de los no miembros.

LA RECOMPENSA PARA LA EMPRESA FIDELITY & DEPOSIT

Esta breve reseña de la carrera de Franklin D. Roosevelt desde 1921 hasta 1928 como vicepresidente de la Fidelity & Deposit Company de Nueva York sugiere el camino filosófico que siguió Roosevelt durante las dos décadas siguientes. La actividad de los bonos era esencialmente política, y FDR en la política era como un pez en el agua. Los contactos políticos realizados durante su servicio como Subsecretario de la Marina se aprovecharon al máximo, se hicieron nuevos contactos políticos, alentados por la dirección de F & D en Baltimore, y FDR tuvo siete años para practicar el arte de la política en los negocios. Los resultados de F y D fueron excepcionalmente buenos. El negocio creció, en cierta medida tal vez porque casi todos los negocios tuvieron lugar en la década de 1920, pero casi seguramente en gran medida por las actividades políticas de FDR. Entre el 1 de enero de 1923 y el 1 de enero de 1924, Fidelity & Deposit registró una ganancia de 3 millones de dólares en el año y se convirtió en la tercera compañía de fianzas, muy por delante de su competidora destituida, la American Fidelity and Casualty Co. Aquí están los números:

Fianzas del Estado de Nueva York

	1 de enero de 1923	1 de enero de 1924	Ganancias/pérdidas
Fidelity & Deposit Co.	$ 7,033,100	$10,184,600	+$3,151,500
National Surety Co.	$14,993,000	$15,677,550	+ 684,550
Fidelity & Casualty Co. Surety Co. de Nueva York	$3,211,900	$3,215,150	+ 3,250
Aetna Casualty & Surety Co.	$5,517,200	4,799,500	— – 717,700
U.S. Fidelity & Casualty Co.	$8,064,500	$6,817,000	— – 1,247,500
American Surety Co.	$13,263,125	$12,127,400	- – 1,125,725

La oficina de Fidelity & Deposit en el 120 de Broadway fue la base de operaciones de FDR en la década de 1920, pero el negocio de las fianzas, por muy exitoso que fuera, no era la única actividad comercial de FDR. En los siguientes capítulos se examinarán otras actividades interesantes. Estos siete años pasados en un ambiente empresarial cargado de política -un microcosmos de una sociedad socialista, ya que las sociedades socialistas son también economías gestionadas políticamente- tuvieron sin duda una influencia decisiva en los posteriores planteamientos de FDR para resolver los problemas económicos nacionales. Este fue el primer contacto de FDR con el mundo de los negocios. No fue una exposición a los elementos competitivos del mercado de precio y calidad de los productos; fue una exposición al mundo de los negocios basada en las preguntas "¿A quién conoces? " y "¿Cuáles son sus políticas? - al final, la base más ineficiente y menos rentable para la empresa.

CAPÍTULO III

FDR EL ESPECULADOR INTERNACIONAL

Uno de los aspectos moralmente más perjudiciales de la inflación ha sido el "saqueo de Alemania" que se produjo en el momento álgido de la misma [1923]. Quien poseía dólares o libras esterlinas era el rey en Alemania. Unos pocos dólares americanos permitían a un hombre vivir como un millonario. Los extranjeros acudieron en masa al país, comprando tesoros familiares, fincas, joyas y obras de arte a precios increíblemente bajos.

Marjori Palmer, *1918–1923 German Hyperinflation,*
(Nueva York: Traders Press, 1967)

Franklin D. Roosevelt fue el organizador y presidente de varias empresas financieras internacionales especulativas que vinculaban a Alemania y Estados Unidos, incluida una empresa para beneficiarse de la ruinosa hiperinflación alemana de 1922-23. En 1922, FDR se convirtió en presidente y fue uno de los organizadores de United European Investors, Ltd., con estatuto canadiense, pero con sede en el 160 de Broadway, Nueva York. En 1927, FDR también fue el organizador de la International Germanic Trust Company, Inc. y del Federal International Investment Trust, que nunca vieron la luz. La más importante de estas empresas especulativas en el mundo de las finanzas internacionales fue, con mucho, la United European Investors, Ltd., que se creó para acumular marcos alemanes depositados en Estados Unidos y reinvertirlos en Alemania comprando activos de alemanes empobrecidos. Para comprender plenamente el alcance y la importancia de United European y seguir las actividades de la International Germanic Trust Company, es necesario hacer un breve repaso de las condiciones financieras alemanas a principios de la década de 1920.

LA HIPERINFLACIÓN ALEMANA DE 1922-23

Lionel Robbins, el eminente economista británico, describió la inflación alemana en 1922-23:

Fue la cosa más colosal de su tipo en la historia: y probablemente después de la propia Gran Guerra, debe cargar con la responsabilidad de muchas de las dificultades políticas y económicas de nuestra generación. Destruyó la riqueza de los elementos más fuertes de la sociedad alemana: y dejó tras de sí un desequilibrio moral y económico, caldo de cultivo para los desastres que siguieron. Hitler es el hijo adoptivo de la inflación.[291]

El Tratado de Versalles impuso una enorme carga de reparaciones a la Alemania derrotada, un país ya debilitado financieramente por la Primera Guerra Mundial, con un gasto deficitario de posguerra y una reducción territorial, y con los correspondientes recursos naturales reducidos. Las reparaciones tienen un efecto similar al de las importaciones en la balanza de pagos. Requieren de impuestos o de un gasto deficitario para compensar la fuga. Si se sigue el curso del gasto deficitario, el resultado será inflacionario, y este es el camino que ha seguido Alemania.

Los aliados obligaron a Alemania a reparar todos los daños a la propiedad privada, excepto en Rusia, y a pagar todos los gastos de las tropas aliadas en suelo alemán, pero no se fijó un límite máximo para las reclamaciones. Alemania debía pagar 100.000 millones de marcos de oro inmediatamente, con pagos de 1.000 millones de marcos de oro al año después de 1921. El plan de pago final elaborado en el "Ultimátum de Londres" de mayo de 1921 reflejaba estas condiciones severas e imposibles y, por tanto, proporcionaba un claro incentivo para inflar para eliminar la carga de los pagos directos.

Lo extraordinario del programa de reparaciones es la identidad de los llamados expertos responsables de hacer los arreglos de las reparaciones, creando de paso el caos monetario y social al que alude Lionel Robbins. El Comité de Reparaciones de 1923 tenía como miembro americano al general de brigada Charles G. Dawes y Owen D. Young de la General Electric Company.

El Comité de Expertos del Plan Young de 1928 incluía, por parte estadounidense, a Owen D. Young y J.P. Morgan, con Thomas N. Perkins y Thomas W. Lamont como suplentes. Por parte alemana, los miembros eran Hjalmar Schacht y A. Voegler, con C. Melchior y L. Kastl como suplentes.

En resumen, los elementos de General Electric-Morgan que jugaron un papel importante en la revolución bolchevique, y como veremos también en el New Deal, fueron los negociadores de un plan generalmente considerado como una de las principales causas del estallido de la Segunda Guerra Mundial - y en segundo lugar de un plan en el que estos mismos financieros, junto con Franklin Delano Roosevelt, iban a obtener beneficios.

También es interesante observar que los empresarios de la parte alemana de las negociaciones sobre las reparaciones estaban asociados al ascenso del nacionalsocialismo en Alemania.

El testigo Hallgarten cuenta en su ensayo *Adolf Hitler y la industria pesada alemana*:

---

[291] Constantino Bresciani-Turroni, *The Economics of Inflation: a Study of Currency Depreciation in Post War Germany, 1914–1923* (Londres: Allen & Unwin, 1937), "Foreword", p. 5.

... en noviembre de 1918, un grupo de los empresarios más destacados del Reich, entre ellos Stinnes, Albert Voegler (entonces director de la Gelsenkirchen Mining Co, Ltd.), Carl Friedrich von Siemens, Felix Deutsche (de German General Electric), el director Mankiewitz del Deutsche Bank, y el director Salomonsohn de la Diskontogesellschaft, financiaron el movimiento de uno de los precursores de Hitler, un tal Dr. Eduard Stadtler, que exigía la creación de un estado nacionalsocialista alemán.[292]

El punto relevante es que el Felix Deutsche mencionado era un director de la General Electric alemana y entre los representantes de la reparación americana se encontraba Owen D. Young de General Electric, mientras que el Albert Voegler mencionado por Hallgarten fue el representante alemán en las negociaciones del Plan Young.

La siguiente tabla ilustra la depreciación del marco alemán hasta convertirlo en papel moneda sin valor como resultado de esta carga de reparación impuesta por estos hombres:

El marco alemán en términos de[293]

Fecha	Cambiar (1913=1.00)	Precios al por mayor en Alemania
Enero de 1913	1.0	1.0
Enero de 1920	15.4	12.6
Enero de 1921	15.4	14.4
Enero de 1922	45.7	36.7
Julio de 1922	117.0	101.0

La inflación se aceleró tras la creación de United European Investors, Ltd, de la que Franklin D. Roosevelt es presidente y John von Berenberg Gossler es miembro del consejo asesor alemán:

Fecha	Cambiar	Precios al por mayor en Alemania
Enero de 1923	4,279.0	2,785.0
Julio de 1923	84,150.0	74,787.0
Agosto de 1923	1,100,100.0	944,041.0

La inflación se descontroló por completo tras la destitución del canciller Wilhelm Cuno, que volvió a ser presidente de HAPAG, y de los codirectores John von Berenberg Gossler y Max Warburg:

Fecha	Cambiar	Precios al por mayor en Alemania
Septiembre de 1923	23,540,000.0	23,949,000.0
Octubre de 1923	6,014,300,000.0	7,095,500,000.0
Noviembre de 1923	1,000,000,000,000.0	750,000,000,000.0

Las políticas que condujeron a la ruinosa inflación de Alemania se iniciaron bajo el mandato del canciller Wilhelm Cuno, que era, justo antes de ser canciller, presidente de la Hamburg-America Line (HAPAG). Dos de los codirectores de Cuno en HAPAG eran Max Warburg, banquero de Hamburgo y hermano de Paul

---

[292] George W. F. Hallgarten, *Adolf Hitler and German Heavy Industry* dans *Journal of Economic History*, été 1952, p. 224.

[293] Fuente: Anuario estadístico del Reich alemán.

Warburg, miembro del consejo asesor del Sistema de la Reserva Federal en Estados Unidos, y John von Berenberg Gossler, miembro del consejo asesor alemán de United European Investors, Ltd., de Franklin D. Roosevelt.

Cuno fue destituido como canciller alemán en agosto de 1923, pero hay que tener en cuenta en el cuadro que la inflación ya estaba fuera de control y en noviembre de ese año el marco se había depreciado a cero. Hay que tener en cuenta que Wilhelm Cuno fue canciller en 1922-23, cuando el marco se depreció rápidamente, y que Cuno procedía de una comunidad empresarial que podía y quería obtener beneficios pecuniarios y personales de la inflación alemana.

Esta aterradora inflación monetaria y el colapso final del marco alemán en 1923 arruinaron a la clase media alemana y beneficiaron a tres grupos: unos pocos grandes empresarios alemanes, unos pocos empresarios extranjeros que pudieron aprovechar la inflación y el creciente movimiento hitleriano. Como presidente de United European Investors, Ltd., Franklin D. Roosevelt fue uno de esos empresarios extranjeros que se aprovecharon de la miseria de Alemania para su propio beneficio.

LA HISTORIA DE WILLIAM SCHALL

Desgraciadamente, hay una perspectiva más profunda en este asunto de lo que podría llamarse un grupo elitista que ataca la desgracia del mundo. En el anterior volumen de esta serie, *Wall Street y la revolución bolchevique*, identificamos las conexiones personales entre los financieros de Wall Street y los revolucionarios bolcheviques. Algunos de estos mismos vínculos personales pueden extenderse a FDR y a los Inversores Europeos Unidos. Los vínculos establecidos con anterioridad implicaban al entonces embajador alemán en Estados Unidos, el conde von Bernstorff, y a su amigo Adolf von Pavenstedt, socio principal de Amsinck & Co, que fue "durante muchos años un tesorero principal del sistema de espionaje alemán en este país". Amsinck & Co.[294] estaba controlada por J. P. Morgan, John D. Rockefeller y otros intereses financieros de Nueva York a través de la American International Corporation. Junto con la Guaranty Trust Company, la American International Corporation fue el punto central de la financiación del espionaje alemán y bolchevique en Estados Unidos y Norteamérica durante la Primera Guerra Mundial. Adolf von Pavenstedt y Edmund Pavenstedt, ambos socios de Amsinck, eran también miembros de otra casa financiera, Müller, Schall & Company. Y fue en Müller, Schall donde en 1922 encontramos a Franklin D. Roosevelt y su empresa United European Investors, Ltd.

Tras la revelación pública en 1918 de los vínculos entre Amsinck & Co. y el espionaje alemán, los intereses alemanes en Müller, Schall & Co. fueron representados por Edmund S. Payne, un abogado de Nueva York. Müller, Schall & Co. fue formalmente liquidada, y una "nueva" compañía -William Schall & Co.

---

[294] Véase Sutton, *Wall Street and the Bolshevik Revolution*, op. cit. pp. 64–67, y Johann-Heinrich von Bernstorff, *My Three Years in America* (Nueva York: Scribner's, 1920), p. 261.

- se instaló en la misma dirección, el 45 de William Street, en la ciudad de Nueva York. La nueva firma, establecida en enero de 1918, incluía a los dos socios originales, William Schall y Carl Müller, a los que ahora se unían John Hanway, de Harris, Forbes & Co, Frank M. Welty, vicepresidente del American Colonial Bank de Puerto Rico, y el abogado Edmund S. Payne, socio de Rounds, Hatch, Dillingham & Debevoise, que representaba los intereses alemanes de la antigua Müller, Schall & Co.

Los Pavenstedt también estaban "fuertemente interesados en las haciendas azucareras de Puerto Rico y poseían y controlaban el Central Los Canos". William Schall fue presidente del Colonial Bank of Puerto Rico y presidente de la South Puerto Rico Sugar Company.[295] Asimismo, la familia Roosevelt había tenido intereses en la industria azucarera del Caribe desde finales del siglo XVIII, y George Emlen Roosevelt fue en 1918 director de la Cuban Cane Products Co. en Nueva York. Por lo tanto, es concebible que a través de este interés común en el azúcar del Caribe, los Pavenstedt y los Roosevelt se conocieran. En cualquier caso, fue el grupo Schall-Pavenstedt, que formaba parte de la operación de espionaje alemán en Estados Unidos, el que se fusionó en 1921-22 con Franklin D. Roosevelt y varios empresarios financieros de dudosa reputación para formar United European Investors, Ltd., con el fin de aprovechar la aplastante carga de la inflación alemana.

UNITED EUROPEAN INVESTORS LTD

El grupo organizador original de United European Investors Ltd. estaba formado por William Schall y Franklin D. Roosevelt, mencionados anteriormente, a los que se unieron A. R. Roberts, Charles L. Gould y Harvey Fisk & Sons. Las 60.000 acciones preferentes emitidas estaban en manos de Harvey Fisk & Sons (25.000 dólares), Franklin D. Roosevelt (10.000 dólares) y Schall, Roberts y Gould (5.000 dólares cada uno). En resumen, FDR era el mayor accionista individual preferente del grupo de incorporación.

United European Investors, Ltd. se le concedió una inusual carta canadiense que le otorgaba poderes únicos, entre ellos el derecho a promover el comercio entre Canadá y cualquier otro país, a adquirir títulos de propiedad, a suscribir o negociar con bonos, acciones y unidades, a actuar como corredor y agente, a realizar todo tipo de funciones en relación con la compra, el intercambio y la transferencia de acciones y unidades, a prestar dinero, a llevar a cabo cualquier negocio, "de fabricación o de otro tipo", y a comprar y vender bienes. De hecho, al leer la carta, es difícil visualizar alguna actividad que no pueda llevarse a cabo en virtud de sus numerosas cláusulas.[296]

---

[295] Paul Haber, *The House of Roosevelt* (Nueva York: Authors Publishing Co., 1936), p. 71.

[296] La copia de la Carta de la U.E.I. que se encuentra en los archivos del FDR contiene una enmienda de A. B. Copp, Secretario de Estado canadiense, que prohíbe la construcción de ferrocarriles y la emisión de papel moneda.

El capital social se dividió en dos segmentos: 60.000 dólares canadienses divididos en 60.000 acciones preferentes y 60.000 acciones ordinarias, denominadas en 10.000 marcos alemanes. El objetivo de la empresa, según la prensa de la época, era invertir los muchos miles de millones de marcos alemanes que había entonces en Estados Unidos y Canadá en bienes inmuebles alemanes:

Una vez que los marcos se invierten en bienes inmuebles en Alemania, los fondos tienen que empezar a ganar inmediatamente y no pueden desaparecer, ya que están representados por la propiedad de activos tangibles, y uno siempre puede beneficiarse de un posible aumento del valor de cambio. En comparación, tener divisas o letras de cambio en marcos es una operación muy peligrosa y los fondos no se utilizan o producen muy pocos intereses. Además, si la cotización de la moneda se acercara al punto de desaparición, no quedaría nada tangible para los poseedores de marcos o letras de cambio. El capital de la empresa se invertirá en la mejora de los bienes inmuebles, las hipotecas, la financiación de las mercancías en tránsito y la participación en empresas industriales y comerciales rentables.[297]

La referencia al cuadro anterior, que registra la depreciación del marco alemán (página 39), confirma la notable rapidez de United European Investors, Ltd. En julio de 1922, el marco, con 1913 como base 100, se situaba en 117 en moneda extranjera. Esto refleja una alta tasa de inflación para la marca, pero nada que la distinga de la inflación en muchos otros países. Sin embargo, el folleto de la Unión Europea menciona expresamente la posibilidad de que la marca "se acerque al punto de desaparición", lo que ocurrió un año después, en noviembre de 1923.

La inversión real de EUI fue realizada en Alemania por un consejo asesor alemán con oficina en Hamburgo dirigido por el senador August Lattman, antiguo socio de G. Amsinck & Company de Nueva York (véase la página 41). El segundo miembro de este consejo alemán era el senador John von Berenberg Gossler, director de la firma bancaria de Hamburgo Berenberg, Gossler & Co. Berenberg, Gossler era también miembro del consejo de administración de la Hamburg-America Line (HAPAG); los otros miembros eran Wilhelm Cuno, entonces canciller de Alemania y responsable de la política económica de su país, y Max Warburg, hermano de Paul Warburg, miembro de la Junta de la Reserva Federal de Estados Unidos.

En una carta fechada el 11 de noviembre de 1922 dirigida a la EUI, el Consejo Consultivo alemán registró sus inversiones iniciales: "Todas las inversiones realizadas hasta ahora son acciones industriales de primera clase". Sin embargo, el folleto publicado en Estados Unidos se centraba en las inversiones inmobiliarias, y sobre este punto escribió el consejo consultivo alemán:

En cuanto a la inversión en hipotecas, entendemos su punto de vista, pero volveremos a tratar este tema si somos capaces de ofrecerle hipotecas con cláusula oro que puedan ser posibles, y excluiríamos cualquier riesgo adicional en caso de que la marca disminuya aún más.

---

[297] Se trata de un comunicado de prensa marcado como "Del honorable Franklin D. Roosevelt" en los archivos FDR.

En el expediente de United European Investors no se menciona la compra de bienes inmuebles ni de ningún otro bien tangible mencionado en los estatutos y anuncios públicos de la empresa.

Las inversiones realizadas por el consejo en los años siguientes fueron acciones de empresas alemanas. Además, los precios de las inversiones se cotizaban de una forma inusual, no en marcos alemanes ni en cifras absolutas de ningún tipo, sino en porcentaje de aumento, presumiblemente comparado con una base de 1913, lo que permitía al consejo alemán escribir en Nueva York: "las acciones que ha comprado hasta ahora han aumentado considerablemente con la depreciación del marco".

Entre estas acciones y el porcentaje de aumento citado, por ejemplo:

Deutsche Maschinen A.G.	comprado al 1350%, ahora cotizado al 1805%.
Sociedad General de Electricidad	comprado al 740% y ahora cotizado al 5000%.
La dinámica del Premio Nobel	comprado al 1119% ahora cotizado al 3975%.

El Consejo alemán no mencionó el hecho de que la depreciación del marco en términos de dólares estadounidenses había sido mayor que los precios de las acciones que habían comprado, cotizados en marcos alemanes. De hecho, las acusaciones de subida de las cotizaciones eran ilusorias. Un autor anterior lo describió como "una manipulación descarada, claramente destinada a disuadir a otros poseedores de marcos alemanes de invertir en una empresa capaz de realizar tales milagros".[298]

Sin embargo, el Consejo de Administración de Nueva York no expresó su preocupación por esta situación. En la reunión ordinaria del Consejo de Administración del 15 de enero de 1923, Franklin D. Roosevelt inauguró la reunión y George W. Muller actuó como secretario. Entonces se hizo constar que el valor de las inversiones en acciones alemanas realizadas por la empresa hasta ese momento era de unos 73 millones de marcos alemanes, y esta inversión cotizaba actualmente en 420 millones de marcos alemanes.

En los archivos de FDR, hay una interesante carta del profesor Homer B. Vanderblue, profesor de economía empresarial de la Universidad de Harvard, que pidió explicaciones sobre el programa de inversiones de EUI. La carta iba dirigida a FDR, como presidente de la empresa, pero Edmund S. Paine respondió que la idea inicial de invertir en activos tangibles, como bienes inmuebles, había resultado poco práctica, ya que "implicaría unos gastos generales muy elevados debido a la necesidad de supervisión y funcionamiento", y que, por lo tanto, se había decidido invertir únicamente en acciones alemanas "que representan la propiedad indirecta de activos tangibles". Paine añadió que la teoría estaba justificada en un "grado notable":"

---

[298] Haber, *La casa de Roosevelt*, op. cit., p. 81-2.

Tomando como prueba los primeros 60.000.000 de marcos invertidos por la empresa, encontramos que la apreciación del precio de los títulos ha superado en algo la depreciación del valor de cambio del marco. En otras palabras, los títulos adquiridos podrían venderse probablemente hoy a un precio en marcos que produciría una rentabilidad en dólares ligeramente superior a la que habrían obtenido los titulares de los marcos si los hubieran vendido en el momento de la inversión, a pesar de que el valor de sus marcos había caído drásticamente.

Sin embargo, Paine afirma lo contrario, un "Estado de condiciones al 31 de enero de 1923" encontrado en los registros de la FDR indica que el valor contable por acción común en ese momento era de 2,62 dólares por acción, mientras que el valor contable medio en el momento de la inversión era de 2,64 dólares, es decir, un ligero descenso.

En la reunión de los directores del 19 de septiembre de 1923, se confirmó que el valor total de las inversiones era de unos 120.000 dólares, y en mayo de 1925 esta era todavía aproximadamente la cantidad registrada en la tesorería. Sin embargo, en los años siguientes a la estabilización de la marca, las condiciones mejoraron y una declaración fechada el 12 de mayo de 1926 indicaba un patrimonio neto de 147.098,07 dólares con 17.275 acciones en circulación, lo que entonces equivalía a 8,50 dólares por acción. El 21 de mayo de 1926, la empresa ofreció comprar todas las acciones ofrecidas en un plazo de 90 días a 7,50 dólares por acción. En mayo de 1926, FDR dimitió como presidente y aceptó la oferta de 7,50 dólares por unidad por sus 1.005 acciones ordinarias.

¿Los titulares estadounidenses de marcos alemanes que invirtieron en inversores europeos unidos ganaron o perdieron con su inversión? Si suponemos que mantuvieron sus acciones hasta 1926 y aceptaron la oferta de la empresa a 7,50 dólares por unidad de acciones ordinarias y luego compraron al precio de emisión de 10.000 marcos alemanes en septiembre de 1922 (fecha de la oferta), habrían perdido considerablemente. En septiembre de 1922, el tipo de cambio del dólar era de 1 dólar por 764 marcos. Así, una acción de 10.000 marcos habría equivalido a 13 dólares por acción, y una acción mantenida de 1922 a 1926 habría sufrido una pérdida de aproximadamente 5,50 dólares por acción; en cambio, un accionista habría evitado la depreciación total y la pérdida de todos sus fondos por su tenencia.

ENCUESTA DE UNITED EUROPEAN INVESTORS, LTD.

El elemento Roberts-Gould que se unió a FDR y Schall en el Consejo de la EUI tenía mala reputación en "el medio". De hecho, Roberts y Gould estaban siendo investigados por presuntas actividades delictivas. En julio de 1922, mientras United European se encontraba en las primeras fases de constitución, un tal Crary, antiguo investigador de la Agencia Mercantil de Proudfoot -la principal agencia de investigación utilizada por las prestigiosas empresas de Wall Street- se dirigió a la secretaria de FDR, la señorita Le Hand. El Sr. Crary transmitió información a "Missy" sobre lo que denominó una "banda de ladrones con oficinas en el número 7 de la calle Pine" cuyo cartel en la puerta rezaba "United European

Investors, Ltd." Missy Le Hand pasó la información a la mano derecha de FDR, Louis Howe, quien a su vez planteó el asunto al antiguo socio de Schall, Müller. A través de Müller y otras fuentes, Howe se enteró de que Roberts y Gould formaban parte de esta supuesta "banda de ladrones" que, según Crary, "se dedicaban a todo tipo de promociones dudosas y ... ciertamente incluyen a un ex recluso con un nombre falso de la más dudosa reputación".[299] Cuando el nombre de United European Investors, Ltd. se fijó en la puerta de su oficina en el número 7 de la calle Pine, el investigador Crary, que había estado vigilando la oficina con regularidad durante el último año, comenzó a sondear discretamente a Roberts y Gould. Aunque Roberts nunca había estado en la oficina del número 7 de la calle Pine, Crary descubrió que Gould "tenía la costumbre de utilizar esta oficina durante al menos un año, y era considerado uno de sus amigos de confianza (es decir, de los ladrones)". La asociación de Gould con "los ladrones" hizo sospechar a Crary, pues aunque la agencia Proudfoot había dado a Gould "un historial bastante limpio", también lo había colocado en "la clase de promotores profesionales".

La investigación de Crary se llevó a cabo por encargo de los propietarios del edificio del número 7 de la calle Pine, "que pretenden deshacerse de todo el mundo en poco tiempo". Fue durante el curso de la investigación que la Agencia Proudfoot dio con una circular en la que se nombraba a Franklin D. Roosevelt como presidente de United European Investors, Ltd. y a William Schall como banquero. Las pruebas descubiertas por la Agencia Proudfoot fueron confirmadas a Louis Howe por un tal Sr. Hanway, miembro de la firma de corretaje de valores Harris, Forbes. El Sr. Hanway declaró que "estaba al tanto de las actividades de Gould desde hacía varios años, y sospechaba tanto de él que le llevó a hacer todo lo posible por evitar encontrarse con Schall en primer lugar".

Además, la Agencia Proudfoot sospechaba que Gould había tratado de obtener información confidencial de ellos y que Gould estaba actuando como "un espía de los ladrones para averiguar lo que Proudfoot & Company sabía sobre sus negocios fraudulentos".

Toda esta información fue debidamente comunicada por Howe en una carta ("Dear Boss") a FDR (29 de julio de 1922). La mayoría de los hombres de negocios que se enfrentan a un socio de este calibre probablemente abandonarían cualquier acuerdo propuesto por United European Investors, pero el memorando de Howe a FDR no recomienda tal movimiento. Dice en parte lo siguiente:

> Mis recomendaciones son las siguientes: Que se invite a Gould y Roberts a buscar nuevos cargos inmediatamente, preferiblemente en una iglesia o en algún otro lugar respetable. Que nos deshagamos de Roberts, que de todos modos es un salvaje de la publicidad, y que no tiene ninguna función importante en este juego, y que vigilemos de cerca a Gould. Si el Sr. Crary presenta el folleto, armaré tal alboroto que se suspenderá su uso hasta que estemos listos para hacer un anuncio oficial. Creo que sería prudente insistir en que me nombren miembro de la junta durante el

---

[299] Información extraída de la carta Howe-FDR del 29 de junio de 1922, archivada en United European Investors, Ltd.

verano, sobre todo porque Jenks y Rogers estarán fuera la mayor parte del tiempo, y hay quienes quieren supervisar todas las acciones que se lleven a cabo.

En otras palabras, Howe sugiere que bastará con tomar precauciones contra las dobles lealtades y que la mejor manera de lograrlo es nombrar a Louis Howe en el consejo de administración.

En cualquier caso, el plan se desarrolla según lo previsto; Roberts se convierte en secretario de la U.E.I., y Gould, supuestamente un espía de los ladrones, mantiene su papel de promotor activo y sigue informando periódicamente a FDR por carta sobre el progreso de sus esfuerzos de recaudación de fondos. El 20 de julio, antes de que Howe informara a FDR del contenido de la investigación de Proudfoot, Gould había escrito a FDR desde el Hotel Southern de Baltimore sobre sus conversaciones con los banqueros de Baltimore Edward Clark & Co, cuyo socio Herbert Clark conocía a FDR desde sus días en Harvard. Luego, el 13 de agosto de 1923, Gould escribió a FDR desde el Canadian Club de Nueva York para transmitirle los telegramas recibidos de William Schall en Europa y concluyó:

> Lamenté escuchar que estabas en problemas otra vez. Probablemente te estés pasando, no deberías intentar ir demasiado rápido después de una enfermedad así. En cualquier caso, espero tener el placer de verle antes de volver a Europa a principios de septiembre.

No hay ninguna indicación de que FDR se comunicara de alguna manera con Gould, y la siguiente carta que figura en el archivo es de Gould a FDR, fechada el 14 de septiembre de 1923 y también escrita por el Canadian Club de Nueva York. Esta carta criticaba a los "celosos banqueros cuyos planes fueron frustrados por nosotros". Si no hubiéramos publicado esta carta hoy, habríamos fracasado".

Gould concluyó entonces: "Gracias por la gran y noble manera en que nos han apoyado, y personalmente creo que es su fuerte actitud la que hace que nuestro proyecto sea un éxito total", añadiendo que cuando él (Gould) convocó a los grandes bancos y fideicomisos para presentar "su propuesta", descubrió que "su nombre [FDR] fue muy aplaudido porque usted fue el cerebro detrás del buen funcionamiento de la ayuda al desafortunado inversor estadounidense", y que si FDR hubiera podido escuchar estos comentarios de las "mayores casas financieras", le habría dado "una gran satisfacción".

Sobre la base de estas cartas, debemos concluir que FDR celebró a sabiendas un acuerdo comercial con personas de dudosa reputación, por no decir otra cosa, y que este acuerdo comercial se mantuvo después de que Missy Le Hand y Louis Howe pusieran en conocimiento de FDR las pruebas de que se había cometido una infracción.

Sólo existen pruebas superficiales de que toda la operación de los Inversores Europeos Unidos fue concebida por Roosevelt. Cuando Gould le dice a FDR que su "nombre ha sido aplaudido como la mente maestra", es razonable suponer que Gould estaba adulando a Roosevelt para sus propios fines. Realmente no hay pruebas, ni en el expediente ni en ningún otro lugar, de que la formación y los conocimientos financieros de Roosevelt fueran suficientes para desarrollar un plan tan ingenioso como el de la UIE.

EL CANCILLER WILHELM CUNO Y HAPAG

La desastrosa depreciación del marco alemán, que era la razón de ser de los Inversores Europeos Unidos, se concentró en el periodo comprendido entre mediados de 1922 y noviembre de 1923. El cuadro muestra cómo la inflación se descontroló por completo a partir de mediados de 1922. El canciller alemán entre mediados de 1922 y agosto de 1923 fue Wilhelm Cuno (1876-1933). Cuno era originalmente un funcionario, todavía activo en la política, y en noviembre de 1917 fue elegido director de la Línea Hamburgo-América (HAPAG).

Cuando Ballin, el presidente de la HAPAG, se suicidó en 1918, Cuno se convirtió en presidente. Después del 10 de mayo de 1921, Karl Wirth fue canciller alemán y Walter Rathenau, presidente de General Electric (A.E.G.), fue ministro de reparaciones. A continuación se produjeron una serie de acontecimientos dramáticos. El 26 de agosto de 1921 es asesinado el ministro de Finanzas alemán Matthias Erzberger. En enero de 1922, Rathenau fue nombrado ministro de Asuntos Exteriores y el 24 de junio de 1922 también fue asesinado. En octubre de 1922, Friedrich Ebert fue nombrado canciller del Reich y Wilhelm Cuno, del HAPAG, fue nombrado canciller alemán. La depreciación del marco se produce bajo el mandato de Cuno y culmina con la crisis financiera y su destitución en agosto de 1923. Cuno vuelve a ser presidente de la línea Hamburgo-América. Vale la pena señalar de paso el predominio de los presidentes de empresas en la política contemporánea: por ejemplo, Rathenau, de la General Electric alemana, y Cuno, de HAPAG. Owen D. Young, de General Electric en Estados Unidos, fue también el creador del Plan Young de Reparaciones Alemanas, y el presidente de la General Electric alemana (A.E.G.), Rathenau, fue Ministro de Reparaciones Alemanas en 1922. Estos nombramientos suelen explicarse sobre la base del principio del "mejor hombre para el trabajo", pero a la vista de las pruebas presentadas en el último capítulo sobre la política de fianzas, podemos expresar con razón nuestro escepticismo sobre esta explicación. Es mucho más probable que los Young, los Cunos, los Rathenaus -y los Roosevelt- mezclaran los negocios y la política para su propio beneficio pecuniario. Desgraciadamente, si queremos dejar sin respuesta la cuestión clave de hasta qué punto estos grupos elitistas utilizaron el aparato estatal para sus propios fines, está claro que, cuando examinamos la historia de Wilhelm Cuno, volvemos a Franklin D. Roosevelt y a la formación de United European Investors, Ltd. Cuno, bajo cuyos auspicios se desencadenó la gran inflación alemana, era director de la Hamburg-America Line; John von Berenberg Gossler, asesor de United European Investors en Alemania, era también miembro del consejo de administración de esa compañía.

En resumen, Cuno y Gossler formaban parte del mismo consejo de administración de HAPAG. La política de Cuno fue la principal responsable de la inflación alemana en 1922-23, mientras que su codirector Gossler, en colaboración con Franklin D. Roosevelt, se benefició de las mismas políticas inflacionistas. Esto da que pensar.

La Compañía Internacional de Fideicomisos Germánicos

La International Germanic Trust Company, fundada en 1927, fue motivada, según sus promotores, por una demanda de las instituciones bancarias estadounidenses en Europa Central. Entre los organizadores del fideicomiso, aprobado por el Departamento de Banca del Estado de Nueva York, estaban Franklin D. Roosevelt, Herman A. Metz, director de I.G. Farben, James A. Beha, Superintendente de Seguros del Estado de Nueva York, y E. Roland Harriman de W. International Banking Corporation. A. Harriman & Co. El presidente de la International Germanic Company asociada y presidente del comité ejecutivo de la empresa era Harold G. Aron, que había tenido más que su cuota de pleitos en relación con la promoción de las acciones. Las oficinas principales del International Germanic Trust estaban situadas en la planta baja del 26 de Broadway, el edificio de la Standard Oil de Nueva York. El capital autorizado era de 30.000 acciones con un capital de 3 millones de dólares y un excedente de 2 millones. En su solicitud al departamento de banca, la empresa estaba representada por el senador Robert F. Wagner; aunque no estaba entre los organizadores, el viejo amigo de FDR, James A. Beha, Superintendente de Seguros del Estado de Nueva York, se convirtió en miembro del consejo de administración.

Los objetivos de la empresa, tal y como declaró su presidente, Harold G. Aron, eran los siguientes

> Parece que existe una necesidad real de una institución de tamaño y apoyo suficientes para sustituir a las instituciones que existían antes de la guerra y que se ocupaban principalmente de la financiación de las relaciones comerciales entre América y la comunidad empresarial centroeuropea. A través de sus fundadores, la empresa tendrá y desarrollará relaciones tanto con estadounidenses de origen alemán en todo el país como con empresas e instituciones bancarias en Alemania. La empresa pretende hacer especial hincapié en el desarrollo de sus departamentos de asuntos exteriores y de fideicomisos, y ofrecer una agencia fiscal eficaz en la liquidación prevista de los activos y fideicomisos alemanes que aún están bajo la custodia del gobierno.
>
> Desde el principio, la empresa tendrá asegurado el apoyo de las principales organizaciones y empresas de este país, y el pequeño depositante, en Nueva York y en otros lugares, será bienvenido. Tratará de distribuir sus acciones a gran escala y en cantidades relativamente pequeñas. No habrá votación de fideicomisos ni control individual o colectivo.

Roosevelt participó en la oferta pública de venta de la empresa propuesta. Un telegrama fechado el 7 de abril de 1927, de Julian Gerrard, presidente de la compañía, a FDR le pedía que telegrafiara a Frank Warder, Superintendente de Banca del Estado de Nueva York, para hacerle saber (a Roosevelt) que estaba interesado en la compañía. Se esperaba que esto ayudara a despejar el retraso en el fletamento. Las reuniones del Consejo de Administración se celebraron en el edificio de la Standard Oil, en la oficina del FDR y en el Bankers Club, este último situado en el 120 de Broadway. La primera reunión del consejo se celebró en el

Bankers Club el viernes 27 de mayo de 1927; aunque FDR no pudo asistir, escribió a Julian M. Gerrard: "¿Qué noticias hay de la empresa? El 15 de agosto de 1927, FDR vuelve a preguntar a Gerrard: "¿Cómo va el trabajo de organización y qué se está haciendo con las suscripciones de acciones?

Una parte importante de los archivos de cartas del FDR para esta promoción consiste en solicitudes de empleo, participación en el negocio propuesto o favores relacionados. Por ejemplo, el National Park Bank de Nueva York escribió a FDR el 26 de julio de 1927 que estaba interesado en la creación de la Sociedad Germánica Internacional y que estaría encantado "si uno de nuestros agentes se dirigiera a esta organización con los detalles de nuestras instalaciones". En otras palabras, el National Park Bank estaba buscando un negocio de depósito. FDR prometió acercarse al comité organizador de la nueva empresa. Entonces, el 12 de agosto de 1927, el socio de Roosevelt, Basil O'Connor, le dejó una nota: "Querido Franklin, sobre el Banco Alemán, mira si puedes conseguirme 100 acciones". La emisión de acciones en sí misma tuvo una gran sobresuscripción. Estaba previsto emitir 30.000 acciones, pero la demanda total a partir del 12 de septiembre superaba las 109.000 acciones, y a partir del 20 de septiembre, la demanda superaba las 200.000 acciones de unas 1.900 personas. El 3 de octubre de 1927, el fideicomiso notificó a FDR que su asignación era de 120 acciones a 170 dólares por acción y que debía suscribirse antes del 5 de octubre. El telegrama añadía que la emisión estaba muy sobresuscrita y cotizaba a 187 ofertas, 192 peticiones, lo que daría a FDR un beneficio en una reventa inmediata. El telegrama de Howe añadía: "Quiero 10 de tus acciones para Grace, si te parece bien".

FDR fue debidamente elegido como miembro del Consejo de Administración y se le notificó el 4 de noviembre de 1927 que la primera reunión del Consejo se celebraría el viernes 11 de noviembre en el Bankers Club del 120 de Broadway. Sin embargo, Basil O'Connor, socio legal de Roosevelt, aparentemente se asustó o recibió información desfavorable sobre la promoción porque escribió a FDR el 14 de noviembre:

> No sé cuál es nuestra posición actual en este ámbito, pero si es como cuando me separé, me siento muy mal. La propuesta no nos ha ayudado a establecer otras relaciones bancarias en las que he estado trabajando durante un año y, francamente, tiene todas las características que Gerrard (sic) cree que puede "hacer que se ande".

O'Connor sugirió que el FDR debería dimitir del consejo porque "hasta ahora he podido decir que no tenemos una afiliación bancaria, eso no es cierto". No puedo decir eso ahora". Al parecer, FDR no siguió inmediatamente este consejo, porque el 19 de enero de 1928 se le informó de que sería reelegido como director para el año siguiente, pero en una carta fechada el 27 de enero de 1928 FDR escribió a Gerrard lo siguiente

> Querido Julian,
> Cuanto más considero mi función como director y la sociedad germana internacional, más me inclino a pensar que es algo inútil. Ya te he dicho lo que pienso yo y mi pareja sobre las relaciones externas de cualquiera de nosotros, que se limitan a asistir a reuniones ocasionales y nada más. Por supuesto, me resulta

algo difícil asistir a las 26 reuniones de Broadway debido a los escenarios, pero francamente siento que al mantener mi posición como director, no estoy logrando mucho, ni para mí, ni para el fideicomiso, ni para la empresa alemana internacional.

FDR le ofreció entonces su dimisión. Cabe señalar que los motivos de esta dimisión fueron los siguientes: "No estoy logrando mucho, ni para mí ni para la confianza". Dada la reputación poco glamurosa de los promotores, esta explicación es un poco débil.

CAPÍTULO IV

FDR EL DESARROLLADOR DE NEGOCIOS

Las puntadas de nuestras leyes bancarias se han tejido tan flojamente que permiten a estos viles delincuentes, que dilapidan los fondos de cientos de pequeños depositantes en una especulación temeraria con fines privados, dedicarse a su actividad depredadora sin freno. Hay que revisar toda la ley bancaria y el departamento bancario necesita inmediatamente medios de inspección mucho más adecuados.

Franklin Delano Roosevelt, mensaje anual a la legislatura del Estado de Nueva York, el 1 de enero de 1930.

A demás de las aventuras especulativas en las finanzas internacionales, FDR estuvo íntimamente involucrado en asuntos domésticos, al menos uno de ellos de cierta importancia. El más importante de ellos fue organizado por un eminente grupo que incluía a Owen D. Young de General Electric (el eterno Young del Plan Young de reparaciones alemanas descrito en el último capítulo) y S. Bertron de Bertron Griscom, banqueros de inversión en Nueva York. Este sindicato creó la American Investigation Corporation en 1921. En 1927 siguió Photomaton, Inc. y en 1928 la Sanitary Postage Service Corporation. Después, Roosevelt se convirtió en director de CAMCO, Consolidated Automatic Merchandising Corporation, pero sólo por poco tiempo, ya que dimitió cuando fue elegido gobernador del Estado de Nueva York. Como leemos en el epígrafe anterior, en 1930, FDR tenía dudas sobre si jugar con el dinero de los demás.

AMERICAN INVESTIGATION CORPORATION

Los científicos e ingenieros alemanes empezaron pronto a utilizar con éxito vehículos más ligeros que el aire o dirigibles para transportar pasajeros y mercancías. Ya en 1910, Alemania operaba servicios regulares de aviones de pasajeros. Las patentes de los dirigibles fueron confiscadas durante la Primera Guerra Mundial por el gobierno estadounidense en virtud de la Ley de Comercio Enemigo de 1917, y después de la guerra, la Comisión de Reparaciones prohibió a Alemania la construcción de dirigibles. Esto dejó el campo libre a las empresas estadounidenses. Las oportunidades que ofrece la mano de obra alemana y las restricciones al desarrollo en Alemania fueron observadas por un grupo de financieros de Wall Street: S.R. Bertron de Bertron, Griscom & Co. (40 Wall Street) y, como es lógico, ya que estuvo íntimamente relacionado con las reparaciones alemanas, por Owen D. Young de General Electric (120 Broadway). Este grupo estaba especialmente interesado en las posibilidades de desarrollo rentable del transporte aéreo en Estados Unidos. El 10 de enero de 1921, mientras FDR deshacía sus maletas en las oficinas de la Fidelity & Deposit Company en el 120 de Broadway, recibió una carta de Bertron, un extracto de la cual dice lo siguiente:

> Mi querido Sr. Roosevelt:
> En representación del pequeño grupo de hombres eminentes que se interesan cada vez más por la cuestión del transporte aéreo, la semana pasada tuve una larga conferencia con oficiales militares en Washington sobre este tema. Me han dicho que usted, como Subsecretario de Marina, está muy familiarizado con este tema, y me gustaría mucho discutirlo con usted. ....

FDR y Bertron se reunieron para hablar del transporte aéreo en un almuerzo en la Asociación del Centro de la Ciudad. Es de suponer que Bertron informó a Roosevelt sobre los avances técnicos hasta ese momento. Sabemos por los registros que también hubo una reunión entre Owen D. Young, S.R. Bertron, y el ingeniero-abogado Fred S. Hardesty, en representación de los titulares de patentes alemanas, que tenían buenas relaciones en Washington, donde las patentes incautadas estaban bajo la custodia del depositario de la propiedad extranjera y aún no habían sido liberadas.

Esta segunda reunión dio lugar a un acuerdo preliminar fechado el 19 de enero de 1921, conocido como el Acuerdo Hardesty-Owen-Bertron, que establecía el camino a seguir para desarrollar la explotación de aeronaves comerciales en los Estados Unidos. Owen-Bertron formó entonces un sindicato para "estudiar todas las fases de la navegación aérea, la legislación necesaria y los métodos de recaudación de fondos". Hardesty y sus asociados cedieron todos sus datos y derechos al sindicato a cambio del reembolso de sus 20.000 dólares de gastos incurridos hasta esa fecha y la participación en el sindicato. El papel de FDR fue el de recaudador de fondos, utilizando sus numerosos contactos políticos en todo Estados Unidos. El 17 de mayo de 1921, Bertron escribió a FDR que intentaba recaudar fondos entre personas de San Luis, Cincinnati y Chicago, mientras Stanley Fahnestock, socio de su empresa, recorría California y Chicago. Lewis Stevenson, otro miembro del sindicato, estaba trabajando entre sus contactos en el Medio Oeste. Bertron solicitó a FDR una serie de presentaciones personales a posibles contribuyentes:

> Stevenson espera recomendarlo a Edward Hurley, E. F. Carey y Charles Piez, a quienes conoce. También le gustaría escribir a Edward Hines, R.P. Lamont y H.C. Chatfield-Taylor. Me temo que esta es una tarea importante. ¿Harás lo mejor que puedas?

FDR reconoció la petición de Bertron de que enviara cartas a Stevenson "para presentarle a Edward Hurley y a Charles Piez y E.F. Carey". Me temo que no conozco a los demás". Charles Piez, presidente de la Link-Belt Company de Chicago, se disculpó por su participación, afirmando que "... practico la economía más rígida, haciendo oídos sordos a las perspectivas más atractivas y atrayentes", y citando la "forma deplorable" de la industria. (Este alegato a favor de la pobreza fue apoyado por la carta de Piez a FDR, en papel con membrete antiguo, con la nueva dirección impresa encima de la antigua, apenas dejando adivinar a un presidente de una gran empresa como la Link-Belt Company). Edward N. Hurley escribió que "no era muy activo en el mundo de los negocios", pero cuando esté en Nueva York, "me propondré visitarle y revivir el pasado".

El $^{1\,de}$ junio, Lewis Stevenson informó a Roosevelt sobre sus progresos en la recaudación de fondos en el Medio Oeste. Confirmó que Piez no tenía dinero y que Hurley quería hablar más tarde, pero que Carey podría tener algún interés:

> Charles Swift y Thomas Wilson, ambos empaquetadores, están estudiando la propuesta, al igual que Potter Palmer, Chauncey McCormick y una docena más. Desde que conseguí el contrato de Marshall Field, he añadido a nuestra lista C. Bai Lehme, una fundición de zinc con recursos muy importantes; el Sr. Wrigley, un miembro menor de la gran empresa de chicles; John D. Black, de Winston, Strawn & Shaw; B.M. Winston y Hampton Winston, de Winston & Company; y Lawrence Whiting, presidente del nuevo Boulevard Bridge Bank. Poco a poco estoy reuniendo un grupo considerable, pero debo admitir que es una tarea desalentadora, lenta y difícil. Según mi experiencia, puedo convencer a un individuo de la viabilidad de este proyecto, pero en cuanto lo discute con sus amigos, que no saben nada de la propuesta, desarrollan en su mente una seria duda que debo combatir de nuevo. Gracias a mis observaciones en el extranjero, estoy firmemente convencido de que es posible conseguirlo.

Stevenson concluyó solicitando una carta de presentación al destacado abogado de Chicago, Levy Meyer. Está claro que a finales de junio de 1921, Stevenson había incitado a varios ciudadanos prominentes de Chicago, como Marshall Field, Philip N. Wrigley y Chauncey McCormick, a firmar diligentemente.

En cuanto a la FDR, sus cartas de venta sobre este proyecto harían honor a un vendedor profesional. Como demuestra su carta al coronel Robert R. McCormick, del imperio periodístico de Chicago:

> Querido Bert:
> Dado que usted es una persona progresista, le pido al Sr. Lewis G. Stevenson que le hable de un tema que a primera vista puede parecer una idea totalmente descabellada. Pero en realidad es algo muy diferente, y lo único que puedo decirles es que muchos de los presentes en esta sala, como Young, de General Electric Company, Bertron, de Bertron Griscom & Co, y otros ciudadanos perfectamente respetables, han mostrado el suficiente interés como para entrar en él. Se trata del establecimiento de líneas aéreas comerciales en Estados Unidos.

Cartas similares fueron dirigidas a Chauncey McCormick, Frank S. Peabody de Peabody Coal y Julius Rosenwald de Sears, Roebuck. Estas iniciativas fueron seguidas de cenas personales. Por ejemplo, el 21 de abril de 1921, FDR escribió a Frank Peabody:

> ...¿es posible que pueda cenar con el Sr. Bertron, el Sr. Snowden Fahnestock y algunos otros de nosotros en el Union Club el próximo lunes por la noche a las 19:30? Bertron acaba de regresar del otro lado del Atlántico y tiene algunos datos muy interesantes sobre estos dirigibles, que han demostrado su eficacia en Alemania.

FDR añadió que el grupo "promete no retenerle contra su voluntad". A lo que un reticente Peabody telegrafió: "No pude estar allí, no temería ser retenido en absoluto, habría apreciado mucho visitarte".

A Edsel B. Ford, FDR le escribe: "Le envío esta nota del Sr. G. Hall Roosevelt, mi cuñado, que conoce todo el asunto". G. Hall Roosevelt, que casualmente trabajaba para General Electric como jefe de división, demostró ser un hábil negociador, pero no lo suficiente como para reunir a Ford en los primeros intercambios.

Sin embargo, el 18 de febrero de 1922, la American Investigation Corporation había establecido una lista muy saludable de suscriptores, como lo confirma la siguiente lista parcial[300]:

Nombre	Afiliación	Ubicación
W.E. Boeing	Presidente de Boeing Airplane Co.	Seattle
Edward H. Clark	Presidente de Homestake Mining Co.	Nueva York
Benedicto Crowell	Crowell & Little Construction Co.	Cleveland
Arthur V. Davis	Presidente, Aluminum Co. of America	Pittsburgh
L.L. Dunham	Asociación de Construcción Equitativa	Nueva York
Snowden A. Fahnestock	Bertron, Griscom & Co.	Nueva York
Marshall Field, III	Capitalista	Chicago
E. M. Herr	Presidente de Westinghouse Electric & Mfg. Co.	Pittsburg
J. R. Lovejoy	Vicepresidente de General Electric Company	Nueva York
John R. McCune	Presidente del Union National Bank	Pittsburgh
Samuel McRoberts	Capitalista	Nueva York
R.B. Mellon	Presidente del Mellon National Bank	Pittsburgh
W.L. Mellon	Presidente de Gulf Oil Co.	Pittsburgh
Theodore Pratt	Standard Oil Company	Nueva York
Franklin D. Roosevelt	Vicepresidente de Fidelity & Deposit Co.	Nueva York
Philip N. Wrigley	Vicepresidente, Wm. Wrigley Co.	Chicago
Owen D. Joven	Vicepresidente de General Electric Co.	Nueva

---

[300] Lista del 18 de febrero de 1922 en los archivos de FDR.

York

El primer consejo de administración estaba formado por Samuel McRoberts[301], vicepresidente del National City Bank, William B. Joyce, presidente de la National Surety Company -uno de los competidores de FDR en el negocio de las fianzas y los avales- y Benedict Crowell, antiguo subsecretario de guerra y presidente del consejo de Crowell & Little Construction de Cleveland. Snowden A. Fahnestock de Bertron, Griscom era hijo del financiero neoyorquino Gibson Fahnestock y socio de la empresa de corretaje de valores Fahnestock & Company. El hermano de Gibson, William Fahnestock, socio del mismo bufete, fue director de varias grandes empresas, como Western Union y, con Allen Dulles, la Gold Dust Corporation. David Goodrich, otro de los suscriptores, era presidente del consejo de administración de la B.F. Goodrich Company y director de la American Metals Company de Nuevo México.

Hay que tener en cuenta que se trataba de una empresa privada en la que el riesgo y las recompensas eran asumidos por capitalistas experimentados y con visión de futuro. No se puede criticar en absoluto la financiación de esta empresa; la crítica se refiere a la forma en que adquirió su principal activo, las patentes alemanas.

El Informe del Presidente correspondiente al año 1922, publicado el 8 de enero de 1923, resume los logros de la C.I.A. hasta esa fecha.

La Comisión Alemana de Reparaciones se negó a autorizar la construcción de grandes aeronaves en Alemania, y hubo un retraso en la terminación y prueba del nuevo aparato diseñado por la Oficina de Minas de los Estados Unidos para la fabricación económica de gas helio, pero se consideró que la I.A.C. estaba a pocos meses de pedir apoyo financiero público. Según el informe, la primera etapa de los trabajos había concluido con la firma de un contrato entre la American Investigation Corporation y la Schuette-Lanz Company el 11 de marzo de 1922, por el que la American Investigation Corporation obtenía los derechos de patente a nivel mundial de los diseños y métodos de construcción de los dirigibles rígidos de Schuette. El contrato preveía pagos progresivos e incluía un acuerdo con Schuette-Lanz para construir una aeronave o proporcionar los servicios de expertos para llevar a cabo la construcción en Estados Unidos.

La empresa había "determinado definitivamente, a través del Departamento de Estado, que la Comisión de Reparaciones y el Consejo de Embajadores no consentirían la construcción en Alemania del gran buque contemplado por la American Investigation Corporation", por lo que se pidió al Dr. Schuette que viajara a Estados Unidos para llegar a un acuerdo definitivo. El objetivo final, continúa el informe, es el establecimiento de la industria de los dirigibles en los Estados Unidos y "no perdamos de vista, sin embargo, que es muy deseable obtener la primera nave de Alemania a un costo menor y construida por los mejores expertos".

---

[301] Samuel McRoberts ocupa un lugar destacado en Sutton, *Wall Street and the Bolshevik Revolution*, op. cit.

La importancia de garantizar el suministro de helio para los dirigibles se puso de manifiesto con la destrucción del R. 38 británico y de los dirigibles *Roma* italianos. Tras consultar con el Consejo del Helio y el Químico Jefe de la Oficina de Minas, se pospuso la decisión sobre la cuestión del helio hasta la finalización del avión mejorado que la Oficina estaba diseñando para la producción comercial de helio. Según los términos del acuerdo entre la American Investigation Corporation y el ingeniero Hardesty and Associates de Washington, D.C., además de los 20.000 dólares previstos para cubrir su trabajo antes de la creación de la American Investigation Corporation, se debían reembolsar ciertos gastos reales por la asistencia en la organización de la empresa. El acuerdo final, sin embargo, estaba condicionado a la firma de un contrato relativo a la participación que el Sr. Hardesty y sus asociados iban a recibir en la American Investigation Corporation y en una de sus filiales a cambio de su trabajo de promoción: exigía, en particular, que las patentes alemanas que el Custodio de la Propiedad Extranjera tenía en nombre del público estadounidense fueran entregadas a la A.I.C.

POLÍTICA, PATENTES Y DERECHOS DE ATERRIZAJE

En consecuencia, el sindicato A.I.C. tenía que superar un importante obstáculo antes de poder empezar a trabajar en el desarrollo comercial de los dirigibles en Estados Unidos. Este obstáculo político -la adquisición de los derechos de las patentes de construcción de dirigibles de Schuette-Lanz- requirió la sabia ayuda política de FDR. Estas patentes eran alemanas, pero estaban bajo el control del gobierno estadounidense. De acuerdo con la legislación estadounidense, los activos extranjeros incautados sólo pueden enajenarse mediante subasta y licitación. Sin embargo, encontramos en el informe del presidente de la A.I.C. del 26 de mayo de 1922 que la A.I.C. era entonces "propietaria de las patentes actuales de Schuette-Lanz" y que enumeraba 24 patentes y 6 solicitudes de patentes de Alemania, 6 solicitudes de Inglaterra y 13 patentes y 6 solicitudes de Estados Unidos. El informe continúa: "En Estados Unidos, 7 patentes están sujetas a la entrega por parte del Custodio de la Propiedad Extranjera. A través de las asignaciones de presentación, todas las nuevas patentes estadounidenses se conceden directamente a la A.I.C.". Entonces, ¿cómo obtuvo el sindicato de la A.I.C. las patentes alemanas en poder de los Estados Unidos? Esto es especialmente importante porque no hay constancia de ninguna subasta o puja. El informe de la A.I.C. sólo contiene notas:

> Los intereses de la I.A.C. fueron protegidos por la colaboración en la redacción de contratos y citaciones del Sr. J. Pickens Neagle (Procurador del Departamento de Marina) Franklin Roosevelt, M. Howe y Blackwood Brothers.

Esto ciertamente plantea la cuestión de la legitimidad de un abogado del Departamento de la Marina de los Estados Unidos que actúa en nombre de un sindicato de intereses privados. Las patentes alemanas fueron expedidas por el gobierno estadounidense para la A.I.C. gracias a la intervención personal de Franklin D. Roosevelt. Veamos cómo lo hizo.

Franklin D. Roosevelt fue subsecretario de la Marina, uno de los Roosevelt que ocupó ese cargo, y por tanto tenía buenos contactos políticos en el Departamento de la Marina. A mediados de 1921, FDR comenzó a investigar a sus antiguos amigos de la Marina sobre dos cuestiones: (1) la posición de las patentes Schuette y (2) la posibilidad de adquirir un uso privado para el sindicato de la A.I.C. en la base naval de Lakehurst para los dirigibles de la A.I.C. El 4 de mayo de 1921, el almirante R.R. Byrd, de la Oficina de Operaciones Navales, respondió a una invitación para visitar la finca de FDR en Campobello. Nueve meses más tarde, el 23 de mayo de 1922, el comandante E.S. Land, de la Oficina Naval de Operaciones Aéreas, también aceptó una invitación para visitar a FDR en su próxima visita a Nueva York. Land añadió que "parece poco probable que visite Nueva York en las próximas tres o cuatro semanas. Si pudiera informarme sobre la naturaleza de sus peticiones, podría darle alguna información en la dirección deseada".

El FDR respondió al Comandante de la Fuerza Terrestre en una carta marcada como "*Personal*" pero enviada al Departamento de Marina, indicando que la solicitud no podía hacerse por teléfono o por carta. A continuación, FDR repasó brevemente la posición de la AIC y declaró que la empresa "está a punto de proceder a la construcción y operación real de dirigibles", pero que necesitaba saber más sobre el programa del gobierno estadounidense para los dirigibles: "No estoy buscando información confidencial, sólo hechos que estoy seguro de que podría obtener sin demasiada dificultad si pudiera llegar a Washington yo mismo".

Esta información es, escribe FDR a Land, "para el bien de la causa en general", y a continuación se ofreció a cubrir los gastos del comandante Land si iba a Nueva York. Al parecer, esta oferta no tuvo mucho éxito, porque el [1 de] junio FDR volvió a solicitar la información y fue incluso más allá: "Por cierto, ¿habría algún inconveniente en que obtuviéramos una copia del contrato del Zeppelin? En teoría, todos son documentos públicos".

A fin de cuentas, fue Pickens Neagle, de la oficina del Abogado General de la Armada, el principal artífice de la obtención de las patentes alemanas necesarias para el A.I.C.; está claro que Neagle también estaba siendo útil a FDR en otros ámbitos. El 15 de mayo de 1922, FDR escribió a Neagle sobre Hardesty, el ingeniero-abogado que se encargaba de las negociaciones de patentes en Washington:

> El Sr. Fahnestock y yo hemos aprobado definitivamente la modesta cantidad que Hardesty ha puesto a tu disposición, [Neagle], y estoy seguro de que los directores la aprobarán en su reunión, que tendrá lugar pronto.

El Procurador de la Marina Neagle respondió el 16 de junio para proporcionar al FDR información sobre posibles casos de fianza:

> Me da vergüenza mencionar algo tan pequeño como la fianza de 29.000 dólares que acompañaría a un contrato de 29.000 dólares, pero las cosas están muy aburridas en la contratación pública ahora mismo. La Midvale Steel and Ordnance Company acaba de recibir un contrato de piezas forjadas de 8 pulgadas por un importe total inferior a 29.000 dólares. La fianza será de un importe equivalente a algo así como el 15 o el 20% del importe del contrato.

De nuevo, el 9 de agosto de 1922, Neagle escribió a Louis Howe y se refirió a los documentos navales de FDR, que aparentemente estaban siendo sometidos a la revisión habitual dentro del departamento antes de ser entregados a FDR. El problema de FDR era evitar que los documentos "pasaran a manos del personal de los archivos o de curiosos con poco sentido de la responsabilidad". El Departamento de Marina no estaba dispuesto a publicar los documentos sin una revisión adecuada, incluso después de la intervención personal de Neagle. Neagle escribió a FDR:

> No vi cómo podía hacer que el señor Curtis cambiara de opinión sobre el tema, así que lo dejé en ese estado con la reserva de que usted mismo llegará pronto y podría sacudirlo.

El expediente hasta la fecha sugiere que Pickens Neagle, un abogado de la oficina del Juez General de la Marina, trabajó más para el DFR que para el contribuyente y el Departamento de la Marina. El contenido de este expediente pasa a continuación al intento de adquirir el uso de patentes alemanas para la A.I.C.; estas cartas ya no están en papelería naval, sino en papel normal, sin dirección impresa, pero firmadas por Neagle. El 16 de febrero de 1922, una carta de Neagle a Howe relata que:

> nuestro back office. (sic) volvió a la Oficina de Aeronáutica que sugirió una forma de contrato con una enmienda que decía que la estación podría ser arrendada a la I.C.A. y que los empleados [de la Marina] serían despedidos para ser empleados por la corporación.

Neagle añadió que, aunque los oficiales navales no podían dirigir y supervisar a los empleados de la C.I.A., podían ser enviados a la industria privada para aprender el oficio de constructor de dirigibles. A esta información privada le siguió una carta oficial de Neagle a Fahnestock, de la A.I.C. (que ahora lleva su gorra oficial de abogado en la Marina de los Estados Unidos), en la que se confirmaba la voluntad de la Marina de arrendar la estación y la planta de Cape May, una autorización que podía revocarse sin previo aviso. Otro, fechado el 6 de enero de 1923, informa de que Hardesty firmó un contrato que "debería ser aceptable para la compañía".

Está claro que las patentes de Schuette se transfirieron sin subasta ni concurso público, sino mediante un acuerdo privado entre el gobierno de EE.UU. y los abogados que actuaban en nombre de una empresa privada. Esto es una violación de la ley sobre el comercio con el enemigo.

Los registros también muestran que otro empleado del Departamento de Marina se apresuró a rescatar a FDR. Una carta fechada el 31 de marzo de 1923, de M.N. McIntyre, jefe de la Oficina de Noticias Navales, a Louis Howe, sugiere que la A.I.C. se apodere del "dirigible alemán en construcción para la marina", así como del acceso a la Base Naval de Lakehurst. McIntyre es refrescantemente franco en su propuesta de ayuda política: Si me hace saber su posición sobre la propuesta de Lakehurst, quizá pueda hacer algo para ayudar a "engrasar la pata". Lo mismo ocurre con la otra propuesta".

Podemos establecer a partir de los registros que el FDR y su sindicato pudieron recurrir a fuentes de información y ayuda dentro del Departamento de Marina. Entonces, ¿cómo se hizo la A.I.C. con el control de las patentes de Schuette-Lanz? Supuestamente eran bienes públicos que debían ser enajenados mediante una licitación. El informe Hardesty de febrero de 1921 explica la situación jurídica de las patentes y arroja más luz sobre su transferencia.

Las patentes habían sido incautadas por el custodio de la propiedad de los extranjeros y hasta entonces sólo habían sido autorizadas por los Departamentos de Guerra y Naval. El 10 de enero de 1921, Fred Hardesty presentó una solicitud en la que indicaba que se iba a crear una empresa (presumiblemente la A.I.C.) y que necesitaba las patentes, pero Hardesty negó "que las patentes en sí tuvieran un gran valor intrínseco". En otras palabras, Hardesty caminaba por la cuerda floja. La A.I.C. necesitaba absolutamente las patentes para protegerse de los extraños. Al mismo tiempo, dijo Hardesty, las patentes no eran realmente valiosas. Son necesarias, escribió al custodio de la propiedad ajena, "para proporcionarnos un baluarte moral contra la agresión de terceros". Hardesty argumentó que el interés público era vital y que estaría "encantado de recibir información sobre el valor que se ha fijado para las patentes, si es que se han valorado, y sobre las condiciones en las que se nos podrían vender".

Adjunto a esta carta, en los archivos de FDR, hay un "Memorándum para el Sr. Hardesty" sobre las patentes de Johann Schuette que parece haber sido emitido por la Oficina para la Preservación de la Propiedad Extranjera. El memorando confirma el hecho de que las patentes fueron retenidas en virtud de la Ley de Comercio con el Enemigo de 1917, que el único derecho que le quedaba al titular de la patente alemana era el de reclamar la restitución, y que dichas reclamaciones debían resolverse de acuerdo con las instrucciones del Congreso. Según el memorándum, es poco probable que las patentes sean vendidas por el depositario de la propiedad extranjera, pero, si las patentes se pusieran a la venta, "habría poca o ninguna competencia, ya que probablemente haya muy pocas empresas existentes o propuestas que se planteen utilizarlas, y por tanto los precios ofrecidos no serían muy altos". El memorándum pasa a abordar el núcleo del problema al que se enfrenta la I.C.A:

> La A.P.C. vende las patentes, salvo las destinadas a uso gubernamental, sólo a ciudadanos estadounidenses en una venta pública al mejor postor tras un anuncio público, a menos que el Presidente decida lo contrario. La compra de bienes de la A.P.C. para un comitente no declarado o para su reventa a una persona que no sea ciudadana estadounidense o en beneficio de ella está prohibida, y está sujeta a graves sanciones.

Esto deja abierta la posibilidad de que el Ministro de Guerra o el Ministro de Marina puedan recomendar una venta inmediata al Presidente "como parte de una política comercial sólida y en interés público".

El sindicato intentó entonces seguir la vía presidencial, aparentemente con cierto éxito. El 4 de febrero de 1921, FDR en Nueva York escribió a Hardesty en Washington:

> "Estoy de acuerdo con usted en que deberíamos hacer algo con las patentes de Schuette inmediatamente, y al menos probarlas antes de que la actual administración se retire. "

En segundo lugar, un memorando de los departamentos reproducido en los archivos indica que el 9 y el 17 de febrero de 1921, FDR viajó a Washington y se reunió al menos con el custodio de los bienes extranjeros. Posteriormente, Schuette otorgó un poder a Hardesty, y las patentes fueron devueltas por el Custodio Extranjero, pero no inmediatamente. Los archivos del FDR no contienen documentos originales de cesión firmados, sino sólo borradores, pero dado que las patentes se entregaron finalmente a la I.A.C., cabe suponer que estos borradores de trabajo se aproximan razonablemente al documento final firmado. Un documento firmado por el depositario de los activos extranjeros y el propietario de la patente alemana Johann Schuette dice lo siguiente

> Además, se entiende y se acuerda por y entre las partes que el precio o los precios a los que las patentes de Johann Schuette enumeradas anteriormente pueden ser vendidas a la American Investigation Corporation por el Custodio de la Propiedad Extranjera son y se considerarán únicamente un valor nominal de dichas patentes fijado y acordado por y entre las partes y el valor real de las mismas; y que dicho agente dará, ejecutará y entregará al Custodio de la Propiedad Extranjera una liberación sin reservas de dicho Johann Schuette y su agente y sus herederos, cesionarios y representantes legales de todas las reclamaciones, demandas, etc., del Custodio de la Propiedad Extranjera.

De este documento se desprende (1) que el depositario de la propiedad extranjera vendió las patentes a A.I.C., (2) que sólo cobró a A.I.C. un "precio nominal", (3) que no hubo ninguna licitación por las patentes y (4) que el antiguo titular de la patente alemana Schuette obtuvo un derecho directa o indirectamente. Estas cuatro acciones parecen ser contrarias a los requisitos de la Ley de Comercio con el Enemigo de 1917, aunque los procedimientos (1) y (2) estaban sujetos a la autoridad presidencial.

Posteriormente, el 9 de mayo de 1922, se estableció un contrato entre American Investigation Corporation y Johann Schuette. En él se preveía el pago de 30.000 dólares en efectivo a Schuette, y otros 220.000 dólares pagaderos en cuotas mensuales, debiendo realizarse el último pago a más tardar el 1 de julio de 1923. En caso de impago por parte del I.A.C., todos los derechos sobre las patentes serían devueltos a Schuette. También hay en los archivos de FDR una nota interna que parece estar escrita en la máquina de escribir que se utiliza normalmente para las cartas de FDR; por lo tanto, puede ser una nota escrita por FDR o, más probablemente, por Louis Howe. Este memorándum resume la estrategia de la A.I.C. Enumera "lo que tenemos que vender" y responde a esta pregunta de la siguiente manera:

1. Las patentes de Schuette-Lanz, calificadas de fundamentales y necesarias por los ingenieros de Ford que también trabajan en la construcción de dirigibles.

2. Un contrato provisional para la Marina que ahorra más de un millón de dólares en la construcción de una planta y un hangar de construcción. Es nuestra propiedad, porque el contrato propuesto es a cambio de una licencia de uso de las patentes de Schuette por parte de la Marina.

En otras palabras, la I.C.A. no sólo pudo adquirir las patentes sin competencia entre los bastidores de las maniobras políticas, sino que también adquirió el derecho a revenderlas a la marina. Este es el tipo de trato que la mayoría de los contribuyentes pobres ni siquiera sueñan, aunque al final paguen la factura.

3. Todos los datos, dibujos y pruebas de las patentes de Schuette-Lanz.

4. Un arreglo para la producción de helio.

5. Una lista de accionistas formada por hombres con espíritu público y medios considerables.

Esto no fue suficiente, ya que la siguiente sección se titula "Lo que necesitamos" y enumera (1) los fondos y (2) el trabajo. El memorándum propone entonces una fusión del trabajo de la A.I.C. con el de los ingenieros de Ford.

Podemos resumir el acuerdo de FDR con la American Investigation Corporation como sigue:

En primer lugar, la I.A.C. pudo, gracias a la intervención personal de Franklin D. Roosevelt, obtener patentes incautadas como regalo o a un precio simbólico. La ley exigía que estas patentes incautadas se ofrecieran a una licitación pública y no en beneficio del antiguo propietario alemán. En la práctica, fueron devueltos a puerta cerrada tras un acuerdo privado entre FDR y el custodio de los activos extranjeros, posiblemente con la intervención del Presidente, aunque no se ha podido encontrar ningún rastro de esta ayuda. Estas patentes, calificadas anteriormente como sin valor, fueron posteriormente objeto de un contrato que supuso el pago de 250.000 dólares al ciudadano alemán Schuette y el principal activo de una empresa que promovía la construcción de dirigibles en Estados Unidos. A primera vista, los documentos de los expedientes indican una violación de la ley tanto por parte de FDR como del custodio de los activos extranjeros.

En segundo lugar, estas patentes parecen haber sido concedidas en beneficio indirecto de una parte extranjera, un procedimiento sujeto a severas sanciones según la ley.

En tercer lugar, la I.A.C. pudo obtener el uso de instalaciones navales por valor de 1 millón de dólares e información oficial dentro del Departamento de Marina.

En cuarto lugar, el único riesgo que asumieron los operadores de Wall Street fue el de crear el negocio. Las patentes se obtuvieron nominalmente, los fondos procedían de fuera de Nueva York y los conocimientos eran alemanes o de la Ford Motor Company. Franklin Delano Roosevelt proporcionó la palanca política para poner en marcha un acuerdo que, a primera vista, era ilegal y ciertamente muy alejado de la noción de "confianza pública" que a FDR y sus asociados les gustaba promover en sus escritos y discursos.

FDR EN EL SECTOR DE LAS MÁQUINAS EXPENDEDORAS

Las ventas de máquinas automáticas de estampación comenzaron en 1911, pero no tuvieron una salida realmente efectiva hasta el desarrollo de la máquina Shermack en la década de 1920. En 1927 se constituyó la Sanitary Postage Stamp Corporation para comercializar las máquinas Shermack de distribución automática de sellos de correos, que antes se vendían en las tiendas como sellos a granel y que, según la literatura de ventas de la empresa, exponían al usuario a la transmisión de enfermedades. El consejo de administración de la empresa estaba compuesto por el inventor Joseph J. Shermack, Edward S. Steinam, J.A. de Camp (120 Broadway), el banquero George W. Naumburg, A.J. Sach, Nathan S. Smyth y Franklin D. Roosevelt.

En abril de 1927, la empresa vendía unas 450 instalaciones de máquinas por semana. Según una carta escrita por FDR a A.J. Sach, vicepresidente de la empresa, había grandes problemas con los cobros; de hecho, hacía más de seis meses que no se tenía noticia de diez establecimientos de sellos, y el flujo de caja era insuficiente. FDR hizo una sugerencia eminentemente sensata: los vendedores deberían dejar de vender durante una semana y aprovechar el tiempo para recoger el dinero. Aparte de estas sugerencias ocasionales, el papel de FDR en el ámbito de los sellos sanitarios fue mínimo. Henry Morgenthau, Jr. consiguió que participara e incluso pagó la suscripción inicial de 812,50 dólares por las primeras 100 acciones de FDR: "Puede enviarme un cheque por la misma cantidad cuando le convenga". FDR envió su cheque el mismo día. Los patrocinadores emitieron 3.000 acciones ordinarias de FDR "en consideración a sus servicios", obviamente para utilizar su nombre como cebo para los inversores.

FDR dimitió a finales de 1928 cuando fue elegido gobernador de Nueva York.

FDR también fue director de CAMCO (Consolidated Automatic Merchandising Corporation), pero nunca participó activamente en su salida a bolsa. CAMCO era una sociedad de cartera destinada a hacerse con el 70% del capital social en circulación de una serie de empresas, entre ellas la Sanitary Postage Stamp Corporation, y es digna de mención porque en el consejo de administración figuraban, además de FDR, Saunders Norwell, que de 1926 a 1933 fue presidente de la Remington Arms Company. En 1933 Remington Arms fue vendida a Du Pont. En el capítulo 10 analizaremos el asunto Butler, un intento frustrado de instalar una dictadura en la Casa Blanca. Tanto Remington Arms como Du Pont se citan en el testimonio suprimido de la Comisión de Investigación del Congreso. Sin embargo, en 1928, encontramos a FDR y a Saunders Norvell como codirectores de CAMCO.

FUNDACIÓN GEORGIA WARM SPRINGS

La personal y encomiable lucha de FDR por recuperar el uso de sus piernas tras un ataque de poliomielitis en 1921 le llevó a acudir al balneario de Georgia Warm Springs. Tomando fuerzas, FDR decidió convertir estos muelles abandonados y casi inutilizados en una propuesta de negocio para ayudar a otras víctimas de la polio.

Lamentablemente, el origen exacto de los principales fondos utilizados para desarrollar Georgia Warm Springs no puede determinarse a partir de los archivos del FDR tal y como existen en la actualidad. El archivo FDR de Georgia Warm Springs es relativamente escaso y es muy poco probable que contenga todos los documentos relacionados con el desarrollo del proyecto. El expediente parece haber sido revisado antes de ser transferido a los Archivos de Hyde Park. No hay registro público de la financiación de Georgia Warm Springs. Dadas las ajustadas finanzas personales de FDR durante la década de 1920, es poco probable que los fondos procedan de recursos personales. Tenemos constancia de tres fuentes de financiación. En primer lugar, es más que probable que su madre, la señora James Roosevelt, lo fuera. De hecho, Eleanor Roosevelt escribió a FDR: "No te permitas gastar demasiado dinero y no obligues a mamá a invertir mucho, porque si perdiera, ¡nunca se recuperaría!³⁰² En segundo lugar, se dice que Edsel B. Ford contribuyó con fondos para construir el recinto de la piscina, pero no era fiduciario de la fundación. En tercer lugar, y más importante, la propiedad original era de la empresa socialista George Foster Peabody. Según el hijo de FDR, Elliott Roosevelt, había una importante hipoteca personal sobre la propia propiedad, y esta garantía probablemente estaba en manos de Peabody:

> El 29 de abril de 1926 adquirió la propiedad abandonada, en la que Loyless se estaba endeudando cada vez más. En el punto álgido de sus obligaciones como nuevo propietario, el padre había invertido precisamente 201.667,83 dólares en el local en forma de deuda privada, que no fue reembolsada en su totalidad hasta después de su muerte, y entonces sólo con una póliza de seguro de vida que había suscrito a favor de Warm Springs. Los 200.000 dólares o más representaban más de dos tercios de todo su patrimonio. Fue la única vez que asumió un riesgo tan monumental. A mamá le aterrorizaba que, de seguir así con muchas de sus empresas, ninguno de nosotros pudiera ir a la universidad, un destino que yo, por mi parte, estaba más que dispuesto a afrontar.³⁰³

Es significativo que Elliott Roosevelt informe de la existencia de un préstamo privado de 200.000 dólares que no fue devuelto antes de la muerte de FDR. También es razonable suponer que los fondos fueron creados por algunos o todos los directores. Esto coloca a FDR en la misma posición que Woodrow Wilson, endeudado con sus acreedores de Wall Street. Dado que estos directores estaban entre los hombres más poderosos de Wall Street, la acusación de que FDR estaba "bajo el pulgar de los banqueros" es perfectamente plausible.

---

³⁰² Elliott Roosevelt, *The Untold Story*, op. cit. p. 232.

³⁰³ Ibid.

Por lo tanto, es razonable suponer que los fondos para Georgia Warm Springs se establecieron o estuvieron bajo el control de los directores de la Fundación Georgia Warm Springs y la Reserva Meriweather asociada. A continuación se enumeran los directores de la Fundación en 1934 y sus principales afiliaciones empresariales:

Fundación Georgia Warm Springs: Directores en 1934[304]

Nombre del director[305]	Principales afiliaciones
Franklin D. Roosevelt	Presidente de los Estados Unidos de América
Basil O'Connor	Abogado, 120 Broadway, antiguo socio legal de FDR
Jeremiah Milbank	Director, Chase National Bank of N.Y.
James A. Moffett	Vicepresidente y Director de Standard Oil de Nueva Jersey
George Foster Peabody	Propietario original de la propiedad y titular del pagaré de Georgia Hot Springs
Leighton McCarthy	Director de Aluminum, Ltd (filial canadiense de ALCOA)
Eugenio S. Wilson	Presidente, American Telephone & Telegraph (195 Broadway)
William H. Woodin	Secretario del Tesoro con FDR
Henry Pope	Director de la empresa Link-Belt
Cason J. Callaway	Presidente de Callaway Mills, Inc. de Nueva York

Los directores de Georgia Warm Springs obviamente vinculan a FDR con Wall Street. El más destacado es Eugene Smith Wilson (1879-1973), vicepresidente de la American Telephone and Telegraph, en el número 195 de Broadway, en Nueva York. Wilson también fue director de muchas otras compañías telefónicas, como Northwestern y Southwestern Bell y la Wisconsin Telephone Company. En 1919, fue abogado de Western Electric, luego pasó a ser asesor jurídico de A.T.&T. antes de ser nombrado vicepresidente en 1920. Wilson estuvo asociado durante mucho tiempo a la campaña contra la poliomielitis, en colaboración con Franklin D. Roosevelt, y a mediados de la década de 1930 fue miembro del comité de inversiones de la Fundación Georgia Warm Springs. Entre sus colegas de A.T.&T. estaba John W. Davis, que aparece en el caso Butler (véase el capítulo 10).

Otro de los administradores de Georgia Warm Springs fue James A. Moffett, vicepresidente de Standard Oil de Nueva Jersey. Walter Teagle, de la misma empresa, fue uno de los principales directores de la NRA.

El director Jeremiah Milbank fue director del Chase National Bank, controlado por Rockefeller y la Equitable Trust Company.

El director William H. Woodin fue director del Banco de la Reserva Federal de Nueva York de 1926 a 1931 y fue nombrado Secretario del Tesoro por Franklin D. Roosevelt tras apoyar firmemente la candidatura de FDR en las elecciones de

---

[304] Extracto de una carta fechada el 5 de marzo de 1932, de Fred Botts, gerente de negocios de Warm Springs, a FDR en la Casa Blanca.

[305] Otros directores fueron Frank C. Root, de Greenwich (Connecticut), Keith Morgan, de Nueva York, y Arthur Carpenter, director residente.

1932. Woodin dimitió a los seis meses, pero por motivos de salud, no por falta de interés en el puesto de tesorero.

El director George Peabody fue identificado en el volumen[306]y estuvo significativamente asociado a la Revolución Bolchevique de 1917 en Rusia y al Banco de la Reserva Federal de Nueva York.

---

[306] Sutton, *Wall Street and the Bolshevik Revolution*, op. cit.

CAPÍTULO V

La génesis del socialismo empresarial

Mientras la sociedad luchaba por la libertad, los hombres famosos que la dirigían estaban imbuidos del espíritu de los siglos XVII y XVIII. Sólo pensaron en someter a la humanidad a la tiranía filantrópica de sus propias invenciones sociales.

Frederic Bastiat, *The Law*, (Nueva York: Fundación para la Educación Económica, 1972), p. 52.

Nos hemos descrito la carrera de siete años de Franklin D. Roosevelt en Wall Street, que terminó con su elección como gobernador de Nueva York en 1928. Esta descripción está tomada de los archivos de cartas de FDR. Para evitar interpretaciones erróneas, se han reproducido partes de estas cartas de forma literal y detallada. Sobre la base de estas cartas, no cabe duda de que FDR utilizó su influencia política casi exclusivamente para obtener contratos de fianzas mientras era vicepresidente de Fidelity & Deposit Co; de que surgieron importantes y cuestionables conexiones financieras y políticas internacionales en el caso de United European Investors e International Germanic Trust; y de que sus colaboradores cercanos iban desde Owen D. Young, presidente de General Electric, miembro de la elitista institución financiera, a los hombres descritos por un agente de la Agencia Proudfoot como un "grupo de ladrones".

Hay un tema recurrente en el método de trabajo de la FDR: ha utilizado la vía política en un grado extraordinario. En otras palabras, la FDR ha utilizado para sus propios fines el poder de policía del Estado aplicado por los reguladores, por los reglamentos del gobierno y por los funcionarios del gobierno a través de su intercesión, por ejemplo, con el Custodio de la Propiedad Extranjera, la Marina de los Estados Unidos, el Sistema de la Reserva Federal y el Superintendente de Seguros del Estado de Nueva York. Todos estos contactos políticos realizados a través de su servicio público han dado a FDR su ventaja competitiva en el mundo de los negocios. Son acuerdos políticos, no de libre mercado. Son dispositivos políticos, no de libre mercado. Son dispositivos que reflejan la coacción política, no el intercambio voluntario en el mercado.

Los cuatro capítulos siguientes de la segunda parte de este libro desarrollan este tema de la politización de la empresa comercial. En primer lugar, echamos una red más amplia para formular la tesis del socialismo corporativo e identificamos a algunos destacados socialistas corporativos, principalmente asociados a FDR. En segundo lugar, nos remontamos a la década de 1840, a uno de los antepasados de FDR, el empresario neoyorquino Clinton Roosevelt y su primera versión de la NRA. Este esquema se compara con la Junta de Industrias de Guerra de Baruch en 1917, el funcionamiento del Sistema de la Reserva Federal y el Consejo de la Construcción Americana de Roosevelt-Hoover de los años 20. Finalmente, en el último capítulo de esta sección, detallamos la inversión financiera de Wall Street en el New Deal.

LOS ORÍGENES DEL SOCIALISMO EMPRESARIAL

El viejo John D. Rockefeller y sus compañeros capitalistas del siglo XIX estaban convencidos de una verdad absoluta: no se podía acumular una gran riqueza monetaria según las reglas imparciales de una sociedad basada en el libre comercio competitivo. El único camino seguro hacia la riqueza masiva era el monopolio: expulsar a tus competidores, reducir la competencia, eliminar la libre competencia y, sobre todo, conseguir la protección del Estado para tu industria a través de los políticos y la regulación gubernamental a tu favor. Este último proceso da lugar a un monopolio legal, y un monopolio legal siempre conduce a la acumulación de una gran riqueza.

Este esquema del barón ladrón es también, bajo diversas etiquetas, el plan socialista. La diferencia entre un monopolio estatal corporativo y un monopolio estatal socialista es esencialmente sólo la identidad del grupo que controla la estructura de poder. La esencia del socialismo es el control monopólico por parte del Estado a través de planificadores comprometidos y funcionarios ordenados. Por otro lado, Rockefeller, Morgan y sus amigos empresarios buscan adquirir y controlar su monopolio y maximizar sus beneficios ejerciendo influencia en el aparato político del Estado; aunque esto sigue requiriendo planificadores y propagandistas académicos, es un proceso discreto y mucho más sutil que la propiedad estatal en el socialismo. El éxito de la estratagema de Rockefeller ha consistido en llamar la atención del público sobre controversias históricas en gran medida superficiales e irrelevantes, como el mito de una lucha entre capitalistas y comunistas, y el cuidadoso apoyo de las fuerzas políticas por parte de las grandes empresas. A este fenómeno del monopolio legal de las empresas -el control del mercado adquirido mediante la influencia política- lo llamamos "socialismo empresarial".

La descripción más lúcida y franca del socialismo corporativo, sus costumbres y objetivos, se encuentra en el panfleto de Frederick Clemson Howe de 1906, *Confesiones de un monopolista*.[307]

---

[307] Frederic C. Howe, *Confessions of a Monopolist* (Chicago: Public Publishing Co. 1906). El patrocinador del libro de Howe es la misma editorial que publicó en 1973 un libro de alabanza al colectivismo de John D. Rockefeller III titulado *The Second American Revolution*.

El papel de Frederick Howe en la revolución bolchevique de 1917 y sus consecuencias se describe en *Wall Street y la revolución*[308] *bolchevique* . Howe también aparece en el New Deal de Roosevelt como asesor de consumo en la Agricultural Adjustment Administration. El interés de Howe por la sociedad y sus problemas se remonta, pues, a principios del siglo XX, desde su asociación con Newton D. Baker, más tarde Secretario de Guerra, al comunista Lincoln Steffens. Como comisionado especial en Estados Unidos, Howe estudió la propiedad municipal de los servicios públicos en Inglaterra y, en 1914, fue nombrado por el presidente Wilson para el cargo de comisionado estadounidense de inmigración.

¿Cuál es el secreto para crear una gran riqueza? Howe responde a la pregunta de la siguiente manera:

> "El Sr. Rockefeller puede pensar que hizo sus cientos de millones por ahorrar en sus facturas de gas, pero no es así. Sencillamente, ha conseguido que gente de todo el mundo trabaje para él....[309]

En resumen, el socialismo empresarial está íntimamente ligado a la idea de hacer que la sociedad funcione en beneficio de unos pocos.

PARA QUE LA EMPRESA FUNCIONE EN BENEFICIO EXCLUSIVO DE UNOS POCOS

Este es el tema importante del libro de Howe, expresado una y otra vez, con ejemplos detallados del sistema "deja que otros trabajen para ti" en el trabajo. ¿Cómo hicieron el Sr. Rockefeller y sus colegas del monopolio para que todo el mundo trabajara para ellos? Así es como ocurrió, según Howe:

> Es la historia de algo inútil: hacer pagar al otro. Esta historia de hacer pagar al otro, de obtener algo a cambio de nada, explica la sed de franquicias, derechos mineros, privilegios arancelarios, control ferroviario, evasión de impuestos. Todo esto es sinónimo de monopolio, y cualquier monopolio se basa en la legislación.
> Y las leyes de monopolio nacen de la corrupción. El mercantilismo de la prensa, o de la educación, o incluso de la caridad, es parte del precio a pagar por los privilegios especiales creados por la ley. El deseo de obtener algo a cambio de nada, de hacer pagar a los demás, de monopolizar un recurso de una u otra forma, es la causa de la corrupción. El monopolio y la corrupción son causa y efecto.
> Juntos, trabajan en el Congreso, en la Commonwealth y en nuestros municipios. Siempre es así. Siempre ha sido así. Los privilegios engendran corrupción, al igual que las cloacas envenenadas engendran enfermedades. La igualdad de oportunidades, un trato justo y desfavorable, el trato directo nunca es corrupto. No acaban en los juzgados ni en las cámaras del consejo. Porque significan trabajo por trabajo, valor por valor, algo por algo. Por eso el pequeño empresario, el mayorista

---

[308] Sutton, *Wall Street and the Bolshevik Revolution*, op. cit.

[309] Howe, op. cit. p. 145.

y el minorista, el empleado y el fabricante no son los empresarios cuyas actividades corrompen el proceso político.[310]

El opuesto de Howe a este sistema de monopolio corrupto se describe como "trabajo por trabajo, valor por valor, algo por algo". Pero estos valores son también las características esenciales de un sistema de mercado, es decir, un sistema puramente competitivo, en el que los precios de compensación del mercado se establecen por la interacción imparcial de la oferta y la demanda en el mercado. Un sistema tan imparcial no puede, por supuesto, ser influenciado o corrompido por el intervencionismo político. El sistema económico monopolista basado en la corrupción y los privilegios descrito por Howe es una economía gestionada políticamente. También es un sistema de trabajo forzado encubierto, llamado por Ludwig von Mises el sistema *Zwangswirtschaft*, un sistema de coacción. Este elemento de compulsión es común a todas las economías gestionadas políticamente: el Nuevo Orden de Hitler, el Estado Corporativo de Mussolini, la Nueva Frontera de Kennedy, la Gran Sociedad de Johnson y el Federalismo Creativo de Nixon. La restricción fue también un elemento de la reacción de Herbert Hoover a la Gran Depresión y, de forma mucho más evidente, del New Deal de Franklin D. Roosevelt y de la National Recovery Administration.

Este elemento de coacción es el que permite a unos pocos -los que tienen el monopolio legal y se benefician de él- vivir en sociedad en detrimento de la mayoría. Aquellos que controlan o se benefician de las franquicias y regulaciones legislativas y, al mismo tiempo, influyen en las burocracias gubernamentales, determinan las normas y regulaciones para proteger su riqueza actual, aprovecharse de la riqueza de los demás e impedir que los nuevos participantes se enriquezcan con sus negocios. Por ejemplo, para ser claros, la Comisión de Comercio Interestatal, creada en 1880, existe para restringir la competencia en el sector del transporte, no para conseguir las mejores condiciones posibles para los cargadores. Del mismo modo, el Consejo de Aeronáutica Civil existe para proteger a la industria nacional de la aviación, no al viajero. Para un ejemplo actual, entre cientos, véase la incautación por el CAB en julio de 1974 de un DC-10 de Philippines Air Lines (PAL) en el aeropuerto de San Francisco. ¿Qué pecado había cometido el PAL? La aerolínea simplemente sustituyó un DC-10, para el que el CAB no había concedido autorización, por un DC-8. ¿Quién ganó? Las aerolíneas estadounidenses, debido a la reducción de la competencia. ¿Quién ha perdido? Al pasajero se le negaron los asientos y la elección del equipo. Las dudas sobre de qué lado estaba el CAB se disiparon con un artículo publicado en el *Wall Street Journal* unas semanas más tarde (13 de agosto de 1974) titulado "El CAB es un entusiasta partidario de las medidas para mejorar el servicio de las aerolíneas y aumentar las tarifas". Este artículo contenía una joya del vicepresidente del CAB, Whitney Gillilland: "En el pasado hemos hecho demasiado hincapié en la comodidad de los pasajeros". Gilland continuó diciendo que el CAC tiene que ser más tolerante con los aviones llenos de capacidad, "incluso si eso significa que alguien tiene que esperar un día para coger un vuelo".

---

[310] Howe, op. cit. pp. V-VI.

En resumen, las agencias reguladoras son dispositivos para utilizar el poder policial del Estado para proteger a las industrias favorecidas de los embates de la competencia, para proteger sus ineficiencias y para maximizar sus beneficios. Y, por supuesto, estos dispositivos son defendidos con vehemencia por sus beneficiarios: los empresarios regulados o, como los llamamos, "socialistas corporativos".

Este sistema de coacción legal es la expresión moderna de la máxima de Frédéric Bastiat de que el socialismo es un sistema en el que todos intentan vivir a costa de los demás. En consecuencia, el socialismo corporativo es un sistema en el que los pocos que poseen los monopolios legales de control financiero e industrial se benefician a expensas de todos los demás miembros de la sociedad.

En la América moderna, la ilustración más significativa del hecho de que la sociedad en su conjunto trabaja para unos pocos es la Ley de la Reserva Federal de 1913. El Sistema de la Reserva Federal es, en efecto, un monopolio bancario privado, que no rinde cuentas al Congreso ni al público en general de los contribuyentes, pero que ejerce un control de monopolio legal sobre la oferta monetaria, sin que la Oficina General de Contabilidad lo impida ni lo controle.[311] Fue la manipulación irresponsable de la oferta monetaria por parte de este Sistema de Reserva Federal lo que causó la inflación de los años 20, la Depresión de 1929 y, por tanto, la supuesta necesidad de Roosevelt de un New Deal. En el próximo capítulo, examinaremos más de cerca el Sistema de la Reserva Federal y sus iniciadores. De momento, analicemos los argumentos esgrimidos por los filósofos financieros de Wall Street para justificar su credo de "hacer que la sociedad funcione en beneficio de unos pocos".

LOS SOCIALISTAS CORPORATIVOS DEFIENDEN SU CASO

Podemos rastrear el curso de las producciones intelectuales por las que eminentes financieros impulsaron la planificación y el control nacional para su propio beneficio y que finalmente evolucionaron hacia el New Deal de Roosevelt.

En los años que siguieron a la publicación de las *Confesiones de un Monopolista* de Howe en 1906, los financieros de Wall Street hicieron contribuciones literarias en forma de libro, ninguna tan específica como la de Howe, pero todas a favor de las instituciones legales que otorgarían el deseado monopolio y control. A partir de estos libros podemos rastrear las ideas del New Deal y la base teórica sobre la que se justificó posteriormente el socialismo corporativo. Dos temas son comunes en estos esfuerzos intelectuales de Wall Street. En primer lugar, que el individualismo, el esfuerzo individual y la iniciativa individual están anticuados y que la competencia "destructiva", normalmente llamada "competencia ciega" o "competencia salvaje" es anticuada, no deseada y destructiva de los ideales humanos. En segundo lugar, podemos identificar un tema que se desprende de este ataque al individualismo y a la competencia: que de

---

[311] El Congreso aprobó en 1974 una auditoría muy limitada del Sistema de la Reserva Federal.

la cooperación se derivan grandes beneficios, que la cooperación hace avanzar la tecnología y que la cooperación evita el "desperdicio de energías en competencia". Estos filósofos financieros llegan a la conclusión de que el asociacionismo empresarial y, en última instancia, la planificación económica -es decir, la "cooperación" forzada- son un objetivo primordial para los empresarios modernos responsables e ilustrados.

Estos temas de cooperación y rechazo de la competencia se expresan de diferentes maneras y con distintos grados de lucidez. Los empresarios no son escritores persuasivos. Sus libros tienden a ser turgentes, superficialmente egoístas y un tanto pedantes. Sin embargo, algunos ejemplos de este tipo mostrarán cómo los socialistas corporativos de Wall Street han presentado su caso.

Bernard Baruch fue el eminente socialista empresarial cuyas ideas examinaremos en el próximo capítulo. Después de Baruch y los Warburg, cuyas ideas también analizaremos en el próximo capítulo, el siguiente escritor más prolífico es el influyente banquero Otto Kahn de Kuhn, Loeb & Co.

Kahn se distingue por su apoyo a la revolución bolchevique y a Benito Mussolini, un apoyo que expresó con expresiones totalitarias como "El peor enemigo de la democracia no es la autocracia, sino la libertad desenfrenada".[312] En cuanto al socialismo, Otto Kahn ha declarado repetidamente su simpatía por sus objetivos. Por ejemplo, su discurso ante la Liga Socialista para la Democracia Industrial en 1924 incluía lo siguiente:

> Permítanme señalar que medidas como, por ejemplo, el impuesto progresivo sobre la renta, la negociación colectiva de los trabajadores, la jornada de ocho horas, la supervisión y regulación por parte del gobierno de los ferrocarriles y otros monopolios o semimonopolios naturales similares, son aprobadas por el sentido de la justicia de las empresas, siempre que la aplicación de estas medidas se mantenga dentro de límites razonables, y que no sean derogadas por las empresas si tuvieran la oportunidad de hacerlo.
>
> En lo que discrepáis vosotros, los radicales, y nosotros, los que mantenemos posturas opuestas, no es tanto en el fin como en los medios, no tanto en lo que debe conseguirse como en la forma en que debe y puede conseguirse, creyendo como creemos que entregarse a la utopía no sólo es inútil e ineficaz, sino que dificulta y retrasa el avance hacia posibles mejoras.
>
> Con el debido respeto, me atrevo a sugerir que el radicalismo tiende con demasiada frecuencia a abordar la perfección teórica en lugar de la mejora concreta; agravios fantasmales, o agravios del pasado que han perdido su realidad, en lugar de las cuestiones reales del día; eslóganes, dogmas, profesiones, en lugar de hechos.[313]

Varios de estos filósofos financieros de Wall Street fueron consejeros de la Brookings Institution de Washington, D.C., responsable de muchas de las guías políticas para lograr el sistema con el que soñaban. A Robert S. Brookings, fundador de la Brookings Institution, se le suele calificar de economista, pero el

---

[312] Otto H. Kahn, *Frenzied Liberty: The Myth of a Rich Man's War*, Discurso en la Universidad de Wisconsin, 14 de enero de 1918, p. 8.

[313] Otto H. Kahn, *Of Many Things*, (Nueva York: Boni & Liveright, 1925), p. 175.

propio Brookings escribió: "Ciertamente, no cumplo los requisitos para ese título profesional. Escribo sólo como alguien que, con más de sesenta años de experiencia empresarial, ha tenido mucho que ver con la fabricación y la distribución"...".[314] En su papel de empresario, como él mismo se describe, Brookings ha publicado tres libros: *Industrial Ownership, Economic Democracy* y *The Way Forward*. En los tres libros, Brookings sostiene que la economía política clásica, tal como se refleja en la obra de Adam Smith y su escuela:

> aunque lógicamente convincente, era de hecho incompleta en el sentido de que no tenía en cuenta el desarrollo moral e intelectual del hombre y su dependencia del nacionalismo para su expresión, tan hábilmente presentado más tarde por Adam Müller y Frederick List, ni la influencia económica de la producción mecánica en la relación entre el capital y el trabajo.[315]

En consecuencia, pero sin presentar sus pruebas, Brookings rechaza las ideas de Adam Smith sobre la libre empresa y acepta las ideas estatistas de la Lista, que se reflejan en el Estado corporativo hitleriano. De su rechazo a la libre empresa, Brookings deduce con bastante facilidad un sistema "moral" que rechaza el mercado y lo sustituye por una aproximación a la teoría marxista del valor del trabajo. Por ejemplo, Brookings escribe:

> Por lo tanto, un sistema sólido de moral económica requiere que, en lugar de pagar al trabajo un mero salario de mercado, el mínimo necesario para prestar sus servicios, el capital reciba el salario de mercado necesario para prestar sus servicios, y el saldo vaya al público trabajador y consumidor.[316]

A partir de este argumento casi marxista, Brookings construye, de forma bastante vaga y sin apoyo detallado, las líneas generales de las propuestas necesarias para combatir los "males" del sistema de mercado dominante. Entre estas propuestas, "la primera es la revisión de las leyes antimonopolio para permitir una amplia cooperación".[317] Según Brookings, esto tendría dos efectos: impulsar la investigación y el desarrollo y suavizar el ciclo económico. Brookings no especifica cómo se derivan estos objetivos de la "cooperación", pero cita extensamente a Herbert Hoover para apoyar su argumento, en particular el artículo de Hoover "Si las empresas no lo hacen, el gobierno lo hará".[318]

Entonces, como todo buen socialista, Brookings concluyó: "Las empresas gestionadas de forma eficiente no tienen nada que temer de una supervisión pública inteligente diseñada para proteger al público y al comercio de las minorías

---

[314] R. S. Brookings, *Economic Democracy*, (Nueva York: Macmillan, 1929), p. xvi.

[315] Ibid, pp. XXI-XXII.

[316] R. S. Brookings, *Industrial Ownership* (Nueva York: Macmillan, 1925), p. 28.

[317] Ibid, p. 44.

[318] The *Nation's Business*, 5 de junio de 1924, pp. 7–8.

cautivas e intratables."[319] Esto es necesario porque, como sostiene Brookings en otro lugar, las estadísticas indican que la mayoría de las empresas operan de forma ineficiente, "por lo que sabemos por triste experiencia que la competencia ciega o desenfrenada no ha logrado hacer su contribución razonable a través de los ingresos a nuestras necesidades económicas nacionales".[320]

En 1932, Brookings salió de su caparazón en *The Way Forward para* expresarse aún más abiertamente sobre la evolución del comunismo soviético:

> La condena verbal del comunismo, que ahora es muy popular en Estados Unidos, no nos llevará a ninguna parte. La diferencia entre el capitalismo y el comunismo radica en un punto. ¿Puede el capitalismo adaptarse a esta nueva era? ¿Puede alejarse de su antiguo individualismo, dominado por la búsqueda egoísta del beneficio, y crear una nueva era cooperativa con planificación y control social, para servir, mejor que hasta ahora, al bienestar de todos los pueblos? Si puede, puede sobrevivir. Si no puede, se impondrá alguna forma de comunismo a nuestros hijos. Puede estar seguro de ello.[321]

Y en el mismo libro, Brookings tiene buenas palabras sobre otro sistema de trabajo forzado, el fascismo italiano:

> Aunque Italia es una autocracia bajo la dictadura del Duce, todos los intereses económicos del país tienen la oportunidad de discutir y negociar para poder, de mutuo acuerdo, llegar a un compromiso justo de sus diferencias. Sin embargo, el gobierno no permitirá, ni con bloqueos ni con huelgas, ninguna interferencia en la productividad de la nación, y si, en última instancia, los grupos no consiguen llegar a un acuerdo entre ellos, el gobierno, a través de su ministro o del tribunal industrial, determina la solución de todos los problemas. Pero en Italia, como en otras partes, parece existir la autocracia del capital, y el sentimiento general de las clases trabajadoras es que el gobierno favorece a los empresarios.[322]

Lo que domina entonces los escritos de Brookings es su predilección por cualquier sistema social, comunismo, fascismo, llámese como se quiera, que reduzca la iniciativa y el esfuerzo individuales y los sustituya por la planificación y el funcionamiento colectivos. Lo que Brookings y sus colegas filósofos financieros no dicen es la identidad de las pocas personas que dirigen este colectivo de trabajo forzado.

Está implícito en sus argumentos que los operadores del sistema serán los propios socialistas de empresa.

De las propuestas puramente teóricas de Brookings podemos pasar a las de George W. Perkins, que combinó propuestas paralelas con algunas formas efectivas, aunque no muy morales, de llevarlas a la práctica.

---

[319] Brookings, *Industrial Ownership*, op. cit. p. 56.

[320] Brookings, *Economic Democracy*, op. cit. p. 4.

[321] R. S. Brookings, *The Way Forward* (Nueva York: Macmillan, 1932), p. 6.

[322] Ibid, p. 8.

George W. Perkins fue el enérgico constructor de la gran compañía de seguros de vida de Nueva York. Perkins era también, junto con Kahn y Brookings, el experto en los males de la competencia y los grandes beneficios que se derivan de la cooperación ordenada en los asuntos empresariales. Perkins predicó este tema colectivista en una serie de conferencias de empresarios en la Universidad de Columbia en diciembre de 1907. Su discurso tuvo poco éxito; el biógrafo John Garraty dijo que cuando se terminó:

> ... El presidente de la Universidad de Columbia, Nicholas Murray Butler, se marchó sin una palabra de felicitación, creyendo obviamente, según Perkins, que había invitado involuntariamente a un peligroso radical a Morningside Heights. Porque Perkins había atacado algunos de los conceptos básicos de la competencia y la libre empresa.[323]

Garraty resume la filosofía empresarial de Perkins:

> El principio fundamental de la vida es la cooperación y no la competencia: esta es la idea que Perkins desarrolló en su presentación. La competencia es cruel, derrochadora, destructiva, anticuada; la cooperación, inherente a cualquier teoría de un universo bien ordenado, es humana, eficiente, inevitable y moderna.[324]

De nuevo, como en el caso de Brookings, encontramos propuestas para la "eliminación del despilfarro" y para una mayor "planificación" en la gestión de los recursos materiales y humanos, así como el concepto de que las grandes empresas tienen "responsabilidades con la sociedad" y son más propensas a actuar de forma justa con los trabajadores que las pequeñas empresas. Estas frases altisonantes son, por supuesto, impresionantes, sobre todo si New York Life Insurance hubiera estado a la altura de sus sermones de benevolencia social. Desgraciadamente, cuando investigamos más a fondo, encontramos pruebas de que New York Life Insurance actuó mal y una investigación realizada por el Estado de Nueva York, que descubrió un modus operandi decididamente antisocial en relación con el comportamiento de las empresas de New York Life. En 1905-06, el Comité Armstrong (el comité conjunto de la Legislatura del Estado de Nueva York encargado de investigar los seguros de vida) descubrió que New York Life Insurance Company había sido un contribuyente habitual del Comité Nacional Republicano en 1896, 1900 y 1904. No cabe duda de que estas contribuciones financieras estaban destinadas a promover los intereses de la empresa en los círculos políticos. En 1905, John A. McCall, presidente de New York Life Insurance, fue citado ante la Junta de Investigación de Nueva York y argumentó que la derrota de Byran y la libertad de fundir la plata era una cuestión *moral* para él. Según McCall, "....consentí un pago para derrotar a Free Silver, no para derrotar

---

[323] John A. Garraty, *Right hand man: The Life of George W. Perkins*, (Nueva York: Harper & Row, n.d.), p. 216.

[324] Ibid.

al Partido Demócrata, sino para derrotar la herejía de Free Silver, y gracias a Dios lo hice".[325]

En la misma audiencia, el vicepresidente de la Mutua de Seguros de Vida también expuso el interesante concepto de que las empresas tienen el "deber" de "contrarrestar" las ideas y políticas indeseables. La historia de la financiación corporativa de la política apenas ha preservado los principios de la Constitución y de una sociedad libre. En concreto, existe una flagrante contradicción entre los principios de cooperación social y benevolencia propugnados por Perkins y sus colegas empresarios y el comportamiento antisocial contemporáneo de su propia compañía de seguros de vida de Nueva York.

Está claro que los principios del socialismo corporativo son un fino barniz para la adquisición de riqueza por parte de unos pocos a costa de la mayoría.

Ahora podemos examinar con lucidez la prédica de estos financieros más relacionados con Roosevelt y el New Deal. Uno de esos financieros-filósofos que expresó sus ideas colectivistas por escrito fue Edward Filene (1860-1937). Los Filene eran una familia de empresarios muy innovadores que poseían los grandes almacenes William Filene's Sons Co. en Boston. Un vicepresidente de Filene's se convirtió en uno de los tres mosqueteros que dirigieron la Administración de Recuperación Nacional en 1933; los otros dos miembros del triunvirato eran Walter Teagle, presidente de Standard Oil, y John Raskob, vicepresidente de Du Pont y General Motors.

Desde principios de siglo, Edward Filene se encarga de los asuntos públicos. Fue presidente de la Comisión de Planificación Metropolitana de Boston, promotor de los bancos populares y ayudó a varios movimientos cooperativos. Filene ha participado activamente en la Cruz Roja y en la Cámara de Comercio de Estados Unidos; fundó la Liga para el Fomento de la Paz; fundó y posteriormente presidió la Liga Cooperativa, más tarde rebautizada como Fondo del Siglo XX; y es miembro de la Asociación de Política Exterior y del Consejo de Relaciones Exteriores. Durante la época de Roosevelt, Filene fue presidente de la Junta de Recuperación del Estado de Massachusetts y participó activamente en la campaña de 1936 para la reelección de FDR. Filene escribió varios libros, entre ellos dos, *The Way Out* (1924)[326] y *Successful Living in this Machine Age*, (1932),[327] que expresan sus inclinaciones filosóficas. En *The Way Out*, Filene hace hincapié en el tema de la reducción del despilfarro y la ceguera ante la competencia, y subraya el valor de la cooperación entre empresas y gobiernos. Filene resume su argumento de la siguiente manera:

> Hay dos cosas claras. La primera es que, para ser un buen negocio, la actividad en sí debe realizarse como un servicio público. La segunda es que el mejor servicio

---

[325] Citado en Louise Overacker, *Money in Elections,* (Nueva York: Macmillan, 1932), p. 18.

[326] Edward A. Filene, *The Way Out,* (*A Forecast of Coming Changes in American Business and Industry*) (Nueva York: Doubleday, Page, 1924).

[327] Edward A. Filene, *Successful Living in this Machine Age* (Nueva York: Simon & Schuster, 1932).

público posible de los empresarios es el que prestan en y por las empresas privadas del mundo.[328]

Este tema "el servicio público es un asunto privado" se desarrolla en otro de sus libros:

> Mi propia actitud es que las empresas deben llevar a cabo una planificación social, pero no para sofocar la aparición de nuevas teorías o para preservar las antiguas, sino porque ha habido una revolución social. El antiguo orden ha desaparecido y es imposible restaurarlo. Vivimos en un mundo nuevo. Es un mundo en el que la producción en masa ha puesto a todo el mundo en contacto con todo el mundo; y por eso nuestros proyectos deben tener en cuenta a todo el mundo.[329]

También en Filene encontramos el argumento de que "el camino hacia la paz está en el equilibrio de poder", una repetición de una fórmula del siglo XIX resucitada por Henry Kissinger en los años 70 y que siempre ha acabado conduciendo a la guerra y no a la paz. Filene formula su versión como sigue:

> No es de extrañar que haya habido una guerra. Pronto se descubrió que la paz sólo podía mantenerse mediante un equilibrio de poder entre los mayores competidores, y este equilibrio de poder se rompía a menudo. Finalmente, toda esta situación imposible estalló en la mayor guerra de la historia de la humanidad. La guerra mundial no provocó el cambio global que hemos visto recientemente. Más bien, fue uno de los fenómenos de ese cambio, al igual que la Revolución Francesa fue un fenómeno de la primera revolución industrial.[330]

Este tema de la promoción del interés público como cuestión de interés primordial para las propias empresas se encuentra en Myron C. Taylor, presidente de la United States Steel Company. El interés público, según Taylor, requiere la cooperación de las empresas para una producción racional. La ceguera de las grandes empresas es evidente cuando Taylor niega que esto también constituya una restricción al comercio. Taylor no explica cómo podemos ajustar la producción al consumo sin obligar a los que no quieren cooperar a hacerlo. Taylor resume sus propuestas de la siguiente manera:

> Se trata de descubrir lo que tenemos como nación y aprender a utilizarlo, en lugar de ir en busca de lo nuevo sólo porque es nuevo. La principal responsabilidad de la industria es encontrar la forma de promover el interés público y los intereses de sus propios productores, empleados, distribuidores y clientes, desarrollando y aplicando todos los planes constructivos que permita la legislación vigente, actuando abiertamente y, en la medida de lo posible, en cooperación con el gobierno. Confieso que me resulta extremadamente difícil creer que los planes

---

[328] Filene, *The Way Out*, op. cit. p. 281.

[329] Filene, *Successful Living in This Machine Age*, op. cit. p. 269.

[330] Ibid, p. 79.

constructivos y cooperativos emprendidos sinceramente por una industria básica para ajustar racionalmente la producción a la demanda en esa industria, y que evitan cualquier intento de fijar o controlar artificialmente los precios, puedan considerarse con razón una barrera al comercio y al intercambio. Porque el único efecto sería eliminar los impedimentos vitales para la producción, el comercio y la promoción de los intereses públicos.[331]

La contribución de la Standard Oil a esta liturgia la expresa Walter C. Teagle, presidente de la Standard Oil Company de Nueva Jersey y nombrado por el presidente Roosevelt para un alto cargo en su ARN. Teagle expresa su versión del socialismo corporativo de la siguiente manera:

> Los males de la industria petrolera son específicos de esta industria y requieren remedios especiales. Entre ellas se encuentran los cambios en las leyes antimonopolio, la cooperación entre productores y el ejercicio de los poderes policiales del Estado.[332]

De forma más contundente que los demás, Teagle quiere que el poder policial del Estado imponga la cooperación voluntaria:

> La cooperación voluntaria dentro de la industria no es suficiente para remediar sus males. No sería suficiente aunque se eliminaran las restricciones legales a la cooperación, incluso si la eliminación de estas restricciones condujera a un progreso considerable.
> Para proteger los derechos correlativos de los productores y hacer cumplir las leyes de conservación adecuadas, es necesario utilizar el poder de policía del Estado. Esta es una responsabilidad estatal más que federal, pero también será necesaria la cooperación entre los estados y entre las unidades operativas de la industria si se quiere limitar la producción en todo el país a los mercados nacionales.
> Por lo tanto, la solución del problema depende de la cooperación voluntaria dentro de la industria, del ejercicio del poder de policía del Estado y de la cooperación entre los diferentes estados afectados y entre las unidades de la industria (sic) en los diferentes estados. Para ello, habrá que revisar las leyes antimonopolio estatales y federales.[333]

Estos extractos reflejan la visión fundamental de nuestros filósofos financieros de Wall Street. No eran figuras menores del mundo obrero. Por el contrario, fueron los poderosos e influyentes y, en casos importantes, asociados a Roosevelt y al New Deal. Otto Kahn fue uno de los principales instigadores del sistema de la Reserva Federal. Lamont y Perkins fueron figuras clave en la banca y los seguros. El empresario Brookings dio su nombre y dinero al influyente instituto de investigación que elaboró los informes en los que se basó gran parte de la política. Louis Kirstein, vicepresidente de la firma Filene, y Walter Teagle, de Standard

---

[331] De Samuel Crowther, *A Basis for Stability*, (Boston: Little, Brown, 1932), p. 59.

[332] Ibid, p. 111.

[333] Ibid, p. 113.

Oil, se convirtieron en dos de los tres hombres dominantes que dirigieron la Administración Nacional de Colecciones bajo la dirección de Hugh Johnson, protegido de Bernard Baruch.

Bernard Baruch fue probablemente el miembro más prestigioso de Wall Street de todos los tiempos, quizás incluso superando en influencia a Morgan y Rockefeller. A continuación examinaremos el papel de Baruch y los Warburg.

¿Cuál es la filosofía de los financieros descrita hasta ahora? Ciertamente, todo menos el laissez-faire de la libre competencia, que es el último sistema que querían ver prosperar. Sólo el socialismo, el comunismo, el fascismo o sus variantes eran aceptables. El ideal para estos financieros era la "cooperación", forzada si era necesario. El individualismo era inaceptable y la competencia era inmoral. Por otro lado, la cooperación se defiende constantemente como algo moral y digno, y en ninguna parte se rechaza la coacción como algo inmoral. ¿Por qué? Porque, cuando se despoja la verborrea de todas sus frases pomposas, la cooperación obligatoria era su camino real hacia el monopolio legal. Bajo la apariencia de servicio público, objetivos sociales y un contingente de buenas intenciones, se trataba básicamente de "dejar que la sociedad trabaje para Wall Street".

CAPÍTULO VI

PRELUDIO DEL NEW DEAL

Sea cual sea el partido que gane, los tiranos o demagogos son los más seguros para ocupar los cargos.
Congresista Clinton Roosevelt de Nueva York, 1841.

E l relato completo de la construcción del socialismo corporativo en Estados Unidos, tal y como lo concibieron los filósofos financieros identificados en el capítulo anterior, está fuera del alcance de este libro, pero podemos abrir perspectivas más amplias examinando brevemente algunas facetas del proceso histórico: por ejemplo, el sistema de Clinton Roosevelt un siglo antes de FDR, la Junta de Industrias de Guerra de Bernard Baruch y el Sistema de la Reserva Federal de Paul Warburg.

En 1841, el primo lejano de FDR, el empresario neoyorquino Clinton Roosevelt, propuso un plan similar al New Deal para la planificación económica y el control minoritario de la empresa. Bajo el mandato del presidente Woodrow Wilson en 1918, Bernard Baruch, el socialista corporativo por *excelencia*,[334]siguió las líneas generales del plan de Roosevelt, casi con toda seguridad sin saberlo y probablemente debido a algún paralelismo inconsciente de acciones, cuando creó la Junta de Industrias de Guerra, precursora organizativa de la Administración de Recuperación Nacional de 1933. Parte de la élite empresarial del WIB de 1918, nombrada por Baruch-Hugh Johnson, por ejemplo, encontró nichos administrativos en la NRA de Roosevelt. En 1922, Herbert Hoover, entonces secretario de Comercio, y Franklin D. Roosevelt, futuro miembro de Wall Street, unieron sus fuerzas para promover las asociaciones comerciales, poniendo en práctica las propuestas de planificación económica de posguerra de Bernard Baruch. Poco después, el antiguo editor socialista Benito Mussolini marchó sobre Roma y estableció -con la ayuda liberal de la compañía J.P. Morgan- el Estado italiano de las empresas, cuya estructura organizativa recuerda a la de la ANR de Roosevelt. En Estados Unidos, la glorificación de Mussolini y sus logros italianos fue fomentada por los siempre presentes financieros, Thomas Lamont, Otto Kahn y otros. Sólo mencionaremos brevemente la participación de Wall Street en la Rusia bolchevique y en la Alemania de Hitler -dos estados totalitarios gobernados por una élite autoproclamada-, ya que estos aspectos se tratan en detalle en otros

---

[334] En francés en el texto, Nota del editor.

volúmenes.[335] En resumen, la construcción de la Administración de Reconstrucción Nacional de FDR fue sólo una faceta de un proceso histórico más amplio -la construcción de sistemas económicos en los que unos pocos podían beneficiarse a expensas de los muchos constituidos por el ciudadano-pagador de impuestos- y todo ello, por supuesto, promovido bajo la apariencia del bien público, ya sea la Rusia de Stalin, la Italia de Mussolini, la Alemania de Hitler o el New Deal de Roosevelt.

ARN DE CLINTON ROOSEVELT — 1841

El congresista neoyorquino Clinton Roosevelt era primo de Franklin Delano Roosevelt en el siglo XIX y, por cierto, también estaba emparentado con el presidente Theodore Roosevelt, John Quincy Adams y el presidente Martin Van Buren. El único esfuerzo literario de Clinton Roosevelt está contenido en un raro panfleto de 1841.[336] Es esencialmente una discusión socrática entre el autor Roosevelt y un "Productor" que presumiblemente representa al resto de nosotros (es decir, la mayoría). Roosevelt propone un gobierno totalitario según el modelo de la sociedad de 1984 de George Orwell, en la que toda la individualidad es arrollada por un colectivo dirigido por un grupo aristocrático elitista (es decir, unos pocos) que promulga todas las leyes. Roosevelt exigió el abandono permanente, pero no inmediato, de la Constitución.

> **P.** Pero vuelvo a preguntar: ¿abandonaría usted inmediatamente las antiguas doctrinas de la Constitución?
> **A.** En absoluto. No más que si estuvieras en un barco con fugas, no deberías saltar por la borda para evitar ahogarte. Este es un barco que se montó apresuradamente cuando dejamos la bandera británica, y se pensó que era un experimento muy dudoso.[337]

Esta primera expresión del escepticismo de la familia Roosevelt respecto a la Constitución recuerda el rechazo del Tribunal Supremo en octubre de 1934 (*Schechter Poultry Corp. v. U.S.*) de otro tipo de cambio promovido por Roosevelt, uno que el Tribunal describió como "sin restricciones" y libre de las reglas de una

---

[335] Sobre Wall Street y los primeros bolcheviques, véase Sutton, *Wall Street and the Bolshevik Revolution*, op. cit. La implicación de Wall Street en el ascenso de Hitler y el nazismo alemán es el tema de otro volumen, *Wall Street and the Rise of Hitler*.

[336] Clinton Roosevelt, *The Science of Government Founded on Natural Law* (Nueva York: Dean & Trevett, 1841). Se conocen dos ejemplares de este libro: uno en la Biblioteca del Congreso, en Washington D.C., y otro en la Biblioteca de la Universidad de Harvard. La existencia de este libro no está registrada en la última edición del catálogo de la Biblioteca del Congreso, pero sí en la edición anterior de 1959 (página 75). Emanuel J. Josephson publicó una edición facsímil como parte de su *Manifiesto Comunista de Roosevelt* (Nueva York: Chedney Press, 1955).

[337] Ibid.

sociedad constitucional: la Ley de Recuperación Nacional, en sí misma una extraña réplica del programa de Clinton Roosevelt de 1841 para una economía colectiva.

El antiguo sistema de Roosevelt dependía "primero del arte y la ciencia de la cooperación". Se trata de hacer que todo funcione en beneficio mutuo".[338] Es esta cooperación, la capacidad de explotar el conjunto en beneficio de unos pocos, la que constituye, como hemos visto, el tema general de los escritos y las prédicas de Otto Kahn, Robert Brookings, Edward Filene, Myron Taylor y los demás filósofos financieros analizados en el capítulo 5. En el esquema de Roosevelt, cada hombre asciende peldaños específicos en el sistema social y es designado para el puesto más adecuado para él, con una elección de profesión estrictamente limitada. En palabras de Clinton Roosevelt:

> **P.** ¿Quién será el responsable de designar cada clase?
> **A.** El Gran Mariscal.
> **P.** ¿Quién será el responsable de que los hombres nombrados sean los más cualificados?
> **A.** Un colegio de fisiólogos, filósofos morales, agricultores y mecánicos, elegidos por el Gran Mariscal y responsables ante él.
> **P.** ¿Obligarías a un ciudadano a someterse a sus decisiones en la elección de una vocación?
> **A.** No. Si alguien de buen carácter insiste, puede probar hasta encontrar la profesión que mejor se adapte a sus gustos y sentimientos.[339]

La producción en el sistema debía equipararse al consumo, y el tratamiento de los "excesos y deficiencias" reflejaba las ideas perseguidas en el Plan Swope,[340] la base intelectual de la ANR de Roosevelt. El sistema es ciertamente similar al utilizado en la Junta de Industrias de Guerra de Bernard Baruch durante la Primera Guerra Mundial. Así es como Clinton Roosevelt describió las funciones del Mariscal de la Creación, cuyo trabajo es equilibrar la producción y el consumo:

> **P.** ¿Cuál es el deber del Mariscal de la Orden creador o productor?
> **A.** Se trata de estimar la cantidad de producción necesaria para inducir la suficiencia en cada departamento por debajo de ella. Cuando está en el cargo, informa de los excesos y carencias al Gran Mariscal.
> **P.** ¿Cómo descubrirá estos excesos y deficiencias?
> **A.** Los distintos comerciantes le informarán de la demanda y la oferta en cada sector de actividad, como se verá a continuación.
> **P.** Bajo este orden se encuentran la agricultura, la manufactura y el comercio, según mi punto de vista. ¿Cuál es entonces el deber del Comisario de Agricultura?
> **A.** Debería tener cuatro regiones por debajo, de lo contrario el comercio exterior debe llenar el vacío.
> **P.** ¿Cuáles son las cuatro regiones?

[338] Ibid.

[339] Ibid.

[340] Véase el Apéndice A.

A. La región templada, la región cálida, la región muy cálida y la región húmeda.
P. ¿Por qué dividirlos así?
A. Porque los productos de estas distintas regiones requieren sistemas de cultivo diferentes y, con razón, están sometidos a organizaciones distintas.[341]

Luego hay un Mariscal de Industria que supervisa todo el sistema, siguiendo el ejemplo de Baruch como dictador económico en 1918 y de Hugh Johnson como administrador de la Administración de Recuperación Nacional en 1933. Las funciones del mariscal son descritas por Clinton Roosevelt de la siguiente manera:

> **P.** ¿Cuáles son las funciones del Mariscal de las Manufacturas?
> **A.** Divide a los hombres en cinco clases generales, según el diagrama impreso.
> Primero. Fabricantes de defensas contra la intemperie.
> 2d. Todo tipo de carnes.
> 3d. Metales y minerales.
> Cuarto. Productos químicos.
> Quinto. Máquinas.
> Todos estos elementos aparecen en los diagramas impresos, los estandartes, con un color en un lado y un lema apropiado en el reverso, mostrando la ventaja que cada clase representa para todas las demás: y además, notamos que esto debería ser adoptado universalmente, para dar una dirección correcta a la vanidad del hombre. Si nos remitimos a la tabla y a lo observado anteriormente, las funciones de los funcionarios de este servicio serán todas obvias.

Por supuesto, las categorías industriales de 1841 no son precisamente las de 1930, pero se puede discernir una similitud generalizada. La primera división es la de prendas de vestir y tejidos, limitada en 1841 al algodón, la lana y el lino, pero ampliada hoy a los materiales sintéticos, incluidos los plásticos y las fibras. La segunda división es la de productos alimenticios. La 3ª división está dedicada a las materias primas, y la 4ª incluye los medicamentos. La 5ª división es la maquinaria. En la actualidad, la quinta división incluye las numerosas subdivisiones de la electrónica, la mecánica y la ingeniería civil, pero las cinco categorías podrían utilizarse para dividir una economía moderna.

La sociedad de Clinton Roosevelt puede resumirse en su frase: "El sistema debe gobernar, y el sistema debe preocuparse principalmente por el bien común".

LA DICTADURA DE GUERRA DE BERNARD BARUCH

Si el sistema de la Reserva Federal y su monopolio legal privado sobre la oferta monetaria han sido una fuente de riqueza para sus operadores, el objetivo final de hacer que la sociedad funcione en beneficio de unos pocos, tal como lo describieron Frederick Howe y Clinton Roosevelt, sólo puede lograrse mediante el control planificado de toda la economía, y esto requiere la adhesión obligatoria

---

[341] Clinton Roosevelt, *The Science of Government Founded on Natural Law*, op. cit.

de los muchos pequeños empresarios a los dictados de los pocos que deciden los planes a seguir.

La génesis de la NRA de Roosevelt, un sistema que obligaba a los pequeños empresarios a adherirse a un plan diseñado por las grandes empresas, se remonta a la Junta de Industrias de Guerra de Bernard Baruch en Estados Unidos, creada y desarrollada como medida de emergencia en tiempos de guerra. En 1915, antes de que Estados Unidos entrara en la Primera Guerra Mundial, Howard E. Coffin, entonces presidente de General Electric, dirigió el Comité de Preparación Industrial de Estados Unidos. Junto con Bernard Baruch y Daniel Willard, del Ferrocarril de Baltimore y Ohio, Coffin fue también miembro del Consejo Asesor del Consejo Nacional de Defensa. En 1915, Bernard Baruch fue invitado por el presidente Woodrow Wilson a diseñar un plan para un comité de movilización de la defensa. Este plan de Baruch se convirtió posteriormente en la Junta de Industrias de Guerra, que absorbió y sustituyó a la antigua Junta General de Municiones. Margaret L. Coit, biógrafa de Baruch, describe la Junta de Industrias de Guerra como un concepto similar al de las asociaciones comerciales cooperativas, un dispositivo largamente deseado por Wall Street para controlar los imponderables de la competencia en el mercado:

> Los comités de la industria, de las grandes y pequeñas empresas, tanto representados en Washington como con representación de Washington en casa, podrían formar la columna vertebral de toda la estructura.[342]

En marzo de 1918, el presidente Wilson, actuando sin la autoridad del Congreso, había dado a Baruch más poder que a cualquier otro individuo en la historia de Estados Unidos. La Junta de Industrias de Guerra, presidida por Baruch, se hizo responsable de la construcción de todas las fábricas y del suministro de todas las materias primas, productos y transporte, y todas las decisiones finales fueron tomadas por el presidente Bernard Baruch. En resumen, Baruch se convirtió en el dictador económico de los Estados Unidos, o "Mariscal de los Fabricantes" según el esquema de Clinton Roosevelt. Sin embargo, como señala Margaret Coit, "... la creación de esta oficina nunca fue autorizada específicamente por una ley del Congreso".[343]

Así, en el verano de 1918, Baruch, dotado de poderes extraordinarios e inconstitucionales, había, según sus propias palabras, "perfeccionado finalmente un sistema de 'control' positivo sobre la mayor parte del tejido industrial.... El éxito engendra el éxito y el comercio fue asumido con creciente voluntad por parte de los intereses afectados".[344]

---

[342] Margaret L. Coit, M. Baruch (Boston: Houghton, Mifflin, 1957), p. 147.

[343] Ibid, p. 172.

[344] Bernard M. Baruch, *American Industry in the War: A Report of the War Industries Board* (marzo de 1921), con una introducción de Hugh S. Johnson (Nueva York: Prentice-Hall, 1941) (incluye "una reimpresión del informe de la Junta de Industrias de Guerra de la Primera Guerra Mundial, el propio programa del Sr. Baruch para la movilización total de

En el momento del armisticio, el W.I.B. estaba formado por Baruch (presidente), Alexander Legge de International Harvester (vicepresidente), E.B. Parker y R.S. Brookings (cuyas ideas ya hemos comentado), que se encargaba de fijar los precios. Los asistentes del presidente fueron: Herbert Bayard Swope, hermano de Gerard Swope, de General Electric; Clarence Dillon, de la empresa Dillon, Read & Co. de Wall Street; Harrison Williams; y Harold T. Clark.[345]

El informe final de Baruch sobre la actividad del W.I.B. era mucho más que una historia de sus operaciones; era también un plan específico y una recomendación para la planificación económica en tiempos de paz.

Baruch no se limitó a resumir las lecciones que debían aprenderse para la planificación en tiempos de guerra o para la preparación industrial en tiempos de paz difíciles. Por el contrario, las conclusiones de Baruch estaban, según sus propias palabras, orientadas a las "prácticas industriales para la paz" y a hacer recomendaciones "relativas a las prácticas comerciales en tiempos normales". La mayoría de las conclusiones se refieren a la transición de un sistema económico planificado en tiempo de guerra a un sistema económico planificado en tiempo de paz, e incluso las sugerencias de prácticas en tiempo de guerra están relacionadas con las funciones aplicables en tiempo de paz. Baruch sugirió que las "lecciones directas más importantes que hay que aprender de la guerra" sobre el funcionamiento del Consejo de la Industria de Guerra eran:

1. La creación de una organización estructurada en tiempos de paz con 50 divisiones de productos, que se unen para supervisar el desarrollo de la industria y desarrollar la información. La idea central de esta propuesta era que se recopilara la información necesaria para la planificación en tiempos de paz y que la dirección de la organización procediera del sector en general.

2. Que el gobierno "debe idear un sistema para proteger y estimular la producción nacional de ciertas materias primas utilizadas en la guerra", y

3. Que las industrias relacionadas con la guerra deben ser alentadas por el gobierno para mantener organizaciones estructuradas para su uso en tiempos de guerra.

Aparte de estas sugerencias bastante elementales, Baruch se interesa exclusivamente por la relación con la "planificación" en tiempos de paz. En primer lugar, se nos presenta el bulo de que, de forma no declarada, "los procesos del

---

la nación, tal como se presentó a la Comisión de Política de Guerra en 1931, y documentos actuales sobre prioridades y precios").

[345] Para una lista completa del personal de la W.I.B., véase Grosvenor B. Clarkson, *Industrial America in the World War* (Nueva York: Houghton, Mifflin, 1923), Apéndice III. A la luz del capítulo 11, más adelante, es curioso observar que muchos miembros del comité del W.I.B. tienen oficinas en el 120 de Broadway, entre ellos Murry W. Guggenheim, Stephen Birch (Kennecott Copper), Edward W. Brush (American Smelting and Refining), F.Y. Robertson (United States Metals Refining Co.), Harry F. Sinclair (Sinclair Refining Co.), Charles W. Baker, (American Zinc), y Sidney J. Jennings (United States Smelting, Refining and Mining Co.).

comercio" han cambiado y ahora se ven obligados a ceder a "ciertos nuevos principios de supervisión". A este non sequitur le sigue la afirmación:

> Nos hemos visto obligados a apartarnos gradualmente de la antigua doctrina del derecho angloamericano, según la cual la esfera del gobierno debe limitarse a la prevención de los incumplimientos de los contratos, el fraude, los daños físicos y los daños a la propiedad, y el gobierno debe ejercer su protección sólo sobre aquellos que no son competentes.

Es necesario, escribe Baruch, que el gobierno "tienda la mano" para proteger a los "individuos competentes de las prácticas discriminatorias del poder industrial de masas". Aunque Baruch se refiere al control federal de los ferrocarriles y la flota mercante, no explica por qué los representantes de las grandes empresas serían los más indicados para ejercer este control. Es decir, no dice por qué se propone al zorro como el más competente para gestionar el gallinero. Baruch ataca a continuación las leyes antimonopolio de Sherman y Clayton alegando que estas leyes no son más que esfuerzos por obligar a la industria a ajustarse a "principios más simples, suficientes para las condiciones de una época pasada", y alaba el éxito de la Junta de Industrias de Guerra porque ha creado cientos de asociaciones comerciales que controlan los precios y los métodos de distribución y producción:

> Muchos empresarios experimentaron durante la guerra, por primera vez en su carrera, las considerables ventajas, tanto para ellos como para el público en general, de combinar, cooperar y actuar conjuntamente con sus competidores naturales.

Si no se mantienen estos atributos cooperativos, dice Baruch, los empresarios se verán tentados "y muchos de ellos no podrán resistirse" a llevar a cabo "sus negocios en beneficio privado con poca referencia al bienestar público general". Por otro lado, las asociaciones empresariales pueden ser de gran interés público para lograr el objetivo deseado de cooperación, concluye Baruch:

> La cuestión es, por tanto, qué tipo de organización gubernamental puede diseñarse para salvaguardar el interés público y, al mismo tiempo, preservar estas asociaciones para que puedan continuar el buen trabajo que son capaces de hacer.

Baruch, como todo buen socialista, propone organizaciones gubernamentales para desarrollar estos principios de cooperación y coordinación.

Si el lector se deshace por un momento de la idea de un antagonismo mutuo entre el comunismo y el capitalismo, verá fácilmente en los escritos de Bernard Baruch los objetivos fundamentales de Karl Marx descritos en *El Manifiesto Comunista*. Lo que difiere entre los dos sistemas son los nombres de los pocos elitistas que dirigen la operación conocida como planificación estatal; la vanguardia del proletariado en Karl Marx es sustituida por la vanguardia del gran capital en Bernard Baruch.

¿Quién se beneficiaría de la propuesta de Baruch? ¿El consumidor? En absoluto, porque los intereses de los consumidores están *siempre* protegidos por la libre competencia en el mercado, donde los bienes y servicios se producen al menor coste, de la forma más eficiente, y donde el consumidor tiene la máxima posibilidad de elegir entre los productores que compiten. Los ganadores de las propuestas de Baruch serían los pocos que controlan los principales sectores industriales, en particular la siderurgia, las materias primas y los productos eléctricos, es decir, las industrias que ya están bien establecidas y que temen la competencia de nuevos participantes más eficientes. En otras palabras, los ganadores de su propuesta serían Bernard Baruch y su camarilla de Wall Street, que controla de hecho las grandes empresas a través de sus puestos de dirección entrelazados. Así que la pregunta fundamental es: ¿a quién benefician estas propuestas de asociaciones comerciales y de coordinación gubernamental del sector? El principal, si no el único gran benefactor -al margen de los enjambres de asesores académicos, burócratas y planificadores- sería la élite financiera de Wall Street.

Así que aquí tenemos, en las propias palabras e ideas de Baruch, una aplicación del mandato de Frederic Howe de "hacer que la empresa trabaje para ti", el monopolista. También se trata de una propuesta comparable al sistema de Clinton Roosevelt. No hay pruebas de que Baruch haya oído hablar de Clinton Roosevelt. No necesitaba saberlo; los beneficios de restringir el comercio y las oportunidades siempre han sido obvios para la empresa ya establecida. Así que no será una sorpresa encontrar a Bernard Baruch en el corazón mismo de la NRA de Roosevelt, que a su vez es paralela a muchas de las propuestas de Baruch en la posguerra, y que invirtió 200.000 dólares en la elección de FDR. Esto explica por qué el personal de Baruch de la Primera Guerra Mundial suscribió el New Deal. El general Hugh Johnson, por ejemplo, pasó los años 20 estudiando la organización industrial a expensas de Baruch y en 1933 se convirtió en jefe de la Administración de Recuperación Nacional. También explica por qué Franklin Delano Roosevelt, él mismo miembro de la élite financiera de Wall Street durante gran parte de la década de 1920, cofundó con Herbert Hoover -otro Wall Streeter de la década de 1920- la primera de las asociaciones comerciales propuestas por Baruch, la Asociación Americana de Construcción de Acero, de la que hablaremos en el próximo capítulo.

Paralelamente a las ideas de Bernard Baruch, que se pusieron en práctica en la NRA, existe un ejemplo contemporáneo mucho más exitoso de socialismo corporativo en la práctica: el Sistema de la Reserva Federal.

PAUL WARBURG Y LA CREACIÓN DEL SISTEMA DE LA RESERVA FEDERAL

Aunque muchos contribuyeron, o pensaron que habían contribuido, al desarrollo de la legislación de la Reserva Federal, el sistema fue esencialmente obra de un solo hombre: Paul Warburg, hermano de Max Warburg, a quien conocimos en el capítulo 3. Paul Moritz Warburg (1868-1932) era descendiente de la familia bancaria alemana Oppenheim. Tras una formación inicial en las oficinas de Samuel Montagu & Co. en Londres y en la Banque Russe pour le Commerce Étranger en París, Warburg entró en la casa bancaria familiar M.M. Warburg & Co. en Hamburgo. En 1902, Warburg se convierte en socio de la casa bancaria neoyorquina Kuhn, Loeb & Co. mientras sigue siendo socio de Warburg en Hamburgo. Cinco años después, tras el pánico financiero de 1907, Warburg escribe dos folletos sobre el sistema bancario estadounidense: *Defectos y necesidades de nuestro* sistema bancario y *Un plan para un banco central modificado.*[346]

En los años siguientes a 1907, Warburg no perdió la oportunidad de hablar y escribir públicamente sobre la necesidad de una reforma bancaria y monetaria en Estados Unidos, y en 1910 propuso formalmente la creación de un Banco de Reserva de Estados Unidos. Este plan se convirtió en el Sistema de la Reserva Federal, y Warburg fue nombrado por el presidente Woodrow Wilson para la primera Junta de la Reserva Federal. Durante la Primera Guerra Mundial se produjeron importantes críticas a Warburg por el papel de su hermano Max en Alemania, y no se le volvió a nombrar miembro del consejo en 1918. Sin embargo, de 1921 a 1926, una vez que las críticas disminuyeron, Warburg se convirtió en miembro del Consejo Asesor de la Junta de la Reserva Federal y fue su presidente de 1924 a 1926.

Tras la aprobación de la Ley de la Reserva Federal de 1913, Warburg y sus socios bancarios comenzaron rápidamente a utilizar el monopolio bancario legal para sus propios fines y objetivos, tal y como sugirió Frederic Howe. En 1919, Warburg organizó el American Acceptance Council y fue presidente de su comité ejecutivo en 1919-20 y su presidente en 1921-22. Luego, en 1921, Warburg organizó y se convirtió en presidente del banco privado International Acceptance Bank, Inc. mientras seguía formando parte del consejo asesor de la Junta de la Reserva Federal. En 1925, Warburg añadió otros dos bancos de aceptación privados: el American and Continental Corp. y el International Acceptance Trust Co. Estos bancos estaban afiliados al Bank of the Manhattan Company, controlado por Warburg. Por cierto, hay que señalar que Paul Warburg también fue director de la American IG Chemical Corp, la filial estadounidense de IG Farben en Alemania. I.G. Farben desempeñó un papel importante en la llegada de Hitler al poder en 1933 y fabricó el gas Zyklon-B utilizado en los campos de concentración nazis. Warburg fue miembro fundador de la Carl Schurz Memorial Foundation,

---

[346] Voir aussi Paul Warburg, *The Federal Reserve System, Its Origin & Growth; Reflections & Recollections (New* York: Macmillan, 1930)

una organización de propaganda creada en 1930, director del prestigioso Council on Foreign Relations, Inc. y administrador de la Brookings Institution.

Pero fue gracias al virtual monopolio del International Acceptance Bank Inc. y sus unidades afiliadas que Warburg pudo conseguir que la empresa trabajara para la familia Warburg y sus amigos banqueros. El historiador revisionista Murray Rothbard ha examinado los orígenes de la inflación de la década de 1920 que condujo al colapso de 1929 y hace esta pertinente observación:

> Mientras que la compra de valores estadounidenses fue más publicitada, los billetes comprados fueron al menos tan grandes e incluso mayores que los descuentos. Los billetes comprados encabezaron el desfile inflacionista del crédito de la Reserva en 1921 y 1922, fueron considerablemente mayores que los valores en la oleada inflacionista de 1924, y fueron igualmente importantes en la oleada de 1927. Además, los billetes comprados por sí solos siguieron estimulando la inflación en la última mitad de 1928, lo que fue fatal.[347]

¿Cuáles fueron esos "billetes comprados" que Rothbard identificó como el principal culpable de la Depresión de 1929? Los billetes comprados eran aceptaciones, y casi todos ellos eran aceptaciones bancarias.

¿Quién creó el mercado de la aceptación en Estados Unidos, en gran parte desconocido antes de 1920? Paul Warburg.

¿Quién ganó la mayor parte de este comercio de aceptación a precios artificialmente bajos y subvencionados? El Banco de Aceptación Internacional, Inc.

Que era el International Acceptance Bank, Inc. Su presidente era Paul Warburg, con Felix Warburg y James Paul Warburg como codirectores. Sin embargo, un examen más detallado de la composición de los bancos (véase la página 95) sugiere que se trataba de un vehículo que representaba a la élite financiera de Wall Street.

¿Sabían los Warburg y sus amigos de Wall Street a dónde iban a llevar sus políticas financieras? En otras palabras, ¿hubo elementos de deliberación en su política financiera de los años 20? Hay un memorando de Paul Warburg que señala claramente que los bancos tenían la capacidad de evitar la inflación:

> Si el gobierno y los bancos estadounidenses fueran autómatas impotentes, probablemente la inflación tendría que seguir. Pero es insultante para nuestros bancos considerar que no deben ser capaces de cooperar en un plan común de protección como, por ejemplo, mantener todas las reservas de liquidez a un nivel superior al exigido por la ley, si tal medida llegara a ser realmente deseable para la mayor seguridad del país.[348]

---

[347] Murray N. Rothbard, *America's Great Depression* (Los Angeles: Nash Publishing Corp. 1972), p. 117.

[348] Senado de los Estados Unidos, Hearings, Munitions Industry, Part 25, op. cit. p. 8103.

Por lo tanto, Rothbard concluye con razón:

> El destacado papel de Warburg en el sistema de la Reserva Federal no fue
> ciertamente ajeno al hecho de que cosechó la mayor parte de los beneficios de su
> política de aceptación.[349]

En resumen, la política de creación de aceptaciones a tipos artificialmente
subvencionados no sólo fue inflacionaria, sino que fue el factor más importante,
aparentemente una política bancaria deliberada, que condujo a la inflación de los
años 20 y al colapso final en 1929, haciendo que el New Deal o la planificación
económica nacional de FDR parecieran necesarios. Además, como dice Rothbard,
"...la concesión de un privilegio especial a un pequeño grupo a expensas del
público en general. En otras palabras, Wall Street hizo que toda la sociedad
estadounidense trabajara para un oligopolio financiero.

El revolucionario plan de Warburg para hacer que la sociedad estadounidense
trabaje para Wall Street era sorprendentemente sencillo. Incluso hoy, en 1975, los
teóricos académicos cubren sus pizarras con ecuaciones sin sentido, y el público
en general se debate en una desconcertante confusión con la inflación y la
inminente crisis crediticia, mientras que la explicación bastante simple del
problema sigue siendo ignorada y casi totalmente incomprendida. El Sistema de
la Reserva Federal es un monopolio legal privado de la oferta monetaria que opera
en beneficio de unos pocos bajo la apariencia de proteger y promover el interés
público.

¿Revolucionario? ¡Sí, claro! Pero, como comentó uno de los biógrafos
admiradores de Warburg:

> Paul M. Warburg es probablemente el hombre más amable que ha dirigido
> personalmente una revolución. Fue una revolución sin derramamiento de sangre:
> no intentó que el pueblo tomara las armas. Se fue armado con una idea sencilla. Y
> ganó. Eso es lo sorprendente. Hombre tímido y sensible, impuso su idea a una
> nación de cien millones de personas.[350]

¿En qué se diferencia esta revolución de Warburg de la revolución socialista?
Sólo en el hecho de que bajo el socialismo, una vez realizada la revolución y
concentrado el poder del Estado en las manos ideológicas adecuadas, las
recompensas personales acumuladas no suelen ser tan sustanciales -aunque los
feudos creados por el nacionalsocialismo de Hitler y los soviéticos modernos
pueden poner en duda esta observación- y los resultados no son tan escasos. La
dictadura monetaria de los soviéticos es evidente. La dictadura monetaria del
Sistema de la Reserva Federal es sofocada y evadida.

A continuación, debemos examinar más de cerca el Banco Internacional de
Aceptación, el vehículo utilizado para esta revolucionaria maniobra operativa, ya

---

[349] Murray Rothbard, *America's Great Depression*, op. cit. p. 119.

[350] Harold Kellock, "Warburg, the Revolutionary", en *The Century Magazine*, mayo
de 1915, p. 79.

que proporciona señales válidas de que Wall Street también tenía un interés real en la planificación económica nacional y en un New Deal al estilo de FDR.

EL BANCO DE ACEPTACIÓN INTERNACIONAL, INC.

El banco fue fundado en 1921 en Nueva York y está afiliado al Bank of the Manhattan Company of Warburg. Sin embargo, el consejo de administración sugiere que los elementos más importantes de Wall Street también tenían un importante interés y control en el International Acceptance Bank y se beneficiaban de él. Además, vemos un vínculo sorprendente entre sus instituciones financieras afiliadas y un plan general para establecer el socialismo corporativo en los Estados Unidos.

Como se ha señalado, Paul M. Warburg era el presidente del consejo de administración: su hermano Felix, también socio de Kuhn Loeb & Co, y su hijo James P. Warburg eran codirectores. El vicepresidente del Consejo de Administración era John Stewart Baker, también presidente y director del Bank of Manhattan Trust Co. e International Manhattan Co. y presidente del Comité Ejecutivo y director de Manhattan Trust Co. Baker también fue director de American Trust Co. y New York Title and Mortgage Co. F. Abbot Goodhue fue presidente y director del International Acceptance Bank, miembro del consejo de administración de los demás bancos de Warburg y director del First National Bank de Boston. Otros directores del International Acceptance Bank eran Newcomb Carlton, director del Chase National Bank, controlado por Rockefeller, de la Metropolitan Life Insurance Co., controlada por Morgan, y de otras grandes empresas como American Express Co., American Sugar Refining Co. y American Telegraph and Cable Co. Newcomb Carlton fue también director de American Telegraph and Cable y director de American International Corporation, empresa estrechamente vinculada a la revolución bolchevique.[351] Otro director del International Acceptance Bank que también era director de American International Corp. era Charles A. Stone, situado en el 120 de Broadway y director del Banco de la Reserva Federal de 1919 a 1932. Bronson Winthrop también fue director de American International Corp. y de International Acceptance Corp. Así, tres directores del International Acceptance Bank tenían cargos directivos interconectados con American International Corp, el vehículo clave para la participación estadounidense en la revolución bolchevique.

Otro director del International Acceptance Bank fue David Franklin Houston, que también fue director de Carnegie Corp., de la Guaranty Trust Co. controlada por Morgan, de U.S. Steel y de A.T.&T., y presidente de la Mutual Life Insurance Co. Otros directores del I.A.B. son Philip Stockton, presidente del First National Bank of Boston y director de A.T.&T., General Electric, International Power Securities y otras numerosas empresas; William Skinner, director de Irving Trust Co, Equitable Life Assurance y Union Square Savings Bank; Charles Bronson Seger, director de Aviation Company, Guaranty Trust Company y W. A.

---

[351] Véase Sutton, *Wall Street and the Bolshevik Revolution*, op. cit. capítulo 8.

Harriman; Otto V. Schrenk, director de Agfa Ansco, Krupp Nirosta y Mercedes Benz; y Henry Tatnall, director de Girard Trust. Paul Warburg también fue director de Agfa Ansco, Inc., una empresa que pertenecía en un 60% a I.G. Farben y que era una "tapadera" de la empresa en Estados Unidos.

En resumen, los directores del International Acceptance Bank reflejaban los elementos más poderosos de Wall Street: los Morgan, Rockefeller y Harriman, así como los banqueros de Boston.

Además, Warburg estuvo relacionado con los Roosevelt durante toda su vida y de forma íntima desde su infancia hasta el New Deal. Esta asociación Warburg-Roosevelt se ilustra con un extracto de las memorias de James P. Warburg:

> "Resulta que conocí al hijo mayor del presidente electo, James Roosevelt, durante unos años, porque vivía en una de las casas de campo de la finca de mi tío Félix en White Plains".[352]

Más tarde, el mismo James P. Warburg se convirtió en asesor del presidente Franklin D. Roosevelt en asuntos monetarios nacionales e internacionales. El profundo interés de Warburg en el programa de la NRA se refleja en un memorando de Warburg de 1933 a FDR:

> Memorándum para el Presidente: Problema de la moneda nacional. En mi opinión, la administración nunca se ha enfrentado a una situación más grave que la actual. Todo el programa de recuperación, que está en el centro de su política, está en peligro por la incertidumbre y las dudas en el ámbito monetario. La Ley de Recuperación Nacional no puede funcionar de forma útil si se teme una depreciación de la moneda en una cantidad desconocida y se teme la experimentación monetaria. Ya se ha producido una enorme fuga de capitales, y esta fuga continuará a un ritmo creciente mientras prevalezca la incertidumbre.[353]

Luego, siguiendo la propensión de Warburg al monopolio, James Warburg recomendó a FDR que todas las ideas, acciones y decisiones monetarias se centralizaran en el Departamento del Tesoro y la Junta de la Reserva Federal.

Por supuesto, esta propuesta garantizaría que todas las decisiones monetarias fueran tomadas por el grupo elitista asociado al Banco de Aceptación Internacional y al Sistema de la Reserva Federal. En julio de 1933, cuando James Warburg escribió su memorando a FDR, el Secretario del Tesoro era William H. Woodin, que había sido director del FRB de Nueva York de 1925 a 1931. También podemos citar las asociaciones del propio FDR con el Sistema de la Reserva Federal. Su "tío favorito" Frederic Delano fue nombrado vicepresidente de la Junta de la Reserva Federal por el presidente Woodrow Wilson en 1914, y de 1931 a 1936 Delano fue

---

[352] James P. Warburg, *The Long Road Home: The Autobiography of a Maverick* (Garden City: Doubleday, 1964), p. 106.

[353] Franklin D. Roosevelt y los asuntos exteriores, vol. I, p. 325. Memorándum de James P. Warburg a Roosevelt, 24 de julio de 1933.

presidente del Banco de la Reserva Federal en Richmond, Virginia. FDR nombró a Delano presidente de la Junta de Planificación de Recursos Nacionales en 1934.

En 1933-34, Estados Unidos se enfrentó a la mayor crisis financiera de su historia. ¿Y qué hizo FDR? Llamó, como médicos financieros, a los mismos operadores responsables de la crisis, una política tan sensata como dejar que los locos dirijan el manicomio.

Así, existen asociaciones entre Franklin D. Roosevelt, la familia Warburg y el sistema de banca central inspirado en Warburg, que van desde la infancia hasta el nombramiento de Warburg como asesor monetario clave de FDR. Más adelante veremos que fue Warburg quien determinó la forma final de la Administración Nacional de Recuperación Industrial. Por otro lado, la familia Warburg y sus amigos de Wall Street controlaban el monopolio monetario privado conocido como Sistema de la Reserva Federal y, a través del Banco de Aceptación Internacional, explotaban este monopolio para sus propios fines.

Los Padres Fundadores mostraron una profunda sabiduría y perspicacia sobre los peligros de la emisión monopolística de papel moneda, tal y como se refleja en el artículo I, sección 9 de la Constitución de los Estados Unidos:

> "Ningún estado puede... ...emitir nada más que monedas de oro y plata para ser utilizadas como instrumento de pago de deudas....".

Hace tiempo que debería haberse presentado un recurso de inconstitucionalidad contra la emisión de billetes de la Reserva Federal por parte de un monopolio bancario privado, el Sistema de la Reserva Federal. Es de esperar que el valor del dólar no tenga que reducirse a cero, como ocurrió en la Alemania de la posguerra, antes de que se lance un desafío de este tipo y sea ratificado por el Tribunal Supremo de Estados Unidos.

CAPÍTULO VII

ROOSEVELT, HOOVER,

Y LETRAS DE CAMBIO

Rara vez se reúnen personas del mismo oficio, aunque sea para entretenerse, sin que la conversación acabe en una conspiración contra el público en general o en una estratagema para subir los precios.
Adam Smith, *An Inquiry into the Nature and Causes of the Wealth of Nations* (Londres: George Routledge, 1942), p. 102.

L a idea de hacer que la sociedad funcione para un grupo privilegiado dentro de esa sociedad no nació entre los socialistas corporativos de Wall Street, ni en la comunidad financiera en general, ni siquiera entre los socialistas marxistas. De hecho, esta noción es anterior a nuestra propia sociedad industrial, y existe un interesante paralelismo entre los códigos del New Deal estadounidense (que examinaremos más adelante) y la legislación comercial del siglo XIII en Inglaterra.[354]

UN NUEVO TRATO MEDIEVAL

En 1291, los curtidores de Norwich, Inglaterra, fueron llevados ante el tribunal local encargado de organizar y codificar sus actividades de curtido en detrimento de los ciudadanos locales. Dos años más tarde, en 1293, los zapateros y guarnicioneros de Norwich se enfrentaron a cargos similares. Al "engrasar" a los legisladores, la estructura de poder político del Norwich medieval fue llevada a creer que los curtidores podrían haber necesitado protección después de todo.

Esta protección llegó a incorporar los mismos principios básicos de planificación económica que se aplicaron casi 700 años después en el New Deal de Roosevelt. Así, en 1307, se codificó legalmente la industria del curtido de Norwich y se prescribieron los salarios y las condiciones de trabajo, todo ello bajo

---

[354] Véase Erwin F. Meyer, "English Medieval Industrial Codes" en *The American Federationist*, enero de 1934. Meyer establece fascinantes paralelismos entre los gremios medievales y la práctica de la ANR bajo Roosevelt. En la época medieval, el resultado, al igual que en los años 30, fue la creación de una "oligarquía de capitalistas" en la economía inglesa.

la apariencia de protección del consumidor, pero concediendo en la práctica un monopolio legal a los curtidores.

En la década que precedió al New Deal, en los años 20, Wall Streeter Roosevelt actuó en nombre de las empresas para promover estas mismas ideas básicas: utilizar el poder del Estado para restringir el comercio, avanzar en la cooperación y utilizar la regulación gubernamental para evitar la competencia indeseable de extranjeros más eficientes. Las asociaciones comerciales de los años 20 eran más discretas en sus propuestas que los curtidores de Norwich del siglo XIII, pero el principio subyacente era el mismo.

Lamentablemente, el papel de Franklin D. Roosevelt en el Wall Street de los años 20 ha sido ignorado por los historiadores. Daniel Fusfield observa con razón que FDR "tomó parte activa en el movimiento asociativo que se convertiría en el N.R.A. del New Deal original";[355] por otra parte, Fusfield, que ofrece la única descripción detallada de las actividades empresariales de FDR, concluye que su actitud hacia las empresas era "una curiosa mezcla". FDR, dice Fusfield, "insistía en que los meros beneficios no justificaban plenamente la actividad comercial", que un empresario debía también "tener la motivación del servicio público". En opinión de Fusfield, esto era incompatible con la participación "en una serie de empresas puramente especulativas y actividades comerciales que tenían poco que ver con el servicio público".[356]

Fusfield y sus colegas historiadores de la época de Roosevelt no observaron que el "servicio público" para un empresario es absolutamente coherente con la "maximización del beneficio"; de hecho, el servicio público es la vía más fácil y ciertamente la más lucrativa para la maximización del beneficio. Además, cuanto más arriesgado y especulativo sea el negocio, mayor será el beneficio que se pueda obtener del servicio público.

Si se adopta esta visión más realista del bien social, la actitud de Roosevelt hacia las empresas no es en absoluto "curiosa". Es, de hecho, un programa coherente de maximización de beneficios.

EL CONSEJO AMERICANO DE LA CONSTRUCCIÓN

El Consejo Americano de la Construcción (A.C.C.), creado en mayo de 1922, fue la primera de las muchas asociaciones comerciales creadas en la década de 1920, dispositivos utilizados para subir los precios y reducir la producción. La propuesta inicial y el impulso del consejo procedieron del Secretario de Comercio Herbert Hoover, y el consejo funcionó bajo la dirección de Franklin D. Roosevelt, que estaba comenzando su carrera en Wall Street después de haber sido secretario adjunto de la Marina. Los fines públicos declarados de la C.C.A. eran un "código de ética" (un eufemismo para restringir el libre comercio), la eficiencia y la estandarización de la producción. Más importante, pero menos conocido, es que

---

[355] Daniel R. Fusfield, *The Economic Thought of Franklin D. Roosevelt and the Origins of the New Deal*.

[356] Ibid.

WALL STREET Y FRANKLIN D. ROOSEVELT

la C.C.A. iba a dar a la industria la capacidad de fijar sus propios precios y niveles de producción sin temor a una acción antimonopolio por parte del gobierno. El *New York Times* informó:

> Fueron estas enormes oportunidades, en dedicación al servicio público y a la eliminación del despilfarro, las que encendieron la imaginación de los señores Hoover y Roosevelt y les invitaron a asumir posiciones de liderazgo en el movimiento.[357]

Al igual que los comités de precios del Consejo de la Industria de Guerra de Baruch, el C.C.A. era de hecho una primitiva asociación industrial, aunque el propósito declarado del consejo era muy ambicioso:

> ... situar al sector de la construcción en un alto nivel de integridad y eficiencia y correlacionar los esfuerzos de mejora de los organismos existentes a través de una asociación dedicada a mejorar el servicio dentro del sector de la construcción ...[358]

y así estabilizar las condiciones de beneficio para la industria, los trabajadores y el público en general. Este era también el objetivo de Baruch para las asociaciones comerciales en tiempos de paz: regular la industria bajo el control del gobierno, todo en nombre del bien público. Dentro del Consejo Americano de la Construcción, se citó el bien público como la eliminación de los escándalos descubiertos por la Comisión Lockwood que investigaba la industria de la construcción en Nueva York.

Sin embargo, dado que gran parte de este escándalo tenía que ver con la exclusividad y otras condiciones coercitivas similares impuestas a los contratistas y montadores por la United States Steel Corporation y Bethlehem Steel, el bien público como justificación tiene poco sentido. Estos gigantes de la industria estaban controlados por los intereses de Morgan en Wall Street que, como veremos, también estaban detrás de la propuesta de la A.C.C. En resumen, las supuestas condiciones antisociales que debía resolver una asociación comercial podrían haber sido detenidas de forma mucho más simple y efectiva con un memorando de J.P. Morgan y sus asociados; no había necesidad de promover una asociación comercial para detener estos abusos. Por lo tanto, debemos buscar en otra parte el propósito de las asociaciones comerciales. La verdadera razón, por supuesto, es proteger la industria de la competencia indeseable y establecer condiciones de monopolio para los que ya están en el comercio. Como nos dijo Howe, un monopolio legal es la forma segura de obtener beneficios. Fue la formación de este monopolio legal lo que llevó a Roosevelt y a Herbert Hoover a unirse contra el interés público, aunque, según Freidel:

---

[357] *The New York Times*, 15 de mayo de 1922, p. 19.

[358] Citado en Fusfield, *Economic Thought*, op. cit. p. 102.

El amigo de FDR, Elliott Brown, le advirtió de las tendencias "socialistas" de estas asociaciones y de Hoover en particular. Socialista, porque tan pronto como se forma una asociación, el gobierno se interesa por ella a través de un empleado del Departamento de Comercio, que aprueba o desaprueba muchos asuntos que afectan a la iniciativa y el bienestar de todos los pueblos.[359]

El papel de FDR no es realmente sorprendente. Entonces intentaba lanzar una carrera comercial. Tenía contactos políticos y estaba más que dispuesto, incluso deseoso, de utilizarlos. Por otra parte, existe una extraña dicotomía en las ideas y prácticas de Herbert Hoover en este ámbito de las relaciones entre el gobierno y las empresas. Herbert Hoover declaró su adhesión a los principios de la libre empresa y la iniciativa individual y su sospecha de la intervención del gobierno. Estas afirmaciones se mezclaron con otras declaraciones en sentido contrario que alentaban o incluso autorizaban la intervención del gobierno por razones casi insignificantes. Lamentablemente, las Memorias de Herbert Hoover, la única fuente autorizada disponible en última instancia, no resuelven estos conflictos. El Consejo Americano de la Construcción no se menciona en las memorias de Hoover, aunque en el volumen II, "El Gabinete y la Presidencia", se destacan los males de la intervención del gobierno en la economía, señalando el comunismo, el socialismo y el fascismo para comentar: "Esta cura de izquierdas para todos los males de los negocios" aparece ahora como "planificación nacional". Hoover añadió que los "abusos" de las empresas eran sólo "marginales" y que, en lugar de la intervención del gobierno, "era mejor que las empresas cooperaran para remediar sus propios abusos".[360]

Por otra parte, la correspondencia privada de Hoover con Roosevelt sobre el Consejo Americano de la Construcción sugiere que Hoover, aunque apoyaba la intervención del gobierno, se cuidaba de ocultar este interés continuo por temor a que la oposición pública recayera sobre su propia cabeza y arruinara la propuesta. Una carta de Hoover a Roosevelt, fechada el 12 de junio de 1923, hace referencia a este punto:

12 de junio de 1923
Franklin D. Roosevelt, vicepresidente.
Fidelity and Deposit Company of Maryland 120 Broadway
Ciudad de Nueva York
Mi querido Roosevelt:
Estoy un poco desconcertado por su telegrama del 7 de junio. Esperaba que el Consejo de la Construcción viniera sólo de las industrias, sin presiones de la administración. Si no es así, pronto se enfrentará a la misma oposición que suscita inmediatamente todo lo que el gobierno toca en este problema.
El sentimiento empresarial generalizado contra la interferencia del gobierno tiende a destruir incluso un esfuerzo voluntario si se piensa que está inspirado por el gobierno.

---

[359] Freidel, *The Ordeal*, op. cit. p. 152.

[360] *Memorias de Herbert Hoover*. The Cabinet and the Presidency 1920–1933, (Londres: Hollis and Carter 1952), p. 67.

Le ruego acepte, Sr. Presidente, el testimonio de mi más alta consideración.

Herbert Hoover

En cualquier caso, el Consejo Americano de la Construcción era una asociación cooperativa de empresas, trabajadores y gobiernos,

> formado en Washington el 19 de junio por sugerencia y bajo el liderazgo del Secretario Hoover del Departamento de Comercio (quien) ha dado los primeros pasos para la implementación de un programa de esfuerzo de construcción que se espera elimine muchos de los males que se han desarrollado en la industria durante la última década.[361]

Así, fue el contratista libre Herbert Hoover quien se convirtió en el patrocinador de la primera de las asociaciones profesionales, el Consejo Americano de la Construcción, que fue diseñado para incluir:

> arquitectos, ingenieros, trabajadores de la construcción, contratistas generales, subcontratistas, fabricantes de materiales y equipos, distribuidores de materiales y equipos, intereses de fianzas, seguros e inmobiliarios, y departamentos de construcción de las administraciones federales, estatales y municipales.[362]

La reunión organizativa del Consejo Americano de la Construcción se celebró en la FDR de Nueva York y contó con la asistencia de unas 20 personas. Este grupo debatió el concepto del consejo y, en particular, si:

> debe ser un centro de intercambio de información para las distintas asociaciones nacionales, un centro de intercambio de información profesional, o si debe ser una organización activa, agresiva (sic) y militante al servicio del bien público de la industria de la construcción.[363]

Se decidió por unanimidad que el consejo debía ser una organización activista agresiva y no sólo un centro de información. Este concepto se discutió con Dwight Morrow de J.P. Morgan; con el Sr. Dick, secretario del juez Gary de U.S. Steel Corporation; con Gano Dunn, presidente de J.G. White Engineering Corporation; y con Stone & Webster. Es interesante observar que la mayoría de estas personas y empresas fueron destacadas en mi anterior volumen, *Wall Street y la revolución bolchevique*.

Después de que la institución financiera expresara su apoyo a la C.C.A., se consultó al sector de la construcción en su conjunto para conocer su reacción. Este trabajo preliminar culminó en una reunión organizativa en el Hotel Washington,

---

[361] *The New York Times*, 9 de julio de 1922, VIII 1:3.

[362] *The New York Times*, 15 de mayo de 1922, p. 19, col. 8.

[363] Acta del Consejo de Administración del American Construction Council, 20 de junio de 1922. Archivos FDR, Grupo 14: American Construction Council.

Washington D.C., el martes 20 de junio de 1922. Franklin D. Roosevelt fue elegido presidente y John B. Larner, vicepresidente de la American Bankers Association, fue elegido tesorero. El Presidente del Comité de Finanzas fue Willis H. Booth de la Guaranty Trust Company. A continuación, el comité creó sus comisiones y priorizó sus temas.

La interpretación de Roosevelt sobre las causas de los problemas de la industria de la construcción fue recogida por el *New York Times:*

> "El ingenio es el método característico utilizado por la industria de la construcción en los últimos años. No ha habido ningún sistema, ninguna cooperación, ninguna planificación nacional intensiva".

Tras señalar que no se despide a un ferroviario por el mal tiempo, Roosevelt comentó:

> En el sector de la construcción, sin embargo, tenemos ese gran imponderable en nuestra vida económica, el trabajo estacional. Todo el trabajo se concentra durante los meses de verano, y no se hace nada en invierno. Los resultados de este apilamiento son evidentes. En verano, la mano de obra escasea y los precios se disparan; en invierno, el desempleo y los ingresos disminuyen. Lo único que dura todo el año es la amargura de los hombres comprometidos con el trabajo.[364]

¿Cómo propone FDR cambiar todo esto?

> Gran parte del trabajo puede repartirse a lo largo del año. No hay ninguna razón en el mundo para que un mecánico cualificado que vive en Nueva York, por ejemplo, sea llamado en junio para ayudar a construir un edificio público en Georgia. Georgia puede construir durante temporadas del año en las que a Nueva York le resulta imposible hacerlo; lo mismo ocurre con Luisiana y todos los estados del sur.

La sugerencia de Roosevelt, un non sequitur sin sentido, fue que la industria de la construcción debería "consultar sobre esta situación: trasladar los materiales de construcción durante la temporada baja y repartir la mano de obra". En una primera reunión de la Junta de Gobernadores, celebrada en la casa de FDR en Nueva York el 16 de mayo de 1923, FDR llamó la atención sobre el camino seguido por la Junta:

---

[364] *The New York Times*, 4 de junio de 1922. Se buscó en vano una propuesta factible y viable para resolver los supuestos problemas de la industria de la construcción. Las sugerencias más valiosas presentadas por Roosevelt y sus compañeros planificadores abogaban por el ahorro de tiempo para permitir la construcción o el movimiento de hombres y materiales a lo largo del año mediante la "planificación". Por supuesto, un sistema de mercado mueve automáticamente los hombres y los materiales, algo que probablemente FDR desconocía.

"Se organizó el Consejo Americano de la Construcción, pero, francamente, no ha hecho nada desde entonces, salvo cobrar las cuotas de unas 115 organizaciones diferentes, creo".

FDR sometió la elección fundamental a los gobernantes reunidos: ¿querían seguir con el viejo método: "Construir todo lo que podamos, pagando cualquier precio con tal de recibir órdenes? Porque si lo hacían, FDR dijo: "Podríamos suspender la sesión". Por otro lado, continuó, no parece que esa sea la opinión de la mayoría, y "queremos volver al verdadero objetivo fundamental del Consejo, que era evitar este tipo de cosas". A continuación, se presentan una serie de propuestas de resolución, aprobadas por unanimidad, que tendrían como efecto frenar la construcción. El Consejo siguió teniendo sus problemas, resumidos en una carta del 29 de abril de 1924, del vicepresidente ejecutivo D. Knickerbocker Boyd a Franklin D. Roosevelt, "para llamar la atención sobre el gravísimo estado de cosas existente en ese momento". Boyd recordó a FDR que el Secretario Ejecutivo, Dwight L. Hoopingarner, había prestado sus servicios "prácticamente" sin cobrar, y que se le debían 7.000 dólares en concepto de salarios atrasados. Boyd añadió: "Esto no es justo y no debe permitirse que continúe. No sólo se le debe reembolsar rápidamente todos los salarios atrasados, sino que también se le debe garantizar un pago rápido en el futuro, o de lo contrario se debe suspender el trabajo". Boyd continuó diciendo que él también esperaba ser compensado por el tiempo dedicado a los trabajos de la Junta, señalando que el tiempo empleado hasta la fecha ascendía a 3168,41 dólares, más los gastos de viaje. Boyd sugirió que la Junta cumpliera con sus responsabilidades, se pusiera en una situación financiera adecuada o se disolviera. El último párrafo de la carta de Boyd demuestra el objetivo fundamental de quienes promueven el American Construction Council:

Si el Consejo desapareciera, sería, en mi opinión, una calamidad nacional, pues dudo que, después de este segundo esfuerzo por nacionalizar la gran industria de la construcción sobre una base humana, se puedan encontrar suficientes personas con el entusiasmo, la fe y la paciencia necesarios para hacer un tercer intento.

Franklin D. Roosevelt, presidente del Consejo de la Construcción de Estados Unidos, había defendido la "planificación económica"; hoy, el vicepresidente ejecutivo reconoce un "esfuerzo por nacionalizar" la industria de la construcción. Este esfuerzo por organizar la industria de la construcción bajo la mirada somnolienta del gobierno, supuestamente por el bien público, ha fracasado.

CAPÍTULO VIII

WALL STREET COMPRA EL NEW DEAL

B.M. [Bernard Baruch] desempeñó un papel más eficaz. La sede simplemente no tenía el dinero. A veces ni siquiera podían pagar la factura de la radio de los discursos de los candidatos. No tenían prácticamente nada para seguir haciendo campaña en el crítico estado de Maine. Cuando había una crisis, B.M. daba el dinero o salía a buscarlo.

Hugh S. Johnson, *The Blue Eagle from Egg to Earth*
(Nueva York: Doubleday, Doran, 1935), p. 141.
Sobre la campaña de FDR en 1932.

La campaña presidencial de 1928 enfrentó al gobernador Alfred E. Smith, un católico apoyado por el Tammany Hall y colectivista de convicción, con Herbert Hoover, un cuáquero que defendía el individualismo y la autosubsistencia tradicionales de Estados Unidos. Herbert Hoover ganó por 21.392.000 votos frente a los 15.016.000 de Smith.

¿Dónde pusieron los banqueros-filósofos de Wall Street su apoyo e influencia en la elección de Smith-Hoover? Según la interpretación aceptada de la filosofía de los financieros, su apoyo debería haber sido para Herbert Hoover. Hoover promovió las queridas asociaciones comerciales, amadas por la comunidad financiera y empresarial. Además, en *American Individualism*,[365] Herbert Hoover dejó claro que el sistema ideal para Estados Unidos era, según sus propias palabras, "ningún sistema de libre empresa", sino, por el contrario, una economía regulada. Por otro lado, el miembro más comprometido políticamente del establishment financiero de Wall Street en 1928 era John J. Raskob, vicepresidente de Du Pont y General Motors y director de Bankers Trust Co. y County Trust Co. Ante la insistencia personal del gobernador Al Smith, Raskob se convirtió en presidente del Comité Financiero Demócrata. Raskob fue también el mayor contribuyente individual, con más de 350.000 dólares a la campaña. ¿Cuáles eran los objetivos políticos buscados por Raskob y sus aliados que hacían a Al Smith tan atractivo como candidato?

En 1928, John J. Raskob, Bernard Baruch y otros miembros de Wall Street presentaron al público los elementos clave de lo que se convirtió en el programa de recuperación nacional. La promoción de la NRA de Roosevelt se remonta en realidad a los discursos de Raskob en 1928 durante la campaña presidencial de Al

---

[365] Nueva York: Doubleday, página 1922.

Smith. Aunque tanto Al Smith como Herbert Hoover dependían en gran medida del "círculo de oro" de Wall Street para obtener fondos electorales, como se detallará más adelante en este capítulo, el dinero de Du Pont-Raskob-Baruch dependía en gran medida de Al Smith.

Smith, por supuesto, perdió las elecciones de 1928 a favor de los demócratas, y Herbert Hoover se convirtió en el presidente republicano. A pesar de la tibieza de Wall Street, Hoover nombró a muchos miembros de Wall Street para sus comités y consejos. Entonces, a mediados de 1932, enfrentado a una dura elección entre un programa de recuperación nacional en la forma del Plan Swope o políticas menos fascistas, Hoover se negó a instituir el socialismo corporativo, identificó el Plan Swope como lo que era, e hizo caer la ira de Wall Street sobre él.

Por lo tanto, podemos y vamos a rastrear en este capítulo las propuestas de Baruch para la ARN y el apoyo financiero de los dos candidatos presidenciales en cada elección por parte de Raskob, Baruch, Du Pont, Rockefeller y otros de la élite financiera. En cada caso, el principal apoyo fue para el candidato demócrata dispuesto a promover el socialismo corporativo. En 1928 fue Al Smith, que también era director de la Metropolitan Life Insurance Company, controlada por Morgan; en 1930 acudió a Roosevelt con las contribuciones anticipadas a la convención para la contienda Hoover-Roosevelt de 1932. A mediados de 1932, Herbert Hoover perdió gran parte de su apoyo en Wall Street, y la influencia y el dinero se transfirieron en masa a la elección de Roosevelt.

A partir de entonces, la FDR no abandonó a sus partidarios. La Ley de Recuperación Nacional, con su capacidad incorporada para coaccionar a las pequeñas empresas, fue promulgada y entró en vigor en junio de 1933. Veamos con más detalle estos acontecimientos y las pruebas relacionadas con ellos.

LA INFLUENCIA DE BERNARD BARUCH EN FDR

Según sus propias declaraciones, Hugh Johnson, el administrador de la NRA de Roosevelt, completó un programa de formación en la década de 1920 bajo la tutela de Bernard Baruch. Johnson relata esta experiencia de la siguiente manera:

> Dudo que nadie tuviera un acceso más directo o completo a las fuentes de información que B.M. y siempre me dio carta blanca para consultar y utilizar a los científicos y expertos que pudiera necesitar. Durante varios años, fui el único miembro del personal de investigación al que consultó de forma continua. Eso y lo que lo precedió fueron un excelente entrenamiento para el servicio en la NRA porque esos estudios cubrían un segmento considerable de toda la industria americana y la experiencia con el gobierno conectaba a ambos.[366]

---

[366] Hugh S. Johnson, *The Blue Eagle from Egg to Earth* (Nueva York: Doubleday, Doran, 1935), p. 116.

El propio Johnson considera los discursos de Raskob de septiembre y octubre de 1928 en la campaña de Al Smith como el inicio de la ANR de Roosevelt:

> "No había nada particularmente nuevo en la sustancia de los principios desarrollados. Habíamos desarrollado y expresado exactamente la misma filosofía en la campaña de Al Smith en 1928".[367]

Al Smith, el candidato presidencial demócrata de 1928, era, como hemos señalado, director de Metropolitan Life Insurance, la mayor compañía de seguros de vida de Estados Unidos, controlada por J.P. Morgan, y la mayor parte de los fondos de su campaña procedían del Círculo de Oro de Wall Street. El propio Bernard Baruch presentó el plan de la NRA el 1 de mayo de 1930 -el día de una medida socialista- en un discurso en Boston. Todo el contenido de la ANR estaba ahí, los reglamentos, los códigos, la aplicación y la zanahoria del bienestar para los trabajadores. Se recogió en la plataforma de Baruch de junio de 1932, la que Herbert Hoover se negó a adoptar. Baruch volvió a presentar la NRA en su testimonio ante el Senado y en discursos ante la Brookings Institution y la Universidad Johns Hopkins. En total, Hugh Johnson cuenta con diez documentos y discursos, todos ellos presentados antes de la elección de Roosevelt en 1932, en los que "está el desarrollo de la filosofía económica de la campaña de 1928 y casi todo lo que ha ocurrido desde entonces". Parte de esta filosofía era que la ANR era una expresión concreta".[368]

Los siguientes extractos del discurso de Baruch del 1 de mayo de 1930 contienen la esencia de sus propuestas:

> Lo que las empresas necesitan es un foro común en el que los asuntos que requieren cooperación puedan ser discutidos y tratados con la sanción constructiva y no política del gobierno. Puede que haya sido sabio prohibir por ley todo lo que se destina a regular la producción cuando el mundo temía la hambruna, pero es una locura pública decretar el funcionamiento ilimitado de un sistema que periódicamente degusta masas indigestas de productos no consumibles. No servirá ningún cargo represivo, inquisitorial y mediocre; tenemos que desarrollar un nuevo concepto para ello: un tribunal de tanto prestigio y dignidad como el Tribunal Supremo, tan investido que nuestros mayores líderes empresariales estarán encantados de desprenderse de cualquier interés personal en los negocios y servir así al bien común. Al igual que el Tribunal Supremo, también debe ser absolutamente apolítico.
> No debería tener el poder de reprimir o coaccionar, pero sí el de convocar una conferencia, sugerir y sancionar o autorizar la cooperación de sentido común entre unidades industriales, para evitar que nuestros beneficios económicos se conviertan en cargas insoportables. Su único poder punitivo debería ser el de prescribir las condiciones de sus licencias y luego revocarlas si se violan esas condiciones.
> Sus deliberaciones deben ser abiertas y totalmente científicas, presentadas como un informe de ingeniería y publicadas en todo el mundo. Este sistema salvaguardaría

---

[367] Ibid, p. 141.

[368] Ibid, p. 157.

el interés público y debería sustituir a las mantas inhibidoras de las leyes Sherman y Clayton.

Lo que se condena no es la injerencia del gobierno en los negocios tal y como la entendemos aquí. Se trata simplemente de una flexibilización del control que el gobierno ya ha ejercido sobre las empresas a través de las leyes antimonopolio. No es un error limitar la ruinosa sobreproducción, una política que el gobierno federal está promoviendo enérgicamente en la agricultura. Pero si el cambio de concepto de un precedente burocrático a un foro abierto donde las corporaciones pueden practicar la autonomía de grupo, actuando por su propia iniciativa bajo la sanción de un tribunal apolítico, constructivo y útil, no es práctico, entonces la idea no es viable. Pero la posibilidad de esa autonomía industrial bajo la sanción del gobierno quedó claramente demostrada en 1918. Hay muchas dificultades. En primer lugar, todo lo que se hace en la euforia y el fervor de la guerra debe aceptarse como criterio sólo con precaución.

En la regulación de la producción, el precio es sólo un elemento de referencia. Pero es un tema explosivo.

Hay otras advertencias obvias. El pensamiento se reaviva en esta coyuntura crítica porque parece digno de consideración como ayuda al desarrollo económico que amenaza con ser "inusualmente grande" y como alternativa a la interferencia gubernamental y a la vasta extensión de los poderes políticos en la esfera económica, una posibilidad que, en ausencia de una acción constructiva por parte de las propias empresas, es casi tan segura como la muerte y los impuestos.[369]

Baruch quería, según sus propias palabras, una resurrección de las asociaciones comerciales, una relajación de las leyes antimonopolio y el control de los empresarios. Remite al lector a la Junta de Industrias de Guerra de 1918. Aunque Baruch sugiere que no haya "poder de coacción" y que las deliberaciones sean "abiertas", estas protestas de buena fe tienen poco peso a la luz de la historia económica y de los furiosos esfuerzos pasados de este mismo grupo por establecer cárteles y combinaciones que restringen el comercio. Con este fin se dio apoyo financiero tanto a los candidatos demócratas como a los republicanos; la mayor parte de la financiación procedía de una zona geográfica relativamente pequeña de la ciudad de Nueva York.

WALL STREET FINANCIÓ LA CAMPAÑA PRESIDENCIAL DE 1928...

La dirección del apoyo político puede medirse e identificarse mediante el correspondiente apoyo financiero. Se pueden identificar los orígenes de las contribuciones financieras a las campañas de Smith y Hoover de 1928, y encontramos, en contra de las creencias predominantes, que fueron los demócratas los que recibieron la mayor parte de los fondos de Wall Street; como hemos visto, fue durante la campaña demócrata cuando Baruch y Raskob promulgaron por primera vez las líneas generales de la Ley de Recuperación Nacional.

---

[369] Ibid, pp. 156-7. La cursiva está en el original.

Después de las elecciones presidenciales de 1928, el Comité Steiwer de la Cámara de Representantes de EE.UU. investigó las fuentes de los fondos de campaña recibidos para las elecciones[370]. Los detalles se publicaron, pero la Comisión Steiwer no investigó los orígenes y afiliaciones de los donantes, sino que se limitó a enumerar los nombres y las cantidades de las contribuciones. La tabla XIII del informe se titula "Personas que contribuyeron con 5.000 dólares o más en nombre del candidato presidencial republicano". El candidato presidencial republicano era, por supuesto, Herbert Hoover. En este cuadro figuran los nombres completos y las cantidades aportadas, pero sin la afiliación de los contribuyentes. Asimismo, la tabla XIV del informe se titula "Personas que aportaron 5.000 dólares o más en nombre del candidato presidencial demócrata". De nuevo, se dan los nombres completos y las cantidades, pero no se especifica la afiliación de la persona.

Estas listas fueron tomadas y comparadas por el autor con el *Directorio de Directores de la Ciudad de Nueva York 1929-1930.*[371] Cuando se identificaba que el contribuyente de la lista del Comité Steiwer tenía una dirección dentro de un círculo de una milla del 120 de Broadway en Nueva York, se anotaba el nombre y el importe de la contribución. No se mencionan las personas que no figuran en la lista y que probablemente residen fuera de la ciudad de Nueva York, pero se lleva un registro de las cantidades de dinero aportadas por personas que no residen en la ciudad de Nueva York. En otras palabras, de los datos del Comité Steiwer se obtuvieron dos totales: (1) las contribuciones de las personas que figuran como directores de empresas con sede en Nueva York y (2) las contribuciones de todas las demás personas. Además, se elaboró una lista con los nombres de los colaboradores de Nueva York. En la práctica, el procedimiento de búsqueda estaba sesgado en contra de la inclusión de directores con sede en Nueva York. Por ejemplo, en la lista del Partido Demócrata, Van-Lear Black aparece como no residente en Nueva York, aunque Black era presidente de la Fidelity & Casualty Co; la empresa tenía oficinas en el 120 de Broadway, y Franklin D. Roosevelt era su vicepresidente en Nueva York a principios de los años veinte. Sin embargo, Black tenía su sede en Baltimore y, por tanto, no se le consideraba un director neoyorquino. Una vez más, Rudolph Spreckels, el millonario del azúcar, fue citado en el informe del Comité Steiwer por una contribución de 15.000 dólares, pero no se incluye en el total de Nueva York porque no estaba radicado en esta ciudad. Del mismo modo, James Byrne contribuyó con 6.500 dólares a la campaña de Smith para presidente, pero no está incluido en el total de Nueva York, ya que era director del Fulton Savings Bank en Brooklyn y estaba fuera del círculo de una milla. Jesse Jones, el banquero de Texas, contribuyó con 20.000 dólares, pero no figura como director de Nueva York porque era un banquero de Texas y no de Nueva York. En

---

[370] Congreso de los Estados Unidos, Comisión especial del Senado para investigar los gastos de la campaña presidencial, Presidential Campaign Expenses. Informe en virtud de la Resolución 234, 25 de febrero (día del calendario, 28 de febrero), 1929. 70º Congreso, 2ª Sesión. Informe del Senado. 2024 (Washington: Government Printing Office, 1929). Citado a continuación como informe de la Comisión Steiwer.

[371] Nueva York: *Directory of Directors Co.*, 1929.

otras palabras, la definición de contribuyente de Wall Street se ha establecido de forma muy estricta y coherente.

Los principales contribuyentes de Wall Street a Al Smith
Para la campaña presidencial - 1928

Nombre	Contribuciones La campaña de 1924 contra el déficit	1928	Contribución al déficit de 1928	Total
John J. Raskob (Du Pont y General Motors)	- —	$110,000	$250,000	$360,000
William F. Kenny (W.A. Harriman)	$25,000	$100,000	$150,000	$275,000
Herbert H. Lehman	$10.000	$100.00	$150,000	$260,000
M.J. Meehan (120 Broadway)	- —	$50,000	$100,000	$150,000

Fuente: Adaptado de Louise Overacker, *Money in Elections* (Nueva York: Macmillan, 1932), p. 155.

Según esta estrecha definición, las contribuciones totales de los ejecutivos de Wall Street, en su mayoría relacionados con los principales bancos, a la campaña presidencial de Al Smith en 1928 ascendieron a 1.864.339 dólares. Las contribuciones totales de los que no pertenecen a este círculo de oro ascendieron a 500.531 dólares, lo que supone un total de 2.364.870 dólares. En resumen, el porcentaje de los fondos de la campaña presidencial de Al Smith procedentes de individuos que donaron más de 5.000 dólares y que también fueron identificados como ejecutivos de Wall Street fue del 78,83%. El porcentaje de donantes fuera del Círculo de Oro fue sólo del 21,17%. Si miramos el total de las contribuciones de Al Smith de otra manera, los principales donantes (más de 5.000 dólares) a la campaña del Sr. Smith, los que están en mejor posición para pedir y recibir favores políticos, aportaron casi cuatro de cada cinco dólares.

Las identidades de los principales contribuyentes a la campaña de Al Smith y al Fondo del Comité Nacional Demócrata figuran en los cuadros adjuntos.

Contribuyentes de 25.000 dólares o más al Comité Nacional Demócrata de enero a diciembre de 1928 (incluyendo las contribuciones enumeradas en la tabla anterior)

			NOTA
Herbert H. Lehman y Edith A. Lehman	Lehman Brothers, y Studebaker Corp.	$135,000	El principal asesor político de FDR
John J. Raskob	Vicepresidente de Du Pont y General Motors	$110,000	Administrador del ARN
Thomas F. Ryan	Presidente, Bankers Mortgage Co., Houston	$75,000	Presidente de Reconstruction Finance Corp.
Harry Payne Whitney	Garantía de confianza	$50,000	Véase el capítulo 10: "El caso Butler".
Pierre S. Du Pont	Du Pont Company, General Motors	$50,000	Véase el capítulo 10: "El caso Butler".

Bernard M. Baruch	Financiera, 120 Broadway	$37,590	Planificador de ARN
Robert Sterling Clark	Singer Sewing Machine Co.	$35,000	Véase el capítulo 10: "El caso Butler".
John D. Ryan	National City Bank, Anaconda Copper	$27,000	—
William H. Woodin	General Motors	$25,000	Secretario del Tesoro, 1932

Fuente: *Informe de la Comisión Steiwer*, op. cit.

Contribuciones a las primarias presidenciales demócratas de 1928 por parte de los directores* de la County Trust Company.

Nombre del director	Contribución a la campaña y al déficit	Otras afiliaciones
Vincent Astor	$10,000	Great Northern Railway, U.S. Trust Co. Fideicomisario, Biblioteca Pública de Nueva York Metropolitan Opera
Howard S. Cullman	$6,500	Vicepresidente de Cullman Brothers, Inc.
William J. Fitzgerald	$6,000	—
Edward J. Kelly	$6,000	—
William F. Kenny	$275,000 **	Presidente y Director, William F. Kenny Co. Director, The Aviation Corp, Chrysler Corp.
Arthur Lehman	$14,000 ***	Asociado, Lehman Brothers. Directeur, American International Corp, RKO Corp, Underwood-Elliott-Fisher Co.
M. J. Meehan	$150,000**	61 Broadway
Daniel J. Mooney	—	120 Broadway
John J. Raskob	$360,000 **	Director de American International Corp, Bankers Trust Co, Christiania Securities Co, Vicepresidente de E.I. Du Pont de Nemours & Co y General Motors Corp.
James J. Riordan	$10,000	—
Alfred E. Smith	- —	Director de la candidatura presidencial: Metropolitan Life Insurance Co.
Total	$842,000	

Notas: *Los siguientes directores de la County Trust Company no contribuyeron (según los registros): John J. Broderick, Peter J. Carey, John J. Cavanagh, William H. English, James P. Geagan, G. Le Boutillier, Ralph W. Long, John J. Pulleyn y Parry D. Saylor.
**Incluye las contribuciones al déficit de la campaña.
***Excluye las contribuciones de otros miembros de la familia Lehman a la campaña presidencial demócrata, que ascendieron a 168.000 dólares.

Viendo los nombres de estas tablas, no sería ni mezquino ni injusto decir que el candidato demócrata fue comprado por Wall Street antes de las elecciones. Además, Al Smith era director de la County Trust Company, y ésta era la fuente de un porcentaje extraordinariamente grande de los fondos de campaña de los demócratas.

LOS FONDOS ELECTORALES DE HERBERT HOOVER

Cuando observamos la campaña de Herbert Hoover en 1928, también vemos una dependencia de la financiación de Wall Street, que se originó en el Golden Square, pero no en la misma medida que en la campaña de Al Smith. De un total de 3.521.141 dólares en donaciones importantes a Herbert Hoover, aproximadamente el 51,4% procedía del Cuadrante Dorado de Nueva York y el 48,6% de fuera del distrito financiero.

Contribuciones de 25.000 dólares o más al Comité Nacional Republicano, de enero a diciembre de 1928

La familia Mellon	Banco Nacional de Mellon	$50,000
La familia Rockefeller	Standard Oil	$50,000
La familia Guggenheim	Fundición de cobre	$75,000
Eugene Meyer	Banco de la Reserva Federal	$25,000
William Nelson Cromwell	Abogado de Wall Street	$25,000
Otto Kahn	Equitable Trust Company	$25,000
Mortimer Schiff	Banquero	$25,000
	Total	$275,000

Fuente: *Informe de la Comisión Steiwer*, op. cit.

Herbert Hoover fue, por supuesto, elegido presidente; su relación con el establecimiento del socialismo corporativo ha sido malinterpretada por la mayoría de las fuentes académicas y mediáticas. La mayor parte de la literatura de orientación liberal sostiene que Herbert Hoover era una especie de laissez-faire neandertal no reconstruido. Pero esta opinión es rechazada por las propias declaraciones de Hoover: por ejemplo:

> Los que afirman que durante el periodo de mi administración nuestro sistema económico era un sistema de laissez-faire saben muy poco sobre el alcance de la regulación gubernamental. La filosofía económica del laissez-faire, o "competencia desenfrenada", había muerto en Estados Unidos cuarenta años antes, cuando el Congreso aprobó la Comisión de Comercio Interestatal y las leyes antimonopolio de Sherman.[372]

---

[372] *Las Memorias de Herbert Hoover*: The Cabinet and the Presidency 1920–1923 (Londres: Hollis and Carter, 1952), p. 300.

Murray Rothbard señala[373] que Herbert Hoover fue un firme partidario del Partido Progresista de Theodore Roosevelt y, según Rothbard, Hoover "desafió de forma neomarxista la visión ortodoxa del laissez-faire de que el trabajo es una mercancía y que los salarios deben regirse por las leyes de la oferta y la demanda".[374] Como secretario de comercio, Hoover presionó al gobierno para que cartelizara a las empresas y asociaciones comerciales, y su "notable" contribución, según Rothbard, "fue imponer el socialismo a la industria de la radio" mientras los tribunales trabajaban en un sistema razonable de derechos de propiedad privada sobre las frecuencias de radio. Rothbard explica estas incursiones en el socialismo por el hecho de que Hoover "fue víctima de un control lamentablemente inadecuado de la economía".[375] De hecho, Rothbard sostiene que Herbert Hoover fue el verdadero creador del New Deal de Roosevelt.

Aunque las pruebas presentadas aquí sugieren que Baruch y Raskob tuvieron más que ver con el New Deal de FDR, el argumento de Rothbard tiene cierta validez. Las políticas prácticas de Hoover no fueron coherentes. Hay algunas acciones a favor del libre mercado; hay muchas acciones en contra del libre mercado. Parece plausible que Hoover estuviera dispuesto a aceptar una parte, quizás una parte sustancial, de un programa socialista, pero que tuviera un límite claro más allá del cual no estaba dispuesto a ir.

En la década de 1920, en los años que siguieron a la formación del Consejo Americano de la Construcción, se adoptaron más de 40 códigos de prácticas recopilados por asociaciones profesionales. Cuando llegó a la presidencia, y a pesar de su temprana asociación con la A.C.C., Herbert Hoover puso rápidamente fin a estos códigos industriales. Lo hizo basándose en que probablemente eran asociaciones ilegales destinadas a controlar los precios y la producción y que ningún gobierno podía regularlas en interés público. Entonces, en febrero de 1931, la Cámara de Comercio Americana formó un grupo llamado "Comité de Continuidad de Negocios y Empleo" bajo el liderazgo de Henry I. Harriman. Este comité presentó propuestas muy similares a las del New Deal: que se equilibre la producción para un consumo equitativo, que se modifiquen las leyes antimonopolio de Sherman para permitir acuerdos que restrinjan el comercio, que se establezca un consejo económico nacional bajo los auspicios de la Cámara de Comercio estadounidense y que se prevea la reducción de las horas de trabajo en la industria, las pensiones y el seguro de desempleo. Esta propuesta fue seguida por otro Comité Hoover, conocido como el "Comité de Periodos de Trabajo en la Industria", bajo la dirección de P.W. Litchfield, presidente de la Goodyear Tire and Rubber Company. A continuación, otro comité, bajo la dirección de Walter Teagle, presidente de la Standard Oil Company de Nueva Jersey, recomendó el reparto del trabajo, propuesta aprobada por el comité de Litchfield. Luego llegó el Plan Swope en 1931 (véase el Apéndice A). Se presentaron planes, pero Herbert Hoover hizo poco.

---

[373] *New Individualist Review*, invierno de 1966.

[374] Ibid, p. 5.

[375] Ibid, p.10.

Bajo el mandato de Herbert Hoover, por ejemplo, las grandes empresas fueron prolíficas en la publicación de planes para modificar la Ley Antimonopolio Sherman, para permitir la autorregulación de la industria y establecer códigos de restricción comercial. El presidente Herbert Hoover no hizo nada al respecto.

De hecho, Hoover reconoció que el Plan Swope era una medida fascista y lo recogió en sus memorias, junto con su pesar por el hecho de que Wall Street le diera la opción de adoptar el Plan Swope -fascista o no- y de que la candidatura de Roosevelt fuera apoyada por su dinero e influencia. Herbert Hoover describió el ultimátum de Wall Street como "El fascismo llega a los negocios, con terribles consecuencias":

> Entre las primeras medidas fascistas de Roosevelt estaba la Ley de Recuperación de la Industria Nacional (NRA) del 16 de junio de 1933. Vale la pena repetir los orígenes de esta medida. Estas ideas fueron sugeridas por primera vez por Gerard Swope (de la General Electric Company) en una reunión de la industria eléctrica en el invierno de 1932. Posteriormente fueron adoptadas por la Cámara de Comercio de Estados Unidos. Durante la campaña de 1932, Henry I. Harriman, presidente de esta organización, me pidió que apoyara estas propuestas, informándome de que el Sr. Roosevelt había aceptado hacerlo. Intenté demostrarle que aquello era puro fascismo, que no era más que una revisión del "estado corporativo" de Mussolini, y me negué a aceptarlo. Me informó de que, dada mi actitud, las empresas apoyarían a Roosevelt con dinero e influencia. Esto resultó ser en gran medida cierto.[376]

WALL STREET APOYA A FDR EN SU CANDIDATURA A GOBERNADOR DE NUEVA YORK

El principal recaudador de fondos en la campaña de reelección de FDR en 1930 fue Howard Cullman, comisionado del puerto de Nueva York y director de la County Trust Company. Freidel[377] enumera los donantes de la campaña de 1930, sin indicar la afiliación empresarial. Cuando identificamos las afiliaciones corporativas de estos donantes, encontramos una vez más que la County Trust Company del 97 de la Octava Avenida, en Nueva York, tenía un interés extraordinariamente fuerte en la reelección de FDR. Además de Howard Cullman, los siguientes grandes contribuyentes a la campaña de FDR eran también directores de la County Trust Company: Alfred Lehman, Alfred (Al) Smith, Vincent Astor y John Raskob. Otro director era un viejo amigo de FDR, Dan Riordan, cliente de Fidelity & Deposit days en el 120 de Broadway, y William F. Kenny, otro partidario de FDR y director de County Trust. Para resaltar esta lista, debemos recordar que Freidel enumera a 16 personas como contribuyentes importantes a esta campaña, y de estas 16, podemos identificar a no menos de cinco como directores del County Trust y a otros dos directores que no aparecen

---

[376] Herbert Hoover, *Las memorias de Herbert Hoover*: The Great Depression 1929–1941 (Nueva York: Macmillan, 1952), p. 420.

[377] Freidel, *The Ordeal*, op. cit., p. 159.

en la lista como conocidos partidarios de FDR. Otras personalidades de Wall Street que financiaron la campaña de 1930 de FDR son la familia Morgenthau (con los Lehman como mayores contribuyentes); Gordon Rentschler, presidente del National City Bank y director de la International Banking Corporation; Cleveland Dodge, director del National City Bank y del Bank of New York; Caspar Whitney; August Heckscher de la Empire Trust Company (120 Broadway); Nathan S. Jones, de la Manufacturers Trust Company; William Woodin, de la Remington Arms Company; Ralph Pulitzer; y la familia Warburg. En resumen, durante la campaña de 1930, la mayor parte del apoyo financiero de FDR provino de los banqueros de Wall Street.

Contribuciones a los gastos preconvencionales del FDR (3.500 dólares o más)

Edward Flynn	$21,500	Director de la Bronx County Safe Deposit Co.
W. H. Woodin	$20,000	Banco de la Reserva Federal de Nueva York, Remington Arms Co.
Frank C. Walker	$15,000	Finanzas de Boston
Joseph Kennedy	$10,000	- —
Lawrence A. Steinhardt	$8,500	Miembro de Guggenheim, Untermeyer & Marshall, 120 Broadway
Henry Morgenthau	$8,000	Underwood-Elliott-Fisher
F. J. Matchette	$6,000	—
La familia Lehman	$6,000	Lehman Brothers, 16 William Street
Dave H. Morris	$5,000	Director de varias empresas de Wall Street
Sara Roosevelt	$5,000	—
Guy P. Helvering	$4,500	
H. M. Warner	$4,500	Directeur, Motion Picture Producers & Distributors of America
James W. Gerard	$3,500	Financiera, calle William 57
Total	$117,500	

Poco después de la reelección de FDR en 1930, estos donantes comenzaron a recaudar fondos para la campaña presidencial de 1932. Estas contribuciones "tempranas" previas a la Convención fueron descritas por Flynn: "Estos contribuyentes, que ayudaron pronto cuando la necesidad era grande, se ganaron de tal manera la devoción de Roosevelt que en la mayoría de los casos acabaron recibiendo sustanciosos beneficios en cargos públicos y honores.[378]

WALL STREET ELIGIÓ A FDR EN 1932

En 1932, Bernard Baruch era el operador clave que trabajaba entre bastidores -y a veces no tanto- para que FDR fuera elegido, con el dinero y la influencia de las grandes empresas (véase el epígrafe de este capítulo). Además, Bernard Baruch

[378] John T. Flynn, "¿De quién es el hijo de la ANR?" *Harper's Magazine*, septiembre de 1932, p. 84-5.

y Hugh Johnson recopilaron numerosas estadísticas y documentos durante la década de 1920 para apoyar su concepto de planificación económica nacional a través de las asociaciones profesionales. Johnson relata cómo esta información se puso a disposición de los redactores de los discursos de FDR. Durante la campaña de Roosevelt de 1932:

> Ray Moley y Rex Tugwell vinieron a B.M. y revisamos todo el material que B.M. y yo habíamos reunido y resumido durante nuestros años de trabajo. Junto con Adolf Berle, hacía tiempo que habían elaborado los temas de lo que consideraban un modelo de discurso económico ideal para un candidato presidencial, pero tenían pocos datos. A partir de ese momento, nos unimos a las fuerzas de Ray Moley y todos nos pusimos a trabajar para encontrar para Franklin Roosevelt las ideas que había desarrollado en la muy notable serie de discursos expresados con sencillez sobre la economía nacional que convencieron a este país de que era el líder con el que podía contar.[379]

Releyendo los discursos de la campaña de FDR, queda claro que carecen de hechos concretos y precisos. El equipo de Moley-Tugwell probablemente expuso el tema general, y Baruch y Johnson introdujeron declaraciones de apoyo en áreas como la expansión del crédito, las consecuencias de la especulación, el papel del Sistema de la Reserva Federal, etc. La campaña de FDR fue muy exitosa. Es notable, pero quizá no sorprendente, que estos discursos influenciados por Baruch retrotrajeran al lector a la Primera Guerra Mundial, citaran la urgencia contemporánea como mayor que la de la guerra y luego sugirieran sutilmente soluciones similares a las defendidas por Baruch. Por ejemplo, en el discurso de la Cena del Día de Jefferson del 18 de abril de 1932, Roosevelt dijo, o se le incitó a decir:

> Compárese esta política de retraso e improvisación, golpeada por el pánico, con la diseñada para responder a la urgencia de la guerra hace quince años. Hemos respondido a situaciones concretas con medidas reflexivas, pertinentes y constructivas. Estaba la Junta de Industrias de Guerra, la Administración de Alimentos y Combustibles, la Junta de Comercio de Guerra, la Junta de Embarque y muchas otras.[380]

Luego, el 22 de mayo de 1932, Roosevelt abordó el tema "Las necesidades del país, las exigencias del país, la experimentación persistente" y pidió una planificación económica nacional. A este discurso le siguió, el 2 de julio de 1932, el primer índice del New Deal.

Finalmente, al aceptar la nominación presidencial en Chicago, FDR dijo: "Les prometo que me comprometo a un New Deal para el pueblo estadounidense".

---

[379] Hugh S. Johnson, *The Blue Eagle from Egg to Earth*, op. cit., p. 140-1.

[380] *The Public Papers and Addresses of Franklin D. Roosevelt*; Vol. 1, The Genesis of the New Deal, 1928–1932 (Nueva York: Random House, 1938), p. 632.

NOTA: Lista de colaboradores de Freidel antes de la Convención para la campaña presidencial de Franklin Delano Roosevelt en 1932.

[381]Contribuyentes a la reconvención de 1932 (más de 2.000 dólares)	Afiliaciones
James W. Gerard	Gerard, Bowen & Halpin (véase Julian A. Gerard)
Guy Helvering	——
Col. E.M. House, Nueva York	——
Joseph P. Kennedy, 1560 Broadway	Embajador en la Corte de Santiago New England Fuel & Transportation Co.
Henry Morgenthau, Sr.	Banco de N.Y. & Trust Co. (Subcontralor)
Underwood-Elliott-Fisher 1133 Quinta Avenida	American Savings Bank (fiduciario)
Dave Hennen Morris	- ——
Sra. Sara Delano Roosevelt, Hyde Park, N.Y.	La madre de FDR
Laurence A. Steinhardt 120 Broadway	Guggenheim, Untermeyer & Marshall
Harry M. Warner 321W. 44th St.	Motion Picture Producers & Distributors of America, Inc.
William H. Woodin Secretario del Tesoro	American, Car & Foundry; Remington Arms Co.
Edward J. Flynn 529 Courtlandt Ave.	Bronx County Safe Deposit Co.

James A. Farley se añade a esta lista:

William A. Julian	Director, Central Trust Co.
Jesse I. Straus 1317 Broadway	Presidente, R. H. Macy & Co. N.Y. Seguro de vida
Robert W. Bingham	Editor, Louisville Courier-Journal
Basil O'Connor 120 Broadway	El socio legal de FDR

---

[381] Freidel, *The Ordeal*, op. cit. p. 172.

CAPÍTULO IX

FDR Y LOS SOCIALISTAS CORPORATIVOS

*Creo que es tan revolucionario como todo lo que ocurrió en este país en 1776,
o en Francia en 1789, o en Italia con Mussolini, o en Rusia con Stalin.*
El senador Thomas P. Gore en las audiencias de la Administración de
Recuperación Nacional, Comité de Finanzas del Senado de Estados Unidos,
22 de mayo de 1933.

EL PLAN SWOPE

Aunque el New Deal y su componente más importante, la Administración de Recuperación Nacional (NRA), se presentan generalmente como hijos de las Eminencias Grises de FDR, como hemos visto, los principios esenciales habían sido elaborados en detalle mucho antes de que FDR y sus asociados llegaran al poder. El grupo de expertos que respaldó a FDR no hizo más que dar el sello de aprobación académica a un plan que ya estaba preparado.

Las raíces de la ANR de Roosevelt son de especial importancia. Como vimos en el capítulo 6, al permitir grandes cambios en la estructura industrial, la NRA se acercó a un esquema desarrollado en 1841 por el antepasado de FDR, el empresario neoyorquino Clinton Roosevelt.

A continuación, señalamos que el dictador Bernard Baruch estaba preparando un programa del tipo de la ANR en la década de 1920 y que él y su ayudante Hugh Johnson fueron parte integrante de la planificación preliminar. Además, la ANR de Roosevelt era en detalle un plan presentado por Gerard Swope (1872-1957), presidente de la General Electric Company durante mucho tiempo.

Este Plan Swope[382] era a su vez comparable a un plan alemán desarrollado durante la Primera Guerra Mundial por su homólogo Walter Rathenau, jefe de la empresa alemana General Electric (Allgemeine Elektizitäts Gesellschaft) en Alemania, donde se conocía como el Plan Rathenau. Así pues, analicemos más detenidamente el Plan Swope.

---

[382] Véase el Apéndice A para el texto completo.

LA FAMILIA SWOPE

La familia Swope era de origen alemán. En 1857, Isaac Swope, un inmigrante alemán, se estableció en San Luis como fabricante de cajas de relojes. Dos de los hijos de Swope, Herbert Bayard Swope y Gerard Swope, llegaron más tarde a la cima de los negocios estadounidenses. Herbert Bayard Swope fue durante mucho tiempo editor del *New York World*, entusiasta de las carreras, amigo íntimo de Bernard Baruch y utilizado por FDR como enviado no oficial durante el periodo del New Deal. El hermano de Herbert, Gerard, hizo carrera en la General Electric Company. Swope comenzó como ayudante de fábrica en 1893, se convirtió en representante de ventas en 1899, gerente de la oficina de San Luis en 1901 y director de la Western Electric Company en 1913. Durante la Primera Guerra Mundial, Swope fue director adjunto de compras, almacenamiento y tráfico en el gobierno federal a las órdenes del general George W. Goethals y planificó el programa de adquisiciones del ejército estadounidense. En 1919, Swope se convirtió en el primer presidente de la International General Electric Company. La exitosa promoción de los asuntos exteriores de G.E. le llevó a la presidencia en 1922 para suceder a Edwin Rice, Jr. Swope siguió siendo presidente de G.E. de 1922 a 1939.

General Electric era una empresa controlada por Morgan y siempre tenía uno o dos socios de Morgan en su consejo de administración, mientras que Swope también era director de otras empresas de Wall Street, como International Power Securities Co. y National City Bank.

El desarrollo político de Gerard Swope comenzó en la década de 1890. El biógrafo David Loth cuenta que, poco después de su llegada a Chicago, Swope conoció a las socialistas Jane Addams, Ellen Gates Starr y su colonia Hull House. Este interés por los asuntos sociales creció hasta culminar en el Plan Swope para la Estabilización de la Industria de 1931, cuyo 90% consistía en un plan de compensación a los trabajadores, seguros de vida e invalidez, pensiones de vejez y protección contra el desempleo. El Plan Swope es un documento extraordinario. Un breve párrafo sustrae a toda la industria de la ley antimonopolio -un objetivo industrial de larga data- mientras que muchos párrafos largos detallan los planes sociales propuestos. En resumen, el plan Swope era un dispositivo transparente diseñado para sentar las bases del Estado corporativo desactivando la posible oposición laboral con una enorme zanahoria social.

El Plan Swope y la propuesta anterior y similar de Bernard Baruch se convirtieron en la Ley de Recuperación Nacional de Roosevelt. El origen de la NRA en Wall Street no pasó desapercibido cuando se debatió la ley en el Congreso. Un ejemplo es la indignación, aunque no del todo exacta, del senador Huey P. Long:

> Ahora vengo aquí y me quejo. Me quejo en nombre del pueblo de mi país, del Estado soberano que represento. Me quejo en nombre del pueblo, dondequiera que se le conozca. Me quejo si es cierto, como me han dicho los honorables senadores aquí, que bajo esta ley, el Sr. Johnson, un antiguo empleado del Sr. Baruch, ha estado a cargo de la aplicación de la ley y ya ha llamado como asistentes al director

de Standard Oil Co. y al director de General Motors y al director de General Electric Co.

Me quejo si el Sr. Peek, que es un empleado del Sr. Baruch, o ha sido, como me han dicho en el Senado, el encargado de hacer cumplir la ley agrícola, por muy bueno que sea o por sus ideas.

Me quejo de que el Sr. Brown, que según me han dicho en el Senado se ha convertido en un manipulador influyente en la oficina del director del presupuesto, haya sido un empleado del Sr. Baruch y se le dé ahora esa autoridad. Me quejo porque el 12 de mayo de 1932, antes de que fuéramos a Chicago a nombrar un Presidente de los Estados Unidos, me puse de pie aquí en este recinto y le dije al pueblo de este país que no íbamos a tener la influencia del Sr. Baruch, que en ese momento era tan poderoso con Hoover, manipulando al Partido Demócrata antes del nombramiento, después del nombramiento o después de las elecciones.[383]

Huey Long tenía razón al señalar el dominio de Wall Street sobre la ANR, pero sus identificaciones son un poco arriesgadas. Hugh Johnson, antiguo colaborador de Bernard Baruch, ha sido nombrado director de la NRA. Además, los principales ayudantes de Johnson en la NRA eran tres líderes empresariales: Walter C. Teagle, presidente de Standard Oil de Nueva Jersey; Gerard Swope, presidente de General Electric y autor del Plan Swope; y Louis Kirstein, vicepresidente de William Filene's Sons de Boston. Como hemos visto, Filene fue durante mucho tiempo un partidario del socialismo empresarial. El "jefe de General Motors" citado por el senador Long era Alfred P. Sloan, no relacionado con la NRA, sino el vicepresidente de G.M. John Raskob, que fue el gran recaudador de fondos en 1928 y 1932 y el operador entre bastidores que promovió la elección de Franklin D. Roosevelt en 1932. En otras palabras, los puestos clave en la NRA y en la propia administración Roosevelt estaban ocupados por hombres de Wall Street. La explicación de las relaciones públicas para los empresarios convertidos en burócratas es que los empresarios tienen experiencia y deben participar en el servicio público. En la práctica, la intención ha sido controlar la industria. Sin embargo, no debería sorprendernos que los socialistas corporativos vayan a Washington D.C. tras la elección de sus hijos predilectos para hacerse cargo de la administración del monopolio. Habría que ser ingenuo para pensar que será diferente después de las enormes inversiones electorales registradas en el capítulo 8.

Antes de la toma de posesión del presidente Roosevelt, en marzo de 1933, se creó de manera más o menos informal un "grupo de expertos" para desarrollar planes económicos para la era Roosevelt. Este grupo incluía al general Hugh Johnson, Bernard Baruch (véase más arriba para sus contribuciones políticas), Alexander Sachs de Lehman Brothers (véase más abajo para sus contribuciones políticas), Rexford G. Tugwell y Raymond Moley. Este pequeño grupo, tres de Wall Street y dos académicos, generó la planificación económica de Roosevelt.

Este vínculo entre Bernard Baruch y la planificación de la ANR fue recogido por Charles Roos en su último volumen sobre la ANR:

---

[383] Senador Huey P. Long, Actas del Congreso, 8 de junio de 1933, p. 5250.

A principios de marzo de 1933, Johnson y Baruch se embarcaron en un viaje de caza y se detuvieron de camino a Washington. Moley cenó con ellos y sugirió que Johnson se quedara en Washington para elaborar un plan de reactivación industrial .. La idea atrajo a Baruch, que rápidamente concedió a Johnson una licencia de sus funciones habituales. Entonces Johnson y Moley, tras estudiar las distintas propuestas que consideraba válidas, se pusieron a redactar un proyecto de ley que organizara la industria para contrarrestar los efectos de la Depresión.[384]

Según Roos, el primer borrador de Johnson de la NRA estaba escrito en dos trozos de papel de desecho y simplemente preveía la suspensión de las leyes antimonopolio y un poder casi ilimitado para que el presidente Roosevelt hiciera casi todo lo que quisiera con la economía, incluyendo la concesión de licencias y el control de la industria. Según Roos, "esta propuesta fue, por supuesto, rechazada por la administración porque habría convertido al presidente en un dictador, y tal poder no era deseable".

Este rechazo aparentemente accidental del poder dictatorial no deseado por parte de la administración Roosevelt puede tener cierta importancia. En el capítulo 10, describiremos el asunto Butler, un intento de los mismos intereses de Wall Street de instalar a Roosevelt como dictador o de sustituirlo por un testaferro más flexible si se opone. Los primeros intentos de Johnson estaban dirigidos a establecer el ARN de forma compatible con Roosevelt como dictador económico, y su rechazo por parte de Roosevelt es coherente con las graves acusaciones formuladas a los pies de Wall Street (p. 141). En esta fase de planificación, según Roos, a Johnson y Moley se les unió Tugwell y más tarde Donald R. Richberg, un abogado laboralista de Chicago. Los tres se comprometieron a redactar un proyecto de ley más "completo", sea lo que sea que eso signifique.

El general Hugh Johnson, fue nombrado jefe de la Administración Nacional de Rehabilitación creada bajo el nombre de N.I.R.A. y se creyó durante un tiempo que también dirigiría la Administración de Obras Públicas. Los planes y esquemas elaborados por el general Johnson y Alexander Sachs de Lehman Brothers daban por sentado que el jefe de la ANR también dirigiría el programa de obras públicas.

Por lo tanto, es en este pequeño grupo de Wall Street donde se encuentran las raíces del proyecto de ley de la ANR y de la administración de obras públicas. Su esfuerzo refleja los planes de Swope y Baruch para el socialismo corporativo, con un primer intento de organizar una dictadura comercial estatal en Estados Unidos.

PLANIFICADORES SOCIALISTAS DE LOS AÑOS 30

Por supuesto, había muchos otros planes a principios de los años 30; de hecho, la planificación económica era endémica entre los académicos, los políticos y los empresarios de aquella época. El peso de la opinión informada consideraba que la planificación económica era esencial para la recuperación de Estados Unidos de la Depresión. Los que dudaban de la eficacia y la sabiduría de la planificación

---

[384] Charles F. Ross, *NRA Economic Planning* (Indianápolis: The Principia Press 1937), p. 37.

económica eran pocos. Desgraciadamente, a principios de los años 30 no había ninguna experiencia empírica que demostrara que la planificación económica era ineficaz, que creaba más problemas de los que resolvía y que provocaba una pérdida de libertad individual. Aunque Ludwig von Mises había escrito *El socialismo* y había hecho predicciones acertadas sobre el caos de la planificación, von Mises era un teórico económico desconocido en aquella época. Hay una atracción mística en la planificación económica. Sus defensores siempre se visualizan implícitamente como planificadores, y la psicología anticapitalista, tan bien descrita por von Mises, es la presión psicológica que se ejerce entre bastidores para que el plan se haga realidad. Incluso hoy, en 1975, mucho después de que la planificación económica haya quedado totalmente desacreditada, seguimos con el canto de sirena de la prosperidad a través de la planificación. J. Kenneth Galbraith es un ejemplo elocuente de ello, sin duda porque el aprecio personal de Galbraith por sus capacidades y su sabiduría es mayor que el de Estados Unidos en su conjunto. Galbraith reconoce que la planificación ofrece un medio para ejercer plenamente sus supuestas capacidades. Los demás debemos ser obligados a participar en el plan mediante el poder de policía del Estado: una negación de los principios liberales quizás, pero la lógica nunca ha sido un punto fuerte entre los teóricos de la economía.

En cualquier caso, la planificación económica en los años 30 tenía muchos más partidarios entusiastas y muchas menos críticas que hoy. Casi todo el mundo era un Galbraith, y el contenido básico de los planes propuestos era muy similar al suyo. En la siguiente tabla se enumeran los planes más importantes y sus características más destacadas. La industria, siempre ansiosa por encontrar refugio de la competencia en el poder estatal, propuso tres planes por sí misma. El más importante de estos planes industriales, el plan Swope, tenía características de obligatoriedad para todas las empresas de más de 50 empleados, combinando una regulación continua con, como se ha señalado, propuestas asistenciales extraordinariamente costosas. El Plan Swope se reproduce íntegramente en el Apéndice A; el texto completo refleja la ausencia de propuestas administrativas bien pensadas y la preponderancia de rasgos sociales irresponsables. Los primeros párrafos del plan dan la esencia de las propuestas de la Swope: asociaciones profesionales, controladas por el Estado y cuyo poder ejecutivo se concentra en manos de las grandes empresas mediante un sistema de votos industriales. Mientras que el 90% del texto de la propuesta está dedicado a las pensiones de los trabajadores, al seguro de desempleo, al seguro de vida, etc. En resumen, el plan Swope era una zanahoria para conseguir lo que Wall Street deseaba con tanto fervor: asociaciones comerciales monopolísticas con la capacidad de utilizar el poder del Estado para poner en práctica la máxima de Frederic Howe "haz que la sociedad trabaje para ti".

Planes de estabilización económica: 1933

Nombre del plan	Propuesta para la industria	Normativa gubernamental	Propuestas de asistencia social
Plan Swope (General Electric)	Planes de la industria Asociaciones profesionales, afiliación obligatoria después de tres años para las empresas de 50 o más empleados. Decisiones obligatorias	Regulación en curso por parte de la Comisión Federal de Comercio	Seguro de vida e invalidez, pensiones y seguro de desempleo
Plan de la Cámara de Comercio Americana	Consejo Económico Nacional; poder no vinculante	No hay regulación	Planes individuales de empresa; planificación de obras públicas
Plan de Contratistas Generales Asociados de América	Concesión por parte del Congreso de un mayor poder a la Junta de la Reserva Federal. Autorización para emitir bonos para el fondo rotatorio de la construcción; bonos para el aumento de la construcción pública y semipública. La Reserva Federal debe garantizar la solvencia de los bancos. Planes de trabajo	Regulación financiera. Licencia de los contratistas. Creación de oficinas de crédito a la construcción	Estimulación del empleo a través de una mayor actividad en la edificación y la construcción. Bonos del Estado para edificios públicos; desarrollo del banco de préstamos para la vivienda
Plan de la Federación Americana del Trabajo	Consejo Económico Nacional; poder no vinculante	No hay regulación	Distribución de los puestos de trabajo; mantenimiento de los salarios; aseguramiento de los puestos de trabajo; planes de estabilización a largo plazo. Semana de cinco días y jornada más corta inmediatamente. Programa de construcción pública
Plan Stuart Chase	Académico y general Consejo de Reactivación de la Industria de Guerra que utiliza el poder coercitivo y obligatorio, limitado a 20 o 30 industrias básicas	Regulación en curso	Oficinas nacionales de empleo; reducción de la jornada laboral; seguro de desempleo; aumentos salariales; distribución de la mano de obra

Plan Nacional de la Federación Cívica	"Congreso empresarial" de las organizaciones industriales. No hay limitaciones ni restricciones; pleno poder para fijar los precios o combinarlos	Regulación en curso	Plan de Seguro de Desempleo. Aumento de los salarios
Plan Barbe	Consejo Económico Nacional", autorizado por el Congreso, para coordinar las finanzas, las operaciones, la distribución y los servicios públicos. Cada sector se rige por sindicatos subsidiarios.	Regulación en curso	Utilización de los desempleados en programas de vivienda y proyectos públicos

El plan de la Cámara de Comercio Americana era similar al plan Swope, pero sólo exigía el cumplimiento voluntario del código y no contenía las extensas cláusulas sociales del plan Swope. El plan de la Cámara también se basaba en el cumplimiento voluntario, no en la regulación gubernamental coercitiva inherente a la propuesta de Swope.

El tercer plan industrial fue propuesto por la Associated General Contractors of America. El plan de la AGC proponía conceder mayores poderes al Sistema de la Reserva Federal para garantizar las obligaciones de los bancos para la construcción pública y, como es lógico, la creación de oficinas especiales de crédito para la construcción financiadas por el Estado, junto con la concesión de licencias a los contratistas. En resumen, la AGC quería evitar la competencia y utilizar fondos federales (de los contribuyentes) para promover la industria de la construcción.

El plan de la Federación Americana del Trabajo proponía un Consejo Económico Nacional para difundir y asegurar el empleo y realizar una planificación económica para la estabilización. Los sindicatos no han presionado para que el gobierno regule.

Los planes de la universidad eran notables porque apoyaban los objetivos de la industria. Stuart Chase, un conocido socialista, propuso algo muy parecido a los planes de Wall Street: una toma de posesión de la Junta de Industrias de Guerra de Bernard Baruch de 1918, con poder coercitivo concedido a la industria, pero limitado a 20 o 30 industrias básicas, con regulación continua. El plan Chase era una aproximación al fascismo italiano. El plan Beard también proponía sindicatos según el modelo italiano, con una regulación continua y la utilización de los desempleados en programas públicos inspirados en Marx y su "Manifiesto Comunista". La Federación Cívica Nacional defendía el concepto de planificación total: poder total y completo para fijar los precios y las combinaciones, con regulación estatal y planes de protección social para apaciguar las demandas de la mano de obra.

Casi nadie, excepto por supuesto Ludwig von Mises, ha señalado las raíces del problema para sacar la conclusión lógica de la historia económica de que la mejor planificación económica no es la planificación económica.[385]

LOS SOCIALISTAS ACOGEN EL PLAN SWOPE

Los socialistas ortodoxos recibieron el plan de Swope con una curiosa, aunque quizás comprensible, moderación. Por un lado, decían los socialistas, Swope había reconocido los males del capitalismo desenfrenado. Por otro lado, el sistema Swope, se quejaban los socialistas, dejaría el control de la industria en manos de la propia industria y no del Estado. Como explicó Norman Thomas:

> El plan de regulación del Sr. Swope es un plan probablemente inconstitucional para poner el poder del gobierno a disposición de los poderosos sindicatos capitalistas, que tratarán de controlar al gobierno que los regula y, si no, de combatirlo.[386]

La crítica socialista al plan Swope de General Electric no abordó la cuestión de si el sistema Swope funcionaría o sería eficaz desde el punto de vista operativo, o cómo se pretendía que funcionara; la crítica socialista ortodoxa se limitó a la observación de que el control estaría en manos equivocadas si la industria se hacía cargo y no en las manos adecuadas de los planificadores gubernamentales, es decir, los propios socialistas. En resumen, el conflicto era sobre quién controlaría la economía: el Sr. Gerard Swope o el Sr. Norman Thomas.

En consecuencia, la crítica de Thomas a Swope presenta una curiosa y a veces loable dualidad:

> Es ciertamente significativo que al menos uno de nuestros verdaderos capitanes de la industria, uno de los verdaderos líderes de Estados Unidos, haya superado la profunda y desconcertante reticencia de los poderosos a ir más allá de los más tristes tópicos a la hora de decirnos cómo reparar los efectos de la depresión que tanto contribuyeron a causar y tan poco a prevenir. Claramente, el discurso del Sr. Swope tuvo su lado positivo...[387]

En otras ocasiones, Thomas se muestra escéptico y señala que Swope "... ya no confía en la iniciativa individual, la competencia y el funcionamiento automático de los mercados", sino que propone orientar el sistema a favor de "la clase accionista".

No hay pruebas de que Gerard Swope y sus asociados hayan confiado nunca más en la iniciativa individual, la competencia y el libre mercado que Norman

---

[385] Si el lector desea seguir la explicación de esta omnipresente incapacidad para ver lo obvio, no podría empezar con un autor mejor que Ludwig von Mises, *The Anti-Capitalistic Mentality* (Nueva York; Van Nostrand, 1956).

[386] "A Socialist Looks at the Swope Plan", *The Nation*, 7 de octubre de 1931, p. 358.

[387] Ibid, p. 357.

Thomas. Esta es una observación importante, porque una vez que abandonamos los mitos de todos los capitalistas como empresarios y de todos los planificadores liberales como salvadores del hombre medio, vemos a ambos como lo que son: totalitarios y opositores a la libertad individual. La única diferencia entre ellos es quién debe ser el dictador.

LOS TRES MOSQUETEROS DE LA ANR

La Administración de Recuperación Nacional, el mayor segmento del New Deal, fue entonces diseñado, construido y promovido por Wall Street. La NRA nació esencialmente con Bernard Baruch y su antiguo ayudante, el general Johnson. En detalle, la ANR fue el Plan Swope, y sus principios generales han sido promovidos a lo largo de los años por muchos prominentes miembros de Wall Street.

Hubo, por supuesto, variantes de planificación de planificadores con influencia socialista y marxista, pero no fueron las versiones que finalmente se convirtieron en la ANR. La ANR era esencialmente fascista en el sentido de que la industria, y no los planificadores del gobierno central, tenía el poder de planificar, y estos planificadores industriales procedían del establishment financiero de Nueva York. El despacho de Bernard Baruch estaba situado en el 120 de Broadway; las oficinas de Franklin D. Roosevelt (las oficinas neoyorquinas de Fidelity & Deposit y el bufete de abogados Roosevelt & O'Connor) también estaban situadas en el 120 de Broadway. La oficina de Gerard Swope y las oficinas ejecutivas de la General Electric Company se encontraban en la misma dirección. Por lo tanto, podemos decir, en un sentido limitado, que la ANR Roosevelt nació en el 120 de Broadway, en Nueva York.

El general Hugh Johnson tenía tres ayudantes de alto nivel en la ANR, y "estos tres mosqueteros estaban de servicio más tiempo y entraban y salían de mi oficina tan pronto como encontraban algo que necesitaba atención".[388] Los tres asistentes eran personas de Wall Street de las principales industrias que a su vez ocupaban puestos importantes en las principales empresas de esas industrias: Gerard Swope, presidente de General Electric, Walter C. Teagle de Standard Oil de Nueva Jersey, y Louis Kirstein de William Filene's Sons, los comerciantes minoristas. Gracias a este trío, un elemento dominante de las grandes corporaciones estaba al frente en el momento de mayor fuerza de la NRA. Esta concentración de control explica las miles de denuncias de opresión de la ANR que provienen de medianos y pequeños empresarios.

¿Quiénes eran esos hombres? Como se ha señalado, Gerard Swope, de General Electric, había sido asistente del General Johnson en la Junta de Industrias de Guerra en la Primera Guerra Mundial. Mientras se discutía la NRA, Johnson "sugirió inmediatamente su nombre al Secretario Roper". En 1930, General Electric era el mayor fabricante de equipos eléctricos, y Westinghouse poseía muchas patentes básicas en este campo, así como una gran participación en RCA

---

[388] Hugh S. Johnson, *The Blue Eagle from Egg to Earth*, op. cit. p. 217.

y numerosas filiales y subsidiarias internacionales. A finales de la década de 1920, G.E. y Westinghouse producían cerca de tres cuartas partes de los equipos básicos para la distribución y generación de energía eléctrica en Estados Unidos. Sin embargo, General Electric era la empresa dominante en la industria de equipos eléctricos.[389] En virtud de la NRA, se designó a la Asociación Nacional de Fabricantes Eléctricos (NEMA) como organismo responsable de supervisar y administrar el código de la industria eléctrica. El NEMA actuó rápidamente y, en julio de 1933, presentó el segundo código de "competencia leal" para que lo firmara el Presidente.

El segundo mosquetero de Johnson era Walter Teagle, presidente del consejo de administración de la Standard Oil de Nueva Jersey. Standard of New Jersey era la mayor compañía petrolera integrada de Estados Unidos, y sólo Royal Dutch la desafiaba en ventas internacionales. Standard of New Jersey estaba controlada por la familia Rockefeller, cuyas participaciones a principios de los años 30 se estimaban entre el 20 y el 25%. Por lo tanto, se podría decir que Teagle representaba los intereses de los Rockefeller en la NRA, mientras que Swope representaba los intereses de Morgan. Es interesante señalar de paso que el mayor competidor de la Standard era la Gulf Oil, controlada por los intereses de Mellon, y que[390] en los primeros días de la administración Roosevelt se hicieron persistentes esfuerzos para perseguir a Mellon por evasión de impuestos.

El tercero de los tres mosqueteros de la NRA de Johnson era Louis Kirstein, vicepresidente de Filene's de Boston. Edward Filene es conocido por sus libros sobre los beneficios de las asociaciones comerciales, la competencia leal y la cooperación (véase la página 81).

La cumbre de la Administración de Recuperación Nacional de Roosevelt estaba compuesta por el presidente de la mayor compañía eléctrica, el presidente de la mayor compañía petrolera y el representante del mayor especulador financiero de Estados Unidos.

En resumen, la administración de la ANR reflejaba la institución financiera neoyorquina y sus intereses pecuniarios. Además, como hemos visto, dado que el propio plan se originó en Wall Street, la presencia de empresarios en la administración de la ANR no puede explicarse sobre la base de su experiencia y capacidad administrativa. La NRA fue una criatura de Wall Street implementada por la élite de Wall Street.

LA OPRESIÓN DE LAS PEQUEÑAS EMPRESAS

Los defensores de la Ley de Reactivación Industrial Nacional dejaron claro que la ARN protegería a las pequeñas empresas que, en su opinión, habían sufrido en el pasado la aplicación injusta de las leyes antimonopolio; la suspensión de las leyes antimonopolio eliminaría sus características más indeseables, mientras que

---

[389] Para más información, véase Harry W. Laidler, *Concentration of Control in American Industry* (Nueva York: Crowell, 1931), capítulo XV.

[390] Ibid, p. 20.

la ARN preservaría sus bienvenidas disposiciones antimonopolio. El senador Wagner dijo que toda la industria formularía los códigos industriales propuestos, no sólo las grandes empresas. El senador Borah, por el contrario, argumentó que el "monopolio" estaba a punto de recibir un servicio que había codiciado durante más de 25 años, es decir, "la muerte de las leyes antimonopolio", y que los códigos industriales de la ANR "serán combinaciones o contratos que restringen el comercio, y no habría necesidad de suspender las leyes antimonopolio". El senador Borah también acusó al senador Wagner de traicionar al empresario legítimo en beneficio de Wall Street:

> El viejo Rockefeller no necesitaba el derecho penal para hacerse rico. Destruyó a los independientes por todas partes, los dispersó a los cuatro vientos, concentró su gran poder. Pero el senador no sólo dio a las cosechadoras todo el poder para redactar su código, sino que también les dio el poder para acusar y perseguir al hombre que infringiera el código, aunque estuviera persiguiendo un negocio perfectamente legítimo.
>
> Sr. Presidente, no me importa cuánto reforcemos, cuánto construyamos, cuánto reforcemos la ley antimonopolio; me opongo a cualquier tipo de suspensión, porque sé que cuando se suspenden estas leyes, estamos dando a estas 200 empresas no bancarias, que controlan la riqueza de los Estados Unidos, un poder prodigioso, que nunca podrá ser controlado más que por las leyes penales aplicadas por los tribunales.[391]

El senador Borah continuó citando a Adam Smith a tal efecto, señalando que no había ninguna definición de competencia leal en el proyecto de ley y que los códigos de competencia leal degenerarían en diktats de las grandes empresas. Asimismo, el senador Gore se refirió a la posibilidad de que el presidente pueda exigir que todos los miembros de una industria cuenten con una licencia y que esto signifique que el presidente pueda revocar una licencia a voluntad, lo que constituye una clara violación de la ley y de los derechos fundamentales de propiedad:

> **GORE SENADOR**. ¿Podría el Presidente revocar esa licencia?
> **SENADOR WAGNER**. Sí, por una violación del código federal.
> **GORE SENADOR**. ¿En qué tipo de audiencia?
> **SENADOR WAGNER**. Después de una audiencia. Se puede celebrar una audiencia antes de revocar una licencia.
> **GORE SENADOR**. Es algo que realmente afecta a la vida y la muerte de una determinada industria o negocio, si tiene el poder de revocar la licencia.
> **SENADOR WAGNER**. Sí, es una pena.
> **GORE SENADOR**. Lo que quería preguntarle, senador, es lo siguiente: ¿Cree que podría dar ese poder a un alto ejecutivo?
> **SENADOR WAGNER**. Lo hago, en caso de emergencia.
> **GORE SENADOR**. ¿Para exterminar una industria?

---

[391] Congressional Record, 1933, p. 5165.

SENADOR WAGNER. Todos estos poderes, por supuesto, se alojan en un individuo, y debemos confiar en él para que los administre de manera justa y equitativa. Tuvimos el mismo tipo de poder durante la guerra.

GORE SENADOR. Lo sé, y Sr. Hoover, si se me permite usar esas palabras, este dispositivo deja fuera de juego a los ciudadanos estadounidenses nacidos libres sin un juicio con jurado.

SENADOR WAGNER. La filosofía de este proyecto de ley es fomentar la acción y la iniciativa voluntarias por parte de la industria, y dudo que estos métodos obligatorios se utilicen en absoluto, salvo en muy raras ocasiones; pero si se quiere elevar el nivel, hay que contar con algunas sanciones para hacer cumplir el código que se adopte.

GORE SENADOR. Lo comprendo, pero si quiere poner en marcha este sistema, debe tener el poder para hacerlo. Lo que quiero decir es por qué, en un país libre, a un hombre libre se le debería exigir una licencia para dedicarse a la industria legítima, y por qué, en nuestro sistema constitucional, alguien debería tener el poder de destruir el valor de su propiedad, lo que se hace cuando se crea una situación en la que no puede operar. Me parece que nos estamos acercando al punto de confiscar propiedades sin el debido proceso.[392]

Cuando observamos los resultados de la N.R.A., incluso unos meses después de la aprobación de la ley, vemos que estos temores del Senado estaban plenamente justificados y que el presidente Roosevelt había abandonado al pequeño empresario de Estados Unidos para controlar Wall Street. Muchas industrias estaban dominadas por unas pocas grandes corporaciones, controladas a su vez por empresas de inversión de Wall Street. Estas grandes empresas dominaron, a través de los tres mosqueteros, el establecimiento de los códigos de la ANR. Eran los más votados y podían fijar precios y condiciones ruinosas para las pequeñas empresas.

La industria siderúrgica es un buen ejemplo de cómo las grandes empresas han dominado el código de la ANR. En los años 30, dos grandes empresas, United States Steel, con el 39%, y Bethlehem Steel, con el 13,6%, controlaban más de la mitad de la capacidad de producción de lingotes de acero del país. El consejo de administración de U.S. Steel incluía a J.P. Morgan y Thomas W. Lamont, así como al presidente Myron C. Taylor. El consejo de administración de Bethlehem incluía a Percy A. Rockefeller y a Grayson M-P. Murphy, de Guaranty Trust, de quienes se habla en el capítulo 10.

En 1930, los mayores accionistas de U.S. Steel eran George F. Baker y George F. Baker, Jr., con acciones combinadas de 2.000 acciones preferentes y 107.000 acciones ordinarias; Myron C. Taylor, jefe del Comité de Finanzas de U.S. Steel, poseía 27.800 acciones ordinarias; J. P. Morgan poseía 1.261 acciones; y James A. Farrell era titular de 4.850 acciones preferentes. Estos hombres también fueron los principales contribuyentes a la campaña presidencial. Por ejemplo, durante la campaña de Hoover en 1928, contribuyeron

---

[392] United States Senate, National Industrial Recovery, Hearings before the Committee on Finance, 73rd Congress, 1st Session, S.17 and H.R. 5755 (Washington: Government Printing Office, 1933), p. 5.

J.P. Morga....................................n $5000
J.P. Morgan Company.................42.500 dólares
George F. Baker............................$27,000
George F. Baker J.......................r. 20.000 dólares
Myron C. Taylor...........................$25,000

Dentro de la NRA, encontramos que U.S. Steel y Bethlehem Steel controlaban efectivamente toda la industria en virtud de sus votos en los códigos industriales; de un total de 1.428 votos, estas dos empresas obtuvieron por sí solas un total de 671 votos, es decir, el 47,2%, peligrosamente cerca del control absoluto y con una indudable capacidad para encontrar un aliado entre las empresas más pequeñas pero aún importantes.

La fuerza del voto de la ANR en el Código de la Industria Siderúrgica

Empresa[393]	Votar dentro de la Autoridad del Código	Porcentaje del total
Acero americano	511	36.0
Bethlehem Steel	160	11.2
República del Acero	86	6.0
Acero nacional	81	5.7
Jones y Laughlin	79	5.5
Youngstown Sheet & Tube	74	5.1
Acero para las ruedas	73	5.1
Tren de laminación americano	69	4.8
Acero interno	51	3.6
Acero para crisoles	38	2.7
Hojalata de McKeesport	27	1.9
Acero Allegheny	21	1.5
Spang-Chalfant	17	1.2
Aro de acero Sharon	16	1.1
Acero Continental	16	1.1

Fuente: Informe de la ANR sobre el funcionamiento del sistema de puntos básicos en la industria siderúrgica.

Aunque U.S. Steel y Bethlehem eran las principales unidades de la industria siderúrgica antes de la adopción de la NRA, no pudieron controlar la competencia

---

[393] Además, las siguientes pequeñas empresas han expresado su opinión: Acme Steel (9), Granite City Steel (8), Babcock and Wilcox (8), Alan Wood (7), Washburn Wire (7), Interlake Iron (7), Follansbee Bros. (6), Ludlum Steel (6), Superior Steel (6), Bliss and Laughlin (6), Laclede Steel (5), Apollo Steel (5), Atlantic Steel (4), Central Iron and Steel (4), A.M. Byers Company (4), Sloss-Sheffield (4), Woodward Iron (3), Firth-Sterling (2), Davison Coke and Iron (2), Soullin Steel (1), Harrisburg Pipe (1), Eastern Rolling Mill (1), Michigan Steel Tube (1), Milton Manufacturing Company (1) et Cranberry Furnace (1).

de muchas empresas más pequeñas. Tras la adopción de la NIRA, estas dos empresas pudieron, gracias a su dominio del sistema de códigos, dominar también la industria siderúrgica.

John D. Rockefeller organizó el trust Standard Oil en 1882 pero, tras las órdenes judiciales en virtud de la Ley Sherman, el cartel se disolvió en 33 empresas independientes. En 1933, estas empresas todavía estaban controladas por los intereses de la familia Rockefeller; la Ley Sherman era más una sombra que una sustancia:

Empresa	Ingresos netos (1930) en millones de dólares.
Standard Oil de Nueva Jersey	57
Standard Oil de Indiana	46
Standard Oil de California	46
Standard Oil de Nueva York	16

Las oficinas de las empresas "independientes" de Standard siguieron situándose en la sede de Rockefeller, en aquel momento en el 25 y 26 de Broadway. Durante la década de 1920, entraron nuevos capitales y la importancia de las distintas compañías de la Standard Oil cambió relativamente.

En la época del New Deal, la mayor unidad era la Standard Oil de Nueva Jersey, en la que los Rockefeller tenían una participación del 20-25%. El presidente del New Jersey Standard, Walter S. Teagle, se convirtió en uno de los tres mosqueteros de la NRA.

Si analizamos la industria del automóvil en 1930, vemos que dos empresas, Ford y General Motors, vendían aproximadamente tres cuartas partes de los coches producidos en Estados Unidos. Si incluimos a Chrysler, las tres empresas vendieron aproximadamente cinco sextas partes de todos los coches producidos en Estados Unidos:

Ford Motor Co..................................... 40 por ciento
General Motors..................................35 por ciento
Chrysler Corp ...8 por ciento

Bajo la dirección de su fundador, Henry Ford, la Ford Motor Company tenía poco uso de la política, aunque James Couzens, uno de los accionistas originales de Ford, se convirtió más tarde en senador por Michigan. Ford mantuvo sus oficinas ejecutivas en Dearborn, Michigan, y sólo una oficina de ventas en Nueva York. Ford también era ferozmente anti-NRA y anti-Wall Street, y Henry Ford destacaba por su ausencia en las listas de contribuyentes a las campañas presidenciales.

Por otro lado, General Motors era una criatura de Wall Street. La empresa estaba controlada por la firma J.P. Morgan; el presidente del consejo de administración era Pierre S. Du Pont, de la empresa Du Pont, que en 1933 poseía cerca del 25% de las acciones de General Motors. En 1930, el consejo de administración de General Motors estaba compuesto por Junius S. Morgan, Jr. y George Whitney de la firma Morgan, directores de First National Bank y Bankers Trust, siete directores de Du Pont y Owen D. Young de General Electric.

Otro ejemplo es la International Harvester Company, que en 1930, bajo la dirección de su presidente Alexander Legge, era el gigante de la industria de equipos agrícolas. Legge formaba parte de la NAR. La asociación de maquinaria agrícola fue creada en 1920 por la empresa J.P. Morgan y controlaba alrededor del 85% de la producción total de maquinaria de cosecha en Estados Unidos. En 1930, la empresa seguía dominando el sector:

Empresa	Activos	Porcentaje del mercado
International Harvester (11 Broadway)	384 millones (1929)	60
Deere & Co.	$107	17
Caso J.I.	$55	8
Otros	$100	15
Total	646 millones de euros	100

En 1930, al menos 80 grandes empresas explotaban carbón bituminoso en Estados Unidos; de ellas, dos -Pittsburgh Coal y Consolidation Coal- eran dominantes. Pittsburgh Coal estaba controlada por la familia de banqueros de Pittsburgh, los Mellon. Consolidation Coal era en gran parte propiedad de J.D. Rockefeller, que poseía el 72% de las acciones preferentes y el 28% de las acciones ordinarias. Tanto los Mellon como los Rockefeller eran grandes contribuyentes políticos. Asimismo, la producción de antracita se concentró en manos del ferrocarril de Reading, que extrajo el 44% del carbón estadounidense. Reading estaba controlada por el Ferrocarril de Baltimore y Ohio, que poseía el 66% de sus acciones, y el presidente de B&O era E.T. Stotesbury, socio de la firma Morgan.

Cuando observamos las empresas de construcción de maquinaria en Estados Unidos en 1930, vemos que la mayor, con diferencia, era General Electric, y el presidente de G.E., Swope, estaba íntimamente relacionado con la NRA.

Grandes empresas de ingeniería mecánica (1929)

Empresa	Activos en millones	Beneficios (1929) en millones	Ventas (1929) en millones
General Electric, 120 Broadway	$500	$71	$415.3
American Radiator & Standard Sanitary, 40 W. 40th St.	$226	$20	
Westinghouse Electric, 150 Broadway	$225	$27	$216.3
Locomotora Baldwin, 120 Broadway	$100	$3	$40
American Locomotive, 30 Church St.	$106	$7	
American Car & Foundry,	$120	$2.7	

30 Church St.		
International Business Machines, 50 Broadway	$40	$6.7
Otis Elevator, 260 11th Avenue	$57	$8
Corporación de la grúa	$116	$11.5

A medida que descendemos en la lista, vemos que American, Car & Foundry (cuyo presidente, Woodin, llegó a ser Secretario del Tesoro con Roosevelt), American Radiator & Standard y Crane Company han hecho importantes contribuciones a la carrera política de FDR.

Dada esta influencia dominante de las grandes empresas en la NRA y en la administración Roosevelt, no es de extrañar que la NRA se haya administrado de forma opresiva para las pequeñas empresas. Incluso durante la breve existencia de la ANR, hasta que fue declarada inconstitucional, encontramos evidencias de opresión: miren las quejas de las pequeñas empresas en los sectores de los que venimos hablando, en comparación con otros sectores en pequeñas empresas con muchas más unidades:

Industria	Número de quejas por opresión (enero-abril de 1934)
Industria a gran escala	
Hierro y acero	66
Banca de inversión	47
Aceite	60
Fabricación eléctrica	9
Pequeñas empresas	
Limpieza y teñido	31
Hielo	12
Impresión	22
Botas y zapatos	10
Lavandería	9

Fuente: Roos, *NAR Economic Planning*, p. 411, basado en datos no publicados de la NAR.

CAPÍTULO X

FDR, EL CABALLERO BLANCO

En las últimas semanas de su vida oficial, el comité recibió pruebas de que algunas personas habían intentado establecer una organización fascista en este país. No cabe duda de que estos intentos se discutieron, se planificaron y pudieron llevarse a cabo cuando y si los financiadores lo consideraron oportuno. ....
Esta comisión recibió el testimonio del General Smedley D. Butler (retirado), condecorado en dos ocasiones por el Congreso de los Estados Unidos ... su comisión pudo verificar todas las declaraciones relevantes realizadas por el General Butler ... .
    John W. McCormack, Presidente del Comité Especial de Actividades
    Antiamericanas, Cámara de Representantes, 15 de febrero de 1935.

En la Navidad de 1934, las noticias sobre un extraño complot para instalar a un dictador en la Casa Blanca surgieron en Washington y Nueva York, y la historia -de una importancia sin precedentes- fue rápidamente sofocada por el Congreso y la prensa del establishment.[394]

El 21 de noviembre de 1934, el *New York Times* publicó la primera parte de la historia de Butler contada al Comité de Actividades Antiamericanas de la Cámara de Representantes, dándole un tratamiento de primera plana y un intrigante párrafo principal:

---

[394] Véase Jules Archer, *The Plot to Sixteen the White House* (Nueva York: Hawthorn Books, 1973) El libro de Archer es "el primer esfuerzo por contar toda la historia del complot en orden y con todos los detalles. Véase también George Wolfskill, *The Revolt of the Conservatives* (Boston: Houghton, Mifflin, 1962), que contiene muchos elementos de la trama. El lector interesado también debería echar un vistazo a George Seldes, *One Thousand Americans* (Nueva York: Honi & Gaer, 1947).
Desgraciadamente, aunque estos libros han mantenido viva la memoria del acontecimiento -un esfuerzo valiente que no debe subestimarse en absoluto-, reflejan una confusión del fascismo con la moderación. Los partidarios de la Constitución, por supuesto, rechazarían absolutamente los esfuerzos dictatoriales descritos. Algunos grupos, como la American Conservative Union, por ejemplo, llevan una década dirigiendo sus ataques a los objetivos identificados por Archer y Seldes. La mala interpretación de estos últimos autores se ve acentuada por el hecho de que la confusión sobre el significado del conservadurismo también les ha impedido explorar la posibilidad de que Wall Street sólo tuviera en mente a Franklin Delano Roosevelt como "el hombre del caballo blanco".

Una conspiración de los intereses de Wall Street para derrocar al presidente Roosevelt y establecer una dictadura fascista, respaldada por un ejército privado de 500.000 ex soldados y otros, ha sido acusada por el general de división Smedley D. Butler, un oficial retirado del Cuerpo de Marines .

El informe del *New York Times* añadía que el general Butler "...dijo a sus amigos que el general Hugh S. Johnson, antiguo administrador de la NRA, estaba destinado a desempeñar el papel de dictador, y que J.P. Morgan & Co. y Murphy & Co. estaban detrás de la conspiración. "

Después de este prometedor comienzo, el informe *del New York* Times se desvaneció gradualmente y finalmente desapareció. Afortunadamente, desde entonces ha salido a la luz suficiente información para demostrar que el asunto Butler o el complot para tomar la Casa Blanca es parte integral de nuestra historia de FDR y Wall Street.

COMPAÑÍA GRAYSON M-P. MURPHY, 52 BROADWAY

La figura central de la trama era el general de división Smedley Darlington Butler, un pintoresco, popular y conocido oficial del Cuerpo de Marines, galardonado en dos ocasiones con la Medalla de Honor del Congreso y veterano militar durante 33 años. El general Butler testificó en 1934 ante el Comité McCormack-Dickstein que investigaba las actividades nazis y comunistas en los Estados Unidos que dos miembros de la Legión Americana le habían presentado un plan para una dictadura en la Casa Blanca: Gerald C. MacGuire, que trabajaba para Grayson M-P. Murphy & Co, 52 Broadway, Nueva York, y Bill Doyle, a quien Butler identificó como oficial de la Legión Americana. El general Butler declaró que estos hombres querían "desalojar a la Familia Real del control de la Legión Americana en la convención que se celebraría en Chicago, y estaban muy ansiosos por que yo asistiera". Se presentó un plan al general Butler: debía presentarse en la convención como delegado de la Legión de Honolulu; habría doscientos o trescientos miembros de la Legión Americana entre el público; y "estos hombres dispersos debían empezar a aplaudir y pedir un discurso, y entonces yo debía salir a la plataforma y dar un discurso". "

El discurso preparado iba a ser escrito por John W. Davis, socio de Morgan. Para demostrar su apoyo financiero a Wall Street, MacGuire mostró al general Butler una libreta bancaria con una lista de depósitos de 42.000 y 64.000 dólares y mencionó que su fuente era el congresista Grayson. Murphy, director de la Guaranty Trust Company y de otras empresas controladas por Morgan. Un banquero millonario, Robert S. Clark, cuyas oficinas se encuentran en el edificio Exchange, en el número 11 de Wall Street, también estuvo involucrado.

El general Butler conocía a Robert Clark desde su campaña en China. MacGuire y Doyle también ofrecieron a Butler una importante suma de dinero para que pronunciara un discurso similar en la Convención de Veteranos de Guerra Extranjeros de Miami Beach. Según MacGuire, su grupo había investigado los antecedentes de Mussolini y el fascismo italiano, la organización de Hitler en Alemania y la Croix de Feu en Francia, y sugirió que era el momento de establecer una organización similar en Estados Unidos. El general Butler declaró ante la comisión del Congreso sobre la declaración de MacGuire lo siguiente

> Dijo: "Ha llegado el momento de reunir a los soldados".
> "Sí", dije, "yo también lo creo". Respondió: "Me fui al extranjero para estudiar el papel que desempeña el veterano en las distintas estructuras de los gobiernos extranjeros. Fui a Italia durante 2 o 3 meses y estudié la posición de los veteranos de Italia en la estructura del gobierno fascista, y descubrí que son el apoyo de fondo de Mussolini. Los mantienen en nómina de diversas maneras y los mantienen contentos y satisfechos; y son su verdadera columna vertebral, la fuerza con la que puede contar, si hay un problema, para apoyarlo. Pero este arreglo no nos conviene en absoluto. A los soldados americanos no les gustaría eso. Así que fui a Alemania para ver lo que hacía Hitler, y su fuerza también reside en las organizaciones militares. Pero eso no habría sido posible. He investigado los asuntos rusos. Me enteré de que el uso de los soldados allí no complacería a nuestros hombres. Así que fui a Francia y descubrí exactamente qué tipo de organización vamos a tener. Es una organización de súper soldados". Me dio el nombre en francés de esta organización, pero no recuerdo cuál es. De todos modos, nunca habría podido pronunciarlo. Pero sí sé que es una superorganización de miembros de todas las organizaciones de soldados de Francia, formada por suboficiales y oficiales. Me dijo que había unos 500.000 y que cada uno de ellos estaba a cargo de otros 10, lo que les daba 5.000.000 de votos. Y dijo: "Es nuestra idea, aquí en Estados Unidos, crear una organización como ésta".[395]

¿Cuál sería el objetivo de esta superorganización? Según el *New York Times*[396], se cita al general Butler diciendo que el asunto era un intento de *golpe de estado* para derrocar al presidente Roosevelt y sustituirlo por un dictador fascista. Esta interpretación es compartida por Archer, Seldes y otros autores. Sin embargo, esta no es la acusación que el General Butler hizo a la comisión. La declaración precisa de Butler sobre la organización propuesta, el uso que se hará de ella una vez establecida y el papel del presidente Roosevelt es la siguiente: el general Butler informó sobre su conversación con MacGuire:

> Le dije: "¿Qué quieres hacer con él cuando lo lleves al poder? "
> "Bueno", dijo, "queremos apoyar al presidente".
> Le dije: "El presidente no necesita el apoyo de ese tipo de organización. ¿Desde cuándo eres partidario del Presidente? La última vez que hablé contigo, estabas en contra de él".
> Dijo: "Bueno, ahora va a venir con nosotros".
> "¿Lo es?
> "Sí".
> "Bueno, ¿qué va a hacer con esos hombres, suponga que tiene esos 500.000 hombres en América? ¿Qué vas a hacer con ellos? "
> "Bueno", dijo, "serán el apoyo del presidente".

---

[395] Cámara de Representantes, Investigación de las actividades de propaganda nazi e investigación de otras actividades de propaganda, Audiencias n° 73-D.C.-6, op. cit. p. 17.

[396] *The New York Times*, 21 de noviembre de 1934.

Dije: "El presidente tiene a todo el pueblo americano. ¿Por qué los quiere? "

Me dijo: "¿No entiendes que tenemos que cambiar un poco la configuración? Ahora lo tenemos, tenemos al Presidente. Debe tener más dinero. No hay más dinero para darle. El 80% del dinero está ahora en bonos del Estado, y no puede seguir con este tinglado por más tiempo. Tiene que hacer algo al respecto. O bien tiene que sacarnos más dinero o tiene que cambiar el modo de financiación del gobierno, y nos aseguraremos de que no cambie el modo de financiación del gobierno. No lo cambiará".

Le dije: "Así que la idea de este gran grupo de soldados es asustarlo, ¿no es así?

"No, no, no; no para asustarlo. Es para apoyarlo cuando otros lo atacan".

Le dije: "Bueno, no lo sé. ¿Cómo lo explicaría el presidente? "

No necesariamente tendrá que explicarlo, porque le vamos a ayudar. ¿Se le ha ocurrido que el Presidente está sobrecargado de trabajo? Podríamos tener un vicepresidente, alguien a quien culpar; y si las cosas no funcionan, puede dejarle caer".

Continuó diciendo que no había necesidad de cambiar la Constitución para permitir que otro miembro del gabinete, alguien, se hiciera cargo de los detalles del cargo, quitándolos de los hombros del presidente. Mencionó que el puesto sería de secretario de asuntos generales, una especie de supersecretario.

PRESIDENTE [Congresista McCormack]. ¿Un secretario de asuntos generales?

BUTLER. Ese es el término que utilizó, o un Secretario de Estado de Bienestar, no recuerdo cuál. Salí de la entrevista con ese nombre en mente. Se me ocurrió la idea al hablar con ambos. Ambos hablaron del mismo tipo de alivio que debería recibir el Presidente, y él dijo: "Sabes, el pueblo estadounidense se tragará esto. Tenemos los periódicos. Vamos a lanzar una campaña sobre el hecho de que la salud del Presidente está fallando. Cualquiera puede saberlo con sólo mirarlo, y los estúpidos estadounidenses caerán en la trampa en un segundo".

Y pude verlo. Tenían este tinglado de la simpatía, de que iban a tener a alguien que le quitara el patrocinio de encima y le quitara todas las preocupaciones y los detalles, y entonces sería como el Presidente de Francia.

Le dije: "¿Así que de ahí sacaste la idea? "

Dijo: "He viajado mirando a mi alrededor. Ahora, sobre esta gran organización, ¿estaría usted interesado en dirigirla? "

Le dije: "Estoy interesado, pero no sé si voy a presentarme. Estoy muy interesado en ello, porque, ya sabes. Jerry, mi interés es, mi única afición es, mantener una democracia. Si consiguen que esos 500.000 soldados defiendan algo que huele a fascismo, voy a conseguir 500.000 más y les voy a dar una patada en el culo, y tendremos una verdadera guerra en casa. Ya lo sabes".

"Oh, no. No queremos eso. Queremos que el presidente sea menos exigente".

"Sí; y entonces pondrás a alguien que puedas dirigir; ¿es esa la idea? El Presidente irá por ahí bautizando bebés, inaugurando puentes y besando niños. El Sr. Roosevelt nunca estará de acuerdo con eso".

"Oh, sí, lo hará. Le parecerá bien".[397]

En otras palabras, la conspiración de Wall Street no consistía en deshacerse del presidente Roosevelt en absoluto, sino en echarlo e instalar un vicepresidente con poderes absolutos. No está claro por qué se tomó la molestia de instalar un

---

[397] Chambre des représentants, Investigación de las actividades de propaganda nazi e investigación de otras actividades de propaganda, audiencias nº 73-D.C.-6, op. cit.

vicepresidente, ya que el vicepresidente estaba en funciones. En cualquier caso, se pretendía dirigir los Estados Unidos con un Secretario de Asuntos Generales, que el crédulo público estadounidense aceptaría bajo el pretexto de la necesaria protección contra una toma de posesión comunista.

En este punto, es interesante recordar el papel de estos mismos financieros y compañías financieras en la revolución bolchevique -un papel, por cierto, que el general Butler no podía conocer- y[398]uso de tácticas de miedo similares por parte de los rojos en la organización estadounidense de 1922. Grayson M-P. Murphy fue, a principios de la década de 1930, director de varias empresas controladas por los intereses de J.P. Morgan, entre ellas la Guaranty Trust Company, muy conocida en la revolución bolchevique, la New York Trust Company y Bethlehem Steel, y formó parte del consejo de administración de la Inspiration Copper Company, la National Aviation Corporation, la Intercontinental Rubber Co. y la U.S. & Foreign Securities. John W. Davis, redactor de discursos del general Butler, era socio de Davis, Polk, Wardwell, Gardner & Reed del número 15 de la calle Broad. Polk y Wardwell, de este prestigioso bufete, junto con Grayson Murphy, desempeñaron un papel en la revolución bolchevique. Además, Davis fue también codirector con Murphy en la Guaranty Trust, controlada por Morgan, y codirector con el aspirante a la presidencia Al Smith en la Metropolitan Life Insurance Co., así como director de la Mutual Life Insurance Co., la U.S. Rubber Co. y la American Telephone and Telegraph, la unidad de control del sistema Bell.

Suerte para la historia. El general Butler habló de la oferta con una fuente periodística imparcial al principio de sus entrevistas con MacGuire y Doyle. La comisión McCormack-Dickstein escuchó el testimonio jurado de este confidente, Paul Comley French. French confirmó que era reportero del *Philadelphia Record* y del *New York Evening Post y* que el general Butler le había hablado de la conspiración en septiembre de 1934. Posteriormente, el 13 de septiembre de 1934, French fue a Nueva York y se reunió con MacGuire. Lo que sigue es parte de la declaración de French ante el Comité:

> MR. FRANCÉS. Gerald P. MacGuire en las oficinas de Grayson M.-P. Murphy & Co. en el duodécimo piso de 52 Broadway, poco después de la 1:00 p.m. Hay una pequeña oficina privada, y entré en su despacho. Aquí tengo algunas citas directas de él. En cuanto salí de su despacho, me acerqué a una máquina de escribir y anoté todo lo que me dijo. "Necesitamos un gobierno fascista en este país", insistió, "para salvar a la nación de los comunistas que quieren demolerla y destruir todo lo que hemos construido en Estados Unidos". Los únicos hombres que tienen el patriotismo para hacerlo son los soldados y Smedley Butler es el líder ideal. Podía movilizar a un millón de hombres en una noche". Durante la conversación, me dijo que había estado en Italia y Alemania en el verano de 1934 y en la primavera de 1934 y que había hecho un estudio exhaustivo de los antecedentes de los movimientos nazi y fascista y de cómo los veteranos habían desempeñado un papel en ellos. Dijo que había obtenido suficiente información sobre los movimientos fascistas y nazis y el papel desempeñado por los veteranos para crear uno en este país.

---

[398] Véase Sutton, *Wall Street and the Bolshevik Revolution,* op. cit.

A lo largo de su conversación conmigo, subrayó que esto era extremadamente patriótico, que estaba salvando a la nación de los comunistas, y que los hombres con los que están tratando tienen la loca idea de que los comunistas van a desmantelarla. Dijo que la única salvaguarda serían los soldados. Al principio sugirió que el propio general organizara este conjunto y pidiera a todos que pagaran un dólar al año de cuota. Lo discutimos y luego llegó al punto de conseguir financiación externa y dijo que no sería un problema recaudar un millón de dólares. En el transcurso de la conversación, siguió hablando de la necesidad de un caballero blanco, como él lo llamaba, un dictador que viniera galopando en su caballo blanco. Dijo que ésta era la única manera de salvar el sistema capitalista, ya sea mediante la amenaza de la fuerza armada o mediante la delegación del poder y el uso de un grupo organizado de veteranos.

Se calentó considerablemente después de que nos fuéramos y dijo: "Podríamos seguir a Roosevelt y hacer con él lo que Mussolini hizo con el rey de Italia". Esto es coherente con lo que le dijo al general [Butler], que tendríamos un secretario de Asuntos Generales, y que si Roosevelt le seguía el juego, sería estupendo; y si no lo hacía, lo echarían.[399]

ACKSON MARTINDELL, 14 WALL STREET

Los testimonios jurados del general Smedley Butler y de Paul French en las audiencias de la comisión tienen un hilo conductor. El general Butler divaga de vez en cuando, y algunas partes de su declaración son vagas, pero está claro que la historia no se limita a una inocente reunión de miembros de la Legión Americana en una superorganización. ¿Hay alguna prueba independiente que apoye la tesis del general Butler y de Paul French? Sin que Butler y French lo supieran, Guaranty Trust había participado en las maniobras de Wall Street durante la revolución bolchevique de 1917, lo que indica al menos una predisposición a mezclar los asuntos financieros con la política dictatorial; dos de las personas implicadas en la conspiración eran directores de Guaranty Trust. Además, antes de que las audiencias se interrumpieran bruscamente, la comisión escuchó el testimonio de una fuente independiente, que confirmó muchos de los detalles relatados por el general Butler y Paul French. En diciembre de 1934, el capitán Samuel Glazier, comandante del campamento del CCC en Elkridge, Maryland,[400] fue citado a comparecer ante la comisión.

El 2 de octubre de 1934, el capitán Glazier testificó que había recibido una carta de A.P. Sullivan, Ayudante General Adjunto del Ejército de los Estados Unidos, en la que le presentaba a un tal Sr. Jackson Martindell, "que será muy cortés con usted". Esta carta había sido enviada a Glazier por el mando del Mayor General Malone del Ejército de los Estados Unidos. ¿Quién era Jackson Martindell? Era un consultor financiero que trabajaba en el 14 de Wall Street, y anteriormente era socio de Stone & Webster & Blodget, Inc, banqueros de inversión del 120 de Broadway, y de Carter, Martindell & Co, banqueros de

---

[399] Cámara de Representantes, Investigación de las actividades de propaganda nazi e investigación de otras actividades de propaganda, Audiencias nº 73-D.C.-6, op. cit. p. 26.

[400] Ibid, partes 1 y 2. Basado en el testimonio ante la Comisión McCormack-Dickstein.

inversión del 115 de Broadway.[401] Martindell era un hombre de peso, que vivía, según el *New York Times*, "...*en el* centro de una magnífica finca de sesenta acres" que había comprado a Charles Pfizer[402], y era lo suficientemente influyente como para que el general Malone organizara una visita al campamento del Cuerpo de Conservación de Elkridge, Maryland.

La asociación de Martindell con Stone & Webster (120 Broadway) es significativa y justifica por sí misma el seguimiento de sus asociados en la zona de Wall Street.

El capitán Glazier proporcionó a Martindell la visita solicitada al campamento y declaró ante la comisión que Martindell hizo muchas preguntas sobre un campamento similar para los hombres que trabajan en la industria y no en los bosques. Una semana después de la visita. El capitán Glazier visitó la casa de Martindell en Nueva Jersey, se enteró de que era amigo personal del general Malone y fue informado de que Martindell quería organizar campamentos similares en el CCC para formar a 500.000 jóvenes. Según Glazier, esta conversación tenía connotaciones antisemitas y sugería un intento de golpe de Estado en Estados Unidos. La organización que patrocinaba el derrocamiento se llamaba Vigilantes Americanos, cuyo emblema era una bandera con un águila roja sobre fondo azul en lugar de la esvástica alemana. Esto fue en parte una verificación independiente del testimonio del General Butler.

EL TESTIMONIO DE GERALD C. MACGUIRE

Gerald MacGuire, uno de los conspiradores acusados, fue llamado ante la comisión y declaró largamente bajo juramento. Declaró que se había reunido con el general Butler en 1933 y que los motivos de su visita a Butler eran (1) hablar del Comité del Dólar Sano y (2) que pensaba que Butler sería "un buen hombre para estar al mando de la Legión".

MacGuire admitió haberle dicho al general Butler que era miembro del comité de invitados distinguidos de la Legión Americana; tenía un "vago recuerdo" de que el millonario Robert S. Clark había hablado con Butler, pero había "negado categóricamente" haber organizado que Clark se reuniera con Butler. MacGuire admitió que había enviado a Butler postales desde Europa, que había tenido una conversación con el General en el Hotel Bellevue-Stratford y que le había dicho a Butler que iba a ir a la convención de Miami. Sin embargo, cuando se le preguntó si había hablado con Butler sobre el papel desempeñado por los veteranos en los gobiernos europeos, respondió que no, aunque dijo que le había dicho a Butler que, en su opinión, "Hitler no duraría un año más en Alemania y que Mussolini estaba en declive".[403]

---

[401] 120 Broadway es objeto de un capítulo en este libro y en otro anterior, Sutton, *Wall Street and the Bolshevik Revolution*, op. cit.

[402] *The New York Times*, 28 de diciembre de 1934.

[403] Cámara de Representantes, Investigación de las actividades de propaganda nazi e investigación de otras actividades de propaganda, Audiencias n° 73-D.C.-6, op. cit. p. 45.

El relato de MacGuire sobre su encuentro con French difiere significativamente del relato de French:

> **PREGUNTA**. ¿Por qué llamó el Sr. French para verlo, Sr. MacGuire?
> **RESPUESTA**. Me llamó, según el relato del Sr. French, para reunirse y conocerme, porque yo había conocido al general Butler, y era amigo suyo, y quería conocerme, y ése era el objetivo principal de su visita.
> **PREGUNTA**. ¿No se habló de nada más?
> **RESPUESTA**. Se discutieron varias cosas; sí. La posición del mercado de bonos, el mercado de valores; lo que yo pensaba que era una buena compra en este momento; lo que él podría comprar si tuviera setecientos u ochocientos dólares; la posición del país; las perspectivas de recuperación, y varias cosas que dos hombres discutirían si se reunieran.
> **PREGUNTA**. ¿Algo más?
> **RESPUESTA**. Nada más, excepto esto, Sr. Presidente: Como dije ayer, creo que, cuando el Sr. French vino a verme, dijo que el general Butler es o ha sido contactado por dos o tres organizaciones -y creo que mencionó una de ellas como un comité de vigilancia de este país- y dijo: "¿Qué piensa usted? " y creo que dije: "Por qué, no creo que el general deba involucrarse en estos asuntos en este país. Creo que toda esta gente está tratando de utilizarlo, de usar su nombre para la publicidad y para la afiliación, y creo que debería alejarse de estas organizaciones.
> **PREGUNTA**. ¿Algo más?
> **RESPUESTA**. Nada más. Esa fue la esencia de toda la conversación.[404]

MacGuire testificó además que trabajaba para Grayson Murphy y que Robert S. Clark había puesto a disposición 300.000 dólares para formar el Comité por un dólar sano.

La comisión McCormack-Dickstein pudo confirmar el hecho de que Robert Sterling Clark pasó dinero a MacGuire con fines políticos:

> Él [MacGuire] declaró además que este dinero le fue entregado por el Sr. Clark mucho después de la Convención de la Legión en Chicago, y que también recibió de Walter E. Frew del Corn Exchange Bank & Trust Co. la suma de 1.000 dólares, que también fue colocada en el crédito del Sound Money Committee.
> MacGuire declaró entonces que había recibido de Robert Sterling Clark aproximadamente 7.200 dólares para sus gastos de viaje hacia, desde y dentro de Europa, además de 2.500 dólares en otra ocasión y 1.000 dólares en otra ocasión, y declaró bajo juramento que no había recibido nada de nadie más y además declaró que lo había depositado en su cuenta personal en la Manufacturers Trust Co. 55 Broad Street.
> MacGuire testificó además que actualmente tenía una cuenta de retirada de 432 dólares al mes, más algunas comisiones. Más tarde, MacGuire declaró que los 2.500 dólares y los 1.000 dólares estaban relacionados con la organización del Healthy Dollar Committee.
> El Presidente McCormack preguntó entonces: "¿Contribuyó el Sr. Clark de alguna otra manera, además de los 30.000 dólares y las otras cantidades que usted enumeró,

---

[404] Ibid, p. 45.

que le dio personalmente? ", a lo que MacGuire respondió: "No, señor, se le pidió varias veces que contribuyera a varios fondos, pero se negó".[405]

En su comunicado de prensa de Nueva York, la comisión señaló varias discrepancias en el testimonio de MacGuire sobre la recepción de fondos. La sección dice lo siguiente:

> Tampoco pudo MacGuire recordar cuál era el propósito de su viaje a Washington, ni si había entregado al Banco Central de Hannover trece billetes de mil dólares o si había comprado una de las cartas de crédito con un cheque certificado girado contra la cuenta del Sr. Christmas.
> Durante el interrogatorio, MacGuire no pudo recordar si alguna vez había manejado billetes de mil dólares y, desde luego, no recordaba haber presentado trece en el banco en ningún momento. Hay que recordar a este respecto que la compra de 13.000 dólares con billetes de mil en el banco se produjo sólo seis días después de que Butler afirmara que MacGuire le había mostrado dieciocho billetes de mil en Newark.
> De lo anterior, es fácil ver que además de los 30.000 dólares que Clark le dio a MacGuire para el Comité de Dinero Sano, produjo unos 75.000 dólares más, que MacGuire admitió a regañadientes cuando fue confrontado con las pruebas.
> Los 75.000 dólares están incluidos en los 26.000 dólares que se ingresaron en la cuenta de Manufacturers Trust, 10.000 dólares en moneda extranjera en el almuerzo, la compra de cartas de crédito por un total de 30.300 dólares, de los cuales el cheque certificado de Navidad fue de 15.000 dólares, los gastos para Europa cerca de 8.000 dólares. Todo esto queda sin explicación. El Comité aún no sabe si hubo más y cuánto más.[406]

La comisión hizo entonces a MacGuire una pregunta obvia: ¿conocía a Jackson Martindell? Por desgracia, un error igualmente obvio en la respuesta de MacGuire pasó desapercibido. La transcripción de la comisión dice lo siguiente:

> Por el Presidente:
> **PREGUNTA.** ¿Conoce al Sr. Martindell, Sr. MacGuire?
> **RESPUESTA.** ¿Sr. Martin Dell? No, señor; no lo conozco.
> **EL PRESIDENTE.** ¿Es ese su nombre?
> **MR. DICKSTEIN.** Creo que sí.[407]

Así que, en resumen, tenemos tres testigos fiables -el general Butler, Paul French y el capitán Samuel Glazier- que declaran bajo juramento los planes de una conspiración para instalar una dictadura en los Estados Unidos. Y tenemos un testimonio contradictorio de Gerald MacGuire que claramente justifica una mayor

---

[405] Comunicado de prensa. Nueva York, p. 12.

[406] Ibid, p. 13.

[407] Cámara de Representantes, Investigación de las actividades de propaganda nazi e investigación de algunas otras actividades de propaganda, audiencias nº 73-D.C.-6, op. cit. p. 85.

investigación. Dicha investigación era la intención original declarada de la comisión: "El Comité espera el regreso de los señores Clark y Christmas a este país. En el estado actual de las pruebas, busca una explicación que el Comité no ha podido obtener del Sr. MacGuire".[408]

Pero el Comité no llamó a declarar ni al Sr. Clark ni al Sr. Christmas. No hizo ningún otro esfuerzo -al menos, no aparece ningún otro esfuerzo en el expediente público- para encontrar una explicación a las incoherencias e inexactitudes del testimonio de MacGuire, que se prestó a la Junta bajo juramento.

ELIMINACIÓN DE LA PARTICIPACIÓN DE WALL STREET

La historia de un intento de toma del poder ejecutivo en Estados Unidos ha sido sofocada, no sólo por las partes directamente implicadas, sino también por varias instituciones consideradas habitualmente como protectoras de la libertad constitucional y la libertad de investigación. Entre los grupos que reprimen la información se encuentran (1) el Congreso de Estados Unidos, (2) la prensa, incluidos *Time* y el *New York Times,* y (3) la propia Casa Blanca. También llama la atención que no haya habido ninguna investigación académica sobre lo que es, sin duda, uno de los acontecimientos más inquietantes de la historia reciente de Estados Unidos. La represión es aún más lamentable a la luz de la actual tendencia al colectivismo en Estados Unidos y la probabilidad de otro intento de toma de poder dictatorial utilizando como pretexto supuestas amenazas de la izquierda o la derecha.

La represión de la Comisión de Actividades Antiamericanas de la Cámara de Representantes se concretó en la eliminación de numerosos fragmentos relativos a los financieros de Wall Street, entre ellos el director de Guaranty Trust, Grayson Murphy, J.P. Morgan, los intereses de Du Pont, Remington Arms y otros presuntamente implicados en el intento de conspiración. Incluso hoy, en 1975, es imposible encontrar una transcripción completa de las audiencias.

Algunas de las partes borradas de la transcripción fueron descubiertas por el periodista John Spivak.[409] Una referencia al administrador de la ANR, Hugh Johnson, indica el tipo de información suprimida; la comisión eliminó las palabras en cursiva del testimonio impreso; Butler habla con MacGuire:

> Dije: "¿Se mueve algo más?
> "Sí", dijo, "mira, en dos o tres semanas lo verás en los periódicos. Habrá grandes golpes"... y en unas dos semanas apareció la American Liberty League, que es más o menos lo que describió. Podríamos tener un vicepresidente, alguien a quien culpar; y si las cosas no funcionan, puede dejarle caer.
> Dije: "Por eso construyó Hugh Johnson. Hugh Johnson ha hablado demasiado y le ha metido en un agujero y le va a despedir en las próximas tres o cuatro semanas".
> Le dije: "¿Cómo sabes todo esto? "

---

[408] Comunicado de prensa, Nueva York, p. 13.

[409] Véase Jules Archer, *The Plot to Seize the White House,* op. cit.

"Oh", dijo, "estamos con él todo el tiempo. Sabemos lo que va a pasar".[410]

El testimonio de Paul French también fue censurado por la comisión parlamentaria. Así lo demuestra el siguiente extracto del testimonio de French, que se refiere a John W. Davis, J.P. Morgan, la empresa Du Pont y otros personajes de Wall Street, y que corrobora con creces el testimonio del general Butler:

> Al principio, él [MacGuire] sugirió al general [Butler] que organizara él mismo esta reunión y pidiera a todos que pagaran una cuota anual de un dólar. Lo discutimos, y entonces se le ocurrió una financiación externa, y dijo que no sería difícil recaudar un millón de dólares. Dijo que podía acudir a John W. Davis [abogado de J.P. Morgan & Co.] o a Perkins en el National City Bank, y a cualquier otro para conseguirlo. Por supuesto, eso puede significar algo o no. Es decir, se refiere a John W. Davis y Perkins del National City Bank. Durante mi conversación con él, no comprometí, por supuesto, al general a nada. Tuve un buen presentimiento sobre él. Más tarde discutimos el tema de las armas y el equipo, y sugirió que se podían obtener de la Remington Arms Co, a crédito a través de la Du Pont.
> Creo que no mencionó los vínculos de Du Pont con la Liga de la Libertad de Estados Unidos en su momento, pero ha dado vueltas al asunto. En otras palabras, no creo que haya mencionado a la Liga de la Libertad, pero sí que se ha hecho a la idea de que era un último recurso; uno de los Du Pont está en la junta directiva de la Liga de la Libertad Americana y tienen una participación mayoritaria en la Remington Arms Co . Dijo que el general no tendría problemas para alistar a 500.000 hombres.[411]

John L. Spivak, la periodista que descubrió la supresión en las transcripciones del Congreso, cuestionó el testimonio del copresidente de la comisión, Samuel Dickstein, de Nueva York. Dickstein lo admitió:

> la comisión había suprimido partes del testimonio por ser de oídas".
> "Pero sus informes publicados están llenos de testimonios de oídas". "¿Lo son?", dijo.
> "¿Por qué no se llamó a Grayson Murphy? ¿Sabía su comité que los hombres de Murphy forman parte de la organización de espionaje antisemita Orden del 76?"
> "No tuvimos tiempo. Nos habríamos ocupado de las bandas de Wall Street si hubiéramos tenido tiempo. No habría dudado en ir tras los Morgan".
> "Hiciste que Belgrano, comandante de la legión americana, fuera citado como testigo. ¿Por qué no fue interrogado? "
> "No lo sé. Quizá pueda pedirle al Sr. McCormack que se lo explique. No tengo nada que ver con esto".[412]

---

[410] George Seldes, *Mil americanos*, op. cit, p. 288.

[411] Ibid, pp. 289-290.

[412] John L. Spivak, *Un hombre en su tiempo* (Nueva York: Horizon Press, 1967), pp. 311, 322-25.

El hecho es que la comisión no llamó a Grayson Murphy, Jackson Martindell o John W. Davis, todos los cuales fueron acusados directamente en un testimonio jurado. Además, la comisión suprimió todas las partes del testimonio que implicaban a otras personalidades: J.P. Morgan, los Du Pont, los intereses de los Rockefeller, Hugh Johnson y Franklin D. Roosevelt. Cuando el congresista Dickstein se declaró inocente ante John Spivak, entró en contradicción con su propia carta al presidente Roosevelt, en la que afirma haber impuesto restricciones incluso a la difusión pública de las audiencias de la comisión, tal y como fueron impresas, "para que no cayeran en manos irresponsables". El informe final emitido por la comisión el 15 de febrero de 1935 enterró la historia aún más. John L. Spivak resumió sucintamente este encubrimiento: "He ... ...estudió el informe de la comisión. Dedicó seis páginas a la amenaza de los agentes nazis que operan en este país, once páginas a la amenaza de los comunistas y una página a la conspiración para tomar el control del gobierno y destruir nuestro sistema democrático."[413]

El papel de los principales periódicos y revistas de opinión en la cobertura del caso Butler también es sospechoso. De hecho, su tratamiento del evento tiene la apariencia de una total distorsión y censura. La veracidad de algunos de los principales periódicos ha sido ampliamente cuestionada en los últimos 50 años,[414] y en algunos sectores se ha llegado a acusar a los medios de comunicación de conspirar para suprimir "todo lo que sea contrario a los intereses de los poderosos". Por ejemplo, en 1917, el congresista Callaway incluyó la siguiente crítica devastadora al control de la prensa por parte de Morgan en The Congressional Record:

> MR. CALLAWAY. Sr. Presidente, con el consentimiento unánime, me gustaría insertar en este punto en el registro una declaración que indica la combinación de periódicos, lo que explica su actividad en este asunto de la guerra, que el caballero de Pennsylvania (Sr. Moore) acaba de referir:
> En marzo de 1915, los intereses de J.P. Morgan en el sector del acero, la construcción naval y la pólvora, y sus organizaciones subsidiarias, reunieron a 12 hombres de alto nivel en el negocio de la prensa y los emplearon para seleccionar los periódicos más influyentes de los Estados Unidos y un número suficiente de ellos para controlar en general la política de la prensa diaria en los Estados Unidos. Estos 12 hombres resolvieron el problema seleccionando 179 periódicos y luego iniciaron un proceso de eliminación, manteniendo sólo los necesarios para controlar la política general de la prensa diaria en todo el país. Descubrieron que sólo era necesario comprar el control de 25 de los mayores periódicos. Se acordaron los 25 periódicos; se enviaron emisarios para comprar el análisis político, tanto nacional como internacional, de estos periódicos; se llegó a un acuerdo; se compraron las publicaciones de los periódicos mensualmente; se proporcionó un editor para cada periódico con el fin de supervisar y editar adecuadamente la información relativa a cuestiones de preparación, militarismo, políticas financieras y otros elementos de

---

[413] Ibid, p. 331.

[414] Voir Herman Dinsmore, *All the News That Fits*, (New Rochelle: Arlington House, 1969).

carácter nacional e internacional considerados vitales para los intereses de los patrocinadores.

Este contrato existe en la actualidad y explica por qué las columnas de noticias de la prensa diaria del país están llenas de todo tipo de argumentos y tergiversaciones sobre el estado actual del Ejército y la Marina estadounidenses y la posibilidad y probabilidad de que Estados Unidos sea atacado por enemigos extranjeros.

Esta política también incluía la eliminación de todo aquello que fuera contrario a los deseos de los intereses atendidos. La eficacia de este sistema ha quedado demostrada de forma concluyente por el carácter de las informaciones publicadas en la prensa diaria de todo el país desde marzo de 1915. Recurrieron a lo que fuera necesario para dirigir el sentimiento público y poner en aprietos al Congreso Nacional con el fin de obtener créditos extravagantes e innecesarios para el ejército y la marina bajo el falso pretexto de que era necesario. Su argumento básico es que esto es "patriotismo". Están jugando con todos los prejuicios y pasiones del pueblo estadounidense.[415]

En el caso Butler, los intereses acusados son también los identificados por MP Callaway: la empresa J.P. Morgan y las industrias del acero y del polvo. El general Butler acusó a Grayson Murphy, director de la Guaranty Trust Company, controlada por Morgan; a Jackson Martindell, socio de Stone & Webster, aliado de Morgan; a la empresa Du Pont (la industria de la pólvora); y a la Remington Arms Company, controlada por Du Pont y los intereses financieros de Morgan-Harriman. Además, las empresas que aparecen en el testimonio suprimido del Congreso de 1934 son J.P. Morgan, Du Pont y Remington Arms. En resumen, podemos comprobar la supresión en el Congreso, en 1934, de la información que sustenta las acusaciones de 1917 contra el congresista Callaway.

¿Esta supresión se extiende a los principales periódicos? Podemos tomar dos ejemplos principales: el *New York Times* y la revista *Time*. Si existiera una combinación como la que acusa Callaway, estos dos periódicos estarían sin duda entre los "25 principales periódicos implicados en los años 30". El informe del *New York Times* sobre la "conspiración" comienza con un artículo de primera página del 21 de noviembre de 1934: "El general Butler habla de un 'complot fascista' para tomar el gobierno por la fuerza", con el párrafo principal citado anteriormente (p. 143). Este artículo *del Times* es un reportaje bastante bueno e incluye una declaración directa del congresista Dickstein: "Según los indicios actuales, Butler tiene las pruebas. No hará acusaciones serias a menos que tenga algo que las respalde. Tendremos aquí hombres con nombres más importantes que el suyo". A continuación, el artículo del Times afirma que "el Sr. Dickstein dijo que se citará a unas 16 personas mencionadas por el general Butler a la comisión, y es posible que se celebre una audiencia pública el próximo lunes". El *Times* también incluye los desmentidos categóricos y a veces rabiosos de Hugh Johnson, Thomas W. Lamont y Grayson M-P. Murphy, del Guaranty Trust.

A la mañana siguiente, el 22 de noviembre, el *Times* hizo un cambio importante en la forma de informar sobre la trama. Las revelaciones se publicaron en una página interior, aunque ahora el testimonio se refería a Gerald MacGuire, uno de

---

[415] Congressional Record, Vol. 55, pp. 2947-8 (1917).

los conspiradores acusados. Además, se percibe un cambio decidido en la actitud de la comisión. Se cita al diputado McCormack diciendo que "la comisión no ha decidido llamar a más testigos. Afirmó que el testigo más importante, aparte del Sr. MacGuire, era Robert Sterling Clark, un acaudalado neoyorquino con oficinas en el edificio Exchange".

Mientras que la historia del *Times* se recogía en una sola columna, la página editorial, su sección más influyente, tenía un editorial principal que marcaba el tono de las historias posteriores. Bajo el título "Gullibility Unlimited", argumentaba que la acusación de Butler era una "historia defectuosa y poco convincente" ... Toda la historia parece un gigantesco engaño... no merece una discusión seria", y así sucesivamente. En resumen, antes de que se llamara a los 16 testigos importantes, antes de que se registraran las pruebas, antes de que se examinara la acusación, el *New York Times* decidió que no quería oír la historia porque era un bulo, no digno de ser publicado.

Al día siguiente, 23 de noviembre, The *Times* volvió a cambiar su información. Los titulares se centraban ahora en los rojos y en la lucha de los sindicatos rojos y se referían a las supuestas actividades de los comunistas en los sindicatos estadounidenses, mientras que el testimonio de Butler y las pruebas que se iban acumulando quedaban relegados al fondo de la información sobre las actividades rojas. La historia resultante fue, por supuesto, vaga y confusa, pero enterró efectivamente las pruebas de Butler.

El 26 de noviembre continuaron las audiencias, pero la propia comisión se ha mostrado prudente y ha emitido un comunicado:

> "Esta comisión no tenía ante sí ninguna prueba que justificara de algún modo la convocatoria de hombres como John W. Davis, el general Hugh Johnson, el general James G. Harbord, Thomas W. Lamont, el almirante William S. Sims o Hanford MacNider".

Cabe señalar que estos nombres aparecieron en testimonios jurados y posteriormente fueron eliminados del registro oficial. El *Times* continuó informando de este hecho de forma abreviada en una página interior bajo el título "El Comité se calma sobre la 'conspiración' de Butler, no tiene pruebas para apoyar el testimonio de Johnson y otros". El 27 de noviembre, el *Times* redujo su informe a cinco columnas en una página interior bajo el ominoso titular "La investigación sobre Butler no debe abandonarse". Las audiencias de diciembre fueron informadas por el *Times* en primera página (28 de diciembre de 1934), pero el complot se describió ahora como "conspiración roja para secuestrar al presidente, acusaciones de testigos en la investigación parlamentaria".

Si se examina la historia del asunto Butler en el *Times* 40 años después del suceso y se compara su relato con el testimonio oficial impreso, a su vez fuertemente censurado, está claro que el periódico, por iniciativa propia o bajo presión externa, decidió que la historia no debía hacerse pública. En consonancia con esta interpretación, encontramos que el *New York Times*, el "periódico oficial", omite el testimonio de Butler de las entradas de su índice anual, del que dependen los investigadores y los estudiosos. El índice *del Times* de 1934 incluye una entrada "BUTLER (Maj Gen), Smedley D", pero sólo enumera algunos de sus discursos y una reseña biográfica. El testimonio de Butler no está indexado. Hay una entrada "Ver también: Fascismo-Estados Unidos", pero bajo esta referencia cruzada sólo hay: "El general de división S.D. Butler acusa de una conspiración para derrocar al gobierno actual; los intereses de Wall Street y G.P. MacGuire están implicados en la audiencia del Comité del Congreso. El único nombre importante de Wall Street que se menciona en el índice es el de R.S. Clark, a quien se señala como "perplejo" por las acusaciones. Ninguno de los socios principales de Morgan y Du Pont citados por el general Butler aparece en el índice. En otras palabras, parece que hubo un intento deliberado por parte de esta revista de engañar a los historiadores.

Los informes de *la* revista Time cayeron en la ficción por sus intentos de reducir las pruebas del general Butler a la condición de absurdas. Si alguna vez un estudiante quiere construir un ejemplo de información sesgada, hay un ejemplo excelente en la comparación de las pruebas presentadas al Comité McCormack-Dickstein por el General Butler con el posterior informe de *Time*. El número del 3 de diciembre de 1934 de *Time publicó* la historia bajo el titular "conspiración sin conspiradores", pero la historia no tiene ningún parecido con el testimonio, ni siquiera con el testimonio censurado. La historia muestra al general Butler dirigiendo a medio millón de hombres a lo largo de una carretera estadounidense gritando: "¡Caballeros, Washington está a sólo 30 millas! ¿Me seguirás? "Butler se presenta como si hubiera tomado por la fuerza el control del gobierno estadounidense del presidente Roosevelt. El resto del reportaje de *la revista Time* está lleno de referencias al pasado de Butler y un surtido de desmentidos por parte del acusado. No se intenta informar de las declaraciones del general Butler, aunque se citan correctamente los desmentidos de J.P. Morgan, Hugh Johnson, Robert Sterling Clark y Grayson Murphy. Se incluyen dos fotografías: J.P. Morgan, el abuelo genio, y el general Butler en una pose que simboliza universalmente la locura: un dedo señalando la oreja. El informe era un periodismo basura, deshonesto y vergonzoso en el mejor de los casos. Independientemente de lo que pensemos sobre la propaganda nazi o la distorsión de la prensa soviética, ni Goebbels ni *Goslit* alcanzaron nunca la pericia hipnótica de los periodistas y editores de *Time*. El temido problema es que las opiniones y las costumbres de millones de estadounidenses y de personas de habla inglesa de todo el mundo fueron moldeadas por esta escuela de periodismo distorsionado.

Para poner nuestra crítica en perspectiva, hay que tener en cuenta que *Time* era aparentemente imparcial en su persecución del periodismo corrupto. Incluso Hugh S. Johnson, director de la NRA y uno de los presuntos conspiradores en el caso Butler, fue el objetivo de las fechorías de *Time*. Como informa Johnson en su libro:

> Yo estaba en la tribuna de ese desfile y conocía a cientos de personas que saludaban al pasar. Había baterías de cámaras abajo, y sabía que si levantaba la mano más arriba de los hombros, parecería un "saludo fascista" y se haría público. Así que nunca levanté la mano más alto. Me acerqué y agité la mano. Pero eso no sirvió de nada: *Time* informó de que yo había saludado constantemente a la manera de Mussolini e incluso había una foto que lo demostraba, pero no era mi brazo el que aparecía en esa foto. Llevaba el puño de cinta de un abrigo cortado y un puño

redondo rígido con un gemelo anticuado, y yo no he llevado ninguno de los dos en toda mi vida. Creo que era el brazo del alcalde O'Brien que estaba a mi lado el que se superponía a mi cuerpo.[416]

UNA EVALUACIÓN DEL CASO BUTLER

El punto más importante a valorar es la credibilidad del general Smedley Darlington Butler. ¿Mintió el general Butler? ¿Decía la verdad? ¿Exageraba por razones de credibilidad?

El general Butler fue un hombre extraordinario con un historial sobresaliente en las fuerzas armadas: dos veces galardonado con la Medalla de Honor, líder indiscutible de los hombres, con una valentía personal incuestionable, una profunda lealtad hacia sus compañeros y un fuerte sentido de la justicia. Todas estas cualidades son admirables. Ciertamente, el general Butler no era el tipo de hombre que miente o incluso exagera por una razón insignificante. Su gusto por el drama deja la puerta abierta a la exageración, pero es muy poco probable que mienta deliberadamente.

¿Las pruebas apoyan su versión o la invalidan? El periodista Paul French, del *Philadelphia Record*, apoya plenamente a Butler. El testimonio del capitán Glazier, comandante del campamento CCC, apoya a Butler. En cualquier caso, no hay discrepancia en las pruebas. Las declaraciones juradas de MacGuire ante el Congreso no apoyan a Butler. Así que tenemos un conflicto de pruebas juradas. Además, la Comisión consideró que MacGuire incurrió en varias faltas; utilizó la evasión de "no recordar" en varias ocasiones, y en áreas importantes como la financiación de Clark, MacGuire apoya a Butler en contra de su voluntad. Hay un núcleo duro de verosimilitud en la historia de Butler. Existe una posibilidad de exageración, quizá no atípica para un hombre de personalidad tan extravagante como él, pero esto no está probado ni desmentido.

No hay duda de que el Congreso de los Estados Unidos ha hecho un gran servicio a la causa de la libertad al suprimir la historia de Butler. Esperemos que algún miembro del Congreso o de las comisiones del Congreso, incluso en esta fecha tardía, recoja el hilo y publique el testimonio sin censura en su totalidad. También podemos esperar que la próxima vez, en un caso de importancia comparable, el *New York Times* esté a la altura de su pretensión de ser el periódico de referencia, nombre que justificó tan admirablemente cuatro décadas después en la investigación del Watergate.

---

[416] Hugh S. Johnson, *The Blue Eagle from Egg to Earth*, op. cit. p.267.

CAPÍTULO XI

SOCIALISTAS CORPORATIVOS EN EL 120 DE BROADWAY, NUEVA YORK

Él [FDR] ya había empezado a reaparecer en la oficina de la Fidelity and Deposit Company en el 120 de Broadway. Todavía no había ido a su despacho de abogados en el 52 de Wall Street debido a la altura de los escalones de la entrada: no podía soportar la idea de ser llevado en público. A la altura del 120 de Broadway, podía arreglárselas solo para dar un pequeño paso hacia la acera.

Frank Freidel, Franklin D. Roosevelt: *The Ordeal*
(Boston; Little, Brown, 1954), p. 119.

E n *Wall Street y la Revolución Bolchevique, muchos de los* personajes principales (incluido FDR) y las empresas, e incluso algunos de los acontecimientos descritos en este libro, se encuentran en una dirección, el Equitable Office Building, en el 120 de Broadway, en la ciudad de Nueva York.

La oficina de Franklin D. Roosevelt a principios de los años 20, cuando era vicepresidente de la Fidelity and Deposit Company, estaba en el 120 de Broadway. El biógrafo Frank Freidel relata por encima su reingreso en el edificio tras su ataque de poliomielitis. En aquella época, la oficina de Bernard Baruch también estaba situada en el 120 de Broadway y Hugh Johnson, que más tarde se convertiría en el administrador de la NRA, era el asistente de investigación de Bernard Baruch en la misma dirección.

También estaban presentes las oficinas ejecutivas de General Electric y las oficinas de Gerard Swope, autor del Plan Swope que se convirtió en el ARN de Roosevelt. El Bankers Club estaba situado en el último piso del mismo Equitable Office Building y fue el lugar de una reunión de 1926 de los conspiradores Butler. Es evidente que en esta dirección había una concentración de talento que merecía una mayor descripción.

LA REVOLUCIÓN BOLCHEVIQUE Y 120 BROADWAY

En *Wall Street y en la revolución bolchevique*, descubrimos que los financieros vinculados a la revolución se concentraban en una única dirección de Nueva York, el mismo Equitable Office Building. En 1917, la sede del Distrito nº 2 del Sistema de la Reserva Federal, el mayor de los Distritos de la Reserva Federal, estaba situada en el 120 de Broadway; de los nueve directores del Banco de la Reserva Federal de Nueva York, cuatro estaban físicamente situados en el 120 de Broadway, y dos de estos directores formaban parte simultáneamente del consejo de administración de la American International Corporation. La American International Corporation fue fundada en 1915 por los intereses de Morgan con la entusiasta participación de los grupos Rockefeller y Stillman. Las oficinas generales de la A.I.C. estaban situadas en el 120 de Broadway. Sus directivos estaban fuertemente entrelazados con otros grandes intereses financieros e industriales de Wall Street, y es seguro que la American International Corporation desempeñó un importante papel en el éxito y la consolidación de la revolución bolchevique de 1917. El Secretario Ejecutivo de la A.I.C., William Franklin Sands, al que el Departamento de Estado pidió su opinión sobre la Revolución Bolchevique unas semanas después de su estallido en noviembre de 1917 (mucho antes de que una fracción de Rusia quedara bajo control soviético), expresó su firme apoyo a la revolución. La carta de Sands se cita en *Wall Street y la revolución bolchevique*. Un memorando dirigido a David Lloyd George, Primer Ministro de Inglaterra, por Dwight Morrow, socio de Morgan, también insta a apoyar a los revolucionarios bolcheviques y a sus ejércitos. Un director del RBF con sede en Nueva York, William Boyce Thompson, donó un millón de dólares a la causa bolchevique e intervino ante Lloyd George en favor de los soviéticos a punto de tomar el poder.

En resumen, encontramos un patrón identificable de actividad pro-bolchevique por parte de miembros influyentes de Wall Street, concentrados en el Banco de la Reserva Federal de Nueva York y en la American International Corporation, ambos situados en el 120 de Broadway. En 1933, el banco se había trasladado a la calle Liberty.

EL BANCO DE LA RESERVA FEDERAL DE NUEVA YORK Y 120 BROADWAY

Los nombres de los directores del RBF cambiaron entre 1917 y la década de 1930, pero se ha establecido que, aunque el RBF se trasladó, cuatro directores del RBF siguieron teniendo oficinas en esa dirección durante el período del New Deal, como se muestra en la siguiente tabla:

Directores del Banco de la Reserva Federal de Nueva York durante el periodo del New Deal

Nombre	Direcciones de empresas situadas en en el 120 de Broadway
Charles E. Mitchell	Director del FRB de Nueva York, 1929-1931, y director de la Corporation Trust Co. (120 Broadway)
Albert H. Wiggin	Sucedió a Charles E. Mitchell como director del FRB de Nueva York, 1932-34, y director de American International Corp. y de Stone and Webster, Inc. (ambos en el 120 de

	Broadway)
Clarence M. Woolley	Director del FRB de Nueva York, 1922-1936, y director de General Electric Co. (120 Broadway), y director de General Electric Co.
Owen D. Joven	Director del FRB de Nueva York, 1927-1935, y Presidente de General Electric Co. (120 Broadway)

Personas y empresas ubicadas en:

120 BROADWAY	42 BROADWAY
Franklin Delano Roosevelt	Herbert Clark Hoover
Bernard Baruch	
Gérard Swope	
Owen D. Joven	

Otros

American International Corp.	Grayson M-P Murphy (52 Broadway)
The Corporation Trust Co.	International Acceptance Bank, (52 Cedar St.)
Empire Trust Co. Inc.	
Fidelity Trust Co.	Fideicomiso de Aceptación Internacional
American Smelting & Refining Co.	(52 Cedar St.)
Armour & Co. (Oficina de Nueva York).	International Manhattan Co. Inc.
Planta de locomotoras Baldwin	(52 Cedar St.)
Federal Mining & Smelting Co.	Jackson Martindell (14 Wall St.)
General Electric Co.	John D. Rockefeller, Jr. (26 Broadway)
Kennecott Copper Corp.	Percy A. Rockefeller (25 Broadway)
Metal & Thermit Corp.	Robert S. Clark (11 Wall St.)
National Dairy Products Corp.	
Yukon Gold Co.	
Stone & Webster & Blodget, Inc.	

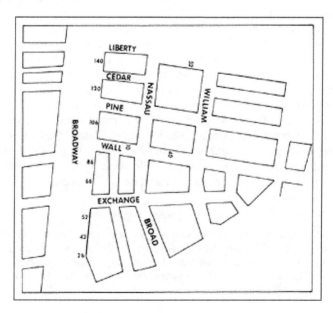

Mapa de la zona de Wall Street con la ubicación de las oficinas de las personas y empresas mencionadas en este libro.

AMERICAN INTERNATIONAL CORPORATION Y 120 BROADWAY

La American International Corporation (AIC) fue creada en 1915 por una coalición de intereses de Morgan, Stillman y Rockefeller; sus oficinas generales estuvieron ubicadas en el 120 de Broadway desde 1915 hasta 1920. El gran entusiasmo de Wall Street por la formación de la AIC condujo a la concentración de los elementos financieros más poderosos en su consejo de administración, en efecto, una organización monopólica para el desarrollo y la explotación de los recursos extranjeros.[417] De los nueve directores del consejo de administración en 1930, cinco formaban parte del consejo de la AIC en 1917, en la época de la revolución bolchevique: Matthew C. Brush, presidente del comité ejecutivo de la American International Corporation y director de la Empire Trust Company; Pierre S. Du Pont, miembro de la familia Du Pont y director de la Bankers Trust Company; Percy A. Rockefeller, de la familia Rockefeller y director del National City Bank; Albert H. Wiggin, director del Federal Reserve Bank of New York y del Rockefeller Chase National Bank; y Beekman Winthrop, de la Warburg International Banking Corporation y del National City Bank. En la década de 1920 se incorporaron al Consejo de Administración de la AIC varios financieros destacados, como Frank Altschul y Halstead G. Freeman, del Chase National Bank, Arthur Lehman, de Lehman Brothers y de la Manufacturers Trust Company, y John J. Raskob, vicepresidente de Du Pont y consejero de General Motors y de Bankers Trust Company.

Mathew C. Brush, Presidente, Director y Presidente del Comité Ejecutivo de American International Corporation y Presidente de Allied Machinery, una subsidiaria, fue también Director y miembro del Comité Ejecutivo de International Acceptance Bank (ver capítulo 6),[418] Director y miembro del Comité Ejecutivo de Barnsdall Corporation, Director de Empire Trust Company (120 Broadway) y Equitable Office Corporation (que era dueña y operaba el edificio 120 Broadway), Director de Georgian Manganese Company,[419] y Director y miembro del Comité Ejecutivo de Remington Arms Co, identificado por el General Butler en el último capítulo. Matthew C. Brush estaba, en efecto, a la vanguardia de Wall Street.

Las contribuciones políticas de Brush, a diferencia de las de otros directores de la AIC, se limitaron aparentemente a 5.000 dólares para la campaña de Herbert

---

[417] Véase Sutton, *Wall Street and the Bolshevik Revolution*, op. cit.

[418] La Barnsdall Corporation fue la empresa que entró en la Unión Soviética en 1921 para reabrir los yacimientos petrolíferos del Cáucaso a los soviéticos y permitir así a la Unión Soviética generar las divisas necesarias para el desarrollo de una Rusia soviética; véase Sutton, *Western Technology and Soviet Economic Development*, 1917 to 1930 (Stanford: Hoover Institution, 1968), Vol. 1.

[419] Ibid.

Hoover en 1928. Brush fue director del International Acceptance Bank, que se benefició de la inflación de los años 20, así como director de Remington Arms (nombre suprimido en el asunto Butler) mientras era presidente de American International, pero parece haber estado al margen de los acontecimientos que se exploran en este libro. Por otra parte, cuatro directores de American International han sido identificados como importantes partidarios financieros de Franklin D. Roosevelt: Frank Altschul, Pierre S. Du Pont, Arthur Lehman y John J. Raskob entre 1928 y 1932. La familia Lehman y John J. Raskob estaban, como hemos visto, en el centro del apoyo de Roosevelt. Es significativo que la AIC, principal vehículo de la participación estadounidense en la revolución bolchevique, se revele también, aunque sea de forma fortuita, en un estudio de la época de Roosevelt.

EL CASO BUTLER Y 120 BROADWAY

El testimonio del Comité de Actividades Antiamericanas de la Cámara de Representantes sobre el intento de convertir la administración Roosevelt en una dictadura con el general de división Butler en un papel clave como secretario de asuntos generales tenía varios vínculos con 120 Broadway. La comisión debería haber asignado al menos media docena de personas para investigar las declaraciones juradas del general Butler, el capitán Glazier y Paul French; cuatro de ellas estaban en el 120 de Broadway o tenían vínculos importantes con él.

Según el conspirador acusado Gerald MacGuire, la primera reunión de los presuntos participantes se celebró en 1926 en el Bankers Club, 120 Broadway. El siguiente extracto de las audiencias de la comisión recoge la declaración de MacGuire; el interrogador fue el presidente McCormack:

> PREGUNTA. ¿Desde cuándo conoces a Clark?
> RESPUESTA. Creo que dije que hice negocios con él y que lo conozco desde 1925 o 1926.
> PREGUNTA. ¿Le dio alguna vez esta cantidad de dinero antes de utilizarla, como usted dice, de la forma en que quería que le representara en estas transacciones?
> RESPUESTA. ¿En qué transacciones?
> PREGUNTA. En estas transacciones monetarias, desde entonces...
> RESPUESTA. ¿En qué transacciones monetarias?
> PREGUNTA. Lo que quiero decir es que desde 1926, cuando lo conociste y después; ¿fue realmente la primera vez que recibiste este dinero sin ningún recibo, ni papel, ni nada?
> RESPUESTA. Sí.
> PREGUNTA. Y esta cena fue en el Bankers Club, en el 120 de Broadway, ¿no es así?
> RESPUESTA. Sí.
> PREGUNTA. ¿A quién se le dio esta cena? ¿Se le dio a alguien en particular?
> RESPUESTA. Era una comida normal.
> PREGUNTA. ¿Quién estaba en su mesa?
> RESPUESTA. Sr. Navidad.
> PREGUNTA. ¿Y tú?
> RESPUESTA. Sí.

PREGUNTA. ¿Y el Sr. Clark?
RESPUESTA. Sí.[420]

Así, aunque la primera reunión entre Robert S. Clark, su abogado Christmas y el vendedor de bonos Gerald MacGuire se celebró en el 120 de Broadway, y Christmas y Clark estaban relacionados de muchas maneras con MacGuire, ni Christmas ni Clark fueron llamados por el Comité. Además, el capitán Samuel Glazier del Campamento CCC en Elkridge, Maryland, informó al comité de que Jackson Martindell había preguntado por el entrenamiento de 500.000 soldados civiles con fines políticos. Martindell no fue llamado por la comisión para impugnar o confirmar el testimonio que le implicaba en el caso Butler.

La empresa Du Pont, citada en la parte suprimida del testimonio, estaba situada en el 120 de Broadway. Hugh S. Johnson, citado por el general Butler como probable participante, se encontraba en el 120 de Broadway cuando trabajaba como asistente de investigación para Baruch; la oficina de Baruch estaba en la misma dirección.[421] Clark, MacGuire y Grayson M-P. Murphy tenían oficinas justo al final de la calle 120; Clark en el 11 de Wall Street y MacGuire y Murphy en el 52 de Broadway.

También es significativo que los nombres suprimidos por el comité estuvieran situados en el 120 de Broadway: la oficina ejecutiva de la empresa Du Pont y Remington Arms, una filial de Du Pont. Los otros participantes nombrados, MacGuire, Clark, Christmas, Martindell, Grayson M-P. Murphy (en la sede de Rockefeller, 25 Broadway) estaban todos situados a pocas manzanas del 120 de Broadway y dentro del Círculo Dorado descrito anteriormente.

FRANKLIN D. ROOSEVELT Y 120 BROADWAY

Descubrimos que el despacho preferido de FDR -tenía dos a principios de los años 20- era el 120 de Broadway. La Georgia Warm Springs Foundation, Inc. de FDR se constituyó como corporación de Delaware en julio de 1926 con oficinas en el 120 de Broadway y permaneció en esa dirección al menos hasta 1936. El informe anual de 1934 de la Fundación Georgia Warm Springs indica que su presidente era Franklin D. Roosevelt, en la Casa Blanca, Washington D.C., y que la sede de la fundación estaba situada en el 120 de Broadway. El vicepresidente y el secretario adjunto son Raymond H. Taylor, y el Secretario-Tesorero Basil O'Connor, ambos presentes en el 120 de Broadway.

Basil O'Connor fue un estrecho colaborador y socio comercial de Franklin D. Roosevelt. Nacido en 1892, Basil O'Connor se licenció en Derecho en la Facultad

---

[420] Cámara de Representantes, Investigación de las actividades de propaganda nazi e investigación de algunas otras actividades de propaganda, audiencias n° 73-D.C.-6, op. cit. p. 80. "El Sr. Clark" era Robert Sterling Clark y el "Sr. Christmas" era el abogado de Clark.

[421] United States Senate, *Digest of Data From the Files of a Special Committee to Investigate Lobbying Activities*, 74th Congress, Second Session, Part I: List of Contributions, (Washington, *D.C.*, 1936), p. 3.

de Derecho de Harvard en 1915 y, a continuación, se incorporó al bufete neoyorquino Cravath y Henderson durante un año, antes de pasar a Streeter & Holmes en Boston durante tres años. En 1919, Basil O'Connor abrió un bufete de abogados en Nueva York con su propio nombre. En 1925 se creó el bufete de abogados Roosevelt y O'Connor, hasta la toma de posesión de FDR en 1933. Después de 1934, O'Connor fue socio principal de O'Connor & Farber y, en 1944, sucedió a Norman H. Davis como presidente de la Cruz Roja Americana.

O'Connor fue director de varias empresas: en la década de 1920, New England Fuel Oil Corp. en la década de 1920, American Reserve Insurance Co. en la década de 1940 y West Indies Sugar Corp. en la década de 1940. Desde 1928 hasta su muerte, fue responsable de la administración de la Fundación Georgia Warm Springs.

El New Deal de Roosevelt fue una mina de oro para algunos socios de FDR, como Basil O'Connor. Globe & Rutgers era una compañía de seguros recapitalizada con fondos públicos, y la reorganización resultó ser una rica fuente de honorarios para los abogados de la liquidación y la reorganización. De estos abogados, el antiguo bufete del presidente Roosevelt, O'Connor & Farber, cobraba los honorarios más elevados hasta que Jesse Jones, de la Reconstruction Finance Corporation, los redujo. Aquí está una carta que Jesse Jones escribió a Earle Bailie de J. & W. Seligman & Company en relación con esta tasa:

El 6 de octubre de 1933. Estimado Sr. Bailie:
Nuestro consejo de administración no está dispuesto a invertir o prestar acciones a una compañía de seguros, si es que tenemos derecho a hacerlo, que esté contemplando el pago de honorarios legales, de reorganización o de otro tipo, como se propone en el caso del Globe & Rutgers, que, según la información de que disponemos

Basil O'Connor	$200,000
Root, Clark, Buckner & Ballantine	$165,000
Sullivan & Cromwell	$95,000
Prentice & Townsend	$50,000
Cravath, de Gersdorff, Swaine & Wood37.	$500
Martin Conboy	$35,000
Joseph V. McKee	$25,000
Hermanos Coudert	$12,000

por un total de 619.500 dólares. Incluso la reducción sugerida a un total de 426.000 dólares sería mucho más de lo que a esta empresa le parecería una tasa adecuada a pagar por una compañía de seguros recapitalizada con fondos públicos.
Atentamente, JESSE J. JONES

Por orden judicial, la empresa del Sr. O'Connor recibió 100.000 dólares en 1934 y otros 35.000 dólares al año siguiente.[422]

---

[422] Jesse H. Jones, *Fifty Billion Dollars* pp. 209–210.

Conclusiones sobre el 120 de Broadway

Es prácticamente imposible sacar una conclusión inamovible sobre la importancia de 120 Broadway; las explicaciones pueden ir desde la conspiración hasta la coincidencia.

¿Qué podemos probar con pruebas directas y no circunstanciales?

En primer lugar, sabemos que la ayuda estadounidense a la revolución bolchevique se originó en el Círculo de Oro de Wall Street en 1917 y se concentró en gran medida en esa dirección concreta. En segundo lugar, cuando FDR entró en el mundo de los negocios en 1921, una de sus dos oficinas estaba en esta dirección, al igual que su asociación legal con Basil O'Connor y la Fundación Georgia Warm Springs. En tercer lugar, Bernard Baruch y su ayudante Hugh Johnson, que más tarde participaron en la planificación y administración de la Ley de Renacimiento de la Industria Nacional, se encontraban en el mismo edificio. La NRA fue una continuación lógica de las asociaciones comerciales de los años 20, y FDR desempeñó un papel destacado, junto con Herbert Hoover, en la aplicación de los acuerdos de las asociaciones comerciales de los años 20. En cuarto lugar, hubo una asociación entre General Electric y la revolución bolchevique, al menos en la construcción de la naciente Unión Soviética. Las oficinas ejecutivas de G.E. se encontraban en esta dirección, así como las de Gerard Swope, el presidente de G.E. que redactó el Plan Swope.

De todos modos, el extraño caso de Butler tenía alguna conexión con el 120 de Broadway. Por ejemplo, era la dirección de Du Pont en Nueva York, aunque Remington Arms fue a la sede de Rockefeller en el 25 de Broadway. La mayoría de los conspiradores tenían otras direcciones, pero siempre en el anillo de oro.

No hay pruebas de una ubicación geográfica común. Si el 120 de Broadway era un edificio enorme, no era en absoluto el más grande de Nueva York. Pero, ¿cómo se explica la concentración en una sola dirección de tantos vínculos con tantos acontecimientos históricos importantes? Se podría decir que los pájaros de una pluma se juntan. Por otro lado, es más que verosímil que estos habitantes de Wall Street siguieran la máxima de Frederick Howe y encontraran más conveniente, o tal vez más efectivo para sus propósitos, estar en una sola dirección. La cuestión es que no hay ninguna otra concentración geográfica de este tipo, y si ignoramos a las personas y los negocios del 120 de Broadway, no hay razón para vincular estos acontecimientos históricos a Wall Street. Es una muy buena razón para mantener su punto de vista aceptando el hecho de que estamos hablando de una pequeña fracción de la comunidad bancaria, una fracción que de hecho ha traicionado el centro financiero de una economía libre.

CAPÍTULO XII

FDR Y LOS SOCIALISTAS CORPORATIVOS

En la primera reunión del gabinete tras la toma de posesión del presidente en 1933, el financiero y asesor de Roosevelt, Bernard Baruch, y su amigo el general Hugh Johnson, que se convertiría en el jefe de la Administración de Recuperación Nacional, vinieron con un ejemplar de un libro de Gentile, el teórico fascista italiano, para cada miembro del gabinete, y todos lo leímos con gran atención.

La Sra. Frances Perkins, Secretaria de Trabajo de FDR.

In este punto conviene recordar el epígrafe del capítulo 1, según el cual Franklin D. Roosevelt creía en privado que el gobierno de Estados Unidos era propiedad de una élite financiera. Esta observación, por supuesto, no es especialmente original: era habitual en el siglo XIX. En los tiempos modernos, escritores tan diferentes como Robert Welch y William Domhoff han afirmado que Estados Unidos estaba controlado por una élite financiera con sede en la ciudad de Nueva York.

Los soviéticos, que no siempre se equivocan, utilizaron este tema en su propaganda durante décadas, y era un tema marxista antes de que Lenin llegara al poder.[423]

Fue bajo Roosevelt cuando se introdujeron en Washington las pintorescas nociones keynesianas -versiones modernas del juego de la estafa de John Law con el papel moneda- y las semillas de nuestro actual caos económico se sembraron a principios de los años 30 bajo Roosevelt. La inflación de dos dígitos de hoy, un

---

[423] Quizás sea superfluo citar esta literatura, pero en aras de la exhaustividad y en beneficio del lector inocente, se pueden incluir algunos títulos: William Domhoff, *¿Quién dirige América?* (Englewood Cliffs, N.J.: Prentice-Hall, 1967); Ferdinand Lundberg, *The Rich and the Super Rich* (Nueva York: Lyle Stuart, 1968), y Gary Allen, *None Dare Call It Conspiracy* (Seal Beach, California: Concord Press, 1972) Ciertamente, si el peso del papel impreso tiene alguna influencia, el poder de cualquier élite financiera debería haberse derrumbado hace tiempo. El establishment parece tener una resistencia considerable, pero su influencia no es tan grande como muchos creen. La comunidad académica es el pilar más importante que mantiene la credibilidad y, por tanto, el poder de la élite. Este grupo, en su mayor parte, ha cambiado la verdad y la integridad por una cuota de poder político y acción financiera. Al parecer, los académicos pueden comprarse, ¡y por no demasiado dinero!

sistema de seguridad social en bancarrota, una burocracia estatal quebrada, el aumento del desempleo... todo esto y mucho más puede atribuirse a Franklin Delano Roosevelt y su torbellino legislativo.

Pero mientras hoy pagamos el precio de estas políticas insanas e irresponsables, la desinformación está tan extendida que incluso se ha olvidado la identidad de los iniciadores del New Deal de Roosevelt y sus razones. Mientras nuestros economistas cubren sus pizarras con ecuaciones estáticas sin sentido, los verdaderos formuladores del New Deal liberal están llevando a cabo un saqueo dinámico de la economía.

Mientras los ingenieros sociales de corazón blando clamaban por el capitalismo como causa de la miseria del mundo, ignoraban felizmente que sus propias fórmulas sociales emanaban en parte -y eran ciertamente discretamente subvencionadas- por esas mismas supuestas élites capitalistas. La estrechez de miras de nuestro mundo académico es difícil de superar y sólo es comparable con su avidez de subvenciones.

Lo que estamos descubriendo es que la intervención del gobierno en la economía está en la raíz de nuestros problemas actuales; que la bolsa de Wall Street tiene una fuerza sustancial, aunque sutil, dentro de esta estructura gubernamental para obtener una legislación que le beneficie; y que un ejemplo perfecto de esta legislación egoísta para establecer un monopolio legal bajo el control de las grandes empresas ha sido el New Deal de FDR y, en particular, la Administración de Recuperación Nacional.

El nombre de Franklin Delano Roosevelt debería sugerir, pero rara vez lo hace, una conexión con Wall Street. Tanto Delano como Roosevelt son nombres importantes en la historia de las instituciones financieras estadounidenses.

¿Quién era Franklin Delano Roosevelt?

La carrera prepolítica de Roosevelt sólo puede describirse como la de un financiero. Tanto su familia como su carrera antes de 1928, así como su elección como gobernador de Nueva York, estaban en el mundo de los negocios, concretamente en el mundo financiero. Entre 1921 y 1928, Roosevelt fue director de 11 empresas del Wall Street Gold Circle y presidente de una importante asociación comercial. El Consejo Americano de la Construcción.

Además, Roosevelt no sólo fue presidente de United European Investors, Ltd, creada para obtener una ventaja pecuniaria de la miseria de la hiperinflación alemana, sino que fue uno de los organizadores de la American Investigation Corporation, un poderoso sindicato financiero. La familia Roosevelt creó la compañía financiera Roosevelt & Son a finales del siglo XVIII, y los Delano operaron en el ámbito financiero desde al menos mediados del siglo XIX.

Puede que los Roosevelt y los Delano no hayan amasado la gran riqueza de los Morgan y los Rockefeller, pero eran nombres muy conocidos y respetados en los cenáculos de las finanzas internacionales. Incluso en la década de 1920, encontramos al tío Frederic Delano en la Junta de la Reserva Federal, y a George Emlen Roosevelt como director del Guaranty Trust, la mascota de los izquierdistas.

También se sabe que el Partido Progresista de Theodore Roosevelt, el primer paso hacia el moderno estado del bienestar, fue financiado por los intereses de J.P.

Morgan, por lo que no es de extrañar que Wall Street apoyara a Roosevelt en 1928, 1930 y 1932.

En resumen, demostramos que Roosevelt era un Wall Streeter, descendiente de importantes familias de Wall Street y apoyado financieramente por Wall Street. Las políticas aplicadas por el régimen de Roosevelt eran precisamente las que exigía el mundo de las finanzas internacionales. No debería ser nuevo para nosotros que los banqueros internacionales influyan en la política. Lo que parece haberse pasado por alto en la historia de la era Roosevelt es que no sólo FDR reflejó sus objetivos, sino que se inclinó más por ellos que el llamado reaccionario Herbert Hoover. De hecho, Hoover perdió en 1932 porque, según sus propias palabras, no estaba dispuesto a aceptar el plan Swope, también conocido como NRA, que calificó, no sin razón, de "medida fascista".

No se puede decir que Wall Streeter Roosevelt haya sido siempre un promotor muy ético en sus decisiones financieras. Los compradores de sus bonos han perdido dinero, y sumas considerables, como sugiere el siguiente breve cuadro, basado en los datos presentados:

Cómo se han beneficiado los inversores de las medidas de FDR en el timón

Empresa asociada a FDR	Precio de emisión de las acciones	Historia de los precios posteriores
United European Investors, Ltd	10.000 marcos (unos 13 dólares)	La empresa se liquida y se ofrece a los accionistas 7,50 dólares
International Germanic Trust Company, Inc.	$170	Subió a 257 dólares en 1928 y se liquidó en 1930 a 19 dólares la acción...

Sin embargo, la pérdida de fondos de los accionistas puede estar relacionada con un accidente o una mala gestión. Muchos financieros honestos han fracasado. Sin embargo, la asociación con personas malas conocidas como Roberts y Gould en United European Investors, Ltd. no fue accidental.

La asociación de FDR con el Consejo Americano de la Construcción recuerda *la obita dicta de* Adam Smith de que la ley "...no puede impedir que personas del mismo oficio se reúnan a veces, pero no debe hacer nada para facilitar esas reuniones, y mucho menos hacerlas necesarias".[424]¿Y por qué no? Porque el Consejo Americano de la Construcción actuaba en interés de la industria de la construcción, no del consumidor de servicios de construcción.

El negocio de las fianzas en Nueva York estaba hecho a la medida de FDR. Como vicepresidente de la Fidelity & Deposit Company de Maryland, FDR sabía exactamente cómo actuar en el politizado mundo de los negocios, donde el precio y la calidad de los productos en el mercado son sustituidos por preguntas como "¿A quién conoces? " y "¿Cuáles son sus políticas? "

El movimiento de los inversores europeos en Estados Unidos fue un intento de beneficiarse de la miseria de la hiperinflación alemana en 1921-23. La empresa operaba con una carta canadiense, presumiblemente porque las condiciones de

---

[424] Adam Smith, *An Inquiry Into the Nature and Causes of the Wealth of Nations* (Londres: George Routledge s.d.), p. 102.

registro en Canadá eran más flexibles en aquella época. La observación más flagrante se refiere a los socios de FDR en la UE, entre ellos John von Berenberg Gossler, codirector del HAPAG bajo el mandato del canciller alemán Cuno, ¡responsable de la inflación! Y luego está William Schall, el socio neoyorquino de FDR, que unos años antes había participado en el espionaje alemán en Estados Unidos, en el 120 de Broadway. El elemento Roberts-Gould en United European Investors estaba bajo investigación criminal; FDR sabía que estaba bajo investigación, pero continuó con sus asociaciones comerciales.

Entonces descubrimos que el fondo del New Deal estaba plagado de destacados financieros. El componente de "recuperación económica" del New Deal fue una creación de Wall Street -más concretamente de Bernard Baruch y Gerard Swope de General Electric- en forma de Plan Swope. Por ello, en el capítulo 5 desarrollamos la idea de la politización de las empresas y formulamos la tesis del socialismo corporativo: la forma política de dirigir una economía es más atractiva para las grandes empresas porque evita los rigores y la eficiencia impuesta de un sistema de libre mercado. Además, mediante el control de las empresas o la influencia de los organismos reguladores y el poder policial del Estado, el sistema político es una forma eficaz de obtener un monopolio, y un monopolio legal siempre conduce a la riqueza. En consecuencia, Wall Street está intensamente interesado en el ámbito político y apoya a los candidatos políticos que son capaces de maximizar el número de decisiones políticas, se llamen como se llamen, y minimizar el grado en que las decisiones económicas de la sociedad se toman en el mercado.

A Wall Street le interesa la política porque, a través de ella, puede hacer que la empresa trabaje para Wall Street. De este modo, puede evitar sanciones y riesgos de mercado.

Hemos examinado una primera versión de esta idea: la Sociedad Planificada de Clinton Roosevelt, publicada en 1841. A continuación, se ha hablado brevemente de la dictadura económica de Bernard Baruch en 1917 y de su intención declarada de seguir el curso de una economía planificada en tiempos de paz. Hemos rastreado la historia de Baruch y su ayudante económico Hugh Johnson hasta el mismo corazón de la administración de la recuperación nacional. A continuación, se prestó cierta atención al Sistema de la Reserva Federal como el ejemplo más importante de monopolio legal privado y al papel de los Warburgers a través del International Acceptance Bank y a cómo el banco fue capaz de conseguir que la empresa trabajara para Wall Street. En una última mirada a los años que precedieron al New Deal de FDR, analizamos el funcionamiento del Consejo Americano de la Construcción, una asociación comercial cuyo concepto se originó con Herbert Hoover pero de la que FDR es presidente. Los objetivos declarados por el consejo eran limitar la producción y regular la industria, lo cual es un eufemismo para decir que la industria controlaba la maximización de sus propios beneficios.

A continuación, examinamos las contribuciones financieras de las elecciones de 1928, 1930 y 1932, ya que estas contribuciones son una medida muy precisa de las tendencias políticas. En 1928, un porcentaje extraordinario de las mayores contribuciones, las que superaban los 25.000 dólares, procedían del Wall Street

Gold Circle. Estas grandes sumas son reveladoras porque es más que probable que sus contribuyentes sean identificables después de las elecciones cuando pidan favores a cambio de sus subvenciones anteriores. Descubrimos que nada menos que el 78,83% de las contribuciones superiores a 1.000 dólares a la campaña presidencial de Al Smith procedían de un círculo de una milla centrado en el número 120 de Broadway. Del mismo modo, el 51,4% de las contribuciones de Hoover, una cifra menor pero aún significativa, procedía de la misma zona. A continuación, mostramos que, tras su elección, Herbert Hoover recibió un ultimátum de Wall Street: o aceptaba el Plan Swope (la ANR) o el dinero y la influencia de Wall Street se dirigían a FDR, que estaba dispuesto a aplicar el plan. Por su eterno honor, Herbert Hoover se negó a presentar dicho plan alegando que era equivalente al estado fascista de Mussolini. FDR no era tan evidente.

Durante la campaña de 1930 de FDR para gobernador de Nueva York, identificamos una importante influencia de Wall Street. Hubo un extraordinario flujo de fondos a través de la County Trust Company, y John J. Raskob, de Du Pont y General Motors, se convirtió en el presidente del Comité de Campaña del Partido Demócrata y en el poder entre bastidores que determinó la elección de FDR. El 78% de las contribuciones previas a la convención para la candidatura presidencial de FDR en 1932 procedían de Wall Street.

El plan Swope era un plan para obligar a la industria estadounidense a unirse a asociaciones comerciales obligatorias y eximirla de las leyes antimonopolio. Utilizó el señuelo de una enorme zanahoria social para disipar los temores de los trabajadores y otros grupos. El administrador de la Administración Nacional de Recuperación, que surgió del Plan Swope, era el asistente de Baruch. General Hugh Johnson. Los Tres Mosqueteros, el círculo de asistentes de Johnson, incluían a Gerard Swope de General Electric, Walter Teagle de Standard Oil de Nueva Jersey y Louis Kirstein de Filene's de Boston. La adhesión a los códigos de la ANR era obligatoria para todas las empresas con más de 50 empleados. El plan Swope NRA fue bien recibido por socialistas como Norman Thomas, cuya principal objeción era que ellos, los socialistas ortodoxos, no debían dirigir el plan.

Afortunadamente, la NRA fracasó. Las grandes empresas intentaron oprimir a la clase media. Los códigos estaban plagados de abusos e incoherencias. El Tribunal Supremo puso fin a esta situación en la sentencia Schechter Poultry de 1935, aunque su fracaso era evidente mucho antes de la decisión del Tribunal Supremo. Debido al fracaso de la ANR, el llamado caso Butler de 1934 adquiere especial interés. Según el testimonio del general Smedley Butler ante el Congreso, apoyado por testigos independientes, había un plan para instalar un dictador en la Casa Blanca. El presidente Roosevelt iba a ser expulsado y a un nuevo secretario general, el general Butler, se le ofreció la oportunidad de hacerse cargo de la economía en nombre de Wall Street. Por muy descabellada que parezca esta acusación, podemos aislar tres grandes afirmaciones de hecho:

1. Las declaraciones del general Butler fueron confirmadas de forma independiente y, en cierta medida, uno de los conspiradores no quiso confirmarlas.

2. Wall Street tenía un motivo para una apuesta tan desesperada: la propuesta de la NRA-Swope se estaba derrumbando.

3. La presunta identidad de los hombres que están entre bastidores es la misma que la de los hombres identificados en la revolución bolchevique y en la promoción política del FDR.

Lamentablemente, y para su eterna vergüenza, el Congreso eliminó la mayor parte del testimonio de Butler. Además, el *New York* Times informó primero de la historia con imparcialidad, pero luego enterró y distorsionó su cobertura, hasta el punto de que la indexación fue incompleta. Sigue existiendo una clara posibilidad de que al fracaso del plan Baruch-Swope-Johnson de la NRA le siga una toma de posesión más encubierta y coercitiva de la industria estadounidense. Este acontecimiento merece toda la atención que los académicos imparciales puedan prestarle. Está claro que la historia completa aún no se ha revelado.

Una vez más, como en el volumen anterior, encontramos una notable concentración de personas, empresas y eventos en una sola dirección: 120 Broadway, Nueva York. Esa era la dirección de la oficina de FDR como presidente de Fidelity & Deposit Company. Era la dirección de Bernard Baruch y era la dirección de Gerard Swope. Los tres principales promotores de la Administración de Recuperación Nacional -FDR, Baruch y Swope- estuvieron en la misma dirección en la década de 1920. Lo más preocupante es que la primera reunión del caso Butler se celebró en 1926 en el Bankers Club, también situado en el 120 de Broadway.

Todavía no se ha explicado esta notable concentración de talento e ideas en una sola dirección. Es obvio que es un hecho que habrá que tener en cuenta tarde o temprano. También encontramos una concentración de directores de la American International Corporation, el vehículo de la participación de Wall Street en la revolución bolchevique, y grandes contribuyentes a la campaña de Roosevelt.

¿Podemos considerar esta historia desde una perspectiva más amplia? Las ideas en las que se basó el New Deal de Roosevelt no eran realmente las de Wall Street; en realidad se remontan a la época romana. Entre el 49 y el 44 a.C., Julio César hizo que sus proyectos de obras públicas formaran parte del New Deal; en el 91 d.C., Domiciano recurrió a su equivalente del Consejo Americano de la Construcción para detener la sobreproducción. La caída final de Roma reflejó todo lo que reconocemos hoy en día: un gasto público extravagante, una inflación rápida y una fiscalidad aplastante, todo ello combinado con una regulación estatal totalitaria.[425]

Bajo el mandato de Woodrow Wilson, Wall Street obtuvo un monopolio bancario central, el Sistema de la Reserva Federal. La importancia del Banco de Aceptación Internacional, controlado por la institución financiera de Wall Street, fue que los bancos de la Reserva Federal utilizaron el poder policial del Estado para crear una máquina perpetua de hacer dinero: la capacidad de crear dinero con el trazo de un lápiz o la pulsación de una tecla de ordenador. Los Warburg, figuras clave del Banco de Aceptación Internacional -una máquina de hacer dinero en el extranjero- fueron asesores de la administración Roosevelt y de sus políticas monetarias. El oro fue calificado de "reliquia bárbara", lo que allanó el camino a

---

[425] H. J. Haskell, *The New Deal in Old Rome: How Government in the Ancient World Tried to Deal with Modern Problems* (Nueva York: Knopf, 1947), pp. 239-40.

una moneda de papel sin valor en Estados Unidos. En 1975, en el momento de escribir este artículo, el papel moneda del dólar inconvertible estaba claramente en proceso de depreciación final.

¿Reconoció Wall Street el resultado de la retirada del oro como apoyo a la moneda? ¡Claro que sí! Este es el testimonio de Paul Warburg ante un comité del Congreso:

> "Abandonar el patrón oro significa una fuerte fluctuación de los tipos de cambio y, en consecuencia, la destrucción de la libre circulación de capitales y de las relaciones exteriores. Los países débiles repudiarán -o, para usar una expresión más educada, "financiarán sus deudas"- pero no habrá una desmonetización general del oro. Al final de la guerra, el oro no valdrá menos sino más."[426]

La conclusión inevitable que nos impone esta evidencia es que existe efectivamente una élite financiera, como señaló Franklin D. Roosevelt, y que el objetivo de esta élite es la adquisición monopólica de la riqueza. Hemos descrito a esta élite como defensora del socialismo corporativo. Prospera a través del proceso político, y se extinguiría si se expusiera a la actividad de un mercado libre. La gran paradoja es que el influyente movimiento socialista mundial, que se considera enemigo de esta élite, es en realidad el generador de esta politización de la actividad económica que mantiene al monopolio en el poder, y que su gran héroe, Franklin D. Roosevelt, ha sido un instrumento de su formidable eficacia.

---

[426] Senado de los Estados Unidos, Hearings, Munitions Industry, Part 25, op. cit. p. 8105.

Apéndice A

El Plan Swope

1. Todas las empresas industriales y comerciales (incluidas las filiales) que empleen a 50 personas o más y que ejerzan una actividad interestatal podrán constituir una asociación profesional que estará bajo la supervisión de una agencia federal mencionada a continuación.

2. Estas asociaciones profesionales pueden describir las prácticas comerciales, la ética empresarial, los métodos estándar de contabilidad y cálculo de costes, los formularios estándar de balances y cuentas de pérdidas y ganancias, etc., y pueden recopilar y distribuir información sobre el volumen de las transacciones comerciales, las existencias de bienes en almacén, la simplificación y la estandarización de los productos, la estabilización de los precios y cualquier cuestión que pueda surgir de vez en cuando en relación con el crecimiento y el desarrollo de la industria y el comercio con el fin de promover la estabilización del empleo y proporcionar el mejor servicio al público. Gran parte de este tipo de intercambio de información y datos ya lo realizan las asociaciones comerciales existentes. Es posible realizar un trabajo mucho más valioso de este tipo.

3. El interés público se protege mediante la supervisión de las empresas y asociaciones comerciales por parte de la Comisión Federal de Comercio o de una oficina del Ministerio de Comercio o de un organismo federal de supervisión especialmente constituido.

4. Todas las empresas incluidas en el plan están obligadas a adoptar sistemas estándar de contabilidad y cálculo de costes y formularios estándar de balance y cuenta de resultados. Estos sistemas y formularios pueden diferir de un sector a otro, pero seguirán un plan uniforme para cada sector, adoptado por la asociación comercial y aprobado por el organismo federal de supervisión.

5. Toda sociedad que tenga 25 o más partícipes o accionistas residentes en más de un Estado deberá enviar a sus partícipes o accionistas y al órgano de control, al menos trimestralmente, una declaración de sus actividades y beneficios en la forma prescrita. Al menos una vez al año, enviarán a los partícipes o accionistas y al órgano de control un balance completo y una cuenta de resultados en la forma prescrita. De este modo, los propietarios estarán informados de las condiciones de la empresa con el suficiente detalle como para que no se pueda criticar la irregularidad o la escasez de estados o métodos de presentación.

6. El organismo federal de control colabora con el Ministerio de Hacienda y las asociaciones profesionales para elaborar, para cada sector, formularios normalizados de balance y cuenta de resultados, en función de la naturaleza de la empresa, con el fin de conciliar los métodos de declaración de activos e ingresos con la base de valores e ingresos calculada a efectos de los impuestos federales.

7. Todas las empresas del tipo descrito en este documento pueden adoptar las disposiciones de este plan de forma inmediata, pero están obligadas a hacerlo en un plazo de 3 años, a menos que este plazo sea prorrogado por el organismo federal de supervisión. Las empresas similares constituidas después de la entrada en vigor del plan pueden comenzar a operar inmediatamente, pero están obligadas a hacerlo en un plazo de tres años a partir de la fecha de constitución, salvo que el organismo federal de supervisión amplíe este plazo.

8. Para la protección de los trabajadores, todas estas empresas han adoptado los siguientes planes:

A. **Una ley sobre la compensación de los trabajadores, que forma** parte de la legislación requerida en este plan, debe, tras un estudio exhaustivo, tomar como modelo las mejores características de las leyes que han sido promulgadas por los distintos estados.

B. **SEGURO DE VIDA E INVALIDEZ.** Todos los empleados de las empresas incluidas en este plan pueden, después de dos años de servicio en estas empresas, y deben, antes de la expiración de cinco años de servicio, estar cubiertos por un seguro de vida e invalidez.

1) La forma de la póliza la determina la asociación a la que pertenece la empresa y la aprueba el organismo federal de supervisión. La póliza será propiedad del empleado y podrá ser conservada por él y permanecerá en pleno vigor cuando cambie de trabajo o deje de prestar un servicio determinado, tal y como se describe a continuación.

2) El valor nominal de una póliza es aproximadamente igual a un año de salario, pero sin exceder los 5.000 dólares, excepto que el empleado puede, a su cargo, aumentar el monto del seguro adquirido, sujeto a la aprobación del Consejo de Administración, que se determinará en una fecha posterior.

3) El coste de este seguro de vida e invalidez lo paga a medias el trabajador y a medias la empresa para la que trabaja, con las siguientes excepciones: el coste para la empresa se determina sobre la base de las primas a la edad real de los empleados menores de 35 años y sobre la base de 35 años para todos los empleados de 35 años o más y tiene un valor nominal de aproximadamente medio año de salario, pero limitado a una prima de seguro máxima de 2.500 dólares. El trabajador que contrate el seguro a partir de los 35 años pagará la prima que exceda el importe basado en la edad de 35 años. Esta medida eliminará la necesidad de restringir la contratación de trabajadores o su traslado de una empresa a otra por su avanzada edad, ya que no supondrá una carga excesiva de primas elevadas para la empresa.

4) El seguro de vida e invalidez puede ser suscrito por una compañía de seguros de vida elegida por la asociación profesional y aprobada por el organismo federal de control, o puede ser suscrito por una compañía organizada por la asociación profesional y aprobada por el organismo federal de control, o puede constituirse una única compañía para servir a todas las asociaciones.

5) La administración del régimen de seguros de cada empresa está a cargo de un consejo de administración compuesto por representantes, la mitad de los cuales son elegidos por los trabajadores afiliados. Los poderes y deberes de la junta directiva para cada empresa serán formular normas generales sobre la elegibilidad de los empleados, etc., pero estas normas deben ser conformes con el plan general elaborado por la junta directiva general de la asociación profesional a la que pertenece la empresa, y aprobado por el organismo federal de supervisión.

6) Las disposiciones relativas a la continuación de la póliza después de que un trabajador abandone una empresa y se vaya a otra empresa de la misma asociación, o se vaya a una empresa de otra asociación profesional; la continuación de la póliza después de la jubilación en el momento de la misma; las disposiciones relativas a los beneficiarios; la invalidez total o parcial; la forma de pago de las primas mediante deducción en nómina o de otro modo, semanal, mensual o anual, deben incorporarse al plan formulado por la asociación profesional, con la aprobación del organismo federal de control.

7) Si un trabajador deja una empresa para incorporarse a otra que no está colegiada, si ejerce una actividad comercial por cuenta propia o si se retira de una actividad industrial o comercial, puede optar por conservar la parte de la póliza que ha pagado, total o parcialmente, continuando el pago de los costes proporcionales de las primas completas, o puede recibir una póliza pagada, o recibir el valor de rescate en efectivo de la parte por la que ha pagado las primas. El valor de rescate en efectivo de la parte de la póliza pagada por la compañía se pagará a la compañía que pagó las primas.

C. PENSIONES. Todos los trabajadores de las empresas incluidas en este plan están cubiertos por planes de pensiones de vejez que serán adoptados por las asociaciones profesionales y aprobados por el organismo federal de supervisión. Las principales disposiciones serán las siguientes:

1) Todo trabajador puede, tras dos años de servicio en una empresa incluida en el ámbito de aplicación de este régimen, y debe, antes de la expiración de los cinco años de servicio, estar cubierto por el régimen de pensiones de vejez.

2) Todo trabajador puede, después de dos años de servicio, y está obligado, después de cinco años de servicio, a apartar para el fondo de pensiones un mínimo del uno por ciento de sus ingresos, pero no más de 50 dólares al año. El empleado puede, si lo desea, reservar una cantidad mayor, previa aprobación del Consejo de Administración.

3) La empresa está obligada a reservar una cantidad igual al mínimo indicado anteriormente, es decir, el uno por ciento de los ingresos de los trabajadores, pero no más de 50 dólares al año por trabajador.

4) El porcentaje mínimo anterior es el mismo para todos los empleados que tienen menos de 35 años en el momento de empezar a pagar y el porcentaje mínimo para estos empleados sigue siendo el mismo a partir de entonces. El porcentaje que deben apartar los trabajadores que se afilien al plan de pensiones a partir de los 35 años se determina de manera que les proporcione una prestación de jubilación a los 70 años, como si hubieran empezado a cotizar el 1% a los 35 años. Estas disposiciones permiten a los trabajadores trasladarse de una empresa a otra de la misma o distinta asociación a cualquier edad con una previsión de prestaciones de jubilación que no será inferior al porcentaje mínimo para un trabajador que se incorpore al régimen de pensiones a los 35 años.

5) Las cantidades apartadas por el empleado y la empresa con intereses compuestos semestralmente al 5% hasta la jubilación a los 70 años, para un empleado medio típico, darían como resultado una pensión de aproximadamente la mitad del salario.

6) La administración del régimen de pensiones de cada empresa está a cargo de un consejo de administración, compuesto por representantes, la mitad de los cuales son nombrados por la dirección y la otra mitad son elegidos por los trabajadores afiliados. Las facultades y obligaciones del consejo de administración de cada empresa consistirán en formular normas generales sobre la elegibilidad de los trabajadores, las condiciones de jubilación, etc., pero estas normas deberán ajustarse al plan general establecido por el consejo de administración general de la asociación profesional a la que pertenezca la empresa, y aprobado por el organismo federal de supervisión.

7)   Las cantidades recaudadas de los trabajadores y las empresas se depositan en el fondo de pensiones organizado por la asociación, cuya gestión está bajo la dirección del consejo de administración general mencionado más adelante. En ningún caso estos fondos pueden quedar bajo el control de una empresa individual.

8)   El fondo de pensiones debe invertir todos los fondos y hacerlos valer a favor de los trabajadores individuales, incluidos los ingresos obtenidos por el fondo. Si un empleado pasa de una empresa a otra dentro de la misma asociación, los fondos acumulados en su haber se mantienen con un registro de transferencia adecuado. Si un trabajador se traslada a una empresa de otra asociación, los fondos acumulados en su haber se transfieren a su fondo de pensiones de la asociación a la que se traslada. Si un trabajador se va a una empresa no sujeta a estas disposiciones o no es miembro de una asociación profesional, se convierte en autónomo o se retira de una actividad industrial o comercial, se le remitirá el importe de sus pagos, más los intereses al tipo medio de los fondos. Si un trabajador fallece antes de alcanzar la edad de jubilación, su beneficiario recibirá el importe de sus pagos, más los intereses al tipo medio devengado por los fondos. Cuando un trabajador alcanza la edad de jubilación, la totalidad de la cantidad acumulada en su haber, incluyendo sus propios pagos y los de la empresa, más los intereses acumulados, se le entregará en forma de renta vitalicia. Si un trabajador pasa a una empresa no cubierta por estas disposiciones o no es miembro de una asociación profesional, se convierte en trabajador autónomo o se jubila de una actividad industrial o comercial, puede optar por dejar el importe en su haber (es decir, sus propios pagos más los de la empresa y los intereses acumulados) al fideicomiso de pensiones para su transferencia, si vuelve a trabajar en una empresa cubierta por las disposiciones de este plan. Si no se reincorpora a la actividad de una empresa en virtud de las disposiciones del plan, podrá retirar en cualquier momento posterior el importe de sus propios pagos más los intereses al tipo medio devengado por los fondos hasta ese momento. Las cotizaciones de la empresa y los intereses acumulados acreditados a los trabajadores que fallezcan o que, por las razones indicadas anteriormente, reciban o retiren sus propias cotizaciones e intereses, serán devueltos al empresario o empresarios que hayan realizado las cotizaciones.

9)   Las normas que rigen el pago de las pensiones de jubilación y todas las demás normas que rigen su continuidad son establecidas por la asociación profesional, aprobadas por el organismo federal de supervisión y observadas por el consejo de administración general y los consejos de administración de las empresas afiliadas.

D. EL SEGURO DE DESEMPLEO. Todos los empleados que trabajan a destajo, por horas, por días, por semanas o por meses, con un salario regular de 5.000 dólares al año o menos (aproximadamente 96,15 dólares a la semana) están cubiertos por el seguro de desempleo.

1) Todos estos empleados pueden, después de dos años de servicio en una empresa cubierta por las disposiciones de este plan, y están obligados, después de cinco años de servicio, a contribuir con un mínimo del 1% de su salario, pero no más de 50 dólares al año a un fondo de seguro de desempleo.

2) La empresa está obligada a reservar una cantidad igual a la cantidad reservada por los empleados indicada anteriormente, es decir, el uno por ciento del salario de cada empleado, pero no más de 50 dólares al año por cada uno de ellos.

3) Si una empresa regulariza y garantiza el empleo de al menos el 50% del salario normal pagado anualmente a estos empleados, no es necesario realizar una valoración de la empresa para los empleados cubiertos por esta garantía, pero los empleados pagarán un mínimo del uno por ciento de sus ingresos, pero no más de 50 dólares al año, en un fondo especial para su propio beneficio.

Si dicho empleado deja la empresa, fallece o se jubila, el importe de su crédito en el fondo especial, más los intereses al tipo medio del fondo especial, se le pagará a él o a sus beneficiarios o se añadirá a su pensión.

4) Si una empresa planifica su trabajo de manera que pueda reducir el desempleo, cuando el importe de su crédito en el fondo normal de desempleo sea igual pero no inferior al 5% de los ingresos anuales normales de los trabajadores cubiertos, la empresa puede dejar de pagar las cotizaciones al fondo. Los pagos de los empleados continuarán. La empresa reanudará los pagos cuando su crédito en el fondo de desempleo normal sea inferior al 5 % de los ingresos anuales normales de los trabajadores cubiertos.

5) Cuando los pagos semanales efectuados por la caja de prestaciones por desempleo ascienden al 2% o más del salario medio semanal de los trabajadores afiliados, la empresa declara el desempleo como urgente y cesan los pagos normales de los trabajadores y de la empresa. A partir de entonces, todos los empleados de la empresa (incluidos los altos cargos) que perciben el 50% o más de su salario medio a tiempo completo pagan el 1% de su salario actual al fondo de desempleo. La empresa aporta una cantidad similar al fondo. La emergencia por desempleo continúa hasta que se restablezcan las condiciones normales, lo cual es determinado por el consejo de administración de cada empresa. En ese momento, se reanudarán los pagos normales.

6) Las principales disposiciones relativas a la distribución de los fondos se ajustan a estos principios, salvo que el Consejo de Administración las modifique como se indica en el apartado D, párrafo 7, de este documento. Se puede considerar que un determinado porcentaje de los pagos normales del empleado y de la empresa está disponible para ayudar a los empleados participantes que lo necesiten. Un porcentaje mayor de dichos pagos normales puede considerarse disponible para préstamos a los empleados participantes en cantidades que no excedan de 200 dólares cada una, con o sin intereses, según determine el Consejo de Administración. El saldo de los fondos estará disponible para las prestaciones de desempleo. Las prestaciones de desempleo comenzarán después de las dos primeras semanas de desempleo y ascenderán aproximadamente al 50% del salario medio semanal o mensual a tiempo completo del Empleado Participante, pero en ningún caso superarán los 20 dólares semanales. Estos pagos a los empleados individuales se mantienen durante un máximo de diez semanas en un período de doce meses consecutivos, a menos que el Consejo los prorrogue. Cuando un trabajador participante trabaje a tiempo parcial por falta de trabajo y reciba menos del 50% de su salario medio semanal o mensual por trabajar a tiempo completo, podrá tener derecho a recibir pagos del fondo por la diferencia entre la cantidad que recibe como salario de la empresa y el máximo al que puede tener derecho según lo indicado anteriormente.

7) La custodia e inversión de los fondos y la administración del seguro de desempleo de cada empresa están bajo la dirección de un consejo de administración compuesto por representantes, la mitad de los cuales son nombrados por la dirección y la otra mitad son elegidos por los asalariados. Los poderes y deberes del consejo de administración consisten en formular normas generales relativas a la elegibilidad de los trabajadores, el periodo de espera antes del pago de las prestaciones, la cuantía de las prestaciones y su duración en un año, si se deben conceder préstamos en caso de desempleo o necesidad, si una parte de los fondos debe ponerse a disposición del consejo de administración para aliviar las necesidades derivadas de causas distintas del desempleo, etc. El consejo de administración también es responsable de la administración del régimen del seguro de desempleo.

8) Si un empleado abandona la empresa y pasa a trabajar en otra empresa cubierta por las disposiciones de este plan, el importe proporcional restante de sus cotizaciones normales, más los intereses al tipo medio del fondo, se transfiere a dicha empresa y se abona en ella. Si abandona la empresa por otros motivos, fallece o se jubila, se le abonará a él, o a su beneficiario, la parte restante de sus cotizaciones normales, más los intereses al tipo medio del fondo, o se añadirá a su pensión. Cuando el crédito de ese empleado se transfiera a otra corporación, o se pague al empleado o beneficiario en virtud de esta disposición, se pagará una cantidad igual a la corporación cooperante.

ADMINISTRACIÓN GENERAL. Cada asociación profesional formará una junta directiva general compuesta por nueve miembros, tres de los cuales serán elegidos o designados por la asociación, tres serán elegidos por los trabajadores de las empresas asociadas y tres, en representación del público, serán designados por el organismo federal de supervisión. Los miembros de la junta general, a excepción de los representantes de los trabajadores, ejercerán sus funciones sin remuneración. Los representantes de los trabajadores cobran la tarifa normal por el tiempo dedicado a los trabajos del consejo, y todos los miembros reciben dietas de viaje, todo ello a cargo de la asociación profesional. Los poderes y deberes del Consejo General son interpretar los regímenes de seguro de vida e invalidez, de jubilación y de desempleo adoptados por la asociación profesional y aprobados por el organismo federal de supervisión, supervisar los consejos de administración de cada empresa, establecer y dirigir un fondo de pensiones para la custodia, inversión y desembolso de los fondos de pensiones y, en general, supervisar y dirigir todas las actividades relacionadas con los regímenes de seguro de vida e invalidez, de jubilación y de desempleo.

APÉNDICE B

PATROCINADORES DE LOS PLANES PRESENTADOS PARA LA PLANIFICACIÓN ECONÓMICA EN ESTADOS UNIDOS EN ABRIL DE 1932[427]

American Engineering Council, Nueva York.

Federación Americana del Trabajo, Washington.

Contratistas Generales Asociados, Washington.

Charles A. Beard, New Milford, Conn.

Ralph Borsodi, autor y economista. Nueva York.

Cámara de Comercio de Estados Unidos, Washington.

Stuart Chase, autor y economista. Oficina de Trabajo, Nueva York.

Wallace B. Donham, decano de la Escuela de Negocios de Harvard.

Orden Fraternal de las Águilas (factura de Ludlow).

Jay Franklin, autor, *El Foro*.

Guy Greer, economista, *The Outlook*.

Otto Kahn, banquero. Nueva York.

Senador Robert M. La Follette, Senado de los Estados Unidos.

Lewis L. Lorwin, economista, Instituto Brookings, Washington.

Paul M. Mazur, banquero de inversión. Nueva York.

McGraw-Hill Publishing Co., Nueva York.

Consejo de Nueva Inglaterra, Boston.

Conferencia Progresista (proyecto de ley La Follette).

P. Redmond, economista, Schenectady, N.Y.

Sumner Slichter, economista y escritor, Madison Wis.

George Soule, editor de *The New Republic*.

C. R. Stevenson, de Stevenson, Jordan y Harrison, Nueva York.

Gerard Swope, Presidente de General Electric Co.

---

[427] Lista elaborada por el Departamento de Comercio de Estados Unidos.

Plan Regional de Wisconsin, Legislatura del Estado, Madison, Wis.

Federación Cívica Nacional, Nueva York.

BIBLIOGRAFÍA SELECCIONADA

FUENTES NO PUBLICADAS

Los Archivos Franklin D. Roosevelt en Hyde Park, Nueva York.

FUENTES PUBLICADAS

Archer, Jules. *The Plot to Seize the White House,* (Nueva York: Hawthorn Books, 1973)

Baruch, Bernard M., Baruch, *The Public Years,* (Nueva York: Holt, Rinehart and Winston, 1960)

Bennett, Edward W., *Germany and the Diplomacy of the Financial Crisis, 1931,* (Cambridge: Harvard University Press, 1962)

Bremer, Howard, *Franklin Delano Roosevelt,* 1882–1945, (Nueva York; Oceana Publications, Inc., 1971),

Burton, David H., *Theodore Roosevelt,* (Nueva York: Twayne Publishers, Inc., 1972)

Davis, Kenneth S., *FDR, The Beckoning of Destiny 1882–1928, A History,* (Nueva York: G. P. Putnam's Sons, 1971)

Dilling, Elizabeth, *The Roosevelt Red Record and Its Background,* (Illinois: por el autor, 1936)

Farley, James A., *Behind the Ballots, The Personal History of a Politician,* (Nueva York; Harcourt, Brace and Company, 1938)

Filene, Edward A., *Successful Living in this Machine Age,* (Nueva York: Simon and Schuster, 1932)

Filene, Edward A., *The Way Out, A Forecast of Coming Changes in American Business and Industry,* (Nueva York: Doubleday, Page & Company, 1924)

Flynn, John T., *The Roosevelt myth,* (Nueva York: The Devin-Adair Company, 1948)

Freedman, Max, *Roosevelt and Frankfurter,* Their Correspondence – 1928–1945, (Boston, Toronto: Little, Brown and Company, 1967)

Freidel, Frank, *Franklin D. Roosevelt, The Ordeal,* (Boston: Little, Brown and Company, 1952)

Hanfstaengl, Ernst, *Unheard Witness,* (Nueva York: J.B. Lippincott Company, 1957)

Haskell, H.J., *The New Deal in Old Rome, How Government in the Ancient World Tried to Deal with Modern Problems* (Nueva York: Alfred A. Knopf, 1947.)

Hoover, Herbert C., *Memorias. The Great Depression, 1929–1941,* (Nueva York: Macmillan Company, 1952), Vol. 3.

Howe, Frederic C., *The Confessions of a Monopolist,* (Chicago; The Public Publishing Company, 1906)

Hughes, T. W., *Cuarenta años de Roosevelt,* (1944... T. W. Hughes)

Ickes, Harold L., administrateur, *National Planning Board Federal Emergency Administration of Public Works,* (Washington, D.C. Government Printing Office, 1934). Informe final 1933-34.

Johnson, Hugh S., *The Blue Eagle from Egg to Earth,* (Nueva York: Doubleday, Doran & Company, Inc., 1935)

Josephson, Emanuel M., *El Manifiesto Comunista de Roosevelt.* Incorporant une réimpression de *Science of Government Founded on Natural Law,* par Clinton Roosevelt, (Nueva York: Chedney Press, 1955)

Kahn, Otto H., *Of Many Things,* (Nueva York: Boni & Liveright, 1926)

Kolko, Gabriel, *The Triumph of Conservatism, A reinterpretation of American History,* (Londres: Collier-Macmillan Limited, 1963)

Kuczynski, Robert P., *Bankers' Profits from German Loans,* (Washington, D.C.: The Brookings Institution, 1932)

Laidler, Harry W., *Concentration of Control in American Industry,* (Nueva York: Thomas Y. Crowell Company, 1931)

Lane, Rose Wilder, *The Making of Herbert Hoover,* (Nueva York: The Century Co., 1920)

Leuchtenburg, William E., *Franklin D. Roosevelt and the New Deal 1932–1940,* (Nueva York, Evanston y Londres: Harper & Row, 1963)

Moley, Raymond, *The First New Deal* (Nueva York: Harcourt Brace & World, Inc., s.f.)

Nixon, Edgar B., editor, *Franklin D. Roosevelt and Foreign Affairs,* (Cambridge: The Belknap Press of Harvard University Press, 1969), Volumen I: enero de 1933-febrero de 1934. Biblioteca Franklin D. Roosevelt. Hyde Park, Nueva York.

Overacker, Louise, *Money in Elections,* (Nueva York: The Macmillan Company, 1932)

Pecora, Ferdinand, *Wall Street Under Oath, The Story of our Modern Money Changers,* (Nueva York: Augustus M. Kelley Publishers, 1968)

Peel, Roy V., et Donnelly, Thomas C., *The 1928 Campaign An Analysis,* (Nueva York: Richard R. Smith, Inc., 1931)

Roos, Charles Frederick, *NRA Economic Planning*, (Bloomington, Indiana: The Principia Press, Inc., 1937)

Roosevelt, Elliott y Brough, James, *An Untold Story, The Roosevelts of Hyde Park*, (Nueva York: G.P. Putnam's Sons, 1973)

Roosevelt, Franklin D., *The Public Papers and Addresses of Franklin D. Roosevelt*, (Nueva York: Random House, 1938), Volumen Uno.

Roosevelt, Franklin D., *The Public Papers and Addresses of Franklin D. Roosevelt*, (Nueva York: Random House, 1938), Vol. 4.

Schlesinger, Arthur M., Jr, *The Age of Roosevelt, The Crisis of the Old Order 1919–1933*, (Boston: Houghton Mifflin Company, 1957)

Seldes, George, *One Thousand Americans*, (Nueva York: Boni & Gaer, 1947).

Spivak, John L. *Un hombre en su tiempo*, (Nueva York: Horizon Press, 1967)

Stiles, Leia, *The Man Behind Roosevelt, The Story of Louis McHenry Howe*, (Nueva York: The World Publishing Company, 1954)

Congreso de los Estados Unidos, Cámara de Representantes. Comité Especial de Actividades Americanas. *Investigación de las actividades de propaganda nazi e investigación de algunas otras actividades de propaganda*. 29 de diciembre de 1934. (73º Congreso, 2ª Sesión, Audiencias nº 73-D. C.-6). (Washington, D.C., Government Printing Office; 1935)

Congreso de los Estados Unidos, Senado. Comisión especial para investigar las actividades de los grupos de presión. *Lista de contribuciones*. Informe en virtud de las Resoluciones 165 y 184. (74º Congreso, 2ª Sesión). Washington, D.C., Government Printing Office, 1936)

Congreso de los Estados Unidos. El Senado. Audiencias ante un subcomité de la Comisión de Asuntos Militares. *Movilización científica y técnica*. 30 de marzo de 1943. (78º Congreso, 1ª Sesión. S. 702). Parte I. (Washington, D.C., Government Printing Office, 1943)

Congreso de los Estados Unidos. Cámara de Representantes. Select Committee on American Activities (1934) *Investigation of Nazi and other propaganda*, (74th Congress, 1st Session. Report No. 153) (Washington, Government Printing Office)

Congreso de los Estados Unidos. Senado, audiencias ante la comisión de finanzas. *Recuperación industrial nacional*. S. 1712 y H.R. 5755, 22, 26, 29, 31 de mayo y 1 de junio de 1933. (73º Congreso, 1ª Sesión) (Washington, Government Printing Office, 1933)

Congreso de los Estados Unidos. El Senado. Comité especial para investigar los gastos de la campaña presidencial. *Gastos de la campaña presidencial*. Informe en virtud de la Resolución 234, 25 de febrero (día del calendario, 28 de febrero), 1929. (70º Congreso, 2ª Sesión, Informe del Senado 2024). (Washington, D.C., Government Printing Office, 1929).

Warren, Harris, Gaylord, *Herbert Hoover y la Gran Depresión*, (Nueva York: Oxford University Press, 1959)

Wolfskill, George, *The Revolt of the Conservatives, A History of The American Liberty League 1934–1940*, (Boston: Houghton Mifflin Company, 1962)

WALL STREET Y EL ASCENSO DE HITLER

Dedicado a la memoria de Floyd Paxton -
empresario, inventor, escritor y estadounidense, que
creía y trabajaba por los derechos individuales en
una sociedad constitucionalmente libre.

PREFACIO

Este es el tercer y último volumen de una trilogía que describe el papel de los socialistas corporativos estadounidenses, también conocidos como la élite financiera de Wall Street o el establishment liberal de la Costa Este, en tres importantes acontecimientos históricos del siglo XX: la Revolución Lenin-Trotsky de 1917 en Rusia, la elección de Franklin D. Roosevelt en 1933 en Estados Unidos y la toma del poder por parte de Adolf Hitler en Alemania en 1933.

Cada uno de estos acontecimientos introdujo una variante del socialismo en un gran país: el socialismo bolchevique en Rusia, el socialismo del New Deal en Estados Unidos y el nacionalsocialismo en Alemania.

La historia oficial contemporánea, con la posible excepción de *Tragedia y esperanza*, de Carroll Quigley, ignora esta evidencia. Por otro lado, es comprensible que las universidades y las organizaciones de investigación, que dependen del apoyo financiero de las fundaciones controladas por la misma élite financiera neoyorquina, tengan poco interés en apoyar y publicar investigaciones sobre estos aspectos de la política internacional. Es poco probable que el más valiente de los administradores muerda la mano que da de comer a sus organizaciones.

De los elementos de esta trilogía también se desprende claramente que los "empresarios con vocación pública" no van a Washington como lobistas y administradores para servir a los Estados Unidos. Están en Washington para servir a sus propios intereses de maximización de beneficios. Su objetivo no es promover una economía de mercado competitiva, sino manipular un régimen politizado, llámese como se quiera, en su propio beneficio.

El tema de *Wall Street y el ascenso de Hitler al poder* es la manipulación comercial de su llegada al poder en marzo de 1933.

Julio de 1976
Antony C. SUTTON

INTRODUCCIÓN

LAS FACETAS INEXPLORADAS DEL NAZISMO

D esde principios de la década de 1920, han circulado informes infundados de que no sólo los industriales alemanes, sino también los financieros de Wall Street, desempeñaron algún papel -quizás uno importante- en el ascenso de Hitler y el nazismo. Este libro presenta pruebas inéditas, muchas de ellas procedentes de las actas de los tribunales militares de Nuremberg, para apoyar esta hipótesis. Sin embargo, la lectura de este único volumen no capta todo el impacto y la naturaleza sugestiva de estas pruebas. Dos libros anteriores de esta serie, *Wall Street* y la *revolución bolchevique*[428] y *Wall Street y FDR*[429] , describen el papel de las mismas empresas, y a menudo de los mismos individuos y sus compañeros de dirección, que trabajaron con ahínco para manipular y ayudar a la revolución bolchevique en Rusia en 1917, para apoyar a Franklin D. Roosevelt para que asumiera la presidencia de Estados Unidos en 1933, y para promover el ascenso de Hitler en la Alemania de preguerra. En definitiva, este libro forma parte de un estudio más profundo sobre la implantación del socialismo moderno por parte de los socialistas corporativos.

Este grupo políticamente activo en Wall Street es más o menos el mismo círculo elitista conocido generalmente por los conservadores como el "establishment liberal", por los liberales (por ejemplo, G. William Domhoff) como la "clase dirigente",[430] y por los teóricos de la conspiración Gary Allen[431] y Dan Smoot[432] como los "insiders". Pero sea cual sea el nombre que se le dé a este grupo elitista que se autoperpetúa, parece ser que tiene una importancia fundamental en

---

[428] (Nueva York: Arlington House Publishers, 1974)

[429] (Nueva York: Arlington House Publishers, 1975)

[430] *Los Círculos Superiores: The Governing Class in America*, (Nueva York: Vintage, 1970)

[431] *None Dare Call It Conspiracy*, (Rossmoor: Concord Press, 1971). Para otra perspectiva basada en documentos "internos", véase Carroll Quigley, *Tragedy and Hope*, (Nueva York: The Macmillan Company, 1966)

[432] *El Gobierno Invisible*, (Boston: Western Islands, 1962)

la determinación de los asuntos mundiales a un nivel muy superior al de los políticos elegidos.

La influencia y la labor de este mismo grupo en el surgimiento de Hitler y la Alemania nazi es el tema de este libro. Se trata de un área de investigación histórica casi completamente inexplorada por el mundo académico. Es un campo de minas histórico para los incautos y descuidados que desconocen los entresijos de los procedimientos de investigación. Los soviéticos llevan mucho tiempo acusando a los banqueros de Wall Street de apoyar el fascismo internacional, pero su propio historial de exactitud histórica da poca credibilidad a sus acusaciones en Occidente, y por supuesto no critican el apoyo a su propia forma de fascismo político.

Este autor está en otro bando. Acusado anteriormente de ser demasiado crítico con el sovietismo y el nacionalsocialismo, al tiempo que ignoraba Wall Street y el ascenso de Hitler, es de esperar que este libro corrija un desequilibrio filosófico supuestamente inexacto y se centre en el verdadero problema: Independientemente de cómo se llame el sistema colectivista -socialismo soviético, socialismo del New Deal, socialismo corporativo o nacionalsocialismo-, es el ciudadano medio, el hombre de la calle, el que acaba perdiendo frente a los grandes que dirigen la operación en la cima. Cada sistema, a su manera, es un sistema de saqueo, un dispositivo organizativo diseñado para que todos vivan (o intenten vivir) a costa de los demás, mientras los líderes elitistas, los jefes y los políticos, se llevan la crema y nata en la cima.

El papel de esta élite de poder estadounidense en el ascenso de Hitler al poder debe verse también en conjunción con un aspecto poco conocido del hitlerismo que sólo ahora se está explorando: los orígenes místicos del nazismo, y su relación con la sociedad Thule y otros grupos conspiradores. Este autor no es un experto en ocultismo ni en conspiraciones, pero es evidente que los orígenes místicos, las raíces históricas neopaganas del nazismo, los Illuminati bávaros y la sociedad Thule son áreas relativamente desconocidas que aún no han sido exploradas por investigadores técnicamente competentes. Algunas investigaciones ya están escritas en francés; la mejor introducción en inglés es probablemente la traducción de *Hitler and the Cathar Tradition de* Jean Michel Angebert.[433]

Angebert revela la cruzada de 1933 de Otto Rahn, miembro de *la Schutzstaffel, en* busca del Santo Grial, que se dice que se encuentra en la fortaleza cátara del sur de Francia. La primera jerarquía nazi (Hitler y Himmler, así como Rudolph Hess y Rosenberg) estaba imbuida de una teología neopagana, en parte asociada a la sociedad Thule, cuyos ideales eran cercanos a los de los Illuminati bávaros. Esta sociedad fue una fuerza motriz sumergida por el nazismo, con una poderosa fijación mística en los seguidores de las S.S. Los historiadores de nuestro establishment contemporáneo apenas mencionan, y mucho menos exploran, estos

---

[433] Publicado en inglés con el título *The Occult and the Third Reich,* (The Mystical Origins of Nazism and the Search for the Holy Grail), (Nueva York: The Macmillan Company, 1974). Véase también Reginald H. Phelps, "Before Hitler Came" *Thule Society and Germanen Orden*" en *Journal of Modern History,* septiembre de 1968, nº 3.

orígenes ocultos; por lo tanto, pasan por alto algo tan importante como los orígenes financieros del nacionalsocialismo.

En 1950, James Stewart Martin publicó un extenso libro *All Honorable Men (Todos los hombres honrados)*, en el[434] que describe sus experiencias como jefe de la sección de guerra económica del Departamento de Justicia, que investigó la estructura de la industria nazi. Martin afirma que empresarios estadounidenses y británicos fueron nombrados en puestos clave de esta investigación de posguerra para secuestrar, encubrir y, en última instancia, sabotear la investigación de los industriales nazis y mantener así oculta su propia participación. Un oficial británico fue condenado por un consejo de guerra a dos años de prisión por proteger a un nazi, y varios oficiales estadounidenses fueron destituidos de sus cargos. ¿Por qué los empresarios estadounidenses y británicos querrían proteger a los empresarios nazis? En público, argumentaron que eran simples empresarios alemanes que no tenían nada que ver con el régimen nazi y que eran inocentes de cualquier complicidad en las conspiraciones nazis. Martin no profundiza en esta explicación, pero se muestra claramente insatisfecho y escéptico al respecto. Las pruebas sugieren que hubo un esfuerzo concertado no sólo para proteger a los empresarios nazis, sino también a los elementos colaboradores de las empresas estadounidenses y británicas.

Los empresarios alemanes podrían haber revelado muchos hechos embarazosos: A cambio de la protección, no dijeron mucho. Probablemente no sea una coincidencia que los industriales de Hitler juzgados en Nuremberg recibieran menos que un tirón de orejas. Nos preguntamos si los juicios de Nuremberg no deberían haberse celebrado en Washington, con algunos prominentes empresarios estadounidenses, así como empresarios nazis, en el banquillo de los acusados.

Dos extractos de fuentes contemporáneas introducirán y sugerirán el tema a desarrollar. El primer extracto está tomado de los propios registros de Roosevelt. El embajador estadounidense en Alemania, William Dodd, escribió a FDR desde Berlín el 19 de octubre de 1936 (tres años después de que Hitler llegara al poder), sobre los industriales estadounidenses y su ayuda a los nazis:

> *Aunque creo que la paz es nuestra mejor política, no puedo desestimar los temores que Wilson enfatizó más de una vez en sus conversaciones conmigo, el 15 de agosto de 1915 y después: el colapso de la democracia en toda Europa será un desastre para los ciudadanos. Pero, ¿qué se puede hacer? En la actualidad, más de un centenar de empresas estadounidenses tienen filiales aquí o acuerdos de cooperación.*
>
> *Los DuPont tienen tres aliados en Alemania que les ayudan en el campo del armamento. Su principal aliado es I.G. Farben, un contratista del gobierno que da 200.000 marcos al año a una organización de propaganda que opera sobre la opinión estadounidense. La Standard Oil Company (una subcompañía de Nueva York) envió aquí 2.000.000 de dólares en diciembre de 1933 y ganó 500.000 dólares al año ayudando a los alemanes a fabricar gas Ersatz con fines bélicos; pero la Standard Oil Company no podía sacar nada de sus ingresos del país salvo en mercancías. Hace muy poco, declara sus ingresos en casa, pero no explica los*

---

[434] (Boston: Little Brown and Company, 1950)

hechos. El presidente de la International Harvester Company me dijo que su negocio aquí crece un 33% al año (fabricación de armas, creo), pero que no pueden sacar nada. Incluso la gente de nuestros aviones tiene un acuerdo secreto con Krupps. General Motor Company y Ford hacen un gran negocio aquí a través de sus filiales y no obtienen ningún beneficio de ello. Menciono estos hechos porque complican las cosas y aumentan los peligros de la guerra.[435]

En segundo lugar, una cita del periódico del mismo embajador estadounidense en Alemania. El lector debe tener en cuenta que un representante de la Vacuum Oil Company citada -así como representantes de otras empresas americanas que apoyaban a los nazis- fue nombrado miembro de la comisión de control de la posguerra para desnazificar a los nazis:

25 de enero. El jueves. Nuestro agregado comercial trajo a verme al Dr. Engelbrecht, presidente de la compañía de aceite de vacío de Hamburgo. Engelbrecht repitió lo que dijo hace un año: "La Standard Oil Company de Nueva York, la empresa matriz de Vacuum, ha gastado 10.000.000 de marcos en Alemania tratando de encontrar recursos petrolíferos y construir una gran refinería cerca del puerto de Hamburgo". Engelbrecht siguió perforando pozos y encontrando mucho petróleo en la zona de Hannover, pero no tenía esperanzas de encontrar grandes yacimientos. Espera que el Dr. Schacht subvencione su empresa como han hecho algunas empresas alemanas cuando no han encontrado petróleo. Vacuum gasta todos sus ingresos aquí, emplea a 1.000 hombres y nunca envía dinero a casa. No pude animarle.[436]

Y más que eso:

Estos hombres apenas habían salido del edificio cuando el abogado volvió para informar de sus dificultades. No había nada que pudiera hacer. Pero le pregunté: ¿Por qué la Standard Oil Company de Nueva York envió 1.000.000 de dólares en diciembre de 1933 para ayudar a los alemanes a fabricar gasolina a partir de carbón dulce para emergencias bélicas? ¿Por qué la gente de International Harvester sigue fabricando en Alemania cuando su empresa no recibe nada del país y no ha podido cobrar sus pérdidas de guerra? Comprendió mi punto de vista y estuvo de acuerdo en que sonaba estúpido y que daría lugar a mayores pérdidas si estallaba otra guerra.[437]

La alianza entre el poder político nazi y las "grandes empresas" estadounidenses puede haber parecido estúpida al embajador Dodd y al abogado estadounidense que entrevistó. En la práctica, por supuesto, las "grandes empresas" son cualquier cosa menos estúpidas cuando se trata de promover sus

---

[435] Edgar B. Nixon, éd., *Franklin D. Roosevelt and Foreign Affairs*, Volume III: September 1935-January 1937, (Cambridge: Belknap Press, 1969), p. 456.

[436] Editado por William E. Dodd Jr. y Martha Dodd, *Ambassador Dodd's Diary*, 1933–1938, (Nueva York: Harcourt Brace and Company, 1941), p. 303.

[437] Ibid, p. 358.

propios intereses. Las inversiones en la Alemania nazi (y otras similares en la Unión Soviética) reflejaban políticas más elevadas, en las que estaba en juego mucho más que el beneficio inmediato, aunque los beneficios no pudieran repatriarse. Para rastrear estas "políticas superiores", hay que penetrar en el control financiero de las multinacionales, porque quienes controlan el flujo de las finanzas controlan en última instancia las políticas cotidianas.

Carroll Quigley[438] demostró que la cúspide de este sistema de control financiero internacional antes de la Segunda Guerra Mundial fue el Banco de Pagos Internacionales, con representantes de empresas bancarias internacionales de Europa y Estados Unidos, en un acuerdo que se mantuvo durante toda la Segunda Guerra Mundial. Durante el periodo nazi, el representante de Alemania en el Banco de Pagos Internacionales era el buen genio financiero de Hitler y presidente del Reichsbank, Hjalmar Horace Greeley Schacht.

HJALMAR HORACE GREELEY SCHACHT

La implicación de Wall Street en la Alemania de Hitler pone de relieve a dos alemanes con conexiones en Wall Street: Hjalmar Schacht y "Putzi" Hanfstaengl, que era amigo de Hitler y Roosevelt y que desempeñó un papel sospechosamente importante en el incidente que llevó a Hitler a la cima del poder dictatorial: el incendio del Reichstag en 1933.[439]

Los inicios de la historia de Hjalmar Schacht, y en particular su papel en la Unión Soviética tras la Revolución Bolchevique de 1917, se describieron en mi anterior libro, *Wall Street y la Revolución Bolchevique*. El mayor de los Schachts había trabajado en la oficina de Berlín de la Equitable Trust Company en Nueva York a principios del siglo XX. Hjalmar nació en Alemania y no en Nueva York únicamente por la enfermedad de su madre, que obligó a la familia a regresar a Alemania. El hermano William Schacht era un ciudadano nacido en Estados Unidos. Para marcar sus orígenes americanos, los segundos nombres de Hjalmar fueron designados "Horace Greeley", en honor al famoso político demócrata. Por ello, Hjalmar hablaba con fluidez el inglés y los interrogatorios de Schacht durante la posguerra en el marco del Proyecto Dustbin se realizaron tanto en alemán como en inglés. Cabe destacar que la familia Schacht tiene sus orígenes en Nueva York, trabajó para la principal casa financiera de Wall Street, Equitable Trust (que estaba controlada por la firma Morgan), y durante toda su vida Hjalmar mantuvo estos vínculos con Wall Street.[440] Los periódicos y las fuentes contemporáneas informan de repetidas visitas con Owen Young de General Electric, Farish, presidente de Standard Oil de Nueva Jersey, y sus homólogos bancarios. En resumen, Schacht era un miembro de la élite financiera internacional que ejercía el poder entre los

---

[438] Quigley, op. cit.

[439] Para más información sobre el Hanfstaengl "Putzi", véase el capítulo nueve.

[440] Véase Sutton, *Wall Street and the Bolshevik Revolution*, op. cit. para las relaciones de Schacht con los soviéticos y Wall Street, y su gestión de un banco soviético.

bastidores del aparato político de una nación. Era un enlace clave entre la élite de Wall Street y el círculo íntimo de Hitler.

Este libro se divide en dos partes principales. La primera parte rastrea el ascenso de los cárteles alemanes a través de los Planes Dawes y Young en la década de 1920. Estos cárteles fueron los principales partidarios de Hitler y del nazismo y fueron directamente responsables de la llegada de los nazis al poder en 1933. Se describe el papel de las empresas estadounidenses I.G. Farben, General Electric, Standard Oil de Nueva Jersey, Ford y otras empresas estadounidenses. La segunda parte presenta las pruebas documentales conocidas de la financiación de Hitler, con una reproducción fotográfica de los recibos de transferencia bancaria utilizados para transferir fondos de Farben, General Electric y otras empresas a Hitler a través de Hjalmar Horace Greeley Schacht.

CAPÍTULO I

APERTURA DE WALL STREET
EL CAMINO HACIA HITLER

El Plan Dawes, adoptado en agosto de 1924, se ajustaba perfectamente a los planes de los economistas militares del Estado Mayor alemán. (Testimonio ante el Senado de los Estados Unidos, Comité de Asuntos Militares, 1946).

La Comisión Kilgore del Senado de EE.UU. de la posguerra escuchó el testimonio detallado de funcionarios del gobierno que

... cuando los nazis llegaron al poder en 1933, se encontraron con que se había avanzado mucho desde 1918 en la preparación de Alemania para la guerra desde el punto de vista económico e industrial.[441]

La preparación para la guerra europea antes y después de 1933 se debió en gran medida a la ayuda financiera de Wall Street en los años 20 para crear el sistema de cárteles alemanes, y a la ayuda técnica de conocidas empresas estadounidenses que luego se identificarían para construir la Wehrmacht alemana. Aunque esta ayuda financiera y técnica se describe como "accidental" o debida a la "ceguera" de los empresarios estadounidenses, las pruebas que se presentan a continuación sugieren claramente un grado de premeditación por parte de estos financieros estadounidenses. En el ejemplo paralelo de la construcción del poder militar de la Unión Soviética a partir de 1917 se han hecho alegaciones similares e inaceptables de "accidente" en nombre de los financieros e industriales estadounidenses. Sin embargo, estos capitalistas estadounidenses estaban dispuestos a financiar y subvencionar a la Unión Soviética durante la guerra de Vietnam, sabiendo que los soviéticos estaban subvencionando al enemigo contra el que luchaban los militares estadounidenses en el otro bando.

---

[441] Congreso de los Estados Unidos. El Senado. Audiencias ante un subcomité de la Comisión de Asuntos Militares. Eliminación de los recursos alemanes para la guerra. Report under Resolutions 107 and 146, July 2, 1945, Part 7, (78th Congress and 79th Congress), (Washington: Government Printing Office, 1945), en adelante "Disposal of German Resources.

La contribución del capitalismo estadounidense a los preparativos de guerra alemanes antes de 1940 sólo puede calificarse de fenomenal. Sin duda, fue crucial para las capacidades militares alemanas.

Por ejemplo, en 1934, Alemania sólo producía en su territorio 300.000 toneladas de productos petrolíferos naturales y menos de 800.000 toneladas de gasolina sintética; el resto era importado. Sin embargo, diez años más tarde, durante la Segunda Guerra Mundial, tras la transferencia de las patentes de Standard Oil y la tecnología de hidrogenación de Nueva Jersey a I.G. Farben (utilizada para producir gasolina sintética a partir del carbón), Alemania produjo unos 6,5 millones de toneladas de petróleo, de las cuales el 85% (5,5 millones de toneladas) era petróleo sintético mediante el proceso de hidrogenación de Standard Oil. Además, el control de la producción de aceite sintético en Alemania estaba en manos de la filial de I.G. Farben, Braunkohle-Benzin A. G., y el propio cártel de Farben se formó en 1926 con ayuda financiera de Wall Street.

Por otra parte, la impresión general que dejan al lector los historiadores modernos es que esta asistencia técnica estadounidense fue accidental y que los industriales estadounidenses eran inocentes de cualquier fechoría. Por ejemplo, el Comité Kilgore declaró:

> *Los Estados Unidos desempeñaron accidentalmente un papel importante en el armamento técnico de Alemania. Aunque los planificadores militares alemanes ordenaron y persuadieron a las empresas manufactureras para que instalaran equipos modernos para la producción en masa, ni los economistas militares ni las empresas parecen haber comprendido plenamente lo que esto significaba. Sus ojos se abrieron cuando dos de las principales empresas automovilísticas estadounidenses construyeron fábricas en Alemania para poder vender en el mercado europeo sin la desventaja de los altos costes de envío y los aranceles alemanes. Los alemanes fueron llevados a Detroit para aprender las técnicas de producción de componentes especializados y de montaje en línea. Lo que vieron llevó a una reorganización y rediseño de otras grandes fábricas de guerra alemanas. Las técnicas aprendidas en Detroit se utilizaron finalmente para construir los Stukas....bombardeo por la nariz en un período posterior. I.G. Farben en ese país permitió que una corriente de ingenieros alemanes visitara no sólo las fábricas de aviones, sino también otras fábricas de importancia militar, en las que aprendieron muchas cosas que finalmente se utilizaron contra los Estados Unidos.[442]*

Tras estas observaciones, que subrayan el carácter "accidental" de las ayudas, autores académicos como Gabriel Kolko, que en general no es partidario de las grandes empresas, han concluido que:

---

[442] Disposición de los recursos alemanes, p. 174.

> *Es casi superfluo señalar que los motivos de las empresas americanas en relación con los contratos con las empresas alemanas no eran completamente pronunciados...*[443]

Sin embargo, Kolko sostiene, por el contrario, que los análisis de la prensa empresarial estadounidense contemporánea confirman que las revistas y los periódicos empresariales eran plenamente conscientes de la amenaza nazi y de su naturaleza, al tiempo que advertían a sus lectores empresariales de los preparativos de guerra alemanes. E incluso Kolko lo admite:

> *La prensa económica [en Estados Unidos] ya sabía en 1935 que la prosperidad alemana se basaba en los preparativos de la guerra. Y lo que es más importante, era consciente de que la industria alemana estaba bajo el control de los nazis y estaba destinada a servir al rearme de Alemania, y la empresa más mencionada en este contexto era el gigante químico I.G. Farben.*[444]

Además, las pruebas que se presentan a continuación sugieren que no sólo un sector influyente del empresariado estadounidense era consciente de la naturaleza del nazismo, sino que lo ayudaba siempre que era posible (y rentable), *sabiendo perfectamente que el resultado probable sería una guerra en la que participarían Europa y Estados Unidos.* Como veremos, los alegatos de inocencia no se corresponden con los hechos.

1924: EL PLAN DAWES

El Tratado de Versalles, tras la Primera Guerra Mundial, impuso una pesada carga de reparaciones a la Alemania derrotada. Esta carga financiera -la verdadera causa del descontento alemán que llevó a la aceptación del hitlerismo- fue utilizada por los banqueros internacionales en su propio beneficio.

El plan Dawes, y más tarde el plan Young, ofrecieron la oportunidad de conceder préstamos rentables a los cárteles alemanes en Estados Unidos. Ambos planes fueron concebidos por estos banqueros centrales, que formaron los comités para su propio beneficio pecuniario, y aunque técnicamente los comités no fueron nombrados por el gobierno de Estados Unidos, los planes fueron de hecho aprobados y patrocinados por el gobierno.

El regateo de posguerra de financieros y políticos fijó las reparaciones alemanas en una cuota anual de 132.000 millones de marcos de oro. Esto representaba aproximadamente una cuarta parte de las exportaciones totales de Alemania en 1921. Cuando Alemania no pudo hacer frente a estos pagos abrumadores, Francia y Bélgica ocuparon el Ruhr para tomar por la fuerza lo que no se podía rendir voluntariamente. En 1924, los aliados nombraron un comité de

---

[443] Gabriel Kolko, "American Business and Germany, 1930–1941", *The Western Political Quarterly,* Volumen XV, 1962.

[444] Ibid, p. 715.

banqueros (dirigido por el banquero estadounidense Charles G. Dawes) para desarrollar un programa de pago de reparaciones. El plan Dawes resultante fue, según Carroll Quigley, profesor de relaciones internacionales de la Universidad de Georgetown, "en gran medida una producción de J.P. Morgan".[445] El Plan Dawes organizó una serie de préstamos extranjeros por un total de 800 millones de dólares, cuyos ingresos se pagaron a Alemania. Estos préstamos son importantes para nuestra historia porque los ingresos, recaudados en gran parte en Estados Unidos por inversores en dólares, se utilizaron a mediados de la década de 1920 para crear y consolidar las gigantescas combinaciones químicas y siderúrgicas de I.G. Farben y Vereinigte Stahlwerke, respectivamente. Estos cárteles no sólo ayudaron a Hitler a tomar el poder en 1933, sino que también suministraron la mayor parte del material bélico alemán utilizado en la Segunda Guerra Mundial.

Entre 1924 y 1931, en el marco del Plan Dawes y del Plan Young, Alemania pagó a los Aliados unos 86.000 millones de marcos en concepto de reparaciones. Al mismo tiempo, Alemania pidió prestado al extranjero, principalmente a Estados Unidos, unos 138.000 millones de marcos, lo que supuso un pago neto de sólo 3.000 millones de marcos en concepto de reparaciones. Así, la carga de las reparaciones monetarias alemanas a los Aliados fue de hecho soportada por los suscriptores extranjeros de los bonos alemanes emitidos por las instituciones financieras de Wall Street - con, por supuesto, importantes beneficios para ellos mismos. Y, cabe señalar, estas empresas eran propiedad de los mismos financieros que periódicamente se quitaban el sombrero de banquero y se ponían otros nuevos para convertirse en "estadistas". Como "estadistas", formularon los planes de Dawes y Young para "resolver" el "problema" de las reparaciones. Como banqueros, hicieron circular los préstamos. Como señala Carroll Quigley,

> *Hay que tener en cuenta que este sistema fue creado por banqueros internacionales y que el posterior préstamo de dinero ajeno a Alemania fue muy rentable para estos banqueros.*[446]

¿Quiénes son los banqueros internacionales de Nueva York que formaron estas comisiones de reparación?

Los expertos estadounidenses del Plan Dawes de 1924 fueron el banquero Charles Dawes y el representante de Morgan, Owen Young, que era presidente de la General Electric Company. Dawes fue presidente del Comité de Expertos Aliados de 1924. En 1929, Owen Young se convirtió en presidente del Comité de Expertos, apoyado por el propio J.P. Morgan, con T como suplente. W. Lamont, socio de Morgan, y T. N. Perkins, banquero de las asociaciones de Morgan. En otras palabras, las delegaciones de los Estados Unidos eran, como señaló Quigley, pura y simplemente delegaciones de J. P. Morgan que utilizaban la autoridad y el sello de los Estados Unidos para promover planes financieros para su propio beneficio pecuniario. Como resultado, según Quigley, "los banqueros

---

[445] Carroll Quigley, op. cit.

[446] Ibid, p. 308.

internacionales se han sentado en el paraíso bajo una lluvia de honorarios y comisiones".[447]

Los miembros alemanes del comité de expertos fueron igualmente interesantes. En 1924, Hjalmar Schacht era presidente del Reichsbank y había desempeñado un importante papel en la organización del Plan Dawes, al igual que el banquero alemán Carl Melchior. Uno de los delegados alemanes en 1928 fue A. Voegler, del cártel alemán del acero Stahlwerke Vereinigte. En resumen, los dos principales países implicados -Estados Unidos y Alemania- estaban representados por los banqueros Morgan, por un lado, y Schacht y Voegler, por otro, que desempeñaron un papel clave en el ascenso de la Alemania de Hitler y el posterior rearme alemán.

Por último, los miembros y asesores de las comisiones Dawes y Young no sólo estaban asociados a las casas financieras de Nueva York sino que, como veremos más adelante, eran directores de empresas de los cárteles alemanes que ayudaron a Hitler a tomar el poder.

1928: EL PLAN YOUNG

Según el genio financiero de Hitler, Hjalmar Horace Greeley Schacht, y el industrial nazi Fritz Thyssen, fue el plan Young de 1928 (el sucesor del plan Dawes), formulado por el agente de Morgan Owen D. Young, que llevó a Hitler al poder en 1933. Fritz Thyssen afirma que,

> Me pasé al Partido Nacional Socialista sólo cuando me convencí de que la lucha contra el Plan Young era inevitable si se quería evitar el colapso total de Alemania.[448]

La diferencia entre el Plan Young y el Plan Dawes es que mientras el Plan Young exigía pagos en bienes producidos en Alemania financiados por préstamos extranjeros, el Plan Dawes exigía pagos monetarios y "A mi juicio [escribe Thyssen], la deuda financiera así creada tenía por objeto desbaratar toda la economía del Reich".

El Plan Young era, supuestamente, un plan para ocupar Alemania con capital estadounidense y pignorar los bienes inmuebles alemanes como garantía de una gigantesca hipoteca mantenida en Estados Unidos. Cabe señalar que las filiales alemanas en Estados Unidos escaparon al plan mediante la propiedad extranjera temporal. Por ejemplo, A.E.G. (German General Electric), filial de General Electric en Estados Unidos, fue vendida a un holding franco-belga y escapó a las condiciones del plan Young. Cabe señalar de paso que Owen Young fue el principal financiero de Franklin D. Roosevelt en la United European Company cuando FDR, como floreciente financiero de Wall Street, intentó aprovecharse de la hiperinflación alemana de 1925. La Empresa Europea Unida era un vehículo

---

[447] Carroll Quigley, op. cit. p. 309.

[448] Fritz Thyssen, *I Paid Hitler,* (Nueva York: Farrar & Rinehart, Inc., n.d.), p. 88.

para la especulación y el beneficio cuando se impuso el Plan Dawes, y es una clara prueba de que los financieros privados (incluido Franklin D. Roosevelt) utilizan el poder del Estado para promover sus propios intereses manipulando la política exterior.

La acusación paralela de Schacht de que Owen Young fue responsable del ascenso de Hitler, aunque obviamente interesada, consta en un informe de inteligencia del gobierno estadounidense sobre el interrogatorio del Dr. Fritz Thyssen en septiembre de 1945:

> La aceptación del plan Young y de sus principios financieros provocó un aumento del desempleo, hasta llegar a un millón de personas.
> La gente estaba desesperada. Hitler dijo que eliminaría el desempleo. El gobierno que estaba en el poder en ese momento era muy malo, y la situación del pueblo empeoraba. Por eso Hitler tuvo un gran éxito en las elecciones. En las últimas elecciones obtuvo alrededor del 40%.[449]

Sin embargo, fue Schacht, y no Owen Young, quien concibió la idea que luego se convirtió en el Banco de Pagos Internacionales. Los detalles concretos se elaboraron en una conferencia presidida por Jackson Reynolds, "uno de los principales banqueros de Nueva York", junto con Melvin Traylor, del First National Bank de Chicago, Sir Charles Addis, antiguo miembro de la Hong Kong and Shanghai Banking Corporation, y varios banqueros franceses y alemanes.[450]El B.I.S. era esencial para el Plan Young, ya que proporcionaba un instrumento preparado para promover las relaciones financieras internacionales. Según sus propias declaraciones, Schacht también dio a Owen Young la idea que más tarde se convirtió en el Banco Internacional de Reconstrucción y Desarrollo de Posguerra:

> "Un banco de este tipo requerirá la cooperación financiera entre ganadores y perdedores, lo que dará lugar a una comunidad de intereses que, a su vez, conducirá a la confianza y el entendimiento mutuos y, por tanto, promoverá y asegurará la paz".
> Todavía recuerdo muy bien el escenario en el que tuvo lugar esta conversación. Owen Young estaba sentado en su silla, soplando en su pipa, con las piernas estiradas, sus ojos penetrantes fijos en mí. Como suelo hacer cuando expongo este tipo de argumentos, hacía un silencioso y constante "vaivén" de un lado a otro de la habitación. Cuando terminé, hubo una breve pausa. Entonces todo su rostro se iluminó y su determinación encontró expresión en las palabras:

---

[449] U.S. Group Control Council (Allemagne), Office of the Director of Intelligence, Intelligence Report No. EF/ME/1, 4 septembre 1945. Véase también Hjalmar Schacht, *Confessions of an Old Wizard*, (Boston: Houghton Mifflin, 1956)

[450] Hjalmar Schacht, op cit. p. 18. Fritz Thyssen añade: "Incluso en aquella época, el Sr. Dillon, un banquero neoyorquino de origen judío al que admiro mucho, me dijo: 'Si yo fuera usted, no firmaría el plan'.

"Dr. Schacht, me ha dado una idea maravillosa y voy a venderla al mundo".[451]

EL B. RI - LA CUMBRE DEL CONTROL

Este juego de ideas y cooperación entre Hjalmar Schacht en Alemania y, a través de Owen Young, los intereses de J.P. Morgan en Nueva York, era sólo una faceta de un vasto y ambicioso sistema de cooperación y alianza internacional para el control del mundo. Según describe Carroll Quigley, este sistema consistía en:

> "... nada menos que crear un sistema global de control financiero, en manos privadas, capaz de dominar el sistema político de cada país y la economía mundial en su conjunto.[452]

Este sistema feudal funcionaba en los años 20, al igual que hoy, a través de los banqueros centrales privados de cada país que controlan la oferta monetaria nacional de las distintas economías. En las décadas de 1920 y 1930, el Sistema de la Reserva Federal de Nueva York, el Banco de Inglaterra, el Reichsbank de Alemania y el Banco de Francia también influyeron más o menos indirectamente en el aparato político de sus respectivos países al controlar la oferta monetaria y crear el entorno monetario. Se ha conseguido una influencia más directa proporcionando fondos políticos a los políticos y partidos políticos o retirándoles su apoyo. En Estados Unidos, por ejemplo, el presidente Herbert Hoover achacó su derrota de 1932 a la retirada del apoyo de Wall Street y a la transferencia de las finanzas y la influencia de Wall Street a Franklin D. Roosevelt.

Los políticos sensibles a los objetivos del capitalismo financiero, y las academias que proliferan con ideas de control global útiles para los banqueros internacionales, se mantienen en línea con un sistema de premios y castigos. A principios de la década de 1930, el Banco de Pagos Internacionales, con sede en Basilea (Suiza), era el vehículo de este sistema internacional de control financiero y político, que Quigley denominó "la cima del sistema". La cumbre del B.I.S. continuó su labor durante la Segunda Guerra Mundial como medio por el que los banqueros -que aparentemente no estaban en guerra entre sí- perseguían un intercambio mutuamente beneficioso de ideas, información y planificación para el mundo de la posguerra. Como ha señalado un autor, la guerra no supuso ninguna diferencia para los banqueros internacionales:

> *El hecho de que el Banco tuviera un personal verdaderamente internacional era, por supuesto, una situación muy anómala en tiempos de guerra. Un presidente estadounidense se encargaba del día a día del Banco a través de un director general francés, que tenía un subdirector general alemán, mientras que el secretario general era un súbdito italiano. Otros nacionales ocuparon otros puestos. Estos hombres estaban, por supuesto, en contacto personal diario entre sí.*

---

[451] Ibid, p. 282.

[452] Carroll Quigley, op. cit. p. 324.

> Con la excepción del Sr. McKittrick [véase infra], los vuelos estaban, por supuesto, permanentemente ubicados en Suiza durante este período y no estaban destinados a estar sujetos a las órdenes de su gobierno en ningún momento. Sin embargo, los directores del Banco permanecieron, por supuesto, en sus respectivos países y no tuvieron contacto directo con el personal del Banco. Sin embargo, se afirma que H. Schacht, presidente del Reichsbank, mantuvo un representante personal en Basilea durante la mayor parte de este periodo.[453]

Son estas reuniones secretas, "... reuniones más secretas que cualquiera de las celebradas por los masones del arco real o por cualquier orden rosacruz..."[454] entre los banqueros centrales en la "cumbre" del control, las que han intrigado tanto a los periodistas contemporáneos, aunque sólo han penetrado en este secreto en contadas ocasiones y brevemente.

LA CONSTRUCCIÓN DE LOS CÁRTELES ALEMANES

El sistema de cárteles alemán es un ejemplo práctico de cómo las finanzas internacionales operan entre bastidores para construir y manipular sistemas político-económicos. Los tres mayores préstamos gestionados por los banqueros internacionales de Wall Street para los prestatarios alemanes en la década de 1920 en el marco del Plan Dawes fueron en beneficio de tres cárteles alemanes que unos años más tarde ayudaron a Hitler y a los nazis a tomar el poder. Los financieros estadounidenses estaban directamente representados en los consejos de administración de dos de estos tres cárteles alemanes. La ayuda estadounidense a los cárteles alemanes fue descrita por James Martin de la siguiente manera:

> "Estos préstamos para la reconstrucción se convirtieron en un vehículo para los acuerdos que hicieron más para promover la Segunda Guerra Mundial que para establecer la paz después de la Primera Guerra Mundial."[455]

Los tres cárteles dominantes, las cantidades prestadas y el sindicato flotante en Wall Street eran los siguientes:

El cártel alemán	Unión de Wall Street	Cantidad emitida
Elektrizitats-Gesellschaft (A.E.G.) (compañía eléctrica general alemana)	National City Co.	$35,000,000
Vereinigte Stahlwerke (Acerías Unidas)	Dillon, Read & Co.	$70,225,000
American I.G. Chemical (I.G. Farben)	National City Co.	$30,000,000

---

[453] Henry H. Schloss, *The Bank for International Settlements* (Amsterdam: North Holland Publishing Company, 1958).

[454] John Hargrave, *Montagu Norman*, (Nueva York: The Greystone Press, n.d.). p. 108.

[455] James Stewart Martin, op. cit. p. 70.

Si se observan todos los préstamos concedidos[456], parece que sólo un puñado de instituciones financieras neoyorquinas ha asumido la financiación de las reparaciones alemanas. Tres empresas -Dillon, Read Co, Harris, Forbes & Co y National City Company- emitieron casi tres cuartas partes del valor nominal total de los préstamos y obtuvieron la mayor parte de los beneficios:

Jefe del Sindicato de Wall Street	Participación en emisiones industriales alemanas en el mercado de capitales estadounidense	Beneficios de los préstamos alemanes*.	Porcentaje del total
Dillon, Read & Co.	$241,325,000	2,7 millones de euros	29.2
Harris, Forbes & Co.	$186,500,000	1,4 millones de euros	22.6
National City Co.	$173,000,000	5,0 millones de euros	20.9
Speyer & Co.	$59,500,000	0,6 millones de euros	7.2
Lee, Higginson & Co.	$53,000,000	n.d.	6.4
Guaranty Co. of N.Y.	$41,575,000	0,2 millones de euros	5.0
Kuhn, Loeb & Co.	$37,500,000	0,2 millones de euros	4.5
Equitable Trust Co.	$34,000,000	0,3 millones de euros	4.1
TOTAL	$826,400,000	10,4 millones de euros	99.9

Fuente: Véase el Apéndice A
*Robert R. Kuczynski, Bankers Profits from German Loans (Washington, D.C.: Brookings Institution, 1932), p. 127.

A partir de mediados de los años 20, los dos grandes grupos alemanes, I.G. Farben y Vereinigte Stahlwerke, dominaron el sistema de cárteles químicos y siderúrgicos creado por estos préstamos.

Aunque estas empresas tenían la mayoría de los votos en los acuerdos para sólo dos o tres productos básicos, pudieron -a través del control de estos productos- hacer valer su voluntad en todo el acuerdo. I.G. Farben era el principal productor de productos químicos básicos utilizados por otros fabricantes de productos químicos de forma combinada, por lo que su posición de fortaleza económica no puede medirse únicamente por su capacidad de producir unos pocos productos químicos básicos. Del mismo modo, Vereinigte Stahlwerke, que tiene una mayor capacidad de producción de arrabio que todos los demás productores alemanes de hierro y acero juntos, pudo ejercer una influencia mucho mayor en el cártel de productos de acero semiacabados de lo que sugeriría su capacidad de producción

---

[456] Véase el capítulo 7 para más detalles sobre los préstamos de Wall Street a la industria alemana.

de arrabio. A pesar de ello, el porcentaje de producción de estos cárteles para todos los productos era significativo:

Productos de Vereinigte Stahlwerke	Porcentaje de la producción total alemana en 1938
Hierro	50.8
Tubos y tuberías	45.5
Placa pesada	36.0
Explosivos	35.0
Alquitrán de hulla	33.3
Barras de acero	37.1
I.G. Farben	**Porcentaje del total de Alemania producción en 1937**
Metanol sintético	100.0
Magnesio	100.0
Nitrógeno químico	70.0
Explosivos	60.0
Gasolina sintética (de alto octanaje)	46.0 (1945)
Lignito	20.0

Entre los productos que llevaron a I.G. Farben y Vereinigte Stahlwerke a una colaboración mutua estaban el alquitrán de hulla y el nitrógeno químico, ambos de importancia capital en la fabricación de explosivos. I.G. Farben tenía una posición de cártel que le daba una posición dominante en la fabricación y venta de nitrógeno químico, pero sólo poseía alrededor del 1% de la capacidad de coque de Alemania. Por lo tanto, se concluyó un acuerdo por el que las filiales de explosivos de Farben obtenían su benzol, toluol y otros productos primarios de alquitrán de hulla en las condiciones dictadas por Vereinigte Stahlwerke, mientras que la filial de explosivos de Vereinigte Stahlwerke dependía para sus nitratos de las condiciones dictadas por Farben. Bajo este sistema de cooperación e interdependencia mutua, los dos cárteles, I.G. Farben y Vereinigte Stahlwerke, produjeron el 95% de los explosivos alemanes en 1957-8 en vísperas de la Segunda Guerra Mundial. *Esta producción fue posible gracias a los préstamos americanos y, en cierta medida, a la tecnología americana.*

La cooperación entre I.G. Farben y Standard Oil para la producción de petróleo sintético a partir del carbón dio al cártel de I.G. Farben el monopolio de la producción de gasolina alemana durante la Segunda Guerra Mundial. En 1945, algo menos de la mitad de la gasolina de alto octanaje de Alemania era producida directamente por I.G. Farben y la mayor parte del resto por sus filiales.

En resumen, en lo que respecta a la gasolina sintética y a los explosivos (dos de los componentes básicos de la guerra moderna), el control de la producción alemana en la Segunda Guerra Mundial estaba en manos de dos conglomerados alemanes creados por préstamos de Wall Street como parte del Plan Dawes.

Además, la ayuda estadounidense al esfuerzo bélico nazi se extendió a otros ámbitos.[457] Los dos mayores productores de tanques en la Alemania de Hitler eran Opel, una filial de General Motors (controlada por J.P. Morgan), y la filial Ford A.G. de la Ford Motor Company de Detroit. Los nazis concedieron a Opel la exención de impuestos en 1936 para que General Motors pudiera ampliar sus instalaciones de producción. General Motors reinvirtió los beneficios resultantes en la industria alemana. Henry Ford fue condecorado por los nazis por sus servicios al nazismo. (Véase p. 93.) Alcoa y Dow Chemical colaboraron estrechamente con la industria nazi transfiriendo gran parte de su tecnología estadounidense. Bendix Aviation, en la que la empresa General Motors, controlada por J.P. Morgan, tenía una importante participación, suministraba a Siemens & Halske A. un gran número de sus productos. G. en Alemania con datos sobre pilotos automáticos e instrumentos de vuelo. Hasta 1940, durante la "guerra no oficial", Bendix Aviation proporcionó a Robert Bosch los datos técnicos completos de los arrancadores de aviones y motores diesel, recibiendo a cambio derechos de autor.

En resumen, las empresas estadounidenses asociadas a los banqueros de inversión internacionales de Morgan-Rockefeller -y no, cabe señalar, la gran mayoría de los industriales estadounidenses independientes- estaban íntimamente vinculadas al crecimiento de la industria nazi. Es importante señalar, mientras desarrollamos nuestra historia, que General Motors, Ford, General Electric, DuPont y el puñado de empresas estadounidenses íntimamente relacionadas con el desarrollo de la Alemania nazi estaban -con la excepción de la Ford Motor Company- controladas por la élite de Wall Street: la firma J.P. Morgan, el Rockefeller Chase Bank y, en menor medida, el Warburg Manhattan Bank.[458] Este libro no es una acusación contra toda la industria y las finanzas estadounidenses. Es una acusación contra la "élite" - esas corporaciones controladas por un puñado de casas financieras, el sistema del Banco de la Reserva Federal, el Banco de Pagos Internacionales, y sus acuerdos de cooperación internacional y cárteles que intentan controlar el curso de la política y la economía mundial.

---

[457] Véase Gabriel Kolko, op. cit. para muchos ejemplos.

[458] En 1956, los bancos Chase y Manhattan se fusionaron para convertirse en Chase Manhattan.

CAPÍTULO II

EL IMPERIO DE I.G. FARBEN

Farben era Hitler y Hitler era Farben.
(Senador Homer T. Bone ante la Comisión del Senado
de Asuntos Militares, 4 de junio de 1943).

En vísperas de la Segunda Guerra Mundial, el Complejo Químico Alemán I.G. Farben era la mayor empresa de fabricación de productos químicos del mundo, con un extraordinario poder e influencia política y económica dentro del Estado nazi de Hitler. I.G. Farben fue descrita acertadamente como "un estado dentro de un estado".

El cártel Farben se remonta a 1925, cuando el genio de la organización Hermann Schmitz (con ayuda financiera de Wall Street) creó la gigantesca empresa química a partir de seis empresas químicas alemanas ya gigantescas: Badische Anilin, Bayer, Agfa, Hoechst, Weilertermeer y Griesheim-Elektron. Estas empresas se fusionaron para convertirse en la Internationale Gesellschaft Farbenindustrie A.G. - o I.G. Farben para abreviar. Veinte años más tarde, el mismo Hermann Schmitz fue juzgado en Nuremberg por los crímenes de guerra cometidos por el cártel de I.G. Otros directores de I.G. Farben fueron juzgados, pero las filiales americanas de I.G. Farben y los directores americanos de la propia I.G. fueron silenciosamente olvidados; la verdad quedó enterrada en los archivos.

Son estas conexiones americanas en Wall Street las que nos preocupan. Sin el capital proporcionado por Wall Street, no habría existido I.G. Farben en primer lugar y casi con seguridad no habría existido Adolf Hitler y la Segunda Guerra Mundial.

Entre los banqueros alemanes que formaban parte del Farben *Aufsichsrat* (el consejo de supervisión)[459] a finales de la década de 1920 se encontraba el banquero de Hamburgo Max Warburg, cuyo hermano Paul Warburg fue uno de los fundadores del Sistema de la Reserva Federal en Estados Unidos. No es casualidad que Paul Warburg fuera también miembro del consejo de administración de American I.G. la filial estadounidense de Farben. Además de Max Warburg y Hermann Schmitz, que fueron fundamentales en la creación del Imperio Farben, los primeros miembros del *Vorstand de* Farben fueron Carl Bosch, Fritzter Meer,

---

[459] Las empresas alemanas tienen un consejo de administración de dos niveles. El *Aufsichsrat se ocupa de* la supervisión general, incluida la política financiera, mientras que el *Vorstand se ocupa de la* gestión diaria.

Kurt Oppenheim y George von Schnitzler.[460] Todos ellos, excepto Max Warburg, fueron acusados de "crímenes de guerra" tras la Segunda Guerra Mundial.

En 1928, los holdings americanos de I.G. Farben (es decir, Bayer, General Aniline Works, Agfa Ansco y Winthrop Chemical Company) se organizaron en un holding suizo, I.G. Chemic (Inter-nationale Gesellschaft fur Chemisehe Unternehmungen A. G.), controlado por I.G. Farben en Alemania. Al año siguiente, estas empresas estadounidenses se fusionaron para convertirse en la American I.G. Chemical Corporation, que posteriormente pasó a llamarse General Aniline & Film. Hermann Schmitz, el organizador de I.G. Farben en 1925, se convirtió en uno de los primeros nazis importantes y partidario de Hitler, así como en el presidente de la empresa suiza I.G. Chemic y en el presidente de la empresa estadounidense I.G. El complejo Farben, tanto en Alemania como en Estados Unidos, se convirtió entonces en una parte integral de la formación y el funcionamiento de la maquinaria estatal nazi, la Wehrmacht y las S.S.

I.G. Farben es de especial interés en la formación del Estado nazi, ya que los directores de Farben contribuyeron materialmente a él. Hitler y los nazis en el poder en 1933. Tenemos pruebas fotográficas (véase la página 60) de que I.G. Farben contribuyó con 400.000 RM al "fondo para sobornos" políticos de Hitler. Fue este fondo secreto el que financió la toma del poder por los nazis en marzo de 1933. Muchos años antes, Farben había obtenido fondos de Wall Street para la cartelización y expansión en Alemania en 1925 y 30 millones de dólares para American I.G. en 1929, y tenía directores de Wall Street en el consejo de administración de Farben. Cabe señalar que estos fondos se recaudaron y los directores se nombraron años antes de que Hitler fuera ascendido a dictador alemán.

EL PODER ECONÓMICO DE I.G. FARBEN

Observadores cualificados han argumentado que Alemania no podría haber entrado en la guerra en 1939 sin I.G. Farben. Entre 1927 y el estallido de la Segunda Guerra Mundial, I.G. Farben duplicó su tamaño, una expansión que fue posible en gran medida gracias a la asistencia técnica de Estados Unidos y a la emisión de bonos estadounidenses, como los 30 millones de dólares ofrecidos por el National City Bank. En 1939, I.G. adquirió una participación e influencia en la gestión de unas 380 empresas alemanas y más de 500 extranjeras. El Imperio Farben tenía sus propias minas de carbón, centrales eléctricas, unidades de acero, bancos, unidades de investigación y muchas empresas comerciales. Hubo más de 2.000 acuerdos de cártel entre I.G. y empresas extranjeras, como Standard Oil de Nueva Jersey, DuPont, Alcoa, Dow Chemical y otras en Estados Unidos. La historia completa de I.G., Farben, y sus actividades en todo el mundo antes de la Segunda Guerra Mundial nunca podrá conocerse porque los documentos alemanes clave fueron destruidos en 1945 en previsión de la victoria aliada. Sin embargo,

---

[460] De *Der Farben-Konzern* 1928, (Hoppenstedt, Berlín: I928), pp. 4-5.

una investigación de posguerra realizada por el Departamento de Guerra de Estados Unidos concluyó que:

> *Sin las enormes instalaciones de producción de G.I... Con las inmensas instalaciones de producción, la investigación intensiva y las amplias afiliaciones internacionales de Alemania, la continuación de la guerra habría sido impensable e imposible. Farben centró sus energías no sólo en armar a Alemania, sino también en debilitar a sus posibles víctimas, y este intento bidireccional de ampliar el potencial industrial de Alemania para la guerra y restringir el del resto del mundo no fue concebido ni ejecutado "en el curso normal de los negocios". Hay pruebas abrumadoras de que los funcionarios de I.G. Farben tenían pleno conocimiento previo del plan de Alemania para conquistar el mundo y de cada acto agresivo específico emprendido a partir de entonces.*[461]

Entre los directores de las empresas Farben (es decir, los "funcionarios de I.G. Farben" mencionados en la investigación) no sólo había alemanes, sino también destacados financieros estadounidenses. Este informe del Departamento de Guerra de los Estados Unidos de 1945 concluye que la misión de I.G., asignada por Hitler en el período anterior a la guerra, era hacer que Alemania fuera autosuficiente en caucho, gasolina, aceites lubricantes, magnesio, fibras, curtientes, grasas y explosivos. Para cumplir esta misión esencial, I.G. gastó considerables sumas de dinero en procesos de extracción de estos materiales de guerra a partir de materias primas autóctonas alemanas, en particular los abundantes recursos de carbón de Alemania. Cuando estos procesos no podían desarrollarse en Alemania, se adquirían en el extranjero en virtud de acuerdos de cártel. Por ejemplo, el proceso del iso-octano, esencial para los combustibles de aviación, se obtuvo de Estados Unidos,

> *... de hecho totalmente [de] América y lo hemos conocido en detalle en sus diversas fases a través de nuestros acuerdos con ellos [Standard Oil de Nueva Jersey] y lo utilizamos muy ampliamente.*[462]

El proceso de fabricación del tetraetilo de plomo, esencial para la gasolina de aviación, fue obtenido por I.G. Farben de Estados Unidos, y en 1939, I.G. compró a Standard Oil de Nueva Jersey gasolina de aviación de alta calidad por valor de 20 millones de dólares. Incluso antes de que Alemania fabricara tetraetilo de plomo mediante el proceso americano, pudo "tomar prestadas" 500 toneladas de la Ethyl Corporation. Este préstamo esencial de tetraetilo de plomo no fue devuelto y I. G. perdió la garantía de 1 millón de dólares. Además, I.G. compró grandes reservas de magnesio a Dow Chemical para su uso en los bombardeos y almacenó explosivos, estabilizadores, fósforo y cianuros en el extranjero.

En 1939, de los 43 principales productos fabricados por I.G., 28 eran "de primera importancia" para las fuerzas armadas alemanas. El control definitivo de

---

[461] *Eliminación de los recursos alemanes*, p. 943.

[462] Ibid, p. 945.

Farben sobre la economía de guerra alemana, adquirido en las décadas de 1920 y 1930 con la ayuda de Wall Street, puede evaluarse mejor observando el porcentaje de material de guerra alemán producido por las fábricas de Farben en 1945. En esa época, Farben producía el 100% del caucho sintético alemán, el 95% del gas venenoso alemán (incluido todo el gas Zyklon B utilizado en los campos de concentración), el 90% de los plásticos alemanes, el 88% del magnesio alemán, el 84% de los explosivos alemanes, el 70% de la pólvora alemana, el 46% de la gasolina alemana de alto octanaje (de aviación) y el 33% de la gasolina sintética alemana.[463] (Véase el cuadro 2-1 y la tabla 2-1).

Tabla 2-1: Dependencia del ejército alemán (Wehrmacht) de la producción de I.G. Farben (1943):

Producto	Producción total de Alemania	Porcentaje producido por I.G. Farben
Caucho sintético	118.600 toneladas	100
Metanol	251.000 toneladas	100
Aceite lubricante	60.000 toneladas	100
Tintes	31.670 toneladas	98
Gases tóxicos	——	95
Níquel	2000 toneladas	95
Plásticos	57.000 toneladas	90
Magnesio	27.400 toneladas	88
Explosivos	221.000 toneladas	84
Pólvora	210.000 toneladas	70
Alto octanaje (Aviación) Gasolina	650.000 toneladas	46
Ácido sulfúrico	707.000 toneladas	35

El Dr. von Schnitzler del *Aufsichsrat de* I.G. Farben hizo la siguiente declaración relevante en 1943:

> No es exagerado decir que sin los servicios de la química alemana proporcionados en el plan cuatrienal, la continuación de la guerra moderna habría sido impensable.[464]

---

[463] *New York Times,* 21 de octubre de 1945, sección 1, p. 1, 12.

[464] Ibid, p. 947.

■

Chart 2-1: German Army (Wehrmacht) Dependence on I.G. Farben Production (1943):

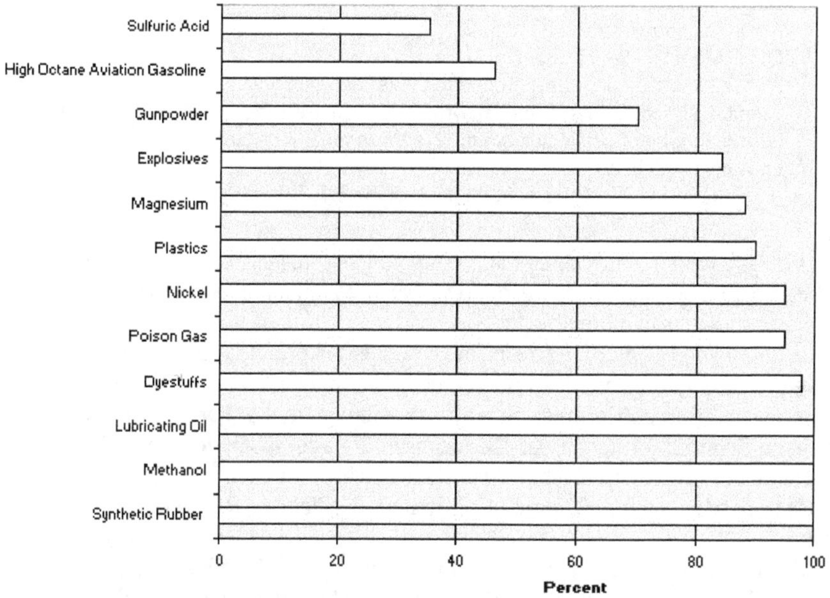

Lamentablemente, cuando investigamos los orígenes técnicos de los más importantes de estos materiales militares -además del apoyo financiero a Hitler- encontramos vínculos con la industria y los empresarios estadounidenses. Ha habido muchos acuerdos de Farben con empresas estadounidenses, incluidos los acuerdos de comercialización del cártel, los acuerdos de patentes y los intercambios técnicos, como ilustran las transferencias de tecnología de Standard Oil-Ethyl mencionadas anteriormente. Estos acuerdos fueron utilizados por I.G. para hacer avanzar la política nazi en el extranjero, para reunir información estratégica y para consolidar un cártel químico mundial.

Uno de los aspectos más horribles del cártel de I.G. Farben fue la invención, producción y distribución del gas Zyklon B, utilizado en los campos de concentración nazis. El Zyklon B era ácido prúsico puro, un veneno mortal producido por I.G. Farben Leverkusen y vendido por la oficina de ventas de Bayer a través de Degesch, un licenciatario independiente. Las ventas de Zyklon B representaron casi tres cuartas partes de la facturación de Degesch; I.G. Farben produjo y vendió gas suficiente para matar a 200 millones de personas. El informe del Comité Kilgore de 1942 deja claro que los directores de I.G. Farben tenían un conocimiento preciso de los campos de concentración nazis y de la utilización de los productos químicos de I.G. Este conocimiento previo adquiere importancia si se considera posteriormente el papel de los directores estadounidenses en la filial estadounidense de I.G. El interrogatorio de 1945 del director de I.G. Farben, Von Schnitzler, afirma:

Q. ¿Qué hizo usted cuando le dijeron que los productos químicos a base de nitrógeno se utilizaban para matar, para asesinar a las personas detenidas en los campos de concentración?

A. Estaba horrorizado.

Q. ¿Has hecho algo al respecto?

A. Me lo guardé para mí porque era demasiado terrible.....Le pregunté a Muller-Cunradi si sabía, junto con Ambros y otros directores de Auschwitz, que se utilizaban gases y productos químicos para asesinar a la gente.

Q. ¿Qué ha dicho?

A. Sí: todos los directores del I.G. de Auschwitz lo saben.[465]

I.G. Farben no intentó detener la producción de estos gases, una forma bastante ineficaz para von Schnitzler de expresar su preocupación por la vida humana, "porque era demasiado horrible".

La oficina de I.G. Farben en Berlín N.W. 7 era el principal centro de espionaje nazi en el extranjero. La unidad operaba bajo la dirección de Max Ilgner, director de Farben, sobrino de Hermann Schmitz, presidente de I.G. Farben. Max Ilgner y Hermann Schmitz formaban parte del consejo de administración de la American I.G., junto con sus colegas Henry Ford, de la Ford Motor Company, Paul Warburg, del Bank of Manhattan, y Charles E. Mitchell, del Federal Reserve Bank of New York.

Al principio de la guerra, en 1939, los empleados de VOWI se integraron en la Wehrmacht, pero siguieron haciendo el mismo trabajo que cuando estaban bajo el mando de I.G. Farben. Uno de los trabajadores de inteligencia más destacados de Farben en el N.W. 7 fue el Príncipe Bernhard de los Países Bajos, que se unió a Farben a principios de los años 30 tras completar un período de 18 meses de servicio en las SS con uniforme negro.[466]

La rama americana de la red de inteligencia VOWI era Chemnyco, Inc. Según el Departamento de Guerra,

> *Gracias a sus contactos comerciales habituales, Chemnyco pudo transmitir a Alemania enormes cantidades de documentos que iban desde fotografías y planos hasta descripciones detalladas de plantas industriales enteras.[467]*

El vicepresidente de Chemnyco en Nueva York era Rudolph Ilgner, ciudadano estadounidense y hermano del director Max Ilgner de American I. G. Farben. En resumen, Farben dirigía VOWI, la operación de inteligencia extranjera nazi, antes

---

[465] Eliminación de los recursos alemanes.

[466] Bernhard es más conocido hoy en día por su papel como presidente de las reuniones secretas, conocidas como "Bilderberger". Véase Congreso de los Estados Unidos, Cámara de Representantes, Comité Especial de Actividades Antiamericanas, *Investigación de las actividades de propaganda nazi e investigación de otras actividades de propaganda.* 73º Congreso, 2ª Sesión, Audiencias nº 73-DC-4. (Washington: Government Printing Office, 1934), Volumen VIII, p. 7525.

[467] Ibid. p. 949.

de la Segunda Guerra Mundial, y VOWI estaba asociada con miembros clave del establishment de Wall Street a través de American I.G. y Chemnyco.

El Departamento de Guerra de EE.UU. también acusó a I.G. Farben y a sus socios estadounidenses de encabezar los programas de guerra psicológica y económica nazis mediante la difusión de propaganda a través de agentes de Farben en el extranjero y el suministro de divisas para esta propaganda nazi. Los acuerdos del cártel de Farben promovieron la guerra económica nazi, siendo el ejemplo más destacado la restricción voluntaria de la Standard Oil de Nueva Jersey al desarrollo del caucho sintético en los Estados Unidos a instancias de I.G. Farben. Como dice el informe del Departamento de Guerra:

> *En resumen, la determinación de Standard Oil de mantener un monopolio absoluto sobre el desarrollo del caucho sintético en los Estados Unidos ha permitido a I.G. lograr plenamente su objetivo de impedir la producción estadounidense al disuadir a las empresas de caucho estadounidenses de emprender investigaciones independientes sobre el desarrollo de procesos de caucho sintético.[468]*

En 1945, el Dr. Oskar Loehr, jefe adjunto del I.G. "Tea Buro", confirmó que I.G. Farben y Standard Oil de Nueva Jersey pusieron en marcha un "plan preconcebido" para suprimir el desarrollo de la industria del caucho sintético en Estados Unidos, en beneficio de la Wehrmacht alemana y en detrimento de Estados Unidos durante la Segunda Guerra Mundial.

El testimonio del Dr. Loehr dice (en parte) lo siguiente:

> **Q. ¿Es** cierto que durante el retraso en la divulgación de los procesos del buna [caucho sintético] a las empresas de caucho estadounidenses, Chemnyco y Jasco mantuvieron a I.G. bien informado sobre el desarrollo del caucho sintético en los Estados Unidos?
> **A.** Sí.
> **Q.** Entonces, en todo momento, ¿I.G. era plenamente consciente del estado de desarrollo de la industria americana del caucho sintético?
> **A.** Sí.
> **Q.** ¿Estuvo usted presente en la reunión de La Haya cuando el Sr. Howard [de Standard Oil] fue allí en 1939?
> **A.** No.
> **Q.** ¿Quién estaba allí?
> **A.** M. Ringer, que estuvo acompañado por el Dr. Brown de Ludwigshafen. ¿Te han hablado de las negociaciones?
> **A.** Sí, siempre que estuvieran en la parte de buna.
> **Q. ¿Es** cierto que el Sr. Howard le dijo a I.G. en esa reunión que los desarrollos en los Estados Unidos habían llegado a tal punto que ya no le sería posible mantener la información sobre el proceso de fabricación del buna con las empresas estadounidenses?
> **A.** El Sr. Ringer lo ha señalado.

---

[468] Ibid. p. 952.

Q. ¿Fue en esta reunión cuando el Sr. Howard dijo por primera vez a I.G. que las empresas de caucho de Estados Unidos podrían necesitar ser informadas de los procesos y que aseguró a I.G. que Standard Oil controlaría la industria del caucho sintético en Estados Unidos? ¿Es eso correcto?
A. Así es. Ese es el conocimiento que obtuve a través del Sr. Ringer.
Q. En todos estos acuerdos, desde el principio del desarrollo de la industria del caucho sintético, la supresión de la industria del caucho sintético en los Estados Unidos formaba parte, por tanto, de un plan preconcebido entre I.G., por un lado, y el Sr. Howard, de Standard Oil, por otro?
A. Esta es una conclusión que se desprende de los hechos anteriores.[469]

I.G. Farben era la mayor fuente de divisas de Alemania antes de la Segunda Guerra Mundial, y estas divisas permitieron a Alemania comprar materias primas estratégicas, equipos militares y procesos técnicos, y financiar su espionaje, propaganda y diversas actividades militares y políticas en el extranjero antes de la Segunda Guerra Mundial. Actuando en nombre del Estado nazi, Farben amplió sus propios horizontes a escala mundial, manteniendo estrechas relaciones con el régimen nazi y la Wehrmacht. Se estableció una oficina de enlace, la *Vermittlungsstelle W,* para mantener la comunicación entre I.G. Farben y el Ministerio de Guerra alemán:

> *El objetivo de este trabajo es la puesta en marcha de un mecanismo de armamento que podría insertarse sin dificultad en la organización existente de I.G. y sus diversas fábricas. En caso de guerra, la I.G. será tratada por las autoridades competentes en materia de armamento como una gran fábrica que, en su tarea de armamento, en la medida en que sea técnicamente posible, se regulará a sí misma sin ninguna influencia organizativa desde el exterior (el trabajo en este sentido se ha acordado en principio con el Ministerio de Guerra Wehrwirtschaftsant) y desde esta oficina con el Ministerio de Economía. En el campo de actividad de la Vermittlungsstelle W, además de la organización y planificación a largo plazo, hubo una cooperación continua en materia de armamento y técnica con las autoridades del Reich y las fábricas de I.G.[470]*

Lamentablemente, los registros de las oficinas del Vermittlungsstelle fueron destruidos antes del final de la guerra, aunque se sabe por otras fuentes que a partir de 1934 se desarrolló una compleja red de transacciones entre la I.G. y la Wehrmacht. En 1934, I.G. Farben comenzó a movilizarse para la guerra, y cada fábrica de I.G. preparó sus planes de producción de guerra y los presentó a los Ministerios de Guerra y Economía. En 1935, se realizaron seis simulacros de guerra en las fábricas de I.G. Farben y se repitieron los procedimientos técnicos

---

[469] Ibid p. 1293.

[470] Ibid p. 954.

de guerra.[471] Estas simulaciones fueron descritas por el Dr. Struss, jefe de la secretaría del Comité Técnico del I.G:

> Es cierto que desde 1934 o 1935, poco después de la creación del Vermittlungsstelle W, se habían organizado simulaciones de guerra teóricas para examinar cómo se materializarían los efectos de los bombardeos en determinadas fábricas. Una de las consideraciones era qué pasaría si cayeran bombas de 100 o 500 kilos en una determinada fábrica y cuál sería el resultado. También es cierto que el término "Kriegsspiele" se utilizó para ello.
> Las Kriegsspiele fueron preparadas por el Sr. Ritter y el Dr. Eckell, más tarde en parte por el Dr. von Brunning por orden personal del Dr. Krauch o por orden de las fuerzas aéreas, no me consta. Las tareas fueron asignadas en parte por el Vermittlungsstelle W y en parte por oficiales de la fuerza aérea. En estas Kriegsspiele participaron varios oficiales de todos los grupos de la Wehrmacht (marina, fuerza aérea y ejército).
> Los lugares afectados por las bombas se marcaron en un mapa de la planta para poder determinar qué partes de la planta resultarían dañadas, como un contador de gas o una tubería importante. En cuanto terminó el asalto, la dirección de la fábrica tomó nota de los daños e indicó qué parte de la fábrica tendría que dejar de funcionar; también indicó el tiempo necesario para reparar los daños. En una reunión posterior se describieron las consecuencias de la Kriegsspiele y se comprobó que en el caso de Leuna [la planta] los daños eran considerablemente elevados; en particular, se comprobó que las modificaciones de las tuberías debían realizarse con un coste considerable.[472]

Por lo tanto, a lo largo de la década de 1930, I.G. Farben hizo algo más que cumplir las órdenes del régimen nazi. Farben fue el iniciador y operador de los planes nazis para conquistar el mundo. Farben actuó como agencia de investigación e inteligencia para el ejército alemán e inició voluntariamente proyectos de la Wehrmacht. De hecho, el ejército rara vez tuvo que recurrir a Farben; se calcula que entre el 40 y el 50% de los proyectos de Farben para el ejército fueron iniciados por el propio Farben. En resumen, en palabras del Dr. von Schnitzler:

> Así, al actuar como lo hizo, I.G. asumió una gran responsabilidad y constituyó una ayuda sustancial en el campo químico y una ayuda decisiva para la política exterior de Hitler, que condujo a la guerra y a la ruina de Alemania. Por lo tanto, debo concluir que I.G. es en gran parte responsable de la política de Hitler.

ARREGLAR LA REPUTACIÓN DE I.G. FARBEN

Esta miserable imagen de la preparación militar previa a la guerra era conocida en el extranjero y tuvo que ser vendida -o disimulada- al público estadounidense para facilitar la recaudación de fondos y la asistencia técnica de Wall Street en

---

[471] Ibid p. 954.

[472] Ibid, pp. 954-5.

nombre de I.G. Farben en Estados Unidos. Una importante empresa de relaciones públicas de Nueva York fue elegida para vender al traficante de la muerte I.G. Farben en Estados Unidos. La empresa de relaciones públicas más conocida a finales de los años veinte y treinta era Ivy Lee & T.J. Ross, de Nueva York. Ivy Lee había emprendido previamente una campaña de relaciones públicas para los Rockefeller con el fin de restaurar la imagen de los Rockefeller ante el público estadounidense. La empresa también había producido un libro fragmentario llamado *USSR, en el que realizaba* el mismo trabajo de limpieza de la Unión Soviética, incluso cuando los campos de trabajo soviéticos estaban en pleno apogeo a finales de los años veinte y principios de los treinta.

En 1929, Ivy Lee se convirtió en asesora de relaciones públicas de I.G. Farben en Estados Unidos. En 1934, Lee testificó ante el Comité de Actividades Antiamericanas de la Cámara de Representantes sobre este trabajo para Farben.[473] Lee testificó que I.G. Farben estaba afiliada a la empresa americana Farben y que "la I.G. americana es un holding con directores como Edsel Ford, Walter Teagle, uno de los ....ejecutivos del City Bank. Lee explicó que le pagaban 25.000 dólares al año en virtud de un contrato con Max Ilgner de I.G. Farben. Su trabajo consistía en contrarrestar las críticas a I.G. Farben en Estados Unidos. El consejo de Ivy Lee a Farben sobre esta cuestión era bastante aceptable:

> *En primer lugar, les dije que nunca podrían reconciliar al pueblo estadounidense a los ojos del mundo con el trato que daban a los judíos: que era sencillamente ajeno a la mentalidad estadounidense y que nunca podría justificarse ante la opinión pública estadounidense, y que no tenía sentido intentarlo.*
>
> *En segundo lugar, todo lo relacionado con la propaganda nazi en ese país fue un error y no debería repetirse. Nuestro pueblo lo considera una intromisión en los asuntos americanos, y fue una mala idea.[474]*

El pago inicial de 4.500 dólares a Ivy Lee en virtud de este contrato fue realizado por Hermann Schmitz, presidente de I.G. Farben en Alemania. Se depositó en la New York Trust Company bajo el nombre de I.G. Chemic (o "el suizo I.G.", como lo llamaba Ivy Lee).

Sin embargo, el segundo y principal pago de 14.450 dólares fue realizado por William von Rath del I.G. de los Estados Unidos y también depositado por Ivy Lee en la New York Trust Company, en el crédito de su cuenta personal. (La cuenta de la empresa estaba en el Chase Bank.) Este punto sobre el origen de los fondos es "importante si se considera la identidad de los directores del I.G. americano, porque el pago por el I.G. americano significaba que la mayoría de los fondos de propaganda nazi no eran de origen alemán. Se trataba *de fondos estadounidenses obtenidos en Estados Unidos y bajo el control de directores*

---

[473] Congreso de los Estados Unidos. Cámara de Representantes, Comité Especial de Actividades Antiamericanas, *Investigación de las Actividades de Propaganda Nazi* e *Investigación de Otras Actividades de Propaganda*, op. cit.

[474] Ibid, p. 178.

estadounidenses, aunque se utilizaron para la propaganda nazi en Estados Unidos.

En otras palabras, la mayoría de los fondos de propaganda nazi gestionados por Ivy Lee no fueron importados de Alemania.

El uso de estos fondos estadounidenses ha sido cuestionado por el Comité de Actividades Antiamericanas de la Cámara de Representantes:

> **MR DICKSTEIN.** Si le he entendido bien, ¿ha declarado que no ha recibido ninguna propaganda y que no ha tenido nada que ver con la difusión de propaganda en este país?
>
> **MR. LEE.** No he testificado que no haya recibido nada del Sr. Dickstein.
>
> **MR DICKSTEIN.** Así que voy a eliminar esa parte de la pregunta.
>
> **MR. LEE.** Declaré que no divulgué ninguna información.
>
> **MR DICKSTEIN.** ¿Ha recibido o ha recibido su empresa en algún momento propaganda de Alemania?
>
> **MR. LEE.** Sí, señor.
>
> **MR DICKSTEIN.** ¿Y cuándo fue eso?
>
> **MR. LEE.** Oh, hemos recibido... depende de lo que llames propaganda. Hemos recibido una gran cantidad de literatura.
>
> **MR DICKSTEIN.** ¿No sabes qué era esa literatura y qué contenía?
>
> **MR. LEE.** Hemos recibido libros, folletos, recortes de prensa y documentos en grandes cantidades.
>
> **MR DICKSTEIN.** ¿Supongo que alguien en su oficina los revisaría y vería lo que son?
>
> **MR. LEE.** Sí, señor.
>
> **MR DICKSTEIN.** Y entonces, después de descubrir lo que eran, supongo que guardaste copias.
>
> **MR. LEE.** En algunos casos, sí: y en otros, no. Muchos de ellos, por supuesto, estaban en alemán, y yo tenía lo que mi hijo me había enviado. Me dijo que eran interesantes y significativas, y que yo las había traducido o hecho extractos de ellas.[475]

Por último, Ivy Lee encargó a Burnham Carter el estudio de los nuevos informes estadounidenses sobre Alemania y la preparación de las respuestas pronazis adecuadas. Hay que señalar que esta literatura alemana no era literatura de Farben, sino literatura oficial hitleriana:

> **MR DICKSTEIN.** En otras palabras, usted recibe este material que trata de las condiciones actuales de Alemania: lo examina y les aconseja. No tiene nada que ver con el gobierno alemán, aunque el material, la literatura, son publicaciones oficiales del régimen de Hitler. Así es, ¿no?
>
> **MR. LEE.** Gran parte de la literatura no era oficial.
>
> **MR DICKSTEIN.** Eso no era literatura de I.G., ¿verdad?
>
> **MR. LEE.** No, I.G. me lo envió.
>
> **MR DICKSTEIN.** ¿Puede mostrarnos un papel que haya entrado aquí y que tenga algo que ver con el G.I.?

---

[475] Ibid, p. 183.

MR. LEE. Oh, sí. Publican mucha literatura. Pero no quiero hacer la pregunta. No hay duda de que, bajo su autoridad, he recibido una inmensa cantidad de material de fuentes oficiales y no oficiales.

MR DICKSTEIN. Exactamente. En otras palabras, el material enviado aquí por el G.I. era material difundido -lo llamaríamos propaganda- por la autoridad del Gobierno alemán. Pero la distinción que hace en su declaración es, si entiendo bien, que el Gobierno alemán no se lo envió directamente; se lo envió el G.I.

MR. LEE. Bien.

MR DICKSTEIN. Y no tiene nada que ver con sus negocios anteriores.

MR. LEE. Eso es correcto.

LA AMERICAN FARBEN I.G.

¿Quiénes eran los financieros del establishment de Wall Street que dirigían las operaciones de la American I.G., la filial estadounidense de I.G. Farben que promovía la propaganda nazi?

Los directores estadounidenses de I.G. Farben estaban entre los miembros más destacados de Wall Street. Los intereses alemanes se afianzaron en Estados Unidos tras la Primera Guerra Mundial y superaron con éxito los obstáculos que impedían a I.G. entrar en el mercado estadounidense. Ni la incautación de patentes alemanas, ni la creación de la Fundación Química, ni las altas barreras arancelarias fueron un problema importante.

En 1925, General Dyestuff Corporation se convirtió en el agente de ventas exclusivo de los productos fabricados por Gasselli Dyestuff (que pasó a llamarse General Aniline Works, Inc. en 1929) e importados de Alemania. Las acciones de General Aniline Works fueron transferidas en 1929 a American I.G. Chemical Corporation y en 1939 a General Aniline & Film Corporation, en la que se fusionaron American I.G. y General Aniline Works. American I.G. y su sucesora, General Aniline & Film, era la unidad a través de la cual se mantenía el control de los negocios de I.G. en Estados Unidos. El número de acciones de American I.G. era de 3.000.000 de acciones ordinarias A y 3.000.000 de acciones ordinarias B. A cambio de las participaciones en General Aniline Works y Agfa-Ansco Corporation, I.G. Farben en Alemania recibió todas las acciones B y 400.000 acciones A. Se vendieron 30 millones de dólares en bonos convertibles al público estadounidense y fueron garantizados en cuanto al principal y los intereses por I.G. Farben de Alemania, que recibió una opción de compra de 1.000.000 de acciones A adicionales.

Cuadro 2-2: Los directores del I.G. americano en 1930: I,G. americano

Director de EE.UU. I,G.	Ciudadanía	Otras asociaciones importantes
Carl BOSCH	Alemán	FORD MOTOR CO. A-G
Edsel B. FORD	ESTADOS UNIDOS	FORD MOTOR CO. DETROIT
Max ILGNER	Alemán	Dirige la oficina I.G. FARBEN N.W.7 (INTELIGENCIA). Culpable en el juicio por crímenes de guerra de Nuremberg.
F. Ter MEER	Alemán	Culpable en los juicios por crímenes de guerra de Nuremberg
H.A. METZ	ESTADOS UNIDOS	Director de I.G. Farben Alemania y del BANCO DE MANHATTAN (EEUU)
C.E. MITCHELL	ESTADOS UNIDOS	Director del FEDERAL RESERVE BANK OF N.Y. y del NATIONAL CITY BANK
Herman SCHMITZ	Alemán	En los Consejos de Administración de I.G. Farben (Presidente) (Alemania), Deutsche Bank (Alemania) y BANK FOR INTERNATIONAL SETTLEMENTS. Culpable en el juicio por crímenes de guerra de Nuremberg.
Walter TEAGLE	ESTADOS UNIDOS	Director FEDERAL RESERVE BANK OF NEW YORK y STANDARD OIL OF NEW JERSEY
W.H. von RATH	Naturalizado	Director de GERMAN GENERAL U.S. ELECTRIC (A.E.G.)
Paul M. WARBURG	ESTADOS UNIDOS	Primer miembro del FEDERAL RESERVE BANK OF NEW YORK y del BANK OF MANHATTAN
W.E. WEISS	ESTADOS UNIDOS	Productos en libras esterlinas

Fuente: Moody's Investment Manual; 1930, p. 2149.
Nota: Walter DUISBERG (EE.UU.), W. GRIEF (EE.UU.) y Adolf KUTTROFF (EE.UU.) eran también directores de la I.G. Farben estadounidense en aquella época.

Hermann Schmitz fue presidente de 1929 a 1936, y le sucedió su hermano, Dietrich A. Schmitz, nacionalizado estadounidense, hasta 1941. Hermann Schmitz también fue director del Banco de Pagos Internacionales, la "cumbre" del sistema de control financiero internacional. Fue Presidente del Consejo de Administración de 1936 a 1939.

El Consejo de Administración original estaba formado por nueve miembros que eran, o habían sido, miembros del consejo de I.G. Farben en Alemania (Hermann Schmitz, Carl Bosch, Max Ilgner, Fritzter Meer y Wilfred Grief), o que habían sido empleados de I.G. Farben en Alemania (Walter Duisberg, Adolf Kuttroff, W. H. von Rath, Herman A. Metz). Herman A. Metz era un ciudadano estadounidense, un demócrata comprometido con la política y un antiguo interventor de la ciudad de Nueva York. Un décimo, W.E. Weiss, había sido contratado por I.G.

Los directores del I.G. de EE.UU. no sólo eran prominentes en Wall Street y en la industria estadounidense, sino que procedían de algunas instituciones muy influyentes:

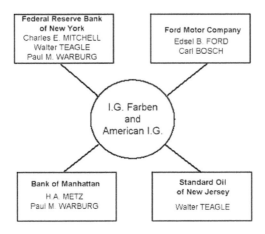

Los otros cuatro miembros del consejo de administración del I.G. eran destacados ciudadanos estadounidenses y miembros de la élite financiera de Wall Street: C.E. Mitchell, presidente del National City Bank y del Banco de la Reserva Federal de Nueva York; Edsel B. Ford, presidente de la Ford Motor Company; W.C. Teagle, otro director de la Standard Oil de Nueva Jersey; y Paul Warburg, primer miembro del Banco de la Reserva Federal de Nueva York y presidente de la Bank of Manhattan Company.

Los directores del I.G. de EE.UU. no sólo eran prominentes en Wall Street y en la industria estadounidense, sino que procedían de algunas instituciones muy influyentes. (Véase el cuadro anterior).

Entre 1929 y 1939, la composición del consejo de administración de American I.G. cambió. El número de directores variaba de vez en cuando, aunque la mayoría de ellos siempre tenían antecedentes o relaciones con los GI, y el consejo nunca tenía menos de cuatro directores estadounidenses. En 1939 -probablemente en el período previo a la Segunda Guerra Mundial- se hizo un esfuerzo por dar al consejo un carácter más americano, pero a pesar de la dimisión de Hermann Schmitz, Carl Bosch y Walter Duisberg, y del nombramiento de siete nuevos directores, siete miembros seguían perteneciendo al grupo I.G. Este dominio del I.G. aumentó durante los años 40 y 1941, cuando los directores americanos, entre ellos Edsel Ford, se dieron cuenta de la insana política del I.G. y dimitieron.

De estas pruebas se desprenden varias observaciones básicas. En primer lugar, el consejo de administración de American I.G. incluía a tres directores del Banco de la Reserva Federal de Nueva York, el más influyente de los distintos bancos de la Reserva Federal. American I.G. también tenía vínculos con la Standard Oil de Nueva Jersey, la Ford Motor Company, el Bank of Manhattan (que luego se convertiría en Chase Manhattan) y A.E.G. (German General Electric). Posteriormente, tres miembros del consejo de administración de esta empresa estadounidense fueron condenados en los juicios por crímenes de guerra de Núremberg. Estos eran los miembros alemanes, no los americanos. Entre estos alemanes estaba Max Ilgner, director de la oficina de I.G. Farben N.W. 7 en Berlín, la oficina de inteligencia nazi de antes de la guerra. Si los directores de una empresa son responsables colectivamente de las actividades de la empresa, entonces los directores estadounidenses también deberían haber sido juzgados en Nuremberg, al mismo tiempo que los directores alemanes, es decir, si el propósito de los juicios era determinar la culpabilidad de la guerra. Por supuesto, si el propósito de los juicios era distraer la atención de la participación de Estados Unidos en el ascenso al poder de Hitler, tuvieron mucho éxito.

CAPÍTULO III

GENERAL ELECTRIC FINANCIA A HITLER

> *Entre las primeras medidas fascistas de Roosevelt estaba la Ley de Recuperación de la Industria Nacional (NRA) del 16 de junio de 1933. Vale la pena repetir los orígenes de esta medida. Estas ideas fueron sugeridas por primera vez por Gerard Swope, de la General Electric Company ... posteriormente fueron adoptadas por la Cámara de Comercio de Estados Unidos ...*
>
> (Herbert Hoover, *Memorias de Herbert Hoover: La Gran Depresión*, 1929-1941, Nueva York: The Macmillan Company, 1952, p. 420)

La multinacional General Electric ha desempeñado un papel sin precedentes en la historia del siglo XX. La General Electric Company electrificó la Unión Soviética en los años 20 y 30, y respondió a la máxima de Lenin de que "el socialismo es el poder de los soviets + la electricidad".[476] El Plan Swope, creado por el ex presidente de General Electric Gerard Swope, se convirtió en el New Deal de Franklin D. Roosevelt, mediante un proceso deplorado por el ex presidente Herbert Hoover y descrito en *Wall Street y FDR*.[477] Hubo una relación íntima y duradera entre Swope y Young de la General Electric Company y la familia Roosevelt, al igual que la hubo entre la General Electric y la Unión Soviética. En 1936, el senador James A. Reed, de Missouri, uno de los primeros partidarios de Roosevelt, se dio cuenta de la traición de las ideas liberales de Roosevelt y atacó el programa del New Deal de Roosevelt como una medida "tiránica" que "conducía al despotismo, [y] buscada por sus patrocinadores bajo el disfraz de la aspiración comunista de 'justicia social'". " El senador Reed también acusó en el Senado que Franklin D. Roosevelt era "un hombre comprometido con los realistas económicos" de Wall Street y que la

---

[476] Para los detalles técnicos, véase el estudio en tres volúmenes, Antony C. Sutton, *Western Technology and Soviet Economic Development*, (Stanford, California: Hoover Institution Press, 1968, 1971), 1973), en adelante denominado *Western Technology Series*.

[477] Publicado en 1 volumen por Le Retour aux Sources, www.leretourauxsources.com.

familia Roosevelt "es uno de los mayores accionistas de la General Electric Company".[478]

Indagando en la historia alemana de entreguerras y en la historia de Hitler y el nazismo, encontramos a Owen D. Young y Gerard Swope, de General Electric, vinculados al ascenso del hitlerismo y a la supresión de la democracia alemana. El hecho de que los directores de General Electric entren en cada una de estas tres categorías históricas distintas -el desarrollo de la Unión Soviética, la creación del New Deal de Roosevelt y el ascenso del hitlerismo- sugiere lo mucho que les interesa a los elementos de la Gran Empresa socializar el mundo para sus propios fines y objetivos, en lugar de mantener el mercado imparcial en una sociedad libre.[479] General Electric se benefició enormemente del bolchevismo, del socialismo del New Deal de Roosevelt y, como veremos más adelante, del nacionalsocialismo en la Alemania de Hitler.

GENERAL ELECTRIC EN WEIMAR ALEMANIA

Walter Rathenau fue, hasta su asesinato en 1922, director general de la Allgemeine Elekrizitats Gesellschaft (A.E.G.), o General Electric alemana, y al igual que Owen Young y Gerard Swope, sus homólogos en Estados Unidos, fue un destacado defensor del socialismo empresarial. Walter Rathenau se pronunció públicamente contra la competencia y la libre empresa. ¿Por qué ha hablado? Porque tanto Rathenau como Swope querían la protección y cooperación del Estado para sus propios objetivos y beneficios particulares. (Pero, por supuesto, no para los objetivos y beneficios de otros). Rathenau expresó su petición en *La nueva economía política*:

> *La nueva economía no será, como hemos visto, una economía estatal o gubernamental, sino una economía privada comprometida con un poder resolutivo cívico que, sin duda, requerirá la cooperación del Estado para una consolidación orgánica que supere las fricciones internas y aumente la producción y la resistencia.[480]*

Cuando desentrañamos la enfática prosa de Rathenau, significa que el poder del Estado debía ponerse a disposición de la empresa privada para sus propias necesidades, eso es lo que comúnmente se conoce como nacionalsocialismo. Rathenau se pronunció públicamente en contra de la competencia y la libre

---

[478] *New York Times*, 6 de octubre de 1936. Véase también Antony C. Sutton, *Wall Street and FDR*, op. cit.

[479] Por supuesto, los ruegos socialistas de los empresarios siguen siendo pertinentes. Testigo de los gritos de los heridos cuando el presidente Ford propuso la desregulación de las líneas aéreas y del transporte por carretera. Véase, por ejemplo, el *Wall Street Journal* del 25 de noviembre de 1975.

[480] Traducción mimeografiada de la Hoover Institution Library, p. 67. Véase también Walter Rathenau, *In Days to Come*, (Londres: Allen & Unwin, n.d.)

empresa que podría heredarse.[481] No con respecto a su propia riqueza, por lo que se pudo determinar, sino con respecto a la riqueza de aquellos que no tenían influencia política en el aparato estatal.

Owen D. Young, de General Electric, fue uno de los tres delegados estadounidenses en la reunión del Plan Dawes de 1923 que estableció el programa de reparación alemán. Y en los planes Dawes y Young, podemos ver cómo algunas empresas privadas pudieron beneficiarse del poder del Estado. Los mayores préstamos que Wall Street concedió a Alemania en la década de 1920 fueron préstamos para reparaciones; en última instancia, fue el inversor estadounidense quien pagó las reparaciones alemanas. La cartelización de la industria eléctrica alemana bajo la égida de la A.E.G. (así como la de las industrias siderúrgica y química que se analizan en los capítulos uno y dos) fue posible gracias a estos préstamos de Wall Street:

Fecha de la oferta	Prestatario	Banco de Gestión de Estados Unidos	Importe nominal de la emisión
26 de enero de 1925	Compagnie générale d'électricité (A. E, G.)	National City Co.	$10,000,000
9 de diciembre de 1925	Compañía de electricidad General National City Co. (A. E.G.)		$10,000,000
22 de mayo de 1928	General Electric Company (G.E.C.)	National City Co.	$10,000,000
7 de junio de 1928	Compagnie générale d'électricité (A.E.G.)	National City Co.	$5,000,000

En 1928, en las reuniones de reparación del Plan Young, encontramos al presidente de General Electric, Owen D. Young, en la presidencia como principal delegado estadounidense, designado por el gobierno de Estados Unidos para utilizar el poder y el prestigio del gobierno de Estados Unidos para decidir asuntos financieros internacionales aumentando los beneficios de Wall Street y General Electric. En 1930, Owen D. Young, que dio nombre al plan de reparaciones alemanas, se convirtió en presidente del consejo de administración de la General Electric Company de Nueva York. Young también fue presidente del comité ejecutivo de la Radio Corporation of America y director de la German General Electric (A.E.G.) y de Osram en Alemania. Young también ha formado parte de los consejos de administración de otras grandes empresas estadounidenses, como General Motors, NBC y RKO; fue asesor de la National Industrial Conference Board, director de la Cámara de Comercio Internacional y vicepresidente del Consejo del Banco de la Reserva Federal de Nueva York.

Gerard Swope fue presidente y director de la General Electric Company y de empresas francesas y alemanas asociadas, como A.E.G. y Osram en Alemania. Swope también fue director de RCA, NBC y el National City Bank de Nueva York. Otros directores de International General Electric en esa época reflejaban el control de la empresa por parte de Morgan, y Young y Swope eran generalmente conocidos como los representantes de Morgan en el consejo de administración de

---

[481] Ibid, p. 249.

G.E., que incluía a Thomas Cochran, otro socio de la firma J.P. Morgan. El director de General Electric, Clark Haynes Minor, fue presidente de International General Electric en la década de 1920. Otro director era Victor M. Cutter, del First National Bank de Boston y figura de las "repúblicas bananeras" de Centroamérica.

A finales de la década de 1920, Young, Swope y Minor, de International General Electric, entraron en la industria eléctrica alemana y adquirieron, si no el control como algunos han informado, al menos un peso significativo en los asuntos internos de A.E.G. y Osram. En julio de 1929, se llegó a un acuerdo entre General Electric y tres empresas alemanas -A.E.G., Siemens & Halske y Koppel and Company- que poseían conjuntamente todas las acciones de Osram, el fabricante de bombillas. General Electric adquiere el 16% de las acciones de Osram y celebra un acuerdo conjunto para el control internacional de la producción y comercialización de bombillas. Clark Minor y Gerard Swope se convierten en directores de Osram.[482]

En julio de 1929, en los círculos financieros alemanes circulaban rumores de que General Electric también estaba comprando A.E.G. y que había conversaciones entre A.E.G. y G.E. con este fin.[483] En agosto, se confirmó que se emitirían 14 millones de marcos de acciones ordinarias de A.E.G. a favor de General Electric. Estas acciones, junto con las adquiridas en el mercado abierto, dieron a General Electric una participación del 25% en A.E.G. Se firmó un acuerdo de cooperación más estrecha entre las dos empresas, que proporcionó a la compañía alemana tecnología y patentes estadounidenses. En los medios de comunicación se señaló que A.E.G. no tendría una participación en G.E., sino que G.E. financiaría la expansión de A.E.G. en Alemania.[484] La prensa financiera alemana también señaló que no había representación de AEG en el consejo de administración de G.E. en Estados Unidos, pero que ahora cinco estadounidenses forman parte del consejo de administración de AEG. El *Vossische Zeitung* señaló:

> *La industria eléctrica estadounidense conquistó el mundo, y sólo unos pocos reductos de oposición pudieron resistir la embestida.*[485]

En 1930, sin que la prensa financiera alemana lo supiera, General Electric había obtenido también un monopolio técnico efectivo de la industria eléctrica soviética y pronto iba a penetrar incluso en los últimos reductos de Alemania, en particular el grupo Siemens. En enero de 1930, tres hombres de G.E. fueron elegidos para la junta directiva de A.E.G.: Clark H. Minor, Gerard Swope y E. H. Baldwin – e International General Electric (I.G.E.) continuó sus esfuerzos por fusionar la industria eléctrica mundial en un gigantesco cártel bajo el control de Wall Street.

---

[482] *New York Times*, 2 de julio de 1929.

[483] Ibid, 28 de julio de 1929.

[484] Ibid, 2 de agosto de 1929 y 4 de agosto de 1929.

[485] Ibid, 6 de agosto de 1929.

En febrero, General Electric se centró en el último gigante eléctrico de Alemania, Siemens & Halske, y aunque pudo conseguir un gran bloque de bonos emitidos en nombre de la empresa alemana por Dillon, Read de Nueva York, G.E. no pudo conseguir un puesto o directores en el consejo de Siemens. Aunque la prensa alemana reconoció que incluso este control limitado era "un acontecimiento económico histórico de primer orden y un paso importante hacia la formación de un futuro trust eléctrico mundial",[486]Siemens ha conservado su independencia de General Electric, y esta independencia es importante para nuestra historia. El *New York Times* informó:

> *Toda la prensa subraya el hecho de que Siemens, a diferencia de A.E.G.,*
> *mantiene su independencia para el futuro y precisa que ningún representante de*
> *General Electric formará parte del consejo de administración de Siemens.*[487]

No hay pruebas de que Siemens, ya sea a través de Siemens & Halske o de Siemens-Schukert, participara directamente en la financiación de Hitler. Siemens contribuyó a Hitler sólo ligeramente y de forma indirecta a través de una participación en Osram. Por otra parte, tanto A.E.G. como Osram financiaron directamente a Hitler a través del Nationale Treuhand de forma sustancial. Siemens conservó su independencia a principios de los años 30, cuando tanto A.E.G. como Osram estaban bajo dominio americano y con directores americanos. No hay pruebas de que Siemens, sin directores estadounidenses, financiara a Hitler. Por otro lado, tenemos pruebas documentales irrefutables de que las empresas alemanas General Electric y Osram, ambas con directores estadounidenses, financiaron a Hitler.

En los meses que siguieron al intento de adquisición de Siemens por parte de Wall Street, el patrón de confianza mundial en el desarrollo de la industria eléctrica se hizo más claro; las batallas internacionales por las patentes terminaron y la participación del G.E. en el G.E.A. aumentó hasta casi el 30%.[488]

---

[486] Ibid, 2 de febrero de 1930.

[487] Ibid, 2 de febrero de 1930.

[488] Ibid, 11 de mayo de 1930. Para conocer las maquinaciones de General Electric, Osram y la empresa holandesa N.V. Philips Gloeilampenfabrieken de Eindhoven Holanda, véase el capítulo 11, "Electric Eels", en James Stewart Martin, op cit. Martin fue jefe de la División de Guerra Económica del Departamento de Justicia de Estados Unidos y comenta que "el A.E.G. de Alemania estaba controlado en gran medida por la empresa estadounidense General Electric". La hipótesis del autor es que la influencia del G.E. fue algo menor que la del control, aunque bastante sustancial. Debido a la posición oficial de Martin y a su acceso a los documentos oficiales, desconocidos por el autor, su afirmación de que la G.E.A. estaba "en gran parte controlada" por la empresa estadounidense General Electric no puede descartarse a la ligera. Sin embargo, si aceptamos que G.E. "controlaba en gran medida" a A.E.G., surgen las preguntas más serias que exigen una investigación. A.E.G. era uno de los principales financiadores de Hitler y el "control" implicaría a la empresa matriz estadounidense más profundamente de lo que sugieren las pruebas presentadas aquí.

Como resultado, a principios de la década de 1930, cuando Hitler se preparaba para tomar el poder dictatorial en Alemania -con el apoyo de algunos industriales alemanes y estadounidenses, pero no todos-, la empresa General Electric (A.E.G.) era propiedad de International General Electric (alrededor del 30%), la Gesellschaft für Electrische Unternemungen (25%) y Ludwig Lowe (25%). International General Electric también tenía una participación de aproximadamente el 162/3% en Osram, así como una influencia indirecta adicional en empresas relacionadas con German General Electric a través de Common Electric Directors:

Empresas vinculadas a la alemana General Electric a través de gestores conjuntos de electricidad	Directores de la empresa alemana General Electric (A.E.G.)	Relación entre la empresa vinculada y la financiación de Hitler
Accumulatoran-Fabrik	Quandt Pfeffer	Financiación directa
Osram	Mamroth Peierls	Financiación directa
Deutschen Babcock-Wilcox	Landau Wolff	No se sabe
United Steel Mills	Nathan Kirdorf Goldschmidt	Financiación directa
Krupp	Nathan Klotzbach Bucher	Financiación directa
I.G. Farben	Flechtheim von Rath	Financiación directa
Alianza y Asociación de Stuttgart	von Rath Wolff	Reportado, pero no corroborado
Phoenix	Fahrenhorst	Financiación directa
Thyssen	Fahrenhorst	Financiación directa
Demag	Fahrenhorst Flick	Financiación directa
Dynamit Gelsenkirchener	Flechtheim Kirdorf	Por I.G. Farben
Bergwerks	Flechtheim	Financiación directa
Internacional General Electric	Jóvenes Swope Menor Baldwin	A través del A.E.G.
El I.G. Farben americano	von Rath	Por I.G. Farben
Banco Internacional (Amsterdam)	H. Furstenberg Goldschmidt	No se sabe

Osram a través de los directores de la A.E.G. Además de los cuatro directores estadounidenses (Young, Swope, Minor y Baldwin), el consejo de administración de la A.E.G. incluye también a Pferdmenges de Oppenheim & Co. (otro financiero de Hitler), y Quandt, que poseía el 75% de Accumlatoren-Fabrik, un importante financiero directo de Hitler. En otras palabras, entre los miembros alemanes del consejo de administración de A.E.G. hay representantes de varias de las empresas alemanas que financiaron a Hitler en los años 20 y 30.

General Electric y la financiación de Hitler

Las raíces del socialismo corporativo moderno están profundamente arraigadas en la gestión de dos empresas multinacionales afiliadas: General Electric Company en Estados Unidos y sus asociadas extranjeras, incluida la alemana General Electric (A.E.G.), y Osram en Alemania. Hemos observado que Gerard Swope, segundo presidente y presidente del consejo de administración de General Electric, y Walter Rathenau, de la A.E.G., han promovido ideas radicales de control estatal por parte de intereses comerciales privados.

A partir de 1915, International General Electric (I.G.E.), situada en el 120 de Broadway en la ciudad de Nueva York, actuó como organización de inversión, fabricación y venta en el extranjero para la General Electric Company. I.G.E. tenía intereses en empresas manufactureras extranjeras, incluida una participación del 25-30% en la German General Electric Company (A.E.G.), así como intereses en Osram G.m.b.H. Kommanditgesellschaft, también en Berlín. Estas participaciones han dado a International General Electric cuatro directores en el consejo de administración de A.E.G., y otro director en Osram, y una influencia significativa en las políticas nacionales de estas empresas alemanas. La importancia de esta propiedad de General Electric es que A.E.G. y Osram fueron importantes proveedores de fondos para Hitler cuando subió al poder en Alemania en 1933. Un resguardo de transferencia bancaria fechado el 2 de marzo de 1933 de A.E.G. a Delbruck Schickler & Co. en Berlín solicita que se depositen 60.000 Reichsmark en la cuenta del "Nationale Treuhand" para uso de Hitler. A continuación reproducimos este resguardo.

I.G. Farben era el mayor de los patrocinadores nacionales de Hitler, y (como se ha señalado en otro lugar) I.G. Farben controlaba la I.G. americana. Además, varios directores de A.E.G. estaban también en el consejo de administración de I.G. Farben - es decir, Hermann Bucher, presidente de A.E.G., estaba en el consejo de administración de I.G. Farben; al igual que los directores de A.E.G. Julius Flechtheim y Walter von Rath. I.G. Farben contribuyó en un 30% al fondo para la tutela nacional (o toma de posesión) de Hitler en 1933.

Walter Fahrenhorst, de la A.E.G., fue también miembro del consejo de administración de Phoenix A-G, Thyssen A-G y Demag A-G, y todos ellos contribuyeron al fondo de Hitler. Demag A-G contribuyó con 50.000 RM al fondo de Hitler. Tuvo un director en A.E.G. - el famoso Friedrich Flick, y el primer partidario de Hitler, que más tarde fue condenado en el juicio de Nuremberg. Accumulatoren Fabrik A-G fue un contribuyente de Hitler (25.000 RM, véase la página 60) con dos directores en la junta de A.E.G., August Pfeffer y Gunther Quandt. Quandt poseía personalmente el 75% de Accumulatoren Fabrik.

Recibo bancario original de la transferencia fechada el 2 de marzo de 1933, de German General Electric al banco Delbrück, Schickler en Berlín, con instrucciones de pagar 60.000 RM al Nationale Treuhand (administrado por Hjalmar Schacht y Rudolf Hess) que se utilizó para elegir a Hitler en marzo de 1933. Fuente: Documento del Tribunal Militar de Nuremberg n° 391-395.

Osram Gesellschaft, en la que International General Electric tenía una participación directa de $16^{2/3}$, también tenía dos directores en el consejo de A.E.G.: Paul Mamroth y Heinrich Pferls. Osram contribuyó con 40.000 RM directamente al Fondo de Hitler. El grupo Otto Wolff, Vereinigte Stahlwerke A-G, beneficiario de importantes préstamos en Nueva York en los años 20, tenía tres directores en el consejo de administración de la A.E.G.: Otto Wolff, Henry Nathan y Jakob Goldschmidt. Alfred Krupp von Bohlen, único propietario de la organización Krupp y uno de los primeros partidarios de Hitler, era miembro del Aufsichsrat de la A.E.G. Robert Pferdmenges, miembro del círculo de amigos de Himmler, era también director de la A.E.G.

En otras palabras, casi todos los directores alemanes de General Electric eran partidarios financieros de Hitler y estaban asociados no sólo con A.E.G. sino también con otras empresas que financiaban a Hitler.

Walter Rathenau[489] se convirtió en director de A. E.G. en 1899 y a principios del siglo XX era director de más de 100 empresas. Rathenau fue también el autor del "Plan Rathenau", que guarda un notable parecido con el "Plan Swope", es decir, el New Deal de FDR pero redactado por el Swope de G.E. En otras palabras, tenemos la extraordinaria coincidencia de que los autores de los planes al estilo del New Deal en EE.UU. y Alemania fueron también los principales defensores de sus ejecutores: Hitler en Alemania y Roosevelt en Estados Unidos.

El Sr. Swope ha sido presidente del consejo de administración de General Electric Company y de International General Electric. En 1932, los directores estadounidenses de la A.E.G., estaban estrechamente vinculados a los círculos bancarios y políticos de Estados Unidos, de la siguiente manera

GERARD SWOPE	Presidente de International General Electric y Presidente de la General Electric Company, Director del National City Bank (y otras empresas), Director de A.E.G. y Osram en Alemania. Autor del FDR New Deal y miembro de numerosas organizaciones de Roosevelt.
Owen D. Joven	Presidente del Consejo de Administración de General Electric y Vicepresidente del Banco de la Reserva Federal de Nueva York. Autor, junto con J. P. Morgan, del Plan Young que sustituyó al Plan Dawes en 1929. (Véase el capítulo 1).
CLARK H. Minor	Presidente y director de International General Electric, director de British Thomson Houston, Compania Generale di Electtricita (Italia) y Japan Electric Bond & Share Company (Japón).

En resumen, tenemos pruebas sólidas de autenticidad indiscutible que demuestran que la General Electric alemana hizo una contribución sustancial a la financiación política de Hitler. Había cuatro directores americanos del A.E.G. (Baldwin, Swope, Minor y Clark), que era propiedad en un 80% de International General Electric. Además, I.G.E. y los cuatro directores estadounidenses representaban el mayor interés y, por tanto, tenían la mayor influencia en las acciones y políticas de A.E.G. Además, casi todos los demás directores de A.E.G. estaban relacionados con empresas (I.G. Farben, Accumulatoren Fabrik, etc.) *que*

---

[489] Hijo de Emil Rathenau, fundador de A.E.G., nacido en 1867 y asesinado en 1922.

contribuían directamente a la financiación política de Hitler. Sin embargo, sólo los directores alemanes de la A.E.G. fueron juzgados en Nuremberg en 1945.

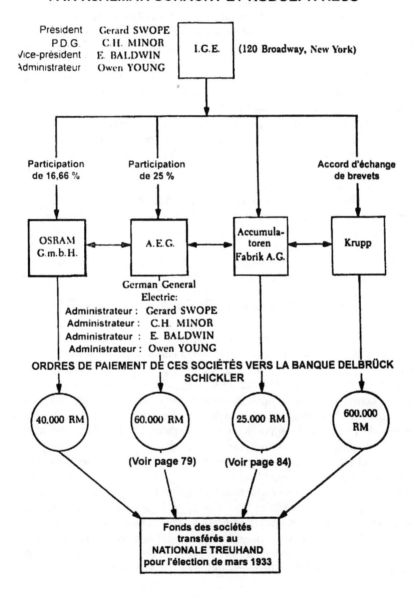

INTERNATIONAL GENERAL ELECTRIC ET SES LIENS AVEC LE "NATIONALE TREUHAND" ADMINISTRÉ PAR HJALMAR SCHACHT ET RUDOLPH HESS

COOPERACIÓN TÉCNICA CON KRUPP

Además de la ayuda financiera a Hitler, General Electric extendió su apoyo a acuerdos con otros partidarios de Hitler para su beneficio mutuo y el del estado nazi. El carburo de tungsteno cementado es un ejemplo de esta cooperación entre la G.E. y los nazis. Antes de noviembre de 1928, las industrias estadounidenses disponían de varias fuentes de carburo de tungsteno y de herramientas y matrices que contenían esta composición de metal pesado. Estas fuentes incluían a Krupp de Essen, Alemania, y a dos empresas estadounidenses a las que Krupp enviaba y vendía en aquella época, Union Wire Die Corporation y Thomas Prosser & Son. En 1928, Krupp se comprometió a conceder licencias de patentes estadounidenses que poseía a la Firth-Sterling Steel Company y a la Ludlum Steel Company. Antes de 1928, este carburo de tungsteno para uso en herramientas y matrices se vendía en Estados Unidos a unos 50 dólares la libra.

Las patentes estadounidenses de las que Krupp decía ser titular fueron cedidas por Osram Kommanditgesellschaft, y anteriormente habían sido cedidas por la empresa alemana Osram a General Electric. Sin embargo, General Electric también había desarrollado sus propias patentes, principalmente las patentes Hoyt y Gilson, que cubrían procesos competitivos para el carburo de tungsteno cementado. General Electric creía que podía utilizar estas patentes de forma independiente sin infringir o competir con las patentes de Krupp. Pero en lugar de utilizar las patentes de G.E. de forma independiente en competencia con Krupp, o de poner a prueba sus derechos en virtud de la ley de patentes, General Electric firmó un acuerdo de cártel con Krupp para agrupar las patentes de ambas partes y otorgar a General Electric el control monopólico del carburo de tungsteno en Estados Unidos.

El primer paso de este acuerdo lo dio Carboloy Company, Inc, una filial de General Electric, que se constituyó con el fin de extraer carburo de tungsteno. El precio de la década de 1920, de unos 50 dólares por libra, fue elevado por Carboloy a 458 dólares por libra. Evidentemente, ninguna empresa podría vender grandes cantidades de carburo de wolframio en este rango de precios, pero el precio maximizaría los beneficios de G.E. En 1934, General Electric y Carboloy también pudieron obtener, mediante compra, la licencia concedida por Krupp a la Ludlum Steel Company, eliminando así un competidor. En 1936, se indujo a Krupp a abstenerse de realizar más importaciones en Estados Unidos. Parte del precio pagado por la eliminación del mercado estadounidense del carburo de tungsteno fabricado en el extranjero fue el compromiso recíproco de que General Electric y Carboloy no exportarían desde Estados Unidos. Por lo tanto, estas empresas estadounidenses se ataron contractualmente, o permitieron que Krupp se atara las manos, y negaron los mercados extranjeros a la industria estadounidense. Posteriormente, Carboloy compró la empresa a Thomas Prosser & Son, y en 1937, por casi un millón de dólares, Carboloy compró la empresa rival a Union Wire Die Corporation. Al negarse a vender, Krupp cooperó con General Electric y Carboloy para convencer a Union Wire Die Corporation de que vendiera.

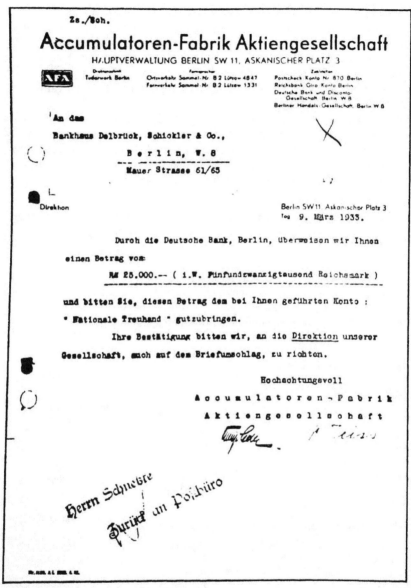

Recibo de la transferencia bancaria original, fechada el 9 de marzo de 1933, de la Accumulatoren-Fabrik al banco Delbrück Schickler de Berlín, con instrucciones de pagar 25.000 RM al Nationale Treuhand (administrado por Hjalmar Schacht y Rudolf Hess) utilizado para elegir a Hitler en marzo de 1933.

Entonces se denegaron las licencias para la fabricación de carburo de tungsteno. En 1936 se denegó una solicitud de licencia a la Crucible Steel Company. La solicitud de licencia de Chrysler Corporation fue rechazada en 1938. El 25 de abril de 1940 se denegó una licencia a la empresa Triplett Electrical

Instrument Company. También se denegó la licencia a la empresa General Cable Company. Durante varios años, la Ford Motor Company expresó su firme oposición a la política de precios elevados seguida por la Carboloy Company, y en un momento dado solicitó el derecho a fabricar para su propio uso. Esta petición fue rechazada. Como resultado de estas tácticas, General Electric y su filial Carboloy surgieron en 1936 o 1937 con un monopolio casi total del carburo de tungsteno en Estados Unidos.

En resumen, General Electric -con la cooperación de otro partidario de Hitler, Krupp- obtuvo conjuntamente para G,E. el monopolio del carburo de tungsteno en Estados Unidos. Así, al comienzo de la Segunda Guerra Mundial, General Electric tenía el monopolio a un precio fijo de 450 dólares por libra -casi diez veces el precio de 1928- y su uso en Estados Unidos estaba restringido en consecuencia.

A.E.G. EVITA LOS BOMBARDEOS DURANTE LA SEGUNDA GUERRA MUNDIAL

En 1939, la industria eléctrica alemana estaba estrechamente vinculada a dos empresas estadounidenses: International General Electric e International Telephone and Telegraph. Las mayores empresas de generación de energía alemanas y sus afiliaciones se enumeran por orden de importancia:

Empresa y tipo de producción	Porcentaje de la producción alemana en 1939	Empresa afiliada en Estados Unidos
Industria de la corriente eléctrica		
General Electric (A.E.G.)	40 por ciento	Internacional General Electric
Siemens Schukert A.G	40 por ciento	Ninguno
Brown Boveri & Co.	17 por ciento	Ninguno
Teléfono y telégrafo		
Siemens y Halske	60 por ciento	Ninguno
Lorenz A.G.	85 por ciento	I.T.T.
Radio		
Telefunken (A.E.G. después de 1941)	60 por ciento	Internacional General Electric
Lorenz	35 por ciento	I.T.T.
Cables y alambres		
Felton & Guilleaume A.G.	20 por ciento	I.T.T.
Siemens	20 por ciento	Ninguno
A.E.G.	20 por ciento	Internacional General Electric

En otras palabras, en 1939 la industria alemana de material eléctrico estaba concentrada en unas pocas grandes empresas vinculadas en un cártel internacional y a través del accionariado a dos grandes empresas estadounidenses. Este complejo industrial nunca fue un objetivo principal de los bombardeos de la Segunda Guerra Mundial. Las fábricas de A.E.G. e I.T.T. fueron atacadas sólo incidentalmente durante incursiones puntuales, pero con bastante poca frecuencia. Las fábricas de equipos eléctricos bombardeadas como objetivos no eran las afiliadas a empresas estadounidenses. Fueron las fábricas de Brown Boveri en Mannheim y Siemensstadt en Berlín -que no estaban afiliadas a Estados Unidos- las que fueron bombardeadas. Como resultado, la producción alemana de material eléctrico de guerra aumentó constantemente durante la Segunda Guerra Mundial, alcanzando su punto máximo en 1944. Según los informes del American Strategic Bombing Survey:

> "Según los asistentes de Speers y los directores de las fábricas, el esfuerzo de guerra en Alemania nunca se ha visto obstaculizado de forma significativa por la escasez de material eléctrico".[490]

Fábrica A. E.G., situada en el 185 de la calle Muggenhofer de Núremberg, es un ejemplo de la política de no bombardeo de la General Electric alemana. El estudio de la producción en esta planta durante la Segunda Guerra Mundial es interesante porque ilustra cómo la producción en tiempos de paz se convirtió en trabajo de guerra. La fábrica de antes de la guerra fabricaba equipos domésticos como placas de cocción, estufas eléctricas, planchas eléctricas, tostadoras, hornos industriales, radiadores, calentadores de agua, hornos de cocina y calentadores industriales. En 1939, 1940 y 1941, la mayoría de las instalaciones de producción de la planta de Nuremberg se utilizaron para la fabricación de productos en tiempos de paz. En 1942, la producción de la fábrica se reorientó a la fabricación de material de guerra. Se fabricaban piezas metálicas para equipos de comunicación y municiones como bombas y minas. La producción bélica también consistía en piezas para proyectores y amplificadores. El siguiente cuadro muestra de forma muy llamativa la conversión al trabajo de guerra:

Año	Ventas totales en 1000 RM	Porcentaje para la guerra	Porcentaje de la producción regular
1939	12,469	5	95
1940	11,754	15	85
1941	21,194	40	60
1942	20,689	61	39
1948	31,455	67	33
1944	31,205	69	31

---

[490] The United States Strategic Bombing Survey, *German Electrical Equipment Industry/Report*, (Equipment Division, January 1947), p. 4.

El daño físico real causado por el bombardeo de esta planta fue insignificante. No se produjeron daños graves hasta las incursiones del 20 y 21 de febrero de 1945, hacia el final de la guerra, y la protección estaba entonces bastante bien desarrollada. A continuación se enumeran las incursiones en las que las bombas impactaron en la zona de la fábrica y los insignificantes daños que se produjeron:

Fecha de la redada	Bombas golpeando una fábrica	Daños causados
8 de marzo de 1943	30 palos de I.B.	Un poco, pero tres almacenes fuera de la planta principal fueron destruidos.
9 de septiembre de 1944	Ninguno (daño por explosión)	Los daños causados por las bagatelas, los cristales y las cortinas opacas.
26 de noviembre de 1944	14000 lb HE en el espacio abierto en los terrenos de la planta	Tienda de madera destruida, tubería de agua rota.
20 de febrero de 1945	2 HE	3 edificios dañados.
21 de febrero de 1945	A las 5:00 a.m., un montón de I.B.	El edificio de la administración fue destruido y las obras de esmaltado dañadas por la administración central.

Otro ejemplo de una planta alemana de General Electric que no fue bombardeada es la planta de A.E.G. en Koppelsdorf, que produce antenas para radares y bombarderos. Otras plantas de A.E.G. no fueron bombardeadas[491] y su producción de material de guerra sí:

LISTA DE FÁBRICAS QUE NO FUERON BOMBARDEADAS DURANTE LA SEGUNDA GUERRA MUNDIAL, POR EJEMPLO

Nombre de la sucursal	Ubicación	Producto
1ª fábrica en Reiehmannsdoff con subdivisiones en Wallendorf y Unterweissbach	Kries Saalfeld	Instrumentos de medición
2. Werk Marktschorgast	Bayreuth	Inicie
3. Werk F18ha	Sachsen	Equipos emisores de onda corta
4. Werk Reichenbach	Vogtland	Pilas secas
5. Trabajo en Burglengefeld	Sachsen/S. E. Chemnitz	Arrancadores pesados
6. Werk Nuremburg	Belringersdorf/ Nuremberg	Pequeños componentes
7. Werk Zirndorf	Nuremberg	Arrancadores pesados
8. Trabajo en Mattinghofen	Oberdonau	1 KW Remitentes de 250 metros y onda larga para torpederos y submarinos
9. Unterwerk Neustadt	Cobourg	Equipo de radar

---

[491] U.S. Strategic Bombing Survey, Plant Report of A.E.G. (Allgemeine Elektrizitats Gesellschaft), Nuremberg, Allemagne: juin 1945), p. 6.

El hecho de que las fábricas de A.E.G. en Alemania no fueran bombardeadas durante la Segunda Guerra Mundial fue confirmado por el Estudio de Bombardeo Estratégico de Estados Unidos, dirigido por académicos como John K. Galbraith y por hombres de Wall Street como George W. Ball y Paul H. Nitze. Su "Informe sobre la industria alemana de equipos eléctricos", fechado en enero de 1947, concluye:

> *La industria nunca ha sido atacada como un sistema de objetivos básicos, pero algunas fábricas, como Brown Boveri en Mannheim, Bosch en Stuttgart y Siemenstadt en Berlín, han sido objeto de ataques de precisión; muchas otras han sido alcanzadas en ataques de área.*[492]

Al final de la Segunda Guerra Mundial, un equipo de investigación aliado, conocido como FIAT, fue enviado para examinar los daños causados por las bombas en las plantas de la industria eléctrica alemana. El equipo de la industria eléctrica estaba formado por Alexander G.P.E. Sanders, de la International Telephone and Telegraph, de Nueva York, Whitworth Ferguson, de la Ferguson Electric Company, de Nueva York, y Erich J. Borgman, de Westinghouse Electric. Aunque el objetivo declarado de estos equipos era examinar los efectos de los bombardeos aliados sobre objetivos alemanes, el objetivo de este equipo en particular era conseguir que la industria alemana de equipos eléctricos volviera a producir lo antes posible. Whirworth Ferguson redactó un informe fechado el 31 de marzo de 1945 sobre la A.E.G. Ostland-werke y concluyó que "esta planta está inmediatamente disponible para la producción de piezas y conjuntos metálicos finos.[493]

En conclusión, observamos que tanto Rathenau, de la A.E.G., como Swope, de General Electric, en Estados Unidos, tenían ideas similares para poner el Estado al servicio de sus propios objetivos. General Electric desempeñó un papel importante en la financiación de Hitler, se benefició enormemente de la producción bélica y, sin embargo, consiguió evitar los bombardeos durante la Segunda Guerra Mundial. Es obvio que la historia brevemente estudiada aquí merece una investigación mucho más exhaustiva -y si es posible oficial-.

---

[492] En consecuencia, "la producción durante la guerra fue suficiente hasta noviembre de 1944" y "según los asistentes de Speer y los directores de las fábricas, el esfuerzo de guerra en Alemania nunca se vio obstaculizado de forma significativa por ninguna escasez de material eléctrico". Las dificultades sólo surgieron al final de la guerra, cuando toda la economía estaba amenazada de colapso. El informe concluye: "Puede decirse, por tanto, que todas las necesidades importantes de material eléctrico en 1944 fueron satisfechas, ya que los planes fueron siempre optimistas".

[493] Estudio americano de bombardeo estratégico, AEG-Ostlandwerke GmbH, por Whitworth Ferguson, 31 de mayo de 1945.

Recibo de la transferencia original, fechada el 27 de febrero de 1933, de IG Farben al banco Delbrück-Schickler de Berlín, con instrucciones de pagar 400.000 RM al Nationale Treuhand (administrado por Hjalmar Schacht y Rudolf Hess), que se utilizó para elegir a Hitler en marzo de 1933. Fuente: Tribunal Militar de Nuremberg, documento n° 391-395.

CAPÍTULO IV

STANDARD OIL SUMINISTRA LA SEGUNDA GUERRA MUNDIAL

En poco tiempo, Alemania producirá suficiente petróleo y gas a partir del carbón para una larga guerra. La Standard Oil de Nueva York aporta millones de dólares para ayudarla.
(Informe del Agregado Comercial de la Embajada de Estados Unidos en Berlín, Alemania, enero de 1933, al Departamento de Estado en Washington, D.C.)

El grupo de empresas Standard Oil, en el que la familia Rockefeller poseía una cuarta parte de las acciones (y del control), desempeñó un papel[494] fundamental en la preparación de la Alemania nazi para la Segunda Guerra Mundial. Esta ayuda a la preparación militar surgió porque las relativamente insignificantes reservas de petróleo crudo de Alemania eran sumamente insuficientes para la guerra mecanizada moderna; en 1934, por ejemplo, cerca del 85% de los productos petrolíferos acabados de Alemania eran importados. La solución adoptada por la Alemania nazi fue fabricar gasolina sintética a partir de sus abundantes reservas de carbón nacional. Fue el proceso de hidrogenación para producir gasolina sintética y las propiedades del iso-octano en la gasolina lo que permitió a Alemania entrar en la guerra en 1940, y este proceso de hidrogenación fue desarrollado y financiado por los laboratorios Standard Oil de Estados Unidos en colaboración con I.G. Farben.

Las pruebas presentadas a los Comités Truman, Bone y Kilgore después de la Segunda Guerra Mundial confirmaron que la Standard Oil había puesto al mismo tiempo "en grave peligro los preparativos de guerra de los Estados Unidos". Se presentaron pruebas documentales[495] a los tres comités del Congreso de que, antes de la Segunda Guerra Mundial, Standard Oil había acordado con I.G. Farben en el llamado acuerdo Jasco que el caucho sintético estaba dentro de la esfera de influencia de Farben, mientras que Standard Oil debía tener un monopolio

---

[494] En 1935, John D. Rockefeller, Jr. poseía acciones valoradas en 245 millones de dólares en la Standard Oil de Nueva Jersey, la Standard Oil de California y la Socony-Vacuun Company, *New York Times*, 10 de enero de 1935.

[495] Eliminación de los recursos alemanes, op. cit. p. 1085.

absoluto en los Estados Unidos sólo si Farben autorizaba el desarrollo del caucho sintético en los Estados Unidos:

> *Como resultado, la norma [del Comité Kilgore] logró plenamente el objetivo del Gobierno estadounidense de impedir la producción en Estados Unidos al disuadir a las empresas de caucho estadounidenses de emprender investigaciones independientes para desarrollar procesos de caucho sintético.*[496]

Desgraciadamente, los comités del Congreso no exploraron un aspecto aún más inquietante de esta colusión entre Standard Oil e I.G. Farben: en aquella época, los directores de Standard Oil en Nueva Jersey no sólo tenían afiliaciones de guerra estratégica con I.G. Farben, sino también otros vínculos con la Alemania de Hitler, hasta el punto de contribuir, a través de filiales alemanas, al fondo personal de Heinrich Himmler y ser miembro del Círculo de Amigos de Himmler hasta 1944.

Durante la Segunda Guerra Mundial, la Standard Oil de Nueva Jersey fue acusada de traición por su alianza con Farben antes de la guerra, aunque se desconocían sus actividades continuas en tiempos de guerra dentro del Círculo de Amigos de Himmler. Los cargos de traición fueron negados con vehemencia por Standard Oil. Una de las más importantes de estas defensas fue publicada por R.T. Haslam, director de la Standard Oil de Nueva Jersey, en el *Petroleum Times* (25 de diciembre de 1943), titulado "Secretos convertidos en poderosas armas de guerra a través del acuerdo con I.G. Farben".[497] Fue un intento de invertir la situación y presentar la colusión previa a la guerra como ventajosa para Estados Unidos.

Independientemente de los recuerdos de la guerra y de la defensa apresurada de Standard Oil, las negociaciones y los contratos de 1929 entre Standard Oil e I.G. Farben han quedado registrados en la prensa contemporánea y describen los acuerdos entre Standard Oil de Nueva Jersey e I.G. Farben y sus intenciones. En abril de 1929, Walter C. Teagle, presidente de Standard Oil de Nueva Jersey, se convirtió en director de la nueva organización estadounidense I.G. Farben. No porque Teagle estuviera interesado en la industria química, sino porque..,

> *En los últimos años, ha mantenido relaciones muy estrechas con ciertas ramas de la labor de investigación de I.G. Farben, estrechamente vinculadas a la industria petrolera.*[498]

Teagle anunció que desde hace tiempo se están realizando investigaciones conjuntas sobre la producción de petróleo a partir del carbón y que se creará un laboratorio de investigación para estos trabajos en Estados Unidos[499]. En

---

[496] Ibid.

[497] *NMT*, caso I.G. Farben, p. 1304.

[498] *New York Times*, 28 de abril de 1929.

[499] Ibid.

noviembre de 1929, se creó esta empresa de investigación conjunta Standard-Farben bajo la dirección de la Standard Oil Company de Nueva Jersey, y se agruparon todas las investigaciones y patentes relacionadas con la producción de aceite de carbón que tenían I.G. y Standard. Anteriormente, durante el periodo 1926-1929, las dos empresas habían cooperado en el desarrollo del proceso de hidrogenación y se habían puesto en marcha instalaciones experimentales en Estados Unidos y Alemania. Ahora se propuso construir nuevas plantas en Estados Unidos en Bayway (Nueva Jersey) y Baytown (Texas), además de la ampliación de la anterior planta experimental de Baton Rouge. La norma fue anunciada:

> ... la importancia del nuevo contrato en lo que respecta a este país radica en que garantiza que el proceso de hidrogenación se desarrollará comercialmente en este país bajo la dirección de los intereses petroleros estadounidenses.[500]

En diciembre de 1929 se constituyó la nueva empresa, Standard I.G. Company. F.A. Howard es nombrado presidente, y se anuncian sus directores alemanes y americanos: E. M. Clark, Walter Duisberg, Peter Hurll, R. A. Reidemann, H. G. Seidel, Otto von Schenck y Guy Wellman.

La mayoría de las acciones de la empresa de investigación estaban en manos de Standard Oil. Los trabajos técnicos, el desarrollo de procesos y la construcción de tres nuevas plantas de producción de petróleo con carbón en Estados Unidos se asignaron a la Standard Oil Development Company, la filial técnica de Standard Oil. De estos informes contemporáneos se desprende que los trabajos para desarrollar el petróleo a partir del carbón fueron realizados por la Standard Oil de Nueva Jersey en los Estados Unidos, en las plantas de la Standard Oil y con la financiación y el control mayoritarios de la Standard. Los resultados de esta investigación se pusieron a disposición de I.G. Farben y se convirtieron en la base para el desarrollo del programa de petróleo de carbón de Hitler que hizo posible la Segunda Guerra Mundial.

El artículo de Haslam, escrito por un antiguo profesor de ingeniería química del M.I.T. (entonces vicepresidente de la Standard Oil de Nueva Jersey), argumentó -en contra de estos hechos registrados- que la Standard Oil podía, a través de sus acuerdos con Farben, obtener tecnología alemana para los Estados Unidos. Haslam citó la fabricación de caucho de buna, toluol y paratona (Oppanol), que se utilizan para estabilizar la viscosidad del aceite, un material esencial para las operaciones de repostaje en el desierto y en invierno en Rusia. Sin embargo, este artículo, con sus afirmaciones autocomplacientes y erróneas, llegó a la Alemania de la guerra y fue objeto de un memorando "secreto" de I.G. Farben, fechado el 6 de junio de 1944, dirigido por el demandado de Nuremberg y el entonces funcionario von Knieriem a sus colegas de la dirección de Farben. Esta nota "secreta" de von Knieriem expone los hechos que Haslam evitó en su artículo en el *Petroleum Times*. El memorándum era, de hecho, un resumen de lo que la Standard no estaba dispuesta a revelar al público estadounidense, es decir, la importante contribución de la Standard Oil de Nueva Jersey a la maquinaria de

---

[500] Ibid, 24 de noviembre de 1929.

guerra nazi. El memorando de Farben afirma que los acuerdos de Standard Oil eran *absolutamente esenciales para* I.G. Farben:

> *La celebración de un acuerdo con Standard era necesaria por razones técnicas, comerciales y financieras:Desde el punto de vista técnico, porque para desarrollar nuestro proceso era necesaria la experiencia especializada que sólo tenía una gran empresa petrolera, y en Alemania no existía esa industria; desde el punto de vista comercial, porque al no existir en aquel momento un control económico estatal en Alemania, IG tenía que evitar una batalla competitiva con las grandes potencias petroleras, que siempre vendían la mejor gasolina al precio más bajo en mercados disputados; financieramente, porque IG, que ya había gastado sumas extraordinarias en el desarrollo del proceso, tuvo que solicitar una ayuda financiera para poder continuar el desarrollo en otras áreas técnicas nuevas, como el buna.[501]*

El memorando de Farben respondía entonces a la pregunta clave: ¿Qué adquirió I.G. Farben de Standard Oil que era "vital para la conducción de la guerra"? El memorándum examina los productos citados por Haslam -es decir, el isooctano, el toluol, el oppanol-paratona y el buna- y demuestra que, en contra de las afirmaciones públicas de Standard Oil, su tecnología procedía en gran medida de Estados Unidos y no de Alemania.

Sobre el iso-octano, el memorando de Farben dice, en parte:

> *Gracias a sus décadas de trabajo en el campo de los combustibles, los estadounidenses nos llevan la delantera en el conocimiento de los requisitos de calidad para los distintos usos del combustible. En particular, habían desarrollado, con un gran gasto, un gran número de métodos para probar la gasolina para diferentes usos. Por su experiencia, habían reconocido la buena calidad antidetonante del isooctano mucho antes de conocer nuestro proceso de hidrogenación. Lo demuestra el mero hecho de que en Estados Unidos los combustibles se clasifican según su octanaje, y el iso-octano se clasificaba como el mejor combustible con el número 100. Todos estos conocimientos pasaron a ser nuestros de forma natural gracias al acuerdo, que nos ahorró mucho esfuerzo y nos evitó muchos errores.*

I.G. Farben añade que la afirmación de Haslam de que la producción de iso-octano sólo se conocía en América a través del proceso de hidrogenación de Farben no era correcta:

> *En el caso del isooctano, en particular, se ha demostrado que debemos mucho a los estadounidenses, porque en nuestro propio trabajo pudimos recurrir en gran medida a la información estadounidense sobre el comportamiento de los combustibles en los motores. Además, los estadounidenses nos han mantenido informados sobre su proceso de producción y su desarrollo posterior.*
>
> *Poco antes de la guerra, se descubrió en América un nuevo método para producir isooctano: la alquilación con isomerización como paso previo. Este*

---

[501] NMT, caso I.G. Farben, volúmenes VII y VIII, pp. 1304-1311.

proceso, que el Sr. Haslain no menciona en absoluto, procede en realidad íntegramente de los estadounidenses, y lo hemos dado a conocer detalladamente en sus diversas etapas a través de los acuerdos que hemos celebrado con ellos, y lo utilizamos muy ampliamente.

En cuanto al toluol, I.G. Farben señala una inexactitud en el artículo de Haslam: el profesor Haslam afirma que el toluol no se produjo por hidrogenación en Estados Unidos. En el caso del oppanol, el memorándum de I.G. califica la información de Haslam como "incompleta" y con respecto al caucho de buna, "nunca dimos información técnica a los americanos, y no hubo cooperación técnica en el campo del buna". Y lo que es más importante, el memorándum de Farben continúa describiendo ciertos productos que Haslam no menciona en su artículo:

Como resultado de nuestros contratos con los americanos, hemos recibido de ellos, más allá del acuerdo, muchas y muy valiosas contribuciones para la síntesis y mejora de los combustibles y aceites lubricantes, que, en la actualidad, durante la guerra, nos son muy útiles; y también hemos recibido otros beneficios de ellos. En primer lugar, podemos mencionar lo siguiente:
1) Sobre todo, la mejora de los combustibles mediante la adición de tetraetilo de plomo y la fabricación de este producto. No es necesario mencionar específicamente que sin el tetraetilo de plomo, los métodos actuales de guerra serían imposibles. El hecho de que desde el comienzo de la guerra hayamos podido producir tetraetilo de plomo se debe enteramente a las circunstancias en las que, no mucho antes, los americanos nos habían presentado los planes de producción, con sus conocimientos técnicos. Además, era la primera vez que los estadounidenses decidían conceder una licencia para este proceso en un país extranjero (aparte de la comunicación de secretos no protegidos) y sólo tras nuestras peticiones urgentes a la Standard Oil para que cumpliera nuestro deseo. Contractualmente, no podíamos exigirlo, y más tarde descubrimos que el Departamento de Guerra en Washington sólo había dado su autorización tras largas deliberaciones.
2) Conversión de insaturados de bajo peso molecular en gasolina utilizable (polimerización). Se ha trabajado mucho en este campo, tanto aquí como en Estados Unidos. Pero los estadounidenses fueron los primeros en liderar el proceso a gran escala, lo que sugirió que también debíamos desarrollar el proceso a escala técnica. Pero más allá de eso, en Alemania funcionan plantas construidas según los procesos estadounidenses.
3) También en el campo de los aceites lubricantes, Alemania, a través del contrato con Estados Unidos, ha aprendido experiencias que son extraordinariamente importantes para la guerra actual.
En este sentido, hemos obtenido no sólo la experiencia de Standard, sino también, a través de Standard, la experiencia de General Motors y de otras grandes empresas automovilísticas estadounidenses.
4) Merece la pena mencionar otro ejemplo notable del efecto beneficioso para nosotros del contrato entre el IG y la Standard Oil: en los años 1934/1935, nuestro gobierno tuvo el mayor interés en recoger del extranjero una reserva de productos petrolíferos especialmente valiosos (en particular, gasolina y aceite lubricante para la aviación), y mantenerla en reserva por una cantidad aproximadamente igual a 20 millones de dólares a valor de mercado. El Gobierno alemán preguntó

a IG si no era posible, sobre la base de las relaciones amistosas con Standard Oil, comprar esta cantidad en nombre de Farben; de hecho, sin embargo, como representante del Gobierno alemán. El hecho de que hayamos conseguido, mediante las más difíciles negociaciones, comprar la cantidad deseada por nuestro gobierno a la Standard Oil Company americana y al grupo holandés-inglés Royal - Dutch - Shell y transportarla a Alemania, sólo fue posible con la ayuda de la Standard Oil Co.

PLOMO ETÍLICO PARA LA WEHRMACHT

Otro ejemplo importante de la ayuda de Standard Oil a la Alemania nazi -en cooperación con General Motors- fue el suministro de plomo etílico. El fluido etílico es un compuesto antidetonante que se utiliza en los combustibles de la aviación y la automoción para eliminar el golpeteo y mejorar así la eficiencia de los motores; sin estos compuestos antidetonantes, la guerra móvil moderna sería impracticable.

En 1924 se constituyó en Nueva York la Ethyl Gasoline Corporation, propiedad conjunta de la Standard Oil Company de Nueva Jersey y de la General Motors Corporation, para controlar y utilizar las patentes estadounidenses de fabricación y distribución de tetraetilo y fluido etílico en Estados Unidos y en el extranjero. Hasta 1935, la fabricación de estos productos sólo se realizaba en Estados Unidos. En 1935, Ethyl Gasoline Corporation transfirió sus conocimientos técnicos a Alemania para utilizarlos en el programa de rearme nazi. Esta transferencia se realizó a pesar de las protestas del gobierno estadounidense[502].

La intención de Ethyl de transferir su tecnología antidetonante a la Alemania nazi fue puesta en conocimiento del Cuerpo Aéreo del Ejército en Washington, D.C. El 15 de diciembre de 1934, E. W. Webb, presidente de Ethyl Gasoline, fue informado de que Washington había tenido conocimiento de la intención de "formar una compañía alemana con el I.G. para fabricar plomo etílico en ese país". El Departamento de Guerra indicó que esta transferencia de tecnología era muy criticada, que podría "tener las más graves repercusiones" para los Estados Unidos; que la demanda comercial de plomo etílico en Alemania era demasiado baja para ser de interés,

> *... se ha dicho que Alemania se está armando en secreto [y] que el plomo etílico puede ser una ayuda valiosa para los aviones militares.*[503]

---

[502] Véase la carta del Departamento de Guerra de los Estados Unidos reproducida en el Apéndice D.

[503] Congreso de los Estados Unidos. El Senado. Audiencias ante un subcomité de la Comisión de Asuntos Militares. *Scientific and Technical Mobilization*, (78th Congress, 1st Session, S. 702), Part 16, (Washington: Government Printing Office, 1944), p. 939. En lo sucesivo citado como *"Movilización científica y técnica"*.

El Cuerpo de Aviación del Ejército informó entonces a la Ethyl Company de que "usted o el consejo de administración de la Ethyl Gasoline Company no deben, bajo ninguna circunstancia, divulgar en Alemania ningún secreto o "know-how" en relación con la fabricación de tetraetilo de plomo".[504]

El 12 de enero de 1935, Webb envió al jefe del cuerpo aéreo del ejército una "declaración de hechos", que era en realidad una negación de cualquier transferencia de estos conocimientos técnicos; propuso insertar una cláusula de este tipo en el contrato para evitar cualquier transferencia. Sin embargo, en contra de su compromiso con el Cuerpo de Aviación del Ejército, Ethyl firmó entonces un acuerdo de producción conjunta con I.G. Farben en Alemania para entrenar a Ethyl G.m.b.H. y con Montecatini en la Italia fascista para el mismo fin.

Cabe destacar los directores de Ethyl Gasoline Corporation en el momento de esta transferencia[505]: E.W. Webb, presidente y director; C.F. Kettering; R. P. Russell; W.C. Teagle, de Standard Oil de Nueva Jersey y director de la Fundación Georgia Warm Springs de FDR; F. A. Howard; E. M. Clark, Standard Oil of New Jersey; A. P. Sloan, Jr.; D. Brown; J. T. Smith; y W.S. Parish de Standard Oil of New Jersey.

Los archivos de I.G. Farben incautados al final de la guerra confirman la importancia de esta transferencia técnica concreta para la Wehrmacht alemana:

> *Desde el comienzo de la guerra, sólo hemos podido producir tetraetilo de plomo porque, poco antes del estallido de la guerra, los estadounidenses habían instalado plantas listas para producir para nosotros y nos proporcionaron todos los conocimientos técnicos. De este modo, no tuvimos que hacer el difícil trabajo de desarrollo, ya que pudimos iniciar la producción inmediatamente sobre la base de toda la experiencia que los estadounidenses habían adquirido a lo largo de los años.[506]*

En 1938, justo antes del estallido de la guerra en Europa, la Luftwaffe alemana necesitaba urgentemente 500 toneladas de tetraetilo de plomo. Un funcionario de DuPont informó a Alemania de que esas cantidades de etilo se utilizarían con fines militares.[507] Las 500 toneladas fueron prestadas por la Ethyl Export Corporation de Nueva York a la empresa alemana Ethyl G.m.b.H. en una transacción concertada por el Ministerio del Aire del Reich con el director de I.G. Farben, Mueller-Cunradi. La garantía se acordó en una carta fechada el 21 de septiembre de 1938[508] a través de Brown Brothers, Harriman & Co. de Nueva York.

---

[504] Ibid.

[505] Yearbook of Petroleum and Petroleum Products, 1938, p. 89.

[506] *New York Times*, 19 de octubre de 1945, p. 9.

[507] George W. Stocking & Myron W. Watkins, Cartels *in Action*, (Nueva York: The Twentieth Century Fund, 1946), p. 9.

[508] Para los documentos originales, véase *NMT*, caso I.G. Farben, volumen VIII, pp. 1189-94.

STANDARD OIL OF NEW JERSEY Y EL CAUCHO SINTÉTICO

La transferencia de tecnología etílica para la maquinaria de guerra nazi se repitió en el caso del caucho sintético. No hay duda de que la capacidad de la Wehrmacht alemana para luchar en la Segunda Guerra Mundial dependía del caucho sintético -así como del petróleo sintético- porque Alemania no tenía caucho natural, y la guerra habría sido imposible sin la producción de caucho sintético de Farben. Farben tenía casi un monopolio en este campo y el programa para producir las grandes cantidades necesarias fue financiado por el Reich:

> El volumen de producción previsto en este ámbito superaba con creces las necesidades de la economía en tiempos de paz. Los enormes costes implicados eran únicamente consideraciones militares en las que la necesidad de autosuficiencia sin tener en cuenta el coste era decisiva.[509]

Al igual que con las transferencias de tecnología etílica, la Standard Oil de Nueva Jersey estaba íntimamente asociada con el caucho sintético de I.G. Farben. A finales de los años 20 se celebraron una serie de acuerdos de cártel conjunto para formar un monopolio mundial conjunto del caucho sintético. El plan cuatrienal de Hitler entró en vigor en 1937 y en 1938, Standard suministró a I.G. Farben su nuevo proceso de caucho butílico. Por otra parte, Standard mantuvo en secreto el proceso alemán del buna en Estados Unidos y no fue hasta junio de 1940 cuando Firestone y U.S. Rubber fueron autorizadas a participar en las pruebas del butilo y se les concedieron las licencias para fabricar buna. Incluso entonces, Standard intentó que el gobierno estadounidense financiara un programa de buna a gran escala, reservando sus propios fondos para el proceso de butilo, más prometedor.[510]

En consecuencia, la ayuda estándar en la Alemania nazi no se limitó al petróleo procedente del carbón, aunque éste fuera el trasvase más importante. No sólo se transfirió el proceso para el tetraetilo a I.G. Farben, y una planta construida en Alemania fue propiedad conjunta de I.G., General Motors y las filiales de Standard, sino que en 1939 la filial alemana de Standard diseñó una planta alemana para el gas de aviación. El tetraetilo se envió urgentemente para la Wehrmacht y se prestó gran ayuda en la producción de caucho butílico, mientras que el proceso de Farben para el buna se mantuvo en secreto en los Estados Unidos. En otras palabras, la Standard Oil de Nueva Jersey (primero bajo el presidente W.C. Teagle y luego bajo W.S. Farish) ayudó constantemente a la maquinaria de guerra nazi mientras se negaba a ayudar a los Estados Unidos.

Esta secuencia de acontecimientos no fue un accidente. El presidente W.S. Farish argumentó que no proporcionar dicha asistencia técnica a la Wehrmacht

---

[509] *NMT*, caso I.G. Farben, volumen VIII, pp. 1264-5.

[510] Movilización científica y técnica, p. 543.

"...habría sido injustificado".[511] La ayuda fue bien informada, se extendió durante más de una década y fue tan importante que sin ella la Wehrmacht no habría podido entrar en la guerra en 1939.

LA COMPAÑÍA PETROLERA GERMANO-AMERICANA (DAPAG)

La filial de Standard Oil en Alemania, Deutsche-Amerikanische Petroleum A.G. (DAPAG), era propiedad en un 94% de Standard Oil of New Jersey. DAPAG tenía sucursales en toda Alemania, una refinería en Bremen y una sede central en Hamburgo. A través de la DAPAG, la Standard Oil de Nueva Jersey estaba representada en los círculos internos del nazismo: el Círculo Keppler y el Círculo de Amigos de Himmler. Uno de los directores de DAPAG era Karl Lindemann, que también era presidente de la Cámara de Comercio Internacional en Alemania, así como director de varios bancos, entre ellos el Dresdner Bank, el Deutsche Reichsbank y el banco privado de orientación nazi C. Melchior & Company, y de numerosas empresas, entre ellas HAPAG (Hamburg-Amerika Line). Lindemann formó parte del círculo de amigos de Keppler hasta 1944 y así dio a la Standard Oil de Nueva Jersey un representante en el corazón mismo del nazismo. Otro miembro de la junta directiva de DAPAG fue Emil Helfrich, que fue uno de los primeros miembros del Círculo Keppler.

En resumen, Standard Oil of New Jersey tenía a dos miembros del círculo Keppler como directores de su filial alemana de propiedad absoluta. Los pagos al Círculo por parte de la filial de Standard Oil, y de Lindemann y Helffrich como directores individuales, continuaron hasta 1944, el año anterior al final de la Segunda Guerra Mundial.[512]

---

[511] Robert Engler, *The Politics of Oil,* (Nueva York: The MacMillan Company, 1961), p. 102.

[512] Consulte el capítulo 9 para obtener más detalles.

CAPÍTULO V

LA I.T.T. ESTÁ AYUDANDO A AMBAS PARTES

Así, mientras los aviones Focke-Wolfe de I.T.T. bombardeaban los barcos aliados y las líneas de I.T.T. transmitían información a los submarinos alemanes, los radiogoniómetros de I.T.T. salvaban a otros barcos de los torpedos.

(Anthony Sampson, *The Sovereign State of I.T.T.*, Nueva York: Stein & Day, 1973, p. 40).

El gigante multinacional International Telephone and Telegraph (I.T.T.[513]fue fundado en 1920 por Sosthenes Behn, un empresario nacido en las Islas Vírgenes. Durante su vida, Behn fue el epítome del hombre de negocios politizado, obteniendo sus beneficios y construyendo el imperio de I.T.T. a través de maniobras políticas más que de las fuerzas competitivas del mercado. En 1923, gracias a su habilidad política, Behn adquirió el monopolio telefónico español, la Compañía Telefónica de España. En 1924, I.T.T., ahora respaldada por la firma J.P. Morgan, compró lo que más tarde se convirtió en el grupo International Standard Electric, que incluía plantas de fabricación en todo el mundo.

El consejo de administración de I.T.T. reflejaba los intereses de J.P. Morgan, junto con los socios de Morgan Arthur M. Anderson y Russell Leffingwell. El bufete de abogados Davis, Polk, Wardwell, Gardiner & Reed estaba representado por los dos socios menores, Gardiner & Reed.

DIRECTORES DE I.T.T. ES 1933:

Directores	Afiliación a otras empresas de Wall Street
Arthur M. ANDERSON	Socio de J.P. MORGAN y New York Trust Company
Hernand BEHN	Banco de América
Sosthenes BEHN	BANCO NACIONAL DE LA CIUDAD
F. Wilder BELLAMY	Socio de Dominick & Dominicik
John W. CUTLER	GRACE NATIONAL BANK, Lee Higginson
George H. GARDINER	Socio de Davis, Polk, Wardwell, Gardiner & Reed
Allen G. HOYT	BANCO NACIONAL DE LA CIUDAD

---

[513] Para una excelente revisión de las actividades mundiales de I.T.T., véase Anthony Sampson, *The Sovereign State of I.T.T.,* (Nueva York: Stein & Day, 1973).

Russell C. LEFFINGWELL	J.P. MORGAN, socio, y CARNEGIE CORP.
Bradley W. PALMER	Presidente del Comité Ejecutivo de FRUIT UNI
Lansing P. REED	Socio de Davis, Polk Wardwell, Gardiner & Reed

El National City Bank (NCB) del Grupo Morgan estuvo representado por dos directores, Sosthenes Behn y Allen G. Hoyt. En resumen, I.T.T. era una empresa controlada por Morgan; y ya hemos señalado el interés de las empresas controladas por Morgan en la guerra y la revolución en el extranjero y en las maniobras políticas en los Estados Unidos.[514]

En 1930, Behn adquirió el holding alemán Standard Elekrizitäts A.G., controlado por I.T.T. (62% de las acciones con derecho a voto), A.E.G. (81,1% de las acciones con voto) y Felton & Guilleaume (6% de las acciones con voto). En esta operación, Standard adquirió dos plantas de fabricación alemanas y una participación mayoritaria en Telefonfabrik Berliner A.G.I.T.T. también suministró a las filiales de Standard en Alemania, Ferdinand Schuchardt Berliner Fernsprech- und Telegraphenwerk A,G., así como Mix & Genest en Berlín, y Suddeutsche Apparate Fabrik G,m.b.H. en Nuremberg.

Es interesante señalar de paso que mientras el I.T.T. de Sosthenes Behn controlaba las compañías telefónicas y las plantas de fabricación en Alemania, el tráfico por cable entre Estados Unidos y Alemania estaba controlado por la Deutsch-Atlantische Telegraphengesellschaft (la compañía alemana Atlantic Cable). Esta empresa, junto con la Commercial Cable Company y la Western Union Telegraph Company, tenía el monopolio de las comunicaciones transatlánticas por cable entre Estados Unidos y Alemania. W.A. Harriman & Company compró un paquete de 625.000 acciones de Deutsch-Atlantische en 1925, y el consejo de administración de la empresa incluía una gama inusual de personajes, muchos de los cuales se conocieron en otros lugares. Entre ellos se encontraban, por ejemplo, H. F. Albert, el agente de espionaje alemán en Estados Unidos durante la Primera Guerra Mundial, Von Berenberg-Gossler, antiguo socio de Franklin D. Roosevelt, y el Dr. Cuno, antiguo canciller alemán en la época inflacionista de 1923. El I.T.T. de Estados Unidos estaba representado en el consejo de administración por von Guilleaume y Max Warburg, de la familia de banqueros Warburg.

EL BARÓN KURT VON SCHRODER Y EL I.T.T.

No hay constancia de pagos directos del I.T.T. a Hitler antes de que los nazis tomaran el poder en 1933. Por otra parte, a finales de la década de 1930 y durante la propia Segunda Guerra Mundial se realizaron numerosos pagos a Heinrich Himmler a través de las filiales alemanas de I.T.T. La primera reunión entre Hitler y los funcionarios del I.T.T. - por lo que sabemos- se informó en agosto de 1933[515], cuando Sosthenes Behn y el representante alemán del I.T.T. Henry Manne se

---

[514] Véase también Sutton, *Wall Street and the Bolshevik Revolution,* op. cit.

[515] *New York Times*, 4 de agosto de 1933.

reunieron con Hitler en Berchtesgaden. Posteriormente, Behn entró en contacto con el Círculo Keppler (véase el capítulo nueve) y, bajo la influencia de Keppler, el barón nazi Kurt von Schröder se convirtió en el guardián de los intereses del I.T.T. en Alemania. Schröder sirvió de canal para el dinero del I.T.T. canalizado a la organización S.S. de Heinrich Himmler en 1944, cuando la Segunda Guerra Mundial estaba en marcha y Estados Unidos estaba en guerra con Alemania.[516]

A través de Kurt Schröder, Behn y su I.T.T. accedieron a la muy rentable industria armamentística alemana y adquirieron importantes participaciones en empresas alemanas de armamento, entre ellas la de aviones Focke-Wolfe. Estas operaciones de armamento generaron considerables beneficios, que podrían haber sido repatriados a la empresa matriz estadounidense. Pero se reinvirtieron en el rearme alemán. Esta reinversión de los beneficios en las empresas armamentísticas alemanas con el pretexto de que Wall Street era inocente de las fechorías del rearme alemán -y que ni siquiera conocía las intenciones de Hitler- es fraudulenta. En concreto, la compra por parte de I.T.T. de una importante participación en Focke-Wolfe significó, como señaló Anthony Sampson, que I.T.T. estaba produciendo aviones alemanes utilizados para matar a los estadounidenses y a sus aliados, y la empresa obtuvo excelentes beneficios.

Con Kurt von Schröder, el I.T.T. accedió al corazón mismo de la élite del poder nazi. ¿Quién era Schröder? El barón Kurt von Schröder nació en Hamburgo en 1889 en el seno de una antigua y consolidada familia de banqueros alemanes. Un antiguo miembro de la familia Schröder se trasladó a Londres, cambió su nombre por el de Schroder (sin la diéresis) y organizó la J. Henry Schroder Banking Corporation en Londres y la J. Henry Schroder Banking Corporation en Nueva York. Kurt von Schröder también fue socio del banco privado de Colonia, J. H. Stein & Company, fundado a finales del siglo XVIII. Tanto Schröder como Stein habían sido promotores, junto con financieros franceses, del movimiento separatista alemán de 1919 que pretendía separar la rica Renania de Alemania y sus problemas. Durante esta escapada, los principales industriales de Renania se reunieron en casa de J. H. Stein el 7 de enero de 1919, y unos meses más tarde, bajo la presidencia de Stein, celebraron una reunión para recabar el apoyo público al movimiento separatista. La acción de 1919 fracasó. El grupo volvió a intentarlo en 1923 y encabezó otro movimiento para separar Renania de Alemania y ponerla bajo la protección de Francia. Este intento también fracasó. Kurt von Schröder se unió entonces a Hitler y a los primeros nazis, y al igual que en los movimientos separatistas de Renania de 1919 y 1923, Schröder representó y trabajó para los industriales y fabricantes de armas alemanes.

A cambio del apoyo financiero e industrial organizado por von Schröder, ganó posteriormente prestigio político. Inmediatamente después de que los nazis llegaran al poder en 1933, Schröder se convirtió en el representante alemán en el Banco de Pagos Internacionales, que Quigley denomina la cúspide del sistema de control internacional, así como en el jefe del grupo de banqueros privados que asesoraban al Reichsbank alemán. Heinrich Himmler nombró a Schroder jefe de

---

[516] Véase también el capítulo nueve para conocer las pruebas documentales de estos pagos de I.T.T. a la S.S.

grupo de las S.S., y Himmler, a su vez, se convirtió en un miembro destacado del Círculo de Keppler. (Véase el capítulo 9).

En 1938, el Banco Schroder de Londres se convirtió en el agente financiero alemán en Gran Bretaña, representado en las reuniones financieras por su director general (y director del Banco de Inglaterra), F.C. Tiarks. En la Segunda Guerra Mundial, el barón Schröder había adquirido una impresionante lista de conexiones políticas y bancarias que reflejaban una amplia influencia; incluso se informó al Comité Kilgore estadounidense de que Schroder era lo suficientemente influyente en 1940 como para llevar a Pierre Laval al poder en Francia. Según la lista del Comité Kilgore, las adquisiciones políticas de Schroder a principios de la década de 1940 fueron las siguientes:

Jefe de Grupo Superior SS.	Grupo de Comercio Mayorista y Exterior - Responsable.
Cruz de hierro, primera y segunda clase.	Akademie fur Deutsches Recht (Academia de Derecho Alemán) - Miembro
Cónsul General de Suecia.	Ciudad de Colonia - Concejal.
Cámara de Comercio Internacional - Miembro del Comité Administrativo.	Universidad de Colonia - Miembro del consejo de administración.
Consejo Postal del Reich - Miembro del consejo consultivo.	Fundación Kaiser Wilhelm - Senador.
Asamblea de la Industria y el Comercio Alemanes - Miembro Presidente.	Consejo Consultivo Germano-Albanés.
Miembro del Consejo del Reich para Asuntos Económicos.	Cámara de compensación de productos básicos - Miembro.
Deutsche Reichsbahn - Presidente del Consejo de Administración.	Comité de Trabajo del Grupo de Industria y Comercio del Reich - Vicepresidente[517]

Las conexiones bancarias de Schröder eran igualmente impresionantes y sus conexiones empresariales (no mencionadas aquí) ocupaban dos páginas:

Banco de Pagos Internacionales - Miembro del Comité Ejecutivo.	Deutsche Verkehrs-Kredit-Bank, A.G., Berlín (controlado por el Deutsche Reichsbank) - Presidente del Consejo de Administración.
J. H. Stein & Co, Colonia – Socio (Banque Worms era el corresponsal en Francia).	Deutsche Ueberseeische Bank (controlado por Deutsche Bank, Berlín) - Director[518]
Deutsche Reichsbank, Berlín. Asesor del Consejo de Administración.	Wirtschaftsgruppe Private Bankegewerbe - Líder.

Fue Schroder quien, después de 1933, representó a Sosthenes Behn del I.T.T. y los intereses de éste en la Alemania nazi. Precisamente porque Schroder mantenía tan excelentes relaciones políticas con Hitler y el Estado nazi, Behn le nombró miembro de los consejos de administración de todas las empresas alemanas de I.T.T.: Standard Electrizitatswerke A.G. de Berlín, C. Lorenz A.G. de Berlín y Mix & Genest A.G. (en la que Standard tenía una participación del 94%).

---

[517] Eliminación de los recursos alemanes, p. 871.

[518] Ibid.

A mediados de los años 30, se estableció otro vínculo entre Wall Street y Schroder, esta vez por parte de los Rockefeller. En 1936, el negocio de suscripción y valores generales de la J. Henry Schroder Banking Corporation de Nueva York se fusionó en una nueva empresa de banca de inversión: Schroder, Rockefeller & Company, Inc. en el número 48 de Wall Street. Carlton P. Fuller, de la Schroder Banking Corporation, se convirtió en presidente y Avery Rockefeller, hijo de Percy Rockefeller (hermano de John D. Rockefeller), en vicepresidente y director de la nueva empresa. Anteriormente, Avery Rockefeller había sido un asociado entre bastidores de la J. Henry Schroder Banking Corporation; la nueva empresa le sacó del armario.[519]

WESTRICK, TEXACO Y I.T.T.

El I.T.T. tenía otra vía de acceso a la Alemania nazi, a través del abogado alemán Gerhard Westrick. Westrick formaba parte de un selecto grupo de alemanes que habían sido espías en Estados Unidos durante la Primera Guerra Mundial. Este grupo incluía no sólo a Kurt von Schröder y Westrick, sino también a Franz von Papen -a quien conoceremos en compañía de James Paul Warburg, del Manhattan Bank, en el capítulo diez- y al Dr. Heinrich Albert. Albert, aparentemente un agregado comercial alemán en Estados Unidos durante la Primera Guerra Mundial, fue de hecho el responsable de financiar el programa de espionaje de von Papen. Después de la Primera Guerra Mundial, Westrick y Albert formaron el bufete de abogados Albert & Westrick, que se especializó en préstamos para reparaciones en Wall Street y obtuvo grandes beneficios. Albert & Westrick se encargó de la parte alemana de los préstamos del J. Henry Schroder Bank, mientras que la empresa Sullivan and Cromwell de John Foster Dulles en Nueva York se encargó de la parte estadounidense de los préstamos de Schroder.

Justo antes de la Segunda Guerra Mundial, la operación de espionaje de Albert-Papen-Westrick en Estados Unidos comenzó a repetirse, pero esta vez las autoridades americanas estuvieron más atentas. Westrick llegó a Estados Unidos en 1940, aparentemente como agregado comercial, pero en realidad como representante personal de Ribbentrop. El flujo de visitas al influyente Westrick por parte de destacados directivos de empresas petroleras e industriales estadounidenses llamó la atención del FBI sobre Westrick.

En ese momento, Westrick se convirtió en director de todos los I. Las operaciones de T.T. en Alemania, para proteger a I. Los intereses de T.T. durante la planeada participación de Estados Unidos en la guerra europea.[520] Entre sus otras empresas, Westrick intentó persuadir a Henry Ford para que cortara los suministros a Gran Bretaña, y el trato favorable dado por los nazis a los intereses

---

[519] *New York Times*, 20 de julio de 1936.

[520] Anthony Sampson informó de una reunión entre el vicepresidente del I.T.T., Kenneth Stockton, y Westrick en la que se planificó la conservación de las propiedades del I.T.T. Véase Anthony Sampson, op. cit. p. 39.

de Ford en Francia sugiere que Westrick tuvo un éxito parcial en la neutralización de la ayuda estadounidense a Gran Bretaña.

Aunque la relación comercial más importante de Westrick en Estados Unidos durante la guerra fue con International Telephone and Telegraph, también representó a otras empresas estadounidenses, como Underwood Elliott Fisher, propietaria de la empresa alemana Mercedes Buromaschinen A.G., Eastman Kodak, que tenía una filial de Kodak en Alemania, y la International Milk Corporation, con una filial en Hamburgo. Entre los contratos de Westrick (y el que recibió más publicidad) estaba un contrato para que Texaco suministrara petróleo a la Armada alemana, que arregló con Torkild Rieber, presidente del consejo de administración de Texaco.

En 1940, Rieber discutió un acuerdo petrolero con Hermann Goering, y Westrick, en Estados Unidos, trabajó para la Texas Oil Company. Su coche se compró con fondos de Texaco, y en la solicitud de permiso de conducir de Westrick figuraba Texaco como su dirección comercial. Estas actividades se hicieron públicas el 12 de agosto de 1940. Rieber dimitió entonces de Texaco y Westrick regresó a Alemania. Dos años más tarde, Rieber era presidente de South Carolina Shipbuilding and Dry Docks, supervisando la construcción de buques de la Armada estadounidense por valor de más de 10 millones de dólares, y director de la Barber Asphalt Corporation y de la Seaboard Oil Company de Ohio, propiedad de la familia Guggenheim.[521]

I. T.T. EN ALEMANIA DURANTE LA GUERRA

En 1939, I.T.T. en Estados Unidos controlaba Standard Elektrizitats en Alemania, y a su vez Standard Elektrizitats controlaba el 94% de Mix & Genest. En el consejo de administración de Standard Elektrizitats estaban el barón Kurt von Schröder, un banquero nazi en el corazón del nazismo, y Emil Heinrich Meyer, cuñado del secretario de Estado Keppler (fundador del Círculo Keppler) y director de la General Electric alemana. Schröder y Meyer eran también directores de Mix & Genest y de la otra filial de I.T.T., la C. Lorenz Company. Lorenz Company; ambas filiales de I.T.T. contribuyeron con dinero al Círculo de Amigos de Himmler, es decir, al fondo de las SS nazis. Hasta 1944, Mix & Genest pagó 5.000 RM a Himmler y 20.000 RM a Lorenz. En resumen, durante la Segunda Guerra Mundial, International Telephone and Telegraph realizó pagos en efectivo al líder de las S.S. Heinrich Himmler. Estos pagos permitieron a I.T.T. proteger su inversión en Focke-Wolfe, una empresa de fabricación de aviones que produce aviones de combate utilizados contra Estados Unidos.

---

[521] Los informes de que Rieber recibió 20.000 dólares de los nazis son infundados. Estos informes fueron investigados por el F.B.I. sin que se aportaran pruebas. Véase Senado de los Estados Unidos, Subcomité para investigar la administración de la . Internal Security Act, Committee on the Judiciary, *Journal of Morgenthau (Germany)*, Volume I, 90th Congress, 1st Session, November 20, 1967, (Washington: U.S. Government Printing Office, 1967), pp. 316-8. Sobre Rieber, véase también el *Apéndice del Acta del Congreso*, 20 de agosto de 1942, p, A 1501-2, observaciones del Honorable John M. Coffee.

El interrogatorio de Kurt von Schröder el 19 de noviembre de 1945 pone de manifiesto el carácter deliberado de la estrecha y provechosa relación entre el coronel del I.T.T. Sosthenes Behn, Westrick, Schröder y la maquinaria de guerra nazi durante la Segunda Guerra Mundial, y que esta relación fue deliberada y bien informada:

Q. Usted mencionó en su anterior testimonio una serie de empresas en Alemania en las que la International Telephone and Telegraph Company o la Standard Electric Company tenían intereses. ¿Tenían la International Telephone and Telegraph Company o la Standard Electric Company participación en otras empresas de Alemania?

A. Sí. La empresa Lorenz, poco antes de la guerra, tomó una participación de aproximadamente el 25% en la empresa Focke-Wolfe A.G. de Bremen. Focke-Wolfe fabricaba aviones para el Ministerio del Aire alemán. Creo que más tarde, cuando Focke-Wolfe se expandió y tomó más capital, la participación de la compañía Lorenz cayó un poco por debajo de este 25%.

Q. ¿Así que esta participación de la compañía Lorenz en Focke-Wolfe comenzó después de que la compañía Lorenz fuera casi 100% propiedad y controlada por el Coronel Behn a través de la Compañía Internacional de Teléfonos y Telégrafos?

A. Sí.

Q. ¿Aprobó el coronel Behen [sic] esta inversión de la empresa Lorenz en Focke-Wolfe?

A. Estoy convencido de que el coronel Behn aprobó la transacción antes de que sus representantes, que estaban en estrecho contacto con él, la aprobaran oficialmente.

Q. ¿En qué año realizó Lorenz la inversión que le dio la participación del 25% en Foeke-Wolfe?

A. Recuerdo que fue poco antes del estallido de la guerra, es decir, poco antes de la invasión de Polonia. [Ed: 1939]

¿Sabría **Q** Westrick todos los detalles de las participaciones de la empresa Lorenz en Foeke-Wolfe, Bremen AG?

A. Sí. Mejor que yo.

Q. ¿Cuánto invirtió Lorenz en AG Focke-Wolfe, Bremen, dándole una participación inicial del 25%?

A. RM 250.000.000 inicialmente, y esta cantidad se incrementó considerablemente, pero no recuerdo cuánta inversión adicional hizo la compañía Lorenz en este Focke-Wolfe A.G. de Bremen.

Q. Desde 1933 hasta el estallido de la guerra europea, ¿estuvo el coronel Behn en condiciones de transferir los beneficios de las inversiones de sus empresas en Alemania a sus empresas en Estados Unidos?

A. Sí. Aunque sus empresas habrían tenido que tomar un poco menos que el dividendo completo debido a la dificultad de obtener divisas, la mayor parte de los beneficios podrían haber sido transferidos a la empresa del coronel Behn en los Estados Unidos. Sin embargo, el coronel Behn no decidió hacerlo y en ningún momento me preguntó si podía hacerlo por él. En cambio, parecía perfectamente satisfecho de que todos los beneficios de las empresas en Alemania, que él y sus intereses controlaban, se reinvirtieran en nuevos edificios y maquinaria y en cualquier otra empresa de producción de armas.

Otra de estas empresas, Huth and Company, G.m.b.H., de Berlín, fabricaba piezas de radio y radar, muchas de las cuales se utilizaban en equipos para las fuerzas armadas alemanas. La empresa Lorenz, según recuerdo, tenía una participación del 50% en Huth and Company. La empresa Lorenz también tenía una pequeña filial que actuaba como agencia de ventas de la empresa Lorenz a particulares.

Q. Usted fue miembro del consejo de administración de la empresa Lorenz desde aproximadamente 1935 hasta hoy. Durante este periodo, la empresa Lorenz y algunas otras empresas, como Foeke-Wolfe, con la que tenía una importante participación, se dedicaban a la fabricación de equipos para el armamento y la producción bélica. ¿Sabe usted o ha oído hablar de alguna protesta del coronel Behn o de sus representantes contra estas empresas que se dedican a estas actividades de preparación de Alemania para la guerra?
A. No.
Q. ¿Está usted seguro de que en ninguna otra ocasión Westrick, Mann [sic], el coronel Behn o cualquier otra persona relacionada con los intereses de la Compañía Internacional de Teléfonos y Telégrafos en Alemania le pidieron que interviniera en nombre de la compañía ante las autoridades alemanas?
A. Sí. No recuerdo ninguna solicitud de intervención en un caso de importancia para la empresa Lorenz o cualquier otro interés internacional de telefonía y telegrafía en Alemania.

He leído el acta de este interrogatorio y juro que las respuestas que he dado a la pregunta de los señores Adams y Pajus son correctas a mi leal saber y entender.
s/Kurt von Schröder

Es esta historia de cooperación del I.T.T. con los nazis durante la Segunda Guerra Mundial y la asociación del I.T.T. con el nazi Kurt von Schröder lo que el I.T.T. trató de ocultar, y casi logró hacerlo. James Stewart Martin cuenta que, durante las reuniones de planificación de la División de Finanzas de la Comisión de Control, se le asignó trabajar con el capitán Norbert A. Bogdan, que, sin uniforme, era vicepresidente de la J. Henry Schroder Banking Corporation de Nueva York. Martin cuenta que "el capitán Bogdan se había opuesto enérgicamente a la investigación de Stein Bank por considerarla "insignificante".[522] Poco después de bloquear esta maniobra, dos miembros del personal permanente de Bogdan solicitaron permiso para investigar la Ribera de Stein, aunque Colonia aún no había caído en manos de las fuerzas estadounidenses. Martin recuerda que "la división de inteligencia bloqueó esa", pero se difundió cierta información sobre la operación bancaria Stein-Schröder-I.T.

---

[522] James Stewart Martin, op. cit. p. 52.

CAPÍTULO VI

Henry Ford y los nazis

Me gustaría destacar la importancia que los altos cargos [nazis] conceden a respetar el deseo y mantener la buena voluntad de "Ford", y por "Ford" me refiero a su padre, a usted mismo y a la Ford Motor Company, de Dearborn.
(Josiah E. Dubois, Jr, *Generals in Grey Suits*,
Londres: The Bodley Head, 1953, p. 250).

Henry Ford suele ser considerado un enigma entre la élite de Wall Street. Durante muchos años, en las décadas de 1920 y 1930, Ford fue conocido como un enemigo del establishment financiero. Ford acusó a Morgan y a otros de utilizar la guerra y la revolución como medio de obtener beneficios colosales y de utilizar su influencia en los círculos sociopolíticos como medio de enriquecimiento personal. En 1938, Henry Ford, en sus declaraciones públicas, había dividido a los financieros en dos clases: los que se beneficiaron de la guerra y utilizaron su influencia para provocar la guerra con grandes beneficios, y los financieros "constructivos". En este último grupo incluía ahora a la Casa de Morgan. En una entrevista con el *New York Times*[523] en 1938, Ford dijo:

> *Alguien dijo una vez que sesenta familias dirigen las fortunas de la nación. Bien podría decirse que si alguien enfocara los focos sobre veinticinco personas que manejan las finanzas de la nación, los verdaderos hacedores de la guerra del mundo saldrían a relucir.*

El reportero *del Times* preguntó a Ford cómo comparaba esta valoración con sus antiguas críticas a Morgan House, a lo que Ford respondió:

> *Hay un Wall Street constructivo y un Wall Street destructivo. La Casa de Morgan representa el lado constructivo. Conozco al Sr. Morgan desde hace muchos años. Apoyó y respaldó a Thomas Edison, que también era mi buen amigo...*

Tras exponer los males de la limitada producción agrícola -supuestamente causada por Wall Street-, Ford continuó,

---

[523] 4 de junio de 1938, 2:2.

> *... si estos financieros se hubieran salido con la suya, ahora estaríamos en guerra. Quieren la guerra porque ganan dinero con esos conflictos, con la miseria humana que traen las guerras.*

Por otro lado, cuando investigamos estas declaraciones públicas, descubrimos que Henry Ford y su hijo Edsel Ford estaban en la vanguardia de los empresarios estadounidenses que trataban de estar presentes a ambos lados de cada valla ideológica en la búsqueda de beneficios. Según los propios estándares de Ford, los Ford están entre los elementos "destructivos".

Fue Henry Ford quien, en los años 30, construyó la primera fábrica de coches modernos de la Unión Soviética (situada en Gorki) y, en los años 50 y 60, fabricó los camiones que utilizaban los norvietnamitas para transportar armas y municiones que utilizaban contra los estadounidenses[524] a la misma época, Henry Ford fue también el más famoso patrocinador extranjero de Hitler, y fue recompensado en la década de 1930 por este apoyo sostenido con la más alta condecoración nazi para extranjeros.

Este favor nazi causó una tormenta de controversia en los Estados Unidos y finalmente se convirtió en un intercambio de notas diplomáticas entre el gobierno alemán y el Departamento de Estado. Aunque Ford protestó públicamente que no le gustaban los gobiernos totalitarios, en la práctica descubrimos que Ford se benefició a sabiendas de ambos bandos de la Segunda Guerra Mundial: de las fábricas francesas y alemanas que producían vehículos para la Wehrmacht, y de las fábricas estadounidenses que construían vehículos para el ejército de Estados Unidos, para gran beneficio del grupo Ford.

Las protestas de inocencia de Henry Ford sugieren, como veremos en este capítulo, que no aprobaba que los financieros judíos se beneficiaran de la guerra (como hicieron algunos), pero si el antisemita Morgan,[525] y el propio Ford, se beneficiaban de la guerra, era aceptable, moral y "constructivo".

HENRY FORD: EL PRIMER PATROCINADOR EXTRANJERO DE HITLER

El 20 de diciembre de 1922, el *New York Times* informó[526] de que el fabricante de automóviles Henry Ford estaba financiando los movimientos nacionalistas y antisemitas de Adolf Hitler en Múnich.

Simultáneamente, el periódico berlinés *Berliner Tageblatt* pidió al embajador estadounidense en Berlín que investigara y detuviera la intervención de Henry Ford en los asuntos internos alemanes. Se informó de que los patrocinadores

---

[524] Una lista de estos vehículos Gorki y sus números de modelo puede encontrarse en Antony G. Sutton, *National Suicide: Military Aid to the Soviet Union*, (Nueva York: Arlington House Publishers, 1973), Tabla 7-2, p. 125.

[525] La Casa Morgan era conocida por sus opiniones antisemitas.

[526] Página 2, columna 8.

extranjeros de Hitler habían proporcionado un "amplio cuartel general" con una "multitud de lugartenientes y funcionarios muy bien pagados". El retrato de Henry Ford ocupaba un lugar destacado en las paredes del despacho personal de Hitler:

> *La pared detrás de su escritorio en el despacho privado de Hitler está decorada con una gran fotografía de Henry Ford. En la antesala hay una gran mesa cubierta de libros, casi todos ellos traducciones de un libro escrito y publicado por Henry Ford.*[527]

El mismo informe del *New York Times* comentaba que el domingo anterior, Hitler había pasado revista,

> *El Batallón de Asalto..., 1.000 jóvenes con flamantes uniformes y armados con revólveres y garrotes, mientras Hitler y sus secuaces circulan en dos potentes coches nuevos.*

El *Times* hace una clara distinción entre los partidos monárquicos alemanes y el partido fascista antisemita de Hitler. Henry Ford, se señaló, ignoró a los monárquicos Hohenzollern e invirtió su dinero en el movimiento revolucionario de Hitler.

Estos fondos de Ford fueron utilizados por Hitler para fomentar la rebelión bávara. La rebelión fracasó y Hitler fue capturado y llevado a juicio. En febrero de 1923, durante el juicio, Auer, vicepresidente del parlamento bávaro, testificó:

> *El Parlamento bávaro sabe desde hace tiempo que el movimiento hitleriano fue financiado en parte por un líder antisemita estadounidense, que es Henry Ford. El interés del Sr. Ford por el movimiento antisemita bávaro comenzó hace un año, cuando uno de sus agentes, que buscaba vender tractores, entró en contacto con Dietrich Eckhart, el notorio panalemán. Poco después, el Sr. Eckhart pidió ayuda financiera al agente del Sr. Ford. El agente regresó a Estados Unidos e inmediatamente el dinero del Sr. Ford comenzó a llegar a Múnich.*
>
> *El Sr. Hitler se jacta abiertamente del apoyo del Sr. Ford y lo elogia como un gran individualista y antisemita. Una fotografía del Sr. Ford cuelga en el despacho del Sr. Hitler, que es el centro del movimiento monárquico.*[528]

Hitler recibió una suave y cómoda sentencia de prisión por sus actividades revolucionarias en Baviera. El resto de sus actividades le permitieron escribir *Mein Kampf*. El libro de Henry Ford *El judío internacional*, distribuido previamente por

---

[527] Ibid.

[528] Jonathan Leonard, *The Tragedy of Henry Ford*, (Nueva York: G. P. Putnam's Sons, 1932), p. 208. Véase también el archivo decimal del Departamento de Estado de EE.UU., National Archives Microcopy M 336, Rollo 80, documento 862.00S/6, "Money sources of Hitler", un informe de la Embajada de EE.UU. en Berlín.

los nazis, fue traducido por ellos a una docena de idiomas, y Hitler utilizó secciones del libro textualmente al escribir *Mein Kampf*.[529]

Más adelante veremos que el apoyo de Hitler a finales de los años 20 y principios de los 30 procedía de los cárteles de la industria química, siderúrgica y eléctrica, y no directamente de los industriales individuales. En 1928, Henry Ford fusionó sus activos alemanes con los del cártel químico I.G. Farben. Una participación importante, el 40% de Ford Motor A.G. de Alemania, fue transferida a I.G. Farben; Carl Bosch de I.G. Farben se convirtió en el jefe de Ford A.G. Motor en Alemania.

Simultáneamente, en Estados Unidos, Edsel Ford entra en el consejo de administración de la I.G. Farben estadounidense. (Véase el capítulo 2).

HENRY FORD RECIBE UNA CONDECORACIÓN NAZI

Una década más tarde, en agosto de 1938 -después de que Hitler subiera al poder con la ayuda de los cárteles-, Henry Ford recibió la Gran Cruz del Águila Alemana, un premio nazi destinado a extranjeros ilustres. El *New York Times* informó de que era la primera vez que se concedía la Gran Cruz en Estados Unidos, y que era para celebrar el 75° cumpleaños de Henry Ford.[530]

La condecoración levantó una tormenta de críticas en los círculos sionistas de Estados Unidos. Ford dio marcha atrás hasta el punto de reunirse públicamente con el rabino Leo Franklin de Detroit para expresar su simpatía por la situación de los judíos alemanes:

> *Mi aceptación de una medalla del pueblo alemán [dice Ford] no implica, como algunos parecen pensar, ninguna simpatía por mi parte hacia el nazismo. Los que me conocen desde hace muchos años se darán cuenta de que todo lo que engendra odio me resulta repugnante.*[531]

La cuestión de la medalla nazi fue abordada en un discurso en Cleveland por el Secretario del Interior Harold Ickes. Ickes criticó a Henry Ford y al coronel Charles A. Lindbergh por aceptar medallas nazis. La parte curiosa del discurso de Ickes, pronunciado en un banquete de la Sociedad Sionista de Cleveland, fue su crítica a los "judíos ricos" y a su adquisición y uso de la riqueza:

---

[529] Véase a este respecto Keith Sward, *The Legend of Henry Ford*, (Nueva York: Rinehart & Co, 1948), p. 139.

[530] *New York Times*, 1 de agosto de 1938.

[531] Ibid, 1 de diciembre de 1938, 12:2.

Un error cometido por un millonario no judío se refleja sólo en él, pero un error cometido por un judío rico se refleja en toda su raza. Es duro e injusto, pero es un hecho que hay que afrontar.[532]

Tal vez Ickes se refería tangencialmente a las funciones de los Warburg en el cártel de I.G. Farben: los Warburg estaban en el consejo de I.G. Farben en Estados Unidos y Alemania. En 1938, los nazis expulsaron a los Warburg de Alemania. Otros judíos alemanes, como el banquero Oppenheim, hicieron la paz con los nazis y recibieron el "estatus honorífico de ario".

---

[532] Ibid, 19 de diciembre de 1938, 5:3.

FORD MOTOR COMPANY CONTRIBUYE AL ESFUERZO BÉLICO ALEMÁN

Un subcomité del Congreso de la posguerra que investigó el apoyo estadounidense al esfuerzo militar nazi describió la forma en que los nazis lograron obtener asistencia técnica y financiera de Estados Unidos como "bastante fantástica".[533] Entre otras pruebas, se mostró a la comisión un memorando preparado en las oficinas de Ford-Werke A.G. el 25 de noviembre de 1941, escrito por el Dr. H. F. Albert a R. H. Schmidt, entonces presidente del consejo de administración de Ford-Werke A.G. El memorando citaba las ventajas de que la mayoría de la empresa alemana fuera propiedad de la Ford Motor Company de Detroit. La Ford alemana había podido intercambiar piezas de la Ford por caucho y materiales de guerra esenciales necesarios en 1938 y 1939 "y no habrían podido hacerlo si la Ford no hubiera sido propiedad de los Estados Unidos". Además, con una participación mayoritaria estadounidense, la Ford alemana "podría intervenir y dominar más fácilmente las participaciones de Ford en toda Europa". Incluso se informó al Comité de que dos altos ejecutivos alemanes de Ford habían discutido personalmente sobre quién controlaría Ford de Inglaterra, hasta el punto de que "uno de ellos finalmente se levantó y abandonó la sala disgustado".

Según las pruebas presentadas a la Comisión, Ford-Werke A.G. se transformó técnicamente a finales de los años 30 en una empresa alemana. Todos los vehículos y sus piezas se fabricaban en Alemania, por trabajadores alemanes y con materiales alemanes, bajo dirección alemana, y se exportaban a los territorios europeos y de ultramar de Estados Unidos y Gran Bretaña.

Las materias primas extranjeras necesarias, caucho y metales no ferrosos, se obtuvieron a través de la empresa estadounidense Ford. La influencia americana se había convertido más o menos en una posición de apoyo *(Hilfsstellung)* para las fábricas alemanas de Ford.

Al principio de la guerra, Ford-Werke se puso a disposición de la Wehrmacht para la producción de armas. Los nazis creían que mientras la Ford-Werke A.G. fuera predominantemente estadounidense, sería posible poner a las demás empresas europeas de Ford bajo la influencia alemana, es decir, la Ford-Werke A.G. - y así aplicar la política nazi de la "Gran Europa" en las plantas de Ford en Ámsterdam, Amberes, París, Budapest, Bucarest y Copenhague:

> *Una mayoría, aunque sea pequeña, de americanos es indispensable para la transmisión de los últimos modelos americanos, así como de los métodos de producción y venta americanos. Con la supresión de la mayoría americana, esta ventaja, así como la intervención de la Ford Motor Company para obtener materias primas y exportaciones, se perdería, y la fábrica alemana no valdría prácticamente nada más que su capacidad de maquinaria.[534]*

---

[533] Eliminación de los recursos alemanes, p. 656.

[534] Eliminación de los recursos alemanes, pp. 657-8.

Y, por supuesto, este tipo de neutralidad estricta, que adopta una visión internacional en lugar de nacional, ya había dado sus frutos a la Ford Motor Company en la Unión Soviética, donde se consideraba que Ford era el máximo exponente de la eficiencia técnica y económica que debían alcanzar los estajanovistas.

En julio de 1942, la compañía francesa Ford envió información a Washington sobre las actividades de Ford en el esfuerzo bélico alemán en Europa. La información incriminatoria fue rápidamente enterrada, e incluso hoy en día sólo una parte de la documentación conocida puede ser rastreada hasta Washington.

Sin embargo, sabemos que el Cónsul General de los Estados Unidos en Argelia estaba en posesión de una carta de Maurice Dollfuss, de la compañía francesa Ford -que afirmaba ser el primer francés en ir a Berlín tras la caída de Francia-, dirigida a Edsel Ford en relación con un plan por el que Ford Motor podría contribuir al esfuerzo bélico nazi. La Ford francesa era capaz de producir 20 camiones al día para la Wehrmacht, que [Dollfuss escribió] es mejor que eso,

> ... que nuestros competidores franceses menos afortunados. La razón es que nuestros camiones son muy solicitados por las autoridades alemanas y creo que mientras dure la guerra y al menos durante algún tiempo, todo lo que produzcamos será tomado por las autoridades alemanas .... ; sólo le diré que ... la actitud de estricta neutralidad que usted y su padre han adoptado ha sido una ventaja inestimable para la producción de sus empresas en Europa.[535]

Dollfuss reveló que los beneficios de esta empresa alemana ascendían ya a 1,6 millones de francos, y que los beneficios netos para 1941 no eran inferiores a 58.000.000 de francos - porque los alemanes pagaban rápidamente la producción de Ford. Al recibir esta noticia, Edsel Ford envió un cable:

> Me alegra saber que está progresando. Sus cartas son muy interesantes. Te das cuenta de la gran desventaja con la que trabajas. Espero que tú y tu familia estéis bien.
>
> Saludos.
> s/ Edsel Ford[536]

Aunque hay pruebas de que las fábricas europeas propiedad de los intereses de Wall Street no fueron bombardeadas por la Fuerza Aérea de Estados Unidos durante la Segunda Guerra Mundial, esta restricción aparentemente no llegó al mando de bombardeo británico. En marzo de 1942, la Royal Air Force bombardeó la fábrica de Ford en Poissy, Francia. Una carta posterior de Edsel Ford al director general de Ford, Sorenson, sobre esta incursión de la RAF comentaba: "Se publicaron fotografías de la planta en llamas en los periódicos estadounidenses,

---

[535] Josiah E. Dubois, Jr, *Generals in Grey Suits*, (Londres: The Bodley Head, 1958), p. 248.

[536] Ibid, p. 249.

pero afortunadamente no se hizo referencia a la Ford Motor Company."[537] En cualquier caso, el gobierno de Vichy pagó 38 millones de francos a la Ford Motor Company como compensación por los daños causados a la planta de Poissy. La prensa estadounidense no se hizo eco de este hecho y los estadounidenses en guerra con el nazismo no lo apreciaron. Dubois afirma que estos mensajes privados de Ford en Europa fueron transmitidos a Edsel Ford por el subsecretario de Estado Breckenridge Long. Fue el mismo secretario Long quien, un año después, borró los mensajes privados a través del Departamento de Estado sobre el exterminio de los judíos en Europa. La divulgación de estos mensajes podría haber servido para ayudar a estas personas desesperadas.

Un informe de inteligencia de bombardeo de la Fuerza Aérea de EE.UU. de 1943 señala esto,

> *Las principales actividades en tiempos de guerra [de la planta de Ford] son probablemente la fabricación de camiones ligeros y piezas de repuesto para todos los camiones y coches de Ford en servicio en la Europa del Eje (incluidos los Molotov rusos capturados).[538]*

Los Molotov rusos fueron, por supuesto, fabricados por la fábrica de Ford en Gorky, Rusia. En Francia, durante la guerra, la producción de turismos fue sustituida en su totalidad por vehículos militares y, para ello, se añadieron tres grandes edificios adicionales a la fábrica de Poissy. El edificio principal contaba con unas 500 máquinas-herramienta, todas ellas importadas de EE.UU. e incluyendo muchos de los tipos más complejos, como las talladoras de engranajes Gleason, las automáticas Bullard y las mandrinadoras Ingersoll.[539]

Ford también amplió sus operaciones en tiempos de guerra al norte de África. En diciembre de 1941, se registró en Francia una nueva empresa Ford, Ford-Afrique, que obtuvo todos los derechos de la antigua Ford Motor Company, Ltd. de Inglaterra en Argelia, Túnez, Marruecos francés, el Ecuador francés y el África Occidental francesa. El norte de África no era accesible para la Ford británica, por lo que esta nueva empresa Ford -registrada en la Francia ocupada por los alemanes- se organizó para cubrir el vacío. Los directores eran pro-nazis e incluían a Maurice Dollfuss (corresponsal de Edsel Ford) y Roger Messis (descrito por el Cónsul General de los Estados Unidos en Argel como "conocido por esta oficina, con fama de no tener escrúpulos, es declarado 100% pro-alemán")[540]

El Cónsul General de Estados Unidos también indicó que la propaganda era común en Argel el:

> *... la colaboración del capital franco-alemán-estadounidense y la dudosa sinceridad del esfuerzo bélico estadounidense, [él] ya está señalando con el dedo*

[537] Ibid, p. 251.

[538] Ibid.

[539] U.S. Army Air Force, *Aiming point report No I.E.2*, 29 de mayo de 1943.

[540] Archivo Decimal del Departamento de Estado de los Estados Unidos, 800/610.1.

acusador una transacción que ha sido durante mucho tiempo objeto de discusión en los círculos comerciales.[541]

En resumen, hay pruebas documentales de que la Ford Motor Company trabajó en ambos lados de la Segunda Guerra Mundial. Si los industriales nazis juzgados en Núremberg eran culpables de crímenes contra la humanidad, también debían serlo sus colegas de la familia Ford, Henry y Edsel Ford. Sin embargo, la historia de Ford fue encubierta por Washington - aparentemente como casi todo lo que tocaba el nombre y el sustento de la élite financiera de Wall Street.

---

[541] Ibid.

CAPÍTULO VII

¿QUIÉN FINANCIÓ A ADOLF HITLER?

L a financiación de Hitler y del movimiento nazi aún no ha sido objeto de un estudio exhaustivo y completo. El único examen publicado sobre las finanzas personales de Hitler es un artículo de Oron James Hale, "Adolf Hitler: Taxpayer",[542] que relata los roces de Adolf con las autoridades fiscales alemanas antes de que se convirtiera en *Reichskanzler* [Canciller del Reich], En la década de 1920, Hitler se presentó ante las autoridades fiscales alemanas como un simple escritor empobrecido que vivía de préstamos bancarios, con un coche comprado a crédito. Lamentablemente, los documentos originales utilizados por Hale no revelan el origen de los ingresos, los préstamos o los créditos de Hitler, y la legislación alemana "no exigía que los trabajadores autónomos o profesionales revelaran en detalle las fuentes de ingresos o la naturaleza de los servicios prestados".[543] Está claro que los fondos para sus coches, el sueldo de su secretario privado Rudolf Hess, otro asistente, un chófer y los gastos derivados de la actividad política, salían de algún sitio.

Pero, al igual que la estancia de León Trotsky en Nueva York en 1917, es difícil conciliar los gastos conocidos de Hitler con la fuente precisa de sus ingresos.

ALGUNOS DE LOS PRIMEROS PARTIDARIOS DE HITLER

Sabemos que destacados industriales europeos y estadounidenses patrocinaban todo tipo de grupos políticos totalitarios en aquella época, incluidos los comunistas y diversos grupos nazis. El Comité Americano de Kilgore informa:

> En 1919, Krupp ya prestaba apoyo financiero a uno de los grupos políticos reaccionarios que sembraron las semillas de la actual ideología nazi. Hugo Stinnes fue uno de los primeros en contribuir al partido nazi (National Socialistische Deutsche Arbeiter Partei). En 1924, otros importantes industriales y financieros, como Fritz Thyssen, Albert Voegler, Adolf [sic] Kirdorf y Kurt von Schroder, donaron en secreto grandes sumas a los nazis. En 1931, los miembros de la asociación de propietarios de carbón dirigida por Kirdorf se comprometieron a

---

[542] *The American Historical Review*, Volumen LC, NO. 4, julio. 1955. p, 830.

[543] Ibid, nota (2).

pagar 50 pfennigs por cada tonelada de carbón vendida, dinero que se destinaría a la organización que Hitler estaba construyendo.[544]

El juicio de Hitler en Múnich en 1924 demostró que el partido nazi había recibido 20.000 dólares de los industriales de Núremberg. El nombre más interesante de este periodo es el de Emil Kirdorf, que ya había actuado como intermediario en la financiación de la participación alemana en la revolución bolchevique.[545] El papel de Kirdorf en la financiación de Hitler fue, según sus propias palabras:

> *En 1923 entré por primera vez en contacto con el movimiento nacionalsocialista; escuché por primera vez al Führer en la sala de exposiciones de Essen. Su discurso claro me convenció por completo y me abrumó. En 1927 conocí al Führer personalmente por primera vez. Fui a Munich y tuve una conversación con el Führer en la casa Bruckmann. Durante cuatro horas y media, Adolf Hitler me explicó detalladamente su programa. Entonces le rogué al Führer que reuniera la presentación que me había dado en forma de panfleto. A continuación, distribuí este panfleto en mi nombre en los círculos empresariales e industriales.*
>
> *Desde entonces me he puesto totalmente a disposición de su movimiento. Poco después de nuestra conversación en Múnich, y tras el panfleto que el Führer compuso y que yo distribuí, se celebraron varias reuniones entre el Führer y personalidades de la industria. Por última vez antes de la toma del poder, los líderes empresariales se reunieron en mi casa con Adolf Hitler, Rudolf Hess, Hermann Goering y otras figuras del partido.*[546]

En 1925, la familia Hugo Stinnes contribuyó financieramente a la transformación del semanario nazi *Volkischer Beobachter* en un diario. Putzi Hanfstaengl, amigo y protegido de Franklin D. Roosevelt, aportó los fondos restantes. El cuadro 7-1 (véase más abajo) resume las contribuciones financieras y las asociaciones profesionales actualmente conocidas de los contribuyentes estadounidenses. Putzi no está incluido en el cuadro 7-1, ya que no era ni industrial ni financiero.

A principios de la década de 1930, el apoyo financiero a Hitler comenzó a fluir con mayor facilidad. Hubo una serie de reuniones en Alemania, irrefutablemente documentadas en varias fuentes, entre industriales alemanes, el propio Hitler y, más a menudo, los representantes de Hitler, Hjalmar Schacht y Rudolf Hess. El punto crítico es que los industriales alemanes que financiaron a Hitler eran principalmente directores de carteles con asociaciones, propiedad, participación o algún tipo de vínculo subsidiario estadounidense. Los patrocinadores de Hitler no

---

[544] *Eliminación de los recursos alemanes*, p. 648. El Albert Voegler mencionado en la lista del Comité Kilgore de los primeros partidarios de Hitler era el representante alemán en la Comisión del Plan Dawes. Owen Young, de General Electric (véase el capítulo 3), fue un representante estadounidense del Plan Dawes y formuló el sucesor, el Plan Young.

[545] Antony C. Sutton, *Wall Street y la revolución bolchevique*, op. cit.

[546] *Preussiche Zettung*, 3 de enero de 1937.

eran, en general, empresas de origen puramente alemán, ni tampoco representantes de empresas familiares alemanas. Con la excepción de Thyssen y Kirdoff, eran en su mayoría multinacionales alemanas: I.G. Farben, A.E.G., DAPAG, etc. *Estas multinacionales habían sido creadas por el gobierno alemán a principios de los años ochenta.* Estas multinacionales habían sido creadas con préstamos estadounidenses en los años 20 y a principios de los años 30 estaban dirigidas por estadounidenses y tenían una fuerte participación financiera estadounidense.

Un flujo de fondos políticos extranjeros que no se considera aquí es el que reporta la Royal Dutch Shell, con sede en Europa, la gran competidora de Standard Oil en los años 20 y 30, y la gigantesca invención del empresario anglo-holandés Sir Henri Deterding. Se ha afirmado que Henri Deterding financió personalmente a Hitler. Este argumento lo expone, por ejemplo, el biógrafo Glyn Roberts en *El hombre más poderoso del mundo.* Roberts señala que Deterding quedó impresionado por Hitler ya en 1921:

> ... *y la prensa holandesa informó que, a través del agente Georg Bell, él [Deterding] había puesto a disposición de Hitler, mientras el partido estaba 'todavía en gestación', nada menos que cuatro millones de florines.*[547]

Se informó (por Roberts) que en 1931 Georg Bell, agente de Deterding, asistió a reuniones de patriotas ucranianos en París "como delegado conjunto de Hitler y Deterding".[548] Roberts también informa:

> *Deterding fue acusado, como atestigua Edgar Ansell Mowrer en su libro Germany Sets the Record Straight, de entregar una gran suma de dinero a los nazis en el entendimiento de que el éxito le daría una posición más favorable en el mercado petrolero alemán. En otras ocasiones se han mencionado cifras de hasta 55.000.000 de libras.*[549]

El biógrafo Roberts ha encontrado realmente desagradable el fuerte antibolchevismo de Deterding, y en lugar de presentar pruebas sólidas de la financiación, se inclina por suponer en lugar de demostrar que Deterding era pro-Hitler. Pero el prohitlerismo no es una consecuencia necesaria del antibolchevismo; en cualquier caso, Roberts no ofrece ninguna prueba de financiación, y este autor no ha encontrado ninguna prueba sólida de la participación de Deterding.

El libro de Mowrer no contiene ningún índice ni notas a pie de página que indiquen la fuente de su información y Roberts no tiene ninguna prueba específica para sus acusaciones. Hay pruebas circunstanciales de que Deterding era pro-nazi. A continuación, se fue a vivir a la Alemania de Hitler y aumentó su participación

---

[547] Glyn Roberts, *El hombre más poderoso del mundo,* (Nueva York: Covicl, Friede, 1938), p. 305.

[548] Ibid, p. 313.

[549] Ibid, p. 322.

en el mercado petrolero alemán. Así que puede que haya habido contribuciones, pero no se han demostrado.

Del mismo modo, en Francia (11 de enero de 1932), Paul Faure, miembro de la Cámara de Diputados, acusó a la empresa industrial francesa Schneider-Creuzot de financiar a Hitler, y de paso implicó a Wall Street en otras vías de financiación.[550]

El Grupo Schneider es una famosa empresa francesa de fabricación de armas. Después de recordar la influencia de Schneider en la implantación del fascismo en Hungría y sus amplias operaciones armamentísticas internacionales, Paul Fauré se refiere a Hitler y cita el diario francés *Le Journal* diciendo que "Hitler había recibido 300.000 francos suizos de oro" de suscripciones abiertas en Holanda a nombre de un profesor universitario llamado von Bissing. Paul Fauré afirma que la fábrica de Skoda en Pilsen estaba controlada por la familia francesa Schneider, y que fueron los directores de Skoda, von Duschnitz y von Arthaber, quienes realizaron las suscripciones a Hitler. Fauré concluye:

> ... *Me inquieta ver a los directivos de Skoda, controlados por Schneider, subvencionando la campaña electoral del Sr. Hitler; me inquieta ver a sus empresas, a sus financieros, a sus cárteles industriales uniéndose al más nacionalista de los alemanes...*

De nuevo, no se han encontrado pruebas concretas de este supuesto flujo de fondos de Hitler.

FRITZ THYSSEN Y LA COMPAÑÍA W.A. HARRIMAN DE NUEVA YORK

Otro caso elusivo de financiación de Hitler es el de Fritz Thyssen, el magnate alemán del acero que se asoció al movimiento nazi a principios de los años veinte. Entrevistado en 1945 como parte del Proyecto Dustbin,[551] Thyssen recordó que el general Ludendorff se puso en contacto con él en 1923 durante la evacuación francesa del Ruhr. Poco después de este encuentro, Thyssen fue presentado a Hitler y proporcionó fondos a los nazis a través del general Ludendorff. En 1930-31, Emil Kirdorf se puso en contacto con Thyssen y posteriormente envió a Rudolf Hess a negociar nueva financiación para el partido nazi. En esta ocasión, Thyssen concertó un préstamo de 250.000 marcos con el Bank Voor Handel en Scheepvaart N.V., situado en el número 18 de Zuidblaak en Rotterdam, Holanda, fundado en

---

[550] Véase *Cámara de Diputados - Debates,* 11 de febrero de 1932, p. 496-500.

[551] US Group Control Board (Alemania0 Oficina del Director de Inteligencia, Agencia de Información de Campo, técnica). Informe de inteligencia nº EF/ME/1.4 de septiembre de 1945. "Examen del Dr. Fritz Thyssen", p, 13, en adelante "Examen del Dr. Fritz Thyssen", p, 13.

1918 con H.J. Kouwenhoven y D.C. Schutte como socios directores.[552] Este banco era una filial del August Thyssen Bank of Germany (antes von der Heydt's Bank A.G.). Era el banco personal de Thyssen, y estaba afiliado a los intereses financieros de W. A. Harriman en Nueva York. Thyssen informó a sus interrogadores del Proyecto Dustbin que:

> Elegí un banco holandés porque no quería que me confundieran con los bancos alemanes en mi posición, y porque pensé que era mejor hacer negocios con un banco holandés, y pensé que tenía a los nazis un poco más en mis manos.[553]

Se dice que el libro de Thyssen, *I Paid Hitler*, publicado en 1941, fue escrito por el propio Fritz Thyssen, aunque éste niega su autoría. El libro afirma que los fondos para Hitler -alrededor de un millón de marcos- procedían principalmente del propio Thyssen. *I Paid Hitler* hace otras afirmaciones sin fundamento, por ejemplo que Hitler descendía de hecho de un hijo ilegítimo de la familia Rothschild. La abuela de Hitler, Frau Schickelgruber, era supuestamente una sirvienta de la familia Rothschild y se quedó embarazada:

> ... una investigación ordenada por el difunto canciller austriaco Engelbert Dollfuss arrojó resultados interesantes, ya que los archivos del departamento de policía del monarca austrohúngaro eran notablemente completos.[554]

Esta afirmación sobre la ilegitimidad de Hitler está totalmente refutada en un libro más sólidamente fundamentado de Eugene Davidson, que implica a la familia Frankenberger, no a la familia Rothschild.

En cualquier caso, y esto es más relevante desde nuestro punto de vista, el banco de fachada August Thyssen en los Países Bajos, es decir, el Bank voor Handel en Scheepvaart N.V. - controlaba la Union Banking Corporation en Nueva York. Los Harriman tenían intereses financieros en esta Union Banking Corporation, de la que E. Roland Harriman (hermano de Averell) era uno de los directores. La Union Banking Corporation de Nueva York era una operación conjunta de Thyssen y Harriman con los siguientes directores en 1932[555]:

E. Roland HARRIMAN	Vicepresidente de W. A. Harriman & Co, Nueva York
H.J. KOUWENHOVEN	Banquero nazi, socio gerente del Banco August Thyssen y del Bank voor Handel Scheepvaart N.V. (el banco de transferencia de dinero Thyssen)
J. G. GROENINGEN	Vereinigte Stahlwerke (el cártel del acero que también financió a Hitler)
C. LIEVENSE	Presidente, Union Banking Corp, Nueva York

---

[552] El banco era conocido en Alemania como Bank *fur Handel und Schiff.*

[553] Reseña del Dr. Fritz Thyssen.

[554] Fritz Thyssen, *I Paid Hitler,* (Nueva York: Farrar & Rinehart, Inc., 1941). p. 159.

[555] De *Bankers Directory*, edición de 1932, p, 2557 y Poors, *Directory of Directors*. J.L. Guinter y Knight Woolley también fueron directores.

E. S. JAMES   Socio de Brown Brothers, luego de Brown Brothers, Harriman
                                     & Co.

Al liquidar estos negocios rusos en 1929, Averell Harriman recibió un beneficio inesperado de un millón de dólares de los soviéticos, que tenían fama de ser duros y no regalar nada. Junto a estos éxitos en las finanzas internacionales, Averell Harriman siempre se sintió atraído por el llamado "servicio público". En 1913, el servicio "público" de Harriman comenzó con un nombramiento para la Comisión del Parque Palisades. En 1933, Harriman fue nombrado presidente del Comité de Empleo del Estado de Nueva York, y en 1934 se convirtió en administrador de la ANR de Roosevelt, una creación de Mussolini de Gerard Swope de General Electric.[556] Siguió una serie de puestos "públicos", primero en el programa Lend-Lease, luego como embajador en la Unión Soviética y después como Secretario de Comercio.

---

[556] Véase Antony C. Sutton, *Wall Street and FDR.* Capítulo 9, "El Plan Swope", *op. cit.*

CUADRO 7-1: VÍNCULOS FINANCIEROS ENTRE LOS INDUSTRIALES ESTADOUNIDENSES Y ADOLF HITLER

Fecha	Los banqueros americanos y la industria	Empresa afiliada en Estados Unidos	Fuente alemana		Intermediario de fondos/agente
1923	Henry FORD	FORD MOTOR COMPANY	—		—
1931	E.R. HARRIMAN	UNION BANKING CORP	Fritz THYSSEN	250.000 RM	Bank voor Handel en Scheepvaart N.V. (Filial del Banco August Thyssen)
1932		Flick (un director de AEG)	Friedrich FLICK	150.000 RM	Directamente al NSDAP
		NONE	Emil KIRDORF	600.000 RM	"Nationale Treuhand a/c a Delbrück Schickler Bank
Febrero-marzo de 1933	Edsel B. FORD C. E. MITCHELL	AMERICAN I.G.	I.G. FARBEN	400.000 RM	"Nationale Treuhand
Febrero-marzo de 1933	Walter TEAGLE Paul M. WARBURG	NONE	Reichsverband der Automobilindustrie	100.000 RM	"Nationale Treuhand
Febrero-marzo de 1933	Gérard SWOPE Owen D. JOVEN C.H. MINOR	INTERNATIONAL GENERAL ELECTRIC	A.E.G.	60.000 RM	"Nationale Treuhand
Febrero-marzo de 1933	E. Arthur BALDWIN	NONE	DEMAG	50.000 RM	
Febrero-marzo de 1933	Owen D. JOVEN	INTERNATIONAL GENERAL ELECTRIC	OSRAM G.m.b.H.	40.000 RM	"Nationale Treuhand

Fecha	Persona	Compañía	Destinatario	Cantidad	Fondo
Febrero-marzo de 1933	Sosthenes BEHN	I.T.T.	Telefunken	35.000 RM	"Nationale Treuhand"
Febrero-marzo de 1933		NONE	Karl Herrman	300.000 RM	"Nationale Treuhand"
Febrero-marzo de 1933		NONE	A. Steinke (Director de BYBUAG)	200.000 RM	"Nationale Treuhand"
Febrero-marzo de 1933		NONE	Karl Lange (industria de la maquinaria)	50.000 RM	"Nationale Treuhand"
Febrero-marzo de 1933		NONE	F. Springorum (Hoesch A.G.)	36.000 RM	"Nationale Treuhand"
Febrero-marzo de 1933	Edsel B. FORD	Ford Motor Co.	Carl BOSCH (I.G. Farben y Ford Motor A.G.)		
1932-1944	Walter TEAGLE J.A. MOFFETT W.S. FARISH	Standard Oil de N.J.	Emil HELFFRICH (German-American Petroleum Co)		Heinrich Himmler S.S. a través del Círculo Keppler
1932-1944	Sosthenes BEHN	I.T.T.	Kurt von SCHRÖDER Mix & Genest Lorenz		Heinrich Himmler S.S. a través del Círculo Keppler

En cambio, E. Roland Harriman limitó sus actividades a los negocios privados en el campo de las finanzas internacionales sin aventurarse, como su hermano Averell, en el servicio "público". En 1922, Roland y Averell crearon el W. A. Harriman & Company. Más tarde, Roland se convirtió en presidente del consejo de administración del ferrocarril Union Pacific y en director de la revista *Newsweek, de* la Mutual Life Insurance Company de Nueva York, en miembro del consejo de administración de la Cruz Roja estadounidense y en miembro del Museo Americano de Historia Natural.

El financiero nazi Hendrik Jozef Kouwenhoven, codirector de Roland Harriman en la Union Banking Corporation de Nueva York, fue director general del Bank voor Handel en Scheepvaart N.V. (BHS) en Rotterdam. En 1940, el BHS poseía unos 2,2 millones de dólares en activos en la Union Banking Corporation, que a su vez hacía la mayor parte de sus negocios con el BHS.[557] En la década de 1930, Kouwenhoven también fue director de la Vereinigte Stahlwerke A.G., el cártel del acero fundado con fondos de Wall Street a mediados de la década de 1920. Al igual que el barón Schroder, fue un destacado partidario de Hitler.

Otro director de la New York Union Banking Corporation era Johann Groeninger, un ciudadano alemán con amplias afiliaciones industriales y financieras con Vereinigte Stahlwerke, el Grupo August Thyssen, y una dirección de August Thyssen Hutte A.G.[558]

Esta afiliación e interés comercial mutuo entre los intereses de Harriman y Thyssen no sugiere que los Harriman financiaran directamente a Hitler. Sin embargo, muestra que los Harriman estaban íntimamente involucrados con los nazis Kouwenhoven y Groeninger y con un banco de fachada nazi, el Bank voor Handel en Scheepvaart. Hay muchas razones para creer que los Harriman eran conscientes del apoyo de Thyssen a los nazis. En el caso de los Harriman, es importante tener en cuenta su estrecha y duradera relación con la Unión Soviética y la posición de los Harriman en el centro del New Deal de Roosevelt y del Partido Demócrata. Las pruebas sugieren que ciertos miembros de la élite de Wall Street están vinculados a todas las principales agrupaciones políticas del espectro socialista mundial contemporáneo -el socialismo soviético, el nacionalsocialismo de Hitler y el New Deal socialista de Roosevelt- y ciertamente tienen influencia sobre ellas.

LA FINANCIACIÓN DE HITLER EN LAS ELECCIONES GENERALES DE MARZO DE 1933

Dejando a un lado los casos Georg Bell-Deterding y Thyssen-Harriman, examinamos ahora el núcleo del apoyo a Hitler. En mayo de 1932 tuvo lugar la llamada reunión de "Kaiserhof" entre Schmitz de I.G. Farben, Max Ilgner de la estadounidense I.G. Farben, Kiep de la Hamburg-America Line y Diem del

---

[557] Véase Disposición de los recursos alemanes, pp. 728-30.

[558] Para conocer otros vínculos entre Union Banking Corp. y las empresas alemanas, véase Ibid, pp. 728-30.

German Potash Trust. En esta reunión se recaudaron más de 500.000 marcos que se depositaron en el crédito de Rudolf Hess en el Deutsche Bank. Es interesante observar, a la luz del "mito Warburg" descrito en el capítulo 10, que Max Ilgner, de la estadounidense I.G. Farben, contribuyó con 100.000 RM, una quinta parte del total. El libro de Sidney Warburg afirma la participación de Warburg en la financiación de Hitler, y Paul Warburg fue director de la I.G. Farben estadounidense[559], mientras que Max Warburg fue director de I.G. Farben.

Existen pruebas documentales irrefutables de otro papel de los banqueros e industriales internacionales en la financiación del Partido Nazi y del *Volkspartei* para las elecciones alemanas de marzo de 1933. Un total de tres millones de Reichsmarks fueron suscritos por importantes empresas y hombres de negocios, convenientemente "lavados" a través de una cuenta en el Banco Delbruck Schickler, y luego puestos en manos de Rudolf Hess para ser utilizados por Hitler y el NSDAP. A esta transferencia de fondos le siguió la quema del Reichstag, la derogación de los derechos constitucionales y la consolidación del poder nazi. Los incendiarios accedieron al Reichstag a través de un túnel desde una casa donde se alojaba Putzi Hanfstaengl; el propio incendio del Reichstag fue utilizado por Hitler como pretexto para abolir los derechos constitucionales. En resumen, a las pocas semanas de la gran financiación de Hitler, le siguieron una serie de grandes acontecimientos: la contribución financiera de los principales banqueros e industriales a las elecciones de 1933, el incendio del Reichstag, la derogación de los derechos constitucionales y la posterior toma del poder por el partido nazi.

La reunión para recaudar fondos se celebró el 20 de febrero de 1933 en la casa de Goering, que entonces era presidente del Reichstag, con Hjalmar Horace Greeley Schacht como anfitrión. Entre los presentes, según von Schnitzler de I.G. Farben, estaban:

> *Krupp von Bohlen, que a principios de 1933 era presidente de la Reichsverband der Deutschen Industrie Asociación de la Industria Alemana; el Dr. Albert Voegler, líder de la Vereinigte Stahlwerke; Von Loewenfeld; el Dr. Stein, jefe de la Gewerkschaft Auguste-Victoria, una mina propiedad de la GI.[560]*

Hitler expuso sus puntos de vista políticos a los empresarios reunidos en un largo discurso de dos horas y media, haciendo buen uso de la amenaza del comunismo y de una toma del poder por parte de los comunistas:

> *No basta con decir que no queremos el comunismo en nuestra economía. Si continuamos por nuestro viejo camino político, pereceremos. .... La tarea más noble del líder es encontrar ideales más fuertes que los factores que unen al pueblo. Reconocí, incluso en el hospital, que teníamos que buscar nuevos ideales que nos ayudaran a reconstruir. Los encontré en el nacionalismo, en el valor de la personalidad y en el rechazo a la reconciliación entre naciones...*

---

[559] Véase la sección 10.

[560] *NMT*, vol. VII, p. 555.

Estamos en vísperas de las últimas elecciones. Sea cual sea el resultado, no habrá retroceso, incluso si las próximas elecciones no dan lugar a una decisión en un sentido u otro. Si la elección no decide, la decisión debe tomarse por otros medios. He intervenido para dar al pueblo una vez más la posibilidad de decidir su destino por sí mismo ....

Sólo hay dos posibilidades, o bien repeler al adversario por motivos constitucionales, y para ello una vez más estas elecciones; o bien se librará una lucha con otras armas, que puede requerir mayores sacrificios. Espero que el pueblo alemán reconozca así la gravedad del momento.[561]

Tras la intervención de Hitler, Krupp von Bohlen expresó el apoyo de los industriales y banqueros reunidos en la forma concreta de un fondo político de tres millones de marcos. Este fondo resultó ser más que suficiente para ganar el poder, ya que 600.000 marcos quedaron sin utilizar después de las elecciones.

Hjalmar Schacht organizó esta reunión histórica. Ya hemos descrito los vínculos de Schacht con Estados Unidos: su padre era cajero de la sucursal berlinesa de Equitable Assurance, y Hjalmar estaba íntimamente relacionado con Wall Street casi todos los meses.

El mayor contribuyente al fondo fue I.G. Farben, que comprometió el 80% (o 500.000 marcos) del total. El director A. Steinke, de BUBIAG (Braunkohlen-u. Brikett-Industrie A.G.), filial de I.G. Farben, aportó personalmente otros 200.000 marcos. En resumen, el 45% de los fondos para las elecciones de 1933 procedían de I.G. Farben. Si nos fijamos en los directores de la empresa estadounidense I.G. Farben -la filial estadounidense de I.G. Farben- nos acercamos a las raíces de la implicación de Wall Street con Hitler. El consejo de administración de American I.G. Farben incluía entonces algunos de los nombres más prestigiosos entre los industriales estadounidenses: Edsel B. Ford, de la Ford Motor Company, C.E. Mitchell, del Banco de la Reserva Federal de Nueva York, y Walter Teagle, director del Banco de la Reserva Federal de Nueva York, de la Standard Oil Company de Nueva Jersey y de la Georgia Warm Springs Foundation del presidente Franklin D. Roosevelt.

Paul M. Warburg, el primer director del Banco de la Reserva Federal de Nueva York y presidente del Banco de Manhattan, fue director de Farben y en Alemania su hermano Max Warburg también fue director de I.G., Farben. H. A. Metz, de I.G. Farben, era también director del Bank of Manhattan de Warburg. Por último, Carl Bosch, de la estadounidense I.G. Farben, fue también director de la Ford Motor Company A-G en Alemania.

Tres miembros de la junta directiva de la estadounidense I.G. Farben fueron condenados en el juicio por crímenes de guerra de Núremberg: Max Ilgner, F. Ter Meer y Hermann Schmitz. Como se ha señalado, los miembros estadounidenses del consejo de administración -Edsel Ford, C. E. Mitchell, Walter Teagle y Paul Warburg- no fueron juzgados en Nuremberg y, según los registros, parece que ni siquiera fueron interrogados sobre su conocimiento del fondo de Hitler de 1933.

---

[561] Josiah E. Dubois, Jr, *Generals in Grey Suits*, op. cit. p. 323.

LAS CONTRIBUCIONES POLÍTICAS DE 1933

¿Quiénes fueron los industriales y banqueros que pusieron fondos electorales a disposición del partido nazi en 1933? La lista de contribuyentes y el importe de su contribución son los siguientes:

CONTRIBUCIONES FINANCIERAS A HITLER: 23 de febrero-marzo. 13, 1933:

(La cuenta de Hjalmar Schacht en Delbruck, Banco Schickler)

Contribuciones políticas de empresas (con algunos directores afiliados)	Cantidad prometida	Porcentaje del total de la empresa
Asociación para los Intereses Mineros (Kitdorf)	$600,000	45.8
I.G. Farbenindustrie (Edsel Ford, C. E. Mitchell, Walter Teagle, Paul Warburg)	400,000	30.5
Salón del Automóvil de Berlín (Reichsverbund der Automobilindustrie S.V.)	100,000	7.6
A.E.G., German General Electric (Gerard Swope, Owen Young, C. H. Minor, Arthur Baldwin)	60,000	4.6
Demag	50,000	3.8
Osram G.m.b.H. (Owen Young)	40,000	3.0
Compañía Telefunken de telegrafía inalámbrica	85,000	2.7
Accumulatoren-Fabrik A.G. (Quandt de A.E.G.)	25,000	1.9
Total de la industria	1,310,000	99.9

Más las contribuciones políticas de los empresarios individuales:

Karl Hermann	300,000
Director A. Steinke (BUBIAG- Braunkohlen-u. Brikett - Industrie A.G.)	200,000
A ti. Karl Lange (Miembro del Consejo de Administración de la Verein Deutsches Maschinenbau-Anstalten)	50,000

Dr. F. Springorum (Presidente: Eisen-und Stahlwerke Hoesch   36,000
A.G.)

Fuente: Véase en el anexo la traducción del documento original.

¿Cómo podemos demostrar que estos pagos políticos se produjeron realmente? Los pagos a Hitler en esta última etapa del camino hacia el nazismo dictatorial fueron realizados por el banco privado de Delbruck Sehickler. El Delbruck Schickler Bank era una filial de la Metallgesellschaft A.G. ("Metall"), un gigante industrial, la mayor empresa de metales no ferrosos de Alemania, y la influencia dominante en el "comercio" mundial de metales no ferrosos. Los principales accionistas de *"Metall"* eran I.G. Farben y la British Metal Corporation. Cabe señalar, por cierto, que los directores británicos del "Metall" *Aufsichsrat* eran Walter Gardner (Amalgamated Metal Corporation) y el capitán Oliver Lyttelton (que también formaba parte del consejo de administración de Amalgamated Metal y, paradójicamente, más tarde, durante la Segunda Guerra Mundial, se convertiría en el ministro británico de Producción).

Entre las pruebas del juicio de Nuremberg se encuentran los comprobantes de transferencia originales de la división bancaria de I.G. Farben y otras empresas enumeradas en la página 110 al banco Delbruck Schickler de Berlín, en los que se informa al banco de la transferencia de fondos del Dresdner Bank, y de otros bancos, a su cuenta del Nationale Treuhand (Fondo Nacional*)*. Esta cuenta fue utilizada por Rudolf Hess para los gastos del partido nazi durante las elecciones. La traducción de la hoja de transferencia de I.G. Farben, elegida como muestra, es la siguiente

Traducción de la carta de I.G. Farben del 27 de febrero de 1933, en la que se comunica la transferencia de 400.000 Reichsmarks a la cuenta del Patronato Nacional:
I.G. FARBENINDUSTRIE AKTIENGESELLSCHAFT
Departamento de Banca

> Granja: Delbruck Schickler & Cie, BERLIN W.8
> Mauerstrasse 63/65, Frankfurt (Main) 20
> Nuestra referencia: (mencionar en la respuesta)
> 27 de febrero de 1933 B./Goe.
> Por la presente le informamos de que hemos autorizado al Dresdner Bank, de Fráncfort del Meno, a pagarle mañana por la mañana: 400.000 RM a favor de la cuenta "NATIONALE TREUHAND" (Fiduciario Nacional).
> Respetuosamente,
> I.G. Farbenindustrie Aktiengesellschaft por orden:
> (Firmado) SELCK (Firmado) BANGERT
> Por entrega especial.[562]

En este punto debemos tomar nota de los esfuerzos que se han hecho para desviar nuestra atención de los financieros estadounidenses (y de los financieros alemanes vinculados a empresas afiliadas a Estados Unidos) que participaron en la financiación de Hitler. Normalmente, la responsabilidad de la financiación de

---

[562] *NMT*, vol. VII, p. 565.

Hitler se ha atribuido exclusivamente a Fritz Thyssen o a Emil Kirdorf. En el caso de Thyssen, esta acusación fue ampliamente difundida en un libro supuestamente escrito por Thyssen en plena Segunda Guerra Mundial, pero que posteriormente repudió.[563] Sigue sin explicarse por qué Thyssen quería dimitir antes de la derrota del nazismo.

Emil Kirdorf, que murió en 1937, siempre se sintió orgulloso de su relación con el ascenso del nazismo. El intento de limitar la financiación de Hitler a Thyssen y Kirdorf se extendió a los juicios de Nuremberg en 1946, y sólo fue impugnado por el delegado soviético. Incluso el delegado soviético no quiso presentar pruebas de las asociaciones estadounidenses; esto no es sorprendente, ya que la Unión Soviética depende de la buena voluntad de estos mismos financieros para transferir a la URSS la tecnología occidental avanzada que tanto necesita.

En Nuremberg, se hicieron y se permitieron declaraciones que eran directamente contrarias a las pruebas directas conocidas presentadas anteriormente. Por ejemplo, Buecher, director general de la General Electric alemana, fue exonerado de cualquier simpatía por Hitler:

> *Thyssen confesó su error como un hombre y pagó valientemente una fuerte pena por ello. En el otro lado estaban hombres como Reusch, de la Gutehoffnungshuette, Karl Bosch, el difunto presidente del Aufsichtsrat de I.G. Farben, que muy probablemente habría tenido un triste final si no hubiera muerto a tiempo. Sus sentimientos fueron compartidos por el vicepresidente del Aufsichtsrat de Kalle. Las empresas Siemens y AEG, que junto a I.G. Farben eran las más poderosas de Alemania, se oponían decididamente al nacionalsocialismo.*
>
> *Sé que esta actitud hostil de Siemens hacia los nazis dio lugar a un tratamiento bastante brutal de la empresa. El director general de AEG (Allgemeine Elektrizitats Gesellschaft), Geheimrat Buecher, al que conocí durante mi estancia en las colonias, era todo menos un nazi. Puedo asegurar al general Taylor que no es cierto que los grandes industriales como tales favorecieran a Hitler antes de que llegara al poder.[564]*

Sin embargo, en la página 56 de este libro reproducimos un documento de General Electric, que transfiere fondos de General Electric a la cuenta de la Administración Nacional controlada por Rudolf Hess en nombre de Hitler y utilizada en las elecciones de 1933.

Del mismo modo, von Schnitzler, que estuvo presente en la reunión de febrero de 1933 en nombre de I.G. Farben, negó las contribuciones de I.G. Farben al Nationale Treuhand de 1933:

> *No he vuelto a oír hablar de todo este asunto [la financiación de Hitler], pero creo que la oficina de Goering o de Schacht o la Reichsverband der Deutschen Industrie habían solicitado a la oficina de Bosch o de Schmitz el pago de la parte del IG del fondo electoral. Como no me hice cargo del caso, ni siquiera sabía en ese momento cuánto había pagado el IG. Según el volumen de IG, debería estimar*

---

[563] Fritz Thyssen, *I Paid Hitler*, (Nueva York: Toronto: Farrat & Rinehart, Inc., 1941).

[564] *NMT*, Volumen VI, pp. 1169-1170.

la parte de IG en alrededor del 10% del fondo electoral, pero hasta donde yo sé, no hay pruebas de que I.G. Farben participara en los pagos.[565]

Como hemos visto, las pruebas son convincentes en cuanto a las contribuciones de dinero político a Hitler en el momento crucial de la toma de posesión alemana - y el discurso anterior de Hitler a los industriales reveló claramente que una toma de posesión coercitiva era la intención premeditada.

Sabemos exactamente quién ha contribuido, cuánto y a través de qué canales. Cabe destacar que los mayores contribuyentes -I. G. Farben, German General Electric (y su filial Osram) y Thyssen- estaban afiliados a los financieros de Wall Street. Estos financieros de Wall Street estaban en el centro de la élite financiera y ocupaban un lugar destacado en la política estadounidense contemporánea. Gerard Swope, de General Electric, fue el autor del New Deal de Roosevelt, Teagle fue uno de los principales directores de la NRA, Paul Warburg y sus socios de la estadounidense I.G. Farben fueron los asesores de Roosevelt. Quizá no sea una extraordinaria coincidencia que el New Deal de Roosevelt -calificado de "medida fascista" por Herbert Hoover- se pareciera tanto al programa de Hitler para Alemania, y que Hitler y Roosevelt tomaran el poder en el mismo mes del mismo año: marzo de 1933.

---

[565] *NMT*, vol. VII, p. 565.

CAPÍTULO VIII

PUTZI: AMIGO DE HITLER Y ROOSEVELT

E rnst Sedgewiek Hanfstaengl (o Hanfy o Putzi, como era más conocido), al igual que Hjalmar Horace Greeley Schacht, fue otro germano-estadounidense en el centro del ascenso del hitlerismo. Hanfstaengl nació en una conocida familia de Nueva Inglaterra; era primo del general de la Guerra Civil John Sedgewiek y nieto de otro general de la Guerra Civil, William Heine. Presentado a Hitler a principios de la década de 1920 por el capitán Truman-Smith, el agregado militar de Estados Unidos en Berlín, Putzi se convirtió en un ferviente partidario de Hitler, a veces financió a los nazis y, según el embajador William Dodd, "...salvó la vida de Hitler en 1923.[566]

Casualmente, el padre del líder de las S.S., Heinrich Himmler, fue también el entrenador de Putzi en el Royal Gymnasium Wilhelms de Baviera. Los amigos de Putzi en la Universidad de Harvard eran "notables personalidades del futuro" como Walter Lippman, John Reed (que desempeñó un importante papel descrito en *Wall Street y la revolución bolchevique)* y Franklin D. Roosevelt. Tras unos años en Harvard, Putzi estableció el negocio familiar de arte en Nueva York; fue una deliciosa combinación de negocios y placer, pues como él mismo dice, "los nombres famosos que me visitaron fueron legión, Pierpont Morgan, Toscanini, Henry Ford, Caruso, Santos-Dumont, Charlie Chaplin, Paderewski y una hija del presidente Wilson".[567] Fue también en Harvard donde Putzi se hizo amigo del futuro presidente Franklin Delano Roosevelt:

> *La mayor parte de mis comidas las hacía en el Harvard Club, donde me hice amigo del joven Franklin D. Roosevelt, entonces senador del Estado de Nueva York en ascenso. También recibí varias invitaciones para visitar a su primo lejano Teddy, el antiguo presidente, que se había retirado a su finca en Sagamore Hill.[568]*

---

[566] William E. Dodd, *Ambassador Dodd's Diary, 1933–1938,* (Nueva York: Harcourt, Brace & Co., 1941), p. 360.

[567] Ernst Hanfstaengl, *Unheard Witness,* (Nueva York: J.B. Lippincott, 1957), p. 28.

[568] Ibid.

A partir de estas variadas amistades (y después de leer este libro y sus predecesores, *Wall Street y FDR* y *Wall Street y la revolución bolchevique*), el lector puede considerar que la amistad de Putzi se limitó a un círculo especialmente elitista, Putzi se convirtió no sólo en amigo, financiador y financiado de Hitler, sino en uno de sus primeros partidarios. Era "...casi la única persona que podía permitirse cruzar la línea entre sus conocidos (de Hitler)".[569]

En resumen, Putzi fue un ciudadano estadounidense en el corazón del entorno de Hitler desde principios de los años veinte hasta finales de los treinta. En 1943, tras caer en desgracia con los nazis y ser internado por los aliados, Putzi fue rescatado de las miserias de un campo de prisioneros de guerra canadiense por su amigo y protector, el presidente Franklin D. Roosevelt. Cuando las acciones de FDR amenazaron con convertirse en un problema político interno en Estados Unidos, Putzi fue internado de nuevo en Inglaterra. Por si no fuera suficientemente sorprendente ver que Heinrich Himmler y Franklin D. Roosevelt desempeñan un papel importante en la vida de Putzi, también descubrimos que las canciones de marcha de las secciones de asalto nazis fueron compuestas por Hanfstaengl, "incluida la que tocaron las Brigadas de Camisas Pardas al marchar por la Puerta de Brandemburgo el día en que Hitler tomó el poder".[570] Por si fuera poco, Putzi dijo que la génesis del cántico nazi "Sieg Heil, Sieg Heil", utilizado en los mítines nazis de masas, no era otra que "Harvard, Harvard, Harvard, rah, rah, rah".[571]

Sin duda, Putzi ayudó a financiar el primer periódico nazi, el *Volkische Beobachter*. Es menos fácil determinar si salvó la vida de Hitler de los comunistas, y aunque se le mantuvo -a su pesar- al margen del proceso de redacción de *Mein Kampf*, Putzi tuvo el honor de financiar su publicación, "y el hecho de que Hitler encontrara un personal que funcionara cuando fue liberado de la prisión se debe enteramente a nuestros esfuerzos".[572]

Cuando Hitler llegó al poder en marzo de 1933, simultáneamente con Franklin Delano Roosevelt en Washington, se envió un "emisario" privado de Roosevelt a Washington D.C. para que se reuniera con Hanfstaengl en Berlín, con el mensaje de que, como parecía que Hitler iba a llegar pronto al poder en Alemania, Roosevelt esperaba, en vista de que se conocían desde hacía tiempo, que Putzi hiciera todo lo posible por evitar cualquier precipitación e iniciativas apresuradas. "Piensa en tu forma de tocar el piano y trata de usar el pedal suave si las cosas se ponen demasiado fuertes", fue el mensaje de FDR. "Si las cosas comienzan a ponerse incómodas, por favor, contacte con nuestro embajador inmediatamente.[573]

Hanfstaengl se mantuvo en estrecho contacto con el embajador de Estados Unidos en Berlín, William E. Dodd, aparentemente para su desgracia, ya que los comentarios grabados por Putzi sobre Dodd son claramente poco halagadores: "El

---

[569] Ibid, p. 52.

[570] Ibid, p. 53.

[571] Ibid, p. 59.

[572] Ibid, p. 122.

[573] Ibid, pp. 197-8.

embajador de Estados Unidos en Berlín, William E. Dodd Dodd - aparentemente para su consternación, ya que los comentarios grabados de Putzi sobre Dodd son claramente poco halagadores:

> *En muchos aspectos [Dodd] fue un representante insatisfactorio. Era un modesto profesor de historia del Sur, que dirigía su embajada con poco dinero y probablemente trataba de ahorrar en su sueldo. En una época en la que se necesitaba un millonario rudo para igualar la ostentación de los nazis, se balanceaba con autosuficiencia como si todavía estuviera en su campus universitario. Su mente y sus prejuicios eran mezquinos.[574]*

De hecho, el embajador Dodd intentó rechazar el nombramiento de Roosevelt como embajador. Dodd no tenía herencia y prefería vivir de su sueldo en el Departamento de Estado antes que del botín político; a diferencia del político Dodd era exigente con aquellos de los que recibía dinero. En cualquier caso, Dodd comentó con la misma dureza sobre Putzi, "... dio dinero a Hitler en 1923, le ayudó a escribir *Mein Kampf*, y estaba en todo momento familiarizado con los motivos de Hitler"...

¿Era Hanfstaengl un agente del establishment liberal en los Estados Unidos? Probablemente podemos descartar esta posibilidad, ya que, según Ladislas Farago, fue Putzi quien denunció la penetración británica de alto nivel en la dirección de Hitler. Farago informa de que el barón William S. de Ropp había penetrado en las más altas esferas nazis antes de la Segunda Guerra Mundial y que Hitler lo había utilizado "... como asesor para los asuntos británicos".[575] De Ropp sólo era sospechoso de ser un doble agente de Putzi. Según Farago:

> *La única persona... que alguna vez sospechó de su duplicidad y advirtió al Führer sobre él fue el errático Putzi Hanfstaengl, el jefe de oficina de Hitler educado en Harvard que se ocupaba de la prensa extranjera.*

Como señala Farago, "Bill de Ropp jugó el juego en ambos lados: un agente doble en la cima.[576] Putzi fue igualmente diligente a la hora de advertir a sus amigos, como Hermann Goering, de posibles espías en su bando. El siguiente extracto de las memorias de Putzi, en el que señala con el dedo acusador de espionaje al jardinero de Goering, da fe de ello...

> *"Herman", dije un día, "apuesto cualquier dinero a que este Greinz es un espía de la policía". "Putzi", intervino Karin [la señora de Herman Goering], "es un tipo*

---

[574] Ibid, p. 214.

[575] Ladislas Farago, *El juego de los zorros*, (Nueva York: Bantam, 1973), p. 97.

[576] Ibid, p. 106.

tan agradable y un jardinero maravilloso". "Está haciendo exactamente lo que debe hacer un espía", le dije, "se ha hecho imprescindible".[577]

En 1941, Putzi cayó en desgracia con Hitler y los nazis, huyó de Alemania y fue internado en un campo de prisioneros de guerra canadiense. Con Alemania y Estados Unidos ahora en guerra, Putzi volvió a calcular las probabilidades y concluyó: "Ahora sabía con certeza que Alemania sería derrotada".[578] La liberación de Putzi del campo de prisioneros de guerra se produjo gracias a la intervención personal de su viejo amigo, el presidente Roosevelt:

> *Un día un corresponsal de prensa de Hearst llamado Kehoe fue autorizado a visitar Fort Hens. Conseguí tener unas palabras con él en un rincón. "Conozco bien a tu jefe", le dije. "¿Me harías un pequeño favor? "Afortunadamente, reconoció mi nombre.*
> *Le di una carta que se guardó en el bolsillo. Estaba dirigida al Secretario de Estado americano, Cordell Hull. Unos días más tarde estaba en la mesa de mi amigo del Harvard Club, Franklin Delano Roosevelt. En ella me ofrecí como asesor político y psicológico en la guerra contra Alemania.[579]*

La respuesta y la oferta de "trabajar" para el lado americano fueron aceptadas. Putzi se instaló en un ambiente confortable con su hijo, el sargento del ejército estadounidense Egon Hanfstaengl, también presente como su asistente personal. En 1944, bajo la presión de una amenaza republicana de exponer el favoritismo de Roosevelt por un antiguo nazi, Egon fue enviado a Nueva Guinea y Putzi se precipitó a Inglaterra, donde los británicos lo internaron rápidamente mientras durara la guerra, con Roosevelt o sin él.

EL PAPEL DE PUTZI EN EL INCENDIO DEL REICHSTAG

Las amistades y manipulaciones políticas de Putzi pueden haber tenido o no grandes consecuencias, pero su papel en el incendio del Reichstag es significativo. El incendio del Reichstag el 27 de febrero de 1933 es uno de los acontecimientos clave de la época moderna. El atentado fue utilizado por Adolf Hitler para reivindicar una inminente revolución comunista, suspender los derechos constitucionales y hacerse con el poder totalitario. A partir de ese momento, no hubo vuelta atrás para Alemania; el mundo se encaminó hacia la Segunda Guerra Mundial.

En su momento, se culpó del incendio del Reichstag a los comunistas, pero hay pocas dudas, desde el punto de vista histórico, de que el incendio fue provocado deliberadamente por los nazis para proporcionar una excusa para hacerse con el

---

[577] Ernst Hanfstaengl, *Unheard Witness, op.* cit. p. 76.

[578] Ibid.

[579] Ibid, pp. 310-11.

poder político. Fritz Thyssen hizo este comentario durante los interrogatorios de Dustbin después de la guerra:

> *Cuando se quemó el Reichstag, todo el mundo estaba seguro de que lo habían hecho los comunistas. Más tarde supe en Suiza que todo era mentira.*[580]

Schacht afirma con rotundidad:

> *Hoy está claro que esta acción no puede vincularse al Partido Comunista. Será difícil establecer hasta qué punto los distintos nacionalsocialistas cooperaron en la planificación y ejecución de este acto terrorista, pero en vista de todo lo que se ha revelado entretanto, hay que admitir que Goebbels y Goering desempeñaron cada uno un papel principal, uno en la planificación y el otro en la ejecución del plan.*[581]

El incendio del Reichstag fue provocado deliberadamente, probablemente con un líquido inflamable, por un grupo de expertos. Aquí es donde entra Putzi Hanfstaengl. La cuestión clave es cómo este grupo, decidido a provocar el incendio, accedió al Reichstag para realizar su trabajo. Después de las 20:00 horas, sólo una puerta del edificio principal estaba abierta y esa puerta estaba vigilada. Poco antes de las 21.00 horas, un recorrido por el edificio realizado por los guardias indicó que todo estaba bien; no se observaron líquidos inflamables y no había nada que señalar en la sala de sesiones donde se inició el incendio. Al parecer, nadie pudo acceder al edificio del Reichstag después de las 21 horas, y no se vio a nadie entrar o salir entre las 21 horas y el inicio del incendio.

Sólo había una manera de que un grupo de personas con materiales inflamables entrara en el Reichstag: a través de un túnel que conectaba el Reichstag y el Palacio del Presidente del Reichstag. Hermann Goering era presidente del Reichstag y vivía en el Palacio, y se sabe que muchos hombres de las SA y las SS estaban en el Palacio. En palabras de un autor:

> *El uso del pasaje subterráneo, con todas sus complicaciones, sólo fue posible para los nacionalsocialistas, el avance y la huida de la banda incendiaria sólo fue posible con la connivencia de los empleados de alto rango del Reichstag. Todas las pruebas, todas las probabilidades apuntan abrumadoramente en una dirección, a la conclusión de que el incendio del Reichstag fue obra de los nacionalsocialistas.*[582]

¿Cómo encaja Putzi Hanfstaengl en este cuadro de incendios provocados e intrigas políticas? Putzi -según admitió- estaba en la Sala del Palacio, al otro lado

---

[580] Informe *Dustbin* EF/Me/1, entrevista con Thyssen, p. 13.

[581] Hjalmar Horace Greeley Schacht, *Confessions of "The Old Wizard"*, (Boston: Houghton Mifflin, 1956), p. 276.

[582] George Dimitrov, *The Reichstag Fire Trial*, (Londres: The Bodley Head, 1934), p. 309.

del túnel que conducía al Reichstag. Y según el juicio por el incendio del Reichstag, Putzi Hanfstaengl estaba realmente en el propio Palacio durante el incendio:

> El aparato de propaganda estaba listo y los líderes de las tropas de asalto estaban en sus puestos. Con los boletines oficiales planeados de antemano, las órdenes de detención preparadas, Karwahne, Frey y Kroyer esperando pacientemente en sus cafés, los preparativos estaban completos, el esquema casi perfecto.[583]

Dimitrov también dice:

> Los líderes nacionalsocialistas, Hitler, Goering y Goebbels, así como los altos cargos nacionalsocialistas, Daluege, Hanfstaengl y Albrecht, estaban presentes en Berlín el día del incendio, a pesar de que la campaña electoral estaba en su apogeo en toda Alemania seis días antes de las elecciones. Goering y Goebbels, bajo juramento, dieron explicaciones contradictorias sobre su presencia "casual" en Berlín con Hitler ese día. El nacionalsocialista Hanfstaengl, como "invitado" de Goering, estaba presente en el Palacio del Portavoz del Reichstag, justo al lado del Reichstag, cuando se produjo el incendio, aunque su "invitado" no estaba allí en ese momento.[584]

Según el nazi Kurt Ludecke, existía un documento firmado por el líder de las SA Karl Ernst -que supuestamente provocó el incendio y fue posteriormente asesinado por otros nazis- que implicaba a Goering, Goebbels y Hanfstaengl en la conspiración.

EL NEW DEAL DE ROOSEVELT Y EL NUEVO ORDEN DE HITLER

Hjalmar Schacht desafió a sus interrogadores de Nuremberg después de la guerra señalando que el programa de Nuevo Orden de Hitler era el mismo que el New Deal de Roosevelt en Estados Unidos. Los interrogadores, comprensiblemente, consideraron y rechazaron esta observación. Sin embargo, algunas investigaciones sugieren que no sólo los dos programas son bastante similares en cuanto a su contenido, sino que los alemanes no tuvieron problemas para observar las similitudes. En la Biblioteca Roosevelt hay un pequeño libro

---

[583] Ibid, p. 310.

[584] Ibid, p. 311.

presentado a FDR por el Dr. Helmut Magers en diciembre de 1933.[585] En la hoja volante de este ejemplar de presentación está escrita la inscripción:

> *Al Presidente de los Estados Unidos, Franklin D. Roosevelt, con profunda admiración por su concepción de un nuevo orden económico y con devoción por su carácter. El autor, Baden, Alemania, 9 de noviembre de 1933.*

La respuesta de FDR a esta admiración por su nuevo orden económico fue la siguiente[586]:

> *(Washington) 19 de diciembre de 1933*
> *Mi querido Dr. Magers: Me gustaría agradecerle el ejemplar de su pequeño libro sobre mí y el "New Deal". Aunque, como sabe, me eduqué en Alemania y pude hablar alemán con bastante fluidez en una época, estoy leyendo su libro no sólo con gran interés, sino también porque me ayudará a mejorar mi alemán.*
> *Muy sinceramente,*

El New Deal o "nuevo orden económico" no fue una criatura del liberalismo clásico. Era una criatura del socialismo corporativo. Las grandes empresas, representadas en Wall Street, intentaban establecer un orden estatal que les permitiera controlar la industria y eliminar la competencia, y ese era el núcleo del New Deal de FDR. General Electric, por ejemplo, tiene una fuerte presencia en la Alemania nazi y en el New Deal. German General Electric fue uno de los principales financiadores de Hitler y del partido nazi, y A.E.G. también financió a Hitler directa e indirectamente a través de Osram.

International General Electric, de Nueva York, era uno de los principales participantes en la propiedad y gestión de A.E.G. y Osram. Gerard Swope, Owen Young y A. Baldwin de General Electric en Estados Unidos eran directores de A.E.G. Sin embargo, la historia no termina con General Electric y la financiación de Hitler en 1933.

En un libro anterior, *Wall Street y la revolución bolchevique*, el autor identificó el papel de General Electric en la revolución bolchevique y la ubicación geográfica de los participantes estadounidenses en el 120 de Broadway, en la ciudad de Nueva York; las oficinas ejecutivas de General Electric también estaban en el 120 de Broadway. Cuando Franklin Delano Roosevelt trabajaba en Wall Street, su dirección también era el 120 de Broadway. De hecho, la Fundación Georgia Warm Springs, la Fundación FDR, estaba situada en el 120 de Broadway. El principal promotor de una de las primeras empresas de Roosevelt Wall Street en el 120 de Broadway fue Gerard Swope, de General Electric. Y fue el "plan" de Swope el que se convirtió en el "New Deal" de Roosevelt, el plan fascista que Herbert Hoover

---

[585] Helmut Magers, *Ein Revolutionar Aus Common Sense*, (Leipzig: R. Kittler Verlag, 1934).

[586] Nixon, Edgar B., Editor, *Franklin D. Roosevelt and Foreign Affairs*, (Cambridge: The Belknap Press of Harvard University Press, 1969), Volumen 1: enero de 1933-febrero de 1934. Biblioteca Franklin D. Roosevelt. Hyde Park, Nueva York.

no quiso imponer en Estados Unidos. En resumen, tanto el Nuevo Orden de Hitler como el New Deal de Roosevelt estaban respaldados por los mismos industriales y tenían un contenido bastante similar, es decir, *eran* planes para la formación de un estado corporativo.

Había puentes, tanto corporativos como individuales, entre la América de FDR y la Alemania de Hitler. El primer puente fue el de la estadounidense I.G. Farben, la filial americana de I.G. Farben, la mayor empresa alemana. Paul Warburg, del Manhattan Bank y del Banco de la Reserva Federal de Nueva York, formaba parte del consejo de administración de la estadounidense I.G. Farben. El segundo "puente" fue entre International General Electric, una subsidiaria de propiedad total de General Electric Company y su subsidiaria parcialmente alemana, A.E.G. Gerard Swope, que formuló el New Deal de FDR, fue presidente de I.G.E. y miembro del consejo de A.E.G. El tercer "puente" fue entre Standard Oil de Nueva Jersey y Vacuum Oil y su subsidiaria alemana de propiedad total, Deutsche-Amerikanisehe Gesellschaft. El presidente de la Standard Oil de Nueva Jersey era Walter Teagle, del Banco de la Reserva Federal de Nueva York. Fue administrador de la Fundación Georgia Warm Springs de Franklin Delano Roosevelt y fue nombrado por FDR para un puesto administrativo clave en la Administración de Recuperación Nacional.

Estas empresas estuvieron muy implicadas en la promoción del New Deal de Roosevelt y en la construcción del poder militar de la Alemania nazi. El papel de Putzi Hanfstaengl en los primeros tiempos, al menos hasta mediados de la década de 1930, era un enlace informal entre la élite nazi y la Casa Blanca. Después de mediados de los años 30, cuando el mundo entró en guerra, la importancia de Putzi disminuyó, mientras que las grandes empresas estadounidenses siguieron siendo representadas por intermediarios como el barón Kurt von Schroder, el abogado Westrick y la pertenencia al Círculo de Amigos de Himmler.

CAPÍTULO IX

WALL STREET Y EL PRIMER CÍRCULO NAZI

Durante todo el periodo de nuestros contactos comerciales, no teníamos ni idea del papel de Farben como cómplice de la brutal política de Hitler. Ofrecemos toda la ayuda posible para sacar a la luz toda la verdad y lograr una justicia imparcial.

(F. W. Abrams, Presidente del Consejo,
Standard Oil of New Jersey, 1946).

Adolf Hitler, Hermann Goering, Josef Goebbels y Heinrich Himmler, el grupo interno del nazismo, eran al mismo tiempo los líderes de feudos menores dentro del Estado nazi. Los grupos de poder o las camarillas políticas giraban en torno a estos líderes nazis, y especialmente, después de finales de la década de 1930, en torno a Adolf Hitler y Heinrich Himmler, el jefe de las SS del Reich (la temida *Schutzstaffel*). El más importante de estos círculos internos nazis fue creado por orden del Führer; primero fue conocido como el "Círculo Keppler" y más tarde como el "Círculo de Amigos de Himmler".

El Círculo Keppler fue creado por un grupo de empresarios alemanes que apoyaban el ascenso al poder de Hitler antes y durante 1933. A mediados de la década de 1930, el Círculo Keppler quedó bajo la influencia y la protección del jefe de las SS, Himmler, y bajo el control organizativo del banquero de Colonia y destacado empresario nazi Kurt von Schroder. Schroder, como se recordará, era el jefe del banco J.H. Stein en Alemania y estaba afiliado a la L. Henry Schroder Banking Corporation en Nueva York. Es dentro de estos círculos más íntimos, el núcleo mismo del nazismo, donde encontramos a Wall Street, incluyendo la Standard Oil de Nueva Jersey y el I.T.T., representados desde 1933 hasta 1944.

Wilhelm Keppler, fundador del primer Círculo de Amigos, ilustra el conocido fenómeno del empresario politizado, es decir, un hombre de negocios que pisa la arena política en lugar del libre mercado para obtener beneficios. Estos empresarios están interesados en promover las causas socialistas, porque una sociedad socialista planificada ofrece la posibilidad de obtener contratos más lucrativos mediante la influencia política.

Percibiendo estas oportunidades de beneficio, Keppler se unió a los nacionalsocialistas y estuvo cerca de Hitler antes de 1933. El Círculo de Amigos nació de un encuentro entre Adolf Hitler y Wilhelm Keppler en diciembre de 1931. Durante la conversación -que tuvo lugar varios años antes de que Hitler se convirtiera en dictador- el futuro Führer expresó su deseo de contar con empresarios alemanes de confianza para que le asesoraran económicamente cuando los nazis tomaran el poder. "Intenta conseguir algunos líderes económicos -no tienen que ser miembros del Partido- que estén a nuestra disposición cuando tomemos el poder.[587] Esto es lo que Keppler se ha comprometido a hacer.

En marzo de 1933, Keppler fue elegido para el Reichstag y se convirtió en el experto financiero de Hitler. Esto duró poco. Keppler fue sustituido por el infinitamente más competente Hjalmar Schacht, y enviado a Austria, donde se convirtió en Comisario del Reich en 1938, pero aún así fue capaz de utilizar su posición para obtener un poder considerable en el Estado nazi. En pocos años ocupó una serie de lucrativos puestos directivos en empresas alemanas, entre ellos el de presidente del consejo de administración de dos filiales de I.G. Farben: Braunkohle-Benzin A.G. y Kontinental Oil A.G. Braunkohle-Benzin era el operador alemán de la tecnología de Standard Oil de Nueva Jersey para producir gasolina a partir del carbón. (Véase el capítulo 4).

En resumen, Keppler fue a la guerra con el presidente de la misma empresa que utilizó la tecnología estadounidense para la tan necesaria gasolina sintética que permitió a la Wehrmacht entrar en la guerra en 1939. Este hecho es significativo porque, junto con las demás pruebas presentadas en este capítulo, sugiere que los beneficios y el control de estas tecnologías de importancia fundamental para los fines militares alemanes quedaron en manos de un pequeño grupo de empresas y empresarios internacionales que operaban más allá de las fronteras nacionales.

El sobrino de Keppler, Fritz Kranefuss, bajo la protección de su tío, también se hizo un nombre como ayudante del jefe de las SS Heinrich Himmler y como hombre de negocios y operador político. Fue la conexión de Kranefuss con Himmler lo que llevó al Círculo Keppler a alejarse gradualmente de Hitler en la década de 1930 y a entrar en la órbita de Himmler, donde a cambio de donaciones anuales a los proyectos de las SS de Himmler, los miembros del círculo recibían favores políticos y una importante protección de las SS.

El barón Kurt von Schroder fue, como hemos señalado, el representante del I.T.T. en la Alemania nazi y uno de los primeros miembros del Círculo Keppler. El primer Círculo Keppler estaba formado por

LOS MIEMBROS ORIGINALES (ANTES DE 1932) DEL CÍRCULO KEPPLER

Miembro del círculo	Principales asociaciones
Wilhelm KEPPLER	Presidente de Braunkohle-Benzin A.G., filial de I.G. Farben (operada por Standard Oil de N.J., tecnología de aceite de carbón)
Fritz KRANEFUSS	Sobrino de Keppler y ayudante de Heinrich Himmler. En el stand de BRABAG
Kurt von SCHRODER	A bordo de todas las sucursales telefónicas y telegráficas internacionales de Alemania
Karl Vincenz KROGMANN	Alcalde de Hamburgo
Agosto ROSTERG	Director General de WINTERSHALL
Otto STEINBRINCK	Vicepresidente de VEREINIGTE STAHLWERKE

---

[587] Extracto de la declaración jurada de Wilhem Keppler, *NMT*, vol. VI, p. 285.

	(cártel del acero fundado con préstamos de Wall Street en 1926)
Hjalmar SCHACHT	Presidente del REICHSBANK
Emil HELFFRICH	Presidente del Consejo de Administración de GERMAN-AMERICAN PETROLEUM CO. (94% propiedad de Standard Oil of New Jersey) (ver arriba en Wilhelm Keppler)
Friedrich REINHARDT	Presidente del Consejo de Administración COMMERZBANK
Ewald HECKER	Presidente del Consejo de Administración de ILSEDER HUTTE
Graf von BISMARCK	Presidente del Gobierno de STETTIN

EL CÍRCULO DE AMIGOS DE LA S.S.

El primer Círculo de Amigos se reunió con Hitler en mayo de 1932 y escuchó una declaración de los objetivos nazis. Heinrich Himmler participaba con frecuencia en estas reuniones y, a través de él, varios oficiales de las SS y otros empresarios se unieron al grupo. Este grupo se amplió con el tiempo hasta convertirse en el Círculo de Amigos de Himmler, en el que éste actuaba como protector y facilitador de sus miembros.

En consecuencia, los intereses bancarios e industriales - estaban fuertemente representados en el círculo íntimo del nazismo, y sus contribuciones financieras anteriores a 1933 al hitlerismo, que hemos enumerado anteriormente, fueron ampliamente compensadas. De los "cinco grandes" bancos alemanes, el Dresdner Bank era el que tenía más vínculos con el partido nazi: al menos una docena de miembros del consejo de administración del Dresdner Bank tenían un alto rango nazi, y no menos de siete directores del Dresdner Bank formaban parte del amplio círculo de amigos de Keppler, que nunca superó los 40.

Cuando observamos los nombres que componen tanto el círculo original de Keppler anterior a 1933 como el círculo ampliado de Keppler y Himmler posterior a 1933, vemos que las multinacionales de Wall Street están fuertemente representadas, más que cualquier otro grupo institucional. Tomemos cada una de las multinacionales de Wall Street o su asociado alemán por turno -las identificadas en el capítulo siete como vinculadas a la financiación de Hitler- y examinemos sus vínculos con Keppler y Heinrich Himmler.

I.G. FARBEN Y EL CÍRCULO KEPPLER

I.G. Farben estaba fuertemente representada en el círculo de Keppler: no menos de ocho de los 40 miembros del círculo íntimo eran directores de I.G. Farben o de una filial de Farben. Además del barón Kurt von Schroder, estos ocho miembros incluían a Wilhelm Keppler y a su sobrino Kranefuss, descrito anteriormente. La presencia de Farben fue destacada por el miembro Hermann Schmitz, presidente de I.G. Farben y director de Vereinigte Stahlwerke, dos cárteles construidos y consolidados por los préstamos de Wall Street de los años

20. Un informe del Congreso estadounidense describió a Hermann Schmitz de la siguiente manera:

> *Hermann Schmitz, una de las personalidades más importantes de Alemania, alcanzó un éxito notable simultáneamente en los tres campos distintos de la industria, las finanzas y el gobierno, y sirvió con celo y dedicación a todos los gobiernos en el poder. Simboliza al ciudadano alemán que, desde la devastación de la Primera Guerra Mundial, hizo posible la Segunda.*
> *Irónicamente, su culpabilidad es posiblemente mayor porque en 1919 fue miembro de la delegación de paz del Reich y en los años 30 pudo enseñar a los nazis lo que necesitaban saber sobre la penetración económica, los usos de los carteles y los materiales sintéticos para la guerra.*[588]

Friedrich Flick, fundador del cártel del acero Vereinigte Stahlwerke y director de Allianz Versicherungs A.G. y de German General Electric (A.E.G.), era otro miembro del Círculo Keppler en el consejo de I.G. Farben.

Heinrich Schmidt, director del Dresdner Bank y presidente del consejo de administración de Braunkohle-Benzin A.G., una filial de I.G. Farben, formaba parte del círculo; también Karl Rasehe, otro director del Dresdner Bank y director de la Metallgesellschaft (empresa matriz del Delbruck Schickler Bank) y de la Accumulatoren-Fabriken A.G. Heinrich Buetefisch era también director de I.G. Farben y miembro del Círculo Keppler. En resumen, la contribución de I.G. Farben al Fondo Nacional de Rudolf Hess -el fondo político para sobornos- fue confirmada después de la toma del poder en 1933 por una fuerte representación en el círculo interno nazi.

¿Cuántos de esos miembros del Círculo Keppler en el complejo de I.G. Farben estaban afiliados a Wall Street?

MIEMBROS DEL PRIMER CÍRCULO KEPPLER ASOCIADOS A MULTINACIONALES DE EEUU

Miembro del Círculo Keppler	I.G. Farben	I.T.T.	Standard Oil de Nueva Jersey	General Electric
Wilhelm KEPPLER	Presidente de BRABAG, una filial de Farben		- —	
Fritz KRANEFUSS	Sobre el BRABAG Aufsichrat		- —	
Emil Heinrich MEYER		Presente en todas las filiales alemanas de I.T.T.: Standard/Mix & Genest/Lorenz	— —	Consejo de Administración de la A.E.G.

---

[588] Disposición de los recursos alemanes, p. 869.

Emil HELFFRICH			Presidente de DAPAG (94% propiedad del New Jersey Standard)	
Friedrich FLICK	I.G. Farben	-—	-—	Consejo de Administración de la A.E.G.
Kurt von SCHRODER		A bordo de todas las sucursales de I.T.T. en Alemania		

Del mismo modo, podemos identificar otras instituciones de Wall Street representadas en el primer círculo de amigos de Keppler, confirmando sus contribuciones monetarias al Fondo Fiduciario Nacional gestionado por Rudolf Hess en nombre de Adolf Hitler. Estos representantes eran Emil Heinrich Meyer y el banquero Kurt von Schroder en los consejos de administración de todas las filiales de I.T.T. en Alemania, y Emil Helffrich, presidente del consejo de administración de DAPAG, propiedad en un 94% de Standard Oil de Nueva Jersey.

WALL STREET EN EL CÍRCULO DE S.S.

Las grandes multinacionales americanas también estaban bien representadas en el futuro Círculo Heinrich Himmler y realizaron aportaciones en metálico al S.S. (al Sonder Konto S) hasta 1944, mientras se desarrollaba la Segunda Guerra Mundial.

Casi una cuarta parte de las aportaciones realizadas a la Sonder Konto S en 1944 procedían de las filiales de International Telephone and Telegraph, representadas por Kurt von Schröder. Los pagos de 1943 de las filiales del I.T.T. a la cuenta especial fueron los siguientes:

Mix & Genest A.G.	5.000 RM
C. Lorenz AG	20.000 RM
Felten y Guilleaume25.	25.000 RM
Kurt von Schroder	16.000 RM

Y los pagos de 1944 fueron:

Mix & Genest A.G .	5.000 RM
C. Lorenz AG	20.000 RM
Felten y Guilleaume20.	25.000 RM
Kurt von Schroder	16.000 RM

Sosthenes Behn, de International Telephone and Telegraph, transfirió el control de Mix & Genest, C. Lorenz y otros intereses de Standard Telephone en Alemania a Kurt von Schroder, que fue miembro fundador del Círculo Keppler y organizador y tesorero del Círculo de Amigos de Himmler. Emil H. Meyer,

Untersturmführer de las S.S., miembro del Vorstand del Dresdner Bank, A.E.G., y director de todas las filiales de I.T.T. en Alemania, era también miembro del Círculo de Amigos de Himmler, lo que daba a I.T.T. dos poderosos representantes en el corazón de las S.S.

En una carta del barón von Schroder a su colega Emil Meyer, fechada el 25 de febrero de 1936, se describen los objetivos y las exigencias del círculo de Himmler y la antigua naturaleza de la cuenta especial "S" con fondos en el propio banco de Schroder, el J,H. Stein Bank en Colonia:

> Al Prof. Dr. Emil H. Meyer
> Berlín, 25 de febrero de 1936 (escritura ilegible)
> S.S. (Untersturmführer) (Subteniente) Miembro del Consejo de Administración (Vorstand) del Dresdner Bank
> Berlín W. 56, Behrenstr. 38
> ¡Personal!
> Al Círculo de Amigos del Líder del Reich de las SS,
> Tras la gira de inspección de dos días en Múnich a la que nos invitó el Líder del Reich en enero, el Círculo de Amigos acordó poner fondos a disposición del Líder del Reich -cada uno según sus posibilidades- en la "Cuenta Especial S" (Sonder Konto S), que se crearía en la empresa bancaria J.H. Stein de Colonia, para que se utilizara en determinadas tareas fuera del presupuesto.
> Esto debería permitir al líder del Reich contar con todos sus amigos. En Múnich se decidió que los abajo firmantes se pondrían a disposición de la creación y gestión de esta cuenta. Mientras tanto, la cuenta ha sido abierta y queremos que cada participante sepa que si desea hacer contribuciones al Líder del Reich para las tareas mencionadas - ya sea en nombre de su empresa o en nombre del Círculo de Amigos - puede hacer pagos a la empresa bancaria J.H. Stein, Colonia (cuenta de compensación del Banco del Reich, cuenta de cheques postales N° 1392) en la cuenta especial S.
> ¡Heil Hitler!
>
> (Firmado) Kurt Baron von Sehroder
> (Firmado) Steinbrinck[589]

La carta también explica por qué el coronel del ejército estadounidense Bogdan, antiguo miembro de la Schroder Banking Corporation de Nueva York, estaba ansioso por desviar la atención de los investigadores del ejército estadounidense de la posguerra del banco J. H. Stein de Colonia hacia los "grandes bancos" de la Alemania nazi. Fue el banco de Stein el que guardó los secretos de las asociaciones de las filiales estadounidenses con las autoridades nazis durante la Segunda Guerra Mundial. Los intereses financieros neoyorquinos no podían conocer la naturaleza exacta de estas transacciones (y, en particular, la naturaleza de los documentos que podrían haber guardado sus socios alemanes), pero sabían

---

[589] *NMT*, vol. VII, p. 238, "Traducción del documento N1-10103, prueba 788". Carta de von Schroder y del acusado Steinbrinck al Dr. Meyer, funcionario del Dresdner Bank, del 25 de febrero de 1936, en la que se señalaba que el Círculo de Amigos pondría fondos a disposición de Himmler 'para ciertas tareas fuera del presupuesto' y había establecido una 'cuenta especial para este fin'.

que bien podría haber un registro de sus transacciones en tiempos de guerra, lo suficiente como para avergonzarlos a los ojos del público estadounidense. Fue esta posibilidad la que el coronel Bogdan intentó descartar sin éxito.

La General Electric alemana se benefició enormemente de su asociación con Himmler y otros líderes nazis. Varios miembros de la camarilla de Schroder eran directores de la G.E.A., siendo el más destacado Robert Pferdmenges, que no sólo era miembro de los círculos de Keppler o Himmler, sino también socio de la casa bancaria aria Pferdmenges & Company, sucesora de la antigua casa bancaria judía Sal. Oppenheim de Colonia. Waldemar von Oppenheim obtuvo la dudosa distinción (para un judío alemán) de "ario honorario" y pudo continuar con los negocios de su antigua casa bancaria establecida bajo Hitler en sociedad con Pferdmenges.

MIEMBROS DEL CÍRCULO DE AMIGOS DE HIMMLER QUE TAMBIÉN ERAN DIRECTORES DE EMPRESAS AFILIADAS EN EE.UU:

	I.G. Farben	I.T.T.	A.E.G.	Standard Oil de Nueva Jersey
KRANEFUSS, Fritz	X			
KEPPLER, Wilhelm	X			
SCHRODER, Kurt	X			
Von BUETEFISCH, Heinrich		X		
RASCHE, Dr. Karl	X			
FLICK, Friedrich	X		X	
LINDEMANN, Karl				X
SCHMIDT, Heinrich	X			
ROEHNERT, Kellmuth			X	
SCHMIDT, Kurt			X	
MEYER, Dr. Emil		X		
SCHMITZ, Hermann	X			

Pferdmenges fue también director de la A.E.G. y utilizó su influencia nazi con buenos resultados.[590]

Otros dos directores de la General Electric alemana eran miembros del Círculo de Amigos de Himmler y realizaron contribuciones monetarias al Sonder Konto S en 1943 y 1944:

Friedrich Flick   100.000 RM

Otto Steinbrinck (socio de Flick)   100.000 RM

Kurt Schmitt era presidente de la junta directiva de la G.E.A. y miembro del círculo de amigos de Himmler, pero el nombre de Schmitt no aparece en la lista de pagos de 1943 o 1944.

La Standard Oil de Nueva Jersey también hizo una importante contribución a la cuenta especial de Himmler a través de su filial alemana, Deutsche-

---

[590] Eliminación de los recursos alemanes, p. 857.

Amerikanische Gesellschaft (DAG), de la que posee el 94%. En 1943 y 1944, DAG realizó las siguientes contribuciones:

Consejero de Estado Helfferich de German-American Petroleum A.G.	10.000 RM
Consejero de Estado Lindemann de German-American Petroleum A.G.	10.000 RM
y personalmente	4.000 RM

Tableau 9-1 : Représentation de Wall Street dans les cercles de Keppler et de Himmler, 1933 et 1944

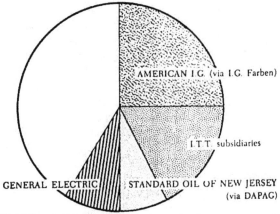

AMERICAN I.G. (via I.G. Farben)

I.T.T. subsidiaries

GENERAL ELECTRIC

STANDARD OIL OF NEW JERSEY (via DAPAG)

REPRESENTATION DE WALL STREET DANS LE CERCLE D'AMIS DE KEPPLER
(basée sur la déclaration de Keppler en 1933, relative aux membres)

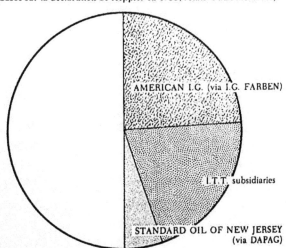

AMERICAN I.G. (via I.G. FARBEN)

I.T.T. subsidiaries

STANDARD OIL OF NEW JERSEY (via DAPAG)

REPRESENTATION DE WALL STREET DANS LE CERCLE D'AMIS DE HIMMLER
(basée sur les contributions faites à Himmler en 1944)

Es importante señalar que el Staatsrat Lindemann hizo una contribución personal de 4.000 RM, con lo que se hace una clara distinción entre la contribución de 10.000 RM de la filial de Standard Oil of New Jersey y la contribución personal del Director Lindemann. En el caso del Staatsrat Hellfrich, la única contribución fue la de Standard Oil, de 10.000 RM; no consta ninguna donación personal.

I.G. Farben, la empresa matriz de American I.G. (véase el capítulo 2), también contribuyó significativamente a la Sonder Konto S de Heinrich Himmler al proporcionarle cuatro directores: Karl Rasehe, Fritz Kranefuss, Heinrich Schmidt y Heinrich Buetefisch. Karl Rasche fue miembro del consejo de administración del Dresdner Bank y especialista en derecho bancario internacional. Bajo el mandato de Hitler, Karl Rasche se convirtió en un destacado directivo de muchas empresas alemanas, como la Accumulatoren-Fabrik A.G. de Berlín, que financió a Hitler, la Metallgesellschaft y Felten & Guilleame, una empresa de tecnología de la información. Fritz Kranefuss fue miembro del consejo de administración del Dresdner Bank y director de varias empresas además de I.G. Farben. Kranefuss, sobrino de Wilhelm Keppler, era abogado y desempeñó un papel importante en muchas organizaciones públicas nazis. Heinrich Schmidt, director de I.G. Farben y de otras empresas alemanas, fue también director del Dresdner Bank.

Es importante señalar que estas tres personas -Rasche, Kranefuss y Schmidt- eran directores de una filial de I.G. Farben, Braunkohle-Benzin A.G. - el fabricante alemán de gasolina sintética con tecnología de Standard Oil, fruto de los acuerdos entre I.G. Farben y Standard Oil de principios de los años 30.

En resumen, la élite financiera de Wall Street estaba bien representada en los primeros círculos de Keppler y posteriormente de Himmler.[591]

---

[591] El carácter significativo de esta representación se refleja en el gráfico 8-1, "Representación de Wall Street en las claves de Keppler y Himmler, 1933 y 1944".

CAPÍTULO X

EL MITO DE "SIDNEY WARBURG"

L a pregunta vital, que sólo se responde parcialmente, es hasta qué punto el ascenso de Hitler al poder en 1933 contó con la ayuda directa de los financieros de Wall Street. Hemos demostrado, con la ayuda de documentos originales, que hubo una implicación y un apoyo indirecto de Estados Unidos a través de filiales alemanas y (como por ejemplo en el caso de I.T.T.) que hubo un esfuerzo consciente y deliberado para conseguir apoyo para el régimen nazi. ¿Esta financiación indirecta se extendió a la financiación directa?

Tras la llegada de Hitler al poder, empresas y particulares estadounidenses trabajaron en favor del nazismo y, desde luego, se beneficiaron del Estado nazi. Sabemos por los diarios de William Dodd, el embajador de Estados Unidos en Alemania, que en 1933 un flujo de banqueros e industriales de Wall Street se presentaron en la embajada de Estados Unidos en Berlín, expresando su admiración por Adolf Hitler, y deseosos de encontrar formas de hacer negocios con el nuevo régimen totalitario. Por ejemplo, el 1 de septiembre de 1933, Dodd informa de que Henry Mann, del National City Bank, y Winthrop W. Aldrich, del Chase Bank, se había reunido con Hitler y "estos banqueros sienten que pueden trabajar con él".[592] Ivy Lee, responsable de las relaciones públicas de Rockefeller, según Dodd, "demostró ser tanto un capitalista como un partidario del fascismo".[593]

Así que al menos podemos observar una simpática bienvenida a la nueva dictadura nazi, que recuerda la forma en que los banqueros internacionales de Wall Street saludaron a la nueva Rusia de Lenin y Trotsky en 1917.

¿QUIÉN ERA "SIDNEY WARBURG"?

La cuestión que se plantea en este capítulo es la acusación de que ciertos financieros de Wall Street (se nombra específicamente a los Rockefeller y a los Warburg) planearon y financiaron directamente la toma del poder de Hitler en 1933, y que lo hicieron desde Wall Street. En esta cuestión, el llamado mito de

---

[592] William E. Dodd, *Diary of Ambassador Dodd,* op. cit. p. 31.

[593] Ibid, p. 74.

"Sidney Warburg" es relevante. El destacado nazi Franz von Papen declaró en sus *memorias*[594]:

> ... *el relato más documentado sobre la repentina adquisición de fondos por parte de los nacionalsocialistas figura en un libro publicado en Holanda en 1933, por la antigua editorial de Ámsterdam Van Holkema & Warendorf, titulado De Geldbronnen van Het Nationaal-Socialisme (Drie Gesprekken Met Hitler) bajo el nombre de "Sidney Warburg".*

En efecto, en 1933 se publicó un libro con este título en neerlandés de "Sidney Warburg", pero sólo permaneció en las estanterías de Holanda durante unos días. El libro fue destruido y retirado de la venta.[595] Uno de los tres ejemplares originales que se conservan fue traducido al inglés. La traducción estuvo en su momento depositada en el Museo Británico, pero ahora está fuera de la circulación pública y no está disponible para la investigación. No se sabe nada de la copia original en holandés en la que se basó esta traducción al inglés.

El segundo ejemplar holandés perteneció al canciller Schussnigg en Austria, y se desconoce su ubicación actual. El tercer ejemplar holandés se envió a Suiza y se tradujo al alemán. La traducción al alemán ha llegado hasta nuestros días en el Archivo Social Suizo de Zúrich (Suiza). El autor adquirió en 1971 una copia certificada de la traducción alemana autentificada de esta superviviente suiza y la tradujo al inglés. El texto de este capítulo se basa en esta traducción al inglés de la traducción al alemán.

La publicación del libro de "Sidney Warburg" fue debidamente reseñada en el *New York Times* (24 de noviembre de 1933) bajo el titular "Se teme un engaño nazi". Un breve artículo señala que se ha publicado en Holanda un panfleto de "Sidney Warburg" y que el autor no es el hijo de Felix Warburg. El traductor es J.

---

[594] Franz von Papen, *Memorias*, (Nueva York: E.P. Dutton & Co., 1953), p. 229.

[595] El texto en inglés de este capítulo es una traducción alemana autentificada de un ejemplar de la edición holandesa de *De Geldbronnen van Het Nationaal-Socialisme (Drie Gesprekken Met Hitler)*, o *Las fuentes financieras del nacionalsocialismo (Tres conversaciones con Hitler*. El autor original en holandés aparece como "Door Sidney Warburg, vertaald door I. G. Shoup" (Por Sidney Warburg, narrado por I.G. Shoup).

El ejemplar utilizado aquí fue traducido de los Países Bajos por el Dr. Walter Nelz, Wilhelm Peter y René Sonderegger en Zúrich el 11. Walter Nelz, Wilhelm Peter y René Sonderegger en Zúrich el 11 de febrero de 1947, y la traducción al alemán lleva una declaración jurada en la que se afirma que "Los tres testigos abajo firmantes verifican que el documento adjunto no es más que una traducción fiel y literal del neerlandés al alemán del libro de Sidney Warburg, cuya copia se puso constantemente a su disposición durante el proceso de traducción". Declaran que tuvieron este original en sus manos y lo leyeron lo mejor que pudieron, frase por frase, traduciéndolo al alemán, comparando luego el contenido de la traducción adjunta con el original según su leal saber y entender hasta llegar a un acuerdo total".

G. Shoup, un periodista belga que vive en Holanda. Los editores y Shoup "se preguntan si han sido víctimas de un engaño". La cuenta *del Times* añade:

> *El panfleto repite una vieja historia según la cual prominentes estadounidenses, entre ellos John D. Rockefeller, financiaron a Hitler entre 1929 y 1932 con 32 millones de dólares, siendo su motivo "liberar a Alemania de las garras financieras de Francia provocando una revolución". Muchos lectores del folleto han señalado que contiene muchas inexactitudes.*

¿Por qué se retiró de la circulación el original holandés en 1933? Porque "Sidney Warburg" no existía y un "Sidney Warburg" fue reclamado como autor. Desde 1933, el libro "Sidney Warburg" ha sido presentado por varias partes como una falsificación o como un documento auténtico. La propia familia Warburg se ha esforzado por demostrar su falsedad.

¿Qué dice el libro? ¿Qué dice el libro que ocurrió en Alemania a principios de los años 30? ¿Y estos acontecimientos tienen alguna semejanza con los que sabemos que son verdaderos por otras pruebas?

Desde el punto de vista de la metodología de la investigación, lo mejor es asumir que el libro de "Sidney Warburg" es una falsificación, a menos que podamos demostrar lo contrario. Este es el procedimiento que adoptaremos. El lector se preguntará: ¿para qué molestarse en analizar una posible falsificación? Hay al menos dos buenas razones, aparte de la curiosidad académica.

En primer lugar, los Warburg afirman que el libro es falso, y lo que utilizan para justificar su negación es un fallo curioso. Los Warburg califican de falso un libro que admiten no haber leído ni siquiera haber visto. El desmentido de los Warburg se limita específicamente a denunciar que podría haber sido escrito por un Warburg. Esta negación es aceptable, pero no niega ni rechaza la validez del contenido. El desmentido se limita a repudiar la autoría del libro.

En segundo lugar, ya hemos identificado a I.G. Farben como un financiador y patrocinador clave de Hitler. Hemos proporcionado pruebas fotográficas del resguardo de la transferencia bancaria de I.G. Farben por 400.000 marcos a la cuenta del fondo político "Nationale Treuhand" de Hitler, gestionado por Rudolf Hess. Ahora es probable y casi seguro que "Sidney Warburg" no existió. Por otra parte, es sabido que los Warburg estaban estrechamente vinculados a la dirección de I.G. Farben en Alemania y Estados Unidos. En Alemania, Max Warburg fue director de I.G. Farben y en Estados Unidos, el hermano Paul Warburg (padre de James Paul Warburg) fue director de la I.G. Farben estadounidense. En resumen, tenemos pruebas irrefutables de que algunos Warburg, incluido el padre de James Paul, el denunciante del libro "Sidney Warburg", fueron directores de I.G. Farben. Y se sabe que I.G. Farben financió a Hitler. Puede que "Sidney Warburg" fuera un mito, pero los directores de I.G. Farben, Max Warburg y Paul Warburg, eran reales. Esto es razón suficiente para ir más allá.

Resumamos primero el libro que, según James Paul Warburg, es una falsificación.

SINOPSIS DEL LIBRO "SIDNEY WARBURG" BORRADO

The Financial Sources of National Socialism[596]se abre con una supuesta conversación entre "Sidney Warburg" y el coautor/traductor I.G. Shoup. "Warburg" cuenta por qué entregaba un manuscrito inglés a Shoup para que lo tradujera al holandés y lo publicara en Holanda, en palabras del mítico "Sidney Warburg":

> *Hay momentos en los que quiero alejarme de un mundo de intrigas, engaños, estafas y manipulaciones bursátiles... ¿Sabes lo que nunca podré entender? Cómo es posible que personas de carácter bueno y honesto -de las que tengo sobradas pruebas- participen en estafas y fraudes, sabiendo perfectamente que ello afectará a miles de personas.*

A continuación, Shoup describe a "Sidney Warburg" como "el hijo de uno de los mayores banqueros de Estados Unidos, miembro de la firma bancaria Kuhn, Loeb & Co. de Nueva York". "Sidney Warburg" le dice entonces a Shoup que él ("Warburg") quiere testificar para la historia sobre cómo el nacionalsocialismo fue financiado por los financieros de Nueva York.

La primera parte del libro se titula simplemente *"1929"*. Cuenta que en 1929, Wall Street tenía enormes créditos pendientes en Alemania y Austria, y que estos créditos habían sido, en su mayoría, congelados. Aunque Francia era económicamente débil y temía a Alemania, también recibió la "parte del león" de los fondos de reparación que, de hecho, fueron financiados por Estados Unidos. En junio de 1929, se celebró una reunión entre los miembros del Banco de la Reserva Federal y los principales banqueros estadounidenses para decidir qué hacer con Francia y, en particular, para apoyar su recurso a las reparaciones alemanas. A esta reunión asistieron (según el libro de Warburg) los directores de la Guaranty Trust Company, los "presidentes" de los bancos de la Reserva Federal y cinco banqueros independientes, el "joven Rockefeller" y Glean de Royal Dutch Shell. Carter y Rockefeller, según el texto, "dominaron las discusiones". Los demás escucharon y asintieron".

El consenso general en la reunión de banqueros era que la única manera de liberar a Alemania de las garras financieras francesas era una revolución, ya sea comunista o nacionalista alemana. En una reunión anterior se había acordado contactar con Hitler para "tratar de averiguar si estaba dispuesto a recibir apoyo financiero estadounidense". Sin embargo, Rockefeller había visto más recientemente un folleto germano-estadounidense sobre el movimiento nacionalsocialista de Hitler y el propósito de esta segunda reunión era determinar si "Sidney Warburg" estaba dispuesto a viajar a Alemania como mensajero para establecer contacto personal con Hitler.

A cambio del apoyo financiero, Hitler debía llevar a cabo una "política exterior agresiva y despertar la idea de venganza contra Francia". Esta política, se pensaba,

---

[596] La versión inglesa está publicada por Omnia Veritas Ltd, con el título *Hitler's Secret Backers, the Financial Sources of National Socialism*. www.omnia-veritas.com.

haría que Francia pidiera ayuda a Estados Unidos y Gran Bretaña en "cuestiones internacionales relativas a una posible agresión alemana". Hitler no debía conocer el propósito de la ayuda de Wall Street. Se dejaría "a su razón e ingenio descubrir los motivos de la propuesta". "Warburg" aceptó la misión propuesta y partió de Nueva York hacia Cherburgo en el transatlántico Île de France, "con un pasaporte diplomático y cartas de recomendación de Carter, Tommy Walker, Rockefeller, Glean y Herbert Hoover".

Al parecer, "Sidney Warburg" tuvo algunas dificultades para reunirse con Hitler. El cónsul americano en Múnich no consiguió contactar con los nazis, y finalmente Warburg se dirigió directamente al alcalde Deutzberg de Múnich, "con una recomendación del cónsul americano", y un llamamiento para que dirigiera a Warburg a Hitler. A continuación, Shoup presenta extractos de las declaraciones de Hitler en esta primera reunión. Estos extractos incluyen los habituales desplantes antisemitas hitlerianos, y hay que señalar que todas las partes antisemitas del libro de "Sidney Warburg" están dichas por Hitler. (Esto es importante, ya que James Paul Warburg afirma que el libro de Shoup es totalmente antisemita). En esta reunión se discutió la financiación de los nazis y se dice que Hitler insistió en que los fondos no podían depositarse en un banco alemán, sino sólo en un banco extranjero a su disposición. Hitler pidió 100 millones de marcos y sugirió que "Sidney Warburg" informara sobre la reacción de Wall Street a través de von Heydt en Lutzowufer, 18 Berlín.[597]

Después de informar a Wall Street, a Warburg le dijeron que 24 millones de dólares era demasiado para los banqueros estadounidenses; le ofrecieron 10 millones. Warburg se puso en contacto con von Heydt y se organizó otra reunión, esta vez con un "hombre de aspecto poco distinguido, que me fue presentado como Frey". Se dieron instrucciones para poner 10 millones de dólares a disposición del banco Mendelsohn & Co. de Amsterdam, Holanda. Warburg debía dar instrucciones al Banco Mendelsohn para que emitiera cheques en marcos a favor de nazis nombrados en diez ciudades alemanas.

Posteriormente, Warburg fue a Ámsterdam, completó su misión con Mendelsohn & Co. y luego fue a Southampton, Inglaterra, y fue traído de vuelta a Nueva York por el barco *Olympia donde* hizo su informe a Carter de la Guaranty Trust Company. Dos días más tarde, Warburg transmitió su informe a todo el grupo de Wall Street, pero "esta vez un representante inglés se sentó junto a Glean de Royal Dutch, un hombre llamado Angell, uno de los ejecutivos de la Asiatic Petroleum Co. Warburg fue preguntado por Hitler, y "Rockefeller mostró un interés inusual en las declaraciones de Hitler sobre los comunistas".

A las pocas semanas del regreso de Warburg de Europa, los periódicos de Hearst mostraron un "inusual interés" por el nuevo partido nazi alemán e incluso el *New York* Times publicaba regularmente breves informes sobre los discursos de Hitler. Anteriormente, estos periódicos no habían mostrado demasiado interés,

---

[597] Nótese que "von Heydt" era el nombre original del Dutch Bank voor Handel en Seheepvaart N.V., una filial de los intereses de Thyssen y que ahora se sabe que sirvió de embudo para los fondos nazis. Véase "*Disposición de los recursos alemanes*".

pero esto cambió. Además,[598]en diciembre de 1929, apareció un largo estudio sobre el movimiento nacionalsocialista alemán "en una publicación mensual de la Universidad de Harvard".

La segunda parte del libro suprimido *Las fuentes financieras del nacionalsocialismo* se titula "1931" y se abre con un debate sobre la influencia francesa en la política internacional. Afirma que Herbert Hoover prometió a Pierre Laval de Francia no resolver la cuestión de la deuda sin consultar primero al gobierno francés y [escribe Shoup]:

> *Cuando Wall Street se enteró de esto, Hoover perdió de un plumazo el respeto de ese círculo. Incluso las siguientes elecciones se vieron afectadas: muchos creen que el fracaso de Hoover en su reelección puede atribuirse a este asunto.*[599]

En octubre de 1931, Warburg recibió una carta de Hitler que transmitió a Carter de la Guaranty Trust Company, y entonces se convocó otra reunión de banqueros en las oficinas de la Guaranty Trust Company. En esta reunión hubo división de opiniones. "Sidney Warburg informó que Rockefeller, Carter y McBean estaban a favor de Hitler, mientras que los otros financieros no estaban seguros. Montague Norman, del Banco de Inglaterra, y Glean, de Royal Dutch Shell, argumentaron que los 10 millones de dólares ya gastados en Hitler eran demasiado y que éste nunca actuaría. Finalmente se acordó en principio ayudar más a Hitler y Warburg volvió a emprender una misión de mensajería y regresó a Alemania.

Durante este viaje, se dice que Warburg habló de asuntos alemanes con "un banquero judío" en Hamburgo, con un magnate industrial y con otros partidarios de Hitler. En particular, conoció al banquero von Heydt y a un tal Luetgebrumm. Esta última afirmaba que las tropas de asalto nazis estaban incompletamente equipadas y que las SS tenían gran necesidad de ametralladoras, revólveres y fusiles.

En la siguiente reunión entre Warburg y Hitler, éste argumentó que "los soviéticos no pueden prescindir de nuestros productos industriales". Les daremos crédito, y si no soy capaz de debilitar a Francia yo mismo, entonces los soviéticos me ayudarán. Hitler dijo que tenía dos planes para tomar el poder en Alemania: (a) el plan de revolución, y (b) el plan de adquisición legal. El primer plan sería cuestión de tres meses, el segundo de tres años. Se dice que Hitler dijo: "La revolución cuesta quinientos millones de marcos, la toma de posesión legal cuesta

---

[598] El examen del índice *del New York Times* confirma la exactitud de la última parte de esta afirmación. Véase, por ejemplo, el repentino interés del *New York Times* del 15 de septiembre de 1930, y el artículo de fondo sobre "Hitler, fuerza motriz del fascismo alemán" en la edición del 21 de septiembre de 1930 del *New York Times*. En 1929, el *New York Times* sólo publicó un breve artículo sobre Adolf Hitler. En 1931 publicó una veintena de artículos importantes, entre ellos nada menos que tres "Retratos".

[599] Hoover declaró que perdió el apoyo de Wall Street en 1931 porque no quería seguir su plan de New Deal: véase Antony C. Sutton, *Wall Street and FDR, op. cit.*

doscientos millones de marcos, ¿qué decidirán sus banqueros? Después de cinco días, un cable de Guaranty Trust llegó a Warburg y se cita en el libro como sigue:

Las cantidades sugeridas están fuera de lugar. No queremos ni podemos. Explícale que ese traslado a Europa alterará el mercado financiero. Absolutamente inaudito en territorio internacional. Se espera un largo informe antes de que se tome una decisión. Permanezca en el lugar. Continúa la investigación. Persuadir al hombre de que sus exigencias son insostenibles. No olvides incluir en el informe tu propia opinión sobre las posibilidades futuras del hombre.

Warburg telegrafió su informe a Nueva York y tres días después recibió un segundo telegrama:

Informe recibido. Prepárate para entregar diez, máximo quince millones de dólares. Aconsejar al hombre sobre la necesidad de agredir a un país extranjero.

Los 15 millones de dólares se aceptaron por la vía de la adquisición legal, no por el plan revolucionario. El dinero fue transferido de Wall Street a Hitler a través de Warburg de la siguiente manera: 5 millones de dólares a Mendelsohn & Company, Ámsterdam; 5 millones de dólares a la Rotterdamsehe Bankvereinigung en Rotterdam; y 5 millones de dólares a la "Banca Italiana".

Warburg visitó cada uno de estos bancos, donde se dice que se reunió con Heydt, Strasser y Hermann Goering. Los grupos se encargaron de que los cheques fueran identificados con diferentes nombres en distintas ciudades de Alemania. En otras palabras, los fondos fueron "blanqueados" en la tradición moderna para disfrazar su origen en Wall Street. En Italia, el grupo de pago habría sido recibido en el edificio principal del banco por su presidente y, mientras esperaba en su despacho, dos fascistas italianos, Rossi y Balbo, fueron presentados a Warburg, Heydt, Strasser y Goering. Tres días después del pago, Warburg regresó a Nueva York desde Génova en el *Savoya*.

Una vez más, informó a Carter, Rockefeller y los demás banqueros.

La tercera sección de *Fuentes financieras del nacionalsocialismo* se titula simplemente "1933". La sección relata la tercera y última reunión de "Sidney Warburg" con Hitler, la noche en que se incendió el Reichstag (en el capítulo ocho señalamos la presencia de Putzi Hanfstaengl, amigo de Roose, en el Reichstag). En esta reunión, Hitler informó a Warburg de los avances de los nazis hacia una toma de posesión legal. Desde 1931, el Partido Nacional Socialista había triplicado su tamaño. Se habían hecho depósitos masivos de armas cerca de la frontera alemana en Bélgica, Holanda y Austria, pero estos requerían pagos en efectivo antes de la entrega. Hitler exigió un mínimo de 100 millones de marcos para asegurar la fase final del programa de adquisición. Guaranty Trust envió a Warburg una oferta de hasta 7 millones de dólares, que se pagarían de la siguiente manera: 2 millones a la Renania Joint Stock Company de Düsseldorf (la sucursal alemana de Royal Dutch), y 5 millones a otros bancos. Warburg informó de esta oferta a Hitler, que pidió que los 5 millones de dólares se enviaran a la Banca Italiana de Roma y (aunque el informe no lo dice) cabe suponer que los otros 2 millones se pagaron a Düsseldorf. El libro termina con la siguiente declaración de Warburg:

> *He llevado a cabo mi misión hasta el último detalle. Hitler es el dictador del mayor país de Europa. El mundo lo ha visto trabajar durante varios meses. Mi opinión sobre él no importa ahora. Pero sigo convencido de que sus acciones demostrarán que es malvado. Por el bien del pueblo alemán, espero de todo corazón que me equivoque. El mundo sigue sufriendo bajo un sistema que debe plegarse a un Hitler para mantenerse vivo. Pobre mundo, pobre humanidad.*

Este es el resumen del libro suprimido de "Sidney Warburg" sobre los orígenes financieros del nacionalsocialismo en Alemania. Parte de la información contenida en el libro es ahora de dominio público, aunque sólo una parte era conocida a principios de los años 30. Es extraordinario que el desconocido autor tuviera acceso a información que no salió a la luz hasta muchos años después, por ejemplo, la identidad del Banco von Heydt como circuito financiero de Hitler. ¿Por qué se retiró el libro de las librerías y se archivó? La razón aducida para la retirada fue que "Sidney Warburg" no existía, que el libro era una falsificación y que la familia Warburg afirmaba que contenía declaraciones antisemitas y difamatorias.

La información del libro fue resucitada después de la Segunda Guerra Mundial y publicada en otros libros en un contexto antisemita que no existe en el libro original de 1933. Dos de estos libros de posguerra fueron *Spanischer Sommer* de René Sonderegger y *Liebet Eure Feinde* de Werner Zimmerman.

Lo más importante es que James P. Warburg, de Nueva York, firmó una declaración jurada en 1949, que se publicó como apéndice en las *Memorias* de von Papen. Esta declaración jurada de Warburg negaba categóricamente la autenticidad del libro de "Sidney Warburg" y afirmaba que era un engaño. Desgraciadamente, James P. Warburg se centra en el libro antisemita de Sonderegger, *Spanischer Sommer*, de 1947, y no en el libro original escrito por el suprimido "Sidney Warburg" y publicado en 1933, donde el único antisemitismo proviene de las supuestas declaraciones de Hitler.

En otras palabras, la declaración jurada de Warburg planteó muchas más preguntas de las que resolvió. Por lo tanto, debemos examinar la declaración jurada de Warburg de 1949 en la que niega la autenticidad de las fuentes financieras del nacionalsocialismo.

DECLARACIÓN JURADA DE JAMES PAUL WARBURG

En 1953, el nazi Franz von Papen publicó sus *memorias*.[600] Era el mismo Franz von Papen que había actuado en Estados Unidos en favor del espionaje alemán durante la Primera Guerra Mundial. En sus *memorias,* Franz von Papen aborda la cuestión de la financiación de Hitler y culpa al industrial Fritz Thyssen y al banquero Kurt von Schröder. Papen niega haber financiado a Hitler y, de hecho,

---

[600] Franz von Papen, *Memorias,* (Nueva York: E. P. Dutton & Co., Inc., 1958). Traducido por Brian Connell.

no se ha aportado ninguna prueba creíble que vincule a von Papen con los fondos de Hitler (aunque Zimmerman en *Liebert Eure Feinde* acusa a Papen de haber donado 14 millones de marcos). En este contexto, von Papen menciona *The Financial Sources of National Socialism,* de Sidney Warburg, así como los dos libros más recientes de Werner Zimmerman y René Sonderegger (alias Severin Reinhardt), publicados después de la Segunda Guerra Mundial.[601] Papen añade que:

> James P. Warburg puede refutar cualquier falsificación en su declaración jurada... Por mi parte, estoy muy agradecido al Sr. Warburg por haber eliminado de una vez por todas esta maliciosa calumnia. Es casi imposible refutar acusaciones de este tipo con un simple desmentido, y su autorizada negación me ha permitido dar contenido a mis propias protestas.[602]

El anexo II del libro de Papen tiene dos secciones. La primera es una declaración de James P. Warburg; la segunda es la declaración jurada, fechada el 15 de julio de 1949.

En el primer párrafo de la declaración se afirma que en 1933 la editorial holandesa Holkema y Warendorf publicó *De Geldbronnen van Het Nationaal-Socialisme. Drie Gesprekken Met Hitler,* y añade que:

> Este libro fue supuestamente escrito por "Sidney Warburg". Un socio de Warburg & Co. en Ámsterdam informó a James P. Warburg de la existencia de este libro y Holkema y Warendorf fueron informados de que "Sidney Warburg" no existía. A continuación, retiraron el libro de la circulación.

A continuación, James Warburg hace dos declaraciones sucesivas y aparentemente contradictorias:

> ... el libro contenía una gran cantidad de material difamatorio contra varios miembros de mi familia y contra una serie de bancos y personas prominentes de Nueva York - hasta el día de hoy nunca he visto una copia del libro. Al parecer, sólo un puñado de ejemplares se salvó de la retirada del editor.

Ahora, por un lado, Warburg afirma que nunca ha visto una copia del "libro de Sidney Warburg", y por otro lado, dice que este libro es *"difamatorio"* y procede a hacer una declaración jurada detallada frase por frase para refutar la información supuestamente contenida en un libro que afirma no haber visto! Es muy difícil aceptar la validez de la afirmación de Warburg de que "nunca ha visto una copia del libro hasta la fecha". O si no lo hubiera hecho, entonces la declaración jurada no tiene valor.

---

[601] Werner Zimmerman, *Liebet Eure Feinde,* (Frankhauser Verlag: Thielle-Neuchatel, 1948), que contiene un capítulo, "El apoyo financiero secreto de Hitler" y René Sonderegger, *Spanischer Sommer,* (Afroltern, Suiza: Aehren Verlag, 1948).

[602] Franz von Papen, *Memorias, op.* cit. p. 23.

James Warburg añade que el libro *"Sidney Warburg"* muestra un "evidente antisemitismo", y la idea central de la declaración de Warburg es que la historia de *"Sidney Warburg"* es pura propaganda antisemita. De hecho (y Warburg lo habría descubierto si hubiera leído el libro), las únicas declaraciones antisemitas en el libro de 1933 son las atribuidas a Adolf Hitler, cuyos sentimientos antisemitas no son un gran descubrimiento. Aparte de los desplantes de Hitler, no hay nada en el libro original de "Sidney Warburg" que esté remotamente relacionado con el antisemitismo, a menos que clasifiquemos a Rockefeller, Glean, Carter, McBean, etc. como judíos. De hecho, cabe destacar que no se nombra a ningún banquero judío en el libro, a excepción del mítico "Sidney Warburg", que es un intermediario, no uno de los supuestos patrocinadores. Sin embargo, sabemos por una fuente auténtica (el embajador Dodd) que el banquero judío Eberhard von Oppenheim sí dio 200.000 marcos a Hitler,[603] y es poco probable que "Sidney Warburg" hubiera pasado por alto esta observación si estuviera haciendo deliberadamente una falsa propaganda antisemita.

La primera página de la declaración de James Warburg se refiere al libro de 1933. Tras la primera página, Warburg presenta a René Sonderegger y otro libro escrito en 1947. Un análisis cuidadoso de la declaración de Warburg y de la declaración jurada muestra que sus negaciones y afirmaciones se refieren principalmente a Sonderegger y no a Sidney Warburg. Ahora bien, Sonderegger era antisemita y probablemente formó parte de un movimiento neonazi después de la Segunda Guerra Mundial, pero esta afirmación de antisemitismo no puede aplicarse al libro de 1933, y éste es el quid de la cuestión. En resumen, James Paul Warburg comienza diciendo que está hablando de un libro que nunca ha visto pero que sabe que es difamatorio y antisemita, y luego, sin previo aviso, cambia la acusación a otro libro que era ciertamente antisemita pero que se publicó una década después. Así, la declaración jurada de Warburg confunde tan completamente los dos libros que el lector se ve llevado a condenar al mítico "Sidney Warburg" con Sonderegger.[604] Examinemos algunas de las declaraciones de J.P. Warburg:

---

[603] William E. Dodd, *Diary of Ambassador Dodd,* op. cit. pp, 593–602.

[604] El lector puede examinar la declaración completa de Warburg y la declaración jurada;véase Franz von Papen, *Memorias, op. cit.*

Declaración jurada de James P. Warburg Ciudad de Nueva York, 15 de julio de 1949	Comentarios del autor sobre la declaración jurada de James P. Warburg
1. Con respecto a las acusaciones totalmente falsas y maliciosas hechas por René Sonderegger de Zúrich, Suiza, y otros, como se indica en la parte anterior de esta declaración, yo, James Paul Warburg, de Greenwich, Connecticut, Estados Unidos, presento lo siguiente:	Nótese que la declaración jurada se refiere a René Sonderegger, no al libro publicado por J.G. Shoup en 1933.
2. No existía ninguna persona como "Sidney Warburg" en Nueva York en 1933, ni en ningún otro lugar, que yo sepa, ni en esa época ni en ninguna otra.	Cabe suponer que el nombre "Sidney Warburg" es un seudónimo, o que se utiliza incorrectamente.
3. Nunca he entregado ningún manuscrito, diario, notas, cables u otros documentos a nadie para su traducción y publicación en Holanda y, más concretamente, nunca he entregado dichos documentos al supuesto J.G. Shoup de Amberes. Que yo sepa y pueda recordar, nunca he conocido a una persona así.	La declaración jurada se limita a la concesión de documentos "para su traducción y publicación en Holanda".
4. La conversación telefónica entre Roger Baldwin y yo, relatada por Sonderegger, nunca tuvo lugar y es una pura invención.	Informado por Sonderegger, no por "Sidney Warburg".
5. No fui a Alemania a petición del presidente de la Guaranty Trust Company en 1929, ni en ningún otro momento.	Pero Warburg fue a Alemania en 1929 y 1930 para el International Acceptance Bank, Inc.
6. Fui a Alemania por negocios para mi propio banco, The International Acceptance Bank Inc. de Nueva York, en 1929 y 1930. En ninguna de las dos ocasiones tuve que investigar la posible prevención de una revolución comunista en Alemania promoviendo una contrarrevolución nazi. Estoy en condiciones de demostrar que, a mi regreso de Alemania tras las elecciones al Reichstag de 1930, advertí a mis asociados que lo más probable es que Hitler llegara al poder en Alemania y que el resultado sería una Europa dominada por los nazis o una segunda guerra mundial, quizá ambas cosas. Esto puede corroborarse por el hecho de que, tras mi advertencia, mi banco procedió a reducir sus obligaciones alemanas lo más rápidamente posible.	Obsérvese que Warburg, según su propia declaración, dijo a sus socios bancarios que Hitler llegaría al poder. Esta declaración se hizo en 1930, y los Warburg pasaron a dirigir I.G. Farben y otras empresas pro-nazis.
7. No tuve discusiones en ningún lugar, en ningún momento, con Hitler, con ningún funcionario nazi, ni con nadie más sobre la provisión de fondos al Partido Nazi. En concreto, no tuve ninguna relación con Mendelssohn & Co, ni con el Rotterdamsche Bankvereiniging ni con la Banca Italiana (en este último caso, probablemente se trate de la Banca d'Italia, con la que tampoco tuve ninguna relación).	No hay pruebas que contradigan esta afirmación. Hasta donde se puede rastrear, Warburg no tenía ninguna relación con estas empresas bancarias, salvo que el corresponsal italiano del Manhattan Bank de Warburg era la "Banca Commerciale Italiana", que está cerca de la "Banca Italiana".

8. En febrero de 1933 (véanse las páginas 191 y 192 del Spanischer Sommer), cuando supuestamente le llevé a Hitler el último tramo de fondos americanos y fui recibido por Goering y Goebbels, así como por el propio Hitler, puedo demostrar que no estaba en Alemania en absoluto. Nunca puse un pie en Alemania tras la llegada de los nazis al poder en enero de 1933. En enero y febrero estuve en Nueva York y Washington, trabajando tanto con mi banco como con el presidente electo Roosevelt sobre la crisis bancaria que se estaba produciendo. Después de la toma de posesión de Roosevelt, el 3 de marzo de 1933, trabajé con él continuamente en la agenda de la Conferencia Económica Mundial, a la que fui enviado como asesor financiero a principios de junio. Esto es un asunto de dominio público.	No hay pruebas que contradigan estas declaraciones. "Sidney Warburg" no aporta ninguna prueba que apoye sus afirmaciones. Véase *Wall Street y FDR*, para más detalles sobre las asociaciones alemanas de FDR.
9. Las declaraciones anteriores deberían bastar para demostrar que todo el mito de "Sidney Warburg" y la posterior identificación errónea de mi persona con el inexistente "Sidney" son fabricaciones maliciosas de mentiras sin base alguna en la verdad.	No. James P. Warburg afirma que nunca ha visto el libro original "Sidney Warburg" publicado en Holanda en 1933. Por lo tanto, su declaración jurada sólo se aplica al libro de Sonderegger, que es inexacto. Sidney Warburg puede ser un mito, pero la asociación de Max Warburg y Paul Warburg con I.G. Farben y Hitler no lo es.

¿TENÍA JAMES WARBURG LA INTENCIÓN DE ENGAÑAR?

Es cierto que "Sidney Warburg" puede haber sido una invención, en el sentido de que "Sidney Warburg" nunca existió. Suponemos que el nombre es falso; pero alguien escribió el libro. Puede que Zimmerman y Sonderegger hayan difamado o no el nombre de Warburg, pero desgraciadamente, cuando examinamos la declaración jurada de James P. Warburg publicada en las *Memorias* de von Papen, nos quedamos en la oscuridad como siempre. Hay tres preguntas importantes y sin respuesta:

(1) ¿Por qué James P. Warburg afirma que un libro que no ha leído está equivocado?

(2) ¿por qué la declaración jurada de Warburg evita la cuestión clave y desvía la discusión sobre "Sidney Warburg" al libro antisemita de Sonderegger publicado en 1947? y

(3) ¿por qué James P. Warburg sería tan insensible al sufrimiento de los judíos durante la Segunda Guerra Mundial para publicar su declaración jurada en las *Memorias* de Franz von Papen, que fue un destacado nazi presente en el corazón del movimiento hitleriano desde los primeros días de 1933?

No sólo los alemanes fueron perseguidos por Hitler en 1938, sino que millones de judíos perdieron la vida por la barbarie nazi. Parece elemental que cualquier persona que haya sufrido y sea sensible a los sufrimientos pasados de los judíos alemanes evite los nazis, el nazismo y los libros neonazis como la peste. Sin embargo, aquí tenemos al nazi von Papen actuando como amable anfitrión del autoproclamado antinazi James P. Warburg, que parece agradecer la oportunidad.

Además, los Warburg habrían tenido muchas oportunidades de emitir dicha declaración y darle amplia publicidad sin tener que hacerlo a través de los canales neonazis.

El lector se beneficiará de la reflexión sobre esta situación. La única explicación lógica es que algunos de los hechos presentados en el libro de "Sidney Warburg" son verdaderos, se acercan a la verdad o son embarazosos para James P. Warburg. No se puede decir que Warburg tuviera la intención de engañar (aunque esta conclusión pueda parecer obvia), ya que los empresarios son intelectuales y razonadores notoriamente ilógicos, y ciertamente no hay nada que exima a Warburg de esta categorización.

ALGUNAS CONCLUSIONES DE LA HISTORIA DE "SIDNEY WARBURG"

"Sidney Warburg nunca existió; en ese sentido, el libro original de 1933 es una obra de ficción. Sin embargo, muchos de los hechos poco conocidos registrados en el libro en su momento son ciertos y verificables; y la declaración jurada de James Warburg no se refiere al libro original, sino a un libro antisemita publicado más de diez años después.

Paul Warburg era director de la estadounidense I.G. Farben y, por tanto, estaba vinculado a la financiación de Hitler. Max Warburg, un director de la I.G. Farben alemana, firmó -junto con el propio Hitler- el documento que nombraba a Hjalmar Schacht para el Reichsbank. Estos vínculos verificables entre los Warburg y Hitler sugieren que la historia de "Sidney Warburg" no puede descartarse como una completa falsificación sin un examen cuidadoso.

¿Quién escribió el libro de 1933 y por qué? I.G. Shoup dice que las notas fueron escritas por un tal Warburg en Inglaterra y le fueron entregadas para su traducción. Se suponía que el motivo de Warburg era un auténtico remordimiento por el comportamiento amoral de los Warburg y sus socios de Wall Street. ¿Le parece un motivo plausible? No ha pasado desapercibido que estos mismos Wall Streeters que traman guerras y revoluciones suelen ser en su vida privada verdaderos ciudadanos decentes; no se puede descartar que alguno de ellos haya cambiado de opinión o haya sentido remordimientos. Pero esto no se ha demostrado.

Si el libro es falso, ¿quién lo escribió? James Warburg admite que no sabe la respuesta, y escribe: "El propósito original de la falsificación sigue siendo algo oscuro incluso hoy en día.[605]

¿Podría algún gobierno falsificar el documento? Desde luego, no los gobiernos británico o estadounidense, ambos implicados indirectamente en el libro. Desde luego, no el gobierno nazi de Alemania, aunque James Warburg parece sugerir esta improbable posibilidad. ¿Podría ser Francia, o la Unión Soviética, o quizás Austria? Francia, quizás porque Francia temía el ascenso de la Alemania nazi. Austria es una posibilidad similar. La Unión Soviética es una posibilidad porque

---

[605] Franz von Papen, *Memorias, op.* cit. p. 594.

los soviéticos también tenían mucho que temer de Hitler. Por lo tanto, es plausible que Francia, Austria o la Unión Soviética hayan desempeñado un papel en la preparación del libro.

Cualquier ciudadano que haga un libro así sin documentos internos del gobierno tendría que estar notablemente bien informado. Guaranty Trust no es un banco especialmente conocido fuera de Nueva York, pero la implicación de Guaranty Trust tiene un extraordinario grado de verosimilitud, ya que fue el vehículo que Morgan utilizó para financiar e infiltrarse en la revolución bolchevique.[606] Quien identificó a Guaranty Trust como el vehículo de financiación de Hitler sabía mucho más que el hombre de la calle, o tenía información genuina del gobierno. ¿Cuál sería el motivo de un libro así?

El único motivo que parece aceptable es que el desconocido autor sabía que se avecinaba una guerra y esperaba una reacción pública contra los fanáticos de Wall Street y sus amigos industriales en Alemania, antes de que fuera demasiado tarde. Está claro que, quienquiera que escribiera el libro, su motivo era casi con toda seguridad advertir de la agresión de Hitler y señalar su origen en Wall Street, ya que la asistencia técnica de las empresas estadounidenses controladas por Wall Street seguía siendo necesaria para construir la maquinaria de guerra de Hitler. Las patentes de hidrogenación de la Standard Oil y la financiación del aceite de carbón, las instalaciones, las miras de las bombas y otras tecnologías necesarias aún no se habían transferido completamente en el momento de escribir el libro de "Sidney Warburg". Por lo tanto, este libro podría haber sido diseñado para romper las espaldas de los partidarios de Hitler en el extranjero, para evitar la transferencia planificada del potencial de guerra de EE.UU., y para eliminar el apoyo financiero y diplomático para el estado nazi. Si este era el objetivo, es lamentable que el libro no haya logrado ninguno de estos objetivos.

---

[606] Véase Antony C. Sutton, *Wall Street and the Bolshevik Revolution*, op. cit.

CAPÍTULO XI

COLABORACIÓN ENTRE WALL STREET Y LOS NAZIS DURANTE LA SEGUNDA GUERRA MUNDIAL

D etrás los bastidores de la lucha en los distintos frentes de la Segunda Guerra Mundial, a través de intermediarios en Suiza y el norte de África, la élite financiera de Nueva York colaboró con el régimen nazi. Los archivos incautados después de la guerra proporcionaron una gran cantidad de pruebas de que, para algunos elementos de las grandes empresas, el período 1941-1945 fue "el negocio de siempre". Por ejemplo, la correspondencia entre empresas estadounidenses y sus filiales francesas revela el apoyo a la maquinaria militar del Eje, mientras Estados Unidos estaba en guerra con Alemania e Italia. Las cartas entre Ford de Francia y Ford de Estados Unidos entre 1940 y julio de 1942 fueron analizadas por la Sección de Control de Fondos Extranjeros del Departamento del Tesoro. Su informe inicial concluyó que hasta mediados de 1942:

> (1) la actividad de las filiales de Ford en Francia aumentó considerablemente; (2) su producción se destinó exclusivamente al beneficio de los alemanes y de los países bajo su ocupación; (3) los alemanes "mostraron claramente su voluntad de proteger los intereses de Ford" debido a la actitud de estricta neutralidad mantenida por Henry Ford y el difunto Edsel Ford; y (4) el aumento de la actividad de las filiales francesas de Ford en favor de los alemanes fue elogiado por la familia Ford en América[607]

Del mismo modo, el Rockefeller Chase Bank fue acusado de colaborar con los nazis en Francia durante la Segunda Guerra Mundial, mientras Nelson Rockefeller estaba en Washington, D.C., como secuaz:

> La oficina parisina del Chase Bank se comportó de forma similar durante la ocupación alemana. Un examen de la correspondencia entre Chase, Nueva York, y Chase, Francia, desde la fecha de la caída de Francia hasta mayo de 1942, revela que (1) el director de la oficina de París apaciguó y colaboró con los alemanes para situar a los bancos Chase en una "posición privilegiada"; (2) los alemanes tenían

---

[607] Diario de Morgenthau (Alemania).

una consideración especial por el banco Chase - debido a las actividades internacionales de nuestra sede (Chase) y a las relaciones congeniales que la sucursal de París mantenía con muchos de sus bancos (alemanes) y con sus organizaciones locales y altos funcionarios ; (3) el director de París "aplicó las restricciones a la propiedad judía con gran vigor, negándose incluso a liberar los fondos pertenecientes a los judíos en previsión del próximo decreto de las autoridades de ocupación que contenía disposiciones retroactivas que prohibían dicha liberación"; (4) la oficina de Nueva York, a pesar de la información anterior, no tomó ninguna medida directa para destituir al director indeseable de la oficina de París, ya que "podría reaccionar en contra de nuestros intereses (de Chase), ya que no se trata de una teoría sino de una situación"."[608]

Un informe oficial dirigido al entonces Secretario del Tesoro, el Sr. Morgenthau, concluyó que:

Estas dos situaciones [es decir, Ford y Chase Bank] nos convencen de que es imperativo investigar inmediatamente in situ las actividades de las filiales de, al menos, algunas de las principales empresas estadounidenses que operaban en Francia durante la ocupación alemana.[609]

Los funcionarios del Tesoro insistieron en una investigación con las filiales francesas de varios bancos estadounidenses: Chase, Morgan, National City, Guaranty, Bankers Trust y American Express. Aunque el Chase y el Morgan fueron los dos únicos bancos que mantuvieron sus oficinas francesas durante la ocupación nazi, en septiembre de 1944 todos los grandes bancos neoyorquinos estaban presionando al gobierno estadounidense para que les permitiera reabrir las sucursales de antes de la guerra.

Una investigación posterior del Tesoro produjo pruebas documentales de la colaboración entre el Chase Bank y J.P. Morgan con los nazis durante la Segunda Guerra Mundial. La recomendación de una investigación completa se cita en su totalidad a continuación:

COMUNICACIÓN INTERNA DEL DEPARTAMENTO DE TESORERÍA

Fecha: 20 de diciembre de 1944
Para: Secretario Morgenthau
De: Mr Saxon
El examen del Chase Bank en París y del Morgan and Company en Francia sólo ha avanzado lo suficiente como para permitir sacar conclusiones provisionales y revelar algunos hechos interesantes:

BANCO CHASE, PARÍS

---

[608] Ibid.

[609] Ibid.

a. Niederman, de nacionalidad suiza y director de Chase, París, fue sin duda un colaborador;

b. La sede de Chase en Nueva York fue informada de la política colaboracionista de Niederman, pero no tomó ninguna medida para destituirlo. De hecho, hay muchas pruebas de que la sede de Nueva York consideraba que las buenas relaciones de Niederman con los alemanes eran un medio excelente para preservar, aunque no alterar, la posición del Chase Bank en Francia;

c. Las autoridades alemanas querían mantener la caza abierta y adoptaron medidas excepcionales para proporcionar fuentes de ingresos;

d. Las autoridades alemanas querían "ser amigos" de los grandes bancos estadounidenses, porque esperaban que estos bancos fueran útiles después de la guerra como instrumento de la política alemana en Estados Unidos;

e. El Chase, París estaba muy interesado en satisfacer a las autoridades alemanas de todas las maneras posibles. Por ejemplo, el Chase mantenía celosamente la cuenta de la embajada alemana en París, "porque cada cosa cuenta" (para mantener las excelentes relaciones entre el Chase y las autoridades alemanas);

f. El objetivo general de la política y el funcionamiento de Chase era mantener la posición del banco a toda costa.

MORGAN AND COMPANY, FRANCIA

a. Morgan and Company se consideraba un banco francés y, por lo tanto, estaba obligado a cumplir con las leyes y reglamentos bancarios franceses, fueran de inspiración nazi o no, y así lo hizo;

b. Morgan and Company tenía mucho interés en preservar la continuidad de su casa en Francia y, para conseguirlo, elaboró un modus vivendi con las autoridades alemanas;

c. Morgan and Company gozaba de gran prestigio ante las autoridades alemanas, y éstas se jactaban de la espléndida cooperación de Morgan and Company;

d. Morgan continuó sus relaciones de preguerra con las principales empresas industriales y comerciales francesas que trabajaban para Alemania, incluidas las fábricas de Renault, desde entonces confiscadas por el gobierno francés, Peugeot [sic], Citroën y muchas otras.

e. El poder de Morgan and Company en Francia no tiene nada que ver con los limitados recursos financieros de la empresa, y la presente investigación será realmente valiosa al permitirnos estudiar por primera vez el modelo de Morgan en Europa y cómo Morgan utilizó su gran poder;

f. Morgan and Company ha buscado sistemáticamente sus fines enfrentando a un gobierno con otro de la manera más fría y sin escrúpulos.

El Sr. Jefferson Caffery, embajador de los Estados Unidos en Francia, ha sido informado de la evolución de esta investigación y me ha dado su apoyo y su ánimo en todo momento, de principio y de hecho. De hecho, el propio Sr. Caffery, que me preguntó cómo habían actuado las filiales de Ford y General Motors en Francia durante la ocupación, expresó su deseo de que nos ocupáramos de estas empresas una vez concluida la investigación bancaria.

RECOMENDACIÓN

Recomiendo que esta investigación, que por razones inevitables ha progresado hasta ahora con lentitud, se lleve a cabo ahora con carácter de urgencia y que se envíe a París el personal adicional necesario lo antes posible.[610]

La investigación completa nunca se completó, y nunca se llevó a cabo ninguna investigación sobre esta supuesta actividad de traición hasta hoy.

EL SOLDADO ESTADOUNIDENSE DURANTE LA SEGUNDA GUERRA MUNDIAL

La colaboración entre los empresarios estadounidenses y los nazis en la Europa del Eje fue paralela a la protección de los intereses nazis en Estados Unidos. En 1939, American I.G. pasó a llamarse General Aniline & Film, y General Dyestuffs fue su agente de ventas exclusivo en Estados Unidos. Estos nombres en realidad ocultaban el hecho de que American I.G. (o General Aniline & Film) era un gran productor de importantes materiales de guerra, como la atrabina, el magnesio y el caucho sintético. Los acuerdos restrictivos con su empresa matriz alemana I.G. Farben redujeron las entregas estadounidenses de estos productos militares durante la Segunda Guerra Mundial.

Halbach, ciudadano estadounidense, se convirtió en presidente de General Dyestuffs en 1930 y adquirió el control mayoritario en 1939 de Dietrich A. Schmitz, director de American I.G. y hermano de Hermann Schmitz, director de I.G. Farben en Alemania y presidente del consejo de American I.G. hasta el estallido de la guerra en 1939. Después de Pearl Harbor, el Tesoro estadounidense congeló las cuentas bancarias de Halbach. En junio de 1942, el Custodio de la Propiedad Extranjera se incautó de las acciones de Halbach en General Dyestuffs y se hizo cargo de la empresa como corporación enemiga en virtud de la Ley de Comercio con el Enemigo. Posteriormente, el Custodio de la Propiedad Extranjera nombró un nuevo consejo de administración para que actuara como fideicomisario mientras durara la guerra. Estas acciones eran razonables y una práctica habitual, pero cuando se profundiza en la superficie, surge otra historia bastante anómala.

Entre 1942 y 1945, Halbach fue nominalmente consultor de General Dyestuffs. De hecho, Halbach dirigía la empresa, recibiendo 82.000 dólares al año. Louis Johnson, antiguo subsecretario de Guerra, fue nombrado presidente de General Dyestuffs por el gobierno estadounidense, por lo que recibió 75.000 dólares al año. Louis Johnson trató de presionar al Tesoro estadounidense para que liberara los fondos congelados de Halbach y le permitiera desarrollar políticas contrarias a los intereses de Estados Unidos, que en ese momento estaba en guerra con Alemania. El argumento utilizado para obtener la liberación de las cuentas bancarias de Halbach fue que éste dirigía la empresa y que el consejo de administración designado por el gobierno "habría quedado mal parado sin el asesoramiento del Sr. Halbach".

---

[610] Ibid, pp. 800-2.

Durante la guerra, Halbach demandó al Custodio de la Propiedad Extranjera, a través del bufete de abogados Sullivan and Cromwell, para expulsar al gobierno estadounidense de su control de las empresas I.G. Farben. Estas demandas no tuvieron éxito, pero Halbach consiguió mantener intactos los acuerdos del cártel de Farben durante la Segunda Guerra Mundial; el Custodio de la Propiedad Extranjera nunca acudió a los tribunales durante la Segunda Guerra Mundial por las demandas antimonopolio en curso. ¿Por qué no? Leo T. Crowley, jefe de la oficina del Custodio de la Propiedad Extranjera, tenía a John Foster Dulles como asesor, y John Foster Dulles era socio del bufete Sullivan and Cromwell mencionado anteriormente, que actuó en nombre de Halbach en su demanda contra el Custodio de la Propiedad Extranjera.

Hay otras situaciones de conflicto de intereses que hay que señalar. Leo T. Crowley, el custodio de los activos extranjeros, nombró a Victor Emanuel para los consejos de administración de General Aniline & Film y General Dyestuffs. Antes de la guerra, Victor Emanuel era director de la J. Schroder Banking Corporation. Schroder, como ya hemos visto, fue uno de los principales financiadores de Hitler y del Partido Nazi, y en esa misma época era miembro del Círculo de Amigos de Himmler, haciendo importantes contribuciones a las organizaciones de las SS en Alemania.

A su vez, Victor Emanuel nombró a Leo Crowley como jefe de Standard Gas & Electric (controlada por Emanuel) con 75.000 dólares al año. Esto se sumaba al salario que Crowley recibía de la Custodia de la Propiedad Extranjera y a los 10.000 dólares anuales que cobraba como director de la Corporación Federal de Seguros de Depósitos del gobierno estadounidense. En 1945, James E. Markham había sustituido a Crowley como C.P.A. y también había sido designado por Emanuel como director de Standard Gas a razón de 4850 dólares al año, además de los 10.000 dólares que recibía del Custodio de la Propiedad Extranjera.

La influencia en tiempos de guerra de General Dyestuffs y de esta acogedora camarilla gubernamental-corporativa en favor de I.G. Farben queda ilustrada por el asunto de la cianamida estadounidense. Antes de la guerra, I.G. Farben controlaba las industrias de la droga, los productos químicos y los tintes en México. Durante la Segunda Guerra Mundial, se propuso a Washington que la American Cyanamid Company se hiciera cargo de esta industria mexicana y desarrollara una industria química "independiente" con las antiguas empresas de I.G. Farben incautadas por el Custodio de Bienes Extranjeros mexicano.

Como apoderados del banquero Schroder Victor Emanuel, Crowley y Markham, que también eran empleados del gobierno estadounidense, trataron de resolver la cuestión de los intereses de I.G. Farben en Estados Unidos y México. El 13 de abril de 1943, James Markham envió una carta al Secretario de Estado Cordell Hull en la que se oponía a la propuesta de acuerdo de la cianamida por ser contraria a la Carta del Atlántico e interferir en el objetivo de establecer empresas independientes en América Latina. La posición de Markham fue apoyada por Henry A. Wallace y el fiscal general Francis Biddle.

Las fuerzas alineadas en contra del acuerdo con Cyanamide eran Sterling Drug, Inc. y Winthrop. Tanto Sterling como Winthrop podrían perder sus mercados de drogas en México si el acuerdo de la cianamida se lleva a cabo. Las empresas

General Aniline y General Dyestuffs de I.G. Farben, dominadas por Victor Emanuel, antiguo socio del banquero Schröder, también se mostraron hostiles al acuerdo de la cianamida.

Por otro lado, el Departamento de Estado y la Oficina del Coordinador de Asuntos Interamericanos -que resulta ser el bebé de la guerra de Nelson Rockefeller- apoyaron la propuesta de acuerdo de cianamida. Por supuesto, los Rockefeller también están interesados en las industrias farmacéutica y química de América Latina. En resumen, un monopolio estadounidense bajo la influencia de Rockefeller habría sustituido al monopolio nazi de I.G. Farben.

I.G. Farben ganó este asalto en Washington, pero surgen cuestiones más inquietantes cuando examinamos el bombardeo de Alemania durante la guerra por parte de la U.S.A.A. Durante mucho tiempo se ha rumoreado, pero nunca se ha probado, que Farben recibió un trato preferente, es decir, que no fue bombardeada. James Stewart Martin comenta así el trato preferente que recibió I.G. Farben durante el bombardeo de Alemania:

> Poco después de que los ejércitos llegaran al Rin en Colonia, circulábamos por la orilla oeste a la vista de la fábrica de I.G. Farben en Leverkusen, que no había sufrido daños, al otro lado del río. Sin saber nada de mí ni de mis pertenencias, él (el conductor del jeep) empezó a hablarme de I.G. Farben y a indicarme la ruta entre la ciudad de Colonia, bombardeada, y el trío de fábricas sin daños en las afueras: la fábrica de Ford y la de United Rayon en la orilla oeste, y la de Farben en la orilla este...[611]

Aunque esta acusación es una cuestión muy abierta, que requiere una gran investigación especializada en los registros de los bombardeos de la U.S.A.F., otros aspectos del favoritismo nazi son bien conocidos.

Al final de la Segunda Guerra Mundial, Wall Street se trasladó a Alemania a través del Consejo de Control para proteger a sus antiguos amigos del cártel y limitar el fervor desnazificador que dañaría las antiguas relaciones comerciales. El general Lucius Clay, vicegobernador militar de Alemania, nombró a empresarios que se oponían a la desnazificación para que ocuparan puestos de control en el proceso de desnazificación. William H. Draper, de Dillon-Read, la empresa que financió a los cárteles alemanes en los años 20, se convirtió en adjunto del general Clay.

El banquero William Draper, como general de brigada, reunió a su equipo de control entre empresarios que habían representado a empresas estadounidenses en la Alemania de preguerra. La representación de General Motors incluía a Louis Douglas, antiguo director de G.M., y a Edward S. Zdunke, jefe de General Motors en Amberes antes de la guerra, nombrado para supervisar la sección de ingeniería del Consejo de Control. Peter Hoglund, experto en la industria automovilística alemana, obtuvo una excedencia de General Motors. La selección del personal de la Junta corrió a cargo del coronel Graeme K. Howard, antiguo representante de

---

[611] James Stewart Martin, *All Honorable Men*, op. cit. p. 75.

la G.M. en Alemania y autor de un libro que "alababa las prácticas totalitarias [y] justificaba la agresión alemana".[612]

El Secretario del Tesoro Morgenthau, profundamente preocupado por las implicaciones de este monopolio de Wall Street en el destino de la Alemania nazi, preparó un memorando para presentarlo al Presidente Roosevelt. El memorando completo de Morgenthau, fechado el 29 de mayo de 1945, dice lo siguiente:

MEMORANDUM
29 de mayo de 1945
Teniente General Lucius D. Clay, como adjunto del general Eisenhower, dirige activamente el elemento estadounidense del Consejo de Control para Alemania. Los tres principales asesores del General Clay en el personal del Consejo de Control son:
1. El embajador Robert D. Murphy, responsable de la División Política.
2. Louis Douglas, a quien el general Clay describió como mi asesor personal en asuntos económicos, financieros y gubernamentales". Douglas dimitió como director de presupuestos en 1934, y durante los ocho años siguientes atacó la política fiscal del gobierno. Desde 1940, Douglas es presidente de la Mutual Life Insurance Company, y desde diciembre de 1944 es director de la General Motors Corporation.
3. El General de Brigada William Draper, que es el Director de la División Económica del Consejo de Control. El general Draper es socio de la empresa bancaria Dillon, Read and Company. El *New York Times* publicó el domingo el anuncio del nombramiento de personal clave del general Clay y del general Draper para la División Económica del Consejo de Control. Los nombramientos son los siguientes:
1. R.J. Wysor es responsable de los asuntos metalúrgicos. Wysor fue presidente de Republic Steel Corporation desde 1937 hasta hace poco, y antes estuvo asociado a Bethlehem Steel, Jones and Laughlin Steel Corporation y Republic Steel Corporation.
2. Edward X. Zdunke supervisará la sección de ingeniería. Antes de la guerra, el Sr. Zdunke era director de General Motors en Amberes.
3. Philip Gaethke será el responsable de las operaciones mineras. Gaethke estuvo asociado anteriormente a Anaconda Copper y fue responsable de sus fundiciones y minas en la Alta Silesia antes de la guerra.
4. Philip P. Clover será el responsable de los asuntos relacionados con el petróleo. Anteriormente fue representante de la Socony Vacuum Oil Company en Alemania.
5. Peter Hoglund se ocupará de los problemas de producción industrial. Hoglund está de baja en General Motors y se dice que es un experto en la producción alemana.
6. Calvin B. Hoover iba a estar a cargo del Grupo de Inteligencia de la Junta de Control y también era asesor especial del general Draper. En una carta al director del *New York Times* del 9 de octubre de 1944, Hoover escribió lo siguiente:
La publicación del plan del Secretario Morgenthau para tratar con Alemania me perturbó profundamente... una paz tan cartaginesa dejaría un legado de odio que envenenaría las relaciones internacionales durante generaciones... el vacío que

---

[612] Journal de Morgenthau (Alemania), p. 1543. El libro del coronel Graeme K. Howard se titulaba *America and a New World Order,* (Nueva York: Scribners, 1940).

existiría en la economía de Europa por la destrucción de toda la industria alemana es algo difícil de contemplar.

7. Laird Bell iba a ser el principal asesor jurídico de la división económica. Es un conocido abogado de Chicago y en mayo de 1944 fue elegido presidente del *Chicago Daily News,* tras la muerte de Frank Knox.

Uno de los hombres que ayudó al general Draper en la selección del personal de la división económica fue el coronel Graeme Howard, vicepresidente de General Motors, encargado de sus asuntos exteriores y que había sido un destacado representante de General Motors en Alemania antes de la guerra. Howard escribió un libro en el que alababa las prácticas totalitarias, justificaba la agresión alemana y la política de apaciguamiento de Múnich, y culpaba a Roosevelt de haber precipitado la guerra.

Así, cuando examinamos la Junta de Control del General Lucius D. Clay para Alemania, encontramos que el jefe de la división de finanzas era Louis Douglas, director de General Motors, controlada por Morgan, y presidente de Mutual Life Insurance. La Junta de Control de Clay para Alemania, encontramos que el jefe de la división de finanzas era Louis Douglas, director de General Motors controlado por Morgan y presidente de Mutual Life Insurance. (Opel, la filial alemana de General Motors, había sido el mayor productor de tanques de Hitler). El jefe de la división económica del Consejo de Control era William Draper, socio de la firma Dillon, Read, que tanto tuvo que ver con la construcción de la Alemania nazi en primer lugar. Los tres hombres eran, como es lógico a la luz de los descubrimientos más recientes, miembros del Consejo de Relaciones Exteriores.

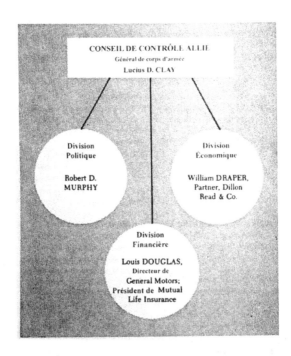

¿FUERON LOS INDUSTRIALES Y FINANCIEROS ESTADOUNIDENSES CULPABLES DE CRÍMENES DE GUERRA?

El juicio por crímenes de guerra de Núremberg se propuso seleccionar a los responsables de los preparativos y atrocidades de la Segunda Guerra Mundial y llevarlos ante la justicia. Es discutible si tal procedimiento es moralmente justificable; se puede argumentar que Nuremberg fue una farsa política alejada de los principios jurídicos.[613] Sin embargo, si asumimos que existe tal justificación legal y moral, entonces seguramente cualquier juicio de este tipo debería aplicarse a todos, *independientemente de la* nacionalidad. ¿Qué, por ejemplo, debería eximir a Franklin D. Roosevelt y Winston Churchill, pero no a Adolf Hitler y Goering? Si el delito es la preparación para la guerra, no la venganza ciega, la justicia debe ser imparcial.

Las directrices preparadas por el Consejo de Control de EE.UU. en Alemania para la detención y encarcelamiento de criminales de guerra se refieren a "nazis" y "simpatizantes de los nazis", no a "alemanes". Los extractos pertinentes son los siguientes:

> *a. Buscarás, arrestarás y detendrás, a la espera de nuevas instrucciones sobre su destino, a Adolf Hitler, sus principales asociados nazis, otros criminales de guerra y todas las personas que participaron en la planificación o ejecución de empresas nazis que implican o resultan en atrocidades o crímenes de guerra.*

A continuación se incluye una lista de categorías de personas que deben ser detenidas, entre ellas:

> *(8) Nazis y simpatizantes nazis que ocupan puestos importantes y clave en (a) organizaciones cívicas y económicas nacionales y locales; (b) empresas y otras organizaciones en las que el gobierno tiene un interés financiero importante; (c) industria, comercio, agricultura y finanzas; (d) educación; (e) el poder judicial; y (f) la prensa, las editoriales y otros organismos que difunden noticias y propaganda.*

Los principales industriales y financieros estadounidenses mencionados en este libro están incluidos en las categorías anteriores. Henry Ford y Edsel Ford contribuyeron a Hitler y se beneficiaron de la producción alemana en tiempos de guerra, respectivamente. Standard Oil of New Jersey, General Electric, General Motors e I.T.T. hicieron ciertamente contribuciones financieras o técnicas que constituyen una prueba *prima facie de* "participación en la planificación o ejecución de empresas nazis".

Hay, en definitiva, pruebas que sugieren:

---

[613] El lector debería revisar el ensayo *The Return to War Crimes*, en James J. Martin, *Revisionist Viewpoints*, (Colorado: Ralph Mules, 1971).

a) cooperación con la Wehrmacht (Ford Motor Company, Chase Bank, Morgan Bank);

b) Ayuda al plan cuatrienal nazi y movilización económica para la guerra (Standard Oil of New Jersey);

c) la creación y el equipamiento de la maquinaria de guerra nazi (I.T.T.);

d) almacenamiento de materiales nazis esenciales (Ethyl Corporation);

e) el debilitamiento de los enemigos potenciales de los nazis (la estadounidense I.G. Farben); y

f) la búsqueda de propaganda, inteligencia y espionaje (la estadounidense I.G. Farben y el relacionista público de Rockefeller, Ivy Lee).

Hay al menos suficientes pruebas para exigir una investigación exhaustiva e imparcial. Sin embargo, como ya hemos señalado, estas mismas empresas y financieros desempeñaron un papel importante en la elección de Roosevelt en 1933 y, por lo tanto, tenían suficiente influencia política para sofocar las amenazas de investigación. Extractos del diario de Morgenthau demuestran que el poder político de Wall Street era suficiente incluso para controlar el nombramiento de los funcionarios responsables de la desnazificación y el eventual gobierno de la Alemania de posguerra.

¿Eran estas empresas estadounidenses conscientes de su ayuda a la maquinaria militar de Hitler? De las propias empresas se desprende que no lo hicieron. Afirman ser inocentes de cualquier intención de ayudar a la Alemania de Hitler. Testigo de ello es un telegrama enviado por el presidente del consejo de administración de la Standard Oil de Nueva Jersey al Secretario de Guerra Patterson después de la Segunda Guerra Mundial, mientras se llevaba a cabo la investigación preliminar sobre la ayuda de Wall Street:

> Durante todo el periodo de nuestros contactos comerciales, no teníamos ni idea del papel de Farben como cómplice de la brutal política de Hitler. Ofrecemos toda la ayuda posible para sacar a la luz toda la verdad y para que se haga justicia de forma imparcial.
>
> F.W. Abrams, Presidente del Consejo de Administración

Por desgracia, las pruebas presentadas son contrarias a las afirmaciones telegráficas de Abrams. La Standard Oil de Nueva Jersey no sólo ayudó a la maquinaria de guerra de Hitler, sino que tenía conocimiento de dicha ayuda. Emil Helfferich, presidente del consejo de administración de una filial de Standard of New Jersey, era miembro del Círculo Keppler antes de que Hitler llegara al poder; siguió haciendo contribuciones financieras al Círculo Himmler hasta 1944.

Por lo tanto, no es en absoluto difícil visualizar por qué los industriales nazis estaban desconcertados por las "investigaciones" y asumieron al final de la guerra que sus amigos de Wall Street les sacarían de apuros y les protegerían de la ira de los que habían sufrido. Estas actitudes fueron presentadas al Comité Kilgore en 1946:

> También le interesará saber, Sr. Presidente, que los dirigentes de I.G. Farben y otros, cuando les preguntamos por estas actividades, se mostraron a veces muy vergonzosos. Su actitud general y sus expectativas eran que la guerra había

terminado y que ahora debíamos ayudarles a poner en pie a I.G. Farben y a la industria alemana. Algunos de ellos dijeron abiertamente que este interrogatorio e investigación era, en su opinión, sólo un fenómeno efímero, porque en cuanto las cosas se calmaran un poco, esperaban que sus amigos de Estados Unidos e Inglaterra volvieran. Sus amigos, decían, pondrían fin a actividades como estas pesquisas y se asegurarían de que recibieran lo que consideraban un trato adecuado y de que se les ayudara a restablecer su industria.[614]

---

[614] Eliminación de los recursos alemanes, p. 652.

CAPÍTULO XII

CONCLUSIONES

Hemos documentado una serie de asociaciones críticas entre los banqueros internacionales de Wall Street y el ascenso de Hitler y el nazismo en Alemania.

Primero: que Wall Street financió a los cárteles alemanes a mediados de la década de 1920, lo que a su vez llevó a Hitler al poder.

Segundo: que la financiación de Hitler y sus SS provino en parte de subsidiarias o filiales de empresas estadounidenses, incluyendo a Henry Ford en 1922, pagos de I.G. Farben y General Electric en 1933, luego de Standard Oil de Nueva Jersey y pagos de subsidiarias de I.T.T. a Heinrich Himmler hasta 1944.

Tercero: que las multinacionales estadounidenses bajo el control de Wall Street se beneficiaron enormemente del programa de construcción militar de Hitler en los años 30 y al menos hasta 1942.

Cuarto: que esos mismos banqueros internacionales utilizaron su influencia política en Estados Unidos para ocultar su colaboración en la guerra y, para ello, se infiltraron en la Comisión de Control de Estados Unidos para Alemania.

Nuestras pruebas para estas cuatro afirmaciones principales pueden resumirse como sigue:

En el primer capítulo presentamos pruebas de que los planes Dawes y Young para las reparaciones alemanas fueron formulados por miembros prominentes de Wall Street, que llevaban temporalmente el sombrero de estadistas, y estos préstamos generaron una lluvia de beneficios para estos banqueros internacionales. Owen Young, de General Electric, Hjalmar Schacht, A. Voegler y otros íntimamente relacionados con el ascenso de Hitler al poder habían sido previamente negociadores de los bandos estadounidense y alemán, respectivamente. Tres firmas de Wall Street — Dillon, Read; Harris, Forbes; y, National City Company- manejaron tres cuartas partes de los préstamos de reparación utilizados para crear el sistema de cárteles alemanes, incluyendo las dominantes I.G. Farben y Vereinigte Stahlwerke, que juntas produjeron el 95 por ciento de los explosivos para el campo nazi durante la Segunda Guerra Mundial.

El papel central de I.G. Farben en el golpe de Estado de Hitler se analizó en el capítulo dos. Los directores de la empresa estadounidense I.G. (Farben) han sido identificados como importantes hombres de negocios estadounidenses: Walter Teagle, socio y patrocinador de Roosevelt y fideicomisario de la NRA; el banquero Paul Warburg (su hermano Max Warburg estaba en el consejo de I.G. Farben en Alemania); y Edsel Ford. Farben pagó 400.000 RM directamente a Schacht y Hess para las cruciales elecciones de 1933 y, posteriormente, Farben estuvo a la cabeza del desarrollo militar de la Alemania nazi.

La empresa alemana General Electric (A.E.G.), que contaba con cuatro directores y una participación del 25-30% de la empresa matriz estadounidense General Electric, hizo una donación de 60.000 RM a Hitler. Este papel se describió en el capítulo tres, y descubrimos que Gerard Swope, uno de los iniciadores del New Deal de Roosevelt (su segmento de la Administración de Recuperación Nacional), junto con Owen Young, del Banco de la Reserva Federal de Nueva York, y Clark Minor, de International General Electric, eran las figuras dominantes de Wall Street en el A.E.G. y la influencia individual más significativa.

Tampoco hemos encontrado pruebas para acusar a la empresa eléctrica alemana Siemens, que no estaba controlada por Wall Street. Por otro lado, hay pruebas documentales de que tanto A.E.G. como Osram, las otras unidades de la industria eléctrica alemana -ambas de propiedad y control estadounidense- financiaron a Hitler. De hecho, casi todos los directores de la General Electric alemana eran partidarios de Hitler, ya sea directamente a través de A.E.G. o indirectamente a través de otras empresas alemanas. A.E. complementó su apoyo a Hitler con la cooperación técnica con Krupp para restringir el desarrollo estadounidense del carburo de tungsteno, lo que redundó en perjuicio de Estados Unidos durante la Segunda Guerra Mundial. Hemos llegado a la conclusión de que las fábricas de A.E.G. en Alemania consiguieron, mediante alguna maniobra aún desconocida, evitar los bombardeos aliados.

En el capítulo cuatro se examinó el papel de la Standard Oil de Nueva Jersey (que estaba y está controlada por los intereses de Rockefeller). Al parecer, la Standard Oil no financió la subida al poder de Hitler en 1933 (esta parte del "mito de Sidney Warburg" no está probada). En cambio, los pagos fueron realizados hasta 1944 por la Standard Oil de Nueva Jersey, para desarrollar gasolina sintética con fines bélicos en nombre de los nazis y, a través de su filial de propiedad absoluta, al Círculo de Amigos de las SS de Heinrich Himmler con fines políticos. El papel de la Standard Oil era proporcionar asistencia técnica al desarrollo nazi del caucho sintético y la gasolina a través de una empresa de investigación estadounidense bajo el control de la dirección de la Standard Oil. La Ethyl Gasoline Company, propiedad conjunta de Standard Oil de Nueva Jersey y General Motors, desempeñó un papel clave en el suministro de plomo etílico vital para la Alemania nazi -a pesar de las protestas por escrito del Departamento de Guerra de los Estados Unidos- con el claro conocimiento de que el plomo etílico era para fines militares nazis.

En el capítulo cinco mostramos que la International Telephone and Telegraph Company, una de las multinacionales más conocidas, trabajó en ambos lados de la Segunda Guerra Mundial a través del barón Kurt von Schroder, del grupo bancario Schroder. I.T.T. también tenía una participación del 28% en la empresa Focke-Wolfe, que fabricaba excelentes aviones de combate alemanes. También descubrimos que Texaco (Texas Oil Company) estaba involucrada en empresas nazis a través del abogado alemán Westrick, pero había renunciado a su presidente Rieber cuando estas empresas se hicieron públicas.

Henry Ford fue uno de los primeros (1922) en apoyar a Hitler y Edsel Ford continuó la tradición familiar en 1942 animando a la Ford francesa a aprovechar el armamento de la Wehrmacht alemana. Posteriormente, estos vehículos producidos por Ford fueron utilizados contra los soldados estadounidenses durante su desembarco en Francia en 1944. Por su temprano reconocimiento y oportuna ayuda a los nazis, Henry Ford recibió una medalla nazi en 1938. Los registros franceses de Ford sugieren que Ford Motor recibió un trato especialmente favorable de los nazis después de 1940.

Las pistas sobre la financiación de Hitler se recogen en el capítulo siete y responden con nombres y cifras precisas a la pregunta: ¿quién financió a Adolf Hitler? Este capítulo acusa a Wall Street y, por cierto, a nadie más importante en Estados Unidos, salvo a la familia Ford. La familia Ford no suele asociarse con Wall Street, pero sin duda forma parte de la "élite del poder".

En los capítulos anteriores hemos mencionado a varios socios de Roosevelt, como Teagle, de Standard Oil, la familia Warburg y Gerard Swope. En el octavo capítulo se describe el papel de Putzi Hanfstaengl, otro amigo de Roosevelt y participante en el incendio del Reichstag. La composición del círculo íntimo de los nazis durante la Segunda Guerra Mundial y las contribuciones financieras de la Standard Oil de Nueva Jersey y de las filiales de la I.T.T., se trazan en el capítulo nueve. Se presentan pruebas documentales de estas contribuciones financieras. Kurt von Schröder es identificado como el intermediario clave en la gestión de este "fondo de compensación" de las S.S.

Por último, en el capítulo 10, revisamos un libro suprimido en 1934 y el "mito de Sidney Warburg". El libro censurado acusaba a los Rockefeller, los Warburg y las grandes compañías petroleras de financiar a Hitler. Aunque el nombre "Sidney Warburg" era sin duda una invención, el hecho extraordinario es que el argumento del libro suprimido escrito por un tal "Sidney Warburg" es notablemente parecido a las pruebas presentadas aquí. También queda por ver por qué James Paul Warburg, quince años más tarde, intentaría, de forma bastante transparente y escurridiza, refutar el contenido del libro de "Warburg", un libro que dice no haber visto. Quizá sea aún más difícil entender por qué Warburg eligió las *Memorias* del nazi von Papen para presentar su refutación.

Por último, en el capítulo 11 analizamos el papel de los bancos Morgan y Chase en la Segunda Guerra Mundial y, en particular, su colaboración con los nazis en Francia mientras se libraba una gran guerra.

En otras palabras, al igual que en nuestros dos exámenes anteriores de los vínculos entre los banqueros internacionales de Nueva York y los principales acontecimientos históricos, encontramos un patrón probado de subvención y manipulación política.

LA INFLUENCIA DOMINANTE DE LOS BANQUEROS INTERNACIONALES

Al observar la amplia gama de hechos presentados en los tres volúmenes de la serie Wall Street, vemos que los mismos nombres se repiten una y otra vez: Owen

Young, Gerard Swope, Hjalmar Schacht, Bernard Baruch, etc.; los mismos bancos internacionales: J.P. Morgan, Guaranty Trust, Chase Bank; y la misma ubicación en Nueva York: normalmente el 120 de Broadway.

Este grupo de banqueros internacionales apoyó la revolución bolchevique y luego se benefició de la creación de una Rusia soviética. Este grupo apoyó a Roosevelt y se benefició del socialismo del New Deal. Este grupo también apoyó a Hitler y ciertamente se benefició del armamento alemán en la década de 1930. Mientras que las grandes empresas deberían haber llevado a cabo sus actividades comerciales en Ford Motor, Standard of New Jersey, etc., las encontramos activa y profundamente implicadas en las convulsiones políticas, la guerra y las revoluciones en tres grandes países.

La versión de la historia que se presenta aquí es que la élite financiera ayudó a sabiendas y premeditadamente a la revolución bolchevique de 1917 en concierto con los banqueros alemanes. Después de haberse beneficiado generosamente de la angustia hiperinflacionaria alemana de 1923, y de haber planeado trasladar la carga de las reparaciones alemanas a las espaldas de los inversores estadounidenses, Wall Street descubrió que había provocado la crisis financiera de 1929.

Entonces se apoyó a dos hombres como líderes de los principales países occidentales: Franklin D. Roosevelt en Estados Unidos y Adolf Hitler en Alemania. El New Deal de Roosevelt y el Plan Cuatrienal de Hitler tenían grandes similitudes. Tanto los planes de Roosevelt como los de Hitler eran planes para una toma de posesión fascista de sus respectivos países. Mientras que la ANR de Roosevelt fracasó, debido a las limitaciones constitucionales vigentes en ese momento, el Plan de Hitler tuvo éxito.

¿Por qué la élite de Wall Street, los banqueros internacionales, querían a Roosevelt y a Hitler en el poder? Este es un aspecto que no hemos explorado. Según el "mito de Sidney Warburg", Wall Street quería una política de venganza, es decir, una guerra en Europa entre Francia y Alemania. Sabemos, incluso por la historia del establishment, que tanto Hitler como Roosevelt aplicaron políticas que llevaron a la guerra.

Los vínculos entre las personas y los acontecimientos de esta serie de tres libros requerirían otro libro. Pero tal vez un ejemplo indique la notable concentración de poder en un número relativamente pequeño de organizaciones, y el uso que se hizo de ese poder.

El [1 de] mayo de 1918, cuando los bolcheviques sólo controlaban una pequeña parte de Rusia (y casi la perdieron en el verano de 1918), se organizó en Washington la Liga Americana de Ayuda y Cooperación con Rusia para apoyar a los bolcheviques. No se trataba de un comité del tipo "Manos fuera de Rusia" formado por el Partido Comunista estadounidense o sus aliados. Era un comité formado por Wall Street con George P. Whalen de la Vacuum Oil Company como tesorero y Coffin y Oudin de General Electric, así como Thompson del Sistema de la Reserva Federal, Willard del Baltimore & Ohio Railroad, y varios socialistas.

Cuando observamos el ascenso de Hitler y el nazismo, encontramos bien representadas a Vacuum Oil y General Electric. Al embajador Dodd en Alemania le llamó la atención la contribución monetaria y técnica de la Vacuum Oil

Company, controlada por Rockefeller, a la construcción de instalaciones militares de gasolina para los nazis. El embajador trató de advertir a Roosevelt. Dodd creía, en su aparente ingenuidad sobre la conducción de los asuntos mundiales, que Roosevelt intervendría, pero el propio Roosevelt estaba respaldado por esos mismos intereses petroleros y Walter Teagle, de la Standard Oil de Nueva Jersey y de la NRA, formaba parte del consejo de la Warm Springs Foundation de Roosevelt. Así, en uno de los muchos ejemplos, encontramos a la Vacuum Oil Company, controlada por Rockefeller, que desempeñó un importante papel en la creación de la Rusia bolchevique, en el fortalecimiento militar de la Alemania nazi y en el apoyo al New Deal de Roosevelt.

¿ESTÁ ESTADOS UNIDOS GOBERNADO POR UNA ÉLITE DICTATORIAL?

Durante la última década, y ciertamente desde los años 60, un flujo constante de literatura ha presentado la tesis de que Estados Unidos está dirigido por una élite no elegida que se autoperpetúa. Además, la mayoría de estos libros afirman que esta élite controla, o al menos influye fuertemente, en todas las decisiones de política exterior e interior, y que ninguna idea se hace respetable o se publica en Estados Unidos sin la aprobación tácita, o quizás la falta de desaprobación, de este círculo elitista.

Evidentemente, el propio flujo de literatura antisistema es un testimonio del hecho de que Estados Unidos no puede estar totalmente bajo el control de un único grupo o élite. Por otra parte, la literatura antisistema no está plenamente reconocida ni se discute razonablemente en los círculos académicos o mediáticos. La mayoría de las veces se trata de una edición limitada, producida de forma privada y distribuida casi en mano. Hay algunas excepciones, por supuesto, pero no las suficientes como para cuestionar la observación de que la crítica antisistema no entra fácilmente en los canales normales de información/distribución.

Mientras que a principios y mediados de la década de 1960 cualquier concepto de dominación por parte de una élite conspiradora, o de hecho cualquier tipo de élite, era razón suficiente para descartar a su proponente de plano como un "chiflado", el ambiente para tales conceptos ha cambiado radicalmente. El asunto Watergate probablemente puso el broche de oro a un ambiente de escepticismo y duda que venía desarrollándose desde hace tiempo. Estamos casi en el punto en que cualquiera que acepte, por ejemplo, el informe de la Comisión Warren, o crea que no hubo aspectos conspirativos en el declive y la caída de Nixon, es sospechoso. En resumen, ya nadie cree realmente en el proceso de información del establishment. Y hay una gran variedad de presentaciones alternativas de eventos que ahora están disponibles para los curiosos.

Varios centenares de libros, que abarcan todo el espectro político y filosófico, añaden pruebas, hipótesis y acusaciones. Lo que no hace mucho tiempo era una idea descabellada, de la que se hablaba a medianoche a puerta cerrada en susurros casi conspirativos, ahora se discute abiertamente, no, por supuesto, en los periódicos del establishment, pero sí en los programas de radio fuera de la red, en la prensa underground, e incluso de vez en cuando en libros de editoriales respetables del establishment.

Así que volvamos a preguntar: ¿hay una élite de poder no elegida detrás del gobierno de Estados Unidos?

Una fuente de información importante y a menudo citada es Carroll Quigley, profesor de Relaciones Internacionales de la Universidad de Georgetown, que publicó en 1966 una monumental historia moderna titulada *Tragedia y esperanza*.[615] El libro de Quigley se diferencia de otros en esta línea revisionista en que se basa en un estudio de dos años de los documentos internos de uno de los centros de poder. Quigley traza la historia de la élite del poder:

> ... los poderes del capitalismo financiero tenían otro objetivo de largo alcance, nada menos que crear un sistema global de control financiero en manos privadas capaz de dominar el sistema político de cada país y la economía mundial en su conjunto.

Quigley también demuestra que el Consejo de Relaciones Exteriores, la Asociación Nacional de Planificación y otros grupos son órganos de decisión "semisecretos" bajo el control de esta élite gobernante.

En la siguiente presentación tabular, hemos enumerado cinco de esas obras, incluida la de Quigley. Se resumen sus tesis esenciales y su compatibilidad con los tres volúmenes de la serie Wall Street. Se resumen sus tesis esenciales y su compatibilidad con los tres volúmenes de la serie "Wall Street". Sorprendentemente, en los tres grandes acontecimientos históricos señalados, los supuestos de Carroll Quigley no son en absoluto compatibles con las pruebas de la serie Wall Street. Quigley hace mucho por demostrar la existencia de la élite gobernante, pero no penetra en las operaciones de esa élite.

Es posible que los documentos utilizados por Quigley hayan sido redactados y no contengan pruebas de la manipulación elitista de acontecimientos como la revolución bolchevique, el ascenso de Hitler al poder y la elección de Roosevelt en 1933. Es más probable que estas manipulaciones políticas no queden registradas en absoluto en los archivos de los grupos de poder. Pueden ser acciones no registradas de un pequeño segmento *ad hoc* de la élite. Cabe señalar que los documentos que utilizamos proceden de fuentes gubernamentales, que registran las acciones diarias de Trotsky, Lenin, Roosevelt, Hitler, J.P. Morgan y las diversas empresas y bancos implicados.

Por otro lado, autores como Jules Archer, Gary Allen, Helen P. Lasell y William Domhoff, escribiendo desde perspectivas políticas muy diferentes[616], están de acuerdo con las pruebas presentadas en la trilogía "Wall Street". Estos escritores presentan la hipótesis de una élite de poder que manipula el gobierno estadounidense. La serie "Wall Street" demuestra cómo esta hipotética "élite del poder" manipuló acontecimientos históricos concretos.

---

[615] Carroll Quigley, *Tragedia y esperanza, una historia del mundo en nuestro tiempo*, op. cit.

[616] Hay muchos más; el autor ha elegido más o menos al azar dos conservadores (Allen y Lasell) y dos liberales (Archer y Domhoff).

Está claro que cualquier ejercicio de un poder tan ilimitado y supralegal es inconstitucional, incluso si está envuelto en acciones legales. Por lo tanto, podemos plantear legítimamente la cuestión de la existencia de una fuerza subversiva que opera para suprimir los derechos garantizados por la Constitución.

LA ÉLITE NEOYORQUINA COMO FUERZA SUBVERSIVA

La historia del siglo XX, tal y como se recoge en los libros de texto y en las revistas del establishment, es inexacta. Es una historia basada únicamente en los documentos oficiales que las distintas administraciones han tenido a bien poner a disposición del público.

Tabla: **¿ES LA EVIDENCIA DE LA SERIE "WALL STREET" CONSISTENTE CON LOS ARGUMENTOS REVISIONISTAS PRESENTADOS AQUÍ?**

(1) Nueva York: MacMillan, 1966.
(2) Nueva York: Hawthorn, 1973.
(3) Seal Beach: Concord Press, 1971.
(4) Nueva York: Liberty, 1963.
(5) Nueva Jersey: Prentice Hall, 1967.

Autor y título:	Tesis clave:	¿Es la tesis coherente con: (1) Wall Street y la revolución bolchevique	(2) Wall Street y FDR	(3) Wall Street y el ascenso de Hitler
Carroll QUIGLEY: *Tragedia y esperanza* (1) el establecimiento "semisecreto" de la Costa Este	Los asentamientos y cierres "semisecretos" de la Costa Este desempeñan un papel dominante en la planificación y la política estadounidenses.	Quigley no incluye las pruebas presentadas en *Wall Street y la revolución bolchevique* (pp. 385-9)	No: el argumento de Quigley es totalmente incompatible con lo anterior (ver p. 533)	El relato de Quigley sobre el ascenso de Hitler (pp. 529-33) no contiene ninguna prueba de la participación del establishment.
Jules ARCHER: *Complot para tomar la Casa Blanca* (2)	En 1933-4 hubo una conspiración de Wall Street para destituir a FDR e instalar una dictadura fascista en EEUU.	No es relevante, pero los elementos de Wall Street citados por Archer participaron en la revolución bolchevique.	Sí: en general, las pruebas de Archer son coherentes, salvo que el papel de FDR se interpreta de forma diferente.	Las secciones de Archer sobre Hitler y el nazismo son coherentes con lo anterior.
Gary ALLEN: *Nadie se atreve a llamarlo conspiración* (3)	Hay una conspiración secreta (el Consejo de Relaciones Exteriores) para instalar una dictadura en los Estados Unidos y, en última instancia, para controlar el mundo.	Sí, salvo pequeñas variaciones en la financiación.	No está incluido en Allen pero es consistente.	No está incluido en Allen pero es consistente.
Helen P. LASELL: *El poder detrás del gobierno hoy* (4)	El Consejo de Relaciones Exteriores es una organización secreta subversiva dedicada al derrocamiento del gobierno constitucional de Estados Unidos.	Las pruebas de Lasell son coherentes con lo anterior.	Las pruebas de Lasell son coherentes con lo anterior.	Las pruebas de Lasell son consistentes con lo anterior.
William DOMHOFF: *¿Quién gobierna América?* (5)	Hay una "élite del poder" que controla todos los grandes bancos, las empresas, las fundaciones, el poder ejecutivo y las agencias reguladoras del gobierno estadounidense.	La serie anterior extiende el argumento de Domholls a la política exterior.	La serie anterior extiende el argumento de Domhoff a las elecciones presidenciales.	La serie anterior extiende el argumento de Domhoffs a la política exterior.

Pero una historia precisa no puede basarse en una difusión selectiva de los archivos documentales. La precisión requiere el acceso a todos los documentos. En la práctica, a medida que se adquieren los documentos previamente archivados en el Departamento de Estado de Estados Unidos, el Ministerio de Asuntos Exteriores británico, los archivos del Ministerio de Asuntos Exteriores alemán y otros repositorios, surge una nueva versión de la historia; la versión predominante del establishment se considera no sólo inexacta, sino también diseñada para ocultar una red generalizada de engaño y conducta inmoral.

El centro del poder político, tal y como lo autoriza la Constitución estadounidense, es un Congreso y un Presidente elegidos, que trabajan dentro del marco y las limitaciones de una Constitución, interpretada por un Tribunal Supremo imparcial. En el pasado, hemos asumido que el poder político es, por lo tanto, cuidadosamente ejercido por los poderes ejecutivo y legislativo, después de la deliberación y evaluación de los deseos del electorado. De hecho, nada podría estar más lejos de esta suposición. El electorado ha sospechado durante mucho tiempo, pero ahora sabe que las promesas políticas no valen nada. La mentira está a la orden del día para los responsables de las políticas. Las guerras se inician (y se detienen) sin ninguna explicación coherente. Los discursos políticos nunca van acompañados de las acciones correspondientes. ¿Por qué habría de ser de otra manera? Aparentemente, porque el centro del poder político se ha desplazado de los representantes elegidos y aparentemente competentes en Washington, y esta élite gobernante tiene su propia agenda, que es incompatible con la del público en general.

En esta serie de tres volúmenes, hemos identificado para tres acontecimientos históricos que la sede del poder político en Estados Unidos -el poder entre bastidores, la influencia oculta en Washington- es la del establishment financiero de Nueva York: los banqueros privados internacionales, concretamente las casas financieras de J.P. Morgan, el Chase Manhattan Bank controlado por los Rockefeller y, en los primeros tiempos (antes de que su Manhattan Bank se fusionara con el antiguo Chase Bank), los Warburg.

Estados Unidos se ha convertido, a pesar de la Constitución y sus supuestas limitaciones, en un Estado casi totalitario. Si no tenemos los signos externos de la dictadura (todavía), los campos de concentración y la llamada a la puerta a medianoche, sin duda tenemos amenazas y acciones dirigidas a la supervivencia de los críticos que no son del establishment, el uso del Servicio de Impuestos Internos para poner en cintura a los disidentes, y la manipulación de la Constitución por un poder judicial políticamente servil al establishment.

A los banqueros internacionales les interesa pecuniariamente centralizar el poder político, y la mejor manera de lograrlo es mediante la creación de una sociedad colectivista, como la Rusia socialista, la Alemania nacionalsocialista o los Estados Unidos socialistas bajo la planificación de la Sociedad Fabiana.

No se puede entender y apreciar plenamente la política estadounidense del siglo XX y la política exterior sin darse cuenta de que esta élite financiera monopoliza efectivamente la política de Washington.

En cualquier caso, los documentos publicados recientemente implican a esta élite y confirman esta hipótesis. Las versiones revisionistas de la entrada de

Estados Unidos en la Primera y Segunda Guerras Mundiales, Corea y Vietnam revelan la influencia y los objetivos de esta élite.

Durante la mayor parte del siglo XX, el Sistema de la Reserva Federal, en particular el Banco de la Reserva Federal de Nueva York (que está fuera del control del Congreso, sin auditoría ni control, con el poder de imprimir dinero y crear crédito a voluntad), ha ejercido un monopolio virtual sobre la dirección de la economía estadounidense. En materia de asuntos exteriores, el Consejo de Relaciones Exteriores, aparentemente un inocente foro de académicos, empresarios y políticos, contiene dentro de su caparazón, tal vez desconocido para muchos de sus miembros, un centro de poder que determina unilateralmente la política exterior estadounidense. El principal objetivo de esta política exterior sumergida -y obviamente subversiva- es la adquisición de mercados y poder económico (beneficios, si se quiere), para un pequeño grupo de multinacionales gigantescas bajo el control virtual de unas pocas firmas de banca de inversión y las familias que las controlan.

A través de las fundaciones impulsadas por esta élite, la investigación de académicos dóciles y sin escrúpulos, tanto "conservadores" como "liberales", se ha orientado en direcciones útiles para los objetivos de la élite, esencialmente para mantener este aparato de poder subversivo e inconstitucional.

A través de las editoriales controladas por la misma élite financiera, se han dejado de lado los libros no deseados y se han promovido los libros útiles; afortunadamente, la edición tiene pocas barreras de entrada y casi siempre consigue mantenerse en el marco de una sana competencia. Gracias al control de una docena de grandes periódicos, dirigidos por editores afines, la información pública puede ser orquestada casi a voluntad. Ayer, el programa espacial; hoy, una crisis energética o una campaña medioambiental; mañana, una guerra en Oriente Medio o alguna otra "crisis" fabricada.

El resultado total de esta manipulación de la sociedad por parte de la élite del establishment ha sido cuatro grandes guerras en sesenta años, una deuda nacional paralizante, el abandono de la Constitución, la supresión de la libertad individual y de las oportunidades para el ejercicio del talento natural, y la creación de una enorme brecha de credibilidad entre el hombre de la calle y Washington, D.C. Como el arreglo transparente de dos grandes partidos que alegan diferencias artificiales, con estas convenciones que se convierten en una batalla campal, y el cliché de una "política exterior bipartidista" ya no es creíble, y la propia élite financiera reconoce que sus políticas no son aceptadas por el público, está claramente preparada para ir por su cuenta sin siquiera buscar un apoyo público nominal.

En resumen, ahora debemos examinar y debatir si este establecimiento elitista con sede en Nueva York es una fuerza subversiva que opera deliberadamente para suprimir la Constitución e impedir el funcionamiento de una sociedad libre. Esa será la tarea que tenemos por delante durante la próxima década.

LA VERDAD REVISIONISTA QUE EMERGE LENTAMENTE

El escenario de este debate y la base de nuestras acusaciones de subversión son las pruebas aportadas por el historiador revisionista. Poco a poco, a lo largo de las décadas, libro a libro, casi línea a línea, la verdad de la historia reciente ha ido emergiendo a medida que los documentos han sido publicados, sondeados, analizados y situados en un marco histórico más válido.

Veamos algunos ejemplos. La entrada de Estados Unidos en la Segunda Guerra Mundial se precipitó, según la versión del establishment, por el ataque japonés a Pearl Harbor. Los revisionistas han establecido que Franklin D. Roosevelt y el General Marshall eran conscientes del inminente ataque japonés y no hicieron nada para advertir a las autoridades militares de Pearl Harbor.

La clase dirigente quería la guerra con Japón. Posteriormente, el establishment se aseguró de que la investigación del Congreso sobre Pearl Harbor fuera coherente con la política de Roosevelt. En palabras de Percy Greaves, el experto principal de la minoría republicana en el Comité Conjunto de la Cámara de Representantes sobre la investigación de Pearl Harbor:

> Los hechos completos nunca se conocerán. La mayoría de las llamadas investigaciones han sido intentos de suprimir, engañar o confundir a quienes buscan la verdad. Desde el principio hasta el final, se han ocultado los hechos y los registros para revelar sólo las piezas de información que benefician a la administración investigada. A los que buscan la verdad se les dice que otros hechos o documentos no pueden ser revelados porque están mezclados en diarios, se refieren a nuestras relaciones con países extranjeros o no contienen información valiosa.[617]

Pero este no fue el primer ni el último intento de meter a Estados Unidos en la guerra. Los intereses de Morgan, de acuerdo con Winston Churchill, intentaron arrastrar a Estados Unidos a la Primera Guerra Mundial ya en 1915 y lo consiguieron en 1917. *El Lusitania* de Colin Thompson implica al presidente Woodrow Wilson en el famoso hundimiento, una estratagema de horror diseñada para generar una reacción pública que llevara a los Estados Unidos a la guerra con Alemania. Thompson demuestra que Woodrow Wilson sabía con cuatro días de antelación que el Lusitania transportaba seis millones de municiones más explosivos y, por tanto, que "los pasajeros que se proponían navegar en ese barco lo hacían violando las leyes de este país".[618]

La Comisión de Investigación británica, encabezada por Lord Mersey, recibió instrucciones del Gobierno británico de "considerar políticamente conveniente que el capitán Turner, el capitán del *Lusitania*, sea nombrado como principal responsable del desastre".

---

[617] Percy L. Greaves, Jr, "The Pearl Harbor Investigation", en Harry Elmer Harnes, *Perpetual War for Perpetual Peace*, (Caldwell: Caxton Printers, 1953), pp, 13–20.

[618] Colin Simpson, *Lusitania*, (Londres: Longman, 1972), p, 252.

En retrospectiva, dadas las pruebas de Colin Thompson, es más exacto culpar al presidente Wilson, al coronel House, a J.P. Morgan y a Winston Churchill; esta élite conspiradora debería haber sido juzgada por negligencia deliberada, si no por traición. El eterno mérito de Lord Mersey es que, habiendo cumplido con su "deber" según las instrucciones del Gobierno de Su Majestad, y echando la culpa al capitán Turner, dimitió, rechazó sus honorarios y desde entonces se negó a aceptar encargos del Gobierno británico. Para sus amigos, Lord Mersey se refirió al hundimiento del *Lusitania* como un "asunto sucio".

Luego, en 1933-34, la firma Morgan intentó instalar una dictadura fascista en Estados Unidos. En palabras de Jules Archer, se planeó que un golpe fascista tomara el control del gobierno y "lo dirigiera un dictador en nombre de los banqueros e industriales estadounidenses".[619] Una vez más, surgió un solo individuo valiente: el general Smedley Darlington Butler, que desenmascaró la conspiración de Wall Street. Y una vez más, el Congreso se destaca, especialmente los congresistas Dickstein y MacCormack, por su cobarde negativa a hacer algo más que realizar una investigación simbólica de encubrimiento.

Desde la Segunda Guerra Mundial, hemos sido testigos de las guerras de Corea y Vietnam, innecesarias, largas y costosas en dólares y vidas, sin otro propósito que el de generar contratos de armas multimillonarios. Ciertamente, estas guerras no se libraron para contener el comunismo, porque durante cincuenta años el establishment mantuvo y subvencionó a la Unión Soviética, que suministró armas a las otras partes beligerantes en ambas guerras: Corea y Vietnam. Por lo tanto, nuestra historia revisionista mostrará que Estados Unidos armó directa o indirectamente a ambos bandos, al menos en Corea y Vietnam.

En el caso del asesinato del presidente Kennedy, por poner un ejemplo nacional, es difícil encontrar hoy a alguien que acepte las conclusiones de la Comisión Warren -excepto quizás los miembros de esa Comisión-. Sin embargo, las pruebas clave permanecen ocultas a la vista del público durante 50 a 75 años. El caso Watergate demostró, incluso al ciudadano de a pie, que la Casa Blanca puede ser un nido de intrigas y engaños.

De toda la historia reciente, la historia de la Operación Keelhaul[620] es quizás la más repugnante. La Operación Keelhaul fue la repatriación forzosa de millones de rusos por orden del presidente (entonces general) Dwight D. Eisenhower, en violación directa de la Convención de Ginebra de 1929 y de la antigua tradición estadounidense de refugio político. La Operación Keelhaul, que contraviene todas nuestras ideas de decencia básica y libertad individual, se llevó a cabo bajo las órdenes directas del General Eisenhower y, podemos suponer ahora, formaba parte de un programa a largo plazo para alimentar el colectivismo, ya sea el nazismo de Hitler, el comunismo soviético o el New Deal de FDR. Sin embargo, hasta la reciente publicación de pruebas documentales por parte de Julius Epstein,

---

[619] Jules Archer, *The Plot to Seize the White House*, (Nueva York: Hawthorn Book, 1973), p. 202.

[620] Véase Julius Epstein, *Operation Keelhaul*, (Old Greenwich: Devin Adair, 1973).

cualquiera que se atreviera a sugerir que Eisenhower traicionaría a millones de personas inocentes con fines políticos era atacado con saña y sin piedad.[621]

Lo que esta historia revisionista nos dice realmente es que nuestra voluntad, como ciudadanos individuales, de ceder el poder político a una élite costó unos doscientos millones de vidas en todo el mundo entre 1820 y 1975. A esta indescriptible miseria hay que añadir los campos de concentración, los presos políticos, la represión y la opresión de los que intentan sacar a la luz la verdad.

¿Cuándo dejará de hacerlo? No se detendrá hasta que actuemos según un simple axioma: el sistema de poder sólo continúa mientras la gente lo quiera, y sólo continúa mientras la gente intente conseguir algo a cambio de nada. El día en que una mayoría de personas declare o actúe como si no quisiera nada del gobierno, declare que velará por su propio bienestar e intereses, ese día las élites gobernantes estarán condenadas. El atractivo de "seguir" a las élites del poder se basa en conseguir algo a cambio de nada. Es una forma de cebo. El establishment siempre ofrece algo a cambio de nada; pero ese algo se lo quita a otro, en forma de impuestos o de saqueo, y se lo da a otro a cambio de apoyo político.

Las crisis periódicas y las guerras se utilizan para alimentar nuevos ciclos de saqueo y recompensa que, en efecto, aprietan el lazo alrededor de nuestras libertades individuales. Y, por supuesto, tenemos hordas de gusanos académicos, empresarios amorales y simples parásitos, que son los beneficiarios improductivos del saqueo generalizado.

Poned fin a este círculo vicioso de saqueo y recompensa inmoral y las estructuras elitistas se derrumbarán. Pero la matanza y el saqueo no cesarán hasta que una mayoría encuentre el valor moral y la fuerza interior para rechazar el juego de la estafa y sustituirlo por asociaciones voluntarias, comunas voluntarias o sociedades locales descentralizadas.

---

[621] Véase, por ejemplo, Robert Welch, *The Politician*, (Belmont, Mass.: Belmont Publishing Co., 1963).

ANEXO A

PROGRAMA DEL PARTIDO NACIONALSOCIALISTA OBRERO DE ALEMANIA

Nota: Este programa es importante porque demuestra que la naturaleza del nazismo era conocida públicamente ya en 1920.

EL PROGRAMA

El programa del Partido Obrero Alemán está limitado en el tiempo. Los dirigentes no tienen intención, una vez alcanzados los objetivos anunciados en este programa, de crear otros nuevos, simplemente para aumentar artificialmente el descontento de las masas y asegurar así la continuidad del partido.

1. Exigimos la unión de todos los alemanes para formar una Gran Alemania sobre la base del derecho de autodeterminación del que gozan las naciones.
2. Exigimos la igualdad de derechos para el pueblo alemán en sus relaciones con otras naciones y la abolición de los tratados de paz de Versalles y St.
3. Exigimos tierras y territorios (colonias) para alimentar a nuestro pueblo y asentar nuestra población superflua.
4. Sólo los miembros de la nación pueden ser ciudadanos del Estado. Sólo los que tienen sangre alemana, independientemente de su credo, pueden ser miembros de la nación. Por lo tanto, ningún judío puede ser miembro de la nación.
5. Quien no es ciudadano del Estado sólo puede vivir en Alemania como invitado y debe considerarse sujeto a las leyes extranjeras.
6. El derecho a votar sobre el gobierno y la legislación del estado debe ser ejercido únicamente por el ciudadano del estado. Por lo tanto, exigimos que todos los nombramientos oficiales de cualquier tipo, ya sea en el Reich, en el país o en pequeñas localidades, se concedan únicamente a los ciudadanos del Estado.
7. Nos oponemos a la corrupta costumbre en el Parlamento de cubrir los puestos únicamente en función de consideraciones partidistas, sin referencia a la personalidad o la capacidad.
8. Exigimos que el Estado haga de su deber primordial la promoción de la industria y el sustento de los ciudadanos del Estado. Si no es posible alimentar a toda la población del estado, los extranjeros (no ciudadanos del estado) deben ser excluidos del Reich. Hay que impedir toda inmigración no alemana. Exigimos que todos los no alemanes que entraron en Alemania después del 2 de agosto de 1914 sean obligados inmediatamente a abandonar el Reich.
9. Todos los ciudadanos del Estado son iguales en derechos y deberes.

10. El primer deber de todo ciudadano del Estado debe ser trabajar con su mente o con su cuerpo. Las actividades del individuo no deben entrar en conflicto con los intereses del conjunto, sino que deben llevarse a cabo en el marco de la comunidad y por el bien general. Por lo tanto, exigimos:

11. Eliminación de los ingresos no ganados por el trabajo.

LA SUPRESIÓN DE LA SERVIDUMBRE DE INTERESES

12. En vista del enorme sacrificio de vidas y bienes que exige cada guerra a una nación, el enriquecimiento personal con la guerra debe considerarse un crimen contra la nación. Por lo tanto, pedimos la confiscación implacable de todas las ganancias de la guerra,

13. Pedimos la nacionalización de todas las empresas que hasta ahora se han constituido como fideicomisos.

14. Exigimos que se distribuyan los beneficios del comercio mayorista.

15. Exigimos una ampliación significativa de la provisión para la vejez.

16. Exigimos la creación y el mantenimiento de una clase media sana, la comunalización inmediata de los locales comerciales al por mayor y su alquiler a un precio barato a los pequeños comerciantes, y que se tenga una consideración extrema con todos los pequeños proveedores del estado, las autoridades de distrito y las pequeñas localidades.

17. Exigimos una reforma agraria adaptada a nuestras necesidades nacionales, la adopción de una ley sobre la confiscación de tierras para uso comunal sin indemnización, la supresión de los intereses sobre los préstamos de tierras y la prevención de toda especulación con la tierra.

18. Exigimos la persecución implacable de aquellos cuyas actividades son perjudiciales para el bien común. Los sórdidos criminales contra la nación, los usureros, los aprovechados, etc., deben ser castigados con la muerte, independientemente de su credo o raza.

19. Exigimos que el derecho romano, que sirve al orden mundial materialista, sea sustituido por un sistema jurídico para toda Alemania.

20. Para que todo alemán capaz y trabajador tenga la posibilidad de acceder a la enseñanza superior y, por tanto, de progresar, el Estado debe plantearse una revisión a fondo de nuestro sistema educativo nacional. El plan de estudios de todas las instituciones educativas debe adaptarse a las exigencias de la vida práctica. La comprensión de la idea del Estado (sociología del Estado) debe ser el objetivo de la escuela, desde los primeros albores de la inteligencia en el alumno. Exigimos el desarrollo de los niños superdotados de padres pobres, independientemente de su clase o profesión, a costa del Estado.

21. El Estado debe velar por la salud de la nación protegiendo a las madres y a los niños, prohibiendo el trabajo infantil, aumentando la eficiencia corporal mediante la gimnasia y los deportes obligatorios previstos por la ley, y prestando un amplio apoyo a los clubes dedicados al desarrollo corporal de los jóvenes.

22. Pedimos la abolición de un ejército de pago y la formación de un ejército nacional.

23. Exigimos una guerra legal contra la mentira política consciente y su difusión en la prensa. Para facilitar la creación de una prensa nacional alemana, exigimos:

a) que todos los directores de periódicos y sus ayudantes, que utilicen la lengua alemana, deben ser miembros de la nación;

(b) que se requiere un permiso estatal especial para la publicación de periódicos no alemanes. Estos no están necesariamente impresos en alemán;

(c) que la ley prohíbe a los no alemanes participar financieramente en los periódicos alemanes o influir en ellos, y que la sanción por infringir la ley es la supresión de cualquier periódico de este tipo y la expulsión inmediata del no alemán en cuestión.

Debe prohibirse la publicación de material que no contribuya al bienestar nacional. Llamamos a la persecución de todas las tendencias artísticas y literarias que puedan desintegrar nuestra vida como nación, y a la abolición de las instituciones que vayan en contra de las exigencias anteriores.

24. Exigimos la libertad de todas las confesiones religiosas en el Estado, en la medida en que no constituyan un peligro para él y no militen contra los sentimientos morales de la raza alemana.

El partido, como tal, está a favor del cristianismo positivo, pero no se compromete a creer en ninguna denominación en particular. Lucha contra el espíritu judeo-materialista dentro y fuera de nosotros, y está convencido de que nuestra nación sólo puede alcanzar la salud permanente desde dentro sobre el principio: EL INTERÉS COMÚN ANTES QUE EL SIÉN

25. Para que todo esto ocurra, exigimos la creación de un fuerte poder estatal central. Autoridad incuestionable del parlamento políticamente centralizado sobre todo el Reich y su organización; y la formación de cámaras de clase y profesionales para la ejecución de las leyes generales promulgadas por el Reich en los estados individuales de la confederación.

Los dirigentes del Partido se comprometen a seguir adelante -si es necesario sacrificando sus vidas- para garantizar el cumplimiento de los puntos anteriores. Munich, 24 de febrero de 1920.

Fuente: Traducción oficial al inglés de E. Dugdale, reimpresa de Kurt G, W. Ludecke, *I Knew Hitler* (Nueva York: Charles Scribner's Sons, 1937),

ANEXO B

DECLARACIÓN JURADA DE HJALMAR SCHACHT

Yo, el Dr. Hjalmar Schacht, habiendo sido advertido de que seré castigado por hacer declaraciones falsas, declaro bajo juramento, por mi propia voluntad y sin coacción, lo siguiente

Las sumas pagadas por los participantes en la reunión del 20 de febrero de 1933 en casa de Goering fueron pagadas por ellos a los banqueros. Delbruck, Schickler & Cie, Berlín, en el crédito de una cuenta "Nationale Treuhand" (que puede traducirse como "Tutela Nacional"). Se acordó que yo tenía derecho a disponer de esta cuenta, que administraba como fiduciario, y que en caso de mi fallecimiento, o si la fiducia terminaba de cualquier otra manera, Rudolf Hess tendría derecho a disponer de la cuenta.

Dispuse de las cantidades de esta cuenta emitiendo cheques al Sr. Hess. No sé lo que el Sr. Hess hizo realmente con el dinero.

El 4 de abril de 1933 cerré la cuenta en Delbruck, Schickler & Co. e hice transferir el saldo a la "Cuenta Ic" en el Reichsbank que llevaba mi nombre. Posteriormente, recibí la orden de Hitler directamente, que estaba autorizado por la reunión del 20 de febrero de 1933 a disponer del dinero recaudado, o a través de Hess, su adjunto, de pagar el saldo de unos 600.000 marcos a Ribbentrop.

He leído atentamente esta declaración jurada (una página) y la he firmado. He hecho las correcciones necesarias de mi puño y letra y he rubricado cada corrección en el margen de la página. Declaro bajo juramento que he dicho toda la verdad según mi leal saber y entender.

(Firmado) Dr. Hjalmar Schacht
12 de agosto de 1947

En una declaración jurada posterior del 18 de agosto de 1947 (N1-9764, Pros. Ex 54), Schacht declaró lo siguiente sobre el mencionado interrogatorio:

"Hice todas las declaraciones en este interrogatorio a Clifford Hyanning, un investigador financiero de las fuerzas estadounidenses, por mi propia voluntad y sin coacción. He revisado este interrogatorio en el día de hoy y puedo afirmar que todos los hechos contenidos en él son verdaderos a mi leal saber y entender. Declaro bajo juramento que he dicho toda la verdad según mi leal saber y entender."

Fuente: Copia de la prueba 55. *Trial of War Criminals before the Nuremberg Military Tribunals under Control Council Law No. 10,* Nuremberg, October 1946-April 1949, Volume VII, I.G. Farben, (Washington: U.S. Government Printing Office, 1952).

ANEXO C

LAS ANOTACIONES EN LA CUENTA "TUTELA NACIONAL", QUE FIGURA EN LOS ARCHIVOS DE DELBRUCK, SCHICKLER CO.

SUPERVISIÓN NACIONAL
PRESIDENTE DEL REICHSBANK DR. HJALMAR SCHACHT, BERLÍN-ZEHLENDORF

23 de febrero	Debibk (Deutsche Bank Diskonto-Gesellschaft) Asociación de intereses mineros, Essen		23 de febrero	200,000.00
24	Transferencia a la cuenta de Rudolf Hess, actualmente en Berlín	100,000.00	24	
24	Karl Herrmann		25	150,000.00
	Salón del Automóvil de Berlín		25	100,000.00
25	Director A. Steinke		27	200,000.00
25	Demag A.G., Duisberg		27	50,000.00
27	Compañía Telefunken de Telegrafía Inalámbrica de Berlín		28	85,000.00
	Osram G.m.b.H., Berlín		28	40,000.00
27	Bayerische Hypotheken-und Wech selbank, sucursal de Múnich, Kauflingerstr. a favor de Verlag Franz Eher Nachf, Múnich	100,000.00	28	
27	Transferencia a la cuenta de Rudolf Hess, Berlín	100,000.00	27	
28	I.G. Farbenindustrie A.G. Frankfurt/M		1 de marzo	400,000.00
28	Gastos de telégrafo para el traslado a Múnich	8.00	28 de febrero	
1 de marzo	Su pago		2 de marzo	125,000.00
2	Transferencia telegráfica a Bayerische Hypotheken-und Wechselbank, sucursal de Múnich, Bayerstr.			

ANTONY SUTTON

	en nombre de Josef Jung	400,000.00	2	
	Gastos de transferencia telegráfica	23.00	2	
	Transferencia de la cuenta de Rudolf Hess	300,000.00		
2	Reembolso del director Karl Lange, Berlín		3	30,000.00
3	Reembolso del director Karl Lange, cuenta "Maschinen-industrie		4	20,000.00
	Reembolso de Verein ruer die bergbaulichen Interessen, Essen		4	100,000.00
	Reembolso de Karl Herrmann, Berlín, Dessauerstr. 28/9		4	150,000.00
	Reembolso de Allgemeine Elektrizitaetsgesellschaft, Berlín		4	60,000.00
7	Reembolso del Director General Dr. F. Springorum, Dortmund		8	36,000.00
8	Transferencia del Reichsbank: Bayerische Hypotheken-und Wechselbank,			
	sucursal Kauffingerstr.	100,000.00	8	
		1,100,031.00		1,696,000.00
		1,100,031.00	8 de marzo	1,696,000.00
8 de marzo	Bayerische Hypotheken-und Wechselbank, Munich, Bayerstr.	100,000.00	8	
	Transferencia a la cuenta de Rudolf Hess	250,000.00	7	
10	Accumulatoren-Fabrik A.G. Berlín		11	25,000.00
13	Asociación de intereses mineros, Essen		14	300,000.00
14	Reembolso Rudolf Hess	200,000.00	14	
29	Reembolso Rudolf Hess	200,000.00	29	

500 |

4 de abril	Commerz-und Privatbank Dep. Kasse N. Berlín W.9 Potsdamerstr. 1 f. Especial			
	Cuenta S 29	99,000.00	4 de abril	
5	Intereses según la lista 1			
	porcentaje		5	404.50
	Facturas de teléfono	1.00	5	
	Correo electrónico	2.50	5	
	Balance	72,370.00	5	
	Saldo prorrogado	2,021,404.50		2,021,404.50
			5 abr.	72,370.00

ANEXO D

CARTA DEL DEPARTAMENTO DE GUERRA DE LOS ESTADOS UNIDOS A ETHYL CORPORATION

Sala 144
(manuscrito) El Sr. Webb envió copias para los otros directores
Copiar a: Sr. Alfred P. Sloan, Jr, General Motors Corp, Nueva York, Sr. Donaldson Brown, General Motors Corp, Nueva York.
15 de diciembre de 1934.

Sr. E. W. Webb,
Presidente de Ethyl Gasoline Corporation, 185 E 42nd Street, Nueva York.
Estimado Sr. Webb: Me enteré hoy de nuestra División de Productos Químicos Orgánicos que la Corporación de Gasolina de Etilo intenta formar una compañía alemana con I.G. para fabricar el plomo de etilo en este país.

Acabo de pasar dos semanas en Washington, una parte importante de las cuales la he dedicado a criticar el intercambio de conocimientos químicos con empresas extranjeras que pueden tener valor militar. Esta revelación por parte de una empresa industrial puede tener las más graves repercusiones para dicha empresa. La Gasolina Etílica no sería una excepción, de hecho probablemente sería objeto de un ataque especial debido a su propiedad de acciones.

A primera vista, parece que la cantidad de plomo etílico utilizada con fines comerciales en Alemania es demasiado pequeña para ser controlada. Se ha afirmado que Alemania se está armando en secreto. El plomo etílico sería sin duda una valiosa ayuda para los aviones militares.

Le escribo para decirle que, en mi opinión, ni usted ni el consejo de administración de la Ethyl Gasoline Corporation deberían revelar ningún secreto o "know-how" en Alemania relacionado con la fabricación de tetraetilo de plomo.

Me informan de que la División de Tinte le comunicará la necesidad de revelar la información que ha recibido de Alemania a los funcionarios correspondientes del Ministerio de Guerra.

Le saluda atentamente
la expresión de mi más alta consideración,

Fuente: Senado de los Estados Unidos, Hearings before a Subcommittee of the Committee on Military Affairs, *Scientific and Technical Mobilization*, 78th Congress, Second Session, Part 16, (Washington D.C.: Government Printing Office, 1944), p. 939.

ANEXO E

EXTRACTO DEL PERIÓDICO DE MORGENTHAU (*ALEMANIA*)[622]SOBRE SOSTHENES BEHN DEL I.T.T.

16 de marzo de 1945
11 h 30

REUNIÓN DE GRUPO
Bretton Woods — I.T. & T. - Reparaciones

Presente:
Sr. White
Sr. Fussell
Sr. Feltus
Sr. Coe
Sr. DuBois
Sra. Klotz

H.M., Jr: Frank, ¿puedes *resumir* este caso en I.T.&T.?

Sr. Coe: Sí, señor. I.T. &T. de hecho transfirió o recibió ayer o hace unos días 15 millones de dólares de sus deudas pagadas por el gobierno español, lo que se les permite hacer bajo nuestra licencia general, así que todo está bien. Sin embargo, esto es en parte como parte de su representación a nosotros, como parte de un acuerdo para vender la empresa en España, por lo que están tratando de forzar nuestra mano. La propuesta que nos han hecho durante algunos años de diversas formas, ahora toma esta forma. Pueden conseguir el pago de sus reclamaciones en dólares, algo que dicen que no han podido hacer hasta ahora: 15 millones de dólares ahora y 10 u 11 millones más tarde. Van a vender la empresa a España y a cambio recibirán 30 millones de dólares en bonos -bonos del Estado español- que se amortizarán a lo largo de varios años y a un ritmo de unos 2 millones de dólares al año. Para amortizar los bonos más rápidamente, tienen que recibir el 90% de estas exportaciones, si quieren exportarlas a Estados Unidos.

H. M. Jr: Como el casamentero que mencioné en mi discurso.

Sr. Coe: Así es. El gobierno español. Están preparados, dicen - son capaces de obtener garantías del Gobierno español, de que éstas no serán, de que las acciones que el Gobierno español pretende revender no irán a parar a nadie de la lista negra,

---

[622] *Diario de Morgenthau* (Alemania), op. cit.

etc. En algunas de las negociaciones que hemos mantenido con ellos en las últimas semanas, se han mostrado dispuestos a ir más allá en este punto. Nuestras dudas al respecto se deben a dos cosas: en primer lugar, no se puede confiar en Franco, y si son capaces de... si Franco es capaz de vender 50 millones de dólares en acciones de esta empresa en España en los próximos años, bien podría venderla a intereses pro-alemanes. Parece dudoso que pueda venderlo a los españoles, así que eso es lo primero que hay que hacer. Lo segundo no podemos documentarlo demasiado bien, pero creo que es más pronunciado en mi mente que en la de los fondos y abogados extranjeros. Tampoco creo que podamos confiar en Behn.

Sr. White: *Estoy* seguro de que no puede.

Sr. Coe: Tenemos aquí grabaciones de entrevistas, que se remontan a mucho tiempo atrás, que algunos de sus hombres tuvieron con Behn - Klaus fue uno - en las que Behn dijo que había tenido conversaciones con Goering con la propuesta de que Goering debía mantener el I.T. &T. Como recuerdas, I.T. &T. intentó comprar General Aniline y convertirla en una empresa americana, y eso fue parte del trato que Behn habló con mucha franqueza al Estado y a nuestros abogados. Pensó que era perfectamente normal proteger la propiedad: Esto fue antes de que fuéramos a la guerra.

H. M., Jr.: No lo recuerdo.

Sr. Coe: *El* hombre que ahora se ocupa de sus propiedades es Westrick que, como recordarán, vino aquí y se involucró con Texaco. Han intentado de todas las maneras posibles preparar el negocio antes para escapar. Están relacionados con un grupo alemán líder, etc. Por otro lado, el coronel Behn ha sido utilizado varias veces como emisario por el Departamento de Estado y creo que personalmente tiene muy buenas relaciones con Stettinius. Hemos recibido una carta de los representantes del Ministerio de Asuntos Exteriores en la que dicen que no tienen ninguna objeción. Ya le propusimos antes -en la carta que le envié- que preguntara al Estado, si a la vista de nuestros objetivos de refugio, seguían diciendo que sí. Estoy convencido, después de haber hablado con ellos por teléfono en los últimos días, de que responderán por escrito y dirán que sí, que siguen pensando que es un buen negocio.

H. M., Jr: Esa es la posición en la que me encuentro. Como saben, señores, ahora estoy desbordado y no puedo ocuparme de esto personalmente, y creo que vamos a tener que pasarlo al Departamento de Estado, y si ellos quieren ocuparse, bien. Simplemente no tengo tiempo ni energía para luchar contra ellos sobre esa base.

Sr. Coe: Entonces deberíamos permitirlo ahora.

Sr. White: Debería recibir una carta primero. Estoy de acuerdo con el Secretario en este punto, que este Behn de la esquina no es de fiar. Hay algo en este acuerdo que parece sospechoso y hemos estado tratando con él durante los últimos dos años. Sin embargo, una cosa es creerle y otra defenderlo ante la presión que se ejercerá aquí para intentar sacar a esta empresa del acuerdo comercial, pero creo que lo que podríamos hacer es hacer saber al Departamento de Estado que, como parte de un proyecto de puerto seguro, no creen que haya peligro de que ninguno de estos activos -nombraría algunos de ellos, y detallaría la carta-. Ponlos en el archivo y asústalos aunque sea un poco y aguanta, o al menos habrán tenido el archivo y habrás llamado su atención sobre estos peligros. Este Behn nos odia de todos modos. Llevamos al menos cuatro años interponiéndonos entre él y los mercados.

H. M., Jr: Sigue lo que dijo White. Algo parecido a esto. "Estimado Sr. Stettinius, estas cosas me molestan por los siguientes hechos, y me gustaría que me dijera si debemos o no.... "

El Sr. White: "Teniendo en cuenta el peligro de que los activos alemanes se oculten aquí, el futuro - y él vuelve y dice 'No', lo vigilaremos.

Sr. Coe: Dijimos que queríamos darle algo a Acheson el lunes.

H. M., Jr.: Y si me lo preparas por la mañana, lo firmaré.

Sr. Coe: De acuerdo.

Fuente: Senado de los Estados Unidos, Subcomité para investigar la administración de la Ley de Seguridad Nacional. Committee on the Judiciary, *Morgenthau Diarty (Alemania),* Volumen 1, 90º Congreso, [1ª] Sesión, 20 de noviembre de 1967, (Washington D.C.: U.S. Government Printing Office, 1967), p. 320 del Libro 828. (Página 976 de la impresión del Senado de los Estados Unidos).

Nota: "Mr. White" es Harry Dexter White. El "Dr. Dubois" es Josiah E. Dubois, Jr, autor del libro "*Generals in Grey Suits*" (Londres: The Bodley Head, 1953). "H.M. Jr." es Henry Morgenthau, Jr, Secretario del Tesoro.

Este memorándum es importante porque acusa a Sosthenes Behn de intentar hacer tratos de trastienda en la Alemania nazi "durante al menos cuatro años", es decir, mientras el resto de los Estados Unidos estaba en guerra, Behn y sus amigos seguían haciendo negocios como siempre con Alemania. Esta nota apoya las pruebas presentadas en los capítulos quinto y noveno sobre la influencia del I.T.T. en el círculo íntimo de Himmler y añade a Herman Goering a la lista de contactos del I.T.T.

ANTONY SUTTON

BIBLIOGRAFÍA SELECCIONADA

Allen, Gary. *Nadie se atreve a llamarlo conspiración.* Seal Beach, California: Concord Press, 1971.

Ambruster, Howard Watson. *La paz de la traición.* Nueva York: The Beechhurst Press, 1947.

Angebert, Michel. *El ocultismo y el Tercer Reich.* Nueva York: The Macmillan Company, 1974.

Archer, Jules. *El complot para tomar la Casa Blanca.* Nueva York: Hawthorn Books, 1973.

Baker, Philip Noel. *Los vendedores ambulantes de la muerte.* El Partido Laborista, Inglaterra, 1984.

Barnes, Harry Elmer. *Guerra perpetua para una paz perpetua.* Caldwell, Idaho: Caxton Printers, 1958.

Bennett, Edward W. *Germany and the Diplomacy of the Financial Crisis, 1931.* Cambridge: Harvard University Press, 1962.

El Centro Farben de 1928. Hoppenstedt, Berlín, 1928.

Dimitrov, George, *El juicio por el incendio del Reichstag.* Londres: The Bodley Head, 1984.

Dodd, William E. Jr. y Dodd, Martha. *Diario del embajador Dodd, 1933-1938.* Nueva York: Harcourt Brace and Company, 1941.

Domhoff, G. William. *Los Círculos Superiores: La Clase Gobernante en América.* Nueva York: Vintage, 1970.

Dubois, Josiah E., Jr. *Generals in Grey Suits.* Londres: The Bodley Head, 1958.

Engelbrecht, H.C. *Mercaderes de la muerte.* Nueva York: Dodd, Mead & Company, 1984.

Engler, Robert. *La política del petróleo.* Nueva York: The Macmillan Company, 1961.

Epstein, Julius. *Operación Keelhaul.* Old Greenwich: Devin Adair, 1978.

Farago, Ladislas. *El juego de los zorros*. Nueva York: Bantam, 1978.

Flynn, John T. *As We Go Marching*, Nueva York: Doubleday, Doran and Co, Inc, 1944.

Guerin, Daniel. *El fascismo y el gran capital*. París: Francois Maspero, 1965.

Hanfstaengl, Ernst. *Testigo inaudito*. Nueva York: J. B. Lippincott, 1957.

Hargrave, John. *Montagu Norman*. Nueva York: The Greystone Press, sin fecha.

Harris, C.R.S. *El endeudamiento exterior de Alemania*. Londres: Oxford University Press, 1985.

Helfferich, Dr. Karl. *El progreso económico y la riqueza nacional de Alemania, 1888.1913*. Nueva York: Germanistic Society of America, 1914.

Hexner, Ervin. *Cárteles internacionales*. Chapel Hill: The University of North Carolina Press, 1945.

Howard, Coronel Graeme K. *América y un nuevo orden de gusanos*. Nueva York: Scribners, 1940.

Kolko, Gabriel. "American Business and Germany, 1930–1941", *The Western Political Quarterly*, volumen XV, 1962.

Kuezynski, Robert R. *Bankers' Profits from German Loans*, Washington, D.C.: The Brookings Institution, 1982.

Leonard, Jonathan. *La Tragedia de Henry Ford*. Nueva York: G. P. Putnam's Sons, 1932.

Ludecke, Kurt G.W. *Yo conocí a Hitler*. Nueva York: Charles Scribner's Sons, 1937.

Magers, Helmut. *Una revolución del sentido común*. Leipzig: R. Kittler Verlag, 1934.

Martin, James J, *Puntos de vista revisionistas*. Colorado: Ralph Mules, 1971.

Martin, James Stewart. *All Honorable Men*, Boston: Little Brown and Company, 1950.

Muhlen, Norbert. *Schacht: El mago de Hitler*. Nueva York: Longmans, Green and Co, 1939.

Nixon, Edgar B. *Franklin D. Roosevelt y los asuntos exteriores.* Cambridge: Belknap Press, 1969.

Anuario del petróleo, 1938.

Papen, Franz von. *Memorias.* Nueva York: E.P. Dutton & Co, 1953.

Peterson, Edward Norman. *Hjalmar Schacht.* Boston: Editorial Christopher, 1954.

Phelps, Reginald H. *"Before Hitler Came": Thule Society and Germanen Orden,* en el *Journal of Modern History,* septiembre de 1963.

Quigley, Carroll, *Tragedia y esperanza.* Nueva York: The Macmillan Company, 1966.

Ravenscroft, Trevor, *La lanza del destino.* Nueva York: G. P. Putnam's Sons, 1973.

Rathenau, Walter. *En los días venideros.* Londres: Allen & Unwin, n.d.

Roberts, Glyn. *El hombre más poderoso del mundo.* Nueva York: Covici, Friede, 1938.

Sampson, Anthony. *El estado soberano de la T.I.* Nueva York: Stein & Day, 1975.

Schacht, Hjalmar. *Confesiones de "El viejo mago".* Boxton: Houghton Mifflin, 1956.

Schloss, Henry H. *El Banco de Pagos Internacionales.* Amsterdam: North Holland Publishing Company, 1958.

Seldes, George. *Hierro, sangre y beneficios.* Nueva York y Londres: Harper & Brothers Publishers, 1934.

Simpson, Colin. *Lusitania.* Londres; Longman, 1972.

Smoot, Dan. *El Gobierno Invisible.* Boston: Western Islands, 1962,

Strasser, Otto. *Hitler y yo.* Londres: Jonathan Cape, sin fecha.

Sonderegger, René. *El verano español.* Affoltern, Suiza: Aehren Verlag, 1948.

Stocking, George W, y Watkins, Myron W. *Carteles en acción.* Nueva York: The Twentieth Century Fund, 1946.

Sutton, Antony C. *Suicidio nacional: Ayuda militar a la Unión Soviética.* Nueva York: Arlington House Publishers, 1978.

Wall Street y la revolución bolchevique. Nueva York: Arlington House Publishers, 1974.

Wall Street y FDR. Nueva York: Arlington House Publishers, 1975.

La tecnología occidental y el desarrollo económico soviético, 1917-1930. Stanford, California: Hoover Institution Press, 1968.

Tecnología occidental y desarrollo económico soviético, 1980-1945. Stanford, California: Hoover Institution Press, 1971.

Tecnología occidental y desarrollo económico soviético, 1945-1965. Stanford, California: Hoover Institution Press, 1973.

Sward, Keith. *La leyenda de Henry Ford.* Nueva York: Rinehart & Co, 1948.

Thyssen, Fritz. *Yo pagué a Hitler.* Nueva York: Farrar & Rinehart, Inc. n.d. "Juicio a los criminales de guerra ante los Tribunales Militares de Nuremberg en virtud de la Ley n° 10 del Consejo de Control", Volumen VIII, Caso I.G. Farben, Nuremberg, octubre de 1946-abril de 1949. Washington: Government Printing Of-flee, 1953. United States Army Air Force, Aiming point report No. 1.E.2 of 29 May 1943.

Senado de los Estados Unidos, Audiencias ante el Comité de Finanzas. *Venta de bonos o valores extranjeros en los Estados Unidos.* 72° Congreso, 1ª Sesión, S. Res. 19, 1ª parte, 18, 19 y 21 de diciembre de 1931. Washington: Government Printing Office, 1931.

Senado de los Estados Unidos, audiencias ante un subcomité del Comité de Asuntos Militares. *Movilización científica y técnica.* 78° Congreso, 2ª Sesión, S. Res. 107, parte 16, 29 de agosto y 7, 8, 12 y 13 de septiembre de 1944. Washington: Government Printing Office, 1944.

Congreso de los Estados Unidos. Cámara de Representantes. *Comité Especial de Actividades Americanas e Investigación de Otras Actividades de Propaganda.* 73° Congreso, 2ª Sesión, Audiencia n° 73-DC-4. Washington: Government Printing Office, 1934.

Congreso de los Estados Unidos. Cámara de Representantes. Comité Especial de Actividades Americanas (1934). *Investigación de actividades de propaganda nazi y otras.* 74° Congreso, 1ª Sesión, Informe n° 153. Washington: Government Printing Office, 1934.

Congreso de los Estados Unidos. El Senado. Audiencias ante un subcomité de la Comisión de Asuntos Militares. *Eliminación de los recursos alemanes para la guerra.* Informe en virtud de las Resoluciones 107 y 146, 2 de julio de 1945,

Parte 7. 78° Congreso y 79° Congreso. Washington: Government Printing Office, 1945.

Congreso de los Estados Unidos. El Senado. Audiencias ante un Subcomité del Comité de Asuntos Militares. *Movilización científica y técnica.* 78° Congreso, 1ª sesión, S. 702, parte 16, Washington: Government Printing Office, 1944.

Consejo de Control del Grupo de Estados Unidos (Alemania), Oficina del Director de Inteligencia, Agencia de Información de Campo. Informe de Inteligencia Técnica n° EF/ME/1. 4 de septiembre de 1945.

Estados Unidos Sente. Subcomité de Investigación de la Administración de la Ley de Seguridad Interior, Comité Judicial. *Revista de Morgenthau (Alemania).* Volumen 1, 90° Congreso, 1ª sesión, 20 de noviembre de 1967. Washington: U.S. Government Printing Office, 1967.

Archivo decimal del Departamento de Estado de los Estados Unidos.

Investigación de los bombardeos estratégicos en Estados Unidos. *AEG-Ostlandwerke GmbH,* por Whitworth Ferguson. 81 de mayo de 1945.

Investigación de los bombardeos estratégicos en los Estados Unidos. *Informe de la industria alemana de equipos eléctricos.* División de Equipos, enero de 1947.

United States Strategic Bombing Survey, *informe de fábrica del A.E.G.* (Allgemeine Elektrizitats Gesellschaft). Nuremberg, Alemania: junio de 1945.

Zimmerman, Werner. *Liebet Eure Feinde.* Frankhauser Verlag: Thielle-Neuchatel, 1948.

OTROS TÍTULOS

OTROS TÍTULOS

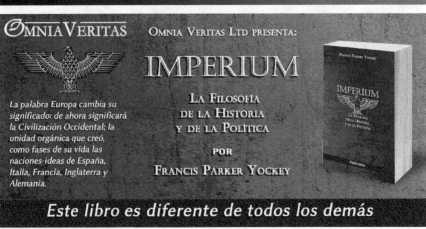

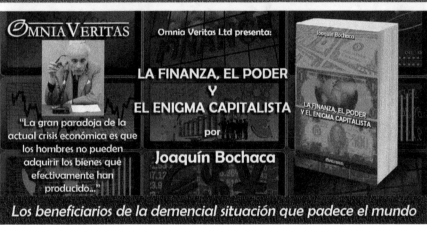

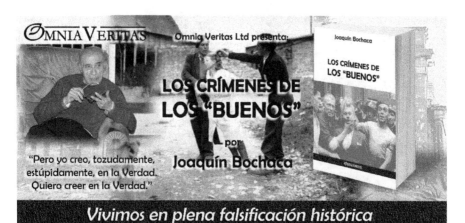

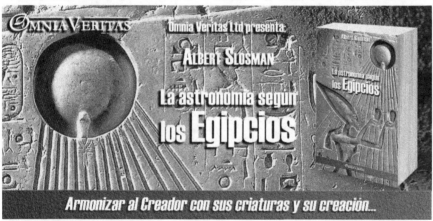

www.omnia-veritas.com